제2판

핵심 재무관리 예해

사례연구와 해설

김철중

The Practice of Financial Management

도서출판 탐진

Preface

본서는 다양한 사례를 통해 어려운 재무이론을 알기 쉽고 이해하기 좋도록 단순화하고, 실전에서 직접 사용할 수 있도록 하는 것을 목적으로 한다.

본서는 지난번에 발간한 「재무관리 예해」를 기초부분은 더욱 풀어서 설명하고 중급부분은 심화과정으로 다룸으로써 새롭게 발전시킨 책이다. 심화과정의 중급부분은 ★표시해 놓았다. 기초부분을 먼저 습득한 후 중급부분(★)을 공부하는 것이 효과적일 것으로 생각한다.

본서는 재무이론을 공부하고 이를 자신의 지식으로 심화시키기를 원하는 분들을 위해서, 다음과 같은 특징을 갖도록 구성하였다.

첫째, 재무이론을 강의노트 식으로 간단히 정리함으로써 재무관리 지식을 정확히 습득하도록 하였다.

둘째, 사례문제를 비교적 충분히 제공함으로써 자신이 알고 있는 재무관리 지식을 테스트할 수 있도록 하였다.

셋째, 사례문제에 대한 자세한 해설을 논리적으로 제공함으로써 문제해결 능력을 높일 수 있도록 하였다.

끝으로 지금까지 여러 권의 저서와 역서를 함께 내면서 많은 토론을 통해 학문적 지식을 공유하고, 특히 본서의 집필에 많은 도움을 주신 충남대학교의 윤평식 교수님께 깊이 감사드린다. 그리고 책을 만드느라 고생하신 탐진출판사 임직원 여러분들께도 고마움을 표하며, 가족들에게도 큰 사랑의 마음을 전한다. 마지막으로 미진한 부분에 대해서는 향후 지속해서 수정, 보완할 것을 약속드린다. 많은 분들의 좋은 제언을 부탁드린다.

2020년 8월
저자 씀

Contents

The Practice of Financial Management

Part 1 재무관리의 기본개념과 증권의 가치평가

Chapter 1 재무관리의 기본개념

Chapter 2 채권의 가치평가

Chapter 3 주식의 가치평가

Part 2 투자안의 경제성 평가와 프로젝트 분석

Chapter 4 투자안의 경제성 평가

Chapter 5 프로젝트 분석

Part 3 위험의 측정과 요구수익률의 결정

Chapter 6 위험과 수익률

Chapter 7 기대수익률의 결정(CAPM)

Chapter 8 자본비용

Part 4 자본구조와 배당정책

Chapter 9 자본구조

Chapter 10 배당정책

Part 5 인수합병과 국제금융

Chapter 11 인수합병

Chapter 12 국제금융

Part 6 선물·스왑과 옵션

Chapter 13 선물과 스왑

Chapter 14 옵 션

PART 1

The Practice of Financial Management

재무관리의 기본개념과 증권의 가치평가

The Practice of Financial Management

CHAPTER 01

재무관리의 기본개념

재무학은 부족한 자본을 어떻게 조달하여 어떻게 배분할 것인가를 연구하는 학문이다. 본서는 기업의 재무의사결정을 다루는 기업재무 또는 재무관리에 관한 책으로서, 기본원리를 간략히 정리한 후 예제를 들고 이에 대한 해설을 중심으로 원리를 구체적으로 설명하려고 시도한 책이다. 본장에서는 먼저 재무관리의 의의, 역할, 목표 등에 대하여 정리하고 재무학의 주된 관심사인 자산가치 평가와 관련하여 가치평가원칙을 설명하기로 한다. 또한 본장에서는 기업의 대리인관계를 설명한 후에 재무관리 전반을 이해하는데 필요한 기초 지식인 화폐의 시간가치에 대해서도 설명할 것이다.

1.1 재무관리의 의의

[그림 1]에서 볼 수 있는 바와 같이, 자본을 매개로 한 기업활동은 자본의 조달과 자본의 운용(투자)으로 나눌 수 있다. 자본의 조달이란 소요자본을 부채로 조달한다든지, 주식을 발행하여 조달한다든지 하는 등의 행위를 말한다. 그리고 자본의 운용이란 자산투자를 말하며, 시설자산을 구입하기 위해 자금을 지출한다든지 원재료를 구입하기 위해 자금을 지출하는 행위 등을 말한다.

[그림 1] 의사결정 과정단계

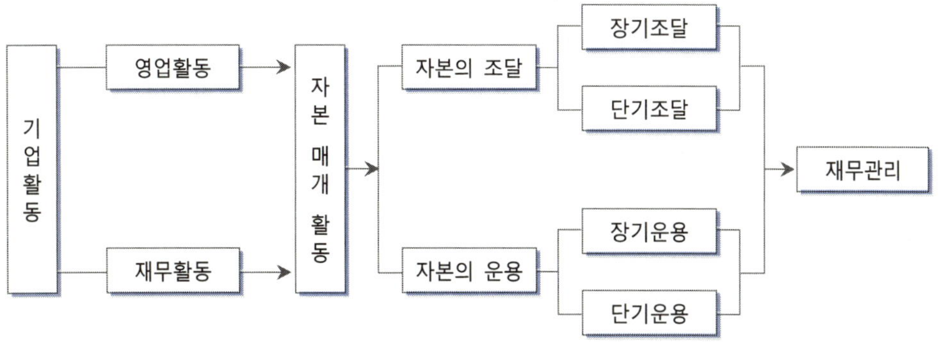

자본의 조달은 조달기간에 따라 장기조달과 단기조달로 구분할 수 있고, 자본의 운용 즉, 자산투자는 투자기간에 따라 장기운용(장기투자)과 단기운용(단기투자)으로 구분할 수 있다. 결국 재무관리란 자본의 조달과 운용(투자)과 관련된 기업활동을 계획하고 실행하며 통제하는 관리시스템으로 정의할 수 있다.

1.2 재무관리의 역할

[그림 2]에서 볼 수 있는 바와 같이, 기업은 자본시장에서 부채와 자기자본의 형태로 필요한 자본을 조달한다. 재무관리는 자본을 효율적으로 조달할 수 있도록 해주는 역할을 한다. 자본을 효율적으로 조달한다는 것은 자본의 조달비용과 사용위험이 적절히 배합되도록 조달하는 것을 의미한다. 재무관리의 주요 역할 중 하나는 자본구성의 최적화(optimal mix of financings)를 도모하는 데 있다.

[그림 2] 재무관리의 역할

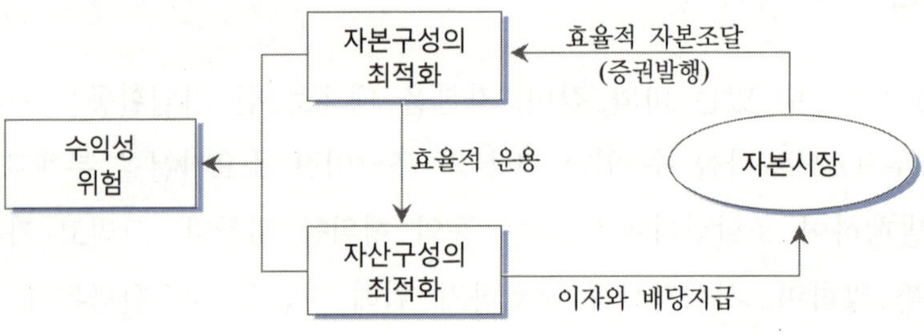

한편, 기업은 조달된 자본을 운용하여 자산을 구성한다. 재무관리는 조달된 자본을 효율적으로 운용할 수 있도록 해주는 역할을 한다. 자본을 효율적으로 운용한다는 것은 수익성과 위험을 적절히 배합하여 투자한다는 것을 의미한다. 자본을 효율적으로 운용하면 기업의 자산구성은 최적화를 이룬다. 결국 재무관리의 또 다른 주요 역할은 자산구성의 최적화(optimal mix of assets)를 도모하는 데 있다.

1.3 재무관리의 목표

재무관리의 목표를 말할 때 우리는 흔히 이익의 극대화(profit maximization)를 떠올린다. 그러나 이익의 극대화는 재무관리의 목표로 삼기엔 부족한 개념이다. 이익이란 기업의 수익성을 대표하는 개념이다. 이익을 극대화하려면 위험 역시 높아지기 마련이다. 수익성과 위험의 이런 관계를 서로 충돌하는 관계라 하며 상반관계(trade-off relationship)라고 한다. 따라서 수익성만을 고려하는 이익의 극대화는 재무관리의 목표로 사용하기에 적절치 못한 개념임을 쉽게 알 수 있다. 이익의 극대화는 다음과 같은 비판을 받고 있다.

첫째, 이익이라는 개념 자체가 모호하다. 장 · 단기 이익 중 어느 것인지, 그리고 영업이익, 세전순이익, 순이익 중 어느 것인지 모호하다.

둘째, 이익의 시간성을 무시하고 있다. 동일한 이익이라도 가까운 미래에 발생할수록 가치가 큰데, 이 부분이 무시되어 있다.

셋째, 미래이익의 위험을 무시하고 있다. 미래이익의 변동가능성이 작을수록 가치가 큰데, 이 부분이 무시되어 있다.

[그림 3]에서 보듯이 기업의 부(富)의 극대화 또는 가치의 극대화(value maximization)는 수익성과 위험을 함께 고려한 개념으로서 재무관리의 목표로 삼기에 적합한 개념이다. 자본시장이 효율적이라는 가정 하에서 기업가치의 극대화는 주주가치의 극대화로 연결되고, 이는 다시 궁극적으로 주가의 극대화로 나타난다.

[그림 3] 재무관리의 목표

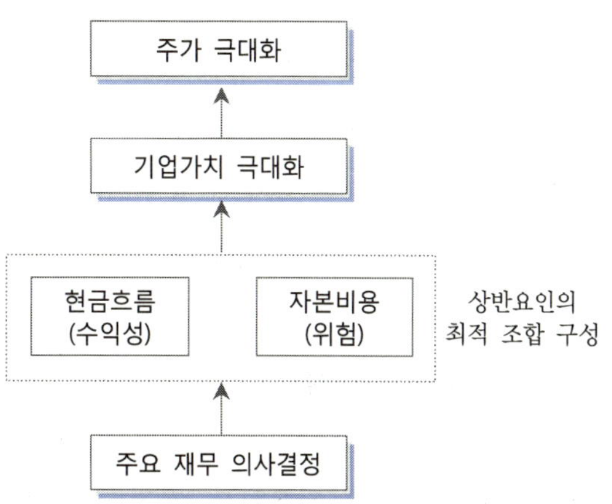

결국 재무관리는 자본의 조달과 운용(투자)에 따르는 수익성과 위험이라는 상반요인(trade-off factors)을 적절히 배합하여 기업가치(또는 기업의 富, 또는 주가)를 극대화 하는데 그 목표를 두고 있다.

1.4 가치평가원칙

가치평가원칙(valuation principle)은 "자산의 가치는 자산이 제공하는 미래 현금흐름을 현금흐름의 위험을 반영한 적정할인율(이자율 또는 요구수익률)로 할인하여 구한 현재가치"라는 원칙이다. 자산의 가치가 미래 현금흐름의 현재가치이므로, 자산의 가치는 다음 두 가지 요인에 의해 결정된다.

① 미래에 발생하는 현금흐름의 크기(magnitude)
② 현금흐름의 위험을 반영하는 적정할인율(discount rate) 또는 요구수익률

위험이 커지면 투자자의 요구수익률이 커지기 때문에 적정할인율도 증가하고 따라서 가치는 작아진다. 이와 같이 위험이 커질수록 요구수익률도 커지는 관계를 위험-수익률의 상반관계(risk-return trade-off relationship)라고 한다.

효율적 자본시장에서 위험과 수익률은 동시에 얻을 수 없는 두 마리의 토끼인 셈이다. 즉, 수익률을 더 얻으려면 반드시 위험을 더 부담해야 한다. 그리고 위험을 덜 부담하려면 일정 부분의 수익률도 포기해야 한다.

요구수익률과 적정할인율 간의 관계를 간략히 설명해보기로 하자. 만약 1년 후에 불확실한 현금흐름 110만원인 주식의 현재가치가 100만원이라면, 주식에 적용되는 적정할인율은 10%가 된다. 그리고 위험이 없는 은행예금의 이자율이 3%라면 현재 100만원을 은행에 예금하면 1년 후에 확실한 현금흐름은 103만원이 된다. 따라서 은행예금의 적정할인율은 3%이다. 주식 투자의 적정할인율 10%와 은행예금 투자의 적정할인율 3%는 각 자산의 투자에 대해 투자자가 요구하는 수익률이다. 따라서 우리는 다음과 같이 요구수익률이 적정할인율로 이용됨을 직관적으로 알 수 있다.

$$\text{요구수익률} = \text{적정할인율} = f(\text{위험})$$

미래 현금흐름의 현재가치를 구할 때 적용하는 적정할인율은 투자자들이 그 현금

흐름에 대해 요구하는 합의된 수익률이다. 은행예금에 대해 합의된 요구수익률이 은행예금 이자율이므로, 무위험이자율인 은행예금 이자율은 확실한 미래 현금흐름의 현재가치를 구할 때 적용하는 적정할인율이 된다.

그런데 미래 현금흐름에 내포된 위험이 클수록 요구수익률은 커지기 마련이다. 위의 예에서 주식투자에서 얻을 1년 후 110만원에는 위험이 내포되어 있다. 따라서 주식투자의 요구수익률 10%는 무위험이자율 3%에 위험프리미엄 7%가 가산된 것이다. 즉, 요구수익률은 위험이 커질수록 커진다.

요구수익률 = 무위험이자율 + 위험프리미엄
= 기다리는 대가 + 위험의 대가

위의 식에서 보듯이, 요구수익률은 기다리는 대가인 무위험이자율을 기본으로 하고 위험의 대가인 위험프리미엄을 추가하여 결정된다. 자산의 시장가치를 구할 때 적용되는 적정할인율은 기업이 부담하는 위험에 비례해서 결정된다. 즉, 기업이 부담하는 위험이 클수록 적용되는 적정할인율은 커지기 마련이다. 구체적으로 위험프리미엄을 어떻게 구하는가 하는 문제는 나중에 요구수익률(제8장 자본비용)을 공부할 때 자세히 설명하기로 한다.

요구수익률이란 채권자(부채 조달) 또는 주주(자기자본 조달)들이 자금을 제공한 대가로 요구하는 수익률이라는 의미이다. 요구수익률은 기업의 입장에서 보면 자금을 제공받은 대가로 채권자 또는 주주에게 지불하는 비용이기 때문에 자본조달비용 또는 자본비용이라 부른다.

1.5 대리인관계

주주와 경영자간의 관계를 대리인관계(agency relationship)라고 한다. 이 관계는 주인(principal)인 주주가 대리인(agent)인 경영자를 고용할 때 성립하는 관계이다. 대리인관계 하에서 주주와 경영자간의 이해가 충돌할 수 있다. 예를 들면 경영자가 회사를 지배하는 경우, 경영자는 주주의 부의 극대화를 추구하는 것에 우선하여 자신의 부의 극대화를 꾀할 수 있다. 이것이 소유와 경영의 분리로부터 발생할 수 있는 대리인문제이다. 그리고 이로 인해 발생하는 비용을 대리인비용(agency costs)이라고 한다.

경영학의 그동안의 이론들은 경영자는 주주의 부의 극대화를 추구한다고 설명한다.

그러나 현실적으로 경영자들은 주주의 극대화를 위해 항상 최선을 다하는 것은 아니다. 예를 들어 경영자가 자신의 지위를 유지하기 위해 주주가치에 반하는 행위를 한다든지, 자신의 힘을 키우기 위해 과잉투자 또는 무리한 인수합병을 한다든지 할 수 있다. 이 때 기업가치는 하락하게 된다. 이와 같이 주주의 부의 극대화보다는 경영자의 편익(benefit)을 우선함으로 해서 발생하는 비용을 대리인비용이라 한다.

주주들은 경영자의 이런 행동을 방지하기 위하여 다음과 같이 경영자의 행동을 감시할 수 있는 제도적 장치를 마련할 필요성을 갖는다.

첫째, 경영자의 보상시스템을 주가에 연계시키는 것이다. 이런 연계제도의 대표적인 형태가 스톡옵션(stock option) 제도이다.

둘째, 경영자 또는 대주주의 독단을 막기 위하여 기업지배구조의 선진화를 통해 소액주주의 권리를 강화하는 것이다.

셋째, 보상시스템과 지배구조와 같은 내적 통제시스템이 작동되지 않는 경우 최종적으로 경영자에 대한 평가가 자본시장에서 시장 경제논리에 따라 이루어지도록 해야 한다.

1.6 단리계산에 의한 미래가치와 현재가치

화폐는 동일한 금액이라 할지라도 시점에 따라 그 가치가 다르다. 즉 오늘의 100만원과 한 달 후의 100만원은 그 가치가 다르다. 화폐의 시간가치(time value of money)를 고려하지 않는다면, 기업은 투자는 물론이고 자본조달, 배당정책 등 주요한 재무의사결정을 올바르게 수행하지 못할 것이다.

미래가치(future value)란 현재의 일정금액을 미래의 일정시점에서 계산한 가치를 말한다. 미래가치를 구하는 방법은 단리계산과 복리계산 방법이 있다. 먼저 단리계산에 대해 설명해 보기로 하자. 예를 들어 연간 이자율이 3%일 때, 단리계산으로 하면 현재 100만원은 1년 후에 103만원이 되고, 2년 후에는 106만원이 된다. [그림 4]는 이 과정을 보여준다.

[그림 4] 단리계산에 의한 미래가치

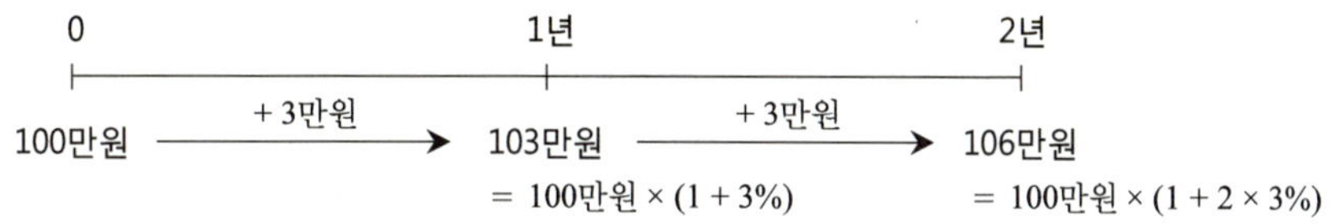

[그림 4]에서 보듯이, 현재 100만원을 단리계산으로 구한 1년 후 미래가치는 원금 100만원에 원금에 대한 이자 3만원을 더한 103만원이 된다. 그리고 2년 후 미래가치는 원금 100만원에 2년간 원금에 대한 이자 6만원을 더한 106만원이 된다.

단리계산에 의한 미래가치 계산방법을 일반화하면 식 (1)과 같다.

$$FV_n = PV \cdot (1 + n \cdot r) \tag{1}$$

FV_n : n년 후 미래가치
PV : 현재가치
n : 기간(년)
r : 연간이자율

식 (1)에서 $n \cdot r$은 원금에 대한 n년 동안의 이자율을 의미한다. 이와 같이 단리계산에 의한 미래가치는 원금+원금에 대한 이자로 구성된다. 다시 말해 단리계산이란 이자에 대한 이자를 고려하지 않는 계산이다.

다음에는 단리계산에 의한 현재가치를 구하는 방법을 설명해 보기로 하자.

[그림 5] 단리계산에 의한 현재가치

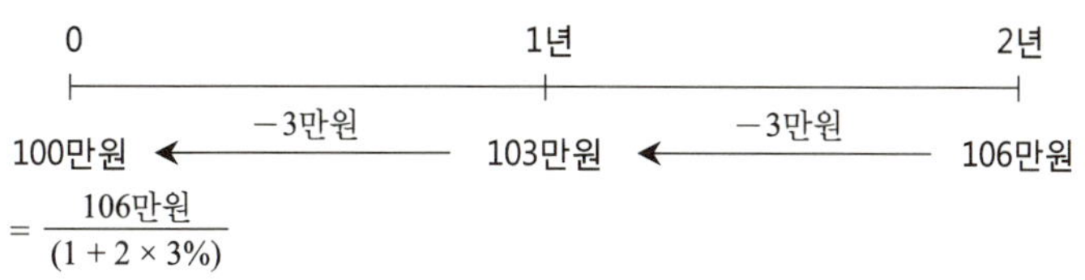

[그림 5]에서 보듯이, 2년 후 106만원을 단리계산으로 구한 1년 후 가치는 106만원에서 100만원에 대한 1년간 이자 3만원을 뺀 103만원이 된다. 마찬가지로 현재가치는 106만원에서 100만원에 대한 2년간 이자 6만원을 뺀 100만원이 된다. 단리계산

에 의한 현재가치 계산방법을 일반화하면 식 (2)와 같다.

$$PV = \frac{FV_n}{(1 + n \cdot r)} \tag{2}$$

식 (2)에서 $PV = FV_n - PV \cdot n \cdot r$이 된다. 이와 같이 단리계산에 의한 현재가치 = 미래가치 − 원금에 대한 n년간 이자로 구성된다.

1.7 복리계산에 의한 미래가치와 현재가치

현실적으로 재무관리에 있어서 단리계산 방법보다는 복리계산 방법이 널리 이용된다. 복리계산에 의한 미래가치와 현재가치를 구하는 방법을 설명하면 다음과 같다. 예를 들어 연간 이자율이 3%일 때, 현재 100만원은 복리계산으로 1년 후 103만원이 되고 2년 후에는 106.09만원이 된다. [그림 6]은 이 과정을 보여준다.

[그림 6] 복리계산에 의한 미래가치

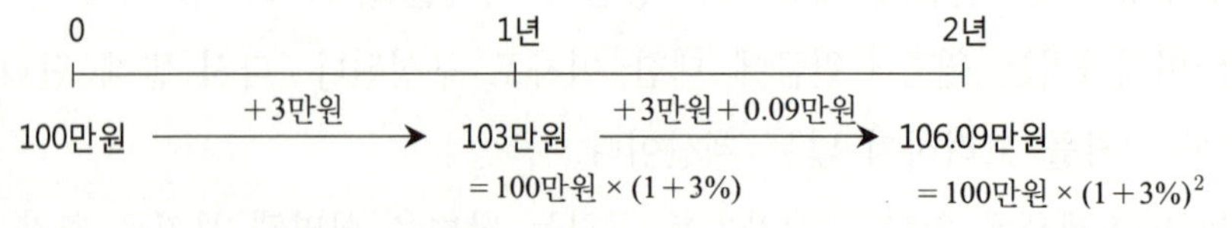

[그림 6]에서 보듯이, 현재 100만원을 복리계산으로 구한 1년 후 미래가치는 원금 100만원에 원금에 대한 이자 3만원을 더한 103만원이 된다. 이는 단리계산시와 동일한 금액이다. 그런데 2년 후 미래가치는 원금 100만원에 2년간 원금에 대한 이자 6만원과 1년 후 받는 이자 3만원에 대한 1년간 이자 0.09만원(=3만원 × 3%)을 더한 106.09만원이 된다. 복리계산에 의한 미래가치 계산방법을 일반화하기로 하자.

현재금액을 PV, 연간 이자율을 r이라고 하면, n년 후의 복리로 계산한 미래가치 FV_n은 식 (3)과 같다. 식 (3)에서 PV에 $(1+r)^n$을 곱하는 것은 원금 + 원금에 대한 이자 + 이자에 대한 이자를 의미한다.

$$FV_n = PV \cdot (1+r)^n \tag{3}$$

다음에는 복리계산법을 응용해서 현재가치를 구하는 방법을 설명해 보기로 하자.

[그림 7] 복리계산법을 응용한 현재가치

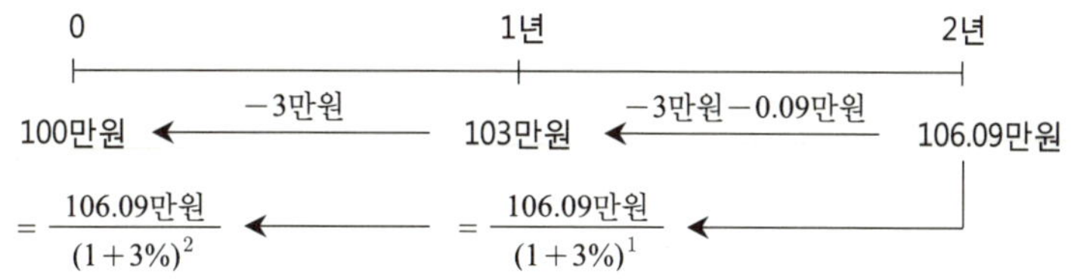

[그림 7]에서 보듯이, 2년 후 106.09만원을 복리계산으로 할인한 1년 후 가치는 106.09만원에서 100만원에 대한 1년간 이자 3만원과 3만원 이자에 대한 이자 0.09만원을 뺀 103만원이 된다. 마찬가지로 현재가치는 106.09만원에서 100만원에 대한 2년간 이자 6만원과 3만원 이자에 대한 이자 0.09만원을 뺀 100만원이 된다. 이와 같이 원금에 대한 이자와 이자에 대한 이자를 빼는 작업을 복리계산법을 응용한 할인이라고 한다.

n년 후의 미래가치를 FV_n, 연간 할인율을 r이라고 하면 복리계산법을 응용한 현재가치 PV는 다음과 같이 일반화 할 수 있다.

$$PV = \frac{FV_n}{(1+r)^n} \tag{4}$$

식 (4)에서 FV_n을 $(1+r)^n$으로 나누는 할인작업은 원금과 원금에 대한 이자 및 이자에 대한 이자를 차감하는 작업이다.

1.8 연금의 미래가치

일정기간 동안 일정금액을 계속적으로 지불하는 것을 연금(annuity)이라고 한다. 매년 말 수령액을 C, 연금의 기간을 n년, 연간 이자율을 r이라 하면, n년 후의 연금의 미래가치 FV_n은 [그림 8]과 같다.

[그림 8] 연금의 미래가치

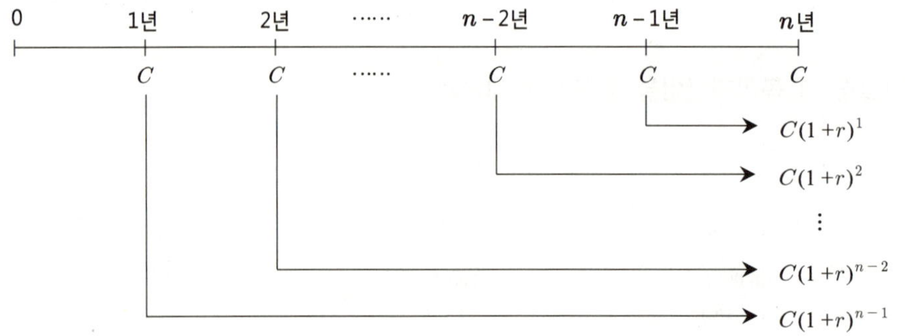

[그림 8]을 식으로 표현하면, n년 후의 연금의 미래가치 FV_n은 식 (5)와 같다. 식 (5)의 우변은 초항이 C이고 공비가 $(1+r)$인 등비수열이다. 식 (5)는 등비수열의 합을 구하는 공식에 대입해서 정리한 것이다.1)

$$
\begin{aligned}
FV_n &= C + C \cdot (1+r)^1 + \cdots + C \cdot (1+r)^{n-2} + C \cdot (1+r)^{n-1} \\
&= C \cdot \left[\frac{(1+r)^n - 1}{r} \right]
\end{aligned}
\quad (5)
$$

식 (5)의 우변에 있는 $\left[\frac{(1+r)^n - 1}{r} \right]$을 편의상 $FVIFa(r,\ n)$으로 표시하기로 한다. $FVIFa(r,\ n)$은 연금복리요소(future value of interest factor for an annuity)를 의미하며, 이는 1원씩 n기 동안 발생하는 연금을 r%로 복리 계산한 n시점의 가치를 의미한다.

$FVIFa(r,\ n)$은 공식을 이용해서 구해도 좋지만 본서의 말미에 있는 부록을 이용하여 구할 수도 있다. r%의 이자율에 해당되는 열(column)과 n의 현금흐름의 수에 해당되는 행(row)이 만나는 셀(cell)의 숫자가 $FVIFa(r,\ n)$의 값이다.

1) 고등학교에서 배운 등비수열의 합을 구하는 공식은 다음과 같다.

$$\text{초항} \times \frac{1-(\text{공비})^n}{1-\text{공비}} = C \times \frac{1-(1+r)^n}{1-(1+r)} = C \times \frac{1-(1+r)^n}{(-r)} = C \times \left[\frac{(1+r)^n - 1}{r} \right]$$

[표 1] 연금복리요소표 : $FVIFa(r,\ n)$

기 간	이자율								
	1%	2%	3%	4%	5%	6%	7%	8%	9%
1	1.0000	1.0000	1.0000	1.0000	1.0000	1.0000	1.0000	1.0000	1.0000
2	2.0100	2.0200	2.0300	2.0400	2.0500	2.0600	2.0700	2.0800	2.0900
3	3.0301	3.0604	3.0909	3.1216	3.1525	3.1836	3.2149	3.2464	3.2781
4	4.0604	4.1216	4.1836	4.2465	4.3101	4.3746	4.4399	4.5061	4.5731
5	5.1010	5.2040	5.3091	5.4163	5.5256	5.6371	5.7507	5.8666	5.9847

예를 들어, [표 1]에 표시된 연금복리요소에서 5% 이자율의 3년 연금인 경우 $FVIF(0.05,\ 3)$은 3.1525이다. 다시 말해서 매년 1원씩 연금의 형태로 3년간 발생하는 현금흐름을 매년 5%의 이자율로 복리계산한 미래가치가 3.1525원이라는 뜻이다.

1.9 연금의 현재가치

연금의 현재가치는 매년 수령액을 현재가치로 환산한 금액의 합계이다. 매년 말 수령액을 C, 연금의 기간을 n년, 매년 할인율을 r이라 하면 연금의 현재가치 PV는 [그림 9]와 같이 각 연도 현금흐름의 현재가치의 합이다.

[그림 9] 연금의 현재가치

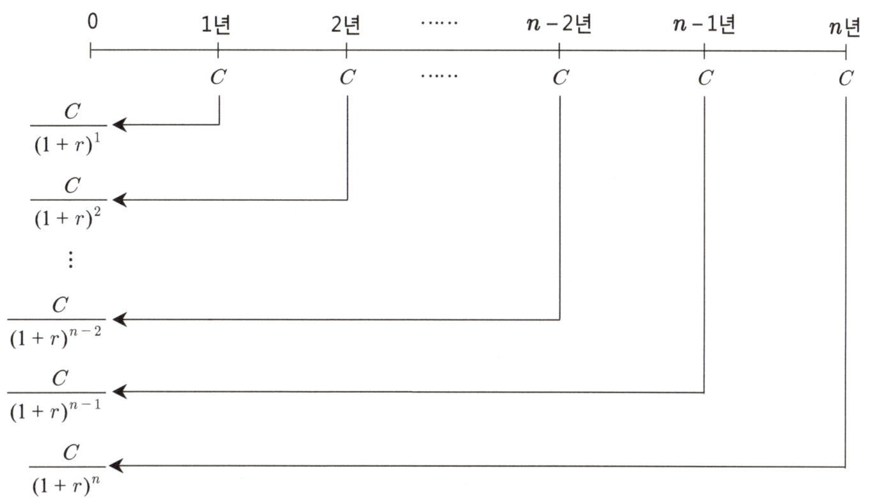

[그림 9]의 연금의 현재가치 PV를 식으로 나타내면 식 (6)과 같다. 식(6)의 우변은 초항이 $C/(1+r)^1$이고 공비가 $1/(1+r)$인 등비수열이다. 식 (6)은 등비수열의 합을 구하는 공식에 대입해서 정리한 것이다.

$$PV = \frac{C}{(1+r)^1} + \frac{C}{(1+r)^2} + \cdots + \frac{C}{(1+r)^n}$$

$$= \frac{C}{1+r} \times \frac{1-\left(\frac{1}{1+r}\right)^n}{1-\frac{1}{1+r}} = \frac{C}{1+r} \times \frac{1-\left(\frac{1}{1+r}\right)^n}{\frac{r}{1+r}}$$

$$= C \cdot \left[\frac{1-\left(\frac{1}{1+r}\right)^n}{r}\right] \tag{6}$$

식 (6)의 우변에 있는 $\left[\frac{1-\left(\frac{1}{1+r}\right)^n}{r}\right]$을 편의상 $PVIFa(r,\ n)$으로 표시하기로 한다. $PVIFa(r,\ n)$은 연금현가요소(present value of interest factor for an annuity)를 의미하며, 이는 매년 1원씩 n년 동안 발생하는 연금을 r%로 할인한 현재가치를 의미한다. $PVIFa(r,\ n)$은 공식을 이용해서 구해도 좋지만 본서의 말미에 있는 부록을 이용하여 구할 수도 있다. r%의 이자율에 해당되는 열(column)과 n의 현금흐름의 수에 해당되는 행(row)이 만나는 셀(cell)의 숫자가 $PVIFa(r,\ n)$의 값이다.

[표 2] 현금현가요소표 : $PVIFa(r,\ n)$

기 간	이자율								
	1%	2%	3%	4%	5%	6%	7%	8%	9%
1	0.9901	0.9804	0.9709	0.9615	0.9524	0.9434	0.9346	0.9259	0.9174
2	1.9704	1.9416	1.9135	1.8861	1.8594	1.8334	1.8080	1.7833	1.7591
3	2.9410	2.8839	2.8286	2.7751	2.7232	2.6730	2.6243	2.5771	2.5313
4	3.9020	3.8077	3.7171	3.6299	3.5460	3.4651	3.3872	3.3121	3.2397
5	4.8534	4.7135	4.5797	4.4518	4.3295	4.2124	4.1002	3.9927	3.8897

예를 들어, [표 2]에 제시된 연금현가요소표에서 5% 이자율(할인율)의 3년 연금인

경우 $PVIFa(0.05,\ 3)$는 2.7232이다. 다시 말해서 매년 1원씩 연금의 형태로 3년간 발생하는 현금흐름을 매년 5%로 할인한 현재가치가 2.7232원이라는 뜻이다.

1.10 영구연금

연금의 특수형태로 영구연금(perpetuity)이 있다. 영구연금이란 미래에 동일 금액이 계속해서 영원히 발생하는 현금흐름이다. 식 (6)에서 $n \to \infty$이면 영구연금의 현가(PV)를 구하는 공식이 되고 이는 식 (7)과 같다.

$$PV = \frac{C}{r} \tag{7}$$

여기서 C는 연금금액이고 r은 이자율(할인율)이다. 다시 말해서 식 (7)은 식 (6)에서 n이 무한대로 접근할 때 성립하는 식이다.

식 (7)과 관련하여, 매기 수령하는 이자금액이 g%씩 일정하게 성장하면서 영구히 지급된다면 다음과 같은 식을 얻을 수 있다(단, $r > g$).

$$PV = \frac{C}{(1+r)^1} + \frac{C(1+g)^1}{(1+r)^2} + \cdots + \frac{C(1+g)^{\infty-1}}{(1+r)^{\infty}} = \frac{C}{r-g} \tag{8}$$

식 (8)은 초항이 $\frac{C}{(1+r)^1}$이고 공비가 $\frac{1+g}{1+r}$인 무한등비수열의 합을 구하는 공식을 사용한 결과이다.[2)] 식 (8)은 나중에 설명하는 골든(Gordon)의 배당평가모형을 이해하는 데 유용하다.

1.11 선연금

현금흐름이 기초에 발생하는 연금을 선연금(annuity due)이라고 한다. n년 선연금

---

2) 초항 × $\frac{1-(\text{공비})^{\infty}}{1-\text{공비}} = \frac{C}{1+r} \times \frac{1-\left(\frac{1+g}{1+r}\right)^{\infty}}{1-\frac{1+g}{1+r}} = \frac{C}{1+r} \times \frac{1-0}{1-\frac{r-g}{1+r}} = \frac{C}{r-g}$

(先年金)의 첫 번째 현금흐름은 현재에 발생하고 마지막 현금흐름은 $n-1$년 후에 발생하므로 n년 후 기준으로 미래가치를 계산하려면 보통연금의 미래가치에 $(1+r)$을 추가로 곱해서 구한다. 예를 들어, 3년 선연금(C = 100, r = 0.1)의 3년 후 미래가치는 $100 \times \left[\frac{(1.1)^3-1}{0.1}\right] \times 1.1$로 계산된다.

선연금의 첫 번째 현금흐름이 현재 시점에서 발생하므로 선연금의 현재가치는 다음의 방법으로 계산이 가능하다. 즉, 선연금의 미래가치를 계산하듯이, n년 선연금의 현재가치는 n년 보통연금의 현재가치에 $(1+r)$을 곱해서 구한다. 예를 들어, 3년 선연금(C = 100, r = 0.1)의 현재가치는 $\left[\frac{1-\left(\frac{1}{1.1}\right)^3}{0.1}\right] \times 1.1$로 계산된다.

1.12 연속복리와 연속할인★

이자계산이 1년 동안에 m번 행해지고 연간 이자율이 r일 때, n년 후의 복리계산 기준 미래가치 FV_n은 다음과 같다.

$$FV_n = PV\left(1+\frac{r}{m}\right)^{m\times n} \tag{9}$$

그리고 복리계산이 연속적으로 이루어지면(즉, 식 (9)에서 m이 무한대로 접근하면), n년 후의 미래가치 FV_n은 다음과 같다.[3)]

$$FV_n = \lim_{m\to\infty} PV\left(1+\frac{r}{m}\right)^{m\times n} = PV \cdot e^{r\times n} \tag{10}$$

e : 자연대수의 밑수(e = 2.7182)

식 (10)과 같이 계산한 것을 연속복리(continuous compounding)라 한다.

할인계산이 1년 동안에 m번 행해지고 연간 할인율이 r 일 때, n년 후에 발생하는

3) $\frac{m}{r}=x$로 치환하면, $FV_n = \lim_{m\to\infty} PV\left(1+\frac{r}{m}\right)^{m\times n} = \lim_{x\to\infty} PV\left(1+\frac{1}{x}\right)^{x\cdot r\cdot n}$이 된다. 그런데 $\lim_{x\to\infty}\left(1+\frac{1}{x}\right)^x = e$이므로, $FV_n = PV \cdot e^{r\times n}$이다.

미래가치 FV_n의 현재가치 PV는 다음과 같다.

$$PV = \frac{FV_n}{\left(1+\frac{r}{m}\right)^{m\times n}} \tag{11}$$

그리고 할인계산이 연속적으로 이루어지면(즉, 식 (11)에서 m이 무한대로 접근하면), n년 후의 미래가치 FV_n의 현재가치 PV는 다음과 같다.

$$PV = \frac{FV_n}{e^{r\times n}} = FV_n \cdot e^{-r\times n} \tag{12}$$

e : 자연대수의 밑수(e = 2.7182)

식 (12)와 같이 계산한 것을 연속할인(continuous discounting)이라 한다.

1.13 실효이자율

실효이자율(effective annual rate : EAR)이란 이자가 연 1회 지급된다고 가정하는 경우 적용되는 이자율이다. 실효이자율의 정의에 의해 n년 후의 미래가치는 다음과 같다.

$$FV_n = PV\left(1+\frac{r}{m}\right)^{m\times n} = PV(1+EAR)^n \tag{13}$$

식 (13)을 정리하여 실효이자율(EAR)을 구하면 다음과 같다.

$$EAR = \left(1+\frac{r}{m}\right)^m - 1 \tag{14}$$

식 (14)에서 $m=1$이면(즉, 1년에 이자를 한 번 지급하면), 명목이자율(annual

percentage rate : APR) r과 실효이자율(EAR)은 동일하게 된다. 그러나 $m>1$이면 실효이자율(EAR)이 명목이자율(APR)보다 반드시 높다. 또한 다른 모든 조건이 동일할 때, m이 증가하면 EAR도 증가한다.

[표 3] 이자지급 횟수와 1년 후의 가치 및 EAR

(APR = 연 6%, 원금 = 10,000원 기준)

이자지급 횟수(연간)	1년 후의 가치(원)	EAR	비 고
1	10,600.00	6.0000%	연간 복리
2	10,609.00	6.0900%	반기 복리
4	10,613.64	6.1364%	분기 복리
12	10,616.78	6.1678%	월간 복리
52	10,618.00	6.1800%	주간 복리
365	10,618.31	6.1831%	일간 복리
무한대	10,618.37	6.1837%	연속 복리

[표 3]은 명목이자율이 연 6% 일 때, 이자지급횟수(연간)에 따라 1년 후의 가치와 EAR이 어떻게 변하는지 보여준다. 예를 들어 연간 이자지급횟수가 4회이면(즉, 분기별 지급), EAR은 APR보다 큰 6.1364%이다. 다시 말해서 연간 명목이자율이 6%인 경우, 3개월마다 이자를 지급하면 실효이자율은 6.1364%로 높아진다.

정리문제

01 재무관리를 정의하라.

02 재무관리의 역할을 설명하라.

03 재무관리의 목표를 설명하라.

04 가치평가원칙을 설명하라.

05 대리인비용을 설명하라.

06 원섭이는 부인과 함께 5년 후에 세계여행을 할 생각이다. 여행에 소요되는 비용은 총 1,800만원이다. 매년 말 얼마의 금액을 정기적으로 5년 동안 은행에 넣어 두어야 5년 후에 여행에 필요한 금액을 마련할 수 있을까? 단, 이자율은 연 10%이다(연간 복리).

07 수정이는 앞으로 5년간 매년 말에 각각 1,000만원, 2,000만원, 3,000만원, 4,000만원, 5,000만원의 현금수입이 있을 것으로 예상하고 있다.

(1) 매년 말에 들어오는 현금을 모두 연 5%의 복리로 계산되는 정기적금에 납입한다면, 5년도 말에 수정이가 받게 되는 원리금은 얼마인가?

(2) 매년 말에 들어오는 현금을 모두 연 5%의 복리로 계산되는 정기적금에 납입하고, 5년 후에 받게 될 정기예금의 원리금을 담보로 은행으로부터 차입한다고 하자. 수정이가 현재 은행으로부터 차입할 수 있는 금액은 얼마인가? 단, 차입이자율은 연 10%이다.

08 철수는 가격이 1억 5천만원인 집을 구입하고자 한다. 철수는 전액을 은행으로부터 융자받아 25년 동안 매년 말에 일정 금액씩 갚고자 한다.

(1) 이자율이 연 12%라고 가정하면 철수가 매년 말 갚아야 할 금액은 얼마인가?

(2) 매년 (1)번에서 계산한 금액만큼 갚는다면 5번째 상환 직후 은행에 빚진 금액은 얼마인가(이자율 연 12%)?

(3) 만일 이자율이 연 12%이고 5년 동안 매월 말에 일정 금액을 갚는다면 매월 말 갚아야 할 금액은 얼마인가? 이 경우 실효이자율(EAR)은 얼마인가? (단, $PVIFa$(1%, 60) = 44.955)

09 **성빈이는 주택을 구입하기 위하여 1,000만원을 차입하였는데, 이자율은 연 10%이고, 3년간 매년 말에 분할상환 하기로 하였다. 상환스케줄을 작성하고, 총 상환금액과 총이자금액을 구하라.**

10 **은용이는 정년퇴임을 한 후 연금을 지급받으려 한다. 이자율이 연 6%(월 0.5%)일 때 어떤 연금지급 방법을 선택하겠는가?**

1안 : 현재 1억을 받고 매월 말 100만원씩 영구히 지급 받음
2안 : 현재 5,000만원을 받고 매년 말 1,200만원씩 영구히 지급 받음
3안 : 매월 말 180만원씩 영구히 지급 받음
4안 : 매년 말 4,000만원씩 7년간 지급 받음
5안 : 3년 뒤 1억 5천만원을 지급받고 4년도 말부터 매년 연 1,800만원씩 영구히 지급 받음
6안 : 6개월마다 3,000만원씩 지급받고 이후 매년 말 1,000만원씩 영구히 지급 받음

11 **지훈이는 현재 홍익실업에 근무 중이다. 그는 20년 후 은퇴할 계획이며 은퇴 후 20년 동안 멋지게 살아 보리라 작정한다. 만일 그가 1년 후부터 20년 동안 매년 말에 500만원씩 정기예금에 저축한다면 은퇴 후 20년 동안 매년 말에 소비할 수 있는 금액(C)은 얼마인가? (이자율 연 5%, 원 미만 반올림)**

12 **철수는 6년 후에 1,500만원, 10년 후에 2,500만원이 필요하다.**

(1) 이자율이 연 9%인 경우, 10년 동안 매년 말에 저축해야 할 금액은 얼마인가?

(2) 만일 처음 6년 동안 이자율이 연 10%이고 이후 4년 동안의 이자율이 연 14%라고 한다면 매년 말에 저축해야 할 금액은 얼마인가?

13 **A회사에 다니던 길동이가 B회사로 이직을 하면서 연봉계약서를 작성하였다. 길동이의 오랜 경험과 능력을 높게 평가한 회사는 길동이에게 매년 말 앞으로 4년간 각각 100만원, 200만원, 300만원, 400만원의 성과금을 현금으로 지급할 것을 계약에 포함시켰다.**

(1) 매년 말에 받을 현금을 모두 연 10%의 복리로 계산되는 정기적금에 납입하면 5년도 말에 받는 원리금은 얼마인가?

(2) 5년도 말에 받는 원리금을 담보로 은행으로부터 차입한다면, 차입가능 금액은 얼마인가?

14 **홍익씨는 어느 사채업자에게 돈을 빌려서 사업을 했다. 돈을 갚아야 하는 날이 다가오자 사채업자는 홍익씨에게 돈을 갚는 다섯 가지 방법 중 하나를 택하라는 제안을 해왔다. 다음 제안 중 어느 제안의 현재가치가 가장 작은지를 판단하라. 단, 이자율은 연 10%이다.**

A안 : 현재 $90,000를 갚음
B안 : 매년도 말 $9,000씩 영구히 갚음
C안 : 4년도 말 $140,000를 갚음
D안 : 1년도 말에 $7,000를 갚고 그 후 매년도 말에 $8,000씩 영구히 갚음
E안 : 매년도 말 $15,000씩 10년간 갚음

15 **영희는 등록금 450만원을 학자금 대출을 통해 마련하려고 한다. 학자금 대출조건은 이자율 연 8%에 10년 동안 상환하는 것인데 처음 5년 동안은 매년 말 이자만 납입하고, 나머지는 5년에 걸쳐 매년 말 원금과 이자를 균등 분할 상환하는 조건이다.**

(1) 처음 5년간 매년 말에 발생하는 이자는 얼마인가?

(2) 그 다음 5년간 매년 말에 갚아야 할 금액은 얼마인가?

(3) 원금과 이자를 같이 상환하는 5년간 갚아야 할 이자는 총 얼마인가?

16 **철수는 1,500만원을 은행으로부터 융자받아 2년 동안 매월 말에 일정금액씩 갚고자 한다.**

(1) 이자율이 연 12%라고 가정하면 철수가 2년 동안 매월 말에 갚아야 할 금액은 얼마인가? 이 경우 실효이자율은 얼마인가?

(2) 매월 말에 (1)번에서 계산한 금액만큼 갚는다면 4번째 상환 직후 은행에 빚진 금액은 얼마인가? (이자율 연 12%)

17 **김민수씨는 현재 안녕상조회사를 운영하고 있다. 사업의 내용은 매월 말 회원들로부터 19,900원을 받아 이를 수익률이 월 0.5%인 펀드에 전액 투자하여 수익을 올리고 차후 고객이 사망했을 경우에는 고객에게 상여금으로 일시에 900만원을 지급하는 것이다(단, $FVIF(r,\ n) = [\frac{(1+r)^n - 1}{r}]$).**

(1) 만약 52세 고객이 현재 가입하여 차후 남성평균 사망 나이인 74세에 사망한다면, 안녕상조회사의 이익은 얼마인가?

(2) (1)번에서 고객이 몇 살보다 적게 살 경우 안녕상조회사가 손실을 입게 되는가?

18 **신촌씨는 앞으로 3년간 매년 말에 각각 200만원, 300만원, 400만원의 현금수입이 있을 것으로 예상하고 있다.**

(1) 매년 말에 들어오는 현금을 모두 연 10%의 복리로 계산되는 정기예금에 납입한다면, 3년도 말에 신촌씨가 받게 되는 원리금은 얼마인가?

(2) 미래의 현금수입을 수령함과 동시에 연 10%의 복리로 계산되는 정기예금에 납입하고, 3년 후에 받게 될 정기예금의 원리금을 담보로 은행으로부터 차입한다고 하자. 신촌씨가 현재 은행으로부터 차입할 수 있는 금액은 얼마인가? 단, 차입이자율도 연 10%이다.

19 **20년 후 은퇴자금 10억원을 만들기 위해 설희는 오늘부터 첫 번째 저축을 하며 총 20회 저축한다고 하면 매년 저축해야 하는 일정 금액(C)은 얼마인가? 또한 20년이 경과하여 설희는 10억원의 돈을 가지고 은퇴한다. 설희가 은퇴 시점부터 20년을 소비하는데 연초 기준으로 매년 소비할 수 있는 금액(C')은 얼마인가?(단, 이자율은 연 5%이고, $PVIFa(r,\ n) = \left[\frac{1-\left(\frac{1}{1+r}\right)^n}{r}\right]$이며, $FVIFa(r,\ n) = \left[\frac{(1+r)^n-1}{r}\right]$이다.)**

정리문제에 대한 해설

01 재무관리를 정의하라.

해설 재무관리란 자본의 조달과 운용과 관련된 기업활동을 계획하고 실행하며 통제하는 관리시스템으로 정의할 수 있다. 기업활동은 영업활동과 재무활동으로 분류된다. 영업활동은 생산 및 판매 활동으로서 자본을 운용하는 것을 말하며, 재무활동은 소요자본을 부채 또는 자기자본으로 조달하는 것을 말한다.

02 재무관리의 역할을 설명하라.

해설 재무관리는 자본을 효율적으로 조달하여 자본구성을 최적화하고 이렇게 조달된 자본을 효율적으로 운용하여 자산구성을 최적화하도록 도와준다. 자산과 자본구성의 최적화는 수익성과 위험을 동시에 고려해서 이루어져야 한다.

03 재무관리의 목표를 설명하라.

해설 재무관리의 목표는 기업 부(富)의 극대화 또는 기업가치의 극대화이다. 기업가치의 극대화는 주주가치의 극대화로 연결되고 궁극적으로 주가의 극대화를 의미한다. 기업가치의 극대화는 수익성과 위험을 동시에 고려하고 있으므로 재무관리의 적절한 목표이다. 이익의 극대화는 수익성만을 고려한 개념이므로 재무관리의 목표로서 적절하지 않다.

04 가치평가원칙을 설명하라.

해설 가치평가원칙(valuation principle)은 "자산의 가치는 자산이 제공하는 미래 현금흐름을 현금흐름의 위험을 반영하는 적정 할인율(이자율 또는 요구수익률)로 할인하여 구한 현재가치"라는 원칙이다. 자산의 가치가 미래 현금흐름의 현재가치이므로, 자산의 가치는 다음 두 가지 요인에 의해 결정된다.

① 현금흐름의 크기(magnitude)
② 현금흐름의 위험을 반영하는 적정 할인율(discount rate) 또는 요구수익률

05 대리인비용을 설명하라.

해설 소유와 경영의 분리는 대리인문제를 야기 시킬 수 있다. 대리인관계는 주주가 경영자를 고용할 때 성립하는 관계이다. 주주와 경영자간의 갈등으로부터 발생하는 기업가치 감소비용을 대리인비용이라 한다. 주주는 경영자의 자기이익 추구행위를 방지하기 위하여 주가에 경영자의 보상을 연계시키는 스톡옵션시스템(stock option system)을 구축하거나 또는 기업지배구조를 개선하고자 한다.

06 원섭이는 부인과 함께 5년 후에 세계여행을 할 생각이다. 여행에 소요되는 비용은 총 1,800만원이다. 매년 말 얼마의 금액을 정기적으로 5년 동안 은행에 넣어 두어야 5년 후에 여행에 필요한 금액을 마련할 수 있을까? 단, 이자율은 연 10%이다(연간 복리).

해설 일정액 × $FVIFa(0.1,\ 5)$ = 일정액 × 6.1051 = 1,800만원

∴ 일정액 = 2,948,355원

07 수정이는 앞으로 5년간 매년 말에 각각 1,000만원, 2,000만원, 3,000만원, 4,000만원, 5,000만원의 현금수입이 있을 것으로 예상하고 있다.

(1) 매년 말에 들어오는 현금을 모두 연 5%의 복리로 계산되는 정기적금에 납입한다면, 5년도 말에 수정이가 받게 되는 원리금은 얼마인가?

해설 5년도 말에 받게 되는 원리금 FV_5는,

$$\begin{aligned} FV_5 &= 1{,}000\text{만원}(1.05)^4 + 2{,}000\text{만원}(1.05)^3 + 3{,}000\text{만원}(1.05)^2 \\ &\quad + 4{,}000\text{만원}(1.05)^1 + 5{,}000\text{만원} \\ &= 160{,}382{,}563\text{원} \end{aligned}$$

(2) 매년 말에 들어오는 현금을 모두 연 5%의 복리로 계산되는 정기적금에 납입하고, 5년 후에 받게 될 정기예금의 원리금을 담보로 은행으로부터 차입한다고 하자. 수정이가 현재 은행으로부터 차입할 수 있는 금액은 얼마인가? 단, 차입이자율은 연 10%이다.

해설 5년 후 받을 금액은 160,382,563원이다. 이를 담보로 현재 차입할 수 있는 금액은 차입이자율 10%로 할인한 값이 된다.

$$\text{차입금} = \frac{160{,}382{,}563\text{원}}{(1+0.1)^5} = 99{,}584{,}953\text{원}$$

08 **철수는 가격이 1억 5천만원인 집을 구입하고자 한다. 철수는 전액을 은행으로부터 융자받아 25년 동안 매년 말에 일정 금액씩 갚고자 한다.**

(1) 이자율이 연 12%라고 가정하면 철수가 매년 말 갚아야 할 금액은 얼마인가?

해설 매년 말 갚아야 할 금액을 C라 하면,

$$150{,}000{,}000\text{원} = C \cdot PVIFa(0.12,\ 25)$$

$$150{,}000{,}000\text{원} = C \cdot 7.8431$$

$$\therefore\ C = 19{,}125{,}091\text{원}$$

(2) 매년 (1)번에서 계산한 금액만큼 갚는다면 5번째 상환 직후 은행에 빚진 금액은 얼마인가(이자율 연 12%)?

해설

(단위 : 원)

연	차입금 기초잔액	총상환금액	이자금액	상환원금	차입금 기말잔액
1	150,000,000	19,125,091	18,000,000	1,125,091	148,874,909
2	148,874,909	19,125,091	17,864,989	1,260,102	147,614,807
3	147,614,807	19,125,091	17,713,777	1,411,314	146,203,493
4	146,203,493	19,125,091	17,544,419	1,580,672	144,622,821
5	144,622,821	19,125,091	17,354,739	1,770,352	142,852,469

또는, 6년말부터 25년말까지 20년간 지급해야 하는 원리금의 5년말 시점의 가치를 구해도 된다. 왜냐하면 5년말 현재 차입금의 원리금을 20년간 지급해야 하기 때문이다.

$$19{,}125{,}091\text{원} \times PVIFa(0.12,\ 20)$$

$$= 19{,}125{,}091\text{원} \times 7.4694$$

$$= 142{,}852{,}955\text{원} \approx 142{,}852{,}469\text{원(반올림 차이임)}$$

(3) 만일 이자율이 연 12%이고 5년 동안 매월 말에 일정 금액을 갚는다면 매월 말 갚아야 할 금액은 얼마인가? 이 경우 실효이자율(EAR)은 얼마인가? (단, $PVIFa(1\%,\ 60) = 44.955$)

해설 매월 말 갚아야 하는 금액을 C라 하면,

$$150{,}000{,}000\text{원} = C \cdot PVIFa\left(\frac{12\%}{12},\ 5 \times 12\right)$$

$$150{,}000{,}000\text{원} = C \times 44.955$$

$$\therefore\ C = 3{,}336{,}670\text{원}$$

$$EAR = \left(1 + \frac{0.12}{12}\right)^{12} - 1 = 12.68\%$$

09 성빈이는 주택을 구입하기 위하여 1,000만원을 차입하였는데, 이자율은 연 10%이고, 3년간 매년 말에 분할상환 하기로 하였다. 상환스케줄을 작성하고, 총상환금액과 총이자금액을 구하라.

해설 매년 말 상환하여야 할 금액을 C라 하면,

$$10{,}000{,}000\text{원} = C \cdot PVIFa(10\%,\ 3)$$
$$10{,}000{,}000\text{원} = C \cdot 2.48685$$
$$\therefore\ C = 4{,}021{,}151\text{원}$$

상환스케줄을 작성하면 다음과 같다.

(단위 : 원)

연	차입금 기초 잔액	상환금액	이자금액	상환원금	차입금 기말잔액
1	10,000,000	4,021,151	1,000,000	3,021,151	6,978,848
2	6,978,848	4,021,151	697,885	3,323,266	3,655,582
3	3,655,582	4,021,151	365,558	3,655,593	0
합 계		12,063,453	2,063,443	10,000,000	

∴ 총상환금액은 12,063,453원이고, 총이자금액은 2,063,443원이다.

10 은용이는 정년퇴임을 한 후 연금을 지급받으려 한다. 이자율이 연 6%(월 0.5%)일 때 어떤 연금지급 방법을 선택하겠는가?

1안 : 현재 1억을 받고 매월 말 100만원씩 영구히 지급 받음
2안 : 현재 5,000만원을 받고 매년 말 1,200만원씩 영구히 지급 받음
3안 : 매월 말 180만원씩 영구히 지급 받음
4안 : 매년 말 4,000만원씩 7년간 지급 받음
5안 : 3년 뒤 1억 5천만원을 지급받고 4년도 말부터 매년 연 1,800만원씩 영구히 지급 받음
6안 : 6개월마다 3,000만원씩 2년간 지급받고 이후 매년 말 1,000만원씩 영구히 지급 받음

해설 각 안의 현재가치는 다음과 같다.

$$1\text{안} :\ PV = 1\text{억원} + \frac{100\text{만원}}{0.5\%} = 3\text{억원}$$

$$2\text{안} :\ PV = 5{,}000\text{만원} + \frac{1{,}200\text{만원}}{6\%} = 2.5\text{억원}$$

$$3\text{안} :\ PV = \frac{180\text{만원}}{0.5\%} = 3.6\text{억원}$$

$$4\text{안} :\ PV = 4{,}000\text{만원} \times PVIFa(6\%,\ 7\text{년})$$
$$= 4{,}000\text{만원} \times 5.5824$$
$$= 2.233\text{억원}$$

$$5\text{안} :\ PV = \frac{15{,}000\text{만원}}{(1+0.06)^3} + \frac{1{,}800\text{만원}/0.06}{(1+0.06)^3}$$
$$= 3.7783\text{억원}$$

$$6안 : PV = \frac{3{,}000만원}{\left(1+\frac{0.06}{2}\right)^1} + \frac{3{,}000만원}{\left(1+\frac{0.06}{2}\right)^2}$$

$$+ \frac{3{,}000만원}{\left(1+\frac{0.06}{2}\right)^3} + \frac{3{,}000만원}{\left(1+\frac{0.06}{2}\right)^4}$$

$$+ \left(\frac{1{,}000만원}{6\%}\right) \Big/ (1+0.06)^2$$

$$= 2.5985억원$$

∴ 따라서 5안의 지급방법을 선택한다.

11 지훈이는 현재 홍익실업에 근무 중이다. 그는 20년 후 은퇴할 계획이며 은퇴 후 20년 동안 멋지게 살아 보리라 작정한다. 만일 그가 1년 후부터 20년 동안 매년 말에 500만원씩 정기예금에 저축한다면 은퇴 후 20년 동안 매년 말에 소비할 수 있는 금액(C)은 얼마인가? (이자율 연 5%, 원 미만 반올림)

해설 20년 후 정기예금의 미래가치 = 5,000,000원 × $FVIFa(0.05,\ 20)$

= 5,000,000원 × 33.066

= 165,330,000원

165,330,000원 = 은퇴 후 20년 동안 매년 말에 소비할 현금흐름의 현재가치

= $C \times PVIFa(0.05,\ 20)$

= $C \times 12.4622$

C = 165,330,000원 / 12.4622

= 13,266,518원

∴ 지훈이는 은퇴 후 20년 동안 매년 말에 13,266,518원을 소비할 수 있다.

12 철수는 6년 후에 1,500만원, 10년 후에 2,500만원이 필요하다.

(1) 이자율이 연 9%인 경우, 10년 동안 매년 말에 저축해야 할 금액은 얼마인가?

해설 매년 말에 저축해야 할 금액을 C라 하면,

$FV_{10} = C \times FVIFa(0.09,\ 10) = 15{,}000{,}000원 \times (1.09)^4 + 25{,}000{,}000원$

$FVIFa(0.09,\ 10) = 15.193$

∴ C = 3,039,145원

(2) 만일 처음 6년 동안 이자율이 연 10%이고 이후 4년 동안의 이자율이 연 14%라고 한다면 매년 말에 저축해야 할 금액은 얼마인가?

해설 연금의 미래가치 FV_n을 구해보면,

$$FV_n = C \times FVIFa(0.1,\ 6) \times (1.14)^4 + C \times FVIFa(0.14,\ 4)$$
$$= 15{,}000{,}000\text{원} \times (1.14)^4 + 25{,}000{,}000\text{원}$$

$FVIFa(0.1,\ 6) = 7.7156,\ FVIFa(0.14,\ 4) = 4.9211$ 이므로 $C = 2{,}803{,}764$원

13 A회사에 다니던 길동이가 B회사로 이직을 하면서 연봉계약서를 작성하였다. 길동이의 오랜 경험과 능력을 높게 평가한 회사는 길동이에게 매년 말 앞으로 4년간 각각 100만원, 200만원, 300만원, 400만원의 성과금을 현금으로 지급할 것을 계약에 포함시켰다.

(1) 매년 말에 받을 현금을 모두 연 10%의 복리로 계산되는 정기적금에 납입하면 5년도 말에 받는 원리금은 얼마인가?

해설 5년도 말에 받는 원리금은

$$100\text{만원}(1.1)^4 + 200\text{만원}(1.1)^3 + 300\text{만원}(1.1)^2 + 400\text{만원}(1.1) = 1{,}215.61\text{만원}$$

(2) 5년도 말에 받는 원리금을 담보로 은행으로부터 차입한다면, 차입가능 금액은 얼마인가?

해설 차입가능 금액 $= \dfrac{1{,}215.61\text{만원}}{(1+0.1)^5} = 754.7981\text{만원}$

14 홍익씨는 어느 사채업자에게 돈을 빌려서 사업을 했다. 돈을 갚아야 하는 날이 다가오자 사채업자는 홍익씨에게 돈을 갚는 다섯 가지 방법 중 하나를 택하라는 제안을 해왔다. 다음 제안 중 어느 제안의 현재가치가 가장 작은지를 판단하라. 단, 이자율은 연 10%이다.

A안 : 현재 $90,000를 갚음
B안 : 매년도 말 $9,000씩 영구히 갚음
C안 : 4년도 말 $140,000를 갚음
D안 : 1년도 말에 $7,000를 갚고 그 후 매년도 말에 $8,000씩 영구히 갚음
E안 : 매년도 말 $15,000씩 10년간 갚음

해설 모두 현재가치로 계산하면,

A안 : $90,000

B안 : $\dfrac{\$9{,}000}{0.1} = \$90{,}000$

C안 : $\dfrac{\$140{,}000}{(1.1)^4} = \$95{,}622$

D안 : $\left[\$7{,}000 + \dfrac{\$8{,}000}{0.1}\right] \times \dfrac{1}{1.1} = \$79{,}091$

$$\text{E안} : 15,000 \times \left[\frac{1-\left(\frac{1}{1.1}\right)^{10}}{0.1} \right] = \$92,169$$

∴ 홍익씨는 D안을 선택해 현재가치 기준으로 $79,091를 갚는 방법이 가장 유리하다.

15 **영희는 등록금 450만원을 학자금 대출을 통해 마련하려고 한다. 학자금 대출조건은 이자율 연 8%에 10년 동안 상환하는 것인데 처음 5년 동안은 매년 말 이자만 납입하고, 나머지는 5년에 걸쳐 매년 말 원금과 이자를 균등 분할 상환하는 조건이다.**

(1) 처음 5년간 매년 말에 발생하는 이자는 얼마인가?

해설 처음 5년간 매년 말에 발생하는 이자 = 4,500,000원 × 8% = 360,000원

(2) 그 다음 5년간 매년 말에 갚아야 할 금액은 얼마인가?

해설 그 다음 5년간 매년 말에 갚아야 하는 금액을 C라 하면,

4,500,000원 = $C \times PVIFa$(8%, 5년) = $C \times 3.99271$

∴ C = 1,127,054원

(3) 원금과 이자를 같이 상환하는 5년간 갚아야 할 이자는 총 얼마인가?

해설 연 8%로 차입한 450만원을 5년에 걸쳐 동일금액으로 분할 상환하는 경우의 상환일정은 다음과 같다.

(단위 : 원)

연 도	차입금 기초잔액	총상환금액	이자금액	상환원금	차입금 기말잔액
6	4,500,000	1,127,054	360,000	767,054	3,732,946
7	3,732,946	1,127,054	298,635	828,419	2,904,527
8	2,904,527	1,127,054	232,362	894,692	2,009,835
9	2,009,835	1,127,054	160,786	966,268	1,043,567
10	1,043,567	1,127,054	83,487	1,043,567	0
합 계		5,635,270	1,135,270	4,500,000	

∴ 총이자금액은 1,135,270원이다.

16 **철수는 1,500만원을 은행으로부터 융자받아 2년 동안 매월 말에 일정금액씩 갚고자 한다.**

(1) 이자율이 연 12%라고 가정하면 철수가 2년 동안 매월 말에 갚아야 할 금액은 얼마인가? 이 경우 실효이자율은 얼마인가?

해설 매월 갚아야 할 금액을 C라 하면,

1,500만원 = $C \times PVIFa(1\%,\ 24) = C \times 21.2434$

$\therefore\ C$ = 70.6102만원

실효이자율$(EAR) = \left(1+\dfrac{r}{m}\right)^{m} - 1 = \left(1+\dfrac{0.12}{12}\right)^{12} - 1 = 12.68\%$

(2) 매월 말에 (1)번에서 계산한 금액만큼 갚는다면 4번째 상환 직후 은행에 빚진 금액은 얼마인가? (이자율 연 12%)

해설 은행에 빚진 금액 = 70.6102만원 × $PVIFa(1\%,\ 20)$

= 70.6102만원 × 18.0456 = 1,274.2만원

17 김민수씨는 현재 안녕상조회사를 운영하고 있다. 사업의 내용은 매월 말 회원들로부터 19,900원을 받아 이를 수익률이 월 0.5%인 펀드에 전액 투자하여 수익을 올리고 차후 고객이 사망했을 경우에는 고객에게 상여금으로 일시에 900만원을 지급하는 것이다(단, $FVIF(r,\ n) = \left[\dfrac{(1+r)^{n}-1}{r}\right]$).

(1) 만약 52세 고객이 현재 가입하여 차후 남성평균 사망 나이인 74세에 사망한다면, 안녕상조회사의 이익은 얼마인가?

해설 김민수씨는 매월 말에 19,900원의 현금을 유입 받게 되고 이를 수익률 월 0.5%의 펀드에 투자하므로, 이는 이자율 월 0.5%로 매월 말에 19,900원을 받는 연금과 그 내용이 같아진다. 그러므로 고객이 74세에 사망할 때 안녕상조회사의 이익은 월 0.5%로 매월 말에 19,900원을 받는 연금의 22년 후 미래가치에서 고객의 사망으로 인해 지급될 현금 유출액 900만원과의 차이가 된다. 먼저 매월 말에 받는 19,900원을 월 0.5% 수익률의 펀드에 투자해 22년 후 얻게 되는 미래가치는 다음의 식을 통해 구할 수 있다.

$FV_{22} = C \times FVIFa(0.5\%,\ 264$월$)$

$= 19{,}900$원 $\times \left(\dfrac{(1+0.005)^{264} - 1}{0.005}\right) = 10{,}869{,}895$원

그러므로 안녕상조회사의 이익은 10,869,895원 − 9,000,000원 = 1,869,895원이다.

(2) (1)번에서 고객이 몇 살보다 적게 살 경우 안녕상조회사가 손실을 입게 되는가?

해설 안녕상조회사의 손익분기점은 현금유입의 미래가치가 상여금 900만원과 동일한 시점에서 달성된다. 손익분기점을 식으로 나타내면 다음과 같다.

$FV_{n} = C \times \left(\dfrac{(1+r)^{n} - 1}{r}\right)$,

$9{,}000{,}000$원 $= 19{,}900$원 $\times \left(\dfrac{(1+0.005)^{n} - 1}{0.005}\right)$

$\therefore\ n = 237$개월

그러므로 고객이 향후 237개월 즉, 19년 9개월 보다 오래 살지 못하고 사망할 경우(71.75세까지 살지 못할 경우) 안녕상조회사는 손실을 입게 된다.

18 신촌씨는 앞으로 3년간 매년 말에 각각 200만원, 300만원, 400만원의 현금수입이 있을 것으로 예상하고 있다.

(1) 매년 말에 들어오는 현금을 모두 연 10%의 복리로 계산되는 정기예금에 납입한다면, 3년도 말에 신촌씨가 받게 되는 원리금은 얼마인가?

해설 3년도 말에 받는 원리금 FV_3는,

$$\begin{aligned} FV_3 &= 200\text{만원}(1+0.1)^2 + 300\text{만원}(1+0.1)^1 + 400\text{만원} \\ &= 242\text{만원} + 330\text{만원} + 400\text{만원} \\ &= 972\text{만원} \end{aligned}$$

(2) 미래의 현금수입을 수령함과 동시에 연 10%의 복리로 계산되는 정기예금에 납입하고, 3년 후에 받게 될 정기예금의 원리금을 담보로 은행으로부터 차입한다고 하자. 신촌씨가 현재 은행으로부터 차입할 수 있는 금액은 얼마인가? 단, 차입이자율도 연 10%이다.

해설 차입가능 금액은 3년 후 받게 될 원리금의 현재가치이다.

$$\text{차입가능 금액} = PV = \frac{972\text{만원}}{(1+0.1)^3} = 730.28\text{만원}$$

19 20년 후 은퇴자금 10억원을 만들기 위해 설희는 오늘부터 첫 번째 저축을 하며 총 20회 저축한다고 하면 매년 저축해야 하는 일정 금액(C)은 얼마인가? 또한 20년이 경과하여 설희는 10억원의 돈을 가지고 은퇴한다. 설희가 은퇴 시점부터 20년을 소비하는데 연초 기준으로 매년 소비할 수 있는 금액(C')은 얼마인가? (단, 이자율은 연 5%이고, $PVIFa(r,\ n) = \left[\frac{1-\left(\frac{1}{1+r}\right)^n}{r}\right]$이며, $FVIFa(r,\ n) = \left[\frac{(1+r)^n-1}{r}\right]$이다.)

해설 이는 선연금의 형태이고 이자율이 연 5%이므로 $10\text{억원} = C \times \left[\frac{(1.05)^{20}-1}{0.05}\right] \times 1.05$이 성립한다. 따라서 일정 저축금액 C는 28,802,424원이다.

그리고 20년이 경과하여 설희는 10억원의 돈을 가지고 은퇴한다. 설희가 은퇴 시점부터 20년을 소비하는데 연초 기준으로 매년 소비할 수 있는 금액 C는 다음과 같다.

이 경우도 선연금의 형태이고 이자율이 연 5%이므로 $10\text{억원} = C \times \left[\frac{1-\left(\frac{1}{1.05}\right)^{20}}{0.05}\right] \times 1.05$의 식이 성립한다. 여기서 일정 소비금액 C'는 76,421,575원이다.

CHAPTER 02 채권의 가치평가

기업이 성장하기 위해서는 시설자산에 대한 투자가 지속적으로 이루어져야 한다. 투자에 필요한 자금은 순이익의 일부를 유보하거나 또는 신주를 발행하여 조달하기도 하지만 외부에서 차입하기도 한다. 기업이 외부에서 차입할 때, 금융기관을 이용하기도 하고 자본시장을 이용하기도 한다. 일반적으로 기업이 단기적으로 자본차입이 필요한 경우 은행 등의 금융기관을 이용하지만, 장기적으로 자본차입이 필요한 경우에는 자본시장에서 채권을 발행한다. 기업이 채권을 발행하면 미래에 기업은 약속한 현금흐름을 지급해야 할 의무를 진다. 본 장에서는 앞에서 배운 현재가치 계산 기법을 이용하여 채권의 가치를 평가하기로 한다.

2.1 채권의 기초 개념

(1) 채권의 기초 개념

채권(bond, 債券)은 발행자(또는 차입자, 채무자)가 투자자(채권자)에게 차입한 금액과 일정 이자를 정해진 일자에 상환하기로 약속한 증서이다. 일반적으로 채권에는 상환 예정일인 만기일(maturity date)과 원금 및 액면이자(또는 액면이자율)가 명시된다.

원금(principal)은 액면가(face value 또는 par value), 만기가치(maturity value), 또는 상환가치(redemption value)라고도 불린다. 액면이자(coupon)는 원금에 대하여 지급하는 이자를 말하고, 액면이자율(coupon rate)은 표면이자율이라고도 하며 원금에 대한 액면이자의 비율을 의미한다. 즉, 액면이자는 원금에 액면이자율을 곱해서 계산된다.

(2) 채권시장

채권시장은 채권이 발행되고 유통되는 추상적인 시장으로서 크게 발행시장과 유통시장으로 구분된다. 발행시장(primary market)은 채권 발행기관(주로 정부 또는 기업)이 채권인수기관에게 처음으로 채권을 이전시키는 시장을 말한다. 일반적으로 개인 투자자들은 발행시장보다는 유통시장에서 채권을 매입한다. 유통시장(secondary market)은 발행시장을 통하여 발행된 채권이 투자자들간에 거래되는 시장을 말하며, 증권에 시장성(marketability)과 유동성(liquidity)을 부여하는 기능을 한다. 유통시장은 거래소시장과 장외시장(over the counter market : OTC시장)으로 구분된다.

거래소시장은 증권거래소를 통하여 거래되는 시장을 말하며 거래조건과 시간 등이 제한되어 있다. 그리고 거래소시장에서는 상장채권만이 거래된다. 반면에 장외시장은 증권거래소를 거치지 않고 증권회사 창구를 통하여 거래상대방이 합의하여 거래가 개별적으로 이루어지는 시장을 말한다. 채권거래의 경우 기관투자자간의 대량거래가 주를 이루므로 장외시장의 비중이 거래소시장의 비중보다 훨씬 크다. 장외시장에서는 상장채권뿐만 아니라 비상장채권도 거래될 수 있으며, 제약조건이 매우 약하거나 거의 없다.

2.2 채권가치 평가모형

채권의 가치는 채권이 제공하는 미래 현금흐름인 액면이자와 원금의 현재가치(present value : PV)이다.

$$\text{채권가치} = PV(\text{액면이자}) + PV(\text{원금}) \tag{1}$$

식 (1)을 연장하여 채권가치를 평가하는 모형을 수식으로 나타내 보기로 하자. 채권의 만기를 T, 액면이자율을 c, 원금을 F, 할인율(채권수익률)을 y로 정의하자. 연 1회 이자를 지급한다고 가정하면 채권의 가치(P_0)는 식 (2)와 같이 구할 수 있다. 여기서 액면이자 C는 $F \times c$이고 n은 현금흐름의 수로 만기와 동일하다($n = T$).

$$\begin{aligned} P_0 &= \frac{C}{(1+y)^1} + \frac{C}{(1+y)^2} + \cdots + \frac{C}{(1+y)^n} + \frac{F}{(1+y)^n} \\ &= C \cdot \left(\frac{1 - \frac{1}{(1+y)^n}}{y} \right) + \frac{F}{(1+y)^n} \end{aligned} \tag{2}$$

식 (2)를 달리 표현해 보기로 하자. 만기일까지 액면이자가 n번 지급되는 현금흐름은 앞장에서 설명했듯이 정상적인 영구연금과 n년 지연된 영구연금간의 차이로 표현된다. 따라서 $C\left[\frac{1-\frac{1}{(1+y)^n}}{y}\right]$은 $\frac{C}{y}-\frac{C}{y(1+y)^n}$으로 표현되므로 채권의 가치 P_0가 다음과 같이 된다.

$$P_0 = \frac{C}{y} + \frac{F - \frac{C}{y}}{(1+y)^n} \tag{3}$$

식 (2)에서 채권으로부터 얻는 t기의 현금유입(이자와 원금)을 CF_t로 통일해서 표현하면 채권의 가치를 평가하는 기본모형은 다음과 같이 표현할 수 있다.

$$P_0 = \sum_{t=1}^{n} \frac{CF_t}{(1+y)^t} \tag{4}$$

P_0 : 채권의 가치, CF_t : t 기의 현금유입
y : 채권수익률, n : 채권의 만기

식 (4)에서 보면 채권가치는 이자 및 만기상환액 등의 현금유입, 만기, 채권수익률에 의하여 결정됨을 알 수 있다. 이들 채권가격 결정요인 중에서 가장 큰 관심의 대상이 되는 것은 채권수익률이다.

2.3 채권수익률, 액면이자율, 액면가 및 채권가격간의 관계

채권수익률(시장이자율), 액면이자율(표면이자율), 액면가(원금) 및 채권가격 간에는 어떤 관계가 있을까? 예를 들어 설명해 보기로 하자. 예를 들어 액면가(F) 100,000원, 액면이자율(c) 연 10%, 만기(T) 2년 그리고 채권수익률(y) 연 10%인 이표채(coupon bond)가 있다. 이자는 매년 후급이다. 이 채권의 가격을 그림으로 설명해 보기로 하자.

[그림 1] 채권가격의 결정

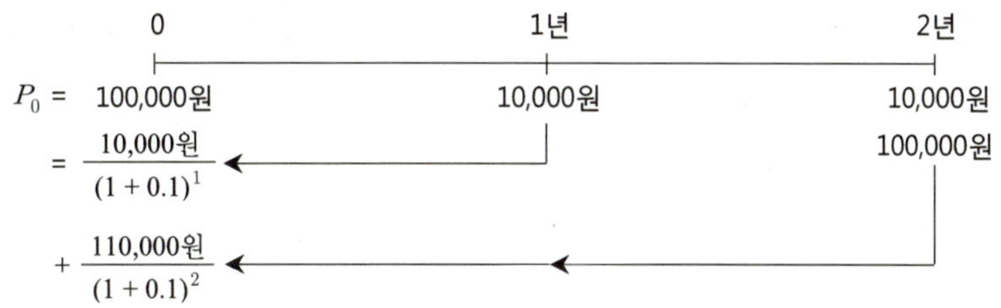

[그림 1]에서 보듯이, 채권의 1년 후 현금흐름은 이자 10,000원(= 원금 × 액면이자율)이고 2년 후 현금흐름은 이자 10,000원 + 원금 100,000원 = 110,000원이다. 이들 현금흐름을 요구수익률인 채권수익률 10%로 할인해서 구한 채권가격은 100,000원이 되고 이는 액면가와 일치한다. 이상으로부터 다음의 내용을 추론할 수 있다.

만약, ⓐ 채권수익률(y) = 액면이자율(c)이면, 채권가격(P_0) = 액면가(F)
ⓑ 채권수익률(y) > 액면이자율(c)이면, 채권가격(P_0) < 액면가(F)
ⓒ 채권수익률(y) < 액면이자율(c)이면, 채권가격(P_0) > 액면가(F)

ⓐ와 같은 상태의 채권을 액면가채권(par bond)이라 하고, ⓑ와 같은 상태의 채권을 할인채권(discount bond)이라 하며, ⓒ와 같은 상태의 채권을 할증채권(premium bond)이라 한다.

2.4 채권수익률의 결정요인

채권수익률을 결정하는 주요 요인으로는 자본의 한계생산력, 물가상승률, 채권의 위험, 채권의 만기 등을 들 수 있다. 이들 요인들을 좀 더 자세히 살펴보면 다음과 같다.

자본의 한계생산력

자본의 한계생산력이 높아지면 경제사회에서 자본의 수요가 많아지게 되므로 자본의 값이라 할 수 있는 이자율이 상승하게 되고, 따라서 채권수익률도 높아지게 된다.

물가상승률

물가가 오르면 실질수익률을 유지하기 위하여 시장이자율이 상승한다. 따라서 채권수익률이 높아지게 된다. 피셔(Fisher)는 명목수익률(y), 실질수익률(y^*), 물가상승률(h) 간에는 다음과 같은 관계가 있음을 증명한 바 있다. 이를 피셔항등식(Fisher identity)이라고 한다.

$$(1+y) = (1+y^*)(1+h)$$

또는

$$h = (1+y)/(1+y^*) - 1$$

$$y = y^* + h + y^* \times h \approx y^* + h$$

채권의 만기

다른 모든 조건이 일정하다 하더라도 채권의 만기가 서로 상이함에 따라 채권수익률이 서로 다르게 나타나는데, 이러한 관계를 채권수익률의 기간구조라 한다. 이는 채권수익률의 위험구조와 함께 채권가치평가에 있어 중요한 분석대상이 되고 있다.

채권의 위험

채권의 위험이 커질수록 투자자들은 이에 대한 보상을 더 많이 요구하기 때문에 채권수익률은 높아지게 된다. 이와 같이 채권의 위험은 채권수익률에 중요한 영향을 미치게 되는데, 특히 채권의 위험과 채권수익률의 관계를 채권수익률의 위험구조라 한다.

참 고　　채권의 현행수익률

현행수익률이란 실무에서 많이 사용하는 개념으로서 투자로부터 얻는 연간 수익률을 말한다. 채권의 현행수익률은 1년 동안 받는 이자금액을 채권의 현재 가격으로 나눈 것이다. 예를 들어, 8,000원에 거래되는 채권이 매년 800원의 이자를 지급하는 경우, 채권의 현행수익률은 연 10%(= 800원/8,000원)이다.

2.5 채권수익률의 기간구조★

일정 시점에서 다른 모든 조건이 동일하고 만기까지의 기간만이 서로 다른 채권들의 각각의 만기수익률은 상이하게 나타난다. 이와 같이 다른 모든 조건이 동일할 때, 채권의 만기까지의 기간과 만기수익률간의 관계를 채권수익률의 기간구조(term structure of bond yield) 또는 이자율의 기간구조(term structure of interest rate)라 한다. 채권수익률의 기간구조는 수익률곡선(yield curve)으로 나타나는데, 수익률곡선의 형태를 설명하기 위한 제이론은 다음과 같다.

채권의 불편기대이론(unbiased expectation theory)

이 이론에 의하면 채권수익률의 기간구조, 즉 수익률곡선의 추세는 특정시점에서 투자자들이 예상하는 미래이자율에 의하여 결정된다. 즉, 이 이론에서는 채권수익률은 만기까지 매 기간 예상되는 단기이자율의 기하평균으로 계산된다. 따라서 미래에 이자율이 오를 것으로 예상한다면 만기가 길어질수록 채권수익률이 높아져서 수익률곡선은 상승추세를 보일 것이며, 미래에 이자율이 떨어질 것으로 예상한다면 수익률곡선은 하락추세로 나타날 것이다. 즉, 예상이자율이 선도이자율로 나타난다는 입장이다. 이와 같은 관계를 식으로 나타내면 식 (5)와 같다.

$$\begin{aligned}(1+y_n)^n &= (1+i_1)(1+i_2)\cdots(1+i_n)\\ 1+y_n &= \sqrt[n]{(1+i_1)(1+i_2)\cdots(1+i_n)}\\ \therefore\ y_n &= \sqrt[n]{(1+i_1)(1+i_2)\cdots(1+i_n)}-1 \qquad (5)\end{aligned}$$

y_n: n기 후에 만기가 도래하는 채권의 수익률

i_1, i_2, i_n: 1기, 2기, n기의 예상이자율 = 선도이자율

유동성선호이론(liquidity preference theory)

이 이론에 의하면 장기채권의 수익률은 단기채권의 수익률보다 높게 형성된다. 그 이유는 장기채권은 단기채권에 비하여 유동성이 떨어지고 위험이 크므로 이에 대한 보상이 주어져야하기 때문이다. 유동성선호이론에 의하면 미래 기간별 수익률 즉, 선도이자율은 해당기간의 예상이자율과 유동성프리미엄의 합계로 나타나며, 이와 같은

관계를 식으로 나타내면 식 (6)과 같다.

$$y_n = \sqrt[n]{(1+i_1+l_1)(1+i_2+l_2)\cdots(1+i_n+l_n)} - 1 \qquad (6)$$

y_n : n기 후에 만기가 도래하는 채권의 수익률
i_1, i_2, i_n : 1기, 2기, n기의 예상이자율
l_1, l_2, l_n : 1기, 2기, n기의 유동성프리미엄
$i+l$: 선도이자율

식 (6)에서 유동성프리미엄은 현재시점에서 먼 미래일수록 커지기 때문에 $l_1 < l_2 \cdots < l_n$의 관계에 있다. 따라서 미래 기간별 예상이자율이 동일하다 하더라도 만기까지의 기간이 길수록 채권의 만기수익률은 커지게 된다. 많은 학자들이 유동성프리미엄 이론을 지지하고 있다.

시장분할이론(market segmentation theory)

이 이론에 의하면 채권투자자들이 선호하는 채권의 만기는 각각 다르므로 채권만기의 길고 짧음에 따라 별도로 독립된 시장이 형성된다. 각 시장 내에서의 수급상황에 따라 채권가격과 채권수익률이 결정된다. 일반적으로 은행이나 단자회사는 단기채권을 선호하는 반면, 보험회사나 연기금은 장기채권을 선호하기 때문에 채권의 만기별로 별도의 채권시장이 형성될 수 있다.

2.6 불편기대이론과 유동성선호이론의 비교★

채권수익률의 기간구조를 설명하는 불편기대이론과 유동성선호이론을 예를 들어 설명해 보기로 하자. 예를 들어 1년 만기 채권수익률이 4%이고 2년 만기 채권수익률이 6%이고, 두 채권의 위험은 동일하다. 선도이자율(${}_1f_2$)은 다음과 같다.

$$(1+0.06)^2 = (1+0.04)(1+{}_1f_2)$$
$${}_1f_2 = 8\%$$

즉, 1년 후부터 2년까지 선도이자율 ${}_1f_2$는 8%이다. 그런데 불편기대이론과 유동성선호이론은 선도이자율 8%를 해석하는 입장에서 차이가 있다.

불편기대이론에서는 선도이자율 8%를 1년 후부터 2년까지 시장의 예상이자율로 본다. 반면에 유동성선호이론에서는 선도이자율 8% 안에는 예상이자율 i와 유동성프리미엄 l이 들어있다고 본다.

다시 말해서 유동성선호이론에서는 미래 예상이자율이 동일해도 선도이자율은 유동성프리미엄만큼 커진다고 주장한다. 앞의 예에서 1년 후부터 2년까지 예상이자율이 현재부터 1년까지 이자율인 6%와 동일하다면 1년 후부터 2년까지의 유동성프리미엄은 2%이다. 즉, ${}_1f_2 = 8\% = i_2 + l_2 = 6\% + 2\%$이다.

2.7 채권수익률의 위험구조★

(1) 위험구조의 의의

채권수익률의 위험구조(risk structure of bond yield)란 채권 또는 채권발행 주체의 위험수준에 따라 채권수익률이 체계적으로 다르게 나타나는 것을 말한다. 일반적으로 채권의 이자와 원금상환액은 채권매매 계약 시에 미리 정하여져 있으므로 채권을 고정소득증권(fixed income security)이라 부르기도 한다.

그러나 이러한 계약은 항상 약속대로 완벽하게 이행되는 것은 아니며, 채권발행 주체의 신용상태가 악화되거나 또는 채권 자체가 갖는 수의상환 가능성 및 기타 제반 요인 때문에 당초에 기대했던 채권수익률이 달성되지 못할 가능성도 있게 된다. 이와 같이 다른 모든 조건이 동일할 때 채권의 위험에 따라 채권수익률이 체계적으로 변하는 것을 채권수익률의 위험구조라 한다. 이를 그림으로 설명하면 다음과 같다.

[그림 2] 채권수익률의 위험구조

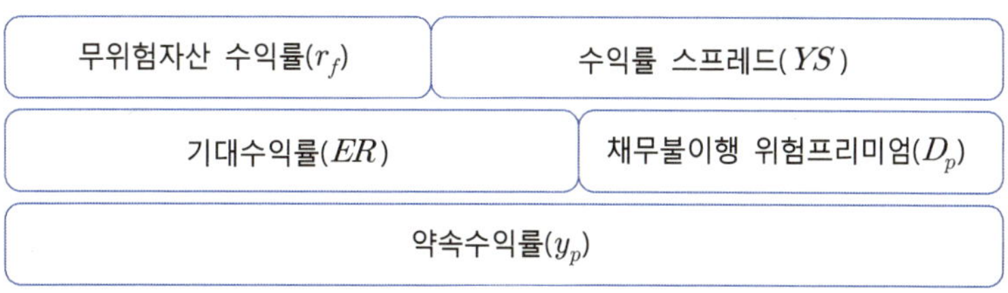

[그림 2]에서 보듯이, 채권의 위험이 다름에 따라 나타나는 채권수익률의 차이를 수익률 스프레드(yield spread : YS)라 한다. 수익률 스프레드는 만기까지 약속된 원

리금이 완전히 지급될 때의 채권수익률인 약속수익률(y_p)에서 무위험자산 수익률의 차이이다. 그리고 약속수익률에서 기대수익률(ER)의 차이를 채무불이행 위험프리미엄(D_p)이라 부른다. 여기서 기대수익률이란 채권의 원리금이 지급될 가능성을 기초로 측정한 채권수익률의 기대치이다.

(2) 수익률 스프레드의 원인

수익률 스프레드의 원인으로는 다음과 같은 것을 들 수 있다.

채무불이행 위험(default risk)

채권위험의 가장 중요한 요인으로, 채권 발행주체가 채권의 이자와 원금을 당초 약속한 대로 지급하지 못하게 될 위험을 말한다.

인플레이션 위험(inflation risk)

물가상승으로 인하여 채권의 실질수익률이 하락하게 되는 위험을 말한다. 인플레이션 위험 중에서도 특히 중요한 것은 예상되지 않은 인플레이션(unanticipated inflation) 위험이다.

수의상환 위험(call risk)

채권발행자가 채권의 만기 이전에 필요할 때 언제든지 채권을 시장가격 또는 일정 금액으로 매입 · 소각할 수 있는 권리를 가질 때에 나타나는 위험이다.

이자율 위험(interest risk)

미래 시장이자율이 변동함으로써 채권가격 및 채권수익률이 예기치 못하게 변동할 위험을 말한다.

유동성 위험(liquidity risk)

채권의 유동성이 부족하여 채권투자자가 채권을 적절한 시기에 매각하지 못하거나, 헐값으로 처분함으로써 손실을 입게 될 위험을 말한다.

2.8 듀레이션★

(1) 듀레이션의 의의

듀레이션(Duration)은 1938년 맥콜리(F.R. MaCaulay)에 의하여 제시된 개념으로 이는 채권의 이자와 액면금액의 현재가치 즉, 채권가격이 상환되는 평균상환기간을 말한다. 듀레이션(D)은 식 (7)과 같이 정의된다.

$$D=\sum_{t=1}^{n} t\cdot\left(\frac{\dfrac{CF_t}{(1+y)^t}}{\displaystyle\sum_{t=1}^{n}\frac{CF_t}{(1+y)^t}}\right)=\sum_{t=1}^{n} t\cdot\left(\frac{\dfrac{CF_t}{(1+y)^t}}{P_0}\right) \tag{7}$$

D : 듀레이션
t : 회수기간
CF_t : t 기의 현금유입
y : 채권수익률(시장이자율)
n : 채권의 만기
P_0 : 채권의 가치(채권가격)

식 (7)은 언뜻 보기에 복잡하게 보이나, 실제로는 아주 간단한 개념이다. 식 (7)에서 우변의 [ ]속의 분모인 $\sum_{t=1}^{n}\frac{CF_t}{(1+y)^t}$는 채권의 가치(현재가치)를 의미하고, 분자인 $\frac{CF_t}{(1+y)^t}$는 t기간에서 얻는 현금흐름의 현재가치(채권의 가치 P_0)를 의미한다. 즉, [ ] 속은 채권에 투자한 총금액 중에서 t기간에 회수하는 금액의 구성 비율을 의미한다(현재가치 기준).

현금이 회수되는 기간은 t기간이므로 t에다 [ ]를 곱하고 이를 모두 더한다는 것은 가중평균회수기간을 구하는 것을 의미한다. 다시 말해서 [ ]는 가중치를 의미하며, 가중치의 합은 물론 1이다. 채권의 만기 중에 현금흐름이 발생하는 이표채(coupon bond)인 경우 듀레이션은 만기보다 짧아지고, 만기일에만 현금흐름이 발생하는 무이표채(zero coupon bond)인 경우 듀레이션은 만기와 일치한다.

(2) 듀레이션 측정

듀레이션을 구하는 예를 들어 보기로 하자. 앞에서 들었던 예를 정리하면 다음과 같다.

액면가(F) = 100,000원
액면이자율(c) = 연 10%
만기(T) = 2년
채권수익률(y) = 연 10%, 매년 말 이자후급

[그림 3] 듀레이션 측정

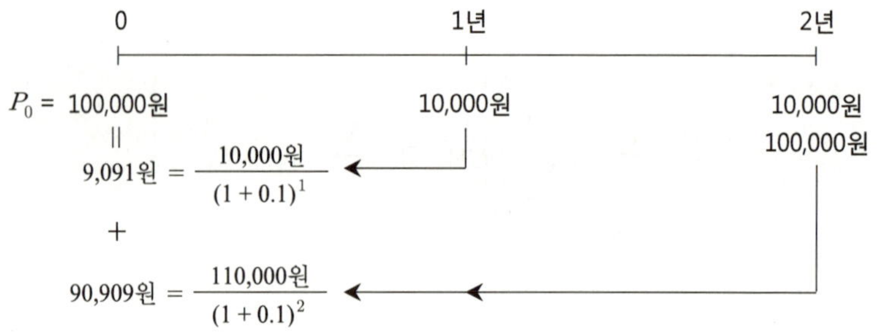

[그림 3]에서 보듯이, 채권가격 100,000원은 1년 후의 현금흐름의 현재가치 9,091원과 2년 후의 현금흐름의 현재가치 90,909원으로 상환된다. 따라서 가중평균회수기간인 듀레이션(D)은 다음과 같이 측정된다.

$$D = 1 \times \frac{9{,}091\text{원}}{100{,}000\text{원}} + 2 \times \frac{90{,}909\text{원}}{100{,}000\text{원}} = 1.91\text{년}$$

결국, 채권의 듀레이션은 1.91년이 된다. 다시 말해서 이 채권에 투자하면 현재가치 기준으로 1.91년만에 투자금액이 회수된다. 듀레이션이 길면 채권수익률(시장수익률) 변동에 따른 채권가격의 변동률이 커지기 마련이다. 따라서 듀레이션은 채권의 위험민감도 지표로 사용된다.

(3) 듀레이션 전략

듀레이션이 채권분석에서 중요시 되는 이유는 이를 이용하여 채권가격의 변화와 이자율 탄력성(interest rate elasticity)을 구할 수 있으며, 따라서 듀레이션을 채권의 이자율 위험을 나타내는 척도로 사용할 수 있기 때문이다. 듀레이션과 채권가격의 변화간의 관계는 다음과 같다.

$$\frac{dP_0}{P_0} = -D \cdot \frac{dy}{1+y} \tag{8}$$

$$\text{또는 } dP_0 = -D \cdot \frac{dy}{1+y} \cdot P_0 \tag{8′}$$

dP_0 : 채권가격 증가분
P_0 : 채권가격
D : 듀레이션
dy : 시장이자율 증가분
y : 시장이자율(채권수익률)

식 (8′)는 듀레이션이 채권가격의 변화에 어떤 영향을 미치는지를 알려주는 관계식이다(이에 대한 증명은 다음의 2.9 참조). 채권수익률(시장이익률)이 변할 때, 채권의 가격이 어떻게 변하는지를 듀레이션으로 설명해 보기로 하자. 앞의 예에서 듀레이션이 1.91년이다. 만일 시장이자율이 현재 10%에서 0.5%포인트 하락한 9.5%가 되면, 채권의 가격은 얼마나 될까? 식 (8′)를 이용하면,

$$dP_0 = -1.91\text{년} \times \frac{-0.005}{1+0.1} \times 100{,}000\text{원} = 868\text{원}$$

$\therefore$ 새로운 채권의 가격 $P' = 100{,}000$원 + 868원 = 100,868원

채권가격의 이자율 탄력성은 식 (9)에서 볼 수 있는 바와 같이 시장이자율(채권수익률) 변화율에 대한 채권가격 변화율의 비율로 측정한다.

$$EL = \frac{\text{채권가격 변화율}}{\text{시장이자율 변화율}} = \frac{dP/P_0}{dy/y} \tag{9}$$

EL : 이자율 탄력성
dP_0/P_0 : 채권가격 변화율
dy/y : 시장이자율 변화율

이자율 탄력성은 항상 (−)로 나타나는데 이는 시장이자율과 채권가격이 음(−)의

관계를 갖기 때문이다. 식 (8)에서 양변을 dy/y로 나누면 이자율 탄력성(EL)을 다음과 같이 정리할 수 있다.

$$EL = -D \cdot \left(\frac{y}{1+y}\right) \tag{10}$$

EL: 이자율 탄력성
D : 듀레이션
y : 시장이자율

식 (10)에서 보듯이 이자율 탄력성은 듀레이션과 반대 방향으로 비례하여 커진다. 이상과 같은 듀레이션의 성질을 이용하여 채권투자자는 시장이자율이 변동할 때 채권가치의 변화가 얼마나 발생하는지를 미리 예상할 수 있다.

2.9 듀레이션과 채권가치간의 관계★

채권의 이자율 탄력성은 듀레이션을 이용해서 측정할 수 있다. 먼저 본장의 식 (4)를 이용해서 채권의 가치를 구하면 다음과 같다.

$$P_0 = \frac{CF_1}{(1+y)^1} + \frac{CF_2}{(1+y)^2} + \frac{CF_3}{(1+y)^3} + \cdots + \frac{CF_n}{(1+y)^n} = \sum_{t=1}^{n} \frac{CF_t}{(1+y)^t} \tag{11}$$

식 (11)에서 y(시장이자율 또는 채권의 요구수익률)가 변할 때 P_0(채권의 가치)가 어떻게 변하는지를 보기위해 1차 미분하면 다음과 같다.

$$\frac{dP_0}{dy} = -\frac{1}{1+y}\left[\frac{1 \cdot CF_1}{(1+y)^1} + \frac{2 \cdot CF_2}{(1+y)^2} + \frac{3 \cdot CF_3}{(1+y)^3} + \cdots + \frac{n \cdot CF_n}{(1+y)^n}\right] \tag{12}$$

식 (12)를 식 (11)로 나누면 다음 식이 성립한다.

$$\frac{dP_0}{P_0 dy} = -\frac{1}{1+y}\left[\frac{\frac{1 \cdot CF_1}{(1+y)^1} + \frac{2 \cdot CF_2}{(1+y)^2} + \frac{3 \cdot CF_3}{(1+y)^3} + \cdots + \frac{n \cdot CF_n}{(1+y)^n}}{\frac{CF_1}{(1+y)^1} + \frac{CF_2}{(1+y)^2} + \frac{CF_3}{(1+y)^3} + \cdots + \frac{CF_n}{(1+y)^n}}\right]$$

$$= -\frac{1}{1+y}\left[\sum_{t=1}^{n} t \cdot \frac{\frac{CF_t}{(1+y)^t}}{\sum_{t=1}^{n} \frac{CF_t}{(1+y)^t}}\right] \tag{13}$$

$$= -\frac{1}{1+y}\left[\sum_{t=1}^{n} t \cdot \frac{\frac{CF_t}{(1+y)^t}}{P_0}\right]$$

식 (13)의 우변의 [ ] 속의 값은 듀레이션(D)을 의미한다. 따라서 식 (13)은 다음과 같이 간략화 된다.

$$\frac{dP_0}{P_0 \cdot dy} = -\frac{1}{1+y} \times D = -D \times \frac{1}{1+y} \tag{14}$$

식 (14)의 양변에 dy를 곱하면 다음과 같이 채권가치 변화율과 듀레이션간의 관계를 알 수 있다.

$$\frac{dP_0}{P_0} = -D \times \frac{dy}{1+y} \tag{15}$$

식 (15)에서 $\frac{D}{1+y}$를 수정듀레이션(modified duration : MD)이라 한다. 수정듀레이션은 듀레이션을 y로 할인한 값으로 다음과 같이 시장이자율 변동(dy)에 따른 민감도를 의미한다.

$$\frac{dP_0}{P_0} = -MD \times dy \tag{16}$$

또는

$$\frac{dP_0}{dy} \times \frac{1}{P_0} = -MD$$

2.10 채권의 볼록성★

(1) 채권의 볼록성이란 무엇인가?

채권의 가격(P_0)과 채권수익률(y)간에는 음(−)의 관계에 있음을 알았다. 그런데 실제 이들의 관계는 선형적인 음(−)의 관계가 아니라 [그림 4]와 같이 원점에 대해 볼록성을 갖는 음(−)의 관계이다.

[그림 4] 채권의 볼록성

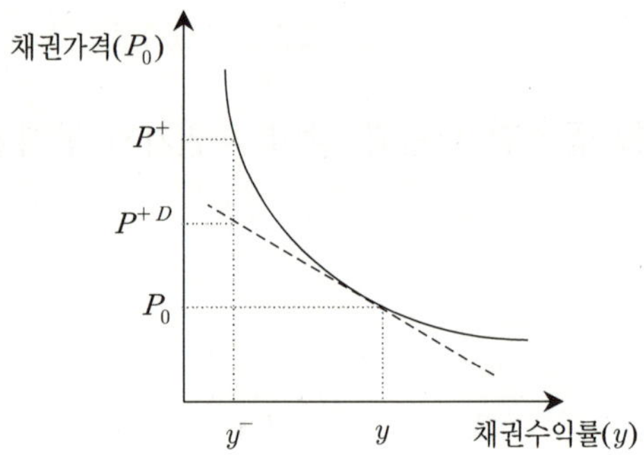

[그림 4]는 채권수익률과 채권가격간의 관계를 보여주는 그림이다. [그림 4]에서 보듯이, 채권수익률이 y일 때 채권가격은 P_0이다. 만일 채권수익률이 y^-로 하락하면 1차 미분하여 구한 듀레이션(선형성 가정)을 적용할 때 채권가격은 P^{+D}로 상승한다. 그런데 실제는 P^+로 상승하는 것이 현실이다.

채권수익률이 하락할 때 채권가격은 듀레이션 적용시 상승하는 것보다 더 상승한다. 마찬가지로 채권수익률이 상승할 때 채권가격은 듀레이션 적용시 하락하는 것보다 덜 하락한다. 이런 현상은 채권수익률과 채권가격간에 볼록성이 존재하기 때문에 발생한다. 이를 채권의 볼록성(convexity)라고 한다. 채권수익률의 변화가 아주 작을 때 이런 볼록성 차이는 미미하다. 그러나 채권수익률의 변화가 크면 볼록성 차이는 제법 발생한다.

(2) 채권의 볼록성 측정

앞에서 간단히 설명하였지만 채권수익률과 채권가격 간에는 원점에 대하여 볼록한(convex) 음(−)의 관계를 갖는다. 채권수익률(시장이익률)이 변할 때 채권가격의 변화를 듀레이션을 이용하여 추정한 값은 실제값과 오차가 생기게 된다. 이런 이유는 듀레이션이란 개념이 1차 미분한 기울기가 일정하다는 가정 즉, 선형성을 가정하고 있기 때문이다. 다시 말해서 듀레이션을 이용하여 채권가격의 변화를 추정하는 것은 선형성을 전제로 근사치를 구하는 방법이다. [그림 5]는 채권가격의 변화를 좀 더 정확히 추정하려면 채권의 볼록성이 고려되어야 하는 이유를 보여주고 있다.

[그림 5] 채권의 볼록성을 감안한 추정

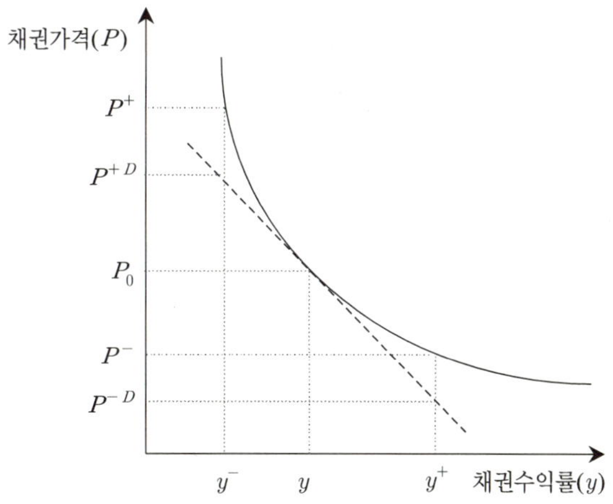

[그림 5]에서 나타나듯이 듀레이션만 이용하여 채권가격의 변화를 추정하면 볼록성으로 인한 오차가 발생한다. 즉, [그림 5]에서 채권수익률(시장이자율)이 y에서 y^{-}로 감소하는 경우 듀레이션만 이용하여 추정한 채권가격의 변화는 실제 변화보다 과소평가($P^{+} - P^{+D}$만큼)하고, 채권수익률(시장이자율)이 y에서 y^{+}로 증가하는 경우 반대로 과대평가($P^{-} - P^{-D}$만큼)한다. 이런 현상은 채권가격과 채권수익률(시장이자율)

간의 관계가 볼록할수록 그리고 채권수익률(시장이자율)의 변화가 클수록 심해진다.

채권의 볼록성(convexity)을 감안하여 보다 정확하게 추정하려면 1차 미분하여 구한 선형기울기 개념인 듀레이션(D) 이외에도 2차 미분하여 구한 기울기의 변화인 볼록성(CV)을 함께 감안해야 한다. 볼록성 개념까지 감안하기 위해서는 1차 미분항 이외에 2차 미분항까지 고려한 테일러 전개식(Taylor series expansion)을 활용해야 한다. 테일러 전개식을 채권에 적용해 보면 다음 식 (17)과 같다.

$$dP_0 = \frac{dP_0}{dy} \cdot dy + \frac{1}{2} \cdot \frac{d^2P_0}{dy^2} \cdot (dy)^2 \tag{17}$$

식 (17)의 의미를 살펴보자. 식의 왼쪽은 채권수익률 변화(dy)에 따른 채권가격의 변화분(dP_0)을 말하고, 오른쪽은 채권수익률 변화에 따른 채권가격의 변화분을 두 개로 나누어서 구별한 것이다. $\frac{dP_0}{dy} \cdot dy$는 채권수익률이 변화할 때 선형적인 조정부분을 의미한다. $\frac{1}{2} \cdot \frac{d^2P_0}{dy^2} \cdot (dy)^2$은 볼록성으로 인한 비선형성를 반영한 추가 조정부분을 의미한다. 결국 식 (17)의 오른쪽도 채권수익률 변화에 따른 채권가격의 변화분으로서 선형적 변화와 비선형적 변화를 함께 고려한 것이다. 채권가격의 변화율을 추정하기 위해서 식 (17)의 양변을 P_0로 나누면 식 (18)이 된다.

$$\frac{dP_0}{P_0} = \frac{1}{P_0} \cdot \frac{dP_0}{dy} \cdot dy + \frac{1}{2P_0} \cdot \frac{d^2P_0}{dy^2} \cdot (dy)^2 \tag{18}$$

앞에서 유도했던 식 (16)에서 보았듯이 $\frac{dP_0}{dy} \cdot \frac{1}{P_0} = -MD$이다($MD$: 수정듀레이션). 그리고 $\frac{d^2P_0}{dy^2} \cdot \frac{1}{P_0}$을 볼록성(convexity : CV)으로 정의하자. 그러면 채권수익률(시장이자율)의 변화(dy)에 따른 채권가격의 변화율($\frac{dP_0}{P_0}$)은 식 (19)와 같이 구할 수 있다.

$$\frac{dP_0}{P_0} = -MD \times dy + \frac{1}{2}(CV)(dy)^2 \tag{19}$$

식 (19)와 같이 듀레이션(선형성)과 볼록성(비선형성)을 함께 이용하면 듀레이션만을 이용했을 때 보다 정확하게 추정할 수 있다. 여기서 볼록성(CV)인 $\frac{d^2P_0}{dy^2} \cdot \frac{1}{P_0}$ 은 2차 미분한 값을 채권의 가격(P)으로 나눈 값이다. 볼록성(CV)을 구하는 방법을 수식으로 설명해 보자. 먼저 채권의 가격을 구하는 앞의 식 (11)을 y에 대해 1차 미분하면 다음과 같다.

$$\frac{dP_0}{dy} = \frac{-1 \cdot CF_1}{(1+y)^2} + \frac{-2 \cdot CF_2}{(1+y)^3} + \cdots + \frac{-n \cdot CF_n}{(1+y)^{n+1}} \tag{20}$$

식 (20)을 다시 한 번 미분하면 다음과 같이 2차 미분식이 된다.

$$\frac{d^2P_0}{dy^2} = \frac{(-1)(-2) \cdot CF_1}{(1+y)^3} + \frac{(-2)(-3) \cdot CF_2}{(1+y)^4} + \cdots + \frac{(-n) \cdot (-(n+1)) \cdot CF_n}{(1+y)^{n+2}} \tag{21}$$

식 (21)을 정리하면 식 (22)가 된다.

$$\frac{d^2P_0}{dy^2} = \frac{1}{(1+y)^2}\left[\frac{1 \times 2 \times CF_1}{(1+y)^1} + \frac{2 \times 3 \times CF_2}{(1+y)^2} + \cdots + \frac{n \times (n+1) \times CF_n}{(1+y)^n}\right] \tag{22}$$

식 (22)의 양변을 P로 나누면 식 (23)과 같이 볼록성을 구할 수 있다.

$$CV = \frac{d^2P_0}{dy^2} \cdot \frac{1}{P_0} = \frac{1}{(1+y)^2}\left[\frac{1 \times 2 \times CF_1}{(1+y)^1} + \frac{2 \times 3 \times CF_2}{(1+y)^2} + \cdots + \frac{n \times (n+1) \times CF_n}{(1+y)^n}\right] \Big/ P_0 \tag{23}$$

(3) 채권의 볼록성을 이용한 채권가격 추정 사례

채권수익률이 변할 때 채권의 가격이 어떻게 변하는지를 볼록성을 감안하여 추정해 보기로 하자. 예를 들어 액면가 100,000원, 만기 3년, 액면이자율 연 5%, 시장이자율(채권수익률) 연 4%, 이자는 연 1회 후급으로 지급하는 이표채가 있다. 먼저 채권의 가격을 구해 보면 다음과 같다.

$$P_0 = \frac{5{,}000\text{원}}{(1.04)^1} + \frac{5{,}000\text{원}}{(1.04)^2} + \frac{105{,}000\text{원}}{(1.04)^3} = 102{,}775\text{원}$$

이상과 같이 시장이자율(4%) < 액면이자율(5%)이므로 채권은 할증되어 거래되고 있음을 알 수 있다.

다음에 채권의 듀레이션(D)과 수정듀레이션(MD)을 구하면 다음과 같다.

$$D = \frac{\dfrac{1 \times 5{,}000\text{원}}{(1+0.04)^1} + \dfrac{2 \times 5{,}000\text{원}}{(1+0.04)^2} + \dfrac{3 \times 105{,}000\text{원}}{(1+0.04)^3}}{\dfrac{5{,}000\text{원}}{(1+0.04)^1} + \dfrac{5{,}000\text{원}}{(1+0.04)^2} + \dfrac{105{,}000\text{원}}{(1+0.04)^3}} = \frac{294{,}087\text{원}}{102{,}775\text{원}} = 2.86\text{년}$$

$$MD = \frac{2.86\text{년}}{1+0.04} = 2.75\text{년}$$

만일 시장이자율이 연 4%에서 3%로 하락한다면 채권의 가격은 다음과 같이 105,657원이 될 것이다.

$$P' = \frac{5{,}000\text{원}}{(1+0.03)^1} + \frac{5{,}000\text{원}}{(1+0.03)^2} + \frac{105{,}000\text{원}}{(1+0.03)^3} = 105{,}657\text{원}$$

듀레이션만을 이용해서 시장이자율이 변할 때 채권가격의 변화분(dP_0)을 구하면 다음과 같이 2,826원이 된다.

$$dP_0 = -D \times \frac{dy}{1+y} \times P_0 = -2.86 \times \frac{-0.01}{1+0.04} \times 102{,}775\text{원} = 2{,}826\text{원}$$

따라서 시장이자율이 4%에서 3%로 변할 때 듀레이션을 이용해서 추정한 채권가격은 105,601원이 될 것이다.

$$P' = 102{,}775\text{원} + 2{,}826\text{원} = 105{,}601\text{원}$$

이 금액은 실제로 추정한 105,657원과 56원만큼 차이난다. 이 차이는 채권의 볼록성에 기인한다. 채권의 볼록성을 구해서 좀 더 정확히 추정한 값은 다음과 같다. 먼저 채권의 볼록성(CV)을 구해 보기로 하자.

$$CV = \frac{1}{(1+y)^2}\left[\frac{1\times 2\times CF_1}{(1+y)^1} + \frac{2\times 3\times CF_2}{(1+y)^2} + \frac{3\times 4\times CF_3}{(1+y)^n}\right] \Big/ P_0$$

$$= \frac{1}{(1+0.04)^2}\left[\frac{1\times 2\times 5{,}000\text{원}}{(1+0.04)^1} + \frac{2\times 3\times 5{,}000\text{원}}{(1+0.04)^2} + \frac{3\times 4\times 105{,}000\text{원}}{(1+0.04)^3}\right] \Big/ 102{,}775\text{원}$$

$$= 10.41$$

볼록성을 추가하여 구한 채권가격의 변화분(dP_0)은 2,880원이다.

$$dP_0 = P_0 \times \left[-MD \times dy + \frac{1}{2}(CV)(dy)^2\right]$$

$$= 102{,}775\text{원} \times \left[-2.75 \times (-0.01) + \frac{1}{2}(10.41)(-0.01)^2\right]$$

$$= 2{,}880\text{원}$$

따라서 듀레이션과 볼록성을 이용하여 구한 채권의 가격은 105,655원(= 102,775 + 2,880)이 될 것이다. 이 금액은 실제값과 단지 2원만 차이가 날 정도로 보다 정확하다. 다시 말해서 듀레이션만 고려했을 때의 값보다 54원(= 105,655원 − 105,601원)만큼 더 큰 금액으로서 채권의 볼록성에 의해 조정된 것임을 알 수 있다.

정리문제

01 만기가 5년이고 액면이자율이 연 8%이며, 채권수익률(시장이자율)은 연 12%이고 액면가는 10,000원이다.

(1) 연간 이자지급 횟수가 1회인 경우, 채권의 가치를 구하라.

(2) 연간 이자지급 횟수가 2회인 경우(반년마다 4% 지급), 채권의 가치를 구하라.

(3)* (1)번에서 수정듀레이션(MD)은 얼마인가? 그리고 그 의미는 무엇인가?

02★ 다음에 제시된 채권들은 연 단위 후급 이표채들이다(모든 채권의 액면가 = 10,000원).

채 권	표면이자율(%)	잔존기간(년)	시장이자율(%)
채권 A	5	4	5
채권 B	6	4	5
채권 C	6	4	6
채권 D	6	3	6

(1) 채권의 듀레이션을 직접 계산하지 않고 주어진 자료를 근거로 듀레이션 크기의 순위를 비교하라.

(2) 채권의 듀레이션을 직접 계산하여 (1)의 결과와 비교하라.

03 현재 X기업에서 발행한 2년짜리 무이표채가 'A'의 신용등급을 받고 있다. 지금으로부터 1년 후 이 채권이 'A'에 머무를 확률이 85%, 'AA'로 상향조정될 확률이 5%, 'BBB'로 하향조정될 확률이 10%라고 예상된다. 현재의 무위험수익률은 연 4%이다. 신용스프레드는 'AA'의 경우 20bp, 'A'의 경우 80bp, 'BBB'의 경우 150bp이며, 연간으로 복리계산한다. 지금부터 1년 후의 액면가 $100인 무이표채의 예상가치를 계산하라(1bp = 0.01%).

04 향후 3년 동안 매년 명목수익률이 각각 4%, 5%, 6%로 예상된다. 이 기간 동안 실질수익률이 연 2%로 일정하다면 물가상승률은 어떻게 변할 것으로 예측되는가?

05★ 채권의 액면가가 100,000원이고 액면이자율이 연 7%이며 채권수익률(시장이자율)이 연 12%이며 만기가 5년이다(단, 이자는 매년 말에 지급된다).

(1) 채권가격을 구하라.

(2) Duration(가중평균 회수기간)을 구하라.

(3) 한국은행의 금리 변동은 모든 채권에 동일한 영향을 준다고 하자. 만약 한국은행에서 금리를 50bp 인하하기로 한다면 이 채권의 적정가격은 얼마인가? (1bp = 0.01%)

06 투자자 부여는 액면가가 100,000원, 액면이자율이 10%, 만기가 5년인 채권을 구입하려고 한다. 이 채권에 대한 이자는 1년마다 후급으로 지급된다. 이 채권과 동종의 채권에 대한 시장이자율이 다음과 같은 경우 투자자 부여는 채권구입을 위해 각각 얼마를 지급해야 하는가?

(1) 시장이자율이 연 12%인 경우

(2) 시장이자율이 연 10%인 경우

(3) 시장이자율이 연 8%인 경우

07 투자자 낙화암은 한라주식회사에서 발행한 무보증사채를 현재 시점에서 1개당 92,361원씩에 매입하였다. 이 사채의 액면가는 100,000원이며 앞으로 2년 후에 만기가 도래한다. 또한 이 사채의 액면이자율은 연 15%이며 이자는 연 1회씩 후급하고 만기에 액면가를 상환하도록 되어 있다. 그런데 신용평가전문기관에서는 이 사채의 원리금 지급 가능성에 대하여 다음과 같은 확률분포로 평가하고 있다.

상 황	확 률
1년 이내에 완전파산(이자, 원금수령 불가능)	2%
2년 이내에 완전파산(1회 이자만 수령가능)	6%
2년 이내에 부분파산(2년째에는 액면가의 50%만 수령가능)	20%
완전약속 이행(이자, 원금수령 가능)	72%

(1) 약속수익률을 구하라.

(2) 기대수익률을 구하라.

(3) 채무불이행 위험프리미엄을 구하라.

08★ 다음과 같은 3년 만기 이표채가 있다.

액 면 가: 100,000원	만기까지의 기간: 3년
액면이자율: 연 12%	이자지급 방법: 연 1회 후급
시장이자율: 연 10%	

(1) 채권가격을 구하라.

(2) 채권의 듀레이션을 구하라.

(3) 시장이자율이 연 10%에서 연 15%로 상승하였다.

① 채권가격은 어떻게 변하겠는가?

② ①에서 채권가격의 이자율 탄력성(EL)을 구하라. 그리고 그 의미를 설명하라.

③ 채권가격의 변화를 듀레이션을 사용하여 구하면 얼마인가? 그리고 ①에서 구한 값과 차이가 나는 이유는 무엇인지를 그림으로 설명하라.

④ ③에서 채권의 볼록성까지 감안하면 채권가격의 변화가 어떻게 되는가?

09★ 다음과 같은 2년 만기 이표채가 있다.

액 면 가: 100,000원	만기까지의 기간: 2년
액면이자율: 연 4%	이자지급 방법: 연 2회 후급
채권수익률: 연 6%	

(1) 채권의 가치를 구하라.

(2) 채권의 듀레이션과 수정듀레이션을 구하라.

(3) 채권수익률이 6%에서 3%로 하락하였다고 가정하자.

① 채권가격은 어떻게 변하겠는가?

② 채권가격의 변화를 듀레이션을 사용하여 구하면 얼마인가?

③ ②에서 볼록성을 함께 이용하여 변화된 채권가격을 구하면 얼마인가?

10 B금융회사의 자산으로서 장기채권의 시장가치가 2,000이고, 부채로서 정기예금이 1,500, 그리고 자기자본이 500이다. 장기채권의 만기는 3년이고 3%의 이자를 매년 말 지급받는다. 정기예금의 만기는 1년이며 2%의 이자를 연말에 지급한다. 현재 채권수익률은 3%이다(단, 시장이자율은 평행 이동한다). [2013년 CPA 2차 기출문제 응용]

(1) 시장이자율이 1%포인트 상승하는 경우와 1%포인트 하락하는 경우 현금흐름할인법을 이용하여 자기자본의 가치변화를 각각 계산하라.

(2)★ 시장이자율이 1%포인트 상승하는 경우와 1%포인트 하락하는 경우 듀레이션을 이용하여 자기자본의 가치변화를 각각 계산하라.

(3)★ (1)과 (2)의 결과의 의미를 설명하라.

11★ 액면가가 1,000,000원, 액면이자율이 연 4%, 만기가 1년인 이표채가 매 분기마다 이자를 지급한다. 채권수익률은 연 6%이다.

(1) 채권의 듀레이션을 구하라.

(2) 시장이자율이 1% 상승하는 경우 채권의 가격은 몇% 하락하는가? (수정듀레이션 이용)

(3) 액면가 10,000원, 만기 1년인 순수할인채권이 9,259원에 거래되고 있다. 액면가 10,000원, 만기 2년, 액면이자율 10%인 이표채는 액면가에 거래되고 있다. 2년 만기 현물이자율과 1년 후부터 2년 말까지의 선도이자율을 구하라.

(4) 불편기대이론 하에서, 2년 만기 액면이자율이 10%인 이표채의 1년 후 가격은 얼마인가?

정리문제에 대한 해설

01 만기가 5년이고 액면이자율이 연 8%이며, 채권수익률(시장이자율)은 연 12%이고 액면가는 10,000원이다.

(1) 연간 이자지급 횟수가 1회인 경우, 채권의 가치를 구하라.

해설
$$\frac{800원}{(1+0.12)}+\frac{800원}{(1+0.12)^2}+\cdots+\frac{10,800원}{(1+0.12)^5}=8,558.09원$$

(2) 연간 이자지급 횟수가 2회인 경우(반년마다 4% 지급), 채권의 가치를 구하라.

해설
$$\frac{400원}{(1+0.06)}+\frac{400원}{(1+0.06)^2}+\cdots+\frac{10,400원}{(1+0.06)^{10}}=8,527.98원$$

(3)★ (1)번에서 수정듀레이션(MD)은 얼마인가? 그리고 그 의미는 무엇인가?

해설
$$D=\frac{1\times\frac{800원}{1.12}+2\times\frac{800원}{1.12^2}+3\times\frac{800원}{1.12^3}+4\times\frac{800원}{1.12^4}+5\times\frac{10,800원}{1.12^5}}{8,558.09원}$$

$$=\frac{36,372.78원}{8,558.09원}=4.25년$$

$$수정듀레이션(MD)=\frac{4.25년}{(1+0.12)}=3.795년$$

수정듀레이션이 3.795년이란 것은 시장이자율이 1bp(0.01%) 상승(하락)하면 채권가격이 3.795bp(0.03795%) 하락(상승)함을 의미한다.

02★ 다음에 제시된 채권들은 연 단위 후급 이표채들이다(모든 채권의 액면가 = 10,000원).

채 권	표면이자율(%)	잔존기간(년)	시장이자율(%)
채권 A	5	4	5
채권 B	6	4	5
채권 C	6	4	6
채권 D	6	3	6

(1) 채권의 듀레이션을 직접 계산하지 않고 주어진 자료를 근거로 듀레이션 크기의 순위를 비교하라.

해설 듀레이션은 잔존기간이 짧을수록, 표면이자율이 높을수록, 시장이자율이 높을수록 짧다.

∴ 따라서 듀레이션의 크기순은 D < C < B < A 일 것으로 추정된다.

(2) 채권의 듀레이션을 직접 계산하여 (1)의 결과와 비교하라.

해설

$$\text{듀레이션} = \sum_{t=1}^{n} t \cdot \left(\frac{\frac{CF_t}{(1+y)^t}}{\sum_{t=1}^{n} \frac{CF_t}{(1+y)^t}} \right) = \sum_{t=1}^{n} t \cdot \left(\frac{\frac{CF_t}{(1+y)^t}}{P_0} \right)$$

n = 만기까지 이자지급횟수, y = 시장이자율

t = 현금흐름 발생지점(= 1, 2, 3, ⋯, n), P_0 = 채권가격

CF_t = 채권에서 발생하는 각 기의 현금흐름

채권 A의 듀레이션

$$= \frac{1 \times \frac{500원}{1.05^1} + 2 \times \frac{500원}{1.05^2} + 3 \times \frac{500원}{1.05^3} + 4 \times \frac{10{,}500원}{1.05^4}}{\frac{500원}{1.05^1} + \frac{500원}{1.05^2} + \frac{500원}{1.05^3} + \frac{10{,}500원}{1.05^4}} = 3.7232년$$

채권 B의 듀레이션

$$= \frac{1 \times \frac{600원}{1.05^1} + 2 \times \frac{600원}{1.05^2} + 3 \times \frac{600원}{1.05^3} + 4 \times \frac{10{,}600원}{1.05^4}}{\frac{600원}{1.05^1} + \frac{600원}{1.05^2} + \frac{600원}{1.05^3} + \frac{10{,}600원}{1.05^4}} = 3.6793년$$

채권 C의 듀레이션

$$= \frac{1 \times \frac{600원}{1.06^1} + 2 \times \frac{600원}{1.06^2} + 3 \times \frac{600원}{1.06^3} + 4 \times \frac{10{,}600원}{1.06^4}}{\frac{600원}{1.06^1} + \frac{600원}{1.06^2} + \frac{600원}{1.06^3} + \frac{10{,}600원}{1.06^4}} = 3.6730년$$

채권 D의 듀레이션

$$= \frac{1 \times \frac{600원}{1.06^1} + 2 \times \frac{600원}{1.06^2} + 3 \times \frac{10{,}600원}{1.06^3}}{\frac{600원}{1.06^1} + \frac{600원}{1.06^2} + \frac{10{,}600원}{1.06^3}} = 2.8334년$$

따라서 앞에서 간접적으로 추정한 듀레이션 크기순인 D < C < B < A와 일치한다.

03 현재 X기업에서 발행한 2년짜리 무이표채가 'A'의 신용등급을 받고 있다. 지금으로부터 1년 후 이 채권이 'A'에 머무를 확률이 85%, 'AA'로 상향조정될 확률이 5%, 'BBB'로 하향조정될 확률이 10%라고 예상된다. 현재의 무위험수익률은 연 4%이다. 신용스프레드는 'AA'의 경우 20bp, 'A'의 경우 80bp, 'BBB'의 경우 150bp이며, 연간으로 복리계산한다. 지금부터 1년 후의 액면가 $100인 무이표채의 예상가치를 계산하라(1bp = 0.01%).

해설 'AA'가 될 확률은 5%, 신용스프레드를 감안한 할인율이 4.2%
'A'가 될 확률은 85%, 신용스프레드를 감안한 할인율이 4.8%
'BBB'가 될 확률은 10%, 신용스프레드를 감안한 할인율이 5.5%,
따라서 액면가 $100인 무이표채의 예상가치는 다음과 같다.

$$\frac{\$100}{(1+0.042)} \times 0.05 + \frac{\$100}{(1+0.048)} \times 0.85 + \frac{\$100}{(1+0.055)} \times 0.1 = \$95.38$$

04 향후 3년 동안 매년 명목수익률이 각각 4%, 5%, 6%로 예상된다. 이 기간 동안 실질수익률이 연 2%로 일정하다면 물가상승률은 어떻게 변할 것으로 예측되는가?

해설 물가상승률 = (1 + 명목수익률) / (1 + 실질수익률) − 1 이므로 다음 식이 성립한다.

1차 연도의 물가상승률 = (1.04 / 1.02) − 1 = 1.96%
2차 연도의 물가상승률 = (1.05 / 1.02) − 1 = 2.94%
3차 연도의 물가상승률 = (1.06 / 1.02) − 1 = 3.92%

물가상승률이 점점 커질 것으로 예상된다.

05★ 채권의 액면가가 100,000원이고 액면이자율이 연 7%이며 채권수익률(시장이자율)이 연 12%이며 만기가 5년이다(단, 이자는 매년 말에 지급된다).

(1) 채권가격을 구하라.

해설
$$P_0 = \frac{7{,}000\text{원}}{1.12^1} + \frac{7{,}000\text{원}}{1.12^2} + \frac{7{,}000\text{원}}{1.12^3} + \frac{7{,}000\text{원}}{1.12^4} + \frac{107{,}000\text{원}}{1.12^5} = 81{,}976.12\text{원}$$

(2) Duration(가중평균 회수기간)을 구하라.

해설
$$D = \frac{1 \times \frac{7{,}000\text{원}}{1.12^1} + 2 \times \frac{7{,}000\text{원}}{1.12^2} + 3 \times \frac{7{,}000\text{원}}{1.12^3} + 4 \times \frac{7{,}000\text{원}}{1.12^4} + 5 \times \frac{107{,}000\text{원}}{1.12^5}}{81{,}976.12} = 4.31\text{년}$$

(3) 한국은행의 금리 변동은 모든 채권에 동일한 영향을 준다고 하자. 만약 한국은행에서 금리를 50bp 인하하기로 한다면 이 채권의 적정가격은 얼마인가? (1bp = 0.01%)

해설
$$① \ P_0 = \frac{7{,}000\text{원}}{1.115^1} + \frac{7{,}000\text{원}}{1.115^2} + \frac{7{,}000\text{원}}{1.115^3} + \frac{7{,}000\text{원}}{1.115^4} + \frac{107{,}000\text{원}}{1.115^5} = 83{,}575.55\text{원}$$

또는

② $dP = -D \cdot \dfrac{dy}{1+y} \cdot P_0$

$$= -4.31 \times \frac{(-0.005)}{1+0.12} \times 81{,}976.12\text{원}$$

$$= 1{,}577.31\text{원}$$

∴ 채권의 적정가격은 현재가격 81,976.12원에서 1,577.31원 증가한 83,553.43원이 된다.

※ ①, ②의 계산 결과에 차이가 나는 이유는 채권의 볼록성(convexity) 때문이다.

06 투자자 부여는 액면가가 100,000원, 액면이자율이 10%, 만기가 5년인 채권을 구입하려고 한다. 이 채권에 대한 이자는 1년마다 후급으로 지급된다. 이 채권과 동종의 채권에 대한 시장이자율이 다음과 같은 경우 투자자 부여는 채권구입을 위해 각각 얼마를 지급해야 하는가?

(1) 시장이자율이 연 12%인 경우

해설 [시장이자율(12%) > 액면이자율(10%) → 할인채권]

$$P_0 = \frac{10{,}000\text{원}}{(1+0.12)^1} + \frac{10{,}000\text{원}}{(1+0.12)^2} + \frac{10{,}000\text{원}}{(1+0.12)^3} + \frac{10{,}000\text{원}}{(1+0.12)^4} + \frac{110{,}000\text{원}}{(1+0.12)^5} = 92{,}790\text{원}$$

(2) 시장이자율이 연 10%인 경우

해설 [시장이자율(10%) = 액면이자율(10%) → 액면가채권]

$$P_0 = \frac{10{,}000\text{원}}{(1+0.1)^1} + \frac{10{,}000\text{원}}{(1+0.1)^2} + \frac{10{,}000\text{원}}{(1+0.1)^3} + \frac{10{,}000\text{원}}{(1+0.1)^4} + \frac{110{,}000\text{원}}{(1+0.1)^5} = 100{,}000\text{원}$$

(3) 시장이자율이 연 8%인 경우

해설 [시장이자율(8%) < 액면이자율(10%) → 프리미엄채권]

$$P_0 = \frac{10{,}000\text{원}}{(1+0.08)^1} + \frac{10{,}000\text{원}}{(1+0.08)^2} + \frac{10{,}000\text{원}}{(1+0.08)^3} + \frac{10{,}000\text{원}}{(1+0.08)^4} + \frac{110{,}000\text{원}}{(1+0.08)^5} = 107{,}985\text{원}$$

07 투자자 낙화암은 한라주식회사에서 발행한 무보증사채를 현재 시점에서 1개당 92,361원씩에 매입하였다. 이 사채의 액면가는 100,000원이며 앞으로 2년 후에 만기가 도래한다. 또한 이 사채의 액면이자율은 연 15%이며 이자는 연 1회씩 후급하고 만기에 액면가를 상환하도록 되어 있다. 그런데 신용평가 전문기관에서는 이 사채의 원리금 지급 가능성에 대하여 다음과 같은 확률분포로 평가하고 있다.

상 황	확 률
1년 이내에 완전파산(이자, 원금수령 불가능)	2%
2년 이내에 완전파산(1회 이자만 수령가능)	6%
2년 이내에 부분파산(2년째에는 액면가의 50%만 수령가능)	20%
완전약속 이행(이자, 원금수령 가능)	72%

(1) 약속수익률을 구하라.

해설 약속수익률(y_p)은 사채발행조건이 완전히 이행될 때의 만기수익률이므로 다음과 같이 계산된다.

$$92{,}361\text{원} = \frac{15{,}000}{(1+y_p)^1} \cdot \frac{115{,}000}{(1+y_p)^2}$$

$$\therefore\ y_p = 20\%$$

(2) 기대수익률을 구하라.

해설 기대수익률(y_E)은 확률분포를 기준으로 한 평균수익률이므로, 기대수익률을 계산하기 위해서는 우선 확률분포의 상황별 수익률을 계산하여야 한다.

상 황	수익률	확 률
1년 이내 완전파산	$92{,}361\text{원} = \frac{0}{(1+y_1)^1} + \frac{0}{(1+y_1)^2},\ y_1 = -100\%$	2%
2년 이내 완전파산	$92{,}361\text{원} = \frac{15{,}000\text{원}}{(1+y_2)^1} + \frac{0}{(1+y_2)^2},\ y_2 = -83.76\%$	6%
2년 이내 부분파산	$92{,}361\text{원} = \frac{15{,}000\text{원}}{(1+y_3)^1} + \frac{50{,}000\text{원}}{(1+y_3)^2},\ y_3 = -17.86\%$	20%
완전 약속이행	$92{,}361\text{원} = \frac{15{,}000\text{원}}{(1+y_4)^1} + \frac{115{,}000\text{원}}{(1+y_4)^2},\ y_4 = 20\%$	72%

따라서 이 채권의 기대수익률 y_E는 다음과 같이 계산된다.

$$y_E = (-100\%)0.02 + (-83.76\%)0.06 + (-17.86\%)0.2 + (20\%)0.72 = 3.8\%$$

(3) 채무불이행 위험프리미엄을 구하라.

해설 채무불이행 위험프리미엄(D_P)은 약속수익률과 기대수익률의 차이이다.

$$D_P = 20\% - 3.8\% = 16.2\%$$

08★ 다음과 같은 3년 만기 이표채가 있다.

액 면 가 : 100,000원	만기까지의 기간 : 3년
액면이자율 : 연 12%	이자지급 방법 : 연 1회 후급
시장이자율 : 연 10%	

(1) 채권가격을 구하라.

해설 채권가격 P_0는 다음 식과 같이 구할 수 있다.

$$P_0 = \sum_{t=1}^{n} \frac{CF_t}{(1+y)^t}$$

CF_t : t기의 현금유입

y : 채권수익률(시장이자율)

n : 채권의 만기

시장이자율(10%) < 액면이자율(12%)이므로 이 채권은 다음과 같이 할증되어 거래되고 있음을 알 수 있다.

$$P_0 = \frac{12{,}000원}{(1+0.1)^1} + \frac{12{,}000원}{(1+0.1)^2} + \frac{112{,}000원}{(1+0.1)^3} = 104{,}973원$$

(2) 채권의 듀레이션을 구하라.

해설 채권의 듀레이션(D)을 구하는 공식은 다음과 같다.

$$D = \sum_{t=1}^{n} t \cdot \left(\frac{\dfrac{CF_t}{(1+y)^t}}{\displaystyle\sum_{t=1}^{n} \frac{CF_t}{(1+y)^t}} \right)$$

CF_t : t기의 현금유입

y : 채권수익률(시장이자율)

n : 채권의 만기

주어진 자료를 위 공식에 대입하여 D를 계산하면 다음과 같다.

기간(년)	현금흐름	할인요소(10%)	현재가치	가중치*	가중평균기간**
1	12,000	0.9091	10,909	0.1039	0.1039
2	12,000	0.8265	9,918	0.0945	0.1890
3	112,000	0.7513	84,145	0.8016	2.4048
			104,973	1.0000	2.6977

* $\dfrac{현재가치}{현재가치의\ 합계}$

** 기간 × 가중치

즉, 듀레이션은 2.6977년이다.

(3) 시장이자율이 연 10%에서 연 15%로 상승하였다.

해설 ① 채권가격은 어떻게 변하겠는가?

시장이자율이 연 10%에서 연 15%로 상승할 경우 채권가격의 변화를 살펴보면 다음과 같다. 시장이자율이 상승했으므로 채권가격은 하락하며, 시장이자율(15%) > 액면이자율(12%)이므로 이 채권의 가격은 액면가보다 낮아짐을 알 수 있다.

$$P_0 = \frac{12{,}000\text{원}}{(1+0.15)^1} + \frac{12{,}000\text{원}}{(1+0.15)^2} + \frac{112{,}000\text{원}}{(1+0.15)^3} = 93{,}150\text{원}$$

채권의 가격은 104,973원에서 11,823원이 하락하여 93,150원이 된다.

② ①에서 채권가격의 이자율 탄력성(EL)을 구하라. 그리고 그 의미를 설명하라.

채권가격의 이자율 탄력성(EL)은 다음과 같이 계산한다.

$$EL = \frac{dP_0/P_0}{dy/y} + \frac{-11{,}823\text{원} / 104{,}973\text{원}}{5\% / 10\%} = -0.225$$

즉, 채권가격의 이자율 탄력성은 −0.225이며, 이는 시장이자율이 1% 변동할 때 채권가격은 반대방향으로 0.225% 변동함을 의미한다.

③ 채권가격의 변화를 듀레이션을 사용하여 구하면 얼마인가? 그리고 ①에서 구한 값과 차이가 나는 이유는 무엇인지를 그림으로 설명하라.

채권가격의 변화분(dP_0)은 듀레이션을 이용해서도 구할 수 있다.

$$\begin{aligned} dP_0 &= -D \times \frac{dy}{1+y} \times P_0 \\ &= -2.6977 \times \frac{0.05}{1+0.1} \times 104{,}973\text{원} \\ &= -12{,}872\text{원} \end{aligned}$$

즉, 채권가격은 104,973원에서 12,872원 하락한 92,101원이 된다.

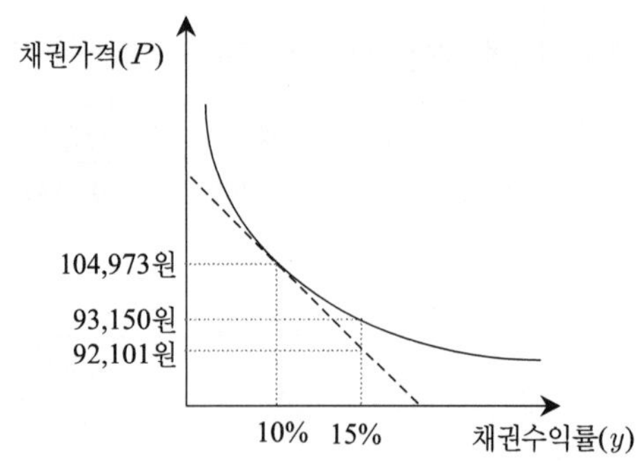

그림에서 보듯이, 선형성을 가정한 듀레이션 이용 시 채권가격은 92,101원으로 하락하는 것으로 측정된다. 그러나 실제로 채권가격은 93,150원으로 하락하게 된다. 이와같이 ①과 ③의 결과가 다른 것은 ③의 경우 듀레이션을 이용해서 채권가격 변동폭을 구할 때 기본적으로 채권가격이 시장이자율 변화에 대해 선형적으로 변한다고 가정했기 때문이다. 그런데 실제로 시장이자율 변화에 대한 채권가격의 변화는 비선형적으로 변한다. 이를 채권의 볼록성(convexity)이라고 한다. 즉, ①과 ③의 결과는 채권의 볼록성 만큼 차이가 발생한 것이다.

④ ②에서 채권의 볼록성까지 감안하면 채권가격의 변화가 어떻게 되는가?

채권의 볼록성(CV)을 구하면 다음과 같다.

$$CV = \frac{1}{(1+0.1)^2}\left[\frac{1\times2\times12{,}000}{(1+0.1)^1}+\frac{2\times3\times12{,}000}{(1+0.1)^2}+\frac{3\times4\times112{,}000}{(1+0.1)^3}\right]\Big/104{,}973$$
$$= 8.59$$

채권의 듀레이션과 볼록성을 함께 이용해서 구한 채권가격의 변화분은 다음과 같다.

$$dP_0 = \left[-MD\times dy+\frac{1}{2}(CV)(dy)^2\right]\times P_0$$
$$= \left[-2.4525\times0.05+\frac{1}{2}(8.59)(0.05)^2\right]\times104{,}973$$
$$= -11{,}745\text{원}$$

채권의 듀레이션과 볼록성을 이용하여 구한 채권의 가격은 104,973원에서 11,745원이 하락한 93,228원이 된다. 듀레이션을 이용하여 구한 채권가격은 실제가격과 1,049원(= 93,150원 − 92,101원)의 오차를 나타내었으나, 듀레이션과 볼록성을 함께 이용하여 구한 채권가격은 실제가격과 78원(= 93,228 − 93,150원)의 오차를 나타낸다. 이와 같이 듀레이션과 볼록성을 함께 이용하면 듀레이션만 이용할 때보다 채권가격의 변화를 좀 더 정확하게 예측할 수 있다.

09★ **다음과 같은 2년 만기 이표채권이 있다.**

액 면 가 : 100,000원	만기까지의 기간 : 2년
액면이자율 : 연 4%	이자지급 방법 : 연 2회 후급
채권수익률 : 연 4%	

(1) 채권의 가치를 구하라.

해설 채권수익률(6%) < 액면이자율(4%)이므로 이 채권은 다음과 같이 할인되어 거래되고 있음을 알 수 있다.

$$P_0 = \frac{2{,}000}{(1+0.03)^1}+\frac{2{,}000}{(1+0.03)^2}+\frac{2{,}000}{(1+0.03)^3}+\frac{102{,}000}{(1+0.03)^4}$$
$$= 96{,}283\text{원}$$

(2) 채권의 듀레이션과 수정듀레이션을 구하라.

해설 듀레이션(D)을 계산하면 다음과 같다.

시 점	현금흐름	할인요소(3%)	현재가치	가중치*	가중평균기간**
0.5	2,000	0.9709	1,942	0.0202	0.0101
1.0	2,000	0.9426	1,885	0.0196	0.0196
1.5	2,000	0.9151	1,830	0.0190	0.0285
2.0	102,000	0.8885	90,626	0.9412	1.8824
합 계			96,283	1.0000	1.9406

* $\dfrac{\text{현재가치}}{\text{현재가치의 합계}}$

** 시점 × 가중치

듀레이션은 1.9406년이다. 따라서 수정듀레이션(MD)는 다음과 같다(1기간이 1년이 아니고 6개월이므로 채권수익률을 2로 나누어야한다).[1)]

$$MD = \frac{D}{1+\frac{y}{2}} = \frac{1.9406}{1.03} = 1.8841\text{년}$$

(3) 채권수익률이 6%에서 3%로 하락하였다고 가정하자.

해설 ① 채권가격은 어떻게 변하겠는가?

채권수익률이 6%에서 3%로 하락할 경우 채권가격의 변화를 살펴보면 다음과 같다. 채권수익률이 하락했으므로 채권가격은 상승하며, 채권수익률(3%) < 액면이자율(4%)이므로 이 채권의 가격은 액면가보다 높아짐을 알 수 있다.

$$P_0 = \frac{2{,}000}{(1+0.015)^1} + \frac{2{,}000}{(1+0.015)^2} + \frac{2{,}000}{(1+0.015)^3} + \frac{102{,}000}{(1+0.015)^4}$$
$$= 101{,}927\text{원}$$

채권의 가격은 96,283원에서 5,644원이 상승하여 101,927원이 된다.

② 채권가격의 변화를 듀레이션을 사용하여 구하면 얼마인가?

채권가격의 변화분(dP_0)은 듀레이션을 이용해서도 구할 수 있다.

$$dP_0 = -D \times \frac{dy}{1+\frac{y}{2}} \times P_0$$
$$= -1.9406 \times \frac{-0.03}{1+0.03} \times 96{,}283$$
$$= 5{,}442\text{원}$$

1) 이자지급횟수가 1년에 4번(3개월마다 이자지급)인 경우 채권수익률을 4로 나누어야 한다. 즉 가격변화율은 다음과 같이 구한다. $dP_0 = -D \times \dfrac{dy}{1+\frac{y}{4}} \times P_0$

또는

$$dP_0 = -MD \times dy \times P_0$$
$$= -1.8841 \times (-0.03) \times 96{,}283$$
$$= 5{,}442\text{원}$$

즉, 채권가격은 96,283원에서 5,442원이 상승한 101,725원이 된다.

③ ②에서 볼록성을 함께 이용하여 변화된 채권가격을 구하면 얼마인가?

볼록성을 구할 때 1기간이 $\frac{1}{2}$년이므로 기간 단위에 모두 $\frac{1}{2}$을 곱해야 한다. 즉, 기간단위가 두 번씩 곱해지므로 볼록성은 $\left(\frac{1}{2}\right)^2$을 곱해서 구해야 한다.2)

채권의 볼록성을 구하면 다음과 같다.

$$CV = \left(\frac{1}{2}\right)^2 \times \frac{1}{(1+0.03)^2}\left[\frac{1 \times 2 \times 2{,}000}{(1+0.03)^1} + \frac{2 \times 3 \times 2{,}000}{(1+0.03)^2} + \frac{3 \times 4 \times 2{,}000}{(1+0.03)^3} + \frac{4 \times 5 \times 102{,}000}{(1+0.03)^4}\right] \Big/ 96{,}283$$
$$= 4.527\text{년}$$

채권의 듀레이션과 볼록성을 함께 이용하여 구한 채권가격의 변화분(dP_0)은 다음과 같다.

$$dP_0 = \left[-MD \times dy + \frac{1}{2}(CV)(dy)^2\right] \times P_0$$
$$= \left[-1.8841 \times (-0.03) + \frac{1}{2}(4.527)(-0.03)^2\right] \times 96{,}283$$
$$= 5{,}638\text{원}$$

따라서 듀레이션과 볼록성을 이용하여 구한 채권의 가격은 101,921원(= 96,283 + 5,638)이 될 것이다. 이 금액은 실제값보다 단지 6원만 차이가 날 정도로 보다 정확하다. 다시 말해서 듀레이션만 고려했을 때의 값보다 196원(= 101,921원 − 101,725원)만큼 더 큰 금액으로서 채권의 볼록성에 의해 조정된 것임을 알 수 있다.

10 B금융회사의 자산으로서 장기채권의 시장가치가 2,000이고, 부채로서 정기예금이 1,500, 그리고 자기자본이 500이다. 장기채권의 만기는 3년이고 3%의 이자를 매년 말 지급받는다. 정기예금의 만기는 1년이며 2%의 이자를 연말에 지급한다. 현재 채권수익률은 3%이다(단, 시장이자율은 평행 이동한다).

[2013년 CPA 2차 기출문제 응용]

2) 이자지급횟수가 1년에 4번(3개월마다 이자지급)인 경우 볼록성은 $\left(\frac{1}{4}\right)^2$을 곱해서 구해야 한다.

(1) 시장이자율이 1%포인트 상승하는 경우와 1%포인트 하락하는 경우 현금흐름할인법을 이용하여 자기자본의 가치변화를 각각 계산하라.

해설 ① 시장이자율이 1%포인트 상승하는 경우

$$장기채권 = \frac{60}{1.04^1} + \frac{60}{1.04^2} + \frac{2,060}{1.04^3} = 1,944.5$$

$$정기예금 = \frac{1,500 + 30}{1.03^1} = 1,485.4$$

자기자본 = 1,944.5 − 1,485.4 = 459.1

자기자본의 가치변화 = 459.1 − 500 = −40.9

② 시장이자율이 1%포인트 하락하는 경우

$$장기채권 = \frac{60}{1.02^1} + \frac{60}{1.02^2} + \frac{2,060}{1.02^3} = 2,057.7$$

$$정기예금 = \frac{1,500 + 300}{1.01^1} = 1,514.9$$

자기자본 = 2,057.7 − 1,514.9 = 542.8

자기자본의 가치변화 = 542.8 − 500 = 42.8

(2) 시장이자율이 1%포인트 상승하는 경우와 1%포인트 하락하는 경우 듀레이션을 이용하여 자기자본의 가치변화를 각각 계산하라.

해설 자산으로서의 장기채권의 듀레이션(D_A)과 부채로서의 정기예금의 듀레이션(D_L)을 구하면 다음과 같다.

$$D_A = \frac{1 \times \frac{60}{1.03^1} + 2 \times \frac{60}{1.03^2} + 3 \times \frac{2,060}{1.03^3}}{2,000} = 2.9135년$$

$$D_L = \frac{1 \times \frac{1,530}{1.02^1}}{1,500} = 1년$$

① 시장이자율이 1%포인트 상승하는 경우

$$\Delta A = -\frac{+0.01}{1.03} \times 2.9135 \times 2,000 = -58.27$$

$$\Delta L = -\frac{+0.01}{1.02} \times 1 \times 1,500 = -14.71$$

자기자본의 가치변화 = −58.27 − (−14.71) = −43.56

② 시장이자율이 1%포인트 하락하는 경우

$$\Delta A = -\frac{-0.01}{1.03} \times 2.9135 \times 2{,}000 = +58.27$$

$$\Delta L = -\frac{-0.01}{1.02} \times 1 \times 1{,}500 = +14.71$$

자기자본의 가치변화 = 58.27 − 14.71 = +43.56

(3) (1)과 (2)의 결과의 의미를 설명하라.

해설 자산이 부채보다 위험노출액과 듀레이션이 모두 커서 금리상승 시 자산가치 하락분이 부채가치 하락분보다 크고 결과적으로 자기자본가치가 하락한다. 반대로 금리하락 시 자산가치 상승분이 부채가치 상승분보다 크고 결과적으로 자기자본가치가 상승한다. (1)과 (2)의 결과가 서로 다르게 나오는 이유는 듀레이션을 이용하여 구한 채권가격 변동은 채권의 볼록성을 고려하지 않고 선형성을 가정하기 때문이다.

11 **액면가가 1,000,000원, 액면이자율이 연 4%, 만기 1년인 이표채가 매 분기마다 이자를 지급한다. 채권수익률은 연 6%이다.**

(1) 채권의 듀레이션을 구하라.

해설

시 점 n(3개월)	CF	PV(6%)	$PV \times n$
1	10,000	9,852	9,852
2	10,000	9,707	19,414
3	10,000	9,563	28,689
4	1,010,000	951,606	3,806,424
		980,728	3,864,379

$$\text{듀레이션}(D) = \frac{1}{4} \times \frac{3{,}864{,}379}{980{,}728} = 0.98508\text{년}$$

(2) 시장이자율이 1% 상승하는 경우 채권의 가격은 몇 % 하락하는가?(수정듀레이션 이용)

해설 $$\text{수정듀레이션} = \frac{0.98508}{1 + \frac{6\%}{4}} = 0.97052$$

따라서 시장이자율이 1% 상승하는 경우 채권가격은 0.97052% 하락한다.

(3) 액면가 10,000원, 만기 1년인 순수할인채가 9,259원에 거래되고 있다. 액면가 10,000원, 만기 2년, 액면이자율 10%인 이표채는 액면가에 거래되고 있다. 2년 만기 현물이자율과 1년 후부터 2년 말까지의 선도이자율을 구하라.

해설 1년 현물이자율($_0r_1$)은 다음과 같다.

$$\frac{10{,}000\text{원}}{(1+{}_0r_1)^1} = 9{,}259\text{원} \Rightarrow {}_0r_1 \Rightarrow 8\%$$

2년 현물이자율($_0r_2$)은 다음과 같다.

$$\frac{1{,}000\text{원}}{(1+8\%)^1} + \frac{11{,}000\text{원}}{(1+{}_0r_2)^2} = 10{,}000\text{원} \Rightarrow {}_0r_2 \Rightarrow 10.1\%$$

1년 후부터 2년 말까지의 선도이자율은 다음과 같다.

$$(1+{}_0r_2)^2 = (1+{}_0r_1)(1+{}_1f_2) \Rightarrow (1+10.1\%)^2 = (1+8\%)(1+{}_1f_2) \Rightarrow {}_1f_2 = 12.24\%$$

(4) 불편기대이론 하에서, 2년 만기 액면이자율이 10%인 이표채의 1년 후 가격이 얼마일까?

해설 $E({}_1r_2) = {}_1f_2 = 12.24\%$

$$1\text{년 후 채권가치} = \frac{1{,}000\text{원} + 10{,}000\text{원}}{1+E({}_1r_2)} = \frac{11{,}000\text{원}}{1+12.24\%} = 9{,}800\text{원}$$

CHAPTER 03 주식의 가치평가

기업은 투자에 필요한 자금을 차입하거나 회사채를 발행하여 조달할 수도 있지만 보통주를 발행하여 조달할 수도 있다. 기업이 은행에서 차입하거나 회사채를 발행하면 채권자에게 미리 약정한 현금흐름을 지급할 의무를 갖는다. 그러나 보통주를 발행하는 것은 마치 새로운 파트너(partner)를 얻는 것과 유사하다. 즉, 기업이 투자를 하여 많은 이익 즉, 현금흐름이 발생하면 주주들은 자기들이 소유한 지분에 따라 이익을 공유하게 된다. 따라서 주식의 가치는 주주가 얻게 될 미래 불확실한 현금흐름에 의해 결정된다. 본 장에서는 주식의 가치를 어떻게 평가하는지에 대하여 설명하기로 한다.

3.1 주식의 기초 개념

주식(stock, 株式)은 주식회사가 투자자(주주)로부터 자본을 제공받고 발행한 증서로서 주식회사의 자본을 이루는 단위이다. 주식회사는 자기자본을 조달하는 하나의 방법으로 주식을 발행한다. 주식에는 보통주(common stock)와 우선주(preferred stock) 등이 있다. 본 장에서는 주식을 보통주에 한하여 설명하기로 한다. 보통주의 소유자인 주주(common stockholder)는 주식회사의 구성원으로 주식회사에 대하여 법률상 주주로서의 권리를 갖는다.

보통주 주주는 기업의 재산 및 실현된 이익에 대한 잔여재산 분배청구권, 배당청구권, 의결권 등을 갖는다. 또한 주주는 원칙적으로 출자한 자본에 대하여만 경제적인 책임을 지는 유한책임(limited liability)을 갖는다. 우리나라에서 보통주는 주식의 액면금액이 표시된 액면주와 주권과 주주명부에 주주의 이름이 기재된 기명주의 형태로 발행된다.

3.2 주식의 가치평가

주식의 가치는 무한한 수의 미래 주당배당금의 현재가치(PV: present value)의 합으로 표현될 수 있다. 일반적인 배당할인모형(dividend discount model)은 다음과 같다.

$$\text{주식의 가치} = PV(\text{미래 주당배당금})$$

$$P_0 = \frac{DIV_1}{1+k} + \frac{DIV_2}{(1+k)^2} + \cdots + \frac{DIV_\infty}{(1+k)^\infty} \qquad (1)$$

P_0 : 주식가치
DIV : 주당배당금
k : 주주 요구수익률(자기자본비용 = r_E)

식 (1)의 양변에 $\frac{1}{1+k}$을 곱한 후, 그 식을 식 (1)에서 차감하여 정리하면 다음의 간단한 식이 유도된다. 즉, 미래 주당배당금이 DIV_1으로 일정한 경우, 무성장기업의 주가는 일정한 주당배당금을 주주 요구수익률(자기자본비용)로 나누어 구한다.

$$P_0 = \frac{DIV_1}{k} \qquad (2)$$

그런데 순이익 전체가 배당으로 지급되므로 무성장기업의 주가는 다음과 같이 주당순이익(EPS_1)으로 표현되기도 한다.

$$P_0 = \frac{EPS_1}{k} \qquad (3)$$

3.3 안정성장모형

일반적으로 앞에서 가정한 0%의 성장률은 현실성이 약하다. 왜냐하면 기업의 수명이 지속되고 있다는 것은 기업 자체가 유지 발전되고 있음을 의미하기 때문이다. 일반적으로 기업은 순이익의 일부만을 배당으로 지급하고 남은 금액을 성장을 위해 재투자한다. 만일 기업의 순이익이 일정한 속도로 성장하고 또한 순이익의 일정한 비율만큼이 재투자되면 기업의 미래배당금도 일정한 속도로 성장하게 된다. 미래배당금이 매년 g%로 일정하게 성장한다고 가정하면, 식 (1)은 다음과 같이 표현된다.

$$P_0 = \frac{DIV_0(1+g)}{1+k} + \frac{DIV_0(1+g)^2}{(1+k)^2} + \cdots + \frac{DIV_0(1+g)^{\infty}}{(1+k)^{\infty}} \tag{4}$$

식 (4)의 양변에 $\frac{1+g}{1+k}$를 곱한 후, 그 식을 식 (4)에서 차감하여 정리하면 다음의 간단한 식이 유도된다. 식 (5)와 같은 안정성장모형은 골든(Myron Gordon)이 유도하였기 때문에 골든모형(Gordon model)이라고도 불린다.[1)]

$$P_0 = \frac{DIV_0(1+g)}{k-g} = \frac{DIV_1}{k-g} \tag{5}$$

주가는 음(−)의 값을 가질 수 없으므로 골든모형을 적용하기 위해서는 주주 요구수익률(k 또는 r_E)이 성장률보다 커야 한다($k > g$). 빠르게 성장하는 기업의 경우에는 대체로 $g > k$이므로 골든모형을 적용할 수 없다.

예를 들어 A기업의 1년 후 주당순이익이 2,000원이고 이중에서 1,200원이 배당금으로 지급될 것으로 기대된다. 그리고 배당금은 매년 8%로 성장할 것으로 예상된다. 주식의 기대수익률 즉, 주주 요구수익률이 연 16%이면, 식 (5)에 의한 적정주가는 다음과 같이 15,000원으로 추정된다.

$$P_0 = \frac{DIV_1}{k-g} = \frac{1{,}200\text{원}}{0.16-0.08} = 15{,}000\text{원}$$

1) 이 모형은 DIV_0이 방금 지급되었으며 DIV_1이 1년 후에 지급됨을 가정하고 있다. 그리고 식 (4)에서 g가 k보다 작으면, 식 (4)는 등비$\left(\frac{1+g}{1+k}\right)$가 1보다 작은 무한 등비수열이 되므로 공식을 이용해서도 식 (5)를 유도할 수 있다.

3.4 성장률과 PVGO

순이익의 일부만이 재투자된다면 기업의 성장률은 유보율에 비례하게 된다. 즉, 순이익의 40%가 재투자되고 재투자수익률이 연 20%이면 성장률은 20% × 0.4 = 8%가 된다. 이 논리에 의해 배당금성장률은 유보비율과 재투자수익률의 곱으로 표현된다. 재투자수익률은 일반적으로 자기자본순이익률(return on equity : ROE)에 의해 측정된다. 이렇게 추정한 성장률은 투자의 양과 질에 기초하여 유지가 가능한 성장률이라는 의미로 해석되므로 지속가능성장률(sustainable growth rate) 또는 잠재성장률(potential growth rate)이라고 불린다.

$$\text{배당금성장률}(g) = \text{자기자본순이익률} \times \text{유보비율} \tag{6}$$

앞에서 든 예에서, A기업의 1년 후 기대 주당순이익이 2,000원으로 예상되며, 순이익의 60%를 배당으로 지급한다고 하자. 배당성향(dividend payout ratio)이 60%라는 것은 순이익의 40%가 재투자를 위하여 유보됨을 의미한다. 이 40%를 유보비율(retention ratio 또는 plowback ratio)이라고 한다. 만일 재투자수익률이 연 20%이면 A기업은 연 8%로 성장할 것이다. 그러나 A기업이 순이익을 전부 배당으로 지급한다면 DIV_1 = 2,000원, g = 0%이므로 A기업은 무성장기업이 되며 이때 주가는 골든모형에 의해 12,500원이 될 것이다.

$$P_0 = \frac{2{,}000\text{원}}{0.16 - 0} = 12{,}500\text{원}$$

그렇다면 무성장기업의 주가 12,500원과 40%를 유보하여 8%로 성장하는 경우의 주가 15,000원과의 차이는 무엇인가? A기업은 순이익의 40%를 연 20%의 수익률로 재투자하는데 이 20%의 수익률은 주주들이 요구하는 수익률 16%보다 높다. 투자의 수익률이 요구되는 수익률 16%보다 높으므로 투자의 순현가는 양(+)이고 투자는 가치를 창출하여 주가를 상승시키게 된다.

따라서 두 가격의 차이인 2,500원을 성장기회의 현가(present value of growth opportunities : $PVGO$)라고 부를 수 있다. 즉, 성장기업의 주가는 식 (7)과 같이 무성장기업의 주가에 $PVGO$를 가산한 금액으로 표현된다.

$$P_0 = \frac{EPS_1}{k} + PVGO \tag{7}$$

식 (7)을 이용하여 A기업의 주가를 구하면 다음과 같다.

$$P_0 = \frac{EPS_1}{k} + PVGO = \frac{2{,}000\text{원}}{0.16} + 2{,}500\text{원} = 15{,}000\text{원}$$

3.5 PVGO와 NPV★

$PVGO$와 NPV(net present value)간의 관계를 설명해 보기로 하자. 성장기회의 현가 $PVGO$는 매년 기업이 유보한 이익을 재투자해서 얻는 순현가(NPV)들의 현재가치를 말한다.[2] NPV_1을 유보이익의 재투자로 인해 발생하는 1년 후의 순현가라고 하고, 순현가가 매년 g%로 성장한다고 하자. $PVGO$는 다음 식으로 나타낼 수 있다.

$$PVGO = \frac{NPV_1}{k - g} \tag{8}$$

$PVGO$: 성장기회의 현가
NPV_1 : 유보이익 재투자로 인한 1년 후의 순현가
k : 자기자본비용(주주 요구수익률 = r_E)
g : 기업성장률

식 (8)에서 NPV_1은 유보이익의 재투자로 인한 1년 후의 순현가를 나타내는 것으로 다음 식과 같이 계산된다.

2) NPV = 현금유입의 현가 − 현금유출의 현가(여기서 적정 할인율은 요구수익률 즉, 자본비용이다.)
NPV(순현가)에 대한 자세한 설명은 제4장 4.5의 (4)를 참조할 것.

$$NPV_1 = \text{유보이익 재투자이익의 현가} - \text{유보이익 재투자액}$$

$$= \frac{b \cdot EPS_1 \cdot r}{(1+k)^1} + \frac{b \cdot EPS_1 \cdot r}{(1+k)^2} + \cdots + \frac{b \cdot EPS_1 \cdot r}{(1+k)^\infty} - b \cdot EPS_1$$

$$= \frac{b \cdot EPS_1 \cdot r}{k} - b \cdot EPS_1 \tag{9}$$

NPV_1 : 유보이익 재투자로 인한 1년 후 순현가
b : 유보비율
EPS_1 : 1년후 주당순이익
r : 재투자수익률
k : 자기자본비용(주주 요구수익률)

식 (9)에서 $b \cdot EPS_1$은 유보이익, 또는 유보이익 재투자액을 나타내며 여기에 재투자수익률 r을 곱한 재투자이익 $b \cdot EPS_1 \cdot r$은 매기마다 영구히 발생된다. 따라서 매기마다 영구히 발생되는 재투자이익을 자기자본비용으로 현가화한 값에서 유보이익 재투자액인 $b \cdot EPS_1$을 차감하면 NPV_1이 된다.

또한 식 (9)의 순현가는 다음 식 (10)과 같이 변형시킴으로써 순현가가 재투자수익률과 자기자본비용의 관계에 따라 어떻게 변동되는가를 알 수 있다.

$$NPV_1 = \frac{b \cdot EPS_1 \cdot r}{k} - b \cdot EPS_1 = b \cdot EPS_1 \left(\frac{r}{k} - 1\right) \tag{10}$$

식 (10)에서 보면 재투자수익률 r이 자기자본비용 k(또는 r_E)보다 클 경우에만 $NPV_1 > 0$으로 나타나 기업성장이 가능함을 알 수 있다.

그리고 1년 후의 순현가 NPV_1과 같은 것이 2년 후의 재투자를 통해서 NPV_2, 3년 후의 재투자를 통해서 NPV_3 등이 영구히 발생하는데, 이들 값이 기업성장률(g%)로 성장한다. 따라서 매년마다 g%씩 성장하면서 영구히 발생하는NPV의 현재가치는 성장기회의 현가 즉, $PVGO$가 되며, 이는 결국 앞에서 설명했듯이 식 (8)로 측정 가능하다.

$$PVGO = \frac{NPV_1}{(1+k)^1} + \frac{NPV_2}{(1+k)^2} + \cdots + \frac{NPV_\infty}{(1+k)^\infty}$$
$$= \frac{NPV_1}{(1+k)^1} + \frac{NPV_1(1+g)}{(1+k)^2} + \cdots + \frac{NPV_1(1+g)^{\infty-1}}{(1+k)^\infty}$$
$$= \frac{NPV_1}{k-g} \qquad (8)$$

앞에서 든 A기업의 예를 들어 $PVGO$를 측정해 보기로 하자. A기업의 예에서 $b = 40\%$, $EPS_1 = 2{,}000$원, $r = 20\%$, $g = 8\%$, $k = r_E = 16\%$이다. A기업의 NPV_1은 다음과 같다.

$$NPV_1 = \frac{0.4 \times 2{,}000\text{원} \times 0.2}{0.16} - 0.4 \times 2{,}000\text{원} = 200\text{원}$$

그리고 A기업의 $PVGO$는 다음과 같다.

$$PVGO = \frac{200\text{원}}{0.16 - 0.08} = 2{,}500\text{원}$$

이상의 결과는 앞에서 구한 결과와 일치한다.

3.6 PVGO와 NPV 측정★

상수기업의 1년 후 주당순이익은 3,000원으로 예상되며, 유보비율은 30%이고 재투자수익률과 주주요구수익률이 각각 연 10%, 연 8%이다. 유보비율, 재투자수익률 그리고 주주요구수익률이 계속해서 일정하게 유지된다고 하자. 먼저 성장기회가 없다고 가정하고 주식가치를 구해보면 다음과 같다.

$$P_0 = \frac{EPS_1}{k} = \frac{3{,}000\text{원}}{0.08} = 37{,}500\text{원}$$

다음에는 안정성장모형을 이용하여 주식가치를 구해보기로 하자. 성장률 g는 유보비율 × 재투자수익률(또는 자기자본순이익률)이므로, 성장률(g)은 다음과 같이 3%이다.

$$g = 0.3 \times 0.1 = 3\%$$

안정성장모형을 이용한 주식가치는 다음과 같이 42,000원이다.

$$P_0 = \frac{DIV_1}{k - g} = \frac{0.7 \times 3{,}000\text{원}}{0.08 - 0.03} = \frac{2{,}100\text{원}}{0.05} = 42{,}000\text{원}$$

이번에는 앞의 결과를 이용해서 성장기회의 현가($PVGO$)를 구해보기로 하자. $PVGO$는 안정성장모형에서의 주식가치에서 무성장모형의 주식가치를 차감하여 구할 수 있다.

$$PVGO = \frac{DIV_1}{k - g} - \frac{EPS_1}{k} = 42{,}000\text{원} - 37{,}500\text{원} = 4{,}500\text{원}$$

마지막으로 유보이익을 재투자하여 얻는 NPV를 기초로 성장기회의 현가를 추정해 보자.

$$NPV_1 = \frac{b \times EPS_1 \times r}{k} - b \times EPS_1$$

$$= \frac{0.3 \times 3{,}000\text{원} \times 0.1}{0.08} - 0.3 \times 3{,}000 = 225\text{원}$$

$$g = b \times r = 0.3 \times 0.1 = 3\%$$

$$PVGO = \frac{NPV_1}{k - g} = \frac{225\text{원}}{0.08 - 0.03} = 4{,}500\text{원}$$

이는 앞의 결과와 일치한다.

3.7 배당할인모형과 PER★

골든(M.Gordon)은 안정성장모형에서 기업의 이익성장률(또는 배당금성장률)이 매년 g%로 일정하다고 가정하고 식 (5)를 유도하였다.

$$P_0 = \frac{DIV_1}{k - g} \tag{5}$$

골든의 모형을 조금 변형하면 주가수익비율(price earnings ratio : PER)을 결정하는 요인을 알 수 있다.

$$P_0 = \frac{DIV_1}{k - g} = \frac{DIV_0(1+g)^1}{k - g} = \frac{EPS_0 \times (1 - b)(1+g)^1}{k - g} \tag{11}$$

식 (11)에서 EPS_0는 금기의 주당순이익(EPS)을, b는 유보비율을, 그리고 $(1 - b)$는 배당성향을 의미한다. 식 (11)의 좌우변을 EPS_0로 나누어 주면 다음 식이 성립한다.

$$\frac{P_0}{EPS_0} = \frac{(1-b)(1+g)}{k - g} = PER \tag{12}$$

식 (12)에서 P_0/EPS_0는 주가수익비율 또는 주가이익비율을 의미하는데, 이는 실제 PER과 구별하여 정상PER(normal PER)이라 부른다. 실제PER은 실제주가를 기초로 구한 주가수익비율인데 반해서 정상PER은 이론주가를 기초로 구한 주가수익비율이다. 식 (12)에서 알 수 있듯이 정상PER은 다음과 같이 배당성향$(1-b)$, 성장률(g)의 증가함수이고 위험(k)의 감소함수이다.

$$\underset{}{\text{정상}PER} = f(\underset{(+)}{\text{배당성향}},\ \underset{(+)}{\text{성장률}},\ \underset{(-)}{\text{위험}}) \tag{13}$$

앞에서 든 A기업의 예에서 현재 주당순이익이 2,000원이고 배당성향이 60%(유보비율 40%임), 자기자본비용(k 또는 r_E)이 16%, 현재 주가가 12,000원 그리고 배당금성장률이 8%로 일정하다. A기업의 정상PER은 다음과 같이 8.1이 될 것이다.

$$\text{정상}PER = \frac{(1-0.4)(1+0.08)}{0.16-0.08} = 8.1$$

A기업의 실제PER, 즉 우리가 일반적으로 시장에서 관찰할 수 있는 PER은 다음과 같다.

$$PER = \frac{\text{시가총액}}{\text{순이익}} = \frac{\text{주가}}{\text{주당순이익}}$$

$$= \frac{12{,}000\text{원}}{2{,}000\text{원}} = 6$$

A기업의 실제PER 6은 정상PER 8.1보다 낮으므로, A기업의 주가는 시장에서 저평가되어 있음을 알 수 있다.

3.8 배당할인모형과 PBR★

앞에서 골든의 모형을 조금 변형해서 다음의 식 (11)을 구한 바 있다.

$$P_0 = \frac{EPS_0 \times (1-b)(1+g)}{k-g} \tag{11}$$

이를 조금 더 변형하면 주가순자산비율(price book value ratio : PBR)을 결정하는 요인을 알 수 있다. 먼저 자기자본순이익률(ROE)을 EPS_0/BV_0로 정의하면 (BV_0는 주당자기자본임),

$$P_0 = \frac{BV_0 \times ROE \times (1-b)(1+g)}{k-g} \tag{14}$$

식 (14)에서 양변을 BV_0으로 나누면 정상PBR을 구할 수 있다.

$$\frac{P_0}{BV_0} = \frac{ROE \times (1-b)(1+g)}{k-g} = PBR = ROE \times PER \tag{15}$$

식 (15)에서 P_0/BV_0는 주가순자산비율을 의미하는데, 이는 실제PBR과 구별하여 정상PBR(normal PBR)이라 부른다. 실제PBR은 실제주가를 기초로 구한 주가순자산비율인데 반해서 정상PBR은 이론주가를 기초로 구한 주가순자산비율이다. 식 (15)에서 알 수 있듯이 정상PBR은 다음과 같이 자기자본순이익률(ROE), 배당성향, 성장률의 증가함수이고 위험(k)의 감소함수이다.

$$\text{정상}PBR = f(\underset{(+)}{\text{자기자본순이익률}},\ \underset{(+)}{\text{배당성향}},\ \underset{(+)}{\text{성장률}},\ \underset{(-)}{\text{위험}}) \tag{16}$$

앞에서 든 A기업의 예에서 주당순이익 2,000원, 배당성향 60%(유보비율 40%), 자기자본비용(주주요구수익률) 16%, 현재 주가가 12,000원, 배당금성장률 8%, 주당자기자본 10,000원이다. A기업의 정상PBR은 다음과 같이 1.62가 될 것이다.

$$\text{정상}PBR = \frac{0.2 \times (1-0.4) \times (1+0.08)}{0.16-0.08} = 1.62$$

A기업의 실제PBR, 즉 우리가 일반적으로 시장에서 관찰할 수 있는 PBR은 다음과 같다.

$$PBR = \frac{\text{시가총액}}{\text{자기자본}} = \frac{\text{주가}}{\text{주당자기자본}} = \frac{12{,}000\text{원}}{10{,}000\text{원}} = 1.2$$

A기업의 실제PBR 1.2는 정상PBR 1.62보다 낮으므로, A기업의 주가는 시장에서 저평가되어 있음을 알 수 있다.

3.9 배당할인모형과 PSR★

앞에서 골든의 모형을 조금 변형해서 다음의 식 (11)을 구한 바 있다.

$$P_0 = \frac{EPS_0 \times (1 - b)(1 + g)}{k - g} \tag{11}$$

이를 조금 더 변형하면 주가매출액비율(price sales ratio : PSR)을 결정하는 요인을 알 수 있다. 먼저 매출액순이익률(ROS)을 $EPS_0/Sales_0$로 정의하면($Sales_0$은 주당매출액임),

$$P_0 = \frac{Sales_0 \times ROS \times (1 - b)(1 + g)}{k - g} \tag{17}$$

식 (17)에서 양변을 $Sales_0$으로 나누면 정상PSR(normal PSR)을 구할 수 있다.

$$\frac{P_0}{Sales_0} = \frac{ROS \times (1 - b)(1 + g)}{k - g} = PSR = ROS \times PER \tag{18}$$

식 (18)에서 $P_0/Sales_0$는 주가매출액비율을 의미하는데 실제PSR과 구별하여 정상PSR이라 한다. 식(18)에서 알 수 있듯이 PSR은 다음과 같이 매출순이익률, 배당성향, 성장률의 증가함수이고 위험(k)의 감소함수이다.

$$\text{정상}PSR = f(\underset{(+)}{\text{매출순이익률}},\ \underset{(+)}{\text{배당성향}},\ \underset{(+)}{\text{성장률}},\ \underset{(-)}{\text{위험}}) \tag{19}$$

앞에서 든 A기업의 예에서 주당순이익 2,000원, 배당성향 60%(유보비율 40%), 자기자본비용(주주 요구수익률) 16%, 현재 주가가 12,000원, 배당금성장률 8%, 주당매출액 20,000원이다. A기업의 정상PSR은 다음과 같이 0.81이 될 것이다.

$$\text{정상}PSR = \frac{0.1 \times (1 - 0.4) \times (1 + 0.08)}{0.16 - 0.08} = 0.81$$

A기업의 실제PSR, 즉 우리가 시장에서 관찰할 수 있는 PSR은 다음과 같다.

$$PSR = \frac{\text{시가총액}}{\text{매출액}} = \frac{\text{주가}}{\text{주당매출액}} = \frac{12{,}000\text{원}}{20{,}000\text{원}} = 0.6$$

A기업의 실제PSR 0.6은 정상PSR 0.81 보다 낮으므로, A기업의 주가는 시장에서 저평가되어 있음을 알 수 있다.

정리문제

01 뉴서울기업은 지난 20년간 총자산순이익률을 5%로 유지해 왔으며, 앞으로 배당성향을 20%로 유지하고 부채비율을 100%로 유지할 계획이다. 총자산이 2조원, 총 발행주식수는 2,000만주이며 주식은 현재 4만원에 거래된다(단, 자기자본순이익률 = 총자산순이익률 × (1 + 부채비율)).

(1) 지속가능성장률은 얼마인가?

(2) 주식투자로부터 기대되는 수익률은 얼마인가?

02 창영기업의 현재 주당순이익(EPS_0)은 5,000원이고, 주당배당금은 1,000원이다. 그리고 향후 5년 동안 유보비율은 70%이며 배당은 매년 30%씩 성장하리라고 예상된다. 그러나 6년째에는 배당성향을 60%로 늘려 그 결과 6년 후부터는 연 10%의 성장률로 성장할 것으로 예상된다. 할인율을 연 14%라고 할 때 창영기업의 주식가치를 계산하라.

03 금곡기업은 1년 후 2,000원의 주당순이익이 발생할 것으로 예상한다. 배당성향이 60%, 자기자본순이익률은 20%이다. 할인율이 연 12%일 때, 금곡기업 주가와 성장기회의 현재가치($PVGO$)를 구하라.

04 배다리기업은 1년 후 주당순이익이 4,000원으로 예상되며 유보비율은 40%이고 재투자수익률과 주주의 요구수익률이 각각 연 15%, 연 10%이다. 이러한 유보비율, 재투자수익률 그리고 요구수익률은 계속해서 일정하게 유지된다고 하자.

(1) 성장기회가 없다고 가정하는 경우 배다리기업의 주식가격을 구하라.

(2) 안정성장모형을 이용하여 배다리기업의 주식가격을 구하라.

(3) (1), (2)번을 이용해서 성장기회의 현가($PVGO$)를 구하라.

(4)★ 유보이익을 재투자하여 얻는 NPV를 기초로 성장기회의 현가를 추정하고 이를 (3)번의 결과와 비교하라.

05 동인회사의 주주 요구수익률은 연 12%이고 현재 주당순이익(EPS)은 5,636원이고, 주당 5,000원의 배당을 지급하였다. 주당배당금은 앞으로 2년간은 연간 10%씩 성장하고 그 후로는 매년 4%씩 영구히 성장할 것으로 기대된다.

(1) 주식가치를 구하라.

(2) 성장기회의 현가($PVGO$)는 얼마인가?

06 경윤기업은 2,000원의 주식배당금을 오늘 지급했다. 만일 주당배당금이 앞으로 매년 5%씩 증가하고 주주 요구수익률이 연 20%이면 주식의 적정가격은 얼마인가? 만일 이 주식이 현재 18,000원에 거래되고 있다면 이 가격을 정당화할 수 있는 배당성장률(g)은 얼마인가?

07 송림기업은 오늘 450원의 주당배당금을 지급하였다. 수익성 악화로 연간 주당순이익이 10%씩 감소할 것으로 예상된다. 송림기업의 유보비율은 55%이고, 할인율이 연 20%일 때 송림기업의 적정주가는 얼마인가?

08 율목기업은 오늘 주당 150원씩 배당금을 지급하였다. 재투자수익률이 연 20%, 유보비율이 25%, 할인율이 연 15%일 때, 1년간 자본이득률(성장률)과 배당수익률은 얼마인가?

09 유동기업은 내년에 주당 $8.46의 순이익을 벌어들일 것으로 기대된다. 지금까지는 모두 현금배당 했지만, 새로운 투자안에 투자하기 위하여 CEO는 기존의 배당정책을 바꾸어서 순이익 중 40%만 배당하고 60%는 유보하기로 했다. 새로운 투자안은 연 20%의 수익률을 가져다 줄 것으로 기대된다. 주주 요구수익률은 연 15%이다. 유동기업이 정책을 바꾼다면 주가는 어떻게 변화될 것인가? 그리고 새로운 정책의 $PVGO$는 얼마인가?

10★ 만리기업의 현재 주가는 20,000원이고 주당순이익은 3,000원이며, 주주 요구수익률은 연 20%이다. 그리고 만리기업은 순이익의 50%를 유보하고 있으며, 재투자수익률은 연 20%이다. 만리기업의 정상PER과 정상주식가격은 얼마인가? 현재 주가는 적정한가?

11★ 염천기업의 1년 후 예상 주당순이익은 5,000원이다. 염천기업의 재투자수익률(= 자기자본순이익률)은 매년 연 15%이며, 배당성향은 40%로 일정하다. 염천기업의 자기자본비용은 연 12%로 예상된다.

(1) 염천기업 주식의 성장기회의 현가($PVGO$)는 얼마인가?

(2) 염천기업 주식가치는 얼마인가? 이를 골든모형에 의한 주식가치와 비교하라.

12★ A은행의 현재 주가는 31,500원이고 주당순이익은 3,500원이며 A은행은 이 중에서 1,750원을 배당금으로 지급했다. 장기적으로 주당순이익과 배당은 연 5%씩 성장할 것으로 예측된다. A은행의 자기자본비용은 16.4%이다. A은행의 정상PER을 추정하고 주식이 과대 또는 과소평가되었는지를 판단하라.

13★ [문제 12]에서 든 A은행의 예에서 주당순이익 3,500원, 배당성향 50%(유보비율 50%), 자기자본비용(주주 요구수익률) 16.4%, 배당금성장률 5%, 주가 31,500원, 주당자기자본 35,000원이다. 이 은행의 정상PBR을 추정하고 주식이 과대 또는 과소평가되었는지를 판단하라.

14★ [문제 12]에서 든 A은행의 예에서 주당순이익 3,500원, 배당성향 50%(유보비율 50%), 자기자본비용(주주 요구수익률) 16.4%, 배당금성장률 5%, 주가 31,500원, 주당자기자본 35,000원, 주당매출액 43,750원이다. 이 은행의 정상PSR을 추정하고 주식이 과대 또는 과소평가되었는지를 판단하라.

15 1월 1일 현재 발행주식수는 5,000주이며, 1년 후인 12월 31일 예상 순이익은 1,000만원이다. 연도 말에 600만원을 배당으로 지급하고 나머지는 유보할 계획이다. 자기자본의 재투자수익률인 자기자본순이익률(ROE)은 15%이다. 배당성향과 자기자본순이익률은 계속 유지되며, 자기자본비용은 연 10%이다. 현재 주가는 이론 주가와 동일하다. [2007년 CPA 2차 기출문제 응용]

(1) 주가를 추정하라. 성장기회의 현재가치($PVGO$)는 얼마인가?

(2) 현재 주가와 연도 말 실적 기준의 PER은 얼마인가?

(3) 실제 PER이 낮으면 저 평가된 저PER주인가?

(4)★ 1년 후 유보액을 재투자한 것의 NPV(1년 후 기준)를 구하라. 이를 기준으로 성장기회의 현재가치($PVGO$)를 계산하고 이를 (1)에서 구한 $PVGO$와 비교하라.

(5)★ 성장기회가 존재하려면 재투자수익률과 자기자본비용 간에 어떤 조건이 있어야 하는가? (재투자의 NPV 기준)

정리문제에 대한 해설

01 뉴서울기업은 지난 20년간 총자산순이익률을 5%로 유지해 왔으며, 앞으로 배당성향을 20%로 유지하고 부채비율을 100%로 유지할 계획이다. 총자산이 2조원, 총 발행주식수는 2,000만주이며 주식은 현재 4만원에 거래된다(단, 자기자본순이익률 = 총자산순이익률 × (1 + 부채비율)).

(1) 지속가능성장률은 얼마인가?

해설 자기자본순이익률 = 총자산순이익률 × (1 + 부채비율)

$= 5\% \times (1 + 1) = 10\%$

지속가능성장률 = 유보비율 × 자기자본순이익률

$= (1 - 0.2) \times 10\% = 8\%$

(2) 주식투자로부터 기대되는 수익률은 얼마인가?

해설 총자산순이익률이 5%이므로 당기순이익 = 2조원 × 5% = 1,000억원

주당이익 = 1,000억원 / 2,000만주 = 5,000원

당기 주당배당금 = 주당순이익 × 배당성향 = 5,000원 × 20% = 1,000원

차기 주당배당금 = 당기 주당배당금 × (1 + 성장률)

= 1,000원 × (1 + 8%) = 1,080원

$$\text{주식투자수익률} = \frac{\text{차기 주당배당금}}{\text{주가}} + \text{성장률}$$

$$= \frac{1{,}080\text{원}}{40{,}000\text{원}} + 8\% = 10.7\%$$

02 창영기업의 현재 주당순이익(EPS_0)은 5,000원이고, 주당배당금은 1,000원이다. 그리고 향후 5년 동안 유보비율은 70%이며 배당은 매년 30%씩 성장하리라고 예상된다. 그러나 6년째에는 배당성향을 60%로 늘려 그 결과 6년 후부터는 연 10%의 성장률로 성장할 것으로 예상된다. 할인율을 연 14%라고 할 때 창영기업의 주식가치를 계산하라.

해설 $DIV_0 = 1{,}000\text{원},\ DIV_1 = 1{,}000\text{원} \times (1 + 0.3)^1,\ \cdots,$

$DIV_5 = 1{,}000\text{원} \times (1 + 0.3)^5,\ DIV_6 = 1{,}000\text{원} \times (1 + 0.3)^5(1 + 0.1)$

$DIV_7 = 1{,}000\text{원} \times (1 + 0.3)^5(1 + 0.1)^2,\ \cdots$

그러므로 창영기업의 주식가치는 다음과 같다.

$$P_0 = \frac{1{,}000원 \times (1+0.3)}{(1+0.14)^1} + \frac{1{,}000원 \times (1+0.3)^2}{(1+0.14)^2} + \frac{1{,}000원 \times (1+0.3)^3}{(1+0.14)^3}$$

$$+ \frac{1{,}000원 \times (1+0.3)^4}{(1+0.14)^4} + \frac{1{,}000원 \times (1+0.3)^5}{(1+0.14)^5}$$

$$+ \frac{\dfrac{1{,}000원(1+0.3)^5 \times (1+0.1)}{(0.14-0.1)}}{(1+0.14)^5}$$

$$= 60{,}574원$$

03 금곡기업은 1년 후 2,000원의 주당순이익이 발생할 것으로 예상한다. 배당성향이 60%, 자기자본순이익률은 20%이다. 할인율이 연 12%일 때, 금곡기업 주가와 성장기회의 현재가치($PVGO$)를 구하라.

해설 g = 유보비율 × 자기자본순이익률 = (1 − 0.6) × 20% = 8%

$$P_0 = \frac{DIV_1}{k-g} = \frac{2{,}000원 \times 0.6}{0.12-0.08} = 30{,}000원$$

$$PVGO = P_0 - 무성장기업\ 주가 = P_0 - \frac{EPS_1}{k}$$

$$= 30{,}000원 - \frac{2{,}000원}{0.12} = 13{,}333원$$

04 배다리기업은 1년 후 주당순이익이 4,000원으로 예상되며 유보비율은 40%이고 재투자수익률과 주주의 요구수익률이 각각 연 15%, 연 10%이다. 이러한 유보비율, 재투자수익률 그리고 요구수익률은 계속해서 일정하게 유지된다고 하자.

(1) 성장기회가 없다고 가정하는 경우 배다리기업의 주식가격을 구하라.

해설 g = 유보비율 × 자기자본순이익률 = (1 − 0.6) × 20% = 8%

$$P_0 = \frac{EPS_1}{k} = \frac{4{,}000원}{0.1} = 40{,}000원$$

(2) 안정성장모형을 이용하여 배다리기업의 주식가격을 구하라.

해설 배다리기업의 성장률 g는 유보비율 × 재투자수익률(자기자본순이익률)이므로, 성장률(g)은 다음과 같이 6%이다.

g = 0.4 × 0.15 = 6%

안정성장모형을 이용한 주식가격은 다음과 같이 60,000원이다.

$$P_0 = \frac{DIV_1}{k - g} = \frac{0.6 \times 4{,}000\text{원}}{0.1 - 0.06} = \frac{2{,}400\text{원}}{0.04} = 60{,}000\text{원}$$

(3) (1), (2)번을 이용해서 성장기회의 현가($PVGO$)를 구하라.

해설 $PVGO$는 안정성장모형에서의 주식가격에서 무성장모형의 주식가격을 차감하여 구할 수 있다.

$$PVGO = \frac{DIV_1}{k - g} - \frac{EPS_1}{k} = 60{,}000\text{원} - 40{,}000\text{원} = 20{,}000\text{원}$$

(4)★ 유보이익을 재투자하여 얻는 NPV를 기초로 성장기회의 현가를 추정하고 이를 (3)번의 결과와 비교하라.

해설 $$NPV_1 = \frac{b \times EPS_1 \times r}{k} - b \times EPS_1$$

$$= \frac{0.4 \times 4{,}000\text{원} \times 0.15}{0.1} - 0.4 \times 4{,}000 = 800\text{원}$$

$$g = b \times r = 0.4 \times 0.15 = 6\%$$

$$PVGO = \frac{NPV_1}{k - g} = \frac{800\text{원}}{0.1 - 0.06} = 20{,}000\text{원}$$

결국 이는 (3)번의 결과와 일치한다.

05 동인회사의 주주 요구수익률은 연 12%이고 현재 주당순이익(EPS)은 5,636원이고, 주당 5,000원의 배당을 지급하였다. 주당배당금은 앞으로 2년간은 연간 10%씩 성장하고 그 후로는 매년 4%씩 영구히 성장할 것으로 기대된다.

(1) 주식가치를 구하라.

해설 $$P_0 = \frac{5{,}000\text{원} \times (1+0.1)}{(1+0.12)^1} + \frac{5{,}000\text{원} \times (1+0.1)^2}{(1+0.12)^2}$$

$$+ \frac{\frac{5{,}000\text{원}(1+0.1)^2 \times (1+0.04)}{(0.12 - 0.04)}}{(1+0.12)^2} = 72{,}433\text{원}$$

(2) 성장기회의 현가($PVGO$)는 얼마인가?

해설 $$P_0 = \frac{EPS_1}{k} + PVGO = \frac{5{,}636\text{원}}{0.12} + PVGO = 72{,}433\text{원}$$

(무성장 시 $EPS_1 = EPS_0$)

$PVGO = 25{,}466$원

06 경윤기업은 2,000원의 주식배당금을 오늘 지급했다. 만일 주당배당금이 앞으로 매년 5%씩 증가하고 주주 요구수익률이 연 20%이면 주식의 적정가격은 얼마인가? 만일 이 주식이 현재 18,000원에 거래되고 있다면 이 가격을 정당화할 수 있는 배당성장률(g)은 얼마인가?

해설 $$P_0 = \frac{DIV_0(1+g)}{k-g} = \frac{2{,}000\text{원} \times (1.05)}{0.2 - 0.05} = 14{,}000\text{원}$$

18,000원에 거래될 때 정당화 할 수 있는 배당성장률 :

$$18{,}000\text{원} = \frac{2{,}000\text{원}(1+g)}{0.2 - g}$$

$$\therefore g = 8\%$$

07 송림기업은 오늘 450원의 주당배당금을 지급하였다. 수익성 악화로 연간 주당순이익이 10%씩 감소할 것으로 예상된다. 송림기업의 유보비율은 55%이고, 할인율이 연 20%일 때 송림기업의 적정주가는 얼마인가?

해설 $$DIV_1 = 450\text{원} \times (1 - 0.1) = 405\text{원}$$

$$P_0 = \frac{405\text{원}}{0.2 - (-0.1)} = 1{,}350\text{원}$$

08 율목기업은 오늘 주당 150원씩 배당금을 지급하였다. 재투자수익률이 연 20%, 유보비율이 25%, 할인율이 연 15%일 때, 1년간 자본이득률(성장률)과 배당수익률은 얼마인가?

해설 $$g = 0.2 \times 25\% = 5\%(\text{성장률} = \text{자본이득률})$$

$$DIV_1 = 150\text{원} \times 1.05 = 157.5\text{원}$$

$$P_0 = \frac{157.5\text{원}}{0.15 - 0.05} = 1{,}575\text{원}$$

$$\text{배당수익률} = \frac{157.5\text{원}}{1{,}575\text{원}} = 10\%$$

09 유동기업은 내년에 주당 $8.46의 순이익을 벌어들일 것으로 기대된다. 지금까지는 모두 현금배당 했지만, 새로운 투자안에 투자하기 위하여 CEO는 기존의 배당정책을 바꾸어서 순이익 중 40%만 배당하고 60%는 유보하기로 했다. 새로운 투자안은 연 20%의 수익률을 가져다 줄 것으로 기대된다. 주주 요구수익률은 연 15%이다. 유동기업이 정책을 바꾼다면 주가는 어떻게 변화될 것인가? 그리고 새로운 정책의 $PVGO$는 얼마인가?

해설 기존 정책 시 :

$$P_0 = \frac{\$8.46}{0.15} = \$56.4$$

새로운 정책 시 :

60% 유보 시 성장률은 다음과 같이 12%이다.

$g = 0.6 \times 20\% = 12\%$

그리고 주가는 다음과 같다.

$$P_0 = \frac{\$8.46 \times (1 - 0.6)}{0.15 - 0.12} = \$112.8$$

한편, $PVGO$는 다음과 같다.

$PVGO = \$112.8 - \$56.4 = \$56.4$

10★ 만리기업의 현재 주가는 20,000원이고 주당순이익은 3,000원이며, 주주 요구수익률은 연 20%이다. 그리고 만리기업은 순이익의 50%를 유보하고 있으며, 재투자수익률은 연 20%이다. 만리기업의 정상 PER과 정상주식가격은 얼마인가? 현재 주가는 적정한가?

해설 성장률 g를 구하면 다음과 같다.

g = 유보비율 × 자기자본순이익률 = 0.5 × 20% = 10%

$$\text{정상}PER = \frac{(1 - \text{유보율})(1 + \text{성장률})}{k - g} = \frac{(1 - 0.5)(1 + 0.1)}{0.2 - 0.1} = 5.5$$

$\text{정상}P_0 = \text{정상}PER \times EPS_0 = 5.5 \times 3{,}000\text{원} = 16{,}500\text{원} = \text{이론주가}$

∴ 현재 주가 20,000원은 과대평가되어 있다.

11★ 염천기업의 1년 후 예상 주당순이익은 5,000원이다. 염천기업의 재투자수익률(= 자기자본순이익률)은 매년 연 15%이며, 배당성향은 40%로 일정하다. 염천기업의 자기자본비용은 연 12%로 예상된다.

(1) 염천기업 주식의 성장기회의 현가($PVGO$)는 얼마인가?

해설 성장기회의 현가($PVGO$)는 다음과 같이 계산된다.

$$NPV_1 = \frac{b \cdot EPS_1 \cdot r}{k} - b \cdot EPS_1$$

$$= \frac{0.6 \times 5{,}000\text{원} \times 0.15}{0.12} - 0.6 \times 5{,}000\text{원} = 750\text{원}$$

$$\text{성장률}(g) = \text{유보율} \times \text{자기자본순이익률} = (1 - 0.4) \times 15\% = 9\%$$

$$\therefore PVGO = \frac{NPV_1}{k - g} = \frac{750\text{원}}{0.12 - 0.09} = 25{,}000\text{원}$$

(2) 염천기업 주식가치는 얼마인가? 이를 골든모형에 의한 주식가치와 비교하라.

해설 성장이 없는 경우의 주식가치를 계산하면 다음과 같다.

$$P_0 = \frac{EPS_1}{k} = \frac{5{,}000\text{원}}{0.12} = 41{,}667\text{원}$$

그러므로 성장기회평가모형에 의한 주식가치는 다음과 같다.

$$\begin{aligned} P_0 &= \text{성장이 없는 경우의 주식가치} + PVGO \\ &= 41{,}667\text{원} + 25{,}000\text{원} \\ &= 66{,}667\text{원} \end{aligned}$$

한편, 골든모형에 의한 주가는 다음과 같다.

$$\begin{aligned} P_0 &= \frac{DIV_1}{k - g} \\ &= \frac{5{,}000\text{원} \times 0.4}{0.12 - 0.09} = 66{,}667\text{원} \end{aligned}$$

따라서 성장기회평가모형에 의한 주식가치와 골든의 안정성장모형에 의한 주식가치는 동일함을 알 수 있다. 그리고 안정성장모형에 의하여 추정된 주가 66,667원은 성장이 없는 경우 주식가치 41,667원과 성장기회의 현가($PVGO$) 25,000원으로 분해됨을 알 수 있다.

12★ **A은행의 현재 주가는 31,500원이고 주당순이익은 3,500원이며, A은행은 이 중에서 1,750원을 배당금으로 지급했다. 장기적으로 주당순이익과 배당은 연 5%씩 성장할 것으로 예측된다. A은행의 자기자본비용은 16.4%이다. A은행의 정상PER을 추정하고 주식이 과대 또는 과소평가되었는지를 판단하라.**

해설 먼저 배당성향을 측정하면 다음과 같다.

$$\text{배당성향} = \frac{1{,}750\text{원}}{3{,}500\text{원}} = 50\%$$

그리고 정상PER을 추정하면 다음과 같다.

$$\text{정상}PER = \frac{(1 - b)(1 + g)}{k - g} = \frac{(1 - 0.5)(1 + 0.05)}{0.164 - 0.05} = 4.61$$

분석시점에서 A은행의 실제PER은 다음과 같이 9이다.

$$PER = \frac{31{,}500\text{원}}{3{,}500\text{원}} = 9$$

따라서 A은행의 주가는 과대평가된 것으로 판단된다. 다시 말해서 A은행의 정상 주가는 16,135원(= 3,500원 × 4.61)인데, 현재 주가는 31,500원이므로 현재 A은행의 주식은 과대평가되었다.

13★ **[문제 12]에서 든 A은행의 예에서 주당순이익 3,500원, 배당성향 50%(유보비율 50%), 자기자본비용(주주 요구수익률) 16.4%, 배당금성장률 5%, 주가 31,500원, 주당자기자본 35,000원이다. 이 은행의 정상PBR을 추정하고 주식이 과대 또는 과소평가되었는지를 판단하라.**

해설 A은행의 정상PBR은 다음과 같이 0.461이 될 것이다.

$$\text{정상}PBR = \frac{0.1 \times (1 - 0.5) \times (1 + 0.05)}{0.164 - 0.05} = 0.461$$

A은행의 실제PBR은 다음과 같다.

$$PBR = \frac{\text{시가총액}}{\text{자기자본}} = \frac{\text{주가}}{\text{주당자기자본}} = \frac{31{,}500\text{원}}{35{,}000\text{원}} = 0.9$$

A은행의 실제PBR 0.9는 정상PBR 0.461보다 높으므로, A은행의 주가는 시장에서 과대평가된 것으로 판단된다. 다시 말해서 A은행의 정상 주가는 16,135원(= 35,000원 × 0.461)인데, 현재 주가는 31,500원이므로 A은행의 주식은 과대평가되었다.

14★ **[문제 12]에서 든 A은행의 예에서 주당순이익 3,500원, 배당성향 50%(유보비율 50%), 자기자본비용(주주 요구수익률) 16.4%, 배당금성장률 5%, 주가 31,500원, 주당자기자본 35,000원, 주당매출액 43,750원이다. 이 은행의 정상PSR을 추정하고 주식이 과대 또는 과소평가되었는지를 판단하라.**

해설 A은행의 정상PSR은 다음과 같이 0.369가 될 것이다.

$$\text{정상}PSR = \frac{0.08 \times (1 - 0.5) \times (1 + 0.05)}{0.164 - 0.05} = 0.369$$

A은행의 실제PSR은 다음과 같다.

$$PSR = \frac{\text{시가총액}}{\text{매출액}} = \frac{\text{주가}}{\text{주당매출액}} = \frac{31{,}500\text{원}}{43{,}750\text{원}} = 0.72$$

A은행의 실제PSR 0.72는 정상PSR 0.369보다 높으므로, A은행의 주가는 시장에서 과대평가된 것으로 판단된다. 다시 말해서 A은행의 정상 주가는 16,144원(= 43,750원 × 0.369)인데, 현재 주가는 31,500원이므로 A은행의 주식은 과대평가되었다.

15★ 1월 1일 현재 발행주식수는 5,000주이며, 1년 후인 12월 31일 예상 순이익은 1,000만원이다. 연도 말에 600만원을 배당으로 지급하고 나머지는 유보할 계획이다. 자기자본의 재투자수익률인 자기자본순이익률(ROE)은 15%이다. 배당성향과 자기자본순이익률은 계속 유지되며, 작지자본비용은 연 10%이다. 현재 주가는 이론 주가와 동일하다. [2007년 CPA 2차 기출문제 응용]

(1) 주가를 추정하라. 성장기회의 현재가치(PVGO)는 얼마인가?

해설 $\text{배당성향} = \dfrac{600\text{만원}}{1{,}000\text{만원}} = 0.6,\ \text{유보비율} = 1 - 0.6 = 0.4$

$$g = 0.4 \times 0.15 = 6\%$$

$$EPS_1 = \frac{10{,}000{,}000\text{원}}{5{,}000\text{주}} = 2{,}000\text{원}$$

$$P_0 = \frac{2{,}000\text{원} \times (1 - 0.4)}{10\% - 6\%} = 30{,}000\text{원}$$

$$\text{이론주가} = \text{무성장주가} + \text{성장기회의 현재가치} = \frac{2{,}000\text{원}}{0.1\text{원}} + \text{성장기회의 현가} = 30{,}000\text{원}$$

성장기회의 현재가치($PVGO$) = 10,000원

(2) 현재주가와 연도말 실적기준의 PER은 얼마인가?

해설 $PER = \dfrac{P_0}{EPS_1} = \dfrac{30{,}000\text{원}}{2{,}000\text{원}} = 15$

(3) 실제 PER이 낮으면 저평가된 저 PER주인가?

해설 PER을 결정하는 요인은 배당성향, 위험, 성장률이다. 실제 PER이 낮은 것은 배당성향과 성장률이 낮고 위험이 커서 그런 경우도 있고, 결정요인 기준으로는 PER이 더 높아야 하는데 낮은 경우도 있다. 다시 말해서 실제 PER이 낮은 것은 문제가 있어서 그럴 수도 있고, 저평가되어서 그럴 수도 있다. 따라서 저 PER주가 반드시 저평가 된 주식이라고 판단할 수는 없다.

(4)★ 1년 후 유보액을 재투자한 것의 NPV(1년 후 기준)를 구하라. 이를 기준으로 성장기회의 현재가치($PVGO$)를 계산하고 이를 (1)에서 구한 $PVGO$와 비교하라.

해설
$$NPV_1 = \frac{EPS_1 \times \text{유보비율} \times \text{재투자수익률}}{\text{자기자본비용}} - EPS_1 \times \text{유보비율}$$

$$= \frac{2{,}000\text{원} \times 0.4 \times 15\%}{10\%} - 2{,}000\text{원} \times 0.4 = 400\text{원}$$

$$PVGO = \frac{NPV_1}{\text{자기자본비용} - \text{성장률}} = \frac{400\text{원}}{10\% - 6\%} = 10{,}000\text{원}$$

(1)에서 구한 $PVGO$와 일치한다.

(5)★ 성장기회가 존재하려면 재투자수익률과 자기자본비용 간에 어떤 조건이 있어야 하는가? (재투자의 NPV 기준)

해설 성장기회가 존재하려면 내부유보액의 NPV가 0보다 커야한다. 내부유보액의 NPV를 나타내면 다음과 같다.

$$NPV_1 = \frac{EPS_1 \times \text{유보비율} \times \text{재투자수익률}}{\text{자기자본비용}} - EPS_1 \times \text{유보비율}$$

$$= EPS_1 \times \text{유보비율} \times \left(\frac{\text{재투자수익률}}{\text{자기자본비용}} - 1 \right)$$

성장기회가 존재하려면 NPV가 0보다 커야하고, NPV가 0보다 크려면 재투자수익률(자기자본순이익률)이 자기자본비용보다 커야한다.

PART 2

The Practice of Financial Management

투자안의 경제성 평가와 프로젝트 분석

The Practice of Financial Management

CHAPTER 04 투자안의 경제성 평가

재무관리의 목표는 주가의 극대화 또는 기업가치의 극대화이다. 주가를 극대화하기 위해서는 기업은 좋은 투자만을 선택하여 시행하여야 한다. 본 장은 기업가치를 극대화하기 위하여 자본예산(capital budgeting), 즉 장기투자를 어떻게 해야 하는가에 대한 답을 제공하는데 필요한 경제성 평가기법을 소개하기로 한다.

투자안의 경제성을 평가하기 위해서는 투자안의 현금흐름과 적정 할인율(자본비용)을 알아야 한다. 본 장에서는 우선 투자안의 현금흐름을 추정하는 방법에 대해 소개하기로 한다. 그리고 여기서는 적정 할인율이 이미 추정되었다는 가정 하에서 투자안의 경제성을 분석하는 기법에 대하여 살펴볼 것이다.

4.1 현금흐름의 의의와 현금흐름의 추정

(1) 현금흐름의 의의

현금흐름(cash flow)이란 투자로부터 발생하는 모든 현금의 움직임을 의미한다. 투자로 인하여 들어오는 현금을 현금유입(cash inflow)이라 하며, 나가는 현금을 현금유출(cash outflow)이라 한다. 현금흐름을 각 기간별로 현금유입과 현금유출로 구분하여 측정하는 것보다는 각 기간마다 현금유입과 현금유출의 차이를 계산하여 측정하는 것이 편리하다. 현금유입과 현금유출의 차이를 순현금흐름(net cash flow)이라 하며, 이를 간단히 현금흐름이라고 한다.

(2) 영업현금흐름의 추정원칙

영업현금흐름(operating cash flows : OCF)을 추정할 때 지켜야 할 기본원칙은 다음과 같다.

첫째, 모든 영업현금흐름은 법인세 납세 후 기준(after-tax basis)으로 추정하여야 한다.
둘째, 모든 영업현금흐름은 증분 기준(incremental basis)으로 추정하여야 한다.
셋째, 이자비용과 배당금은 현금유출에 포함시켜서는 안 된다.
넷째, 감가상각비는 현금유출에 포함시켜서는 안 된다.

이상의 원칙을 기초로 투자가치 평가를 위한 영업현금흐름을 추정해 보기로 하자. 투자가치를 평가하는 데 사용되는 영업현금흐름(OCF)을 자본조달로 인해 지급해야 하는 자본비용으로 할인하여 투자가치가 평가된다. 따라서 영업활동에서 얻는 현금흐름인 영업현금흐름에는 재무활동으로 인해 지급해야 하는 자본비용이 포함되어 있어야 한다. 투자가치 평가는 자본비용이 포함된 상태에서의 영업현금흐름을 포함한 현금흐름(기업잉여현금흐름)에서 자본비용을 차감(할인)하는 절차를 밟게 된다.

4.2 영업현금흐름과 기업잉여현금흐름의 추정

(1) 영업현금흐름의 추정

투자안에 투자해서 얻는 영업현금흐름은 미래 추정 손익계산서를 통해 추정할 수 있다.

[표 1] 추정 손익계산서

	추정 손익계산서
영업활동	매출액(S)
영업활동	- 현금영업비용(C)
영업활동	- 감가상각비(Dep)
영업활동	영업이익($EBIT$)
	- 법인세(T)
	당기순이익(NI)

* 현금영업비용에는 매출원가 및 판매비와 관리비가 포함되어 있고 감가상각비는 제외됨.

[표 1]에서 볼 수 있듯이, 영업활동에서 얻는 현금흐름 즉, 영업현금흐름(OCF)은 영업이익(earnings before interest and tax : $EBIT$)을 기준으로 측정한다. 이를 좀 더 구체적으로 설명해 보기로 하자. 영업활동에서 얻는 영업현금흐름(OCF)을 단순히 당기순이익(net income : NI)기준으로 측정한다면, 다음과 같이 몇 가지 문제가 발생한다.

첫째, 감가상각비 처리문제이다. 즉, 감가상각비는 현금유출이 수반되지 않는 비용으로서 단순히 당기순이익을 감소시킨다. 따라서 현금흐름은 당기순이익에 감가상각비를 가산해서 측정해야 한다.

둘째, 자본비용 처리문제이다. 이미 설명했듯이, 투자가치의 평가는 현금흐름을 자본비용으로 할인하는 과정을 거친다. 자본비용으로 할인한다는 것은 자본비용(금액기준)을 차감한다는 의미이다. 따라서 현금흐름에는 자본비용이 포함되어 있어야 한다. 이는 자본비용을 포함시킨 상태에서 자본비용을 차감해야 하기 때문이다. 따라서 영업현금흐름(operating cash flows : OCF)은 자본비용이 차감되기 전인 영업이익을 기준으로 측정해야 한다. 즉, OCF는 이자비용과 배당금을 차감하기 전인 영업이익을 기준으로 측정해야 한다. 다시 말해서 이자비용과 배당금은 OCF를 구할 때 현금유출로 처리하지 않는다. 물론 법인세는 OCF를 구할 때 영업이익에서 차감한다.

이상의 두 가지 문제를 해결해야 영업현금흐름(OCF)이 올바르게 추정된다. 영업현금흐름은 다음과 같이 추정된다.

$$
\begin{aligned}
\text{영업현금흐름}(OCF) &= \text{영업활동으로 얻는 현금흐름} \\
&= NI + Dep \\
&= EBIT(1-t) + Dep \qquad (1) \\
&= (S - C - Dep)(1-t) + Dep \\
&= (S - C)(1-t) - Dep + Dep \cdot t + Dep \\
&= (S - C)(1-t) + Dep \cdot t \qquad (1')
\end{aligned}
$$

NI : 당기순이익, Dep : 감가상각비
t : 법인세율, $EBIT$: 영업이익
S : 매출액, C : 현금영업비용(감가상각비 제외)

(2) 기업잉여현금흐름의 추정

기업잉여현금흐름(Free Cash Flows to the Firm : *FCFF*)은 영업활동에서 얻는 영업현금흐름(*OCF*)에서 추가 시설투자액인 자본적 지출(capital expenditure : *CAPEX*)과 추가운영자금인 추가운전자본(working capital change : *WCC*)을 차감해서 다음과 같이 구한다.

$$\begin{aligned} FCFF &= EBIT(1-t) + Dep - CAPEX - WCC \\ &= (S-C)(1-t) + Dep \cdot t - CAPEX - WCC \end{aligned} \tag{2}$$

FCFF : 기업잉여현금흐름 *EBIT* : 영업이익
t : 법인세율 *Dep* : 감가상각비
CAPEX : 자본적 지출 *WCC* : 추가운전자본
S : 매출액 *C* : 현금영업비용(감가상각비 제외)

자본적 지출(*CAPEX*)은 시설자산의 추가투자액을 말하며, 이는 기업잉여현금흐름을 구할 때 차감된다. *CAPEX*가 많으면, 당기 기업잉여현금흐름은 작아지지만 미래 영업활동에서 얻는 현금흐름은 늘어나게 된다. 한편, 추가운전자본은 운전자본(= 유동자산 − 유동부채)의 증가분을 말하며, 이는 기업잉여현금흐름을 구할 때 차감된다. 추가운전자본은 기업규모가 커질수록 늘어나기 마련이고, 통상 투자안의 내용연수 말에 회수되는 것으로 본다.

4.3 대체투자안의 현금흐름 추정

투자안 중에는 기존시설을 대체하는 대체투자안도 많이 있다. 대체투자안의 현금흐름은 다음과 같이 대체시설의 현금흐름(첨자 2로 표시)과 기존시설의 현금흐름(첨자 1로 표시)의 차이, 즉 증분현금흐름으로 추정한다.

$$\begin{array}{rrl} & FCFF_2 &= EBIT_2(1-t) + Dep_2 - CAPEX_2 - WCC_2 \\ - & FCFF_1 &= EBIT_1(1-t) + Dep_1 - CAPEX_1 - WCC_1 \\ \hline & \Delta FCFF &= \Delta EBIT(1-t) + \Delta Dep - \Delta CAPEX - \Delta WCC \end{array} \tag{3}$$

식 (3)은 다음과 같이 나타낼 수도 있다.

$$\begin{array}{rl} & FCFF_2 = (S_2 - C_2)(1-t) + Dep_2 \cdot t - CAPEX_2 - WCC_2 \\ - & FCFF_1 = (S_1 - C_1)(1-t) + Dep_1 \cdot t - CAPEX_1 - WCC_1 \\ \hline & \Delta FCFF = (\Delta S - \Delta C)(1-t) + \Delta Dep \cdot t - \Delta CAPEX - \Delta WCC \end{array} \quad (4)$$

대체투자안의 최초 투자시점의 현금유출은 신규투자안의 그것과 상이하다. 신규투자안의 최초 투자시점 현금유출은 단순히 투자지출 금액이 된다. 그러나 대체투자안의 최초 투자시점 현금유출은 다소 복잡하다. 즉, 대체투자안의 최초 투자시점 현금유출은 대체투자 시 자본지출액에서 기존자산 처분 현금흐름(after-tax salvage value : $ATSV$)을 차감해서 구한다. 대체투자 시 기존시설은 처분되는 것이 보통이므로, 기존자산 처분 현금흐름은 대체투자 시 자본지출액에서 차감해야 한다.

4.4 기존자산 처분 현금흐름

기존자산 처분 현금흐름을 구할 때 조심해야 할 점이 있다. 기존자산을 장부가치대로 처분하는 경우는 드물기 때문에, 장부가치와 처분가치가 다를 때 발생하는 세금효과를 감안해야 한다. 처분가치가 장부가치보다 작을 때에는 법인세 절약액을 가산해야 하고, 처분가치가 장부가치보다 클 때에는 법인세 추가납부액을 차감해야 한다. 이상의 내용을 고려하여 기존자산 처분 현금흐름($ATSV$)을 구하는 공식을 정리하면 다음과 같다.

$$ATSV = MV - (MV - BV) \times t \quad (5)$$

MV: 시장가치 또는 처분가치
BV: 장부가치
t: 법인세율

예를 들어 A기업이 3년 전에 5,000만원을 주고 기계를 구입하여 운영하고 있으며 현재 이 기계의 장부가치가 2,000만원이고 법인세율이 15%이다. 이 기계의 현재 시장가치가 1,000만원으로 장부가치보다 작은 경우의 $ATSV$를 추정해보자.

$$ATSV = 1{,}000\text{만원} - (1{,}000\text{만원} - 2{,}000\text{만원}) \times 0.15 = 1{,}150\text{만원}$$

기존자산 처분으로부터 실제로 유입되는 현금은 1,000만원이지만 $ATSV$는 여기에 법인세 절약액 150만원을 추가한 1,150만원이 된다.

한편, A기업의 예에서 이 기계의 현재 시장가치가 3,000만원으로 장부가치보다 큰 경우의 $ATSV$를 추정해보자.

$$ATSV = 3{,}000\text{만원} - (3{,}000\text{만원} - 2{,}000\text{만원}) \times 0.15 = 2{,}850\text{만원}$$

기존자산 처분으로부터 실제로 유입되는 현금은 3,000만원이지만, $ATSV$는 여기에 법인세 추가납부액 150만원을 차감한 2,850만원이 된다.

4.5 투자가치의 평가방법

투자안의 가치를 평가하는 데 사용되는 방법들을 자본예산기법이라 한다. 자본예산기법으로는 회계이익률법(accounting rate of return method), 회수기간법(payback period method), 내부수익률법(internal rate of return method)과 순현가법(net present value method)의 네 가지 방법이 널리 사용되고 있다. 이 중에서 내부수익률법과 순현가법이 가장 많이 이용되고 있다.

(1) 회계이익률법

회계이익률법은 평균이익률법(average rate of return method)이라고도 하는데, 회계이익률은 다음과 같이 정의된다.

$$\text{회계이익률} = \frac{\text{연평균 순이익}}{\text{연평균 투자액}} = \frac{\text{연평균 순이익}}{\text{총투자액} / 2} \qquad (6)$$

회계이익률법의 투자의사결정 기준은 다음과 같다. 단일투자안의 경우에는 투자안의 회계이익률이 기업이 미리 설정해 놓은 목표이익률(target accounting rate of return)보다 크면 투자가치가 있는 것으로 평가한다. 상호배타적인 여러 투자안들이 고려되는 경우에는 산출된 회계이익률이 목표이익률보다 큰 투자안 중에서 회계이익률이 가장 큰 투자안을 선택한다. 회계이익률법은 화폐의 시간가치가 무시되고, 현금흐름이 아닌 회계순이익을 기준으로 한다는 점에서 한계를 갖고 있다.

회계이익률법에 의한 투자안의 경제성 평가를 예를 들어 설명해 보기로 하자. 신규 S투자안에 현재 100억원을 시설투자하면 향후 5년간 매년 순이익이 6억원으로 동일할 것으로 예상된다. 시설투자에 대한 감가상각은 정액법으로 하며, 내용연수 말에 잔존가치는 없다. 자본비용이 연 8%이다. 목표 회계이익률은 연 15%이다(단, 투자에 소요되는 자본은 모두 자기자본으로 한다).

투자금액과 투자로부터 얻는 순이익은 다음과 같다.

현재 투자금액과 매년도 순이익	
현재 투자금액	-100억원
1년도	6억원
2년도	6억원
3년도	6억원
4년도	6억원
5년도	6억원

이상의 자료로부터 회계이익률 $= \dfrac{6\text{억원}}{100\text{억원}/2} = 12\%$이고, 이는 목표 회계이익률 15%보다 낮다. 따라서 S투자안은 경제성이 없다.

(2) 회수기간법

회수기간 또는 자본회수기간이란 투자에 소요되는 자금이 그 투자안의 현금흐름으로부터 회수되는 데 걸리는 연수(年數)를 말한다. 회수기간법은 투자안의 회수기간을 계산하여 이를 기초로 투자안을 평가하는 기법이다. 회수기간법의 투자의사결정 기준은 다음과 같다. 단일투자안의 경우에는 산출된 회수기간이 기업이 미리 설정한 최장의 회수기간(maximum acceptable payback period)보다 짧으면 그 투자안을 채택하고 그렇지 않으면 기각한다.

그리고 상호 배타적인 투자안들의 경우에는 산출된 회수기간이 기업이 미리 설정해 놓은 최장의 회수기간보다 짧은 투자안들 가운데 회수기간이 가장 짧은 투자안을 선택한다. 회수기간법은 회계순이익이 아닌 현금흐름을 이용한다는 점에서 회계이익률법보다는 진일보한 방법이나, 화폐의 시간가치를 무시한다는 점에서 한계를 갖고 있다.

한편, 화폐의 시간가치를 무시한다는 단점을 보완하기 위해서 조정회수기간법이 사용되기도 한다. 조정회수기간은 미래 현금흐름의 현가를 요구수익률인 자본비용, 즉 가중평균자본비용(weighted average cost of capital : $WACC$)으로 할인한 현가 기준으로 투자금액이 회수되는 기간을 의미한다.

회수기간법에 의한 투자안의 경제성 평가를 예를 들어 설명해보기로 하자. 신규 S 투자안에 현재 100억원을 시설투자하면 향후 5년간 매년 순이익이 6억원으로 동일하게 예상된다. 시설투자에 대한 감가상각은 정액법으로 하며, 내용연수 말에 잔존가치는 없다. 자본비용이 연 8%이다. 신규투자안의 목표 회수기간은 3.5년이다(단, 투자에 소요되는 자본은 모두 자기자본으로 한다).

투자에 소요되는 자본은 모두 자기자본으로 하므로 이자비용이 없다. 따라서 $EBIT(1-t)$ = 순이익이 되고 영업현금흐름은 다음과 같이 된다.

$$\begin{aligned}\text{매년의 영업현금흐름} &= EBIT(1-t) + Dep \\ &= \text{순이익} + Dep \\ &= \text{6억원} + \text{20억원} \\ &= \text{26억원}\end{aligned}$$

$$\text{감가상각비}(Dep) = \frac{\text{100억원}}{\text{5년}} = \text{20억원}$$

현금흐름표	
현 재	-100억원
1년도	26억원
2년도	26억원
3년도	26억원
4년도	26억원
5년도	26억원

이상의 자료로부터 회수기간 = $3 + \dfrac{22억원}{26억원}$ = 3.85년이고, 이는 목표 회수기간 3.5년보다 길다. 따라서 S투자안은 경제성이 없다.

이 투자안을 조정회수기간 기준으로 평가하면 다음과 같다.

1년도 현금흐름의 현가 = 26억원/$(1 + 0.08)^1$ = 24.07억원
2년도 현금흐름의 현가 = 26억원/$(1 + 0.08)^2$ = 22.29억원
3년도 현금흐름의 현가 = 26억원/$(1 + 0.08)^3$ = 20.64억원
4년도 현금흐름의 현가 = 26억원/$(1 + 0.08)^4$ = 19.11억원
5년도 현금흐름의 현가 = 26억원/$(1 + 0.08)^5$ = 17.70억원

이상의 자료로부터 조정회수기간 = $4 + \dfrac{13.89억원}{17.70억원}$ = 4.78년 이고, 이는 목표 회수기간 3.5년보다 길다. 따라서 S투자안은 경제성이 없다.

(3) 내부수익률법

내부수익률(internal rate of return : IRR)이란 투자로부터 기대되는 미래 현금흐름의 현가와 현재 투자지출액을 같게 하는 할인율이다. 현재 투자금액이 I이고 매년 C_1, C_2, ⋯, C_n의 현금흐름이 있는 경우 IRR은 식 (7)을 만족시키는 r이다. IRR은 투자안의 내부수익률이며 동시에 평균투자수익률이다. 그리고 IRR은 NPV가 영(0)이 되는 할인율이다.

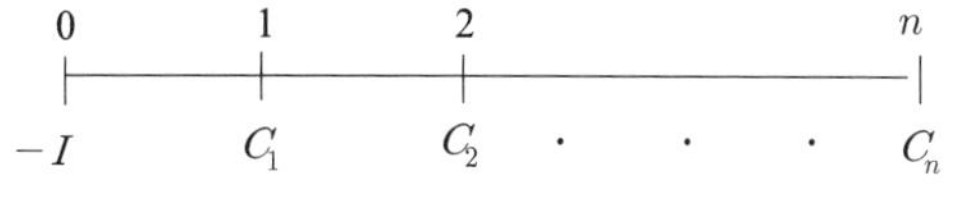

$$I = \frac{C_1}{(1+r)^1} + \frac{C_2}{(1+r)^2} + \cdots + \frac{C_n}{(1+r)^n}$$
$$= \sum_{t=1}^{n} \frac{C_t}{(1+r)^t} \qquad (7)$$

I: 현재 투자지출액 C_t : 매기 현금흐름 r : 내부수익률(IRR)

내부수익률법(IRR법)의 투자의사결정 기준은 다음과 같다. 단일투자안의 경우에는 투자안의 IRR이 자본비용(cost of capital), 즉 가중평균자본비용($WACC$)보다 크면 그 투자안을 채택하고 그렇지 않으면 기각한다. 그리고 상호배타적인 복수의 투자안들의 경우에는 투자안의 IRR이 자본비용보다 큰 투자안 중에서 IRR이 가장 큰 투자안을 선택한다.

자본비용이란 이론적으로 기업가치를 하락시키지 않기 위하여 새로운 투자로부터 벌어들여야 할 최소한의 수익률로서 정의되며 가중평균자본비용을 의미한다.[1] 따라서 어떤 투자안의 수익률을 나타내는 IRR이 자본비용보다 크다는 것은 이 투자안이 기업가치를 증가시키는 투자안이 된다는 것을 의미한다.

내부수익률법에 의한 투자안의 경제성 평가를 예를 들어 설명해보기로 하자. 신규 S 투자안에 현재 100억원을 시설투자하면 향후 5년간 매년 순이익이 6억원으로 동일하게 예상된다. 시설투자에 대한 감가상각은 정액법으로 하며, 내용연수 말에 잔존가치는 없다. 자본비용이 연 8%이다(단, 투자에 소요되는 자본은 모두 자기자본으로 한다).

투자안의 영업현금흐름은 앞에서와 동일하다.

현금흐름표	
현 재	-100억원
1년도	26억원
2년도	26억원
3년도	26억원
4년도	26억원
5년도	26억원

내부수익률은 다음을 만족시키는 r이다.

$$100억원 = \frac{26억원}{(1+r)^1} + \frac{26억원}{(1+r)^2} + \frac{26억원}{(1+r)^3} + \frac{26억원}{(1+r)^4} + \frac{26억원}{(1+r)^5}$$

이상의 자료로부터 $r = IRR = 9.43\%$이고, 이는 자본비용 8%보다 높다. 따라서 S투자안은 경제성이 있다.

1) 자세한 내용은 제8장 자본비용에서 설명할 것임.

(4) 순현가법

순현가 또는 순현재가치(net present value : NPV)란 투자로부터 기대되는 미래의 현금흐름을 자본비용(가중평균자본비용)으로 할인한 현가에서 현재 투자지출액을 차감한 값이다. 다시 말해서 NPV는 기업가치의 증가분을 의미한다. 현재 투자지출액이 I이고 매기 현금흐름이 C_1, C_2, ⋯, C_n인 경우 NPV는 다음과 같다.

$$NPV = \sum_{t=1}^{n} \frac{C_t}{(1+k)^t} - I \tag{8}$$

I : 현재 투자지출액
C_t : 매기 현금흐름
k : 가중평균자본비용($WACC$)

순현가법(NPV법)의 투자의사결정 기준은 다음과 같다. 단일투자안의 경우 투자안의 NPV가 0보다 크면 그 투자안을 채택하고 0보다 작으면 기각한다. 그리고 상호배타적인 여러 투자안들의 경우에는 NPV값이 0보다 큰 투자안 중에서 NPV가 가장 큰 투자안을 선택한다. 이는 NPV가 0보다 큰 투자안을 채택하면 기업가치가 NPV 만큼 증가한다는 데 이론적 근거를 둔 것이다.

순현가법에 의한 투자안의 경제성 평가를 예를 들어 설명해보기로 하자. 신규 S투자안에 현재 100억원을 시설투자하면 향후 5년간 매년 순이익이 6억원으로 동일하게 예상된다. 시설투자에 대한 감가상각은 정액법으로 하며, 내용연수 말에 잔존가치는 없다. 자본비용이 연 8%이다(단, 투자에 소요되는 자본은 모두 자기자본으로 한다).

투자안의 영업현금흐름은 앞에서와 동일하다.

현금흐름표	
현 재	-100억원
1년도	26억원
2년도	26억원
3년도	26억원
4년도	26억원
5년도	26억원

이상의 자료로부터,

$$NPV = \frac{26억원}{(1+0.08)^1} + \frac{26억원}{(1+0.08)^2} + \frac{26억원}{(1+0.08)^3} + \frac{26억원}{(1+0.08)^4} + \frac{26억원}{(1+0.08)^5} - 100억원$$
$$= 3.81억원$$

NPV는 3.81억원이고, 이는 0보다 크다. 따라서 S투자안은 $NPV > 0$이므로, 경제성이 있다.

4.6 수익성지수법

수익성지수(profitability index : PI)는 현금유입의 현가(PV)를 현금유출의 현가(PV)로 나누어 구한다.

$$수익성지수 = \frac{PV(현금유입)}{PV(현금유출)} = \frac{투자안의\ 가치}{투자금액} = \frac{\sum_{t=1}^{n} \frac{C_t}{(1+WACC)^t}}{I} \quad (9)$$

수익성지수는 현금유입의 현가(투자안의 가치)를 현금유출의 현가(투자금액)으로 나눈 비율로서, 자본의 효율적 이용도를 평가하는 지표이다. PI가 1.2라는 것은 현재가치 기준으로 1원 투자 당 1.2원의 현금이 유입됨을 의미한다. 직관적으로, 수익성지수는 앞에서 설명한 순현가와 내부수익률과 밀접한 관계를 갖는다는 것을 알 수 있다. 즉, 자본비용이 내부수익률과 같으면 순현가는 0이 되고 수익성지수는 1이 된다.

수익성지수법(PI법)의 투자의사결정 기준은 다음과 같다. 독립적인 투자안의 경우에는 수익성지수가 1보다 크면 투자안이 채택되고, 그렇지 않으면 기각된다. 그리고 상호배타적인 투자안의 경우에는 수익성지수가 1보다 큰 투자안 중에서 수익성지수가 가장 큰 투자안이 채택된다.

수익성지수법에 의한 투자안의 경제성 평가를 예를 들어 설명해 보기로 하자. 신규S투자안에 현재 100억원을 시설투자하면 향후 5년간 매년 순이익이 6억원으로 동일하게 예상된다. 시설투자에 대한 감가상각은 정액법으로 하며, 내용연수 말에 잔존가치는 없다. 자본비용이 연 8%이다(단, 투자에 소요되는 자본은 모두 자기자본으로 한다).

투자안의 영업현금흐름은 앞에서와 동일하다.

현금흐름표	
현 재	-100억원
1년도	26억원
2년도	26억원
3년도	26억원
4년도	26억원
5년도	26억원

$$PV(\text{현금유입}) = \text{투자안의 가치}$$
$$= \frac{26\text{억원}}{(1+0.08)^1} + \frac{26\text{억원}}{(1+0.08)^2} + \frac{26\text{억원}}{(1+0.08)^3} + \frac{26\text{억원}}{(1+0.08)^4} + \frac{26\text{억원}}{(1+0.08)^5}$$
$$= 103.81\text{억원}$$
$$PV(\text{현금유출}) = \text{투자금액} = 100\text{억원}$$

이상의 자료로부터 $PI = \frac{103.81\text{억원}}{100\text{억원}} = 1.0381$이고, 이는 1보다 크다. 따라서 S투자안은 경제성이 있다.

수익성지수법은 순현가법과 밀접하게 연관되어 있으며 이해하기 쉽다는 장점을 갖는다. 특히 수익성지수법은 자본조달에 한계가 있는 경우 매우 유용한 평가기법이다. 그러나 내부수익률법과 마찬가지로 상호배타적인 투자안의 경우 규모문제가 존재한다.

[표 2]에 제시된 G, H 두 투자안의 현금흐름을 이용하여 규모문제를 설명해 보자.

[표 2] 수익성지수법의 규모문제 예시

투자안	PV(현금유입)	PV(현금유출)	NPV	PI
G	1,200	800	400	1.50
H	2,000	1,400	600	1.43

두 투자안의 순현가가 0보다 크고 PI가 1보다 크므로, 순현가법이나 수익성지수법 중 어떤 기준법을 적용하든 두 투자안은 좋은 투자안으로 평가된다. 그러나 두 투자안이 상호배타적인 경우, 순현가법을 적용하면 H투자안이 채택되지만 수익성지수법을 적용하면 G투자안이 채택된다. 자본조달의 한계가 없다면 옳은 결정은 H투자안을 채

택하는 것이다.

만일 조달할 수 있는 자본에 제한이 있어 자본배분 또는 자본할당이 불가피하면 기업은 순현가가 양수(+)라고 해서 모든 투자안을 채택할 수는 없다. 따라서 자본할당이 필요한 경우에는 투자규모를 감안해서 투자의 질을 평가하는 수익성지수법을 이용하는 것이 바람직하다.

기업이 최대한 조달할 수 있는 금액이 20억원이라고 하자. [표 3]에서와 같이, 먼저 수익성지수(PI)에 근거하여 투자안의 순위를 정하고 그 순위를 기준으로 하되 20억원의 범위 내에서 투자안을 채택한다. 본 예에서 T투자안, S투자안, U투자안을 차례로 채택하여 20억원을 모두 투자하면 순현가는 7억원으로 극대화된다.

[표 3] 자본할당이 존재하는 경우의 투자안 채택

(단위 : 억원)

투자안	투자금액	PV(현금유입)	순현가	수익성지수	순위(PI 기준)
R	20	26	6	1.30	3
S	5	7	2	1.40	2
T	7	10	3	1.43	1
U	8	10	2	1.25	4

4.7 IRR법과 NPV법 그리고 PI법의 비교★

내부수익률법(IRR법)과 순현가법(NPV법)을 수식으로 비교해 보기로 하자. 앞에서 보았던 식 (8)의 NPV식과 식 (7)의 IRR식을 다시 인용하면 다음과 같다.

$$NPV\text{식}:\ NPV = \sum_{t=1}^{n} \frac{C_t}{(1+WACC)^t} - I \qquad (8)$$

$$IRR\text{식}:\ I = \sum_{t=1}^{n} \frac{C}{(1+r)^t}\ \text{에서,}$$

$$0 = \sum_{t=1}^{n} \frac{C_t}{(1+r)^t} - I \qquad (7)$$

식 (8)에서 식(7)를 차감하면 다음 식이 된다.

$$NPV = \sum_{t=1}^{n} \frac{C_t}{(1+WACC)^t} - \sum_{t=1}^{n} \frac{C_t}{(1+r)^t} \tag{10}$$

$WACC$: 가중평균자본비용
r : 내부수익률(IRR)

식 (10)에서 다음의 관계를 알 수 있다.

$$\begin{aligned} \text{만약, } IRR(r) &> WACC\text{이면} \rightarrow NPV > 0 \\ IRR(r) &= WACC\text{이면} \rightarrow NPV = 0 \\ IRR(r) &< WACC\text{이면} \rightarrow NPV < 0 \end{aligned} \tag{11}$$

식 (11)에서 보듯이, 만약 $IRR > WACC$이면 $NPV > 0$이다. 즉, 투자안의 내부수익률이 가중평균자본비용보다 높으면, NPV가 양수의 값을 갖는다. NPV가 양수의 값을 갖는다는 것은 투자안이 기업가치를 증가시킨다는 의미이다. 그리고 만약 $IRR \leq WACC$이면 $NPV \leq 0$이다. $NPV \leq 0$이란 의미는 투자안이 기업가치를 증가시키지 못한다는 의미이다.

다음에는 순현가법(NPV법)과 수익성지수법(PI법)을 수식으로 비교해 보기로 하자. 앞에서 보았던 식 (9)의 PI식과 식 (8)의 NPV식을 다시 인용하면 다음과 같다.

$$PI\text{식} : PI = \frac{\sum_{t=1}^{n} \frac{C_t}{(1+WACC)^t}}{I} \text{에서}$$

$$PI \times I = \sum_{t=1}^{n} \frac{C_t}{(1+WACC)^t} \tag{9}$$

$$NPV\text{식} : NPV = \sum_{t=1}^{n} \frac{C_t}{(1+WACC)^t} - I \tag{8}$$

식 (9)를 식 (8)에 대입하면 다음과 같다.

$$NPV = PI \times I - I$$
$$= I \times (PI - 1) \quad (12)$$

식 (12)에서 다음의 관계를 알 수 있다.

$$\begin{aligned} \text{만약, } PI > 1\text{이면} &\rightarrow NPV > 0 \\ PI = 1\text{이면} &\rightarrow NPV = 0 \\ PI < 1\text{이면} &\rightarrow NPV < 0 \end{aligned} \quad (13)$$

식 (13)에서 보듯이, $PI > 1$이면 $NPV > 0$이다. 즉, 투자안의 가치가 투자금액을 초과하면, NPV가 양수의 값을 갖는다. NPV가 양수의 값을 갖는다는 것은 투자안이 기업가치를 증가시킨다는 의미이다. 그리고 만약 $PI \leq 1$이면 $NPV \leq 0$이다. $NPV \leq 0$이란 의미는 투자안이 기업가치를 증가시키지 못한다는 의미이다.

4.8 순현가법의 우수성

순현가, 내부수익률, 수익성지수는 서로 연관되어 있는 개념이므로 대부분의 경우 동일한 대상에 대해 세 가지 기법을 적용한 평가결과는 동일하다. 그러나 경우에 따라서는 평가가 상이할 수도 있다. 평가결과가 상이하고 자본할당이 필요 없는 경우에는 항상 순현가법을 이용하는 것이 옳다. 왜냐하면 순현가가 이론적으로 가장 우수하기 때문이다. 순현가법의 우수성을 정리하면 다음과 같다.

① 할인율(자본비용)이 기간에 따라 변해도 순현가법은 언제나 적용이 가능하다. 그러나 할인율이 기간에 따라 변하면 내부수익률법은 적용이 불가능한데, 왜냐하면 어떤 자본비용으로 비교해야 할 것인가 하는 문제에 봉착하기 때문이다.

② 순현가는 다음과 같이 가치합산원칙(value additivity principle)이 성립하나, 내부수익률은 그렇지 못하다.

$$NPV_{A+B} = NPV_A + NPV_B \quad (14)$$
$$(IRR_{A+B} \neq IRR_A + IRR_B)$$

기업가치는 여러 투자들의 가치의 합이므로 가치합산원칙은 어떤 투자가 기업가치에 얼마나 공헌하는지를 각 투자의 순현가로 간단히 측정할 수 있다.

③ 순현가법에서 전제하는 재투자수익률에 대한 가정이 보다 합리적이다. 순현가법에서는 투자안의 현금흐름을 자본비용($WACC$)으로 할인하여 가치를 평가한다. 달리 표현하면 순현가법에서는 투자안의 현금흐름이 자본비용과 동일한 투자수익률로 재투자된다고 가정하고 가치를 평가한다. 반면에 내부수익률법에서는 투자안의 현금흐름을 내부수익률(IRR)로 할인하여 평가한다. 달리 표현하면, 내부수익률법에서는 투자안의 현금흐름이 IRR과 동일한 투자수익률로 재투자된다고 가정하고 가치를 평가한다. 따라서 경제성이 있는 투자안의 경우 ($IRR > WACC$인 경우), 내부수익률법은 투자안의 현금흐름이 투자시행 전 계산된 높은 내부수익률로 재투자된다고 무리하게 가정하는 단점을 갖는다.

4.9 내부수익률법의 단점

① 내부수익률법에서는 복수의 내부수익률이 존재하는 문제가 있다. 예를 들어, 다음과 같은 현금흐름과 NPV를 갖는 투자안이 있다고 하자. 자본비용이 연 10%라면 이 투자안의 순현가는 0.7억원이다. 5년 후 현금흐름 −40억원은 탄광 원상복구비용이다.

$$NPV = \frac{15\text{억원}}{1.1} + \frac{15\text{억원}}{1.1^2} + \frac{15\text{억원}}{1.1^3} + \frac{15\text{억원}}{1.1^4} - \frac{40\text{억원}}{1.1^5} - 22\text{억원} = 0.7\text{억원}$$

이 투자안의 내부수익률 r은 다음 식에서 보듯이 6%와 28%이다.

$$22\text{억원} = \frac{15\text{억원}}{(1+r)} + \frac{15\text{억원}}{(1+r)^2} + \frac{15\text{억원}}{(1+r)^3} + \frac{15\text{억원}}{(1+r)^4} - \frac{40\text{억원}}{(1+r)^5}$$

이 투자안은 현금흐름이 (+, ... +, −, −)의 형태를 갖는 비전통적인(non-conventional) 투자안으로서 내부수익률이 2개 존재하는 특수한 형태의 투자안이다. 이 투자안은 내부수익률이 2개이기 때문에 내부수익률법으로는 경제성을 평가할 수 없고 순현가법으로 경제성을 평가해야 한다.

② 내부수익률법에서는 내부수익률이 존재하지 않는 문제가 있다. 이 문제도 바로 앞에서 설명한 문제와 마찬가지로 비전통적인 투자안에서 발생할 수 있다. 예를 들어, 다음과 같은 현금흐름과 NPV를 갖는 금광채굴 투자안이 있다고 하자. 자본비용이 연 10%라면 이 사업의 NPV는 −1.41억원이다. 2년 후 현금흐름 −50억원은 금광원상복구비용이다.

$$NPV = \frac{100억원}{(1+0.1)} - \frac{50억원}{(1+0.1)^2} - 51억원 = -1.41억원$$

그런데 이 투자안은 어떤 자본비용에서도 음수(−)의 순현가를 가지며 내부수익률을 갖지 않는다. 즉, 이 투자안은 내부수익률이 존재하지 않으므로 내부수익률법을 적용하여 경제성을 평가할 수 없다.

③ 내부수익률법에서는 규모문제가 있다. 규모문제(size problem)는 두 투자안의 투자규모가 상이할 때 발생할 수 있는 문제로서 두 투자안이 상호배타적인 경우에 한해 발생한다(즉, 독립적인 경우는 이 문제가 없음). 예를 들어, 다음에 제시된 상호배타적인 A, B 두 투자안이 있다고 하자(자본비용 모두 연 10%로 가정).

내부수익률법의 규모문제 예시

투자안	현금흐름		내부수익률	순현가(@10%)
	0	1년도		
A	−100	200	100%	82
B	−10,000	15,000	50%	3,636

표에서 보듯이, 두 투자안의 내부수익률이 모두 자본비용보다 높고 A투자안의 내부수익률이 B투자안의 내부수익률보다 높다. 따라서 내부수익률법을 적용하면 A투자안이 채택된다. 그러나 순현가법을 적용하면 B투자안이 보다 매력적이다. 이는 B투자안의 투자규모가 A투자안의 투자규모보다 크기 때문에 발생하는 현상이다. 이 경우에도 순현가법을 적용해서 B투자안을 채택하는 것이 옳은 결정이다.

④ 내부수익률법에서는 시차문제가 있다. 시차문제(timing problem)는 두 투자안의 현금유입의 패턴이 시차를 두고 상이할 때 발생할 수 있는 문제이다. 예를 들어 C, D 두 투자안의 현금흐름을 이용하여 시차문제를 설명해 보자.

■ 내부수익률법의 시차문제 예시

투자안	현금흐름				내 부 수익률	순현가 (@10%)	순현가 (@15%)
	현재	1년도	2년도	3년도			
C	−10,000	10,000	1,000	1,000	16.04%	669	109
D	−10,000	1,000	1,000	12,000	12.94%	751	−484

■ 시차문제로 인한 순현가프로파일의 교차

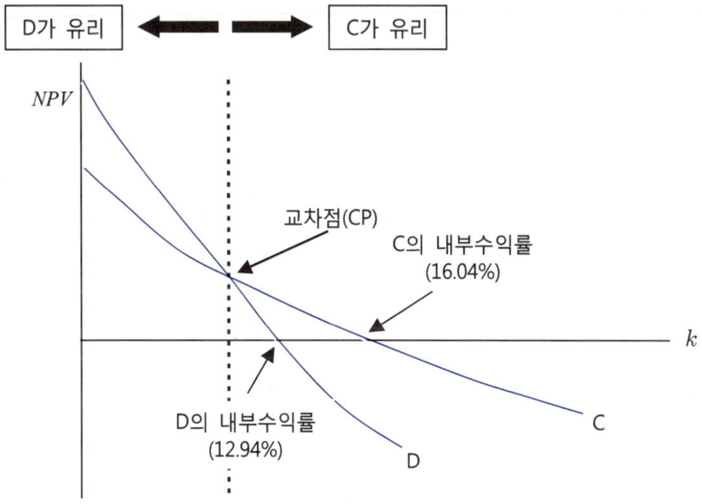

그림에서 보듯이 상호배타적인 두 투자안을 순현가법으로 평가하면, 그 결과는 어떤 할인율을 적용하느냐에 따라 달라진다. 그러나 내부수익률법으로 평가하면 두 투자안의 내부수익률이 자본비용보다 큰 한, C투자안의 내부수익률이 D투자안의 내부수익률보다 크므로 항상 C투자안이 D투자안보다 우수하다. 이상의 설명에서처럼 현금유입의 패턴이 시차를 두고 상이하면, 상호배타적인 투자안의 경제성 평가결과는 순현가법과 내부수익률법 중 어느 기법을 사용하느냐에 따라 달라질 수 있다. 이 때에도 *NPV*법으로 평가해야 옳은 결정을 내릴 수 있다.

4.10 수명이 상이한 상호배타적인 투자안의 비교*

상호배타적인 두 투자안의 경제성을 평가 할 때, 두 투자안의 수명이 다르면 순현가법을 적용한 평가결과가 옳지 않을 수 있다. 예를 들어, A기계의 수명은 3년이고 구입비는 15억원, 연간 유지비는 4억원이다. 그리고 B기계의 수명은 2년이고 구입비는 10억원, 연간 유지비는 6억원이다. 그리고 두 기계 중 어느 하나를 선택하면 내용연수말에 그 기계를 반복해서 다시 구입한다. 두 기계로부터 얻는 미래 현금유입의 현가가 동일하고 두 기계 모두 경제성이 있다면, 어떤 기계를 구입하여 운영하는 것이 더 경제적인가?

두 기계로 인한 현금유입의 현가가 동일하다고 가정하였으므로, 투자가치 평가의 초점은 어떤 기계의 비용이 더 저렴한지에 맞추어져야 한다. 적정 할인율이 연 6%라고 가정하면 두 기계를 내용연수만큼 사용하는데 소요되는 총비용의 현가는 다음과 같이 각각 25.69억원과 21.00억원이다.

$$PV(\text{A기계 총비용}) = 15\text{억원} + \frac{4\text{억원}}{1.06} + \frac{4\text{억원}}{1.06^2} + \frac{4\text{억원}}{1.06^3} = 25.69\text{억원}$$

$$PV(\text{A기계 총비용}) = 10\text{억원} + \frac{6\text{억원}}{1.06} + \frac{6\text{억원}}{1.06^2} = 21.00\text{억원}$$

얼핏 보면 B기계의 총비용의 현가가 A기계의 총비용의 현가보다 적으므로 B기계를 선택하는 것이 더 경제적이라는 결정을 내릴 수 있다. 그러나 이는 잘못된 결정이다. 왜냐하면 B기계의 수명은 상대적으로 짧은 2년이므로 B기계를 선택하면 2년 후에는 동일한 기계로 교체해야 하기 때문이다(A기계는 3년 후에 교체해야 함). 이런 경우 연간동등비용을 감안해야 올바른 결정을 내릴 수 있다.

연간동등비용(equivalent annual cost : EAC)은 기계를 구입하여 운영하는데서 발생하는 총비용의 현가와 동일한 현가를 갖는 연간 평균비용이다. 연간동등비용은 다음과 같이 총비용의 현가를 연금현가요소(자본비용, 투자기간)인 $PVIFa(r,\ n)$으로 나누어 구한다.

$$EAC = \frac{\text{총비용의 현가}}{PVIF_a(r, n)} \tag{15}$$

[그림 1]은 연간동등비용을 계산하여 비교하는 과정을 보여준다. 투자기간이 상이한 상호배타적인 두 투자안의 총비용의 현가를 직접 비교하는 것은 불합리하다. 따라서 올바른 결정을 하기 위해서는 동일한 현가를 가지며 연간현금흐름이 동일하도록

전환한 연간동등비용을 계산해야한다. 연간동등비용은 기간을 조정하고 총비용의 현가를 동일하게 맞춘 연간 평균비용이므로 직접 비교가 가능한 개념이다.

[그림 1] 총비용의 현가에 맞춘 연간동등비용의 이용

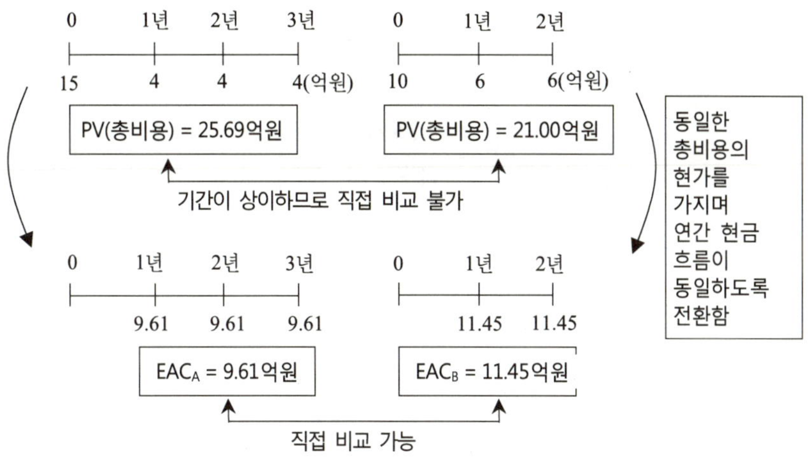

식 (15)를 이용하여 두 기계의 연간동등비용을 구하면 각각 9.61억원(할인율 6%, 수명 3년)과 11.45억원(할인율 6%, 수명 2년)이다. 따라서 A기계를 구입하는 것이 더 경제적임을 알 수 있다.

$$\text{A기계}: \ EAC = \frac{\text{총비용의 현가}}{PVIF_a(0.06, 3)} = \frac{25.69\text{억원}}{2.6730} = 9.61\text{억원}$$

$$\text{B기계}: \ EAC = \frac{\text{총비용의 현가}}{PVIF_a(0.06, 2)} = \frac{21.00\text{억원}}{1.8334} = 11.45\text{억원}$$

4.11 확실성등가법*

(1) 확실성등가

확실성등가(certainty equivalent : *CEQ*)를 이용한 투자결정을 설명하기 위하여 다음과 같은 예를 들어보기로 한다. 투자수명이 1년이고 위험이 있는 투자안으로부터 기대되는 1년 후의 현금흐름이 R_1이라고 하자. 이 투자안에 대한 효용은 위험이 전혀 없이 1년 후에 현금흐름 CEQ_1을 보장하는 투자안의 효용과 같다면, 확실한 현금흐름 CEQ_1은 불확실한 현금흐름 R_1의 확실성등가가 된다.

여기서 확실성등가는 위험이 전혀 따르지 않기 때문에 이를 할인하여 현가(PV)를 구할 때는 무위험자산 수익률(무위험이자율) r_f를 할인율로 사용하여야 한다. CEQ_1의 현가는 다음과 같다.

$$PV = \frac{CEQ_1}{(1+r_f)^1} \tag{16}$$

CEQ_1 : 1기간 후 확실성등가
r_f : 무위험이자율

그런데 위험이 있는 투자안으로부터 기대되는 현금흐름을 위험조정할인율(risk adjusted discount rate)로 할인하여 얻은 현가는 확실성등가의 현가와 같아야 한다. 왜냐하면 두 현금흐름에 대한 효용이 같기 때문이다. 따라서 다음 관계가 성립한다.

$$PV = \frac{C_1}{(1+r_K)^1} = \frac{CEQ_1}{(1+r_f)^1} \tag{17}$$

C_1 : 1년 후 기대현금흐름
r_K : 투자안 K의 위험조정할인율
CEQ_1 : 1년 후 확실성등가
r_f : 무위험이자율

또한 불확실한 기대현금흐름에 대한 확실한 현금흐름(확실성등가)의 비율을 확실성등가계수(certainty equivalent coefficient)라 하며, 확실성등가계수 α_t는 다음 식으로 정의된다.

$$\alpha_t = \frac{CEQ_t}{C_t} \tag{18}$$

CEQ_1 : 1년 후 확실성등가
C_t : 불확실한 기대현금흐름

여기서 α_t는 0보다 크고 1보다 작은 값을 취한다.

위 식들을 이용하여 여러 기간에 걸쳐 발생하는 현금흐름의 현가를 계산하는 공식을 유도하면 다음과 같다.

$$PV = \sum_{t=1}^{t} \frac{CEQ_t}{(1+r_f)^t} = \sum_{t=1}^{n} \frac{\alpha_t \cdot C_t}{(1+r_f)^t} = \sum_{t=1}^{n} \frac{C_t}{(1+r_K)^t} \tag{19}$$

식 (19)로부터 다음 식을 유도할 수 있다.

$$\frac{\alpha_t \cdot C_t}{(1+r_f)^t} = \frac{C_t}{(1+r_K)^t} \tag{20}$$

$$\therefore \alpha_t = \left[\frac{1+r_f}{1+r_K}\right]^t$$

또한 확실성등가를 이용하여 투자안의 순현가(NPV)를 계산하는 공식은 다음과 같다.

$$\begin{aligned} NPV &= \sum_{t=1}^{n} \frac{CEQ_t}{(1+r_f)^t} - I \\ &= \sum_{t=1}^{n} \frac{\alpha_t \cdot C_t}{(1+r_f)^t} - I \end{aligned} \tag{21}$$

CEQ_t : t기간 후 확실성등가
I : 현재 투자지출액
r_f : 무위험이자율
α_t : 확실성등가계수
C_t : 불확실한 현금흐름(기대치)

(2) 확실성등가 사례분석

예를 들어 다음과 같은 현금흐름을 가지고 있는 투자안의 자본비용이 연 20.5%이고 무위험이자율은 7%이라고 하자.

(단위 : 만원)

연 도	0	1	2	3
현금흐름	-1,000	400	600	500

각 연도별 확실성등가계수와 각 연도별 현금흐름의 확실성등가를 구하고, 이를 이용해서 순현가를 계산해 보기로 하자. 투자안의 위험조정할인율(r_K)은 자본비용인 연 20.5%이다. 이 투자안의 NPV를 구하면 다음과 같다.

(단위 : 억원)

연 도	현금유입	할인요소(20.5%)	현금유입의 현가
1	400	0.82988 *	331.952
2	600	0.68869	413.214
3	500	0.57153	285.765
			1,030.931
			− 1,000
			NPV = 30.931

* 0.82988 = 1 / (1 + 0.205)^1

$\alpha_t = \left[\dfrac{1+r_f}{1+r_K}\right]^t$이므로 각 연도별 확실성등가계수는 다음과 같다.

$$\alpha_1 = \frac{1+0.07}{1+0.205} = 0.88797$$

$$\alpha_2 = \left[\frac{1+0.07}{1+0.205}\right]^2 = 0.78849$$

$$\alpha_3 = \left[\frac{1+0.07}{1+0.205}\right]^3 = 0.70015$$

확실성등가 $CEQ_t = \alpha_t \cdot R_t$이므로 각 연도별 확실성등가는 다음과 같다.

CEQ_1 = (0.88797)(400억원) = 355.188억원

CEQ_2 = (0.78849)(600억원) = 473.094억원

CEQ_3 = (0.70015)(500억원) = 350.075억원

이상의 자료를 이용해서 투자안의 NPV를 구하면 다음과 같다.

(단위 : 억원)

연도	현금유입(확실성등가)	할인요소(7%)	현금유입의 현가
1	355.188	0.93458	331.952
2	473.094	0.87343	413.214
3	350.075	0.81630	285.766
			1,030.932
			-1,000
			NPV = 30.932

* NPV = 30.932억원이고 이는 위험조정할인율을 이용한 앞의 결과와 동일함(약간의 차이는 반올림에 의한 차이임)

4.12 리스금융의 가치평가*

리스금융(lease financing)을 이용하여 투자할 것인가 아니면 직접 구입할 것인가에 대한 경제성도 NPV를 이용하여 평가할 수 있다. 예를 들어 효성기업은 시가 2,100만원인 버스를 구입할 것을 고려하고 있다. 그러나 버스를 리스할 경우, 7년 동안 매년 350만원의 리스료를 지급해야 한다. 이 버스의 내용연수는 7년이며, 잔존가치는 없다. 한편, 리스를 할 경우 버스운영비의 일부인 20만원을 매년 리스회사가 보조해 준다고 한다. 효성기업의 감가상각은 정액법이 사용되고 이 회사에 적용되는 법인세율은 30%이며, 차입이자율이 연 10%일 때, 버스를 직접 구입하는 것과 리스를 통해 임차하는 것 중 어느 쪽이 유리한지를 순현가 분석방법에 의하여 평가해보기로 하자(구입하는 경우 소요자본은 차입한다고 가정).

먼저 리스이용시의 현금유출을 추정하면 다음과 같다.

(단위 : 만원)

연 도	0년	1년	2년	3년	4년	5년	6년	7년
리 스 료		350	350	350	350	350	350	350
리스료에 의한 절세액		105*	105	105	105	105	105	105
세 후 리 스 료		245	245	245	245	245	245	245
운 영 비 보 조 금		20	20	20	20	20	20	20
현 금 유 출		225	225	225	225	225	225	225

* 105 = 350 × 0.3

또한 구입 시의 현금유출을 추정하면 다음과 같다.

(단위 : 만원)

연 도	0년	1년	2년	3년	4년	5년	6년	7년
기 계 구 입 가 격	2,100							
감가상각에 의한 절세액		90*	90	90	90	90	90	90
현 금 유 출	2,100	-90	-90	-90	-90	-90	-90	-90

* 90 = (2,100 ÷ 7) × 0.3

위 표로부터 리스이용의 순현가 NPV_L과 직접구입의 순현가 NPV_B의 차이인 ΔNPV를 계산하면 다음과 같다(리스이용 시와 구입 시 현금유입의 현가는 동일함. 즉, $PV(C_L) = PV(C_B)$. (적정할인율 = 세후타인자본비용 가정)

$$\begin{aligned}\Delta NPV &= NPV_L - NPV_B \\ &= [PV(C_L) - PV(I_L)] - [PV(C_B) - PV(I_B)] \\ &= PV(I_B) - PV(I_L) \\ &= \left[2{,}100 - \sum_{t=1}^{7} \frac{90}{(1+0.07)^t}\right] - \left[\sum_{t=1}^{7} \frac{225}{(1+0.07)^t}\right] \qquad (22) \\ &= 402.374\text{만원}\end{aligned}$$

ΔNPV : NPV의 증분
NPV_L : 리스이용 시 NPV
NPV_B : 구입 시 NPV
$PV(C_L)$: 리스이용 시 현금유입의 현가
$PV(I_L)$: 리스이용 시 현금유출의 현가
$PV(C_B)$: 구입 시 현금유입의 현가
$PV(I_B)$: 구입 시 현금유출의 현가

ΔNPV가 0보다 크기 때문에 효성기업은 리스를 이용하는 것이 유리하다.

정리문제

01 투자안의 연도별 순이익이 각각 다음과 같다.

1년도 : 3억원,	2년도 : 2억원	3년도 : 2억원,
4년도 : 1억원,	5년도 : 5억원	

(1) 현재 투자금액이 15억원일 때 회계이익률(AAR)을 구하라.

(2) AAR법의 단점을 설명하라.

02 서교기업에서는 어린이 1회용 기저귀 생산과 관련하여 신제품 생산을 검토 중이다. 생산설비 투자소요액은 60억원이고 내용연수는 4년으로 예상된다. 신제품이 생산 시판되면 매년 20개들이 1상자 당 20,000원에 600,000상자를 판매할 것으로 추정된다. 소요되는 비용으로는 감가상각비를 제외한 고정비가 18억원 발생하고 변동비는 상자 당 12,000원이 발생할 것으로 예상된다. 생산설비는 내용연수 4년에 잔존가치는 없다고 보고 정액법으로 감가상각할 계획이다. 이 투자안의 법인세율은 20%이다.

(1) 기초현금흐름을 추정하라.

(2) 매년 영업현금흐름을 추정하라.

(3) 연도별 현금흐름표를 작성하라.

03 신촌제철에서는 생산효율성을 높이기 위하여 새로운 용광로를 설치할 것을 검토하고 있다. 이 투자안에 대한 경제성평가를 위하여 타당성 조사비가 2,000만원 소요되었다. 새로운 용광로가 설치되면 매년 15억원의 매출액이 증가되고, 20억원의 현금영업비용이 절감될 것으로 보고 있다. 한편, 이 용광로의 구입가격은 200억원이며, 10%의 투자세액공제를 받을 수 있다. 구 용광로는 감가상각이 다 끝난 것이지만, 만약 매각한다면 6억원을 받을 수 있다. 신 용광로의 내용연수는 5년이고 잔존가치는 40억원이 될 것으로 예상된다. 신 용광로의 감가상각은 정액법으로 하고, 법인세율은 20%, 자본비용은 연 10%이다. 신 용광로가 설치되면 원재료 구입 등과 관련하여 최초 운전자본으로 4억원이 추가로 필요하며 매년 추가운전자본은 다음과 같다.

연 도	1년도	2년도	3년도	4년도	5년도
추가운전자본	5억원	7억원	5억원	6억원	0

(1) 추가운전자본을 제외한 현금흐름을 추정하라.

① 기초현금흐름

② 매년 영업현금흐름

③ 5년도 현금흐름

(2) 추가운전자본을 고려한 현금흐름표를 작성하라.

(3) 투자안의 NPV를 구하라.

04 (주)백두대간은 다음과 같은 설비투자를 고려하고 있다. 설비투자에는 투자원년 시설투자가 140억원과 설치비용으로 10억원이 소요되며 이 투자의 내용연수는 3년이고 3년후의 잔존가치는 30억원이다. 이 투자를 수행하면 3년 동안 매년 90억원의 매출이 예상되며, 매출액의 40%는 현금영업비용(감가상각비 제외)으로 지출된다. 그리고 영업활동과 관련하여 (주)백두대간의 추가운전자본은 1년 후에 3억원, 2년 후에 5억원이 될 것으로 예상된다. 감가상각은 정액법을 사용하며 법인세율은 20%이고 자본비용은 연 10%이다.

(1) 추가운전자본을 제외한 현금흐름을 추정하라.

① 기초현금흐름

② 매년 영업현금흐름

③ 3년도 현금흐름

(2) 추가운전자본을 고려한 현금흐름표를 작성하라.

(3) 투자안의 NPV를 평가하라.

05 서울기업은 5년 전 내용연수 10년인 절삭기를 5,000만원에 구입하여 현재 가동 중이다. 앞으로 5년 후에 이 절삭기의 잔존가치는 없으며 지금 처분하면 2,000만원을 받을 수 있다. 서울기업은 새 기계로 대체할 것을 고려하고 있는데 새 기계 구입비용은 10,000만원이 소요되며 내용연수는 5년이다. 5년후 잔존가치는 4,000만원이다. 새 절삭기를 구입하면 매년 매출액이 8,000만원에서 10,000만원으로 증가하고 매년 현금영업비용이 3,000만원에서 2,500만원으로 줄어들 것으로 예상된다. 두 기계에 대한 감가상각은 정액법을 사용한다. 법인세율은 20%이다.

(1) 다음의 현금흐름을 추정하라.

① 기초현금흐름

② 매년 영업현금흐름

③ 5년도 현금흐름

(2) 연도별 현금흐름표를 작성하라.

06★ 신촌기업은 대학교에서 실시할 분필의 공개입찰 참여를 고려하고 있다. 대학교는 공개입찰에 참여한 기업 중 가장 낮은 가격을 제시한 기업과 계약을 체결할 예정이다. 계약이 체결된 기업은 향후 5년간 연 1,000,000개의 분필을 공급한다. 신촌기업은 계약이 낙찰될 경우 물량을 맞추기 위해 신장비 1대를 도입하기로 결정하였다. 장비의 가격은 5천만원이고 장비는 5년동안 정액법으로 전액 감가상각되지만, 5년 후 500만원에 매각할 수 있을 것으로 예상된다. 신 장비 도입에 따른 운전자본 증가액은 2년 후에 1,000만원이며, 연간 임금 및 재료비는 각각 1억원이 들 것이다. 신촌기업은 이 사업의 위험성을 감안하여 연 15%의 할인율을 적용하기로 하였다. 법인세율은 30%이다.

(1) 기초현금흐름을 추정하라.

(2) 기말현금흐름을 추정하라.

(3) 최저 입찰가를 결정하는 논리를 구축하라.

(4) 최저입찰가를 추정하라.

(5) IRR이 20%가 되기 위한 최저입찰가를 구하라.

07★ 홍익골프사는 A클럽을 만드는 새로운 골프클럽 생산 라인을 설치할 것을 고려하고 있다. A클럽은 세트당 700달러에 판매될 것이며 변동비는 세트당 340달러이다. 마케팅 조사비로 150,000달러를 지출하였다. 회사는 7년 동안 매년 46,000세트를 판매할 것으로 예상한다. 또한 마케팅 조사는 새로운 라인 설치로 인해 B클럽의 판매량이 매년 12,000세트 감소하고, C클럽의 판매량은 매년 20,000세트 증가할 것으로 예상했다. B클럽의 세트당 가격은 1,100달러이며 세트당 변동비는 550달러이다. C클럽의 가격은 세트당 300달러이며 세트당 변동비는 100달러이다. 고정비는 매년 8,000,000달러일 것으로 예상했다. 한편 홍익골프사는 A클럽의 연구개발비용으로 1,000,000달러를 지출하였다. 필요한 시설비용으로 16,100,000달러의 비용이 소요될 것이며 감가상각은 정액법으로 하며 잔존가치는 없다. 새로운 생산라인은 설치초기에 900,000달러의 순운전자본을 증가시키며 프로젝트 말기에 전액 회수될 것이다. 법인세율은 40%이며 가중평균자본비용은 연 14%이다.

(1) 영업현금흐름의 증분을 구하라.

(2) 현금흐름의 증분을 구하라.

(3) 투자안의 NPV를 구하라.

08 속리산기업은 10년 전 10,000만원을 들여 설치한 기존시설(내용연수 15년, 잔존가치 1,000만원)을 30,000만원이 소요되는 새로운 설비로 대체할 것을 고려하고 있다. 속리산기업이 이 대체투자에 투자하면 매년 매출액이 3,000만원에서 8,000만원으로 증가하고, 매년 현금영업비용은 1,000만원에서 2,000만원으로 증가할 것으로 예상된다. 새로운 설비의 내용연수는 10년이고 10년 후 잔존가치는 없다. 기존시설은 현재 처분하면 3,000만원을 받을 수 있다. 또한 속리산기업은 설비대체에 따라 1년 후 1,000만원의 운전자본이 추가로 필요하다. 국가에서는 신규시설에 대한 투자를 장려하기 위하여 10,000만원 이상의 투자에는 1,000만원의 투자세액공제를 시행하고 있다. 속리산기업에 적용되는 법인세율은 40%이다. 감가상각은 정액법으로 하고, 가중평균자본비용은 연 10%이다.

(1) 설비투자로부터 기대되는 현금흐름을 추정하라.
① 기초현금흐름
② 매년 영업현금흐름의 증분
③ 추가운전자본
④ 기말현금흐름
⑤ 연도별 현금흐름표를 작성하라.

(2) 투자안의 순현가(NPV)는 얼마인가?

(3) 투자안의 내부수익률(IRR)은 얼마인가?

09 와우기업은 현재 400억원이 지출되는 설비투자를 고려하고 있다. 설비투자의 효과는 향후 5년간 지속되며, 5년 후 설비자산의 잔존가치는 100억원으로 예상된다. 이 투자를 수행하면 5년 동안 매년 800억원의 매출액이 예상되며, 현금영업비용은 매년 700억원이 지출될 것으로 예상된다. 가동시점에서 재고자산이 10억원 증가하고, 1년도에 매출채권이 5억원 증가한다(추가운전자본은 5년도에 전액 현금으로 회수됨). 와우기업의 법인세율은 30%이다.

(1) 정액법으로 감가상각하는 경우, 설비투자로부터 예상되는 현금흐름을 추정하라.
① 기초현금흐름
② 1년도 추가운전자본
③ 매년 영업현금흐름
④ 기말현금흐름
⑤ 투자안의 연도별 현금흐름표를 작성하라.

(2) 정률법으로 감가상각하는 경우, 설비투자로부터 예상되는 현금흐름을 추정하라.
① 기초현금흐름
② 1년도 추가운전자본
③ 매년 영업현금흐름
④ 기말현금흐름
⑤ 투자안의 연도별 현금흐름표를 작성하라.

(3) 자본비용이 연 12%일 때, 위의 (1), (2)번에서 순현가(NPV)를 구하라.

① 정액법 적용 시 :

② 정률법 적용 시 :

(4) 위의 (1), (2)번에서 내부수익률(IRR)을 구하라.

① 정액법 적용 시 :

② 정률법 적용 시 :

10 **통일기업은 설비자산 투자를 위하여 200억원의 현금을 현재 지출하고자 한다. 설비투자의 효과는 향후 5년간 지속되며, 5년 후 설비자산의 잔존가치는 없고, 감가상각은 정액법에 의한다. 그리고 설비투자로부터 5년간 매년 얻게 될 영업성과는 아래 표와 같고, 법인세율은 20%이다. 가동시점에서 재고자산이 10억원 증가하고, 1년도에 매출채권이 2억원 증가한다. 추가운전자본은 5년도에 전액 회수한다. 추가적인 자본적 지출은 없는 것으로 한다. 통일기업의 현금흐름을 추정하라. 자본비용은 연 10%이다.**

추정 손익계산서

(단위 : 억원)

매출액(S)	800
현금영업비용(C)	722.5
감가상각비(Dep)	40
영업이익($EBIT$)	37.5
법인세(T)	7.5
당기순이익(NI)	30

(1) 설비투자로부터 기대되는 현금흐름을 추정하라.

① 기초현금흐름

② 1년 ~ 5년의 매년 영업현금흐름

③ 1년 ~ 5년 중 추가운전자본

④ 기말현금흐름

⑤ 투자안의 연도별 현금흐름표를 작성하라.

(2) 투자안의 회수기간은 얼마인가? 조정회수기간은 얼마인가?

(3) 투자안을 NPV법으로 평가하고 투자안의 가치를 추정하라.

(4) 투자안의 IRR을 구하는 방정식과 IRR이 자본비용보다 큰 이유를 설명하라.

(5) 투자안의 수익성지수(PI)를 추정하라.

11 **신형장치의 구입에는 $450,000의 비용이 들며, 이 장치에 대한 감가상각은 이 장치의 수명인 4년에 걸쳐 정액법으로 이루어진다. 그리고 신형장치의 4년 후 장부상의 잔존가치는 0이 된다. 그러나 4년 후에 이 장치는 철거비용을 빼고 나서도 $250,000의 가치를 가질 것으로 예상된다. 신형장치는 구형장치와 비교해서 세금 전 기준으로 연간 $125,000의 현금영업비용을 절약할 것으로 기대된다. 법인세율은 34%이고 요구수익률은 연 10%이다.**

(1) 현금흐름을 추정하라.
  ① 기초현금흐름
  ② 1년 ~ 4년간 매년 영업현금흐름의 증분
  ③ 기말현금흐름
  ④ 투자안의 연도별 현금흐름표를 작성하라.

(2) 이 투자안의 가치는 얼마인가?

(3) 투자안을 NPV법으로 평가하고 그 의미를 설명하라.

(4) 투자안을 IRR법으로 평가하고 그 의미를 설명하라.

(5) 투자안을 PI법으로 평가하고 그 의미를 설명하라.

12 **양정기업은 내용연수가 4년인 5억원 규모의 시설투자를 고려 중이다. 이 투자안으로부터 기대되는 매년도의 예상 매출액은 다음과 같다.**

연 도	1	2	3	4
예상매출액	5억원	10억원	15억원	5억원

이 투자안의 4년 후 잔존가치는 5천만원이다. 매년 매출액의 60%는 현금영업비용(감가상각비 제외)으로 지출되며, 시설투자와 관련하여 1년 후부터 매년 말에 6천만원, 1억원, 2억원의 운전자본이 추가로 소요될 것으로 예상된다.

(1) 설비투자에 대한 감가상각은 정액법을 사용하며, 양정기업에 적용되는 법인세율은 40%이다. 설비투자를 평가하기 위한 현금흐름을 추정하라.

(2) 설비투자에 대한 감가상각을 정률법으로 한다면, 설비투자로부터 기대되는 현금흐름은 어떻게 변경되겠는가?

(3) (1)번에서 추정된 현금흐름을 이용하여 설비투자의 가치를 순현가법으로 평가하라. 단, 자본비용은 연 12%이다.

13★ 배재기업은 HDTV를 제조하는 기업으로서 현재 사용 중인 LCD 제조용 기계의 대체를 검토하고 있다. 기존 LCD 제조용 기계를 계속 사용하기 위해서는 대대적인 수리가 필요하며, 수리비용은 총 500억원이 소요될 것으로 예상된다. 기존 LCD 제조용 기계의 시장가치는 800억원이고 장부가치는 500억원이며 잔존기간은 5년이다. 5년 후 기존 LCD 제조용 기계의 시장가치는 200억원, 잔존가치는 0이 될 것으로 보인다. 배재기업이 고려 중인 새로운 LCD 제조용 기계는 구입가격이 3,000억원이며, 100억원의 설치비용과 100억원의 시운전비용이 추가로 소요된다. 5년 후 신 기계의 잔존가치는 200억원이 될 것으로 보인다. 새로운 LCD 제조용 기계를 사용할 경우 배재기업의 매출액은 향후 5년 동안 매년 500억원 증가할 것이며, 현금영업비용은 매년 100억원씩 감소할 것으로 예상된다. 감가상각은 정액법을 이용하며, 배재기업에 적용되는 법인세율은 40%이다.

(1) 신 기계로 교체할 경우의 증분현금흐름을 구하라.

(2) NPV를 이용하여 기계대체에 대한 경제성을 평가하라. 단, 배재기업의 자본비용은 연 15%이다.

14★ 운현궁기업은 현재 10억원의 자동화설비를 구입하려고 검토 중이다. 자동화설비의 내용연수는 5년이며, 5년 후의 잔존가치는 없다. 만일 운현궁기업이 자동화설비를 구입하지 않고 리스를 한다면 매년 2.2억원의 리스료를 후불로 지급해야 한다. 자동화설비의 감가상각은 정액법에 의한다. 운현궁기업에 적용되는 법인세율은 40%이며 차입이자율은 연 10%이다. 또한 리스를 할 경우 리스회사는 운현궁기업에게 매년 운영비 중 1,000만원씩을 보조해 준다는 조건을 제시하였다. 리스이용 시와 구입 시의 현금유입의 현가는 동일하다. 운현궁기업이 자동화설비를 구입해야 하는지 아니면 리스를 이용해야 하는지를 다음 순서에 의거 NPV법으로 평가하라.

(1) 리스이용 시의 현금유출을 구하라.

(2) 구입 시의 현금유출을 구하라.

(3) 리스금융의 경제성을 NPV법으로 평가하라.

15★ 다음 두 기계의 자료를 보고 물음에 답하라.

(단위 : 억원)

구 분	A기계	B기계
구입가격	150	200
연간운영비	20	15
수 명	2년	3년

가 정 ① 두 기계로 인한 현금유입의 현가가 동일
② 적정할인율 연 10%
③ 감가상각비와 세금은 무시하고 계속 동일한 기계로 대체

(1) 두 기계의 총비용의 현가를 각각 계산하고, 경제성을 총비용의 현가 기준으로 판정하는 것에 대하여 논하라.

(2) 두 기계의 연간동등비용(EAC)을 계산하고 경제성을 판정하라.

16 다음과 같은 2개의 상호배타적인 투자안이 있다. 적정 할인율은 연 13%이다.

연 도	A투자안	B투자안
0	-200,000	-13,000
1	15,000	9,000
2	30,000	3,000
3	35,000	2,000
4	400,000	1,000

(1) 회수기간법을 적용하면 어떤 투자안이 더 경제성이 있는가?

(2) 순현가법을 적용하면 어떤 투자안이 더 경제성이 있는가?

(3) 수익성지수법을 적용하면 어떤 투자안이 더 경제성이 있는가?

(4) 각 투자안의 IRR을 구하는 방정식을 구축하고 각 투자안의 IRR이 자본비용보다 크겠는가를 논리적으로 설명하라.

17★ 다음과 같은 현금흐름을 가지고 있는 K투자안의 요구수익률은 연간 15%이고, 연간 무위험이자율은 4%이다.

(단위 : 억원)

연 도	0	1	2	3
현금흐름	-200	100	90	80

(1) 투자안의 NPV를 구하라.

(2) 각 연도별 확실성등가계수와 각 연도별 현금흐름의 확실성등가를 구하라.

(3) (2)의 결과를 이용해서 순현가를 계산하고 (1)의 결과와 비교하라.

18★ 현금유입의 현가는 동일하고 수명만 다른 기계 A와 B 투자안 중에 하나를 택하려고 한다. 기계 A와 B 투자안은 모두 경제성이 있다. 기계 A는 내용연수가 2년이고 구입비용이 80억원이고 매년 말 유지비용이 15억원이며 2년 후 잔존가치는 10억원이다. 기계 B는 내용연수가 3년이고 구입 및 설치비용이 70억원이며 매년 말 유지비용이 21억원이고 3년 후 잔존가치는 없다. 적정할인율은 8%이다. 단, $PVIFa$(8%, 2년) = 1.7833, $PVIFa$(8%, 3년) = 2.5771

[2007년 CPA 2차 기출문제 응용]

(1) 두 기계 A와 B를 한번 선택하면 계속해서 동종의 기계로 대체하여야 한다. 어느 기계를 선택하겠는가?

(2) 기계 A를 도입하면 2년 후에 기계 C로 대체하여야 한다. 기계 B를 도입하면 3년 후에 동일 기계로 대체하여야 한다. 두 번째 대체부터는 지속적으로 전기 기계와 동일 기계로 대체된다. 기계 C의 현금유입의 현가는 기계 A와 동일하다. 내용연수 2년인 기계 C의 비용의 2년 후 시점의 현가는 90억원이다. 현재 시점에서 어느 기계를 선택하겠는가?

19★ 고려기업은 다음과 같은 현금흐름이 예상되는 투자안을 검토 중이다.

(단위 : 억원)

연 도	0	1	2	3	4
현금흐름	−1,000	300	400	500	200

고려기업의 자본구조는 현재 자기자본과 부채가 1:2로 구성되어 있으며, 이자율은 연 4%이다. 고려기업의 보통주베타는 2.0이고, 무위험이자율은 2%, 시장기대수익률은 10%이다. 고려기업은 새로운 투자안에 소요되는 자금도 기존의 자본구성비율과 동일한 비율로 조달할 예정이다. 고려기업에 적용되는 법인세율은 20%이다.

(1) 위험조정할인율을 이용하여 순현가를 구하라.

(2) 현금흐름의 확실성등가를 이용하여 순현가를 구하라

정리문제에 대한 해설

01 **투자안의 연도별 순이익이 각각 다음과 같다.**

1년도 : 3억원, 2년도 : 2억원, 3년도 : 2억원,
4년도 : 1억원, 5년도 : 5억원

(1) 현재 투자금액이 15억원일 때 회계이익률(AAR)을 구하라.

해설 회계이익률(AAR)은 다음과 같다.

$$AAR = \frac{\dfrac{3\text{억원} + 2\text{억원} + 2\text{억원} + 1\text{억원} + 5\text{억원}}{5}}{\dfrac{15\text{억원}}{2}} = 34.67\%\text{이다.}$$

(2) AAR법의 단점을 설명하라.

해설 AAR법의 단점은 현금흐름을 고려하지 않고 회계상의 순이익을 이용한다는 점, 화폐의 시간가치를 무시한다는 점, 그리고 목표이익률 설정이 자의적인 점 등이 지적된다.

02 **서교기업에서는 어린이 1회용 기저귀 생산과 관련하여 신제품 생산을 검토 중이다. 생산설비 투자소요액은 60억원이고 내용연수는 4년으로 예상된다. 신제품이 생산 시판되면 매년 20개들이 1상자 당 20,000원에 600,000상자를 판매할 것으로 추정된다. 소요되는 비용으로는 감가상각비를 제외한 고정비가 18억원 발생하고 변동비는 상자 당 12,000원이 발생할 것으로 예상된다. 생산설비는 내용연수 4년에 잔존가치는 없다고 보고 정액법으로 감가상각할 계획이다. 이 투자안의 법인세율은 20%이다.**

(1) 기초현금흐름을 추정하라.

해설 신규투자액 = 60억원

(2) 매년 영업현금흐름을 추정하라.

해설 영업현금흐름 $= EBIT(1-t) + Dep$

$= (120\text{억원} - 90\text{억원} - 15\text{억원})(1-0.2) + 15\text{억원} = 27\text{억원}$

매출액(영업수익) = 20,000원 × 600,000상자 = 120억원

현금영업비용 = 고정비 + 변동비 = 18억원 + 72억원 = 90억원

고정비 = 18억원

변동비 = 12,000원 + 600,000상자 = 72억원

감가상각비(Dep) = (60억원 − 0) / 4년 = 15억원

(3) 연도별 현금흐름표를 작성하라.

해설

연도별 현금흐름표

연 도	0년도	1년도	2년도	3년도	4년도
현금흐름	−60억원	27억원	27억원	27억원	27억원

03 신촌제철에서는 생산효율성을 높이기 위하여 새로운 용광로를 설치할 것을 검토하고 있다. 이 투자안에 대한 경제성평가를 위하여 타당성 조사비가 2,000만원 소요되었다. 새로운 용광로가 설치되면 매년 15억원의 매출액이 증가되고, 20억원의 현금영업비용이 절감될 것으로 보고 있다. 한편, 이 용광로의 구입가격은 200억원이며, 10%의 투자세액공제를 받을 수 있다. 구 용광로는 감가상각이 다 끝난 것이지만, 만약 매각한다면 6억원을 받을 수 있다. 신 용광로의 내용연수는 5년이고 잔존가치는 40억원이 될 것으로 예상된다. 신 용광로의 감가상각은 정액법으로 하고, 법인세율은 20%, 자본비용은 연 10%이다. 신 용광로가 설치되면 원재료 구입 등과 관련하여 최초 운전자본으로 4억원이 추가로 필요하며 매년 추가운전자본은 다음과 같다.

연 도	1년도	2년도	3년도	4년도	5년도
추가운전자본	5억원	7억원	5억원	6억원	0

(1) 추가운전자본을 제외한 현금흐름을 추정하라.

해설 ① 기초현금흐름

신규투자액 = 200억원

투자세액공제 = 200억원 × 0.1 = 20억원

기존자산 처분 현금흐름($ATSV$) = $MV - (MV - BV) \times t$
= 6억원 − (6억원 − 0) × 0.2
= 4.8억원

기존자산 장부가치(BV) = 0

기초현금흐름 = −신규투자액 + 투자세액공제 + $ATSV$
= −200억원 + 20억원 + 4.8억원
= −175.2억원

※ 타당성 조사비용 2,000만원은 매몰비용이므로 제외한다.

② 매년 영업현금흐름

매년 영업현금흐름증분 = $\Delta EBIT(1 - t) + \Delta Dep$
= [15억원 − (−20억원) − 32억원](1 − 0.2) + 32억원
= 34.4억원

매출액 증분 = 15억원

현금영업비용 증분 = −20억원

Dep(기존시설) = 0

Dep(신시설) = (200억원 − 40억원) / 5년 = 32억원

ΔDep = 32억원

③ 5년도 현금흐름

5년도 현금흐름 = 영업현금흐름증분 + 잔존가치 = 34.4억원 + 40억원
= 74.4억원

영업현금흐름증분 = 34.4억원

신시설 잔존가치 = 40억원

(2) 추가운전자본을 고려한 현금흐름표를 작성하라.

해설

현금흐름표

(단위 : 억원)

연 도	0년도	1년도	2년도	3년도	4년도	5년도
운전자본제외 현금흐름	−175.2	34.4	34.4	34.4	34.4	74.4
추 가 운 전 자 본	−4	−5	−7	−5	−6	27
현 금 흐 름 증 분	−179.2	29.4	27.4	29.4	28.4	101.4

(3) 투자안의 NPV를 구하라.

해설 $$NPV = \frac{29.4억원}{1.1} + \frac{27.4억원}{(1.1)^2} + \frac{29.4억원}{(1.1)^3} + \frac{28.4억원}{(1.1)^4} + \frac{101.4억원}{(1.1)^5} - 179.2억원$$

$$= -25.38억원 < 0$$

이 대체투자안은 경제성이 없는 것으로 판단된다.

04 (주)백두대간은 다음과 같은 설비투자를 고려하고 있다. 설비투자에는 투자원년 시설투자가 140억원과 설치비용으로 10억원이 소요되며 이 투자의 내용연수는 3년이고 3년후의 잔존가치는 30억원이다. 이 투자를 수행하면 3년 동안 매년 90억원의 매출이 예상되며, 매출액의 40%는 현금영업비용(감가상각비 제외)으로 지출된다. 그리고 영업활동과 관련하여 (주)백두대간의 추가운전자본은 1년 후에 3억원, 2년 후에 5억원이 될 것으로 예상된다. 감가상각은 정액법을 사용하며 법인세율은 20%이고 자본비용은 연 10%이다.

(1) 추가운전자본을 제외한 현금흐름을 추정하라.

해설 ① 기초현금흐름

기초현금흐름 = 신규투자액 + 설치비용
= −140억원 + (−10억원)
= −150억원

② 매년 영업현금흐름

영업현금흐름 $= EBIT(1-t) + Dep$

$= [90억원 - 36억원 - 40억원](1-0.2) + 40억원$

$= 51.2억원$

매출액 = 90억원

현금영업비용 = 90억원 × 40% = 36억원

감가상각비(Dep) = (150억원 − 30억원) / 3년 = 40억원

③ 3년도 현금흐름

3년도 현금흐름 = 영업현금흐름 + 잔존가치

= 51.2억원 + 30억원 = 81.2억원

영업현금흐름 = 51.2억원

잔존가치 = 30억원

(2) 추가운전자본을 고려한 현금흐름표를 작성하라.

해설

현금흐름표

(단위 : 억원)

연 도	0년도	1년도	2년도	3년도
운전자본 제외 현금흐름	−150	51.2	51.2	81.2
추 가 운 전 자 본		−3	−5	8
현 금 흐 름	−150	48.2	46.2	89.2

(3) 투자안의 NPV를 평가하라.

해설

$$NPV = \frac{48.2억원}{(1+0.1)^1} + \frac{46.2억원}{(1+0.1)^2} + \frac{89.2억원}{(1+0.1)^3} - 150억원$$

$$= -0.98억원$$

따라서 이 투자안은 경제성이 없다.

05 서울기업은 5년 전 내용연수 10년인 절삭기를 5,000만원에 구입하여 현재 가동 중이다. 앞으로 5년 후에 이 절삭기의 잔존가치는 없으며 지금 처분하면 2,000만원을 받을 수 있다. 서울기업은 새 기계로 대체할 것을 고려하고 있는데 새 기계 구입비용은 10,000만원이 소요되며 내용연수는 5년이다. 5년후 잔존가치는 4,000만원이다. 새 절삭기를 구입하면 매년 매출액이 8,000만원에서 10,000만원으로 증가하고 매년 현금영업비용이 3,000만원에서 2,500만원으로 줄어들 것으로 예상된다. 두 기계에 대한 감가상각은 정액법을 사용한다. 법인세율은 20%이다.

(1) 다음의 현금흐름을 추정하라.

해설 ① 기초현금흐름

신규투자액 = 10,000만원

기존자산 처분 현금흐름($ATSV$) = 2,000만원 − (2,000만원 − 2,500만원) × 0.2
= 2,100만원

* 기존자산 장부가치 : 5,000만원 − 5 × [5,000만원 / 10] = 2,500만원

기초현금흐름 = −10,000만원 + 2,100만원 = −7,900만원

② 매년 영업현금흐름

$\Delta OCF = (\Delta S - \Delta C)(1 - t) + \Delta Dep \times t$
$= \Delta EBIT(1 - t) + \Delta Dep$
= [2,000만원 − (−500만원) − 700만원](1 − 0.2) + 700만원
= 2,140만원

Dep(기존시설) = (5,000만원 − 0)/10 = 500만원

Dep(신시설) = (10,000만원 − 4,000만원) / 5 = 1,200만원

ΔDep = 1,200만원 − 500만원 = 700만원

③ 5년도 현금흐름

시설 처분가치 = 4,000만원

5년도 현금흐름 = OCF + 신시설 처분가치 = 2,140만원 + 4,000만원
= 6,140만원

(2) 연도별 현금흐름표를 작성하라.

해설

연도별 현금흐름표

(단위 : 만원)

연 도	0년도	1년도	2년도	3년도	4년도	5년도
현금흐름	−7,900	2,140	2,140	2,140	2,140	6,140

06★ 신촌기업은 대학교에서 실시할 분필의 공개입찰 참여를 고려하고 있다. 대학교는 공개입찰에 참여한 기업 중 가장 낮은 가격을 제시한 기업과 계약을 체결할 예정이다. 계약이 체결된 기업은 향후 5년간 연 1,000,000개의 분필을 공급한다. 신촌기업은 계약이 낙찰될 경우 물량을 맞추기 위해 신장비 1대를 도입하기로 결정하였다. 장비의 가격은 5천만원이고 장비는 5년동안 정액법으로 전액 감가상각되지만, 5년 후 500만원에 매각할 수 있을 것으로 예상된다. 신 장비 도입에 따른 운전자본 증가액은 2년 후에 1,000만원이며, 연간 임금 및 재료비는 각각 1억원이 들 것이다. 신촌기업은 이 사업의 위험성을 감안하여 연 15%의 할인율을 적용하기로 하였다. 법인세율은 30%이다.

(1) 기초현금흐름을 추정하라.

해설 기초현금흐름 = 신규투자액 = −5,000만원

(2) 기말현금흐름을 추정하라.

해설 기말현금흐름 $= OCF + ATSV +$ 추가운전자본 회수액

$= OCF + 350$만원 $+ 1{,}000$만원

$= OCF + 1{,}350$만원

$ATSV = 500$만원 $- (500$만원 $- 0) \times 0.3 = 350$만원

(3) 최저 입찰가를 결정하는 논리를 구축하라.

해설 최저입찰가는 기업가치를 떨어뜨리지 않는 가격이어야 한다. 즉 최저 입찰가는 $NPV = 0$이 되는 입찰가격이다. 투자안의 현금흐름표를 작성하면 다음과 같다.

현금흐름표

(단위 : 만원)

연 도	0년도	1년도	2년도	3년도	4년도	5년도
현금흐름	$-5{,}000$	OCF	$OCF - 1{,}000$	OCF	OCF	$OCF + 1{,}350$

(4) 최저입찰가를 추정하라.

해설 NPV가 0이 되는 OCF를 구해보면,

$$NPV = 0 = OCF \times PVIFa(0.15,\ 5) - \frac{1{,}000\text{만원}}{1.15^2} + \frac{1{,}350\text{만원}}{1.15^5} - 5{,}000\text{만원}$$

$PVIFa(0.15,\ 5) = 3.3522$이므로 $OCF = 1{,}516.9$만원이다.

OCF는 $EBIT(1 - t) + Dep$이므로, 다음식이 성립한다.

$$\begin{aligned} OCF &= EBIT(1 - t) + Dep \\ &= (S - \text{임금} - \text{원재료비} - Dep)(1 - 0.3) + Dep \\ &= (S - 10{,}000\text{만원} - 10{,}000\text{만원} - 1{,}000\text{만원})(1 - 0.3) + 1{,}000\text{만원} \\ &= 1{,}516.9\text{만원} \end{aligned}$$

$\therefore\ S = 21{,}738.43$만원

$(Dep = 5{,}000$만원 $/ 5$년 $= 1{,}000$만원$)$

매출액이 21,738.43만원이므로 분필 1개당 217.3843원(약 217원)이다. 이 가격으로 입찰하면 자본비용과 동일한 연 15%의 수익률을 얻게 되며, $NPV = 0$이 된다.

(5) IRR이 20%가 되기 위한 입찰가격을 구하라.

해설 IRR인 20%로 할인한 현금유출의 현가는 현금유입의 현가와 다음과 같이 동일해야 한다.

$$5{,}000\text{만원} = OCF \times PVIFa(0.2,\ 5) - \frac{1{,}000\text{만원}}{1.2^2} + \frac{1{,}350\text{만원}}{1.2^5}$$

$PVIFa(0.2,\ 5) = 2.9906$이므로 $OCF = 1{,}903.78$만원이다.

$$\begin{aligned} OCF &= EBIT(1-t) + Dep \\ &= (S - \text{임금} - \text{재료비} - Dep)(1-0.3) + Dep \\ &= (S - 10{,}000\text{만원} - 10{,}000\text{만원} - 1{,}000\text{만원})(1-0.3) + 1{,}000\text{만원} \\ &= 1{,}903.78\text{만원} \end{aligned}$$

$\therefore\ S = 22{,}291.07$만원

매출액이 22,291.07만원이므로 분필 1개당 222.9107원(약 223원)이다. 이 가격으로 입찰하면 IRR이 20%가 된다.

07★ 홍익골프사는 A클럽을 만드는 새로운 골프클럽 생산 라인을 설치할 것을 고려하고 있다. A클럽은 세트당 700달러에 판매될 것이며 변동비는 세트당 340달러이다. 마케팅 조사비로 150,000달러를 지출하였다. 회사는 7년 동안 매년 46,000세트를 판매할 것으로 예상한다. 또한 마케팅 조사는 새로운 라인 설치로 인해 B클럽의 판매량이 매년 12,000세트 감소하고, C클럽의 판매량은 매년 20,000세트 증가할 것으로 예상했다. B클럽의 세트당 가격은 1,100달러이며 세트당 변동비는 550달러이다. C클럽의 가격은 세트당 300달러이며 세트당 변동비는 100달러이다. 고정비는 매년 8,000,000달러일 것으로 예상했다. 한편 홍익골프사는 A클럽의 연구개발비용으로 1,000,000달러를 지출하였다. 필요한 시설비용으로 16,100,000달러의 비용이 소요될 것이며 감가상각은 정액법으로 하며 잔존가치는 없다. 새로운 생산라인은 설치초기에 900,000달러의 순운전자본을 증가시키며 프로젝트 말기에 전액 회수될 것이다. 법인세율은 40%이며 가중평균자본비용은 연 14%이다.

(1) 영업현금흐름의 증분을 구하라.

해설

매출액 증분 :	A클럽	$700 × 46,000 =	$32,200,000
	B클럽	$1,100 × (−12,000) =	−$13,200,000
	C클럽	$300 × 20,000 =	$6,000,000
		총증분 :	$25,000,000
변동비 증분 :	A클럽	$340 × 46,000 =	$15,640,000
	B클럽	$550 × (−12,000) =	−$6,600,000
	C클럽	$100 × 20,000 =	$2,000,000
		총증분 :	$11,040,000

감가상각비 증분 : ($16,100,000 − 0) / 7 = $2,300,000

A클럽 생산라인 설치로 인한 매출액, 비용 및 영업이익($EBIT$)의 증분은 다음과 같다.

매출액 증분	\$25,000,000
변동비 증분	−\$11,040,000
고정비	−\$8,000,000
감가상각비 증분	−\$2,300,000
EBIT 증분	\$3,660,000

이상의 자료를 사용하여 매년 영업현금흐름의 증분을 구하면 다음과 같다.

$$\begin{aligned}\Delta OCF &= \Delta EBIT(1-t)+\Delta Dep \\ &= \$3,660,000(1-0.4)+\$2,300,000 \\ &= \$4,496,000\end{aligned}$$

(2) 현금흐름의 증분을 구하라.

해설 A클럽의 연구개발비용과 마케팅조사비는 매몰원가이므로 경제성 평가 시에는 고려되지 않는다. 따라서 투자비용은 시설투자비만 고려된다. 결국 현금흐름의 증분은 다음과 같다.

현금흐름표

(단위 : \$)

구 분	0년도	1년도	2년도	3년도	4년도	5년도	6년도	7년도
자본적 지출	−16,100,000							
자 산 처 분								
추가운전자본	−900,000							900,000
영업현금흐름증분		4,496,000	4,496,000	4,496,000	4,496,000	4,496,000	4,496,000	4,496,000
현금흐름증분	−17,000,000	4,496,000	4,496,000	4,496,000	4,496,000	4,496,000	4,496,000	5,396,000

(3) 투자안의 NPV를 구하라.

해설 투자안의 NPV가 다음과 같이 0보다 크므로 경제성이 있다.

$$\begin{aligned}NPV &= \$4,496,000(PVIFa\ 14\%,\ 7)+\frac{\$900,000}{1.14^7}-\$17,000,000 \\ &= \$2,639,892.15 > 0\end{aligned}$$

08 속리산기업은 10년 전 10,000만원을 들여 설치한 기존시설(내용연수 15년, 잔존가치 1,000만원)을 30,000만원이 소요되는 새로운 설비로 대체할 것을 고려하고 있다. 속리산기업이 이 대체투자에 투자하면 매년 매출액이 3,000만원에서 8,000만원으로 증가하고, 매년 현금영업비용은 1,000만원에서 2,000만원으로 증가할 것으로 예상된다. 새로운 설비의 내용연수는 10년이고 10년 후 잔존가치는 없다. 기존시설은 현재 처분하면 3,000만원을 받을 수 있다. 또한 속리산기업은 설비대체에 따라 1년 후 1,000만원의 운전자본이 추가로 필요하다. 국가에서는 신규시설에 대한 투자를 장려하기 위하여 10,000만원 이상의 투자에는 1,000만원의 투자세액공제를 시행하고 있다. 속리산기업에 적용되는 법인세율은 40%이다. 감가상각은 정액법으로 하고, 가중평균자본비용은 연 10%이다.

(1) 설비투자로부터 기대되는 현금흐름을 추정하라.

해설 ① 기초현금흐름

대체투자액 = −30,000만원

기존자산 처분 현금흐름($ATSV$) = $MV-(MV-BV)\times t$
= 3,000만원 − (3,000만원 − 4,000만원) × 0.4
= 3,400만원

장부가치(BV) = 10,000만원 − [(10,000만원 − 1,000만원) / 15] × 10
= 4,000만원

투자세액공제 : 1,000만원

기초현금흐름 = −30,000만원 + 3,400만원 + 1,000만원 = −25,600만원

② 매년 영업현금흐름의 증분

1년 ~ 5년 :

매년 $\Delta OCF=\Delta EBIT(1-t)+\Delta Dep$
= [(8,000만원 − 3,000만원) − (2,000만원 − 1,000만원) − (3,000만원 − 600만원)] × (1 − 0.4) + (3,000만원 − 600만원)
= 3,360만원

Dep(기존시설) = (10,000만원 − 1,000만원) / 15 = 600만원

Dep(신시설) = (30,000만원 − 0) / 10 = 3,000만원

ΔDep = 3,000만원 − 600만원 = 2,400만원

6년 ~ 10년 :

매년 $\Delta OCF=\Delta EBIT(1-t)+\Delta Dep$
= [8,000만원 − 2,000만원 − 3,000만원](1 − 0.4) + 3,000만원
= 4,800만원

③ 추가운전자본

운전자본 증가(1년 후 발생) : −1,000만원

④ 기말현금흐름

운전자본 회수액 : 1,000만원

영업현금흐름증분 : 4,800만원

기말현금흐름 = 1,000만원 + 4,800만원 = 5,800만원

⑥ 연도별 현금흐름표를 작성하라.

현금흐름표

(단위 : 만원)

구 분	0	1년	2년	3년	4년	5년	6년	7년	8년	9년	10년
자 본 적 지 출	−30,000										
자 산 처 분	3,400					−1,000*					
투 자 세 액 공 제	1,000										
추 가 운 전 자 본		−1,000									1,000
영업현금흐름증분		3,360	3,360	3,360	3,360	3,360	4,800	4,800	4,800	4,800	4,800
현 금 흐 름	−25,600	2,360	3,360	3,360	3,360	2,360	4,800	4,800	4,800	4,800	5,800

* 기존자산 계속 사용시 얻을 수 있는 처분 현금흐름이므로 대체투자의 증분현금흐름에는 차감한다.

(2) 투자안의 순현가(NPV)는 얼마인가?

해설

$$NPV = \frac{2,360}{1.1^1} + \frac{3,360}{1.1^2} + \frac{3,360}{1.1^3} + \frac{3,360}{1.1^4} + \frac{2,360}{1.1^5} + \frac{4,800}{1.1^6} + \frac{4,800}{1.1^7} + \frac{4,800}{1.1^8} + \frac{4,800}{1.1^9} + \frac{5,800}{1.1^{10}} - 25,600$$

$$= -2,709.28\text{만원} < 0$$

순현가(NPV)가 음수가 나왔으므로 이 투자안은 경제성이 없다. 즉, 투자자가 요구하는 요구수익률(10%)을 달성하지 못한다.

(3) 투자안의 내부수익률(IRR)은 얼마인가?

해설

IRR은 다음식을 만족시키는 r이다.

$$\frac{2,360}{(1+r)^1} + \frac{3,360}{(1+r)^2} + \frac{3,360}{(1+r)^3} + \frac{3,360}{(1+r)^4} + \frac{2,360}{(1+r)^5} + \frac{4,800}{(1+r)^6} + \frac{4,800}{(1+r)^7} + \frac{4,800}{(1+r)^8} + \frac{4,800}{(1+r)^9} + \frac{5,800}{(1+r)^{10}} = 25,600$$

$\therefore$ 내부수익률(IRR) $= r = 7.8\%$

실제 투자자가 시장에서 이 투자안에 투자하여 달성할 수 있는 수익률은 7.8%이다. 투자자가 요구하는 수익률(10%)보다 낮으므로 이 투자안은 경제성이 없다.

09 와우기업은 현재 400억원이 지출되는 설비투자를 고려하고 있다. 설비투자의 효과는 향후 5년간 지속되며, 5년 후 설비자산의 잔존가치는 100억원으로 예상된다. 이 투자를 수행하면 5년 동안 매년 800억원의 매출액이 예상되며, 현금영업비용은 매년 700억원이 지출될 것으로 예상된다. 가동시점에서 재고자산이 10억원 증가하고, 1년도에 매출채권이 5억원 증가한다(추가운전자본은 5년도에 전액 현금으로 회수됨). 와우기업의 법인세율은 30%이다.

(1) 정액법으로 감가상각하는 경우, 설비투자로부터 예상되는 현금흐름을 추정하라.

해설 ① 기초현금흐름

신규투자액 = −400억원

추가운전자본(재고자산) = −10억원

기초현금흐름 = −400억원 − 10억원 = −410억원

② 1년도 추가운전자본

추가운전자본(매출채권) = −5억원

③ 매년 영업현금흐름

$OCF = EBIT(1-t) + Dep$

= (800억원 − 700억원 − 60억원)(1 − 0.3) + 60억원

= 88억원

Dep = (400억원 − 100억원) / 5 = 60억원

④ 기말현금흐름

운전자본 회수액 = 15억원

잔존가치 = 100억원

OCF = 88억원

기말현금흐름 = 15억원 + 100억원 + 88억원 = 203억원

⑤ 투자안의 연도별 현금흐름표를 작성하라.

현금흐름표

(단위 : 억원)

구 분	0년도	1년도	2년도	3년도	4년도	5년도
자본적 지출	−400					
자 산 처 분						100
추가운전자본	−10	−5				15
영업현금흐름		88	88	88	88	88
현 금 흐 름	−410	83	88	88	88	203

(2) 정률법으로 감가상각하는 경우, 설비투자로부터 예상되는 현금흐름을 추정하라.

해설 ① 기초현금흐름

신규투자액 : −400억원

추가운전자본(재고자산) : −10억원

기초현금흐름 = −400억원 − 10억원 = −410억원

② 1년도 추가운전자본

추가운전자본(매출채권) = −5억원

③ 매년 영업현금흐름

정률법의 경우 매년 감가상각액이 달라지므로 매년 영업현금흐름 또한 달라지게 된다.

$$상각률 = 1 - \left(\frac{100억원}{400억원}\right)^{\frac{1}{5}} = 0.2421$$

$Dep_1 = 400 \times 0.2421 = 96.84$억원

$Dep_2 = 303.16 \times 0.2421 = 73.40$억원

$Dep_3 = 229.76 \times 0.2421 = 55.62$억원

$Dep_4 = 174.14 \times 0.2421 = 42.16$억원

$Dep_5 = 131.98 \times 0.2421 = 31.98$억원

매년의 영업현금흐름은 다음과 같다.

$OCF = EBIT(1 - t) + Dep$

1년도 : $(800 - 700 - 96.84)(1 - 0.3) + 96.84 = 99.05$억원
2년도 : $(800 - 700 - 73.40)(1 - 0.3) + 73.40 = 92.02$억원
3년도 : $(800 - 700 - 55.62)(1 - 0.3) + 55.62 = 86.69$억원
4년도 : $(800 - 700 - 42.16)(1 - 0.3) + 42.16 = 82.65$억원
5년도 : $(800 - 700 - 31.98)(1 - 0.3) + 31.98 = 79.59$억원

④ 기말현금흐름

운전자본 회수액 = 15억원
잔존가치 = 100억원
$OCF = 79.59$억원
기말현금흐름 = 15억원 + 100억원 + 79.59억원 = 194.59억원

⑤ 투자안의 연도별 현금흐름표를 작성하라.

현금흐름표

(단위 : 억원)

구 분	0년도	1년도	2년도	3년도	4년도	5년도
자본적 지출	−400					
자 산 처 분						100
추가운전자본	−10	−5				15
영업현금흐름		99.05	92.02	86.69	86.65	79.59
현 금 흐 름	−410	94.05	92.02	86.69	86.65	194.59

(3) 자본비용이 연 12%일 때, 위의 (1), (2)번에서 순현가(NPV)를 구하라.

해설 ① 정액법 적용 시:

$$NPV = \frac{83}{1.12^1} + \frac{88}{1.12^2} + \frac{88}{1.12^3} + \frac{88}{1.12^4} + \frac{203}{1.12^5} - 410$$
$$= -31.99\text{억원} < 0$$

② 정률법 적용 시:

$$NPV = \frac{94.05}{1.12^1} + \frac{92.02}{1.12^2} + \frac{86.69}{1.12^3} + \frac{82.65}{1.12^4} + \frac{194.59}{1.12^5} - 410$$
$$= -28.02\text{억원} < 0$$

정액법과 정률법 모두 순현가(NPV, 가치증분)가 음수가 나왔으므로 이 투자안은 경제성이 없다고 평가된다. 즉, 이 투자안은 투자자가 요구하는 수익률(12%)을 달성하지 못한다.

한 가지 주목할 점은 정률법의 순현가가 정액법의 순현가보다 높게 나왔다는 점이다. 이것은 정률법(가속상각법)의 장점 때문이라고 볼 수 있다. 즉, 초기에 많은 금액이 감가상각되고 이에 대한 절세금액이 정액법에서의 그것보다 크게 산정되므로, 그만큼 현금흐름이 더 늘어난 것으로 볼 수 있다.

(4) 위의 (1), (2)번에서 내부수익률(IRR)을 구하라.

해설 ① 정액법 적용 시:

$$\frac{83}{(1+r)^1} + \frac{88}{(1+r)^2} + \frac{88}{(1+r)^3} + \frac{88}{(1+r)^4} + \frac{203}{(1+r)^5} = 410$$

내부수익률(IRR) : $r = 9.20\%$

투자자가 감가상각법을 정액법을 사용하여 현금흐름을 추정할 때, 시장에서 달성할 수 있는 수익률은 9.20%이다. 이것은 투자자가 요구하는 수익률(12%)보다 작으므로 이 투자안은 경제적이라고 할 수 없다.

② 정률법 적용 시 :

$$\frac{94.05}{(1+r)^1} + \frac{92.02}{(1+r)^2} + \frac{86.69}{(1+r)^3} + \frac{82.65}{(1+r)^4} + \frac{194.59}{(1+r)^5} = 410$$

내부수익률(IRR) : $r = 9.48\%$

투자자가 정률법으로 감가상각하여 현금흐름을 추정할 때, 시장에서 달성할 수 있는 수익률은 9.48%이다. 이것은 투자자가 요구하는 수익률(12%)보다 작으므로 이 투자안은 경제적이라고 할 수 없다.

앞에서 얘기했듯이 정률법을 사용할 때, 투자안은 경제성에서 더 나은 것으로 평가된다. 실제로 내부수익률을 구해 보면 정률법을 사용하여 달성할 수 있는 수익률은 9.48%로 정액법을 사용하며 달성할 수 있는 9.20%보다 높은 수치가 나온다.

10 통일기업은 설비자산 투자를 위하여 200억원의 현금을 현재 지출하고자 한다. 설비투자의 효과는 향후 5년간 지속되며, 5년 후 설비자산의 잔존가치는 없고, 감가상각은 정액법에 의한다. 그리고 설비투자로부터 5년간 매년 얻게 될 영업성과는 아래 표와 같고, 법인세율은 20%이다. 가동시점에서 재고자산이 10억원 증가하고, 1년도에 매출채권이 2억원 증가한다. 추가운전자본은 5년도에 전액 회수한다. 추가적인 자본적 지출은 없는 것으로 한다. 통일기업의 현금흐름을 추정하라. 자본비용은 연 10%이다.

추정 손익계산서

(단위 : 억원)

매출액(S)	800
현금영업비용(C)	722.5
감가상각비(Dep)	40
영업이익($EBIT$)	37.5
법인세(T)	7.5
당기순이익(NI)	30

(1) 설비투자로부터 기대되는 현금흐름을 추정하라.

해설 ① 기초현금흐름

신규투자액 = −200억원

추가운전자본 = −10억원

기초현금흐름 = −200억원 − 10억원 = −210억원

② 1년 ~ 5년의 매년 영업현금흐름

$$OCF = EBIT(1-t) + Dep$$
$$= 37.5\text{억원}(1-0.2) + 40\text{억원} = 70\text{억원}$$

$$Dep = \frac{200\text{억원}}{5} = 40\text{억원}$$

③ 1년 ~ 5년 중 추가운전자본

1년도 : −2억원

④ 기말현금흐름

운전자본회수액 = 12억원

영업현금흐름 = 70억원

기말현금흐름 = 12억원 + 70억원 = 82억원

⑤ 투자안의 연도별 현금흐름표를 작성하라.

현금흐름표

(단위 : 억원)

구 분	0년도	1년도	2년도	3년도	4년도	5년도
자본적 지출	−200					
추가운전자본	−10	−2				12
영업현금흐름		70	70	70	70	70
현 금 흐 름	−210	68	70	70	70	82

(2) 투자안의 회수기간은 얼마인가? 조정회수기간은 얼마인가?

해설 회수기간 $= 3 + \dfrac{200 - 208}{70} = 3.03$년

조정회수기간을 구하기 위해서는 미래 현금흐름의 현가(할인율 = 자본비용)를 구해야 한다.

1년도 현금흐름의 현가 $= \dfrac{68\text{억원}}{(1+0.1)^1} = 61.82$억원

2년도 현금흐름의 현가 $= \dfrac{70\text{억원}}{(1+0.1)^2} = 57.85$억원

3년도 현금흐름의 현가 $= \dfrac{70\text{억원}}{(1+0.1)^3} = 52.59$억원

4년도 현금흐름의 현가 $= \dfrac{70\text{억원}}{(1+0.1)^4} = 47.81$억원

∴ 조정회수기간 $= 3 + \dfrac{210 - 172.26}{47.81} = 3.79$년

(3) 투자안을 NPV법으로 평가하고 투자안의 가치를 추정하라.

해설 $$NPV = \frac{68\text{억원}}{(1+0.1)^1} + \frac{70\text{억원}}{(1+0.1)^2} + \frac{70\text{억원}}{(1+0.1)^3} + \frac{70\text{억원}}{(1+0.1)^4} + \frac{82\text{억원}}{(1+0.1)^5} - 210\text{억원}$$
$$= 60.99\text{억원} > 0$$

$NPV > 0$이므로 경제성이 있다. 이 투자안의 가치는 270.99억원이다.

(4) 투자안의 IRR을 구하는 방정식과 IRR이 자본비용보다 큰 이유를 설명하라.

해설 IRR은 다음 식을 만족시키는 r이다.

$$\frac{68\text{억원}}{(1+r)^1} + \frac{70\text{억원}}{(1+r)^2} + \frac{70\text{억원}}{(1+r)^3} + \frac{70\text{억원}}{(1+r)^4} + \frac{82\text{억원}}{(1+r)^5} = 210\text{억원}$$

이 투자안에 270.99억원을 투자하면 수익률은 자본비용과 동일한 10%이다. 그런데 210억원에 투자할 수 있는 기회가 있으므로 투자수익률, 즉 IRR은 10%보다 크게 된다.

(5) 투자안의 수익성지수(PI)를 추정하라.

해설

$$PI = \frac{PV(\text{현금유입})}{PV(\text{현금유출})} = \frac{270.99\text{억원}}{210\text{억원}} = 1.29 > 1$$

$PI > 1$이므로 경제성이 있다.

11 신형장치의 구입에는 \$450,000의 비용이 들며, 이 장치에 대한 감가상각은 이 장치의 수명인 4년에 걸쳐 정액법으로 이루어진다. 그리고 신형장치의 4년 후 장부상의 잔존가치는 0이 된다. 그러나 4년 후에 이 장치는 철거비용을 빼고 나서도 \$250,000의 가치를 가질 것으로 예상된다. 신형장치는 구형장치와 비교해서 세금 전 기준으로 연간 \$125,000의 현금영업비용을 절약할 것으로 기대된다. 법인세율은 34%이고 요구수익률은 연 10%이다.

(1) 현금흐름을 추정하라.

해설 ① 기초현금흐름

자본적 지출 = \$450,000

기초현금흐름 = −\$450,000

② 1년 ~ 4년간 매년 영업현금흐름의 증분

$$\begin{aligned} \Delta OCF &= \Delta EBIT(1-t) + \Delta Dep \\ &= [0 - (-\$125{,}000) - \$112{,}500](1 - 0.34) + \$112{,}500 \\ &= \$120{,}750 \end{aligned}$$

$$\Delta Dep = \frac{\$450{,}000}{4} = \$112{,}500$$

③ 기말현금흐름

$$\begin{aligned} ATSV &= MV - (MV - BV) \times t \\ &= \$250{,}000 - (\$250{,}000 - 0) \times 0.34 \\ &= \$165{,}000 \end{aligned}$$

영업현금흐름증분 = \$120,750

기말현금흐름 = \$165,000 + \$120,750 = \$285,750

④ 투자안의 연도별 현금흐름표를 작성하라.

연도별 현금흐름표

(단위 : \$)

구 분	0	1년	2년	3년	4년
자본적 지출	−450,000				
자 산 처 분					165,000
영업현금흐름		120,750	120,750	120,750	120,750
현 금 흐 름	−450,000	120,750	120,750	120,750	285,750

(2) 이 투자안이 가치는 얼마인가?

해설 투자안의 가치 $= \frac{\$120,750}{(1+0.1)^1} + \frac{\$120,750}{(1+0.1)^2} + \frac{\$120,750}{(1+0.1)^3} + \frac{\$285,750}{(1+0.1)^4}$
$= \$495,458$

(3) 투자안을 *NPV*법으로 평가하고 그 의미를 설명하라.

해설 $NPV = \frac{\$120,750}{(1+0.1)^1} + \frac{\$120,750}{(1+0.1)^2} + \frac{\$120,750}{(1+0.1)^3} + \frac{\$285,750}{(1+0.1)^4} - \$450,000$
$= \$45,458 > 0$

투자안의 $NPV > 0$이므로 경제성이 있다. 즉, 투자안의 가치는 $495,458인데 $450,000에 투자할 수 있으므로, 이 투자를 실행에 옮기면 현재가치 기준으로 $45,458의 가치증가를 기대할 수 있다.

(4) 투자안을 *IRR*법으로 평가하고 그 의미를 설명하라.

해설 *IRR*은 다음 식을 만족시키는 *r*이다.

$$\frac{\$120,750}{(1+r)^1} + \frac{\$120,750}{(1+r)^2} + \frac{\$120,750}{(1+r)^3} + \frac{\$285,750}{(1+r)^4} = \$450,000$$

$\therefore\ r = IRR = 13.96\%$이다.

$IRR >$ 자본비용이므로 경제성이 있다. 즉, 투자안으로부터 기대되는 평균 투자수익률인 *IRR* 13.96%는 최소요구수익률 10%보다 높으므로 경제성이 있다.

(5) 투자안을 *PI*법으로 평가하고 그 의미를 설명하라.

해설 $PI = \frac{PV(\text{현금유입})}{PV(\text{현금유출})} = \frac{\$495,458}{\$450,000} = 1.1 > 1$

$PI > 1$이므로 경제성이 있다. 즉, 이 투자안의 현금유입의 현가가 현금유출의 현가보다 크므로 경제성이 있다.

12 **양정기업은 내용연수가 4년인 5억원 규모의 시설투자를 고려 중이다. 이 투자안으로부터 기대되는 매년도의 예상 매출액은 다음과 같다.**

연 도	1	2	3	4
예상매출액	5억원	10억원	15억원	5억원

이 투자안의 4년 후 잔존가치는 5천만원이다. 매년 매출액의 60%는 현금영업비용(감가상각비 제외)으로 지출되며, 시설투자와 관련하여 1년 후부터 매년 말에 6천만원, 1억원, 2억원의 운전자본이 추가로 소요될 것으로 예상된다.

(1) 설비투자에 대한 감가상각은 정액법을 사용하며, 양정기업에 적용되는 법인세율은 40%이다. 설비투자를 평가하기 위한 현금흐름을 추정하라.

해설 설비투자에 소요되는 0시점의 현금유출은 5억원이다. 그리고 투자로부터 기대되는 현금흐름을 추정하기 위하여 먼저 감가상각비를 계산하면 다음과 같다. 투자비가 5억원이고 내용연수가 4년이며 잔존가치가 5천만원이므로 매년 감가상각비는 (5억원 − 0.5억원) / 4년 = 1.125억원이다. 따라서 매년 기대되는 연간(1년~4년) 영업현금흐름(OCF)은 다음과 같다(추가운전자본 및 잔존가치 고려 전 현금흐름).

$$OCF = (S - C)(1 - t) + Dep \cdot t = EBIT(1 - t) + Dep$$

$$OCF_1(\text{1차년도}) = (\text{5억원} - \text{3억원} - \text{1.125억원})(1 - 0.4) + \text{1.125억원} = \text{1.65억원}$$

$$OCF_2(\text{2차년도}) = (\text{10억원} - \text{6억원} - \text{1.125억원})(1 - 0.4) + \text{1.125억원} = \text{2.85억원}$$

$$OCF_3(\text{3차년도}) = (\text{15억원} - \text{9억원} - \text{1.125억원})(1 - 0.4) + \text{1.125억원} = \text{4.05억원}$$

$$OCF_4(\text{4차년도}) = (\text{5억원} - \text{3억원} - \text{1.125억원})(1 - 0.4) + \text{1.125억원} = \text{1.65억원}$$

추가운전자본 소요액은 발생시점에서 현금유출로 처리하며, 내용연수 말에 전액 회수되는 것으로 본다. 또한 4년째의 현금흐름에는 이외에도 설비의 잔존가치 0.5억원이 포함되어야 한다. 따라서 설비투자로부터 기대되는 현금흐름은 다음과 같다.

현금흐름표

(단위 : 억원)

연 도	0	1	2	3	4
자본적 지출	−5				
자 산 처 분					0.5
추가운전자본		−0.6	−1	−2	3.6
영업현금흐름		1.65	2.85	4.05	1.65
현 금 흐 름	−5	1.05	1.85	2.05	5.75

(2) 설비투자에 대한 감가상각을 정률법으로 한다면, 설비투자로부터 기대되는 현금흐름은 어떻게 변경되겠는가?

해설 정률법에 의한 각 연도의 감가상각비는 다음과 같다.

$$Dep_1 = 500{,}000{,}000 \times \left(1 - \sqrt[4]{\frac{50{,}000{,}000}{500{,}000{,}000}}\right)$$

$$= 500{,}000{,}000 \times 0.4377 = 218{,}850{,}000\text{원}$$

$$Dep_2 = (500{,}000{,}000 - 218{,}850{,}000) \times 0.4377 = 123{,}059{,}355\text{원}$$

$$Dep_3 = (500{,}000{,}000 - 218{,}850{,}000 - 123{,}059{,}355) \times 0.4377 = 69{,}196{,}275\text{원}$$

$$Dep_4 = (500{,}000{,}000 - 218{,}850{,}000 - 123{,}059{,}355 - 69{,}196{,}275) \times 0.4377$$

$$= 38{,}909{,}066\text{원}$$

따라서 매년 투자로부터 발생하는 영업현금흐름은 다음과 같다.

$$OCF_1(\text{1차년도}) = (\text{5억원} - \text{3억원} - 218{,}850{,}000\text{원})(1 - 0.4) + 218{,}850{,}000\text{원}$$

$$= 207{,}540{,}000\text{원}$$

$$OCF_2(\text{2차년도}) = (\text{10억원} - \text{6억원} - \text{123,059,355원})(1 - 0.4) + \text{123,059,355원}$$
$$= \text{289,223,742원}$$
$$OCF_3(\text{3차년도}) = (\text{15억원} - \text{9억원} - \text{69,196,275원})(1 - 0.4) + \text{69,196,275원}$$
$$= \text{387,678,510원}$$
$$OCF_4(\text{4차년도}) = (\text{5억원} - \text{3억원} - \text{38,909,066원})(1 - 0.4) + \text{38,909,066원}$$
$$= \text{135,563,626원}$$

감가상각을 정률법으로 할 경우 설비투자로부터 기대되는 현금흐름은 다음과 같다.

현금흐름표

(단위 : 원)

연 도	0	1	2	3	4
자본적 지출	−500,000,000				
자 산 처 분					50,000,000
추가운전자본		−60,000,000	−100,000,000	−200,000,000	360,000,000
영업현금흐름		207,540,000	289,223,742	387,678,510	135,563,626
현 금 흐 름	−500,000,000	147,540,000	189,223,742	187,678,510	545,563,626

(3) (1)번에서 추정된 현금흐름을 이용하여 설비투자의 가치를 순현가법으로 평가하라. 단, 자본비용은 연 12%이다.

해설 설비투자의 NPV를 계산하면 다음과 같다.

$$NPV = \frac{1.05}{1.12^1} + \frac{1.85}{1.12^2} + \frac{2.05}{1.12^3} + \frac{5.75}{1.12^4} - 5 = 2.526\text{억원} > 0$$

$NPV > 0$이므로 투자안은 경제성이 있다.

13★ 배재기업은 HDTV를 제조하는 기업으로서 현재 사용 중인 LCD 제조용 기계의 대체를 검토하고 있다. 기존 LCD 제조용 기계를 계속 사용하기 위해서는 대대적인 수리가 필요하며, 수리비용은 총 500억원이 소요될 것으로 예상된다. 기존 LCD 제조용 기계의 시장가치는 800억원이고 장부가치는 500억원이며 잔존기간은 5년이다. 5년 후 기존 LCD 제조용 기계의 시장가치는 200억원, 잔존가치는 0이 될 것으로 보인다. 배재기업이 고려 중인 새로운 LCD 제조용 기계는 구입가격이 3,000억원이며, 100억원의 설치비용과 100억원의 시운전비용이 추가로 소요된다. 5년 후 신 기계의 잔존가치는 200억원이 될 것으로 보인다. 새로운 LCD 제조용 기계를 사용할 경우 배재기업의 매출액은 향후 5년 동안 매년 500억원 증가할 것이며, 현금영업비용은 매년 100억원씩 감소할 것으로 예상된다. 감가상각은 정액법을 이용하며, 배재기업에 적용되는 법인세율은 40%이다.

해설 (1) 신 기계로 교체할 경우의 증분현금흐름을 구하라.

(단위 : 억원)

연 도	구기계 계속사용		신기계로 대체	
현재시점	① 수리비용	−500	④ 구입가격 (설치비용+시운전비용 포함) ⑤ 기존자산 처분 현금흐름	−3,200[3)] 680[4)]
1년후~5년말	② 감가상각비	100[1)]	⑥ 매출액 증가 ⑦ 영업비용 감소 ⑧ 감가상각비	500 −100 600[5)]
5년말(추가)	③ 기존자산 처분 현금흐름	120[2)]	⑨ 잔존가치	200

1) 구기계 감가상각비 = 500억원 / 5 = 100억원
2) 5년도 말 기존자산 처분 현금흐름 = 200억원 − (200억원 − 0) × 0.4 = 120억원
3) 구입가격에는 설치비용과 시운전비용 각각 100억원이 포함되어 있음
4) 기존자산 처분 현금흐름 = 800억원 − (800억원 − 500억원) × 0.4 = 680억원
5) 신기계 감가상각비 = (3,200억원 − 200억원) / 5 = 600억원

증분현금흐름을 계산하면 다음과 같다.

현재시점 : (−3,200 + 680) − (−500) = −2,020억원

1년 후부터 5년 말 : $\Delta OCF = \Delta EBIT(1-t) + \Delta Dep$

$= [500-(-100)-(600-100)](1-0.4)+(600-100)$

= 560억원

5년 말(추가) : 200억원 − 120억원 = 80억원

(2) NPV를 이용하여 기계대체에 대한 경제성을 평가하라. 단, 배재기업의 자본비용은 연 15%이다.

해설 1년 후부터 5년 말까지 현금흐름의 현가 : 560억원 × $PVIF_a(15\%, 5)$ = 1,877.2320억원

5년 말 현금흐름(추가)의 현가 : 80억원 × $\frac{1}{(1+0.15)^5}$ = 39.7741억원

현금유출의 현가 : −2,020억원

따라서 NPV = (1,877.2320억원 + 39.7741억원) − 2,020억원

= −102.9939억원 < 0

$NPV < 0$이므로 투자안은 경제성이 없는 것으로 판단된다.

14★ 운현궁기업은 현재 10억원의 자동화설비를 구입하려고 검토 중이다. 자동화설비의 내용연수는 5년이며, 5년 후의 잔존가치는 없다. 만일 운현궁기업이 자동화설비를 구입하지 않고 리스를 한다면 매년 2.2억원의 리스료를 후불로 지급해야 한다. 자동화설비의 감가상각은 정액법에 의한다. 운현궁기업에 적용되는 법인세율은 40%이며 차입이자율은 연 10%이다. 또한 리스를 할 경우 리스회사는 운현궁기업에게 매년 운영비 중 1,000만원씩을 보조해 준다는 조건을 제시하였다. 리스이용 시와 구입 시의 현금유입의 현가는 동일하다. 운현궁기업이 자동화설비를 구입해야 하는지 아니면 리스를 이용해야 하는지를 다음 순서에 의거 NPV법으로 평가하라.

(1) 리스이용 시의 현금유출을 구하라.

해설

(단위 : 백만원)

연 도	0년	1년	2년	3년	4년	5년
리 스 료		220	220	220	220	220
리스료에 의한 절세액		−88*	−88	−88	−88	−88
세 후 리 스 료		132	132	132	132	132
운 영 비 보 조 금		−10	−10	−10	−10	−10
현 금 유 출		122	122	122	122	122

* 220백만원 × 0.4 = 88백만원

(2) 구입 시의 현금유출을 구하라.

해설

(단위 : 백만원)

연 도	0년	1년	2년	3년	4년	5년
기 계 구 입 가 격	1,000					
감가상각에 의한 절세액		−80*	−80	−80	−80	−80
현 금 유 출	1,000	−80	−80	−80	−80	−80

* (1,000백만원 / 5) × 0.4 = 80백만원

(3) 리스금융의 경제성을 NPV법으로 평가하라.

해설 위의 표로부터 리스이용 시의 순현가 NPV_L과 직접구입 시의 순현가 NPV_B의 차이인 ΔNPV를 계산하면 다음과 같다.

$$\begin{aligned}\Delta NPV &= [PV(C_L) - PV(I_L)] - [PV(C_B) - PV(I_B)] \\ &= PV(I_B) - PV(I_L) \qquad (\because\ PV(C_L) = PV(C_B)) \\ &= \left[1{,}000 - \sum_{t=1}^{5}\frac{80}{(1+0.06)^t}\right] - \left[\sum_{t=1}^{5}\frac{122}{(1+0.06)^t}\right] \\ &= 149.1\text{백만원} > 0\end{aligned}$$

ΔNPV : NPV의 증분
$PV(C_L)$: 리스이용 시 현금유입의 현가
$PV(I_L)$: 리스이용 시 현금유출의 현가
$PV(C_B)$: 구입 시 현금유입의 현가
$PV(I_B)$: 구입 시 현금유출의 현가

ΔNPV가 0보다 크기 때문에 운현궁기업은 리스를 이용하는 것이 유리하다. 즉, 구입비용의 현가 > 리스비용의 현가이므로 리스를 이용하는 것이 유리하다.

15★ 다음 두 기계의 자료를 보고 물음에 답하라.

(단위 : 억원)

구 분	A기계	B기계
구입가격	150	200
연간운영비	20	15
수 명	2년	3년

가 정 ① 두 기계로 인한 현금유입의 현가가 동일
② 적정할인율 연 10%
③ 감가상각비와 세금은 무시하고 계속 동일한 기계로 대체

(1) 두 기계의 총비용의 현가를 각각 계산하고, 경제성을 총비용의 현가 기준으로 판정하는 것에 대하여 논하라.

해설 $PV(\text{A기계 총비용}) = \frac{20\text{억원}}{1.1^1} + \frac{20\text{억원}}{1.1^2} = 184.71\text{억원}$

$$PV(\text{B기계 총비용}) = 200\text{억원} + \frac{15\text{억원}}{1.1^1} + \frac{15\text{억원}}{1.1^2} + \frac{15\text{억원}}{1.1^3} = 237.3\text{억원}$$

얼핏 보면 A기계의 총비용의 현가가 B기계의 총비용의 현가보다 적으므로 A기계를 선택하는 것이 더 경제적이라는 결정을 내릴 수 있다. 그러나 이는 잘못된 결정이다. 왜냐하면 A기계의 수명은 상대적으로 짧은 2년이고, B기계의 수명은 3년이기 때문이다. 이런 경우 일정기간 동안의 기계의 교체횟수 또는 연간동등비용을 감안해야 올바른 결정을 내릴 수 있다.

(2) 두 기계의 연간동등비용(EAC)을 계산하고 경제성을 판정하라.

해설 A기계 : $EAC = \frac{\text{총비용의 현가}}{PVIFa(0.1,\ 2)} = \frac{184.71\text{억원}}{1.7355} = 106.43\text{억원}$

B기계 : $EAC = \frac{\text{총비용의 현가}}{PVIFa(0.1,\ 3)} = \frac{237.3\text{억원}}{2.4869} = 95.42\text{억원}$

A기계와 B기계의 연간동등비용을 구하면 각각 106.43억원과 95.43억원이다. 따라서 B기계를 구입하는 것이 더 경제적임을 알 수 있다.

16 다음과 같은 2개의 상호배타적인 투자안이 있다. 적정 할인율은 연 13%이다.

(단위 : 억원)

연 도	A투자안	B투자안
0	−200,000	−13,000
1	15,000	9,000
2	30,000	3,000
3	35,000	2,000
4	400,000	1,000

(1) 회수기간법을 적용하면 어떤 투자안이 더 경제성이 있는가?

해설 A투자안의 회수기간 $= 3 + \frac{120{,}000}{400{,}000} = 3 + 0.3 = 3.3$년

B투자안의 회수기간 $= 2 + \frac{1{,}000}{2{,}000} = 2 + 0.5 = 2.5$년

∴ 더 빨리 회수할 수 있는 B투자안의 경제성이 더 있다.

(2) 순현가법을 적용하면 어떤 투자안이 더 경제성이 있는가?

해설 $$NPV_A = \frac{15{,}000}{1.13} + \frac{30{,}000}{1.13^2} + \frac{35{,}000}{1.13^3} + \frac{400{,}000}{1.13^4} - 200{,}000 = 106{,}353 > 0$$

$$NPV_B = \frac{9{,}000}{1.13} + \frac{3{,}000}{1.13^2} + \frac{2{,}000}{1.13^3} + \frac{1{,}000}{1.13^4} - 13{,}000 = -687 < 0$$

∴ 순현가가 높은 A투자안을 선택한다.

(3) 수익성지수법을 적용하면 어떤 투자안이 더 경제성이 있는가?

해설 수익성지수 $PI = \frac{PV(\text{현금유입})}{PV(\text{현금유출})}$

$$PI_A = \frac{306{,}353}{200{,}000} = 1.53 > 1$$

$$PI_B = \frac{12{,}313}{13{,}000} = 0.95 < 1$$

∴ 수익성 지수가 높은 A투자안을 선택한다.

(4) 각 투자안의 *IRR*을 구하는 방정식을 구축하고 각 투자안의 *IRR*이 자본비용보다 크겠는가를 논리적으로 설명하라.

해설 A투자안의 내부수익률 : $\frac{15,000}{(1+r)^1}+\frac{30,000}{(1+r)^2}+\frac{35,000}{(1+r)^3}+\frac{400,000}{(1+r)^4}=200,000$

A투자안의 경우 306,353을 투자해도 연 13%의 최소요구수익률을 얻을 수 있는데, 실제 투자비용이 200,000에 불과하므로 A투자안의 *IRR*은 자본비용보다 높다.

B투자안의 내부수익률 : $\frac{9,000}{(1+r)^1}+\frac{3,000}{(1+r)^2}+\frac{2,000}{(1+r)^3}+\frac{1,000}{(1+r)^4}=13,000$

B투자안의 경우 연 13%의 최소요구수익률을 얻기 위해서는 투자비용이 12,313을 초과하지 말아야하는데 실제 투자비용이 13,000이므로 B투자안의 *IRR*은 자본비용보다 낮다.

17★ 다음과 같은 현금흐름을 가지고 있는 K투자안의 요구수익률은 연간 15%이고 연간 무위험이자율은 4%이다.

(단위 : 만원)

연 도	0	1	2	3
현금흐름	−200	100	90	80

(1) 투자안의 *NPV*를 구하라.

해설

(단위 : 억원)

연 도	현금유입	할인요소(15%)	현금흐름의 현가
1	100	0.86956	86.956
2	90	0.75614	68.053
3	80	0.65752	52.602
		합 계	207.611
0			−200
			NPV = 7.611

(2) 각 연도별 확실성등가계수와 각 연도별 현금흐름의 확실성등가를 구하라.

해설 $\alpha_t=\left[\frac{1+r_f}{1+E(r_k)}\right]^t$ 이므로 각 연도별 확실성등가계수는 다음과 같다.

$$\alpha_1=\frac{1+0.04}{1+0.15}=0.90435$$

$$\alpha_2=\left[\frac{1+0.04}{1+0.15}\right]^2=0.81784$$

$$\alpha_3=\left[\frac{1+0.04}{1+0.15}\right]^3=0.73962$$

확실성등가 $CEQ_t = \alpha_t \cdot C_t$이므로 각 연도별 확실성등가는 다음과 같다.

$$CEQ_1 = (0.90435)(100) = 90.435\text{억원}$$
$$CEQ_2 = (0.81784)(90) = 73.606\text{억원}$$
$$CEQ_3 = (0.73962)(80) = 59.170\text{억원}$$

(3) (2)의 결과를 이용해서 순현가를 계산하고 (1)의 결과와 비교하라

해설 (2)의 결과를 이용하여 투자안의 NPV를 구하면 다음과 같다.

(단위 : 억원)

연 도	현금유입(확실성등가)	할인요소(4%)	현금흐름의 현가
1	90.435	0.96154	86.956
2	73.606	0.92456	68.053
3	59.170	0.88900	52.602
		합 계	207.611
0			−200
			NPV = 7.611

이상의 결과는 (1)의 결과와 동일하다.

18★ 현금유입의 현가는 동일하고 수명만 다른 기계 A와 B 투자안 중에 하나를 택하려고 한다. 기계 A와 B 투자안은 모두 경제성이 있다. 기계 A는 내용연수가 2년이고 구입비용이 80억원이고 매년 말 유지비용이 15억원이며 2년 후 잔존가치는 10억원이다. 기계 B는 내용연수가 3년이고 구입 및 설치비용이 70억원이며 매년 말 유지비용이 21억원이고 3년 후 잔존가치는 없다. 적정할인율은 8%이다. 단, $PVIFa$(8%, 2년) = 1.7833, PVIFa(8%, 3년) = 2.5771 [2007년 CPA 2차 기출문제 응용]

(1) 두 기계 A와 B를 한번 선택하면 계속해서 동종의 기계로 대체하여야 한다. 어느 기계를 선택하겠는가?

해설 $$\text{A기계의 총비용현가} = 80\text{억원} + \frac{15\text{억원}}{(1+0.08)^1} + \frac{15\text{억원}}{(1+0.08)^2} - \frac{10\text{억원}}{(1+0.08)^2} = 98.18\text{억원}$$

$$\text{B기계의 총비용현가} = 70\text{억원} + \frac{21\text{억원}}{(1+0.08)^1} + \frac{21\text{억원}}{(1+0.08)^2} + \frac{21\text{억원}}{(1+0.08)^3} = 124.12\text{억원}$$

$$\text{A기계 연간균등비용} = \frac{98.18\text{억원}}{1.7833} = 55.06\text{억원}$$

$$\text{B기계 연간균등비용} = \frac{124.12\text{억원}}{2.5771} = 48.16\text{억원}$$

∴ 총비용의 현가는 A기계가 적지만 연간동등비용은 B기계가 적으므로 B기계를 선택한다.

(2) 기계 A를 도입하면 2년 후에 기계 C로 대체하여야 한다. 기계 B를 도입하면 3년 후에 동일 기계로 대체하여야 한다. 두 번째 대체부터는 지속적으로 전기 기계와 동일 기계로 대체된다. 기계 C의 현금유입의 현가는 기계 A와 동일하다. 내용연수 2년인 기계 C의 비용의 2년 후 시점의 현가는 90억원이다. 현재 시점에서 어느 기계를 선택하겠는가?

해설 $$\text{A기계의 총비용현가} = 98.18\text{억원} + \frac{90\text{억원}}{(1+0.08)^2} + \frac{90\text{억원}}{(1+0.08)^4} + \frac{90\text{억원}}{(1+0.08)^6} + \cdots + \frac{90\text{억원}}{(1+0.08)^\infty} = 98.18\text{억원} + \frac{90\text{억원}}{0.1664} = 639.05\text{억원}$$

$$\text{B기계의 총비용현가} = 124.12\text{억원} + \frac{124.12\text{억원}}{(1+0.08)^3} + \frac{124.12\text{억원}}{(1+0.08)^6} + \frac{124.12\text{억원}}{(1+0.08)^9} + \cdots + \frac{124.12\text{억원}}{(1+0.08)^\infty} = 124.12\text{억원} + \frac{124.12\text{억원}}{0.2597} = 602.14\text{억원}$$

∴ 총비용의 현재가치가 적은 B기계를 선택한다.

19 ★ 현고려기업은 다음과 같은 현금흐름이 예상되는 투자안을 검토 중이다.

(단위 : 억원)

연 도	0	1	2	3	4
현금흐름	−1,000	300	400	500	200

고려기업의 자본구조는 현재 자기자본과 부채가 1:2로 구성되어 있으며, 이자율은 연 4%이다. 고려기업의 보통주베타는 2.0이고, 무위험이자율은 2%, 시장기대수익률은 10%이다. 고려기업은 새로운 투자안에 소요되는 자금도 기존의 자본구성비율과 동일한 비율로 조달할 예정이다. 고려기업에 적용되는 법인세율은 20%이다.

(1) 위험조정할인율을 이용하여 순현가를 구하라.

해설 투자안의 위험조정할인율을 계산하면 다음과 같다.

① 자기자본비용

$$r_E = r_f + [E(r_M) - r_f] \times \beta_i = 0.02 + [0.1 - 0.02] \times 2.0 = 0.18$$

② 위험조정할인율

투자자금이 기존의 자본구성비율로 조달되기 때문에 투자자금 중 $\frac{2}{3}$는 부채로 그리고 나머지 $\frac{1}{3}$은 자기자본으로 조달된다. 따라서 이 투자안의 위험조정할인율 r_k를 계산하면 다음과 같다.

$$r_k = r_D(1-t)\times\frac{D}{D+E}+r_E\times\frac{E}{D+E}$$
$$= 0.04(1-0.2)\times\frac{2}{3}+0.18\times\frac{1}{3} = 0.081$$

③ 투자안의 NPV를 구하면 다음과 같다.

$$NPV = \frac{300억원}{(1+0.081)^1}+\frac{400억원}{(1+0.081)^2}+\frac{500억원}{(1+0.081)^3}+\frac{200억원}{(1+0.081)^4}-1{,}000억원$$
$$= 162억원$$

(2) 현금흐름의 확실성등가를 이용하여 순현가를 구하라.

해설 ① 각 연도별 확실성등가계수는 다음과 같다.

$$\alpha_t = \left[\frac{1+r_f}{1+r_k}\right]^t$$

$$1년도 : \alpha_1 = \left[\frac{1+0.02}{1+0.081}\right]^1 = 0.94357$$

$$2년도 : \alpha_2 = \left[\frac{1+0.02}{1+0.081}\right]^2 = 0.89033$$

$$3년도 : \alpha_3 = \left[\frac{1+0.02}{1+0.081}\right]^3 = 0.84009$$

$$4년도 : \alpha_4 = \left[\frac{1+0.02}{1+0.081}\right]^4 = 0.79268$$

② 각 연도별 확실성등가는 다음과 같다.

$$CEQ_t = \alpha_t \cdot C_t$$

1년도 : 0.94357 × 300억원 = 283.071억원
2년도 : 0.89033 × 400억원 = 356.132억원
3년도 : 0.84009 × 500억원 = 420.045억원
4년도 : 0.79268 × 200억원 = 158.536억원

③ 투자안의 NPV를 구하면 다음과 같다.

$$NPV = \frac{283.071억원}{(1+0.02)^1}+\frac{356.132억원}{(1+0.02)^2}+\frac{420.045억원}{(1+0.02)^3}+\frac{158.536억원}{(1+0.02)^4}-1{,}000억원$$
$$= 162억원$$

결국 위험조정할인율을 이용하나 확실성등가를 이용하나 NPV는 동일하다.

CHAPTER 05

프로젝트 분석

본 장에서는 추가적으로 이용할 수 있는 프로젝트 분석기법에 대하여 살펴보기로 한다. 프로젝트 분석기법들은 투자안의 위험에 대하여 추가적인 정보를 제공해 준다. 본 장에서는 먼저 손익분기점을 살펴본다. 전통적인 회계손익분기점 이외에도 현금손익분기점과 재무손익분기점을 설명하고 세 가지 손익분기점의 연관성도 살펴보기로 한다. 또한 투자안의 위험에 대한 중요한 정보를 제공하는 영업레버리지에 대해 설명하기로 한다. 마지막으로 프로젝트의 위험구조와는 연관은 없지만 재무레버리지도 추가해서 살펴보기로 한다.

5.1 손익분기점 분석

(1) 손익분기점의 의의

손익분기점(break-even point : *BEP*)은 일정기간의 매출액과 영업비용이 일치하여 이익 또는 손실이 발생하지 않는, 즉 영업이익(earnings before interest and tax : *EBIT*)을 0으로 하는 매출량 또는 매출액을 의미한다. 손익분기점 분석은 영업수익 변동, 영업비용 변동 그리고 영업이익 변동간의 관계에 대한 분석이다. 매출액이 손익분기점을 초과할 경우에는 영업이익이 발생하고 손익분기점에 미달할 경우에는 영업손실이 발생한다. 손익분기점 분석은 매출액과 영업비용 및 영업이익간의 관계를 분석하는 기법이므로 비용-매출액-이익 분석(cost-volume-profit analysis : CVP분석)이라고도 한다.

(2) 손익분기점의 측정

손익분기점을 분석하기 위해서는 먼저 영업비용을 고정비와 변동비로 구별해야 한다. 고정비(fixed costs)란 말 그대로 매출액의 크기가 변하더라도 변하지 않고 일정하게 발생하는 비용이다. 변동비(variable costs)란 매출액이 변할 때 매출액 크기와 일정비율을 유지하면서 같이 변하는 비용이다.

손익분기점을 식으로 도출하기 위하여 필요한 기호를 다음과 같이 정의한다.

S = 매출액
OC = 영업비용 = $VC + FC$
VC = 변동비
FC = 고정비 = $CFC + Dep$
CFC = 현금고정비용
S^* = BEP 매출액
Q = 매출량
v = 단위당 변동비
p = 판매단가
Q^* = BEP 매출량
Dep = 감가상각비

손익분기점에서는 매출액과 영업비용이 같으므로 다음 식이 성립한다.

$$S = OC$$
$$S = FC + VC$$
$$p \cdot Q^* = FC + v \cdot Q^*$$
$$\therefore\ Q^* = \frac{FC}{p - v} = \frac{CFC + Dep}{p - v} = Q_A \quad (1)$$

식 (1)은 손익분기점을 매출량으로 표시한 공식이다. 여기서 CFC는 고정비 중에서 비현금(non-cash) 고정비인 감가상각비를 제외한 모든 현금고정비용(cash fixed costs)을 의미한다. 차후에 설명하는 현금손익분기점, 재무손익분기점과 구별하기 위하여 매출량 기준으로 영업이익을 0으로 하는 손익분기점 즉, BEP 매출수준을 회계손익분기점(accounting break-even point)으로 부르기로 한다(이런 의미로 Q_A로 표시함). ($p - v$)는 단위당 공헌이익(contribution margin per unit)이다. 손익분기점을 매출액으로 표시하려면 다음과 같이 식 (1)의 양변에 p를 곱하면 된다.

$$p \times Q^* = p \times \frac{FC}{p - v}$$
$$S^* = \frac{FC}{1 - \frac{v}{p}} = \frac{FC}{1 - \frac{v \cdot Q}{p \cdot Q}} = \frac{FC}{1 - \frac{VC}{S}} \quad (2)$$

S^* : BEP 매출액($= p \cdot Q^*$)　　$\frac{v}{p}$: 변동비율($= \frac{VC}{S}$)

$1 - \frac{v}{p}$: 공헌이익률

식 (2)는 손익분기점을 매출액으로 표시한 공식이다. BEP 매출액은 고정비를 공헌이익률(= 1 − 변동비율)로 나누어 구한다.

5.2 손익분기점 도표

손익분기점은 공식을 이용하여 분석되기도 하지만 그림으로도 분석된다. BEP 도표를 이용한 BEP 측정 방법을 설명하면 다음과 같다.

[그림 1] BEP 도표

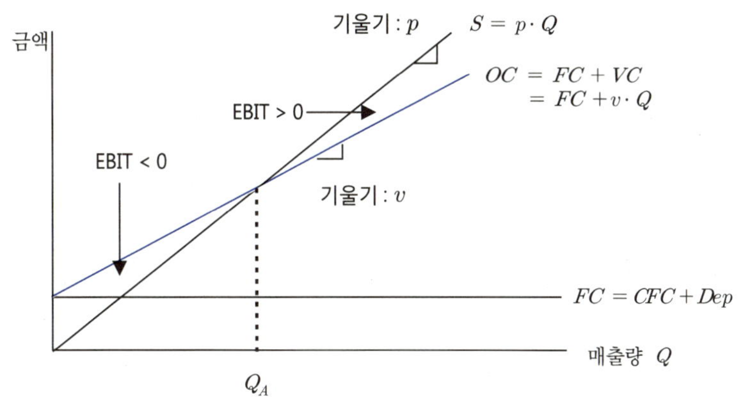

[그림 1]에서 영업비용(OC)을 나타내는 선의 절편은 고정비(FC)이고 매출량이 증가함에 따라 변동비가 증가하므로 OC 직선의 기울기는 단위당 변동비(v)이다. 그리고 매출액(S)을 나타내는 직선은 원점에서 출발하며 기울기는 판매단가(p)이다. 생산이 이루어지기 위해서는 당연히 판매단가가 단위당 변동비보다 커야하므로, 즉 $p > v$ 이어야 하므로 두 직선은 반드시 교차하게 되는데 이 교차점이 영업이익($EBIT$)을 0으로 만드는 회계손익분기점(Q_A)이다.

5.3 회계손익분기점과 회수기간 및 내부수익률의 관계

회계손익분기점을 측정해보기로 하자. 희성전자는 무전기에 필요한 특수부품을 개발하는 투자안을 고려하고 있다. 예상되는 투자금액은 54,000만원이고 투자안의 수명은 12년으로 예상한다(투자금액은 12년간 균등 상각됨). 예상 매출액은 연간 160,000

만원이고 변동비는 매출액의 81.25%이다. 현금고정비가 20,000만원 소요될 것으로 예상된다. 단위당 판매가격은 8만원이고 적정 할인율은 연 8%이다. 영업이익 기준의 회계손익분기점을 구하라.

현금고정비가 20,000만원이고 연간 감가상각비가 4,500만원(= 54,000만원 / 12)이므로 회계손익분기점은 16,333.33개이다.

$$Q_A = \frac{20{,}000\text{만원} + 4{,}500\text{만원}}{(8\text{만원} - 6.5\text{만원})} = 16{,}333.33\text{개}$$

(단위당 변동비 = 8만원 × 0.8125 = 6.5만원)

BEP 매출액은 8만원 × 16,333.33개 = 130,667만원이다. BEP 매출액 130,667만원은 식 (2)를 적용해도 구해진다.

$$S^* = \frac{FC}{1 - \frac{v}{p}} = \frac{20{,}000\text{만원} + 4{,}500\text{만원}}{1 - 0.8125} = 130{,}667\text{만원}$$

[표 1] 회계손익분기점에서의 영업이익과 영업현금흐름

(단위 : 만원)

매출액 (S)	130,667	8 × 16,333.33개
− 변동비 (VC)	106,167	매출액의 81.25%
− 현금고정비 (CFC)	20,000	
− 감가상각비 (Dep)	4,500	54,000/12년
영업이익 ($EBIT$)	0	
영업현금흐름	4,500	

[표 1]에서 보듯이, 회계손익분기점에서 영업이익은 0이다. 영업현금흐름(세금은 무시함)은 영업이익에 감가상각비를 더하여 구하므로, 희성전자의 경우 회계손익분기점에서 영업현금흐름은 4,500만원(= 0 + 4,500만원)이다. 연간 영업현금흐름이 4,500만원이고 투자안의 수명이 12년이므로 투자금액 54,000만원은 12년 동안에 걸쳐 모두 회수된다. 따라서 회계손익분기점 수준에서 투자안의 회수기간은 투자안의 수명과 일

치하고 투자안의 내부수익률은 0%가 된다.

5.4 현금손익분기점

현금손익분기점(cash break-even point)은 영업현금흐름(OCF)이 0이 되는 매출수준을 말한다. 영업현금흐름은 영업이익에 감가상각비를 더하여 구하므로 식 (3)이 성립한다(편의상 세금은 무시함).

$$
\begin{aligned}
OCF &= p \cdot Q - v \cdot Q - CFC - Dep + Dep \\
&= (p - v)Q - CFC
\end{aligned}
$$

$$Q = \frac{CFC + OCF}{(p - v)} \tag{3}$$

그런데 현금손익분기점에서 $OCF = 0$이므로 현금손익분기점(Q_C)은 다음과 같이 도출된다.

$$Q_C = \frac{CFC}{(p - v)} \tag{4}$$

앞의 희성전자의 예에서 현금손익분기점을 구하면 매출량 기준으로 $\frac{20,000\text{만원}}{8\text{만원} - 6.5\text{만원}}$ = 13,333.33개이고, 매출액 기준으로 8만원 × 13,333.33개 = 106,667만원이다. 현금손익분기점에서 희성전자의 영업이익은 106,667만원(1 − 0.8125) − 20,000만원 − 4,500만원 = −4,500만원이고, 영업현금흐름은 0으로 계산된다. 영업현금흐름이 0이라는 것은 투자금액을 전혀 회수하지 못함을 의미하므로 투자안의 내부수익률은 −100%이다.

5.5 재무손익분기점

재무손익분기점(financial break-even point 또는 economic break-even point)은 투자금액과 자본비용을 커버하는 또는 투자안의 순현가를 0으로 하는 매출수준이다(편의상 세금은 무시함). 재무손익분기점(Q_F)은 다음과 같이 정의된다.

$$Q_F = \frac{CFC + OCF^*}{(p - v)} \tag{5}$$

여기서 OCF^*는 투자금액과 자본비용을 커버하기 위해서 매년 추가해야할 영업현금흐름으로서 "$OCF^* \times PVIFa(r,\ n)$ = 투자금액"의 관계가 성립하므로 $OCF^* = \frac{\text{투자금액}}{PVIFa(r,\ n)}$이다.

앞의 희성전자의 예에서 OCF^*는 $\frac{54{,}000\text{만원}}{PVIFa(0.08,\ 12)}$ = 7,165만원이다(단, $PVIFa(0.08,\ 12) = 7.5361$임). 식 (5)에 의해 희성전자의 재무손익분기점을 구하면 18,110개이다.

$$Q_F = \frac{CFC + OCF^*}{(p - v)} = \frac{20{,}000\text{만원} + 7{,}165\text{만원}}{(8\text{만원} - 6.5\text{만원})} = 18{,}110\text{개}$$

즉, 희성전자는 재무손익분기점 18,110개에서 영업현금흐름은 18,110 × 8만원(1 − 0.8125) − 20,000만원 = 7,165만원이고, 순현가는 7,165만원 × $PVIFa(0.08,\ 12)$ − 54,000만원 = 0이다.

5.6 회계손익분기점, 현금손익분기점 및 재무손익분기점의 비교

회계손익분기점, 현금손익분기점, 그리고 재무손익분기점 중에서 현금손익분기점이 가장 작고, 회계손익분기점이 중간이고, 재무손익분기점이 가장 크다.

$$Q_c < Q_A < Q_F \tag{6}$$

세 손익분기점에서의 영업이익, 순현가, 내부수익률, 영업현금흐름, 회수기간 등은 다음 [표 2]와 같이 정리된다.

[표 2] 회계손익분기점, 현금손익분기점, 재무손익분기점 비교

구 분	현금손익분기점	회계손익분기점	재무손익분기점
영업이익	$EBIT < 0$	$EBIT = 0$	$EBIT > 0$
순현가	$NPV < 0$	$NPV < 0$	$NPV = 0$
영업현금흐름	$OCF = 0$	$OCF = Dep$	$OCF > Dep$
회수기간	전혀 회수되지 않음	회수기간 = 투자안의 수명	회수기간 < 투자안의 수명
내부수익률	$IRR = -100\%$	$IRR = 0$	IRR = 자본비용

5.7 영업레버리지와 DOL

레버리지(leverage)란 원래 '지렛대 작용'이라는 의미를 갖고 있다. 재무이론에서 레버리지는 고정적인 비용을 부담함으로써 손익이 확대되는 모든 현상을 의미한다.

영업레버리지(operating leverage)란 기업의 영업비 중에서 영업고정비(앞에서 FC로 정의한 금액)를 부담하는 정도를 의미한다. 따라서 기업이 변동비 대신 영업고정비를 많이 사용하는 경우에는 높은 영업레버리지를 갖는다. 영업레버리지를 갖는 경우 매출액이 변할 때 영업이익은 매출액이 변하는 비율보다 확대된 비율로 변하게 되는데, 이런 관계를 분석하는 것을 영업레버리지 분석이라고 한다.

[그림 2]는 기업이 영업활동과 관련하여 부담하는 영업비용(= 매출원가 + 판매비와 관리비)을 영업고정비와 변동비로 재분류하여 손익계산서 상반부를 재구성한 것이다.

경기 변동 시(매출액 변동 시) 변동비는 매출액 변화율과 동일한 비율로 변동하나, 영업고정비는 성격상 일정조업도 내에서는 매출액 변화와 관계없이 일정 수준을 유지한다. 따라서 영업비용의 변화율은 매출액 변화율보다 축소되어 나타나고, 영업이익의 변화율은 매출액 변화율보다 확대되어 나타난다. 이러한 효과를 영업레버리지 효과(operating leverage effect)라 한다.

[그림 2] 영업레버리지 분석

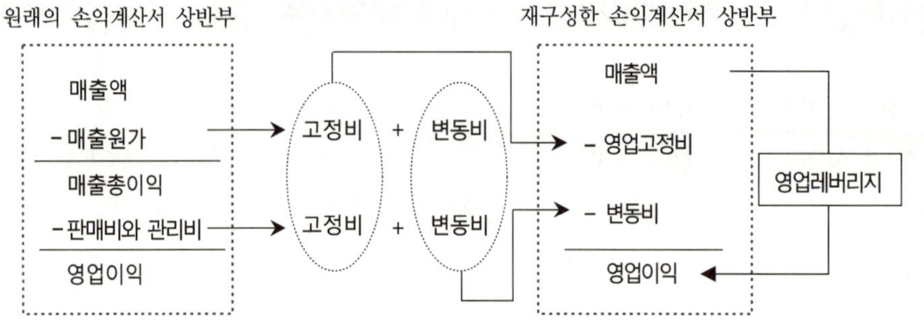

영업레버리지 효과를 측정하는 지표로 영업레버리지도(degree of operating leverage : *DOL*)가 있다. *DOL*은 매출액 변화율에 대한 영업이익 변화율의 비율을 말하며 식 (7)과 같이 정의된다.

$$DOL = \frac{\text{영업이익변화율}}{\text{매출액변화율}} = \frac{\%\Delta EBIT}{\%\Delta Q} = \frac{\dfrac{\Delta EBIT}{EBIT}}{\dfrac{\Delta Q}{Q}}$$

$$= \frac{\dfrac{\Delta Q(p-v)}{Q(p-v)-FC}}{\dfrac{\Delta Q}{Q}} = \frac{\Delta Q \cdot Q(p-v)}{\Delta Q[Q(p-v)-FC]}$$

$$= \frac{Q(p-v)}{Q(p-v)-FC} = \frac{S-VC}{S-VC-FC} \qquad (7)$$

예를 들어 영업레버리지도가 3이라는 것은 매출액이 1% 증가(감소)할 때 영업이익이 3% 증가(감소)함을 의미한다.

5.8 재무레버리지와 DFL

재무레버리지(financial leverage)란 기업이 타인자본을 조달한 결과로 발생한 이자비용(재무고정비)을 부담하는 정도를 의미한다. 부채를 사용하면 이자부담으로 말미암아 영업이익이 변할 때 주주들에게 귀속되는 순이익은 영업이익의 변화율과 동일한 비율로 변하지 않고 확대된 비율로 변한다. 이런 관계를 분석하는 것을 재무레버리지 분석이라 한다.

[그림 3]에서 볼 수 있는 바와 같이, 이자비용은 영업이익의 변동과 관계없이 일정하므로 영업이익 변화율보다 당기순이익 변화율이 확대되어 나타난다. 이러한 효과를 재무레버리지 효과(financial leverage effect)라 한다.

재무레버리지 효과를 측정하는 지표로 재무레버리지도(degree of financial leverage : *DFL*)가 있다. *DFL*은 영업이익(*EBIT*) 변화율에 대한 순이익(*NI*) 변화율의 비율로서 식 (8)과 같이 정의된다(*I*는 이자비용임).

[그림 3] 재무레버리지 분석

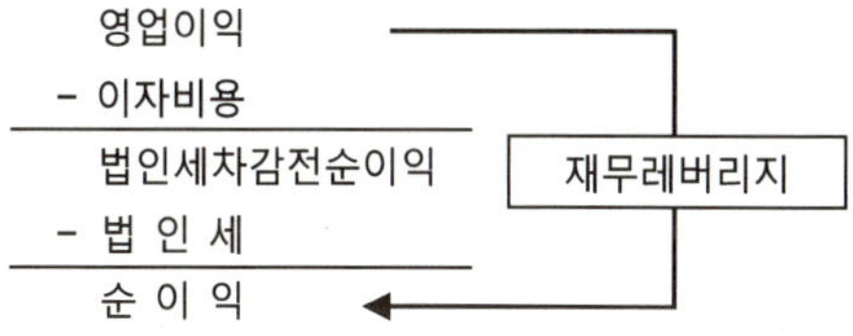

$$DFL = \frac{\text{순이익변화율}}{\text{영업이익변화율}} = \frac{\%\Delta NI}{\%\Delta EBIT} = \frac{\Delta NI}{NI} \bigg/ \frac{\Delta EBIT}{EBIT}$$

$$= \frac{\Delta EBIT}{EBIT - I} \bigg/ \frac{\Delta EBIT}{EBIT} = \frac{EBIT}{EBIT - I}$$

$$= \frac{Q(p - v) - FC}{Q(p - v) - FC - I} = \frac{S - VC - FC}{S - VC - FC - I} \qquad (8)$$

예를 들어 재무레버리지도가 4라는 것은 영업이익이 1% 증가(감소)할 때 주주에게 귀속되는 순이익은 4% 증가(감소)함을 의미한다.

5.9 결합레버리지와 DCL

영업레버리지와 재무레버리지를 합한 것을 결합레버리지(combined leverage)라고 한다. [그림 4]에서 볼 수 있는 바와 같이, 레버리지를 야기시키는 영업고정비와 이자비용

(재무고정비)은 매출액 변화와 관계없이 일정하므로 매출액 변화율보다 순이익의 변화율은 확대되어 나타나게 된다. 이러한 효과를 결합레버리지 효과(combined leverage effect)라 한다. 결합레버리지 효과를 측정하는 지표로 결합레버리지도(degree of combined leverage : *DCL*)가 있다.

[그림 4] 결합레버리지 분석

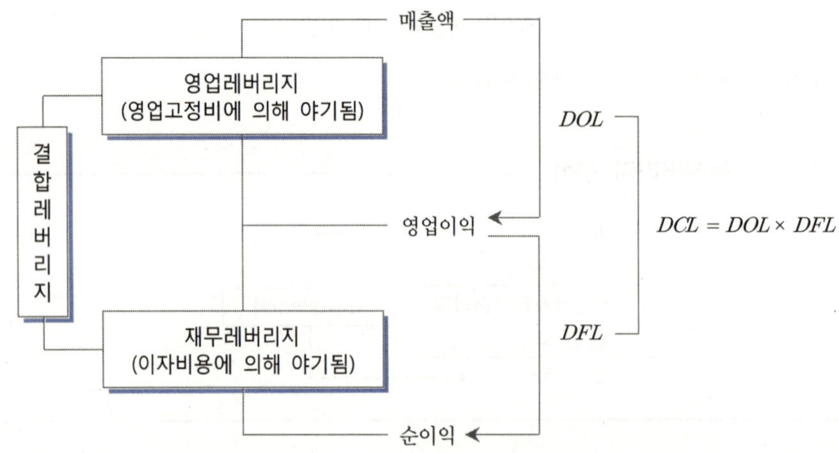

*DCL*은 매출액 변화율에 대한 순이익 변화율의 비율로서 식 (9)와 같이 정의된다.

$$DCL = \frac{\frac{\Delta NI}{NI}}{\frac{\Delta Q}{Q}} = \frac{\frac{\Delta EBIT}{EBIT}}{\frac{\Delta Q}{Q}} \times \frac{\frac{\Delta NI}{NI}}{\frac{\Delta EBIT}{EBIT}} = DOL \times DFL \tag{9}$$

*DOL*과 *DFL*을 식 (9)에 대입하면 다음 식이 성립한다.

$$\begin{aligned} DCL &= \frac{Q(p-v)}{Q(p-v)-FC} \times \frac{Q(p-v)-FC}{Q(p-v)-FC-I} \\ &= \frac{Q(p-v)}{Q(p-v)-FC-I} = \frac{S-VC}{S-VC-FC-I} \end{aligned} \tag{10}$$

예를 들어 영업레버리지도가 3이고 재무레버리지도가 4인 경우 결합레버리지도는 12(= 3 × 4)가 된다. 이는 매출액이 1% 증가(감소)할 때 주주에게 귀속되는 순이익은 12% 증가(감소)함을 의미한다.

5.10 자본조달분기점★

자본조달분기점 분석(financial break-even point analysis : FBEP분석)이란 재무레버리지효과를 응용한 분석으로서, 자본조달방법이 주당순이익에 미치는 영향을 이해하는데 유용한 분석이다. 자본조달분기점을 설명하기 위해 다음과 같은 예를 들어보기로 하자.[1)]

상수기업은 100억원의 자본을 조달하는 방법으로 두 가지 안을 고려하고 있다. 제1안은 소요자본 전액을 주식 발행으로 조달하는 것이고, 제2안은 소요자본의 절반은 주식발행으로 조달하고 나머지 절반은 회사채 발행(액면가 발행)으로 조달하는 것이다. 주식 발행가격은 1주당 10만원이고 회사채의 액면이자율은 연 5%이다.

이 자본을 투자해서 60억원의 매출액을 실현할 확률이 20%이고, 100억원의 매출액을 실현할 확률이 60%이며, 150억원의 매출액을 실현할 확률이 20%이다. 상수기업에 적용되는 법인세율은 20%이고 변동비는 매출액의 60%를 유지하며 고정비는 20억원이다.

[표 3]은 상수기업의 자본조달 방안과 매출액 변화에 따른 영업이익의 변화를 정리한 것이다. 서로 다른 매출액에서 제1안과 제2안의 주당순이익률(= EPS/주식발행가격)이 어떻게 변하는지를 살펴보기로 하자.

[표 3] FBEP분석을 위한 기초자료

(a) 자본조달 방안 (단위 : 억원)

구 분	제1안	제2안
총 자 본	100	100
부 채	0	50
자 기 자 본	100	50
주 식 발 행 가 격	10만원	10만원
주 식 수	10만주	5만주

1) 「기업가치중심의 경영분석」, 김철중, 명경사, 2012, P.270 ~ 273참조.

(b) 매출액 변화와 영업이익 변화 (단위 : 억원)

구 분	20%	60%	20%
매 출 액	60	100	150
− 고 정 비	20	20	20
− 변 동 비	36	60	90
영 업 이 익	4	20	40

[표 4] 자본조달 방법별 주당순이익

(단위 : 억원)

구 분	제1안 (A)			제2안 (B)		
미 래 확 률	20%	60%	20%	20%	60%	20%
영 업 이 익	4	20	40	4	20	40
− 이 자 비 용	0	0	0	2.5	2.5	2.5
세 전 순 이 익	4	20	40	1.5	17.5	37.5
− 법인세(20%)	0.8	4	8	0.3	3.5	7.5
당 기 순 이 익	3.2	16	32	1.2	14	30
÷ 발 행 주 식 수	10만주	10만주	10만주	5만주	5만주	5만주
주 당 순 이 익	3,200원	16,000원	32,000원	2,400원	28,000원	60,000원
÷ 주식발행가격	10만원	10만원	10만원	10만원	10만원	10만원
주당순이익률	3.2%	16%	32%	2.4%	28%	60%

[표 4]에서 볼 수 있듯이, 부채를 사용하는 제2안의 주당순이익(또는 주당순이익률)이 부채를 사용하지 않는 제1안의 주당순이익(또는 주당순이익률)보다 영업이익 변화에 따라 더 큰 폭으로 변화함을 알 수 있다. 즉, 제1안의 주당순이익이 3,200원, 16,000원, 32,000원으로 변할 때, 제2안의 주당순이익은 2,400원, 28,000원, 60,000원으로 변한다. 이상의 내용을 그림으로 보면 [그림 5]와 같다.

[그림 5] 자본조달 방법별 주당순이익

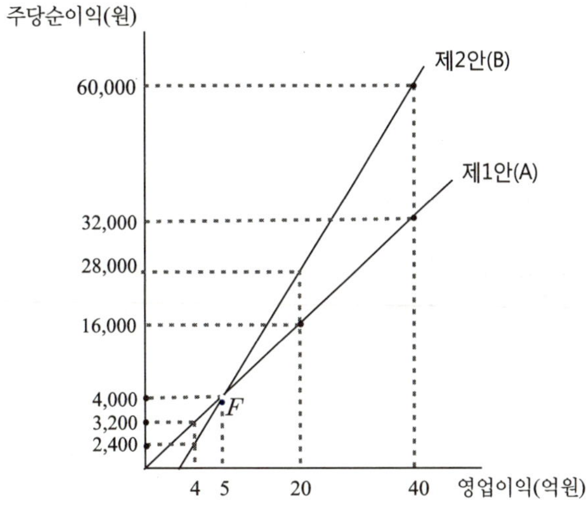

[그림 5]에서 볼 수 있는 바와 같이, 부채를 전혀 사용하지 않는 제1안의 경우 영업이익이 발생하지 않을 때에는 주당순이익은 0이므로 영업이익의 변화에 따른 주당순이익의 변화는 원점에서 시작하는 A선으로 표시된다. 또한 부채를 사용하는 제2안의 경우 영업이익의 변화에 따른 주당순이익의 변화는 B선으로 표시된다. 여기서 B선의 기울기가 A선의 기울기보다 큰 것은 제2안에는 재무레버리지효과가 있기 때문이다.

[그림 5]에서 A선과 B선이 교차하는 *F*점에서는 자기자본과 부채의 구성비가 어떠하든지간에 주당순이익이 동일하기 때문에 이 점을 자본조달분기점(*FBEP*)이라고 한다. 다시 말해서 자본조달분기점이란 자본구성비와 관계없이 주당순이익(*EPS*)을 동일하게 하는 영업이익 수준을 의미한다. 자본조달분기점에서는 각 자본조달안의 *EPS*가 같으므로 자본조달분기점은 다음과 같이 산출할 수 있다.

$$\frac{(FBEP-I_1)(1-t)}{N_1}=\frac{(FBEP-I_2)(1-t)}{N_2} \qquad (11)$$

$$\therefore FBEP=\frac{N_1 \cdot I_2 - N_2 \cdot I_1}{N_1-N_2} \qquad (12)$$

$FBEP$: 자본조달분기점
N_1, N_2 : 제1안, 제2안 각각의 발행주식수
I_1, I_2 : 제1안, 제2안 각각의 이자비용
t : 법인세율

예로 든 상수기업의 자본조달분기점을 구해 보면 다음과 같다.

$$\frac{(FBEP - 0\text{원})(1 - 0.2)}{10\text{만주}}$$
$$= \frac{(FBEP - 2.5\text{원})(1 - 0.2)}{5\text{만주}}$$
$$\therefore \; FBEP = 5\text{억원}$$

또는

$$FBEP = \frac{N_1 \cdot I_2 - N_2 \cdot I_1}{N_1 - N_2}$$
$$= \frac{10\text{만주} \times 2.5\text{억원} - 5\text{만주} \times 0\text{원}}{10\text{만주} - 5\text{만주}}$$
$$= 5\text{억원}$$

즉, 자본조달분기점은 5억원이며, 이때 주당순이익은 4,000원이 된다. 자본조달분기점에서는 총자본영업이익률$\left(= \frac{EBIT}{TA}\right)$이 이자율과 같다. 상수기업의 예에서 자본조달분기점은 영업이익 5억원에서 형성된다. 투자한 총자본이 100억원이므로, 자본조달분기점에서의 총자본영업이익률은 5%이고 이는 이자율과 동일하다.

영업이익이 자본조달분기점 이하일 경우에는 총자본영업이익률(투자수익률)이 이자율보다 낮기 때문에 부채를 전혀 사용하지 않는 제1안이 유리하다. 그러나 영업이익이 자본조달분기점 이상일 경우에는 총자본영업이익률이 이자율보다 높기 때문에 부채를 사용하는 제2안이 유리하다.

정리문제

01 다음은 한국기업의 회계자료이다.

영업고정비	10,000만원
단위당 변동비	3,000원
100% 조업시의 생산능력	60,000개
판매단가	5,000원
이자비용	500만원

위 자료를 이용하여 다음을 구하라.

(1) 영업이익 기준의 회계손익분기점(BEP 매출량과 매출액)

(2) 1,000만원의 영업이익을 얻기 위한 매출액

(3) 80% 조업 시 영업이익

(4) 판매단가가 6,000원으로, 단위당 변동비가 4,500원으로 동시에 변했을 때의 회계손익분기점

02 아래 자료를 사용하여 다음을 구하라(감가상각법은 정액법을 사용하며, 세금은 무시할 것).

판매단가 = 70만원,	단위당 변동비 = 30만원
현금고정비 = 5,000만원,	자본비용 = 연 10%
투자금액 = 10,000만원,	투자안 수명 = 5년,
잔존가치 = 0	

(1) 투자안의 회계손익분기점

(2) 투자안의 현금손익분기점

(3) 투자안의 재무손익분기점

03 아래 자료를 사용하여 다음을 구하라.

(단위 : 만원)

매 출 액	10,000
– 변 동 비	4,000
– 고 정 비	3,000
영 업 이 익	3,000
– 이 자 비 용	1,000
법인세차감전순이익	2,000

(1) 영업레버리지도

(2) 재무레버리지도

(3) 결합레버리지도

04 마포기업은 매출액이 1% 증가하면 영업이익이 3% 증가한다. 이 기업의 결합레버리지도는 6이며, 현재 PER은 12이다. 영업이익이 10% 증가하는 경우, 주가가 10% 상승한다면 PER은 얼마가 되는가?

05 아래 자료를 사용하여 다음을 구하라.

영 업 고 정 비	200만개
단 위 당 변 동 비	30,000원
100% 조업시의 생산능력	40억원
판 매 단 가	10억원
이 자 비 용	15,000원

(1) 영업레버리지도

(2) 재무레버리지도

(3) 결합레버리지도

06 다음은 은성기업의 재무자료이다.

영 업 고 정 비	6,000만원
단 위 당 변 동 비	2,500원
100% 조업시의 생산능력	15,000개
판 매 단 가	4,000원

이상의 자료를 사용하여 다음을 구하라.

(1) 회계손익분기점(BEP 매출량과 매출액)

(2) 1,500만원의 영업이익을 얻기 위한 매출액

(3) 60% 조업 시 영업이익

07 오류기업이 올해 1년간 개당 80,000원의 가격으로 100,000개의 제품을 매출하여 80억원의 매출액을 실현했다. 오류기업의 영업변동비는 48억원이고 영업고정비는 20억원이다.

(1) 회계손익분기점(BEP 매출량과 매출액)을 구하라.

(2) BEP도표를 그리고 설명하라.

08 다음은 금수기업의 비용구조와 관련된 자료이다.

구 분	금 수 기 업
매 출 액	500억원
− 고 정 비	200억원
− 변 동 비	200억원
영 업 이 익	100억원
+ 영 업 외 수 익	30억원
− 영 업 외 비 용	50억원
(이 자 비 용)	(20억원)
− 법 인 세	20억원
순 이 익	60억원

(1) DOL, DFL, DCL을 구하고 비용구조의 특성을 설명하라.

(2) BEP 매출액과 손익분기점률을 구하고 설명하라.

09★ 서울기업의 손익계산서는 다음과 같다.

손익계산서

서울기업	(단위 : 억원)
매 출 액 (1,000,000개 × 3만원)	300
− 변 동 비 (1,000,000개 × 1.8만원)	180
− 고 정 비	90
영 업 이 익	30
− 이 자 비 용	12
세 전 순 이 익	18
− 법인세(t = 0.2)	3.6
당 기 순 이 익	14.4
÷ 발 행 주 식 수	10만주
주 당 순 이 익	14,400원

(1) 서울기업의 영업레버리지도, 재무레버리지도 및 결합레버리지도를 구하라.

(2) 서울기업은 지금 새로운 시설을 도입하려고 한다. 새로운 시설을 사용하여 생산하면 영업고정비는 현재의 1.5배가 되지만, 단위당 변동비는 현재 18,000원에서 10,000원으로 감소한다. 새로운 시설을 도입하기 위하여,

① 회사채를 발행하면 이자비용은 30억원이 증가하고,

② 보통주를 발행하면 발행주식이 10,000주 증가한다.

매출액이 현재와 동일한 상태에서(판매단가와 매출량이 모두 현재와 같음) 새로운 시설을 가동할 경우 각 자본조달 방법에서의 *EPS*와 결합레버리지도를 계산하고, 이를 (1)과 비교해서 설명하시오.

10★ 부산기업의 총자본은 현재 100억원이다. 이 중 자기자본이 60억원(발행주식수 20만주)이고 타인자본이 40억원이다. 타인자본에 대한 평균이자율은 연 5%이다. 부산기업은 신규투자를 계획하고 있는데 여기에 소요되는 자본은 60억원이다. 이 투자가 이루어지면 연간 영업이익은 60억원이 될 것으로 예상된다. 만일 보통주를 발행하여 자본을 조달한다면 주당 3만원씩 발행이 가능하며, 타인자본으로 조달한다면 연 5%의 이자율로 조달할 수 있다(법인세율이 20%임).

(1) 보통주 발행과 타인자본 조달 중 *EPS*를 크게 하는 자본조달 방법은 어느 것인가?

(2) 자본조달분기점을 계산하고 예상되는 영업이익이 자본조달분기점을 초과할 때와 미만일 때, 각각 어느 자본조달 방법이 *EPS*를 크게 하는지를 판단하시오.

정리문제에 대한 해설

01 다음은 한국기업의 회계자료이다.

영 업 고 정 비	10,000만원
단위당 변동비	3,000원
100% 조업시의 생산능력	60,000개
판 매 단 가	5,000원
이 자 비 용	500만원

위 자료를 이용하여 다음을 구하라.

(1) 영업이익 기준의 회계손익분기점(BEP 매출량과 매출액)

해설 BEP 매출량 $= \dfrac{FC}{p - v} = \dfrac{10{,}000\text{만원}}{5{,}000\text{원} - 3{,}000\text{원}} = 50{,}000\text{개}$

BEP 매출액 $= \dfrac{FC}{1 - \dfrac{v}{p}} = \dfrac{10{,}000\text{만원}}{1 - \dfrac{3{,}000\text{원}}{5{,}000\text{원}}} = 25{,}000\text{만원}$

또는,

BEP 매출액 $= 50{,}000\text{개} \times 5{,}000\text{원} = 25{,}000\text{만원}$

(2) 1,000만원의 영업이익을 얻기 위한 매출액

해설 $EBIT = \text{매출액} - \text{변동비} - \text{고정비} = S - VC - FC$

$1{,}000\text{만원} = p \times Q^{*} - v \times Q^{*} - FC$

$1{,}000\text{만원} = 5{,}0000\text{원} \times Q^{*} - 3{,}000\text{원} \times Q^{*} - 10{,}000\text{만원}$

$\therefore\ Q^{*} = 55{,}000\text{개},\ S^{*} = p \times Q^{*} = 5{,}000\text{원} \times 55{,}000\text{개} = 27{,}500\text{만원}$

즉, 1,000만원의 영업이익을 얻기 위한 매출액은 27,500만원이다.

(3) 80% 조업 시 영업이익

해설 $Q = 60{,}000\text{개} \times 0.8 = 48{,}000\text{개}$

$$\begin{aligned} EBIT &= p \times Q - v \times Q - FC \\ &= Q(p - v) - FC \\ &= 48{,}000\text{개}(5{,}000\text{원} - 3{,}000\text{원}) - 10{,}000\text{만원} = -400\text{만원} \end{aligned}$$

즉, 80% 조업 시 영업이익은 −400만원이다.

(4) 판매단가가 6,000원으로, 단위당 변동비가 4,500원으로 동시에 변했을 때의 회계손익분기점을 구하라.

해설 BEP 매출량 : $Q^* = \dfrac{FC}{p-v} = \dfrac{10{,}000\text{만원}}{6{,}000\text{원} - 4{,}500\text{원}} = 66{,}667\text{개}$

BEP 매출액 : $S^* = \dfrac{FC}{1-\dfrac{v}{p}} = \dfrac{10{,}000\text{만원}}{1-\dfrac{4{,}500\text{원}}{6{,}000\text{원}}} = 40{,}000\text{만원}$

또는,

BEP 매출액 : $S^* = 66{,}667\text{개} \times 6{,}000\text{원} = 40{,}000\text{만원}$

02 아래 자료를 사용하여 다음을 구하라(감가상각법은 정액법을 사용하며, 세금은 무시할 것).

판매단가 = 70만원, 단위당 변동비 = 30만원
현금고정비 = 5,000만원, 자본비용 = 연 10%
투자금액 = 10,000만원, 투자안 수명 = 5년,
잔존가치 = 0

(1) 투자안의 회계손익분기점

해설 $Q_A = \dfrac{FC}{p-v} = \dfrac{CFC + Dep^*}{p-v} = \dfrac{5{,}000\text{만원} + 2{,}000\text{만원}}{70\text{만원} - 30\text{만원}} = 175\text{개}$

$Dep^* = \dfrac{10{,}000\text{만원}}{5\text{년}} = 2{,}000\text{만원}$

(2) 투자안의 현금손익분기점

해설 $Q_c = \dfrac{CFC}{p-v} = \dfrac{5{,}000\text{만원}}{70\text{만원} - 30\text{만원}} = 125\text{개}$

(3) 투자안의 재무손익분기점

해설 $Q_F = \dfrac{CFC + OCF^*}{p-v} = \dfrac{5{,}000\text{만원} + 2{,}637.97\text{만원}}{70\text{만원} - 30\text{만원}} = 191\text{개}$

$OCF^* = 10{,}000\text{만원} / PVIFa(10\%,\ 5\text{년}) = 2{,}637.97\text{만원}$

$PVIFa(10\%,\ 5\text{년}) = 3.7908$

(OCF^* : 투자금액과 자본비용을 커버하기 위해서 매년 추가해야 할 영업현금흐름)

03 아래 자료를 사용하여 다음을 구하라.

(단위 : 만원)

매　출　액	10,000
− 변　동　비	4,000
− 고　정　비	3,000
영 업 이 익	3,000
− 이 자 비 용	1,000
법인세차감전순이익	2,000

(1) 영업레버리지도

해설 $DOL = \dfrac{S - VC}{S - VC - FC} = \dfrac{10{,}000 - 4{,}000}{10{,}000 - 4{,}000 - 3{,}000} = 1$

(2) 재무레버리지도

해설 $DFL = \dfrac{S - VC - FC}{S - VC - FC - I} = \dfrac{10{,}000 - 4{,}000 - 3{,}000}{10{,}000 - 4{,}000 - 3{,}000 - 1{,}000} = 1.5$

(3) 결합레버리지도

해설 $DCL = DOL \times DFL = 3$

04 마포기업은 매출액이 1% 증가하면 영업이익이 3% 증가한다. 이 기업의 결합레버리지도는 6이며, 현재 PER은 12이다. 영업이익이 10% 증가하는 경우, 주가가 10% 상승한다면 PER은 얼마가 되는가?

해설 $DCL = DOL \times DFL$이므로 $6 = 3 \times DFL$이 되고 결국 $DFL = 2$이다.

$DFL = 2$이므로 영업이익이 10% 증가하면 주당순이익(EPS)은 20% 증가할 것이다.

새로운 $PER = \dfrac{\text{주가} \times 1.1}{EPS \times 1.2} = 12 \times \dfrac{1.1}{1.2} = 11$

05 아래 자료를 사용하여 다음을 구하라.

매　출　량	200만개
판 매 단 가	30,000원
영 업 고정비	40억원
이 자 비 용	10억원
단위당변동비	15,000원

(1) 영업레버리지도

해설 S = 30,000원 × 200만개 = 600억원

VC = 15,000원 × 200만개 = 300억원

FC = 40억원

$EBIT = S - VC - FC$ = 600억원 − 300억원 − 40억원
= 260억원

I = 10억원

$$DOL = \frac{S - VC}{S - VC - FC} = \frac{600억원 - 300억원}{600억원 - 300억원 - 40억원} = 1.15$$

(2) 재무레버리지도

해설 $$DFL = \frac{S - VC - FC}{S - VC - FC - I} = \frac{600억원 - 300억원 - 40억원}{600억원 - 300억원 - 40억원 - 10억원} = 1.04$$

(3) 결합레버리지도

해설 $DCL = DOL \times DFL = 1.15 \times 1.04 = 1.196$

06 **다음은 은성기업의 재무자료이다.**

영 업 고 정 비	6,000만원
단 위 당 변 동 비	2,500원
100% 조업시의 생산능력	15,000개
판 매 단 가	4,000원

이상의 자료를 사용하여 다음을 구하라.

(1) 회계손익분기점(BEP 매출량과 매출액)

해설 BEP 매출량을 측정하면 다음과 같다.

$$BEP\,매출량 = \frac{FC}{p - v} = \frac{6{,}000만원}{4{,}000원 - 2{,}500원} = 40{,}000개$$

또한 BEP 매출액을 측정하면 다음과 같다.

$$BEP\,매출액 = \frac{FC}{1 - \frac{v}{p}} = \frac{6{,}000만원}{1 - \frac{2{,}500원}{4{,}000원}} = 16{,}000만원$$

(2) 1,500만원의 영업이익을 얻기 위한 매출액

해설 목표이익(TP) 1,500만원을 얻기 위한 BEP 매출액을 측정하면 다음과 같다.

$$BEP\text{ 매출액} = \frac{FC + TP}{1 - \frac{v}{p}} = \frac{6{,}000\text{만원} + 1{,}500\text{만원}}{1 - \frac{2{,}500\text{원}}{4{,}000\text{원}}} = 20{,}000\text{만원}$$

(3) 60% 조업 시 영업이익

해설 60% 조업 시 영업이익(π)을 측정하면 다음과 같다.

$$\begin{aligned}\pi &= \text{매출액} - \text{변동비} - \text{고정비}\\ &= \text{공헌이익} - \text{고정비} = Q(p - v) - FC\\ &= 15{,}000\text{개} \times 60\% \times (4{,}000\text{원} - 2{,}500\text{원}) - 6{,}000\text{만원}\\ &= -4{,}650\text{만원}\end{aligned}$$

07 오류기업이 올해 1년간 개당 80,000원의 가격으로 100,000개의 제품을 매출하여 80억원의 매출액을 실현했다. 오류기업의 영업변동비는 48억원이고 영업고정비는 20억원이다.

(1) 회계손익분기점(BEP 매출량과 매출액)을 구하라.

해설 $$BEP\text{ 매출량} = \frac{20\text{억원}}{80{,}000\text{원} - 48{,}000\text{원}} = 62{,}500\text{개}$$

$$BEP\text{ 매출액} = \frac{20\text{억원}}{1 - \frac{48\text{억원}}{80\text{억원}}} = 50\text{억원}$$

(단위당 변동비 : $48{,}000\text{원} = 80{,}000\text{원} \times \frac{48}{80}$)

(2) BEP도표를 그리고 설명하라.

해설

[그림 a]

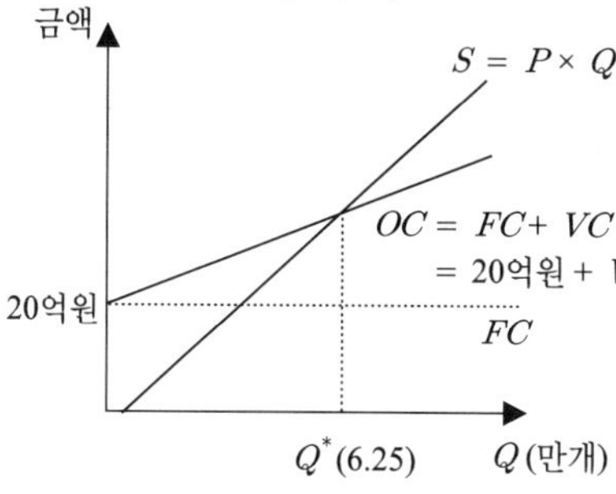

[그림 b]

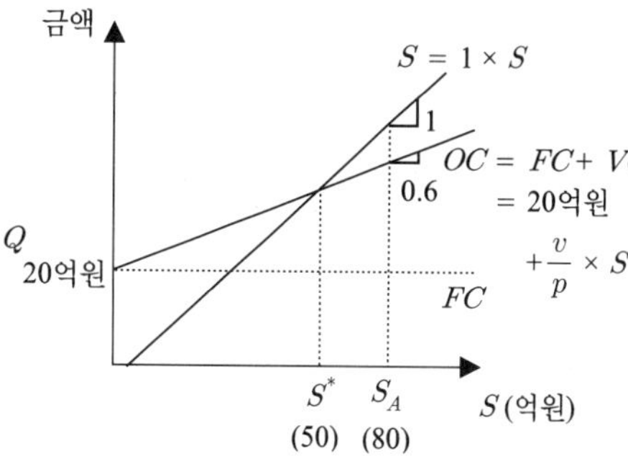

오류기업의 BEP 매출량은 62,500개이고 BEP 매출액은 50억원이다. 올해 매출액은 80억원이므로, 오류기업은 올해 BEP수준을 넘어선 매출액을 실현했음을 쉽게 알 수 있다. 오류기업의 BEP수준을 그림으로 나타내면 [그림 a, b]와 같다. [그림 b]에서 영업비용직선(OC)의 기울기는 0.6(변동비율)이며 매출액직선(S)의 기울기는 1이 된다.

08 다음은 금수기업의 비용구조와 관련된 자료이다.

(단위 : 억원)

구 분	금수기업
매 출 액	500
– 고 정 비	200
– 변 동 비	200
영 업 이 익	100
+ 영 업 외 수 익	30
– 영 업 외 비 용	50
(이 자 비 용)	(20)
– 법 인 세	20
순 이 익	60

(1) *DOL*, *DFL*, *DCL*을 구하고 비용구조의 특성을 설명하라.

해설 *DOL*, *DFL*, *DCL*을 측정하고 이를 기초로 비용구조의 특성을 설명하면 다음과 같다.

구 분	금수기업
DOL	$\frac{500-200}{500-200-200}=3.0$
DFL	$\frac{500-200-200}{500-200-200-20}=1.25$
DCL	$3.0\times1.25=3.75$

금수기업의 경우 매출액 변화 시 영업이익의 변화가 3배로 확대되고, 영업이익 변화 시 순이익의 변화가 1.25배로 확대된다. 따라서 전체적으로 금수기업의 경우 매출액 변화 시 순이익의 변화가 3.75배로 확대된다.

(2) *BEP* 매출액과 손익분기점률을 구하고 설명하라.

해설 ① *BEP* 매출액 측정

$$BEP\ 매출액=\frac{200억원}{1-\frac{200억원}{500억원}}=333.3억원$$

② 손익분기점률 측정

$$손익분기점률=\frac{BEP\ 매출액}{실현매출액}\times100=\frac{333.3억원}{500억원}\times100=66.7\%$$

09★ 서울기업의 손익계산서는 다음과 같다.

손익계산서

서울기업	(단위 : 억원)
매 출 액 (1,000,000개 × 3만원)	300
− 변 동 비 (1,000,000개 × 1.8만원)	180
− 고 정 비	90
영 업 이 익	30
− 이 자 비 용	12
세 전 순 이 익	18
− 법인세(t = 0.2)	3.6
당 기 순 이 익	14.4
÷ 발 행 주 식 수	10만주
주 당 순 이 익	14,400원

(1) 서울기업의 영업레버리지도, 재무레버리지도 및 결합레버리지도를 구하라.

해설 ① 영업레버리지도 측정

$$DOL = \frac{Q(P-V)}{Q(P-V)-FC} = \frac{TR-VC}{TR-VC-FC} = \frac{300-180}{300-180-90} = 4$$

② 재무레버리지도 측정

$$DFL = \frac{Q(P-V)(FC)}{Q(P-V)-FC-I} = \frac{TR-VC-FC}{TR-VC-FC-I} = \frac{300-180-90}{300-180-90-12} = 1.67$$

③ 결합레버리지도 측정

$$DCL = \frac{Q(P-V)}{Q(P-V)-FC-I} = \frac{TR-VC}{TR-VC-FC-I} = \frac{300-180}{300-180-90-12} = 6.68$$

또는

$$DCL = DOL \times DFL = 4 \times 1.67 = 6.68$$

(2) 서울기업은 지금 새로운 시설을 도입하려고 한다. 새로운 시설을 사용하여 생산하면 영업고정비는 현재의 1.5배가 되지만, 단위당 변동비는 현재 18,000원에서 10,000원으로 감소한다. 새로운 시설을 도입하기 위하여,

① 회사채를 발행하면 이자비용은 30억원이 증가하고,

② 보통주를 발행하면 발행주식이 10,000주 증가한다.

매출액이 현재와 동일한 상태에서(판매단가와 매출량이 모두 현재와 같음) 새로운 시설을 가동할 경우 각 자본조달 방법에서의 *EPS*와 결합레버리지도를 계산하고, 이를 (1)과 비교해서 설명하시오.

해설 ① 회사채 발행으로 자본을 조달할 경우

손익계산서

서울기업 (단위 : 억원)

매 출 액	300 (1,000,000개 × 3만원)
− 변 동 비	100 (1,000,000개 × 1만원)
− 고 정 비	135 (90 × 1.5)
영 업 이 익	65
− 이 자 비 용	42 (12 + 30)
세 전 순 이 익	23
− 법인세(t = 0.2)	4.6
당 기 순 이 익	18.4
÷ 발 행 주 식 수	10만주
주 당 순 이 익	18,400원

$$결합레버리지도 = \frac{Q(P-V)}{Q(P-V)-FC-I} = \frac{TR-VC}{TR-VC-FC-I} = \frac{300-100}{300-100-135-42} = 8.7$$

② 보통주 발행으로 자본을 조달할 경우

손익계산서

서울기업 (단위 : 억원)

매 출 액	300 (1,000,000개 × 3만원)
− 변 동 비	100 (1,000,000개 × 1만원)
− 고 정 비	135 (90 × 1.5)
영 업 이 익	65
− 이 자 비 용	12
세 전 순 이 익	53
− 법인세(t = 0.2)	10.6
당 기 순 이 익	42.4
÷ 발 행 주 식 수	11만주 (10만주 + 1만주)
주 당 순 이 익	38,545원

$$\text{결합레버리지도} = \frac{Q(P-V)}{Q(P-V)-FC-I}$$
$$= \frac{TR-VC}{TR-VC-FC-I}$$
$$= \frac{300-100}{300-100-135-12} = 3.78$$

③ 비교설명

소요자본을 회사채 발행으로 충당하는 경우의 EPS는 18,400원이고, 보통주 발행으로 충당하는 경우의 EPS는 38,545원이다. 따라서 보통주 발행으로 충당하는 것이 EPS를 극대화시키는데 유리하다.

또한 회사채 발행으로 충당할 때 결합레버리지도는 8.7이고, 보통주발행으로 충당할 때 결합레버리지도는 3.78이다. 따라서 회사채 발행시의 결합레버리지가 더 높다. 이는 회사채 발행시 재무레버리지가 커지는데 기인한 것이다. 결국 미래 영업이익이 상당히 늘어나지 않는 한 회사채 발행보다는 보통주 발행이 더 유리할 것이다.

10★ **부산기업의 총자본은 현재 100억원이다. 이 중 자기자본이 60억원(발행주식수 20만주)이고 타인자본이 40억원이다. 타인자본에 대한 평균이자율은 연 5%이다. 부산기업은 신규투자를 계획하고 있는데 여기에 소요되는 자본은 60억원이다. 이 투자가 이루어지면 연간 영업이익은 60억원이 될 것으로 예상된다. 만일 보통주를 발행하여 자본을 조달한다면 주당 3만원씩 발행이 가능하며, 타인자본으로 조달한다면 연 5%의 이자율로 조달할 수 있다(법인세율이 20%임).**

(1) 보통주 발행과 타인자본 조달 중 EPS를 크게 하는 자본조달 방법은 어느 것인가?

해설 ① 보통주 발행시 EPS측정

보통주 신규발행수는 60억원 ÷ 3만원 = 20만주이므로 총발행주식수는 40만주(= 20만주 + 20만주)이다. 따라서 보통주 발행시 예상되는 EPS는 다음과 같이 816원이 된다.

$$EPS = \frac{(EBIT-I)(1-t)}{n}$$
$$= \frac{[60\text{억원} - (40\text{억원} \times 0.05)](1-0.2)}{40\text{만주}}$$
$$= 11{,}600\text{원}$$

② 타인자본 조달시 EPS측정

타인자본 조달로 발생하는 총이자비용은 100억원 × 0.05 = 5억원이다. 따라서 타인자본 조달시 예상되는 EPS는 다음과 같이 840원이 된다.

$$EPS = \frac{(EBIT-I)(1-t)}{n}$$
$$= \frac{(60\text{억원} - 5\text{억원})(1-0.2)}{20\text{만주}}$$
$$= 22{,}000\text{원}$$

결국 타인자본으로 조달할 때 *EPS*가 더 커짐을 알 수 있다.

(2) 자본조달분기점을 계산하고 예상되는 영업이익이 자본조달분기점을 초과할 때와 미만일 때, 각각 어느 자본조달 방법이 *EPS*를 크게 하는지를 판단하시오.

해설 ① 자본조달분기점 측정

N_1 = 40만주, N_2 = 20만주, I_1 = 2억원, I_2 = 5억원이므로 *FBEP*는 다음과 같이 8억원이 된다.

$$FBEP = \frac{N_1 \cdot I_2 - N_2 \cdot I_1}{N_1 - N_2}$$

$$= \frac{40\text{만주} \times 5\text{억원} - 20\text{만주} \times 2\text{억원}}{40\text{만주} - 20\text{만주}}$$

$$= 8\text{억원}$$

② 최적 자본조달 방안 결정

미래에 예상되는 영업이익이 *FBEP*수준인 8억원을 초과하면 재무레버리지효과를 극대화하기 위해 타인자본을 사용하는 것이 유리하다. 그러나 미래에 예상되는 영업이익이 *FBEP*수준인 8억원에 미달하면 보통주를 발행하는 것이 유리하다.

PART 3

The Practice of Financial Management

위험의 측정과 요구수익률의 결정

CHAPTER 06 위험과 수익률

자산의 가치는 자산으로부터 얻는 현금흐름을 적정 할인율로 할인한 현재가치이다. 지금까지는 할인율이 주어진 상황에서 주식, 채권, 투자안의 현금흐름을 추정하여 가치를 평가하였다. 지금부터는 적정 할인율을 어떻게 추정할 수 있는지 설명하기로 한다. 본 장은 이를 위한 첫 번째 장이다. 적정 할인율은 투자의 위험에 의해 결정된다. 따라서 본 장에서는 개별자산과 포트폴리오의 위험을 어떻게 측정하는가에 초점을 맞추기로 한다.

6.1 개별주식의 기대수익률과 위험

(1) 개별주식의 기대수익률

수익률이란 보유기간 수익률을 말한다. 주식의 t기간의 수익률 r_t는 다음 식으로 나타낼 수 있다.

$$r_t = \frac{P_{t+1} - P_t + DIV_t}{P_t} \tag{1}$$

P_t : t시점의 주가
P_{t+1} : $t+1$시점의 주가
DIV_t : t시점과 $t+1$시점 사이의 배당

개별주식의 기대수익률 [$E(r)$]은 미래의 가능한 수익률을 각각의 수익률이 발생할 확률로 가중평균하여 계산하며, 이를 수식으로 나타내면 다음과 같다.

$$E(r) = \sum_{t=1}^{n} r_i \times p_i \tag{2}$$

r_i : i상황에서의 수익률
p_i : r_i가 발생할 확률
n : 상황의 수

(2) 개별주식의 위험

개별주식의 위험의 크기는 수익률 확률분포의 분산 정도에 달려 있다. 따라서 개별주식의 위험은 다음과 같이 수익률 확률분포의 분산 $[V(r)]$ 또는 표준편차 $[\sigma(r)]$로 측정된다.

$$V(r) = \sum_{t=1}^{n}[r_i - E(r)]^2 \times p_i = E[(r_i - E(r))^2]$$
$$\sigma = \sigma(r) = \sqrt{V(r)} \qquad (3)$$

(3) 개별주식의 기대수익률과 위험의 측정

미래에 가능한 상황은 상승, 보통, 침체의 3가지이고 현재 가격이 10,000원인 A주식의 각 상황별 발생확률과 가격이 다음과 같다. 미래 기간 동안의 주당배당금이 100원이다. 기대수익률과 표준편차는 얼마인가?

[표 1] A주식의 각 상황별 예상수익률

상 황	확 률	가 격	수익률
상승	20%	12,900원	30%
보통	60%	10,900원	10%
침체	20%	6,900원	-30%

공식에 의해 다음과 같이 기대수익률은 6%이고 표준편차는 19.6%이다.

$$E(r_A) = 0.2 \times 30\% + 0.6 \times 10\% + 0.2 \times (-30\%) = 6\%$$
$$V(r_A) = \sigma^2 = 0.2(30\% - 6\%)^2 + 0.6(10\% - 6\%)^2 + 0.2(-30\% - 6\%)^2 = 384.0\%^2$$
$$\sigma_A = \sqrt{384.0\%^2} = 19.6\%(\text{단, } \%^2 = 1/10{,}000\text{임})$$

(4) 개별주식의 선택

개별주식의 선택은 먼저 지배원리(dominance principle)에 의하여 투자대상을 찾아내는 단계를 거친다. 지배원리란 위험수준이 같은 투자대상 중에서 기대수익률이 가장 높은 투자대상에 투자하고, 기대수익률이 같은 투자대상 중에서는 위험이 가장 작은 투자대상을 찾으려 하는 이성적인 투자자의 투자원칙을 의미한다.

지배원리에 의해 효율적 투자대상들을 선택한 후, 투자자는 이중에서 자신의 효용을 극대화시키는 투자대상 1개를 최종선택하게 된다. 이와 같이 최종 투자대상을 선택하는 과정은 두 단계로 나누어진다. 이를 분리정리(separation theorem)라 한다.

지배원리와 분리정리에 의해 투자자가 개별주식을 선택하는 과정을 설명해 보기로 하자. 예를 들어 시장에는 A, B, C주식만 존재하고, A, B, C주식의 기대수익률과 표준편차(위험)가 다음과 같다고 하자.

[표 2] A, B, C주식의 기대수익률과 표준편차(위험)

주 식	기대수익률	표준편차(위험)
A	6%	19.6%
B	6%	13.2%
C	9%	19.6%

지배원리에 따르면 기대수익률은 같은데 위험이 작으므로 B주식이 A주식을 지배한다. 그리고 위험은 같은데 기대수익률이 크므로 C주식이 A주식을 지배한다. 결국 지배원리에 의해 남는 효율적 투자대상은 B주식과 C주식이다. 이 중에서 상대적으로 위험을 더 회피하는 방어적 투자자는 기대수익률은 작지만 위험도 작은 B주식을 최종 선택한다. 반면에 상대적으로 위험을 덜 회피하는 공격적 투자자는 위험은 크지만 기대수익률도 큰 C주식을 최종 선택한다.

6.2 위험에 대한 투자자의 태도

(1) 위험회피형

위험회피형(risk averse)은 위험을 기피하는 이성적인 인간형으로, 위험을 부담하는 경우에는 반드시 이에 상응하는 보상을 바라는 형이다. 위험회피형의 효용함수(무차별 효용곡선)는 위험이 증가함에 따라 요구하는 수익률(기대수익률)이 더욱 커지는 특징을 가지고 있다. 위험회피형의 위험과 기대수익률에 대한 태도, 즉 위험선호함수(risk preference function)를 위험-기대수익률 평면(risk-return space)에 그림으로 나타내면 [그림 1]의 (a)와 같다.

[그림 1] 위험선호함수

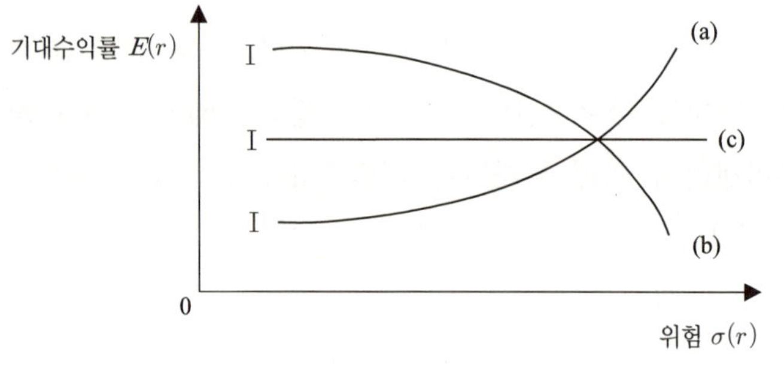

(2) 위험추구형

위험추구형(risk seeking)은 위험을 선호하는 인간형으로, 위험을 추가로 부담하면 기대수익률을 포기할 수 있는 형이다. 위험추구형의 효용함수(무차별 효용곡선)는 위험이 증가함에 따라 줄어드는 기대수익률이 더욱 커지는 특징을 가지고 있다. 위험추구형의 위험선호함수를 위험-기대수익률 평면에 그림으로 나타내면 [그림 1]의 (b)와 같다.

(3) 위험중립형

위험중립형(risk neutral)은 위험의 크기에 관계없이 기대수익률의 크기에만 따라 행동하는 형을 말한다. 위험중립형의 효용함수(무차별 효용곡선)는 수익률의 선형함수(linear function)이다. 위험중립형의 위험선호함수를 위험-기대수익률 평면에 그림으로 나타내면 [그림 1]의 (c)와 같다.

6.3 포트폴리오의 기대수익률과 위험

(1) 포트폴리오의 기대수익률

개별주식의 수익률을 r_i, 그리고 각각의 투자비율을 w_i라 하면 n개의 주식으로 구성된 포트폴리오의 수익률(r_P)은 다음과 같다.

$$\begin{aligned} r_P &= w_1 r_1 + w_2 r_2 + \cdots + w_n r_n \\ &= \sum_{i=1}^{n} w_i r_i \end{aligned} \tag{4}$$

$$\sum_{i=1}^{n} w_i = 1$$

그리고 n개의 주식으로 구성된 포트폴리오의 기대수익률 $E(r_p)$를 구하는 공식을 유도하기 위하여 식 (4)의 양변에 기대치를 취해보자.

$$E(r_P) = E(w_1 r_1 + w_2 r_2 + \cdots + w_n r_n) \tag{5}$$

기대치의 특성에 따르면, 식 (5)에서 상수 w_i는 밖으로 나올 수 있고 변량 r_i에만 기대치가 붙여지므로, 식 (5)는 식 (6)과 같이 정리된다.

$$\begin{aligned} E(r_P) &= w_1 E(r_1) + w_2 E(r_2) + \cdots + w_n E(r_n) \\ &= \sum_{i=1}^{n} w_i E(r_i) \end{aligned} \tag{6}$$

$E(r_i)$: i주식의 기대수익률

w_i : i주식의 투자비율

식 (6)에서 볼 수 있는 바와 같이, 포트폴리오의 기대수익률은 포트폴리오를 구성하고 있는 개별주식의 기대수익률에 각각의 투자비율을 기준으로 가중평균한 값이다.

(2) 포트폴리오의 위험

포트폴리오의 위험을 측정하는 공식을 유도하기 전에 단순히 상황별 포트폴리오의 수익률과 기대수익률을 이용하여 포트폴리오의 위험을 측정해 보기로 하자. 분산의 정의에 의해 포트폴리오의 위험은 다음과 같다.

$$V(r_P) = \sum_{i=1}^{n}[r_P - E(r_P)] \times P_i = \sigma_P^2$$

$$\sigma(r_P) = \sqrt{V(r_P)} = \sigma_P$$

$V(r_P)$: 포트폴리오의 분산(σ_P^2)
r_P : 상황별 포트폴리오의 수익률
$E(r_P)$: 포트폴리오의 기대수익률
P_i : 상황별 확률

(3) 포트폴리오의 기대수익률과 위험 측정

[표 2]의 자료를 이용하여 포트폴리오의 기대수익률과 위험을 측정해 보기로 하자.

[표 2] 두 주식 수익률의 확률분포(투자비율 : $w_1 = 0.5$, $w_2 = 0.5$)

미래상황	확 률	1번 주식 수익률(r_1)	2번 주식 수익률(r_2)	포트폴리오 수익률(r_P)
a	0.3	0%	0%	0%
b	0.4	10%	15%	12.5%*
c	0.3	20%	20%	20%

* 12.5% = 0.5 × 10% + 0.5 × 15%

[표 2]는 1번 주식과 2번 주식에 절반씩 투자하여 구성한 포트폴리오의 상황별 수익률을 보여준다. [표 2]의 자료로부터 개별주식과 포트폴리오의 기대수익률과 위험을 구하면 다음과 같다. 먼저 개별주식의 기대수익률과 위험을 구해보기로 하자.

$$E(r_1) = 0 \times 0.3 + 0.1 \times 0.4 + 0.2 \times 0.3 = 10\%$$

$$V(r_1) = (0 - 0.1)^2 \times 0.3 + (0.1 - 0.1)^2 \times 0.4 + (0.2 - 0.1)^2 \times 0.3$$
$$= 0.6\%(= \sigma_1^2)$$

$$\sigma(r_1) = \sqrt{V(r_1)} = 7.746\%(= \sigma_1)$$
$$E(r_2) = 0 \times 0.3 + 0.15 \times 0.4 + 0.2 \times 0.3 = 12\%$$
$$V(r_2) = (0-0.12)^2 \times 0.3 + (0.15-0.12)^2 \times 0.4 + (0.2-0.12)^2 \times 0.3$$
$$= 0.66\%(= \sigma_2^2)$$
$$\sigma(r_2) = \sqrt{V(r_2)} = 8.124\%(= \sigma_2)$$

다음에는 포트폴리오의 기대수익률과 위험을 구해보기로 하자. 먼저 포트폴리오의 기대수익률 $E(r_P)$를 구하면 다음과 같다.

$$E(r_P) = 0 \times 0.3 + 0.125 \times 0.4 + 0.2 \times 0.3 = 11\%$$

식 (6)을 이용하여 $E(r_P)$를 구해도 다음과 같이 동일한 결과를 얻을 수 있다.

$$E(r_P) = 0.5 \times 0.1 + 0.5 \times 0.12 = 11\%$$

그리고 포트폴리오의 위험을 구하면 다음과 같다.

$$V(r_P) = (0 - 0.11)^2 \times 0.3 + (0.125 - 0.11)^2 \times 0.4 + (0.2 - 0.11)^2 \times 0.3$$
$$= 0.62\%(= \sigma_P^2)$$
$$\sigma(r_P) = \sqrt{V(r_P)} = 7.842\%(= \sigma_P)$$

(4) 2종류 주식으로 구성된 포트폴리오의 위험

포트폴리오의 기대수익률을 구하는 공식은 기대치의 특성에 따라 쉽게 도출된다. 그러나 포트폴리오의 위험을 나타내는 분산(또는 표준편차)을 구하는 공식은 도출이 쉽지 않다. 포트폴리오의 위험을 측정하기 위해서는 먼저 공분산(covariance)을 이해하는 것이 필수적이다. 다음에는 공분산의 개념을 쉽게 설명해 보기로 하자. 예를 들어서 1번 주식과 2번 주식의 수익률을 각각 r_1, r_2라고 하자. 1번 주식 수익률과 2번 주식 수익률간의 공분산($Cov(r_1, r_2)$)은 다음과 같이 정의된다.

$$\begin{aligned} Cov(r_1,\ r_2) &= \sum_{i=1}^{n}[r_1 - E(r_1)][r_2 - E(r_2)] \times p_i \\ &= E\{[r_1 - E(r_1)][r_2 - E(r_2)]\} \end{aligned} \tag{7}$$

식 (7)과 위의 [표 2]를 사용하여 1번 주식 수익률과 2번 주식 수익률의 공분산을 구해 보기로 하자. 1번 주식의 기대수익률($E(r_1)$)은 10%이고, 2번 주식의 기대수익률($E(r_2)$)은 12%이다. 이들 자료를 이용해서 두 주식 수익률간의 공분산 $Cov(r_1,\ r_2)$를 구하면 다음과 같다.

$$\begin{aligned} Cov(r_1,\ r_2) &= (0 - 0.1)(0 - 0.12) \times 0.3 + (0.1 - 0.1)(0.15 - 0.12) \times 0.4 \\ &\quad + (0.2 - 0.1)(0.2 - 0.12) \times 0.3 = 0.6\%(= \sigma_{1,2}) \end{aligned}$$

이제 1번 주식과 2번 주식으로 구성된 포트폴리오의 위험(분산)을 공식으로 구해 보기로 하자. 1번 주식과 2번 주식으로 구성된 포트폴리오의 수익률의 분산 $V(r_P)$또는 σ_p^2은 다음과 같이 정의된다.

$$\begin{aligned} V(r_P) &= \sum_{i=1}^{n}[r_P - E(r_P)]^2 \times p_i \\ &= E[(r_P - E(r_P))^2] \\ &= E[(w_1r_1 + w_2r_2 - E(w_1r_1 + w_2r_2))^2] \\ &= E[(w_1r_1 + w_2r_2 - w_1E(r_1) - w_2E(r_2))^2] \\ &= E[(w_1(r_1 - E(r_1)) + w_2(r_2 - E(r_2)))^2] \\ &= E[w_1^2(r_1 - E(r_1))^2 + w_2^2(r_2 - E(r_2))^2 \\ &\quad + 2w_1w_2(r_1 - E(r_1))(r_2 - E(r_2))] \\ &= w_1^2E[(r_1 - E(r_1))^2] + w_2^2E[(r_2 - E(r_2))^2] \\ &\quad + 2w_1w_2E[(r_1 - E(r_1))(r_2 - E(r_2))] \\ &= w_1^2\,V(r_1) + w_2^2\,V(r_2) + 2w_1w_2\,Cov(r_1,\ r_2) \\ &= w_1^2\sigma_1^2 + w_2^2\sigma_2^2 + 2w_1w_2\sigma_{1,2} \end{aligned} \tag{8}$$

또는

$$V(r_P) = w_1^2\sigma_1^2 + w_2^2\sigma_2^2 + 2w_1w_2\rho_{1,2}\sigma_1\sigma_2 = \sigma_P^2 \qquad (8')$$

r_P: 포트폴리오 수익률$(= w_1r_1 + w_2r_2)$

σ_1^2 : 1번 주식 수익률의 분산$(= V(r_1))$

σ_2^2 : 2번 주식 수익률의 분산$(= V(r_2))$

$\sigma_{1,2}$: 1번 주식 수익률과 2번 주식 수익률간의 공분산$(= Cov(r_1,\ r_2))$

$\rho_{1,2}$: $\dfrac{\sigma_{1,2}}{\sigma_1 \times \sigma_2}$, 1번 주식 수익률과 2번 주식 수익률간의 상관계수

식 (8)을 이용하여 포트폴리오 수익률의 분산($V(r_P)$)을 구해보고, 이것이 [표 1]에서 구했던 $V(r_P)$와 일치하는지를 살펴보기로 하자.

지금까지의 자료를 종합해 보면, $w_1 = 0.5$, $w_2 = 0.5$, $\sigma_1 = 0.07746$, $\sigma_2 = 0.08124$ 및 $\sigma_{1,2} = 0.006$이다. 이들 자료를 식 (8)에 대입해서 $V(r_P)$와 $\sigma(r_P)$를 구해보면 다음과 같다.

$$\begin{aligned} V(r_P) &= (0.5)^2(0.07746)^2 + (0.5)^2(0.08124)^2 + 2(0.5)(0.5)(0.006) \\ &= 0.62\% \\ \sigma(r_P) &= \sqrt{0.0062} = 7.842\%(=\sigma_P) \end{aligned}$$

결국 식 (8)을 이용해서 구한 포트폴리오 수익률의 분산과 표준편차는 [표 2]의 자료를 가지고 직접 구한 포트폴리오 수익률의 분산과 표준편차와 일치한다.

(5) 상관계수와 위험

상관계수는 공분산과 동일한 부호를 가지므로 방향성에 대한 정보를 제공한다. 그런데 상관계수는 -1과 $+1$ 사이의 값을 가지므로 추가적으로 연관성의 강도(strength)에 대한 정보까지도 제공한다. 일반적으로 주식간의 상관계수는 양수(+)로 0과 1사이의 값을 갖는다. 예를 들어, 삼성전자 주식수익률은 포항제철 주식수익률과 +0.63의 상관계수를 갖고, 한전 주식수익률과는 +0.52의 상관계수를 갖는다. [표 2]에서 1번 주식과 2번 주식의 수익률간의 상관계수는 다음과 같이 +0.953이다.

$$\rho_{1,2} = \frac{\sigma_{1,2}}{\sigma_1 \times \sigma_2} = \frac{0.006}{0.07746 \times 0.08124} = +0.953$$

여기서는 식 (8′)에서 1번, 2번 주식 수익률간의 상관계수가 −1, 0, +1인 경우 포트폴리오의 표준편차가 어떻게 계산되는지 살펴보기로 하자.

① 상관계수가 +1인 경우

$\rho_{1,2}$가 +1이면 $\sigma_P^2 = w_1^2\sigma_1^2 + w_2^2\sigma_2^2 + 2w_1w_2\sigma_{1,2}$는 다음과 같이 다시 쓸 수 있다.

$$\sigma_P^2 = w_1^2\sigma_1^2 + w_2^2\sigma_2^2 + \mathbf{2}w_1w_2\sigma_1\sigma_2 = (w_1\sigma_1 + w_2\sigma_2)^2$$

따라서 포트폴리오의 표준편차는 개별주식의 표준편차를 단순히 가중평균하여 계산된다.

$$\sigma_P = w_1\sigma_1 + w_2\sigma_2$$

포트폴리오 표준편차가 단순히 개별자산의 표준편차를 가중평균해서 계산된다는 것은 분산효과가 전혀 없음을 의미한다. 예를 들어, 1번 주식의 표준편차가 7.746%이고 2번 주식의 표준편차가 8.124%이므로, 상관계수가 +1이라면 동일가중으로 구성된 포트폴리오의 표준편차는 0.5 × 7.746% + 0.5 × 8.124% = 7.935%가 될 것이다. 이는 분산효과가 전혀 없는 경우이다.

그런데 [표 2]에서 1번 주식과 2번 주식의 수익률간의 상관계수가 +0.953이므로 두 주식에 각각 50%씩 투자한 포트폴리오의 표준편차는 7.842%이다. 이 때 표준편차 기준 분산효과는 0.093%(= 7.935% − 7.842%)이다.

② 상관계수가 0인 경우

$\rho_{1,2}$가 0이면 포트폴리오의 표준편차는 다음과 같다.

$$\sigma_P = \sqrt{w_1^2\sigma_1^2 + w_2^2\sigma_2^2} < w_1\sigma_1 + w_2\sigma_2$$

이 경우의 표준편차는 상관계수가 +1인 경우의 표준편차보다 작다. 따라서 $\rho_{1,2}$가 0이면 분산효과가 발생한다. 만일 1번 주식과 2번 주식의 상관계수가 0이라면, 포트폴리오의 표준편차는 5.612%[$= 0.5^2 \times (7.746\%)^2 + 0.5^2 \times (8.124\%)^2$]이고, 이 때 분산효과는 2.323%(= 7.935% − 5.612%)이다.

③ 상관계수가 −1인 경우

$\rho_{1,2}$가 −1이면 포트폴리오의 표준편차는 투자비율로 가중된 개별 표준편차의 차이로 계산된다.

$$\sigma_p^2 = w_1^2\sigma_1^2 + w_2^2\sigma_2^2 - 2w_1w_2\sigma_1\sigma_2 = (w_1\sigma_1 - w_2\sigma_2)^2$$

$$\sigma_P = |w_1\sigma_1 - w_2\sigma_2|$$

상관계수가 −1일 때 분산효과가 가장 크다. 만일 1번 주식과 2번 주식의 수익률 간의 상관계수가 −1이라면, 포트폴리오의 표준편차는 0.189%(= |0.5 × 7.746% − 0.5 × 8.124%|)이고, 이 때 분산효과는 7.746%(= 7.935% − 0.189%)로 매우 크다. $\rho_{1,2} = -1$일 때, w_1와 w_2의 값을 조정하면 포트폴리오의 표준편차를 0으로 만드는 무위험포트폴리오의 구성도 가능하다. 무위험포트폴리오를 구성할 수 있는 w_1^*의 값은 다음과 같다.

$$w_1^*\sigma_1 - w_2^*\sigma_2 = 0\text{이고, } w_2^* = 1 - w_1^*\text{이다.}$$

$$\therefore\ w_1^* = \frac{\sigma_2}{\sigma_1 + \sigma_2} \tag{9}$$

$\sigma_1 = 7.746\%$, $\sigma_2 = 8.124\%$이고 만일 $\rho_{1,2} = -1$이라면, w_1^*는 다음과 같이 51.19%이다.

$$w_1^* = \frac{8.124\%}{7.746\% + 8.124\%} = 51.19\%$$

즉, $\rho_{1,2} = -1$일 때 1번 주식에 51.19% 투자하고 2번 주식에 48.81% 투자하여 구성한 포트폴리오의 위험은 다음과 같이 0이 된다(반올림차이 무시).

$$\sigma_P = |0.5119 \times 7.746\% - 0.4881 \times 8.124\%| = 0$$

(6) 3종류 주식으로 구성된 포트폴리오의 위험

세 종류 주식(1번, 2번 및 3번 주식)으로 포트폴리오를 구성한다면, 포트폴리오 수익률의 분산을 구하는 공식은 어떻게 될까? 우리는 식 (8)을 유도한 동일 방법으로 세 종류 주식으로 구성된 포트폴리오의 분산을 구하는 공식을 다음과 같이 쉽게 추론할 수 있다.

$$
\begin{aligned}
V(r_P) &= E[(r_P - E(r_P))^2] \\
&= E[(w_1 r_1 + w_2 r_2 + w_3 r_3 - E(w_1 r_1 + w_2 r_2 + w_3 r_3))^2] \\
&= E[(w_1(r_1 - E(r_1)) + w_2(r_2 - E(r_2)) + w_3(r_3 - E(r_3)))^2] \\
&= E[w_1^2(r_1 - E(r_1))^2 + w_2^2(r_2 - E(r_2))^2 + w_3^2(r_3 - E(r_3))^2 \\
&\quad + 2w_1w_2(r_1 - E(r_1))(r_2 - E(r_2)) \\
&\quad + 2w_1w_3(r_1 - E(r_1))(r_3 - E(r_3)) \\
&\quad + 2w_2w_3(r_2 - E(r_2))(r_3 - E(r_3)) \\
&= w_1^2 E[(r_1 - E(r_1))^2] + w_2^2 E[(r_2 - E(r_2))^2] \\
&\quad + w_3^2 E[(r_3 - E(r_3))^2] + 2w_1w_2E[(r_1 - E(r_1))(r_2 - E(r_2))] \\
&\quad + 2w_1w_3E[(r_1 - E(r_1))(r_3 - E(r_3))] \\
&\quad + 2w_2w_3E[(r_2 - E(r_2))(r_3 - E(r_3))] \\
&= w_1^2 V(r_1) + w_2^2 V(r_2) + w_3^2 V(r_3) \\
&\quad + 2w_1w_2Cov(r_1,\ r_2) \\
&\quad + 2w_1w_3Cov(r_1,\ r_3) \\
&\quad + 2w_2w_3Cov(r_2,\ r_3) \\
&= w_1^2\sigma_1^2 + w_2^2\sigma_2^2 + w_3^2\sigma_3^2 + 2w_1w_2\sigma_{1,2} + 2w_1w_3\sigma_{1,3} + 2w_2w_3\sigma_{2,3} && (10) \\
&= w_1w_1\sigma_{1,1} + w_2w_2\sigma_{2,2} + w_3w_3\sigma_{3,3} + 2w_1w_2\sigma_{1,2} + 2w_1w_3\sigma_{1,3} && (10') \\
&\quad + 2w_2w_3\sigma_{2,3}
\end{aligned}
$$

$$\sigma_{1,1} = Cov(r_1,\ r_1) = V(r_1) = \sigma_1^2$$
$$\sigma_{2,2} = Cov(r_2,\ r_2) = V(r_2) = \sigma_2^2$$
$$\sigma_{3,3} = Cov(r_3,\ r_3) = V(r_3) = \sigma_3^2$$

식 (10)으로부터 세 종류 주식으로 구성된 포트폴리오 수익률의 분산($V(r_P) = \sigma_P^2$)은 세 주식의 편차가 만나는 가능한 공분산 3^2개 = 9개(이 중 3개는 분산이고, 나머지 6개는 순수한 공분산임)의 가중평균치임을 알 수 있다. 물론 가중치의 합은 다음과 같이 1이 된다.

$$w_1^2 + w_2^2 + w_3^2 + 2w_1w_2 + 2w_1w_3 + 2w_2w_3 = (w_1 + w_2 + w_3)^2 = 1$$

(7)★ n종류 주식으로 구성된 포트폴리오의 위험

식 (10)으로부터 n개 주식으로 구성된 포트폴리오의 분산은 다음과 같이 n^2개의 공분산(이 중 n개는 분산이고 나머지 $n^2 - n$개는 순수한 공분산임)을 가중평균한 값임을 알 수 있다.

$$V(r_P) = \sum_{i=1}^{n}\sum_{j=1}^{n} w_i w_j \sigma_{ij} \tag{11}$$

$$= \sum_{i=1}^{n} w_i^2\sigma_i^2 + \sum_{i=1}^{n}\sum_{j=1}^{n} w_i w_j \sigma_{ij}(\text{단},\ i \neq j) = \sigma_P^2 \tag{11$'$}$$

예를 들어 식 (11)에서 $n = 3$인 경우, 즉 세 종류 주식으로 구성된 포트폴리오인 경우 수익률의 분산은 $i = 1, 2, 3$이고 $j = 1, 2, 3$으로 해서 구하면 식 (12)가 성립하며, 이는 식 (10)과 일치한다.

$$\text{㉮}\ i = 1 \text{ 일 때, } j \begin{cases} 1: w_1w_1\sigma_{1,1} = w_1^2w_1^2 \\ 2: w_1w_2\sigma_{1,2} \\ 3: w_1w_3\sigma_{1,3} \end{cases}$$

$$\text{㉯}\ i = 2 \text{ 일 때, } j \begin{cases} 1: w_2w_1\sigma_{2,1} = w_1w_2\sigma_{1,2} \\ 2: w_2w_2\sigma_{2,2} = w_2^2\sigma_2^2 \\ 3: w_2w_3\sigma_{2,3} \end{cases}$$

$$\text{㉰}\ i = 3 \text{ 일 때, } j \begin{cases} 1: w_3w_1\sigma_{3,1} = w_1w_3\sigma_{1,3} \\ 2: w_3w_2\sigma_{3,2} = w_2w_3\sigma_{2,3} \\ 3: w_3w_3\sigma_{3,3} = w_3^2\sigma_3^2 \end{cases}$$

$$\begin{aligned} V(r_P) &= \text{㉮} + \text{㉯} + \text{㉰} \\ &= \boxed{w_1w_1\sigma_{1,1}} + w_1w_2\sigma_{1,2} + w_1w_3\sigma_{1,3} \\ &\quad + w_1w_2\sigma_{1,2} + \boxed{w_2w_2\sigma_{2,2}} + w_2w_3\sigma_{2,3} \\ &\quad + w_1w_3\sigma_{1,3} + w_2w_3\sigma_{2,3} + \boxed{w_3w_3\sigma_{3,3}} \\ &= w_1w_1\sigma_{1,1} + w_2w_2\sigma_{2,2} + w_3w_3\sigma_{3,3} \\ &\quad + 2w_1w_2\sigma_{1,2} + 2w_1w_3\sigma_{1,3} + 2w_2w_3\sigma_{2,3} \\ &= w_1^2\sigma_1^2 + w_2^2\sigma_2^2 + w_3^2\sigma_3^2 + 2w_1w_2\sigma_{1,2} + 2w_1w_3\sigma_{1,3} + 2w_2w_3\sigma_{2,3} \qquad (12) \end{aligned}$$

식 (12)에서 대각선($\boxed{}$ 속)은 분산을 합한 것이고, 나머지 대칭선상에 있는 것, 예를 들면 $w_1w_2\sigma_{1,2}$, $w_1w_3\sigma_{1,3}$, $w_2w_3\sigma_{2,3}$ 등은 순수 공분산의 형태를 갖는다. 순수 공분산 6개는 2개씩 동일한 값을 갖는 것으로 구성되어 있다.

6.4 분산투자시 포트폴리오의 위험★

n개의 주식으로 구성된 포트폴리오의 위험은 식 (11)에서 다음과 같이 정의된다.

$$V(r_P) = \sum_{i=1}^{n} w_i^2\sigma_i^2 + \sum_{j=1}^{n}\sum_{i=1}^{n} w_iw_j\sigma_{i,j} \quad (\text{단 } i \neq j)$$

만약, 어떤 투자자가 투자금액을 n개의 주식에 균등하게 배분한다면 주식 i의 투자비율

$w_i = 1/n$이 되며 이 때의 포트폴리오의 위험은 다음과 같다.

$$V(r_P) = \sum_{i=1}^{n}\left(\frac{1}{n}\right)^2\sigma_i^2 + \sum_{j=1}^{n}\sum_{i=1}^{n}\left(\frac{1}{n}\right)\left(\frac{1}{n}\right)\sigma_{i,j}$$
$$= \frac{1}{n}\sum_{i=1}^{n}\left(\frac{\sigma_i^2}{n}\right) + \frac{n-1}{n}\sum_{j=1}^{n}\sum_{i=1}^{n}\frac{\sigma_{i,j}}{n(n-1)} \quad (\text{단 } i \neq j)$$

위 식에서 $\sum_{i=1}^{n}(\sigma_i^2/n)$은 모든 주식수익률 분산의 평균이며 $\sum_{j=1}^{n}\sum_{i=1}^{n}\sigma_{i,j}/[n(n-1)]$은 공분산의 평균이다. 이들을 각각 $\overline{\sigma^2}$, $\overline{\sigma_{i,j}}$ 라 하면 위 식은 다음과 같이 변형된다.

$$V(r_P) = \frac{1}{n}\overline{\sigma^2} + \frac{n-1}{n}\overline{\sigma_{i,j}}$$
$$= \frac{1}{n}\overline{\sigma^2} + \left(1 - \frac{1}{n}\right)\overline{\sigma_{i,j}}$$

여기서 완전 분산투자하면 ($n \rightarrow \infty$), 포트폴리오의 분산은 다음과 같이 평균공분산이 된다.

$$V(r_P) = \overline{\sigma_{i,j}}$$

6.5 최소분산포트폴리오★

(1) 최소분산포트폴리오란 무엇인가?

최소분산포트폴리오(minimum variance portfolio)란 두 개의 자산으로 구성된 포트폴리오 중에서 위험이 가장 작은 포트폴리오를 말한다. 다시 말해서 두 개의 자산으로 구성된 포트폴리오의 위험은 자산 구성비율을 어떻게 하느냐에 따라 다른데, 위험이 가장 작게 되는 포트폴리오를 최소분산포트폴리오라 한다.

두 개의 자산으로 구성된 포트폴리오에서 최소분산포트폴리오가 되기 위한 자산구성 비율은 어떻게 구할까? 이는 포트폴리오의 분산을 개별 자산의 비율에 대하여 미분함으로써 구할 수 있다. 투자비율이 각각 w_1, w_2인 두 자산으로 구성된 포트폴리오 P의 분산은 다음의 식으로 나타낼 수 있다(앞의 식 (8)과 동일함).

$$\sigma_P^2 = w_1^2\sigma_1^2 + w_2^2\sigma_2^2 + 2w_1w_2\sigma_{1,2} \tag{8}$$

식 (8)에서 $w_2 = 1 - w_1$이므로 다음 식이 성립한다.

$$\sigma_P^2 = w_1^2\sigma_1^2 + (1 - w_1)^2\sigma_2^2 + 2w_1(1 - w_1)\sigma_{1,2} \tag{13}$$

포트폴리오의 분산을 최소화하는 w_1을 구하려면, 다음과 같이 식 (13)을 개별자산의 투자비율 w_1에 대하여 1차 미분하고, 미분한 값을 0으로 하면 된다.

$$\begin{aligned}\frac{d\sigma_P^2}{dw_1} &= 2w_1\sigma_1^2 - 2\sigma_2^2(1 - w_1) + 2\sigma_{1,2} - 4w_1\sigma_{1,2} \\ &= 2w_1(\sigma_1^2 + \sigma_2^2 - 2\sigma_{1,2}) - 2(\sigma_2^2 - \sigma_{1,2}) = 0\end{aligned} \tag{14}$$

결국 최소분산포트폴리오가 되는 w_1^*는 다음과 같다.

$$w_1^* = \frac{\sigma_2^2 - \sigma_{1,2}}{\sigma_1^2 + \sigma_2^2 - 2\sigma_{1,2}} = \frac{\sigma_2^2 - \rho_{1,2} \times \sigma_1 \times \sigma_2}{\sigma_1^2 + \sigma_2^2 - 2 \times \rho_{1,2} \times \sigma_1 \times \sigma_2} \tag{15}$$

만일 식 (15)에서 상관계수 $\rho_{1,2} = -1$이면, 식 (15)는 앞의 식 (9)와 같다.

$$w_1^* = \frac{\sigma_2^2 - (-1) \times \sigma_1 \times \sigma_2}{\sigma_1^2 + \sigma_2^2 - 2(-1) \times \sigma_1 \times \sigma_2} = \frac{\sigma_2(\sigma_1 + \sigma_2)}{(\sigma_1 + \sigma_2)^2} = \frac{\sigma_2}{\sigma_1 + \sigma_2} \tag{9}$$

(2) 최소분산포트폴리오의 구성 사례

주식 1, 2로 포트폴리오 P를 구성하려고 한다. 각 주식의 기대수익률과 표준편차가 다음 [표 3]과 같다.

[표 3] 주식 1, 2의 기대수익률과 표준편차

	주식 1	주식 2
기대수익률	15%	20%
표준편차	10%	15%

만일 주식 1과 주식 2의 상관계수가 −1이라면 투자비율에 따른 포트폴리오 P의 기대수익률과 표준편차는 [표 4]와 같다.

[표 4] 상관계수가 −1인 경우 포트폴리오 P의 기대수익률과 표준편차

투자비율		기대수익률 $[E(r_P)]$	표준편차 $[\sigma_P]$
w_1	w_2		
1	0	15.00%	10.00%
0.75	0.25	16.25%	3.75%
0.6	**0.4**	**17.00%**	**0.00%**
0.5	0.5	17.50%	2.50%
0.25	0.75	18.75%	8.75%
0	1	20.00%	15.00%

주식 1과 주식 2로 구성된 포트폴리오의 기대수익률과 표준편차를 평면 좌표에 나타내면 [그림 2]와 같다.

[그림 2] 상관계수가 −1인 경우 포트폴리오 P의 기대수익률과 표준편차 궤적

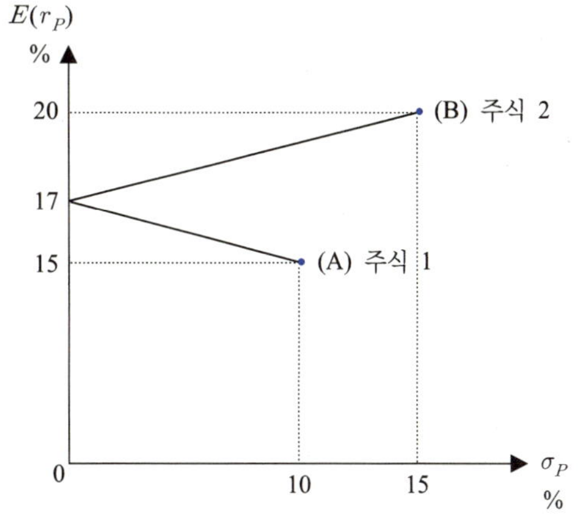

[그림 2]에서 A점은 기대수익률과 위험이 각각 15%와 10%인 주식 1을 의미하고, B점은 기대수익률과 위험이 각각 20%와 15%인 주식 2를 의미한다. 주식 1에 모두 투자하면 ($w_1 = 1$, $w_2 = 0$) A점이 되고, 주식 2에 모두 투자하면 ($w_1 = 0$, $w_2 = 1$) B점이 된다. 그리고 주식 1과 주식 2에 나누어 투자하면 포트폴리오 P의 기대수익률과 표준편차 궤적은 [그림 2]의 실선이 된다.

[표 4]와 [그림 2]에서 알 수 있듯이 상관계수가 -1인 경우 $w_1 = 0.6$, $w_2 = 1 - 0.6 = 0.4$일 때 표준편차(위험)는 0이 되면서 포트폴리오 P는 최소분산포트폴리오가 된다. $w_1 = 0.6$은 식 (14)와 (9)로부터도 구할 수 있다.

$$w_1^* = \frac{\sigma_2^2 - \sigma_{1,2}}{\sigma_1^2 + \sigma_2^2 - 2\sigma_{1,2}} = \frac{\sigma_2^2 - \rho_{1,2}\sigma_1\sigma_2}{\sigma_1^2 + \sigma_2^2 - 2\rho_{1,2}\sigma_1\sigma_2}$$

$$= \frac{0.15^2 - (-1) \times 0.1 \times 0.15}{0.15^2 + 0.1^2 - 2(-1) \times 0.1 \times 0.15} = 0.6$$

또는,

$$w_1^* = \frac{\sigma_2}{\sigma_1 + \sigma_2} = \frac{0.15}{0.1 + 0.15} = 0.6$$

따라서 $w_2^* = 1 - 0.6 = 0.4$이다.

$w_1^* = 0.6$, $w_2^* = 0.4$일 때, 기대수익률과 분산(위험)이 얼마인지를 확인해 보면 다음과 같다.

$$E(r_P) = (0.6)(0.15) + (0.4)(0.2) = 0.17$$

$$\sigma_p^2 = w_1^2\sigma_1^2 + w_2^2\sigma_2^2 + 2w_1w_2\rho_{1,2}\sigma_1\sigma_2$$

$$= (0.6)^2(0.1)^2 + (0.4)^2(0.15)^2 + 2(0.4)(0.6)(-1)(0.1)(0.15) = 0$$

즉, 이 때 최소분산포트폴리오가 구성됨을 알 수 있다.

6.6 최적 포트폴리오의 선택

두 개 이상의 개별주식으로 구성된 포트폴리오의 기대수익률과 위험을 측정하여 위험-기대수익률 평면에 표시하면 [그림 3]과 같은 투자 가능한 투자기회 집합(opportunity set)을 얻을 수 있다. 투자기회 집합내의 수많은 포트폴리오 모두가 투자대상이 되는 것은 아니다. 합리적인 투자자(위험회피형 투자자)라면 위험수준이 같은 투자대상 중에서는 기대수익률이 가장 높은 투자대상에 투자하고, 기대수익률이 같은 투자대상 중에서는 위험이 가장 작은 투자대상을 찾으려 할 것이다. 이와 같은 투자원칙을 지배원리라 한다.

[그림 3] 투자기회 집합, 효율적 포트폴리오 및 최적 포트폴리오

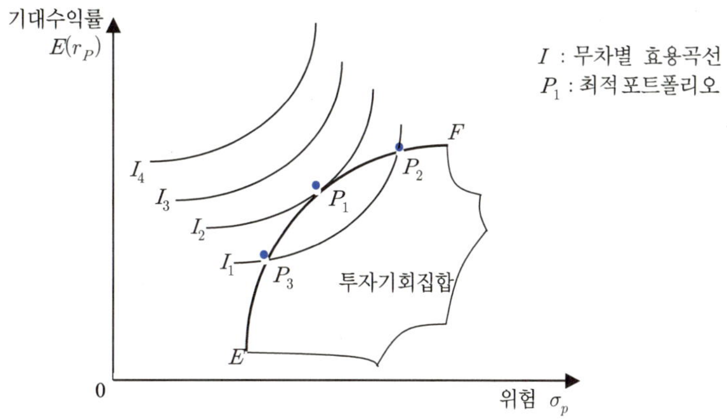

[그림 3]에서 보듯이 EF선상의 포트폴리오들이 다른 모든 포트폴리오를 지배한다. EF선상의 포트폴리오를 효율적 포트폴리오(efficient portfolio)라 하고 EF선을 효율적 프론티어(efficient frontier)라고 한다. 효율적 포트폴리오가 객관적인 투자대상이 된다. EF선상의 포트폴리오 중에 어떤 것을 최종 선택할지는 투자자의 마음 즉, 효용에 달려있다. 투자자는 자신의 효용이 극대화되는 포트폴리오를 선택할 것이다.

[그림 3]에서 I곡선은 투자자들의 무차별 효용곡선이다. 즉, I곡선은 투자자의 효용을 동일하게 해주는 무차별 효용곡선이다. I곡선이 우상향하는 이유는 앞에서 설명했듯이 합리적인 투자자는 위험회피형이기 때문이다. [그림 3]에서 I_1 곡선상의 포트폴리오에서 투자자가 얻는 효용은 모두 동일하다. 그리고 I_1 보다는 I_2, I_3, I_4 곡선으

로 갈수록 투자자는 더 큰 효용을 얻는다.

[그림 3]에서 보듯이 현실적으로 I_1, I_2 곡선에서 얻을 수 있는 효용을 만족시키는 투자기회 P_1, P_2, P_3가 존재한다. 그런데 I_1 보다는 I_2의 효용이 크므로, 투자자는 I_2 곡선과 투자기회가 접하는 P_1포트폴리오를 선택한다.

다시 말해서 투자자들은 효율적 프론티어에 놓여 있는 수많은 포트폴리오 중에서 그들의 효용을 극대화시키는 P_1 포트폴리오를 선택한다. P_1 포트폴리오를 최적 포트폴리오(optimal portfolio)라고 한다.

[그림 3]에는 표시하지 않았지만 상대적으로 공격적인 투자자는 무차별 곡선이 완만할 것이므로 EF선상에서 P_1보다는 오른쪽에 있는 포트폴리오를 선택함으로써 자신의 효용을 극대화 할 것이다. 그리고 상대적으로 방어적인 투자자는 무차별 곡선이 가파를 것이므로 EF선상에서 P_1보다는 왼쪽에 있는 포트폴리오를 선택함으로써 자신의 효용을 극대화 할 것이다.

정리문제

01 다음 자료를 이용하여 질문에 답하라.

상 황	확 률	A주식의 수익률	B주식의 수익률
호 황	0.2	20%	30%
보 통	0.5	15%	10%
불 황	0.3	5%	−15%

(1) A주식과 B주식의 기대수익률과 표준편차를 구하라.

(2) A주식에 40%, B주식에 60%를 투자하여 구성한 포트폴리오의 기대수익률과 표준편차를 구하라.

(3) 두 주식간의 공분산과 상관계수를 구하라.

02 A자산의 기대수익률이 10%이고 표준편차가 20%이다. B자산의 기대수익률이 18%이고 표준편차가 30%이다.

(1) 상관계수가 각각 +1, +0.5, 0, −0.5, −1인 경우 A자산에 40%, B자산에 60%투자하여 구성한 포트폴리오의 기대수익률과 표준편차를 구하라.

(2) 상관계수가 −1인 경우 무위험 포트폴리오를 구성하기 위한 A자산 투자비율 w_A^*를 구하라.

03 현재 운용중인 자산이 A포트폴리오이고, B주식과 C주식을 편입할 것을 고려하고 있다. A, B, C의 상황별 수익률은 다음과 같다.

상 황	확 률	A포트폴리오	B주식	C주식
호 황	0.4	20%	25%	15%
보 통	0.3	15%	20%	10%
불 황	0.3	10%	15%	5%

(1) 기존 포트폴리오에 60%를 투자하고 새로 편입하는 B주식에 40%를 투자할 때, 새로운 포트폴리오의 기대수익률과 표준편차를 구하라.

(2) 기존 포트폴리오에 60%를 투자하고 새로 편입하는 C주식에 40%를 투자할 때, 새로운 포트폴리오의 기대수익률과 표준편차를 구하라.

(3) (1), (2)의 결과에서 볼 때, B주식과 C주식 중에서 어느 주식을 A포트폴리오에 편입하겠는가?

04 다음 자료를 보고 질문에 답하라.

상 황	확 률	r_A	r_B
호 황	?	30%	22%
조금호황	20%	25%	17%
조금불황	20%	20%	13%
불 황	30%	10%	8%

(1) 호황일 때 확률을 구하고, A주식과 B주식의 기대수익률 및 표준편차를 구하라.

(2) 두 주식간의 공분산, 상관계수 그리고 설명계수는 얼마이고, 이들이 무엇을 의미하는지 간단히 설명하라.

(3) A주식과 B주식에 동일 가중으로 투자하는 포트폴리오의 기대수익률과 표준편차를 구하라.

05 현재 홍익기업은 A주식만 보유하고 있다. 하지만 앞으로는 B주식이나 C주식을 추가하여 포트폴리오를 구성하려고 한다. 자료는 다음과 같다.

상 황	확 률	A주식	B주식	C주식
호 황	30%	20%	1%	17%
보 통	40%	12%	10%	14%
불 황	30%	4%	22%	8%
기대수익률		12%	10.9%	13.1%

(1) A주식, B주식 및 C주식 각각의 분산과 표준편차를 구하라.

(2) 만약 현재 보유하고 있는 A주식에 70%만 투자하고 나머지 30%를 B주식이나 또는 C주식에 투자하여 포트폴리오를 구성한다면 각각의 위험은 얼마나 되는가?

(3) 두 주식 중에 어떤 주식을 편입시켜야 A주식만 가지고 있을 때보다 더 유리한지 답하라(그 이유에 대해서도 간단하게 서술하라).

(4) 두 주식을 모두 편입하는 경우(A주식 50%, B주식 30%, C주식 20%의 비중) 수익률과 위험을 평가하고, 두 주식을 따로 편입했을 때와 어떠한 차이가 있는지 설명하라.

06 다도해기업은 A자산과 B자산에 각각 40%와 60%의 비율로 분산투자하고 있다. A자산의 기대수익률은 10%이고 표준편차는 2%이고, B자산의 기대수익률은 20%이고 표준편차는 6%이다.

(1) 상관계수가 각각 +1, +0.5, 0, −0.5, −1인 경우, 포트폴리오의 기대수익률과 표준편차를 구하라.

(2) 상관계수가 −1일 때, 얼마의 비율로 분산투자하면 포트폴리오의 위험이 0이 되는가?

(3) 상관계수가 +0.5일 때 포트폴리오의 분산효과(표준편차 기준)는 얼마인가?

07 다음의 자료를 이용하여 답하라.

상 황	확 률	A주식 수익률	B주식 수익률
호 황	20%	10%	−10%
보 통	50%	30%	20%
불 황	30%	50%	40%

(1) 개별주식의 기대수익률과 표준편차를 구하라.

(2) 두 주식간의 공분산과 상관계수를 구하라.

08 다음 자료를 사용하여 물음에 답하라.

상 황	확 률	A주식 수익률	B주식 수익률	C주식 수익률
호 황	25%	33%	35%	23%
보 통	35%	17%	5%	15%
약간불황	35%	7%	−25%	−10%
불 황	5%	−3%	−30%	−17%

(1) A주식에 25%, B주식에 25%, C주식에 50%를 투자한 포트폴리오의 기대수익률을 구하라.

(2) (1)번에서 구성한 포트폴리오의 분산과 표준편차를 구하라.

09 형돈이는 위험을 싫어하여 이자율이 4%인 무위험자산에 투자하고 준하는 기대수익률이 15%이고 $\beta = 1.5$인 주식에 투자하려고 한다(각각 100만원씩). 그러다가 둘은 서로 주식을 합하여 포트폴리오를 만들기로 했다.

(1) 형돈이는 시장과 동일한 위험(β = 1)을 갖는 포트폴리오를 만들자고 주장한다. 그러기 위해서는 주식과 무위험자산에 각각 어떤 비중으로 투자해야 하는가?

(2) 준하는 크게 한방 터뜨려 보자며 형돈이에게 30%의 수익률을 달성할 포트폴리오를 만들자고 주장한다. 그러기 위해서는 주식과 무위험자산에 각각 어떤 비중으로 투자해야 하는가?

10★ 펀드매니저 A씨는 투자자 B씨의 요구대로 다음 구성비율로 포트폴리오를 구성하였다.

삼성전자	42%
SK텔레콤	36%
포스코	22%

포트폴리오를 구성하였더니 투자자 B씨는 위험이 너무 높다고 판단하여 위험을 낮춰주기를 요구하였다. 이에 펀드매니저 A씨는 단기국채를 포트폴리오에 포함시키기로 한다. 기존 포트폴리오의 기대수익률은 15%이고 표준편차는 25%이다. 단기국채의 수익률은 6%이다.

(1) 투자자 B씨의 요구수익률이 12%일 때 단기국채에 어느 정도의 비율로 투자해야 하는가?

(2) (1)번의 투자비율대로 조정하면 기존 포트폴리오에 구성된 주식들의 비율은 어떻게 변하는가?

(3) 어떤 사람이 "무위험자산과 위험자산으로 포트폴리오를 구성할 경우 재구성된 포트폴리오의 표준편차는 위험자산의 표준편차에 위험자산에 투자된 포트폴리오 비율의 곱한 값"이라고 추론하였다. 이 말이 옳은지 아닌지 위의 예를 들어 설명(증명)하라.

11 투자자 지현은 다음과 같은 상호배타적인 투자안을 고려중이다.

경기상황	확 률	A주식	B주식	C주식	D주식	E주식
a	0.3	40%	30%	36%	30%	−8%
b	0.4	5%	5%	8%	10%	10%
c	0.3	−5%	−5%	−5%	−10%	32%

(1) 각 주식의 기대수익률과 표준편차를 구하라.

(2) 지배원리에 의한 효율적 투자안을 선택하라.

(3) 투자자의 위험회피 정도에 따른 최적 투자안을 분리정리에 따라 결정하라.

12 A, B, C 세 증권에 대한 기대수익률, 분산, 공분산에 대한 자료가 다음과 같다. A, B, C 세 증권을 4 : 3 : 3의 투자비율로 포트폴리오를 구성하고자 한다.

$(1\%^2 = 0.0001)$

증 권	기대수익률	증 권	분산 또는 공분산		
			A	B	C
A	10%	A	$700\%^2$	$200\%^2$	$200\%^2$
B	15%	B	$200\%^2$	$800\%^2$	$500\%^2$
C	20%	C	$200\%^2$	$500\%^2$	$900\%^2$

(1) 포트폴리오의 기대수익률을 구하라.

(2) 포트폴리오의 위험(표준편차)을 구하라.

13★ 다음과 같은 기대수익률과 표준편차를 갖는 A주식과 B주식으로 구성된 포트폴리오를 고려하자.

	A주식	B주식
기대수익률	7%	9%
표준편차	5%	6%

A주식과 B주식의 상관계수가 +0.6일 때, 최소분산포트폴리오의 기대수익률과 표준편차를 구하라.

14★ 한국증권시장에 상장되어 있는 주식들의 수익률 확률분포의 평균분산은 32.4%이다. 상장된 모든 주식을 대상으로 두 개의 주식을 뽑아 포트폴리오를 구성한다고하자. 이 포트폴리오들의 수익률 확률분포의 평균분산은 18.4%가 된다. 상장된 모든 주식들의 수익률간의 평균공분산을 구하라. 또한 상장된 모든 주식을 대상으로 100개의 주식을 뽑아 포트폴리오를 구성한다고 할 때, 구성된 포트폴리오들의 수익률 확률분포의 평균분산을 구하라. 단, 주식들의 투자비율은 동일하다.

15★ 다음의 두 개 자산으로 포트폴리오를 구성하려고 한다. 각 자산의 기대수익률과 표준편차는 다음과 같다. [2012년 CPA 2차 기출문제 응용]

	기대수익률	표준편차
자산 A	13%	10%
자산 B	20%	15%

(1) 포트폴리오의 기대수익률과 표준편차의 관계식을 구하라(단, 상관계수=+1)

(2) 만일 상관계수가 0.2라면 두 개의 자산을 이용하여 최소분산 포트폴리오를 구성하는 자산 A의 비율을 구하라.

(3) 두 개의 자산으로 구성된 최소분산 포트폴리오의 기대수익률을 13% 이상으로 만들기 위해서는 두 자산 사이의 상관계수가 얼마 이하가 되어야 하는가?

정리문제에 대한 해설

01 다음 자료를 이용하여 질문에 답하라.

상 황	확 률	A주식의 수익률	B주식의 수익률
호 황	0.2	20%	30%
보 통	0.5	15%	10%
불 황	0.3	5%	−15%

(1) A주식과 B주식의 기대수익률과 표준편차를 구하라.

해설 $E(r_A) = 20\% \times 0.2 + 15\% \times 0.5 + 5\% \times 0.3 = 13\%$

$V(r_A) = (20\% - 13\%)^2 \times 0.2 + (15\% - 13\%)^2 \times 0.5 + (5\% - 13\%)^2 \times 0.3 = 31\%^2$

$\sigma_A = \sqrt{31\%^2} = 5.57\%$

$E(r_B) = 30\% \times 0.2 + 10\% \times 0.5 + (-15\%) \times 0.3 = 6.5\%$

$$V(r_B) = (30\% - 6.5\%)^2 \times 0.2 + (10\% - 6.5\%)^2 \times 0.5 + (-15\% - 6.5\%)^2 \times 0.3$$
$$= 255.25\%^2$$

$\sigma_B = \sqrt{255.25\%^2} = 15.98\%$

(2) A주식에 40%, B주식에 60%를 투자하여 구성한 포트폴리오의 기대수익률과 표준편차를 구하라.

해설

상 황	확 률	개별수익률		포트폴리오 수익률
		A	B	(A주식 40%, B주식 60%)
호 황	0.2	20%	30%	$(0.4 \times 20\%) + (0.6 \times 30\%) = 26\%$
보 통	0.5	15%	10%	$(0.4 \times 15\%) + (0.6 \times 10\%) = 12\%$
불 황	0.3	5%	−15%	$(0.4 \times 5\%) + (0.6 \times (-15\%)) = -7\%$

$E(r_P) = 26\% \times 0.2 + 12\% \times 0.5 + (-7\%) \times 0.3 = 9.1\%$

$$V(r_P) = (26\% - 9.1\%)^2 \times 0.2 + (12\% - 9.1\%)^2 \times 0.5 + (-7\% - 9.1\%)^2 \times 0.3$$
$$= 139.09\%^2$$

$\sigma_P = \sqrt{139.09\%^2} = 11.79\%$

(3) 두 주식간의 공분산과 상관계수를 구하라.

해설
$$Cov(r_A, r_B) = (20\% - 13\%)(30\% - 6.5\%) \times 0.2 + (15\% - 13\%)(10\% - 6.5\%) \times 0.5$$
$$+ (5\% - 13\%)(-15\% - 6.5\%) \times 0.3 = 88\%$$

$$\rho_{A,B} = \frac{88\%^2}{5.57\% \times 15.98\%} = 0.99$$

02 A자산의 기대수익률이 10%이고 표준편차가 20%이다. B자산의 기대수익률이 18%이고 표준편차가 30%이다.

(1) 상관계수가 각각 +1, +0.5, 0, −0.5, −1인 경우 A자산에 40%, B자산에 60%투자하여 구성한 포트폴리오의 기대수익률과 표준편차를 구하라.

해설 기대수익률은 상관계수에 관계없이 일정하다.

$$E(r_P) = 10\% \times 0.4 + 18\% \times 0.6 = 14.8\%$$

상관계수별 표준편차는 다음과 같다.

$$\text{상관계수} = +1 : \sqrt{0.4^2 \times 0.2^2 + 0.6^2 \times 0.3^2 + 2(0.4)(0.6)(1)(0.2)(0.3)} = 0.4 \times 0.2 + 0.6 \times 0.3 = 26\%$$

$$\text{상관계수} = +0.5 : \sqrt{0.4^2 \times 0.2^2 + 0.6^2 \times 0.3^2 + 2(0.4)(0.6)(0.5)(0.2)(0.3)} = 23.07\%$$

$$\text{상관계수} = 0 : \sqrt{0.4^2 \times 0.2^2 + 0.6^2 \times 0.3^2} = 19.7\%$$

$$\text{상관계수} = -0.5 : \sqrt{0.4^2 \times 0.2^2 + 0.6^2 \times 0.3^2 + 2(0.4)(0.6)(-0.5)(0.2)(0.3)} = 15.62\%$$

$$\text{상관계수} = -1 : \sqrt{0.4^2 \times 0.2^2 + 0.6^2 \times 0.3^2 + 2(0.4)(0.6)(-1)(0.2)(0.3)} = |0.4 \times 0.2 - 0.6 \times 0.3| = 10\%$$

(2) 상관계수가 −1인 경우 무위험 포트폴리오를 구성하기 위한 A자산 투자비율 w_A^*를 구하라.

해설 $$w_A^* = \frac{\sigma_B}{\sigma_A + \sigma_B} = \frac{0.3}{0.2 + 0.3} = 60\%$$

03 현재 운용중인 자산이 A포트폴리오이고, B주식과 C주식을 편입할 것을 고려하고 있다. A, B, C의 상황별 수익률은 다음과 같다.

상 황	확 률	A포트폴리오	B주식	C주식
호 황	0.4	20%	25%	15%
보 통	0.3	15%	20%	10%
불 황	0.3	10%	15%	5%

(1) 기존 포트폴리오에 60%를 투자하고 새로 편입하는 B주식에 40%를 투자할 때, 새로운 포트폴리오의 기대수익률과 표준편차를 구하라.

해설 B주식을 편입할 때 각 상황별 수익률 :

호 황 : $0.6 \times 20\% + 0.4 \times 25\% = 22\%$

보 통 : $0.6 \times 15\% + 0.4 \times 20\% = 17\%$

불 황 : $0.6 \times 10\% + 0.4 \times 15\% = 12\%$

A, B로 구성된 포트폴리오의 기대수익률 :

22% × 0.4 + 17% × 0.3 + 12% × 0.3 = 17.5%

A, B로 구성된 포트폴리오의 표준편차 :

$$\sqrt{(0.22-0.175)^2\times0.4+(0.17-0.175)^2\times0.3+(0.12-0.175)^2\times0.3} = 4.15\%$$

(2) 기존 포트폴리오에 60%를 투자하고 새로 편입하는 C주식에 40%를 투자할 때, 새로운 포트폴리오의 기대수익률과 표준편차를 구하라.

해설 C주식을 편입할 때 각 상황별 수익률 :

호 황 : 0.6 × 20% + 0.4 × 15% = 18%
보 통 : 0.6 × 15% + 0.4 × 10% = 13%
불 황 : 0.6 × 10% + 0.4 × 5% = 8%

A, C로 구성된 포트폴리오의 기대수익률 :

18% × 0.4 + 13% × 0.3 + 8% × 0.3 = 13.5%

A, C로 구성된 포트폴리오의 표준편차 :

$$\sqrt{(0.18-0.135)^2\times0.4+(0.13-0.135)^2\times0.3+(0.08-0.135)^2\times0.3} = 4.15\%$$

(3) (1), (2)의 결과에서 볼 때, B주식과 C주식 중에서 어느 주식을 A포트폴리오에 편입하겠는가?

해설 A+B 구성시 : 기대수익률 = 17.5%, 표준편차 = 4.15%
A+C 구성시 : 기대수익률 = 13.5%, 표준편차 = 4.15%

A포트폴리오에 B주식을 편입할 때 A주식에 비해 위험(표준편차)은 같고 기대수익률이 높으므로, B주식을 편입하는 것이 유리하다.

04 다음 자료를 보고 질문에 답하라.

상 황	확 률	r_A	r_B
호 황	?	30%	22%
조금호황	20%	25%	17%
조금불황	20%	20%	13%
불 황	30%	10%	8%

(1) 호황일 때 확률을 구하고, A주식과 B주식의 기대수익률 및 표준편차를 구하라.

해설 각 확률의 합이 100%이어야 하므로 호황일 확률은 30%이다.

A주식의 기대수익률 :

$E(r_A)$ = 30% × 0.3 + 25% × 0.2 + 20% × 0.2 + 10% × 0.3 = 21%

A주식의 표준편차:

$$V(r_A) = (30\% - 21\%)^2 \times 0.3 + (25\% - 21\%)^2 \times 0.2 + (20\% - 21\%)^2 \times 0.2 + (10\% - 21\%)^2 \times 0.3 = 64\%^2$$

$\sigma_A = \sqrt{64\%^2} = 8\%$ (단, $\%^2 = 1/10,000$임)

B주식의 기대수익률:

$$E(r_B) = 22\% \times 0.3 + 17\% \times 0.2 + 13\% \times 0.2 + 8\% \times 0.3 = 15\%$$

B주식의 표준편차:

$$V(r_B) = (22\% - 15\%)^2 \times 0.3 + (17\% - 15\%)^2 \times 0.2 + (13\% - 15\%)^2 \times 0.2 + (8\% - 15\%)^2 \times 0.3 = 31\%^2$$

$$\sigma_B = \sqrt{31\%^2} = 5.57\%$$

(2) 두 주식간의 공분산, 상관계수 그리고 설명계수는 얼마이고, 이들이 무엇을 의미하는지 간단히 설명하라.

해설 공분산 $Cov(r_A,\ r_B) = (30\% - 21\%)(22\% - 15\%) \times 0.3 + (25\% - 21\%)(17\% - 15\%) \times 0.2 + (20\% - 21\%)(13\% - 15\%) \times 0.2 + (10\% - 21\%)(8\% - 15\%) \times 0.3 = 44\%^2$

상관계수 $= \rho_{A,B} = \dfrac{44\%^2}{8\% \times 5.57\%} = 0.987$

설명계수 $= \rho^2_{A,B} = 0.974$

A주식의 움직임이 B주식의 움직임을 97.4% 설명할 수 있으며, 두 주식은 매우 밀접한 양(+)의 관계를 갖는다. 즉, 두 주식 수익률은 같은 방향으로 거의 완전한 규칙성을 갖고 움직인다.

(3) A주식과 B주식에 동일 가중으로 투자하는 포트폴리오의 기대수익률과 표준편차를 구하라.

해설 $E(r_P) = 21\% \times 0.5 + 15\% \times 0.5 = 18\%$

$$\sigma_P^2 = (0.5)^2(8\%)^2 + (0.5)^2(5.57\%)^2 + 2(0.5)(0.5)(0.987)(8\%)(5.57\%) = 45.75\%^2$$

$$\sigma_P = \sqrt{45.75\%^2} = 6.76\%$$

05 현재 홍익기업은 A주식만 보유하고 있다. 하지만 앞으로는 B주식이나 C주식을 추가하여 포트폴리오를 구성하려고 한다. 자료는 다음과 같다.

상 황	확 률	A주식	B주식	C주식
호 황	30%	20%	1%	17%
보 통	40%	12%	10%	14%
불 황	30%	4%	22%	8%
기대수익률		12%	10.9%	13.1%

(1) A주식, B주식 및 C주식 각각의 분산과 표준편차를 구하라.

해설 A주식의 분산과 표준편차:

$$V(r_A) = (20\% - 12\%)^2 \times 0.3 + (12\% - 12\%)^2 \times 0.4 + (4\% - 12\%)^2 \times 0.3$$
$$= 38.4\%^2$$
$$\sigma(r_A) = \sqrt{V(r_A)} = 6.2\%$$

B주식의 분산과 표준편차:

$$V(r_B) = (1\% - 10.9\%)^2 \times 0.3 + (10\% - 10.9\%)^2 \times 0.4 + (22\% - 10.9\%)^2 \times 0.3$$
$$= 66.69\%^2$$
$$\sigma(r_B) = 8.17\%$$

C주식의 분산과 표준편차:

$$V(r_B) = (17\% - 13.1\%)^2 \times 0.3 + (14\% - 13.1\%)^2 \times 0.4 + (8\% - 13.1\%)^2 \times 0.3$$
$$= 12.69\%^2$$
$$\sigma(r_C) = 3.56\%$$

(2) 만약 현재 보유하고 있는 A주식에 70%만 투자하고 나머지 30%를 B주식이나 또는 C주식에 투자하여 포트폴리오를 구성한다면 각각의 위험은 얼마나 되는가?

해설 ① B주식을 편입시켰을 경우 포트폴리오의 기대수익률, 분산, 표준편차:

$$E(r_P) = 0.7 \times 12\% + 0.3 \times 10.9\% = 11.67\%$$

$$V(r_P) = 0.7^2 \times (6.2\%)^2 + 0.3^2 \times (8.17\%)^2 + 2 \times 0.7 \times 0.3 \times (-50.4\%^2)$$
$$= 3.675\%^2$$

$$\sigma_P = \sqrt{3.675\%^2} = 1.92\%$$

여기에서 $\sigma_{A,B}$는 아래와 같이 구한다.

$$\sigma_{A,B} = (20\% - 12\%)(1\% - 10.9\%) \times 0.3$$
$$+ (12\% - 12\%)(10\% - 10.9\%) \times 0.4$$
$$+ (4\% - 12\%)(22\% - 10.9\%) \times 0.3$$
$$= -50.4\%^2$$

② C주식을 편입시켰을 경우, 포트폴리오의 기대수익률, 분산, 표준편차 :

$$E(r_P) = 0.7 \times 12\% + 0.3 \times 13.1\% = 12.33\%$$

$$V(r_P) = 0.7^2 \times (6.2\%)^2 + 0.3^2 \times (3.56\%)^2 + 2 \times 0.7 \times 0.3 \times (21.6\%^2) = 29.05\%^2$$

$$\sigma_P = \sqrt{29.05\%^2} = 5.39\%$$

여기에서 $\sigma_{A,C}$는 아래와 같이 구한다.

$$\sigma_{A,C} = (20\% - 12\%)(17\% - 13.1\%) \times 0.3 + (12\% - 12\%)(14\% - 13.1\%) \times 0.4 + (4\% - 12\%)(8\% - 13.1\%) \times 0.3 = 21.6\%^2$$

(3) 두 주식 중에 어떤 주식을 편입시켜야 A주식만 가지고 있을 때보다 더 유리한지 답하라(그 이유에 대해서도 간단하게 서술하라).

해설 투자자산의 기대수익률($E(r)$), 위험(σ) 및 위험 단위당 기대수익률($\frac{E(r)}{\sigma}$)을 요약하면 다음과 같다.

구 분	A	A + B	A + C
$E(r)$	12%	11.67%	12.33%
σ	6.2%	1.92%	5.39%
$\frac{E(r)}{\sigma}$	1.94	6.08	2.29

어떤 포트폴리오가 상대적으로 우위인지를 판단하려면 위험 단위당 얼마의 기대수익률을 얻는지($\frac{E(r)}{\sigma}$)를 계산해야 한다. 위의 표에서 A + B 포트폴리오가 위험 단위당 기대수익률이 가장 높다. 따라서 B주식을 편입시켜야 한다.

(4) 두 주식을 모두 편입하는 경우(A주식 50%, B주식 30%, C주식 20%의 비중) 수익률과 위험을 평가하고, 두 주식을 따로 편입했을 때와 어떠한 차이가 있는지 설명하라.

해설 우선 두 주식을 모두 편입시켰을 경우의 기대수익률, 분산, 표준편차를 구하면 다음과 같다.

$$E(r_P) = 12\% \times 0.5 + 10.9\% \times 0.3 + 13.1\% \times 0.2 = 11.89\%$$

$$V(r_P) = 0.5^2 \times (6.2\%)^2 + 0.3^2 \times (8.17\%)^2 + 0.2^2 \times (3.56\%)^2 + 2 \times 0.5 \times 0.3 \times (-50.4\%^2) + 2 \times 0.5 \times 0.2 \times 21.6\%^2 + 2 \times 0.3 \times 0.2 \times (-28.89\%^2) = 1.858\%^2$$

$$\sigma_P = \sqrt{1.858\%^2} = 1.36\%$$

여기에서 $\sigma_{B,C}$는 아래와 같이 구한다.

$$\sigma_{B,C} = (1\% - 10.9\%)(17\% - 13.1\%) \times 0.3 + (10\% - 10.9\%)(14\% - 13.1\%) \times 0.4$$
$$+ (22\% - 10.9\%)(8\% - 13.1\%) \times 0.3$$
$$= -28.89\%^2$$

투자자산의 기대수익률($E(r)$), 위험(σ) 및 위험 단위당 기대수익률($\frac{E(r)}{\sigma}$)을 요약하면 다음과 같다.

구 분	A	A + B	A + C	A + B + C
$E(r)$	12%	11.67%	12.33%	11.89%
σ	6.2%	1.92%	5.39%	1.36%
$\frac{E(r)}{\sigma}$	1.94	6.08	2.29	8.74

두 주식을 모두 편입시켰을 경우 위험 단위당 기대수익률은 8.74로 다른 어떤 경우보다 높다. 이는 포트폴리오에 포함되는 주식의 종류가 증가할수록 주식간의 상관관계로 인해 분산효과가 커짐을 의미한다.

06 다도해기업은 A자산과 B자산에 각각 40%와 60%의 비율로 분산투자하고 있다. A자산의 기대수익률은 10%이고 표준편차는 2%이고, B자산의 기대수익률은 20%이고 표준편차는 6%이다.

(1) 상관계수가 각각 +1, +0.5, 0, −0.5, −1인 경우, 포트폴리오의 기대수익률과 표준편차를 구하라.

해설 ① $E(r_P) = 10\% \times 0.4 + 20\% \times 0.6 = 16\%$

② $\rho = +1$ 일 때,

$$\sigma_P = w_A\sigma_A + w_B\sigma_B = 0.4 \times 2\% + 0.6 \times 6\% = 4.4\%$$

③ $\rho = +0.5$ 일 때,

$$\sigma_P = \sqrt{w_A^2\sigma_A^2 + w_B^2\sigma_B^2 + 2\times w_A \times w_B \times \rho_{A,B} \times \sigma_A \times \sigma_B}$$
$$= \sqrt{0.4^2 \times 0.02^2 + 0.6^2 \times 0.06^2 + 2 \times 0.4 \times 0.6 \times 0.5 \times 0.02 \times 0.06}$$
$$= 4.06\%$$

④ $\rho = 0$ 일 때,

$$\sigma_P = \sqrt{w_A^2\sigma_B^2 + w_B^2\sigma_B^2} = \sqrt{0.4^2 \times 0.02^2 + 0.6^2 \times 0.06^2} = 3.69\%$$

⑤ $\rho = -0.5$ 일 때,

$$\sigma_P = \sqrt{w_A^2\sigma_A^2 + w_B^2\sigma_B^2 + 2\times w_A \times w_B \times \rho_{A,B} \times \sigma_A \times \sigma_B}$$
$$= \sqrt{0.4^2 \times 0.02^2 + 0.6^2 \times 0.06^2 + 2 \times 0.4 \times 0.6 \times (-0.5) \times 0.02 \times 0.06}$$
$$= 3.27\%$$

⑥ $\rho = -1$ 일 때,

$$\sigma_P = |w_A\sigma_A - w_B\sigma_B| = |0.4 \times 2\% - 0.6 \times 6\%| = 2.8\%$$

이상의 내용을 정리하면 다음과 같다.

상관계수	+1	+0.5	0	−0.5	−1
기대수익률	16.00%	16.00%	16.00%	16.00%	16.00%
표준편차	4.40%	4.06%	3.69%	3.27%	2.80%

(2) 상관계수가 -1일 때, 얼마의 비율로 분산투자하면 포트폴리오의 위험이 0이 되는가?

해설 무위험포트폴리오를 구성하기 위한 A자산 투자비율 w_A^*는,

$$w_A^* = \frac{\sigma_B}{\sigma_A + \sigma_B} = \frac{6\%}{2\% + 6\%} = 75\%$$

즉, 상관계수가 −1일 때, A자산에 75%, B자산에 25% 투자하면 위험이 없다.

(3) 상관계수가 +0.5일 때 포트폴리오의 분산효과(표준편차 기준)는 얼마인가?

해설 상관계수가 +1일 때 분산효과가 없으므로 $\rho = +1$일 때의 σ_P에서 $\rho = +0.5$일 때의 σ_P를 차감한 값이 분산효과이다. 즉, 분산효과는 4.4% − 4.06% = 0.34%이다.

07 다음의 자료를 이용하여 답하라.

상 황	확 률	A주식 수익률	B주식 수익률
호 황	20%	10%	−10%
보 통	50%	30%	20%
불 황	30%	50%	40%

(1) 개별주식의 기대수익률과 표준편차를 구하라.

해설 $E(r_A) = 10\% \times 0.2 + 30\% \times 0.5 + 50\% \times 0.3 = 32\%$

$$\sigma_A^2 = (10\% - 32\%)^2 \times 0.2 + (30\% - 32\%)^2 \times 0.5 + (50\% - 32\%)^2 \times 0.3$$
$$= 196\%^2$$

$\sigma_A = 14\%$

$E(r_B) = (-10\%) \times 0.2 + 20\% \times 0.5 + 40\% \times 0.3 = 20\%$

$$\sigma_A^2 = (-10\% - 20\%)^2 \times 0.2 + (20\% - 20\%)^2 \times 0.5 + (40\% - 20\%)^2 \times 0.3$$
$$= 300\%^2$$

$\sigma_A = 17.32\%$

(2) 두 주식간의 공분산과 상관계수를 구하라.

해설 $Cov(r_A,\ r_B) = (10\% - 32\%)(-10\% - 20\%) \times 0.2 + (30\% - 32\%)(20\% - 20\%) \times 0.5 + (50\% - 32\%)(40\% - 20\%) \times 0.3 = 240\%^2$

$$\rho_{A,B} = \frac{240\%^2}{14\% \times 17.32\%} = 0.99$$

08 다음 자료를 사용하여 물음에 답하라.

상 황	확 률	A주식 수익률	B주식 수익률
호 황	25%	33%	35%
보 통	35%	17%	5%
약간불황	35%	7%	−25%
불 황	5%	−3%	−30%

(1) A주식에 25%, B주식에 25%, C주식에 50%를 투자한 포트폴리오의 기대수익률을 구하라.

해설 $E(r_A) = 33\% \times 0.25 + 17\% \times 0.35 + 7\% \times 0.35 + (-3\%) \times 0.05 = 16.5\%$

$E(r_B) = 35\% \times 0.25 + 5\% \times 0.35 + (-25\%) \times 0.35 + (-30\%) \times 0.05 = 0.25\%$

$E(r_C) = 23\% \times 0.25 + 15\% \times 0.35 + (-10\%) \times 0.35 + (-17\%) \times 0.05 = 6.65\%$

$E(r_P) = 16.5\% \times 0.25 + 0.25\% \times 0.25 + 6.65\% \times 0.5 = 7.51\%$

호황 상황 :

포트폴리오 수익률 $= 33\% \times 0.25 + 35\% \times 0.25 + 23\% \times 0.5 = 28.5\%$

보통 상황 :

포트폴리오 수익률 $= 17\% \times 0.25 + 5\% \times 0.25 + 15\% \times 0.5 = 13\%$

약간 불황 상황 :

포트폴리오 수익률 $= 7\% \times 0.25 + (-25\%) \times 0.25 + (-10\%) \times 0.5 = -9.5\%$

불황 상황 :

포트폴리오 수익률 $= (-3\%) \times 0.25 + (-30\%) \times 0.25 + (-17\%) \times 0.5 = -16.75\%$

(2) (1)번에서 구성한 포트폴리오의 분산과 표준편차를 구하라.

해설 $\sigma_P^2 = (28.5\% - 7.51\%)^2 \times 0.25 + (13\% - 7.51\%)^2 \times 0.35 + (-9.5\% - 7.51\%)^2 \times 0.35 + (-16.75\% - 7.51\%)^2 \times 0.05 = 251.39\%^2$

$\sigma_P = \sqrt{251.39\%^2} = 15.86\%$

09 **형돈이는 위험을 싫어하여 이자율이 4%인 무위험자산에 투자하고 준하는 기대수익률이 15%이고 β = 1.5인 주식에 투자하려고 한다(각각 100만원씩). 그러다가 둘은 서로 주식을 합하여 포트폴리오를 만들기로 했다.**

(1) 형돈이는 시장과 동일한 위험(β = 1)을 갖는 포트폴리오를 만들자고 주장한다. 그러기 위해서는 주식과 무위험자산에 각각 어떤 비중으로 투자해야 하는가?

해설 준하가 투자하려고 했었던 주식에 투자하는 비중을 w_1이라고 하면,

$$w_1 \times 1.5 + (1 - w_1) \times 0 = 1$$

$$\therefore\ w_1 = 0.67,\ w_2 = 0.33$$

따라서 준하가 투자하려고 했던 주식에 67%, 형돈이가 투자하려고 했던 무위험자산에 33%를 투자한다.

(2) 준하는 크게 한방 터뜨려 보자며 형돈이에게 30%의 수익률을 달성할 포트폴리오를 만들자고 주장한다. 그러기 위해서는 주식과 무위험자산에 각각 어떤 비중으로 투자해야 하는가?

해설 $30\% = w_1 \times 15\% + (1 - w_1) \times 4\%$

$$\therefore\ w_1 = 2.36,\ w_2 = -1.36$$

주식에 2.36의 비중으로 투자하고 무위험자산에 −1.36비중으로 투자한다. 각각 100만원씩 투자하기로 했으므로 총 투자금액은 200만원이다. 따라서 200만원 × (−1.36) = −272만원. 즉, 272만원을 4%로 차입하여 472만원(= 200만원 × 2.36)을 주식에 투자한다.

10★ **펀드매니저 A씨는 투자자 B씨의 요구대로 다음 구성비율로 포트폴리오를 구성하였다.**

삼성전자	42%
SK텔레콤	36%
포스코	22%

포트폴리오를 구성하였더니 투자자 B씨는 위험이 너무 높다고 판단하여 위험을 낮춰주기를 요구하였다. 이에 펀드매니저 A씨는 단기국채를 포트폴리오에 포함시키기로 한다. 기존 포트폴리오의 기대수익률은 15%이고 표준편차는 25%이다. 단기국채의 수익률은 6%이다.

(1) 투자자 B씨의 요구수익률이 12%일 때 단기국채에 어느 정도의 비율로 투자해야 하는가?

해설 단기국채에 투자하는 비율을 w로 놓으면,

$$(1 - w) \times 15\% + w \times 6\% = 12\%$$

$$\therefore\ w = 0.33$$

즉, 단기국채에 33%, 기존포트폴리오에 67%를 투자하면 12%의 기대수익률을 얻을 수 있다.

(2) (1)번의 투자비율대로 조정하면 기존 포트폴리오에 구성된 주식들의 비율은 어떻게 변하는가?

해설 삼성전자 → 2/3 × 0.42 = 0.28 ∴ 28%
SK텔레콤 → 2/3 × 0.36 = 0.24 ∴ 24%
포스코 → 2/3 × 0.22 = 0.15 ∴ 15%

모든 가중치를 합하면 67%로 기존 포트폴리오에 투자하는 비율과 같다.

(3) 어떤 사람이 "무위험자산과 위험자산으로 포트폴리오를 구성할 경우 재구성된 포트폴리오의 표준편차는 위험자산의 표준편차에 위험자산에 투자된 포트폴리오 비율의 곱한 값"이라고 추론하였다. 이 말이 옳은지 아닌지 위의 예를 들어 설명(증명)하라.

해설 포트폴리오의 표준편차는 다음과 같은 식으로 나타낼 수 있다.

$$V(r_P) = w_1^2\sigma_1^2 + w_2^2\sigma_2^2 + 2w_1w_2\rho_{1,2}\sigma_1\sigma_2$$

여기서 단기국채는 대표적인 무위험자산이므로 표준편차(σ_2)는 '0'이다.

따라서 $w_1 = 0.67$, $w_2 = 0.33$, $\sigma_1 = 0.25$, $\sigma_2 = 0$을 대입하면 다음 식이 성립한다.

$$\begin{aligned} V(r_P) &= (0.67)^2(0.25)^2 + (0.33)^2(0)^2 + 2(0.67)(0.33)\rho_{1,2}(0.25)(0) \\ &= (0.67)^2(0.25)^2 = \sigma_P^2 \end{aligned}$$

$$\therefore \ \sigma_P = \sqrt{(0.67)^2(0.25)^2} = 0.67 \times 25\%$$

이는 포트폴리오의 위험(표준편차) = 위험자산 투자비율 × 위험자산의 위험(표준편차)임을 보여주므로 이 말은 옳다.

11 투자자 지현은 다음과 같은 상호배타적인 투자안을 고려중이다.

경기상황	확률	A주식	B주식	C주식	D주식	E주식
a	0.3	40%	30%	36%	30%	-8%
b	0.4	5%	5%	8%	10%	10%
c	0.3	-5%	-5%	-5%	-10%	32%

(1) 각 주식의 기대수익률과 표준편차를 구하라.

해설 ① 기대수익률 측정

A주식 : 0.3 × 40% + 0.4 × 5% + 0.3 × (−5%) = 12.5%
B주식 : 0.3 × 30% + 0.4 × 5% + 0.3 × (−5%) = 9.5%
C주식 : 0.3 × 36% + 0.4 × 8% + 0.3 × (−5%) = 12.5%
D주식 : 0.3 × 30% + 0.4 × 10% + 0.3 × (−10%) = 10%
E주식 : 0.3 × (−8%) + 0.4 × 10% + 0.3 × 32% = 11.2%

② 표준편차 측정

A주식 : $\sqrt{(0.4-0.125)^2\times0.3+(0.05-0.125)^2\times0.4+(-0.05-0.125)^2\times0.3}$
$= 18.5\%$

B주식 : $\sqrt{(0.3-0.095)^2\times0.3+(0.05-0.095)^2\times0.4+(-0.05-0.095)^2\times0.3}$
$= 14.0\%$

C주식 : $\sqrt{(0.36-0.125)^2\times0.3+(0.08-0.125)^2\times0.4+(-0.05-0.125)^2\times0.3}$
$= 16.3\%$

D주식 : $\sqrt{(0.3-0.1)^2\times0.3+(0.1-0.1)^2\times0.4+(-0.1-0.1)^2\times0.3}$
$= 15.5\%$

E주식 : $\sqrt{(-0.08-0.112)^2\times0.3+(0.1-0.112)^2\times0.4+(0.32-0.112)^2\times0.3}$
$= 15.5\%$

이상의 내용을 정리하면 다음과 같다.

구 분	A주식	B주식	C주식	D주식	E주식
기대수익률(%)	12.5	9.5	12.5	10.0	11.2
표 준 편 차(%)	18.5	14.0	16.3	15.5	15.5

(2) 지배원리에 의한 효율적 투자안을 선택하라.

해설 지배원리(dominance principle)에 의하면 위험수준이 같은 투자대상 중에서는 기대 수익률이 가장 높은 투자대상에 투자하고, 수익률이 같은 투자대상 중에서는 위험이 가장 작은 투자대상을 선택하게 된다. 각 투자안 중 A와 C주식은 기대수익률이 동일하며, D와 E주식은 위험이 동일한 주식으로 분류된다.

따라서 투자자 지현은 수익률이 동일한 A와 C주식 중에서는 위험이 작은 C주식을 선택하고, 위험이 동일한 D와 E주식 중에서는 수익률이 높은 E주식을 선택하게 된다. 또한 B주식은 어느 주식에 의해서도 지배당하지 않는 효율적 자산이다. 따라서 효율적 포트폴리오(efficient portfolio)는 B, C 그리고 E주식으로 구성된다.

(3) 투자자의 위험회피 정도에 따른 최적 투자안을 분리정리에 따라 결정하라.

해설 투자자들은 지배원리에 의해 선택된 효율적 포트폴리오 또는 효율적 프론티어 중 에서 자신들의 위험에 대한 태도에 따라 무차별효용곡선과 효율적 프론티어가 접하는 점에서 최적 투자 의사결정을 내리게 된다. 이렇듯 투자자의 최적투자 의사결정이 두 단계로 나누어진다는 정리를 분리정리(separation theorem)라 한다.

투자자들 중 위험을 적극적으로 회피하려고 하는 투자자는 위험도 작고 수익률도 낮은 B주식을 선택하고, 상대적으로 위험을 덜 회피하려고 하는 투자자는 C주식을 선택할 것이다. 그리고 중간적인 입장에 있는 투자자는 E주식을 선택할 것이다.

12 A, B, C 세 증권에 대한 기대수익률, 분산, 공분산에 대한 자료가 다음과 같다. A, B, C 세 증권을 4 : 3 : 3의 투자비율로 포트폴리오를 구성하고자 한다.

($1\%^2 = 0.0001$)

증 권	기대수익률	증 권	분산 또는 공분산		
			A	B	C
A	10%	A	$700\%^2$	$200\%^2$	$200\%^2$
B	15%	B	$200\%^2$	$800\%^2$	$500\%^2$
C	20%	C	$200\%^2$	$500\%^2$	$900\%^2$

(1) 포트폴리오의 기대수익률을 구하라.

해설 A, B, C 세 증권으로 구성된 포트폴리오의 기대수익률 측정 :

$$\begin{aligned} E(r_P) &= w_A E(r_A) + w_B E(r_B) + w_C E(r_C) \\ &= 0.4 \times 10\% + 0.3 \times 15\% + 0.3 \times 20\% \\ &= 14.5\% \end{aligned}$$

(2) 포트폴리오의 위험(표준편차)을 구하라.

해설 A, B, C 세 증권으로 구성된 포트폴리오의 위험 :

$$\begin{aligned} V(r_P) &= w_A^2\sigma_A^2 + w_B^2\sigma_B^2 + w_C^2\sigma_C^2 + 2w_Aw_B\sigma_{A,B} + 2w_Aw_C\sigma_{A,C} + 2w_Bw_C\sigma_{B,C} \\ &= (0.4)^2(700\%^2) + (0.3)^2(800\%^2) + (0.3)^2(900\%^2) + 2(0.4)(0.3)(200\%^2) \\ &\quad + 2(0.4)(0.3)(200\%^2) + 2(0.3)(0.3)(500\%^2) \\ &= 451\%^2 \end{aligned}$$

$$\sigma_P = \sqrt{451\%^2} = 21.24\%$$

13★ 다음과 같은 기대수익률과 표준편차를 갖는 A주식과 B주식으로 구성된 포트폴리오를 고려하자.

	A주식
기대수익률	7%
표준편차	5%

A주식과 B주식의 상관계수가 +0.6일 때, 최소분산포트폴리오의 기대수익률과 표준편차를 구하라.

해설 최소분산포트폴리오가 되기 위한 A, B주식의 투자비율 :

$$w_A^* = \frac{\sigma_B^2 - \rho_{A,B}\sigma_A\sigma_B}{\sigma_A^2 + \sigma_B^2 - 2\rho_{A,B}\sigma_A\sigma_B} = \frac{0.06^2 - (0.6)(0.05)(0.06)}{0.05^2 + 0.06^2 - 2(0.6)(0.05)(0.06)} = 0.72$$

$$w_B^* = 1 - 0.72 = 0.28$$

최소분산포트폴리오의 기대수익률과 표준편차는 각각 7.56%, 4.8%이다.

$$E(r_P) = (0.72)(0.07) + (0.28)(0.09) = 7.56\%$$

$$\sigma_P = \sqrt{(0.72)^2(0.05)^2 + (0.28)^2(0.06)^2 + 2(0.72)(0.28)(0.6)(0.05)(0.06)} = 4.8\%$$

14 ★ 한국증권시장에 상장되어 있는 주식들의 수익률 확률분포의 평균분산은 32.4%이다. 상장된 모든 주식을 대상으로 두 개의 주식을 뽑아 포트폴리오를 구성한다고하자. 이 포트폴리오들의 수익률 확률분포의 평균분산은 18.4%가 된다. 상장된 모든 주식들의 수익률간의 평균공분산을 구하라. 또한 상장된 모든 주식을 대상으로 100개의 주식을 뽑아 포트폴리오를 구성한다고 할 때, 구성된 포트폴리오들의 수익률 확률분포의 평균분산을 구하라. 단, 주식들의 투자비율은 동일하다.

해설 $n = 2$일 때 $V(r_P) = 18.4\%$이고 $\overline{\sigma^2} = 32.4\%$이므로 먼저 상장된 모든 주식들의 수익률간의 공분산의 평균 $\overline{\sigma_{i,j}}$를 계산하면 다음과 같다.

$$V(r_P) = \frac{1}{n}\overline{\sigma^2} + \frac{n-1}{n}\overline{\sigma_{i,j}}$$

$$0.184 = \frac{1}{2}(0.324) + \frac{2-1}{2}\overline{\sigma_{i,j}}$$

$$\therefore \ \overline{\sigma_{i,j}} = 0.044 = 4.4\%$$

따라서 100개의 주식으로 구성된 포트폴리오들의 수익률 확률분포의 분산은 다음과 같이 계산된다.

$$V(r_P) = \frac{1}{100}(0.324) + \frac{100-1}{100}(0.044)$$
$$= 0.0468$$
$$= 4.68\%$$

15 ★ 다음의 두 개 자산으로 포트폴리오를 구성하려고 한다. 각 자산의 기대수익률과 표준편차는 다음과 같다. [2012년 CPA 2차 기출문제 응용]

	기대수익률	표준편차
자산 A	13%	10%
자산 B	20%	15%

(1) 포트폴리오의 기대수익률과 표준편차의 관계식을 구하라(단, 상관계수=+1)

해설 $E(r_p) = w_A \times 13\% + (1 - w_A) \times 20\%$, $\sigma_p = w_A \times 10\% + (1 - w_A) \times 15\%$

두 식을 w_A를 매개로 해서 기대수익률과 표준편차로 나타내면 다음과 같다.

$$E(r_p) = 1.4 \times \sigma_p - 1\%$$

(2) 만일 상관계수가 0.2라면 두 개의 자산을 이용하여 최소분산 포트폴리오를 구성하는 자산 A의 비율을 구하라.

해설

$$w_A = \frac{\sigma_B^2 - \rho_{A,B}\sigma_A\sigma_B}{\sigma_A^2 + \sigma_B^2 - 2\rho_{A,B}\sigma_A\sigma_B} = \frac{(15\%)^2 - 0.2 \times 10\% \times 15\%}{(10\%)^2 + (15\%)^2 - 2 \times 0.2 \times 10\% \times 15\%}$$

$$= \frac{0.0195}{0.0265} = 0.7358$$

(3) 두 개의 자산으로 구성된 최소분산 포트폴리오의 기대수익률을 13% 이상으로 만들기 위해서는 두 자산 사이의 상관계수가 얼마 이하가 되어야 하는가?

해설 최소분산 포트폴리오(MVP)의 기대수익률을 자산 A의 기대수익률인 13% 이상으로 만들기 위해서는 $w_B \geq 0$ 또는 $1 - w_A \geq 0$ 즉, $w_A \leq 1$이어야 한다.

$$w_A = \frac{\sigma_B^2 - \rho_{A,B}\sigma_A\sigma_B}{\sigma_A^2 + \sigma_B^2 - 2\rho_{A,B}\sigma_A\sigma_B} \leq 1 \Rightarrow \sigma_A^2 \geq \rho_{A,B}\sigma_A\sigma_B \Rightarrow \rho_{A,B} \leq \frac{\sigma_A}{\sigma_B}$$

$$\rho_{A,B} \leq \frac{10\%}{15\%}$$

$$\rho_{A,B} \leq 0.67$$

ρ_{AB}가 0.67이하일 경우 최소분산 포트폴리오(MVP)의 기대수익률이 자산 A의 기대수익률인 13% 이상이 된다.

CHAPTER 07 기대수익률의 결정(CAPM)

제6장에서 우리는 자산의 위험을 측정하였다. 본장에서는 위험을 시장위험과 특수위험으로 분해한다. 특수위험은 개별기업 고유의 위험이므로 분산투자하면 제거가 가능한 위험이다. 그러나 시장위험은 거시경제변수에 의해 거의 모든 기업들이 함께 영향을 받는 위험이므로 분산투자해도 제거가 불가능한 위험이다. 결국 개별자산 또는 포트폴리오의 기대수익률을 결정하는 위험은 총위험이 아니다. 즉, 총위험 중에서 분산투자를 해도 제거가 불가능한 시장위험만이 기대수익률을 결정하는 위험이다. 본장에서는 기대수익률을 결정하는 모형인 자본자산 가격결정모형을 설명하고 차익가격결정이론을 간단히 소개하기로 한다.

7.1 CAPM의 의의와 가정

(1) 의 의

자본자산 가격결정모형(Capital Asset Pricing Model : CAPM)은 균형상태하의 시장에서 자본자산들의 가격이 어떻게 결정되는지를 설명하는 모형이다. 자본자산이란 투자자가 미래에 수익을 얻을 수 있는 자산으로서 주식, 사채 등의 유가증권을 말한다. 그리고 CAPM은 투자자들이 Markowitz의 포트폴리오 이론에 따라 행동할 때 자본자산의 가격이 어떻게 결정되는지를 설명하는 이론이다. CAPM은 자본시장선(CML) 및 증권시장선(SML) 모두를 포함하고 있으나 일반모형은 증권시장선이다.

(2) 가 정

자본자산 가격결정모형은 다음과 같이 몇 가지 제한된 가정하에서 전개되고 있다.

① 투자자들은 Markowitz의 평균-분산(mean-variance) 기준에 따라 증권을 선택한다.

② 무위험자산(risk-free asset)이 존재하며 투자자들은 무위험이자율로 투자자금을 얼마든지 빌려 쓰거나 빌려 줄 수 있다.

③ 모든 투자자들은 자본자산의 수익률에 대하여 동질적 예측(homogeneous expectation)을 한다.

④ 증권시장은 완전시장(perfect market)이다.

7.2 무위험자산과 자본시장선

(1) 무위험자산의 고려

투자대상에는 위험자산만 있는 것이 아니라 정부가 발행한 국채, 금융기관이 지급을 보증한 채권 등과 같은 무위험자산도 포함된다. 무위험자산을 고려하게 되면 효율적 포트폴리오는 위험자산만을 투자대상으로 하는 경우와는 달라지게 된다. [그림 1]에서 EF 곡선은 Markowitz의 효율적 프론티어를 나타내고 있다. 여기서 수익률이 r_f인 무위험자산 D(deposit : 예금)가 존재한다고 하자.

[그림 1] 무위험자산과 자본시장선

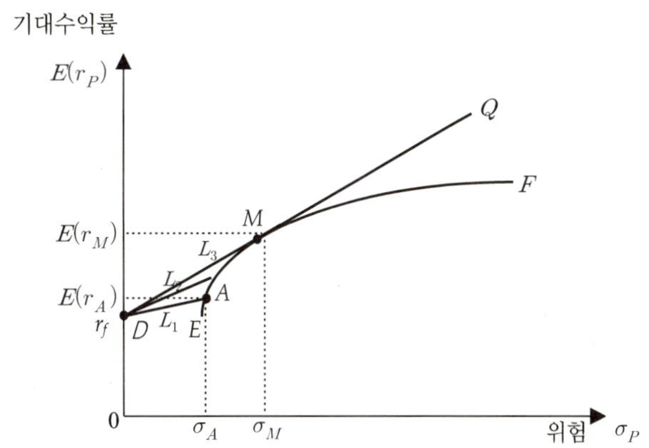

[그림 1]의 임의의 A점으로 표시된 포트폴리오와 D 무위험자산을 결합하여 새로운 포트폴리오를 구성하여 보자. 총투자금액 중 D 무위험자산에 투자한 자금의 비율을 w라 하면, 새로운 포트폴리오의 기대수익률 $E(r_P)$와 표준편차 σ_P는 다음과 같다.

$$E(r_P) = wr_f + (1-w)E(r_A) \tag{1}$$

$$
\begin{aligned}
\sigma_P &= \sqrt{w^2\sigma_D^2 + (1-w)^2\sigma_A^2 + 2w(1-w)\sigma_{D,A}} \\
&= \sqrt{(1-w)^2\sigma_A^2} \\
&= (1-w)\sigma_A \\
&(\because\ \sigma_D = 0,\ \sigma_{D,A} = 0)
\end{aligned}
\qquad (2)
$$

σ_D : 무위험자산 수익률의 표준편차

σ_A : A 포트폴리오 수익률의 표준편차

$\sigma_{D,A}$: 무위험자산 수익률과 A 포트폴리오 수익률의 공분산

($\sigma_{D,A} = \rho_{D,A} \times \sigma_D \times \sigma_A$ 여기서 $\rho_{D,A}$는 A와 D간의 수익률의 상관계수임)

식 (2)를 w에 대하여 정리하고 이를 식 (1)에 대입하면 다음과 같은 결과를 얻을 수 있다.

$$
E(r_P) = r_f + \frac{E(r_A) - r_f}{\sigma_A} \times \sigma_P \qquad (3)
$$

$E(r_P)$: 포트폴리오의 기대수익률

r_f : 무위험자산 수익률(무위험이자율)

$E(r_A)$: A 포트폴리오의 기대수익률

σ_A : A 포트폴리오 수익률의 표준편차

σ_P : 포트폴리오 수익률의 표준편차

식 (3)에 나타난 바와 같이, D 무위험자산과 A 포트폴리오를 결합한 새로운 포트폴리오는 [그림 1]의 위험-기대수익률 평면에서 r_f와 A를 연결하는 직선으로 나타난다.

D 무위험자산과 EF 선상의 포트폴리오로 구성된 새로운 포트폴리오는 수없이 많다. [그림 1]에 표시된 직선 L_1, L_2, L_3들은 수많은 새로운 포트폴리오 중의 일부를 표시하고 있다. 여기에 지배원리를 적용하면 L_2를 구성하고 있는 포트폴리오들은 L_1 상의 포트폴리오를 지배하며, L_3상의 포트폴리오들은 L_2상의 포트폴리오를 지배한다. 따라서 가장 효율적인 포트폴리오는 r_f에서 EF선에 접선을 그었을 때 접점 M과 r_f 및 Q를 연결하는 직선에 놓이게 된다. 그러므로 r_f, M, Q를 연결하는 선이 새로운 효율적 프론티어가 된다.

(2) 자본시장선의 도출

[그림 1]에서 M 점의 왼쪽선은 투자자가 무위험자산과 M 포트폴리오를 동시에 소유하는 것을 의미하며, M 점의 오른쪽선은 투자자가 본래의 투자자금과 무위험이자율로 차입한 자금을 합하여, 이를 M 포트폴리오에만 투자하는 것을 뜻한다. r_f, M, Q를 연결하는 직선의 M 점의 왼편에 놓인 포트폴리오를 대출포트폴리오(lending portfolio)라 하고 M 점의 오른편에 놓인 포트폴리오를 차입포트폴리오(borrowing portfolio)라고 한다.

[그림 1]의 r_fMQ직선을 자본시장선(capital market line : CML)이라고 한다. CML은 무위험자산과 M 포트폴리오로 구성된 포트폴리오의 위험과 기대수익률간의 관계를 나타낸 선이다. 식 (1), (2), (3)의 관계를 이용하여 무위험자산과 M 포트폴리오로 구성된 CML을 방정식으로 나타내면 다음과 같다.

$$E(r_P) = wr_f + (1-w)E(r_M) \quad \cdots \text{①}$$

$$\sigma_P = (1-w)\sigma_M \rightarrow w = 1 - \frac{\sigma_P}{\sigma_M} \quad \cdots \text{②}$$

②를 ①에 대입하면

$$E(r_P) = r_f + \frac{E(r_M) - r_f}{\sigma_M} \times \sigma_P \tag{4}$$

$E(r_P)$: 포트폴리오의 기대수익률
r_f : 무위험자산 수익률(무위험이자율)
$E(r_M)$: 시장포트폴리오의 기대수익률
σ_M : 시장포트폴리오 수익률의 표준편차
σ_P : 포트폴리오 수익률의 표준편차

CML의 기울기 $[E(r_M) - r_f] / \sigma_M$은 위험의 시장가격(market price of risk)이라고 하며, 이는 위험이 한 단위 증가할 때 요구되는 추가적인 기대수익률(보상수익률)의 크기를 의미한다. 그리고 M 포트폴리오를 시장포트폴리오(market portfolio)라 한다. 시장포트폴리오는 무위험자산과 결합하여 효율적 포트폴리오를 구성할 때 이용되는 위험자산의 포트폴리오이다. 다시 말해서 투자자가 무위험자산과 결합해서 효율적 포트폴리오를 만들 때 위험자산의 포트폴리오로서 M 포트폴리오를 구성한다는 의미이다.

시장에서 M 포트폴리오는 모든 투자자들이 위험주식의 포트폴리오를 구성할 때 이용하는 주식의 풀(pool)이 된다. 따라서 현실적으로 M 포트폴리오는 전체 상장주식으로

구성된 포트폴리오로 간주하고, M 포트폴리오의 기대수익률 $E(r_M)$과 위험 σ_M은 종합주가지수의 그것으로 대용한다.

7.3 최적 포트폴리오의 선택과 사례분석

(1) 최적 포트폴리오의 선택

[그림 2]의 A_1, A_2, A_3 와 같은 무차별 효용곡선을 가진 투자자는 자금의 일부를 무위험자산에 투자하고 나머지 자금을 시장포트폴리오 M 에 투자하여 그의 효용을 극대화시키는 포트폴리오 A를 선택한다. 또한 B_1, B_2, B_3로 표시된 무차별 효용곡선을 가진 상대적으로 공격적인 투자자는 자금을 전부 M 에 투자하여 효용을 극대화할 것이다. C_1, C_2, C_3의 무차별 효용곡선을 가진 보다 더 공격적인 투자자는 포트폴리오 C 를 선택하기 위하여 소유하고 있는 자금과 무위험이자율(무위험자산 수익률)로 차입한 자금을 합하여 전부 시장포트폴리오 M 에 투자할 것이다.

[그림 2] 자본시장선과 최적 포트폴리오 선택

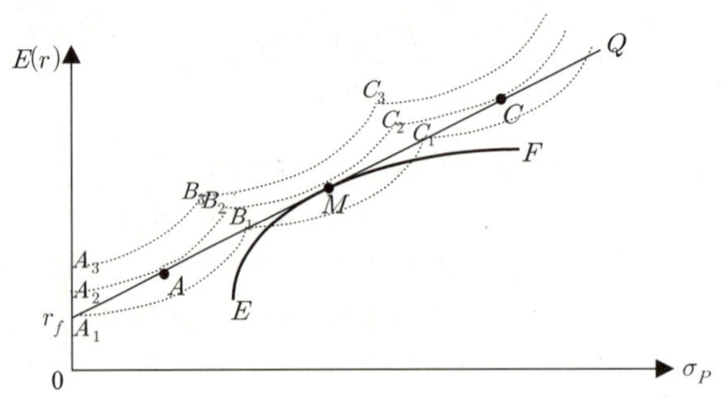

이와 같이 투자자들은 각자의 위험에 대한 태도에 따라 무위험자산과 시장포트폴리오간의 투자비율만을 조정함으로써 CML상에서 최적 포트폴리오를 선택한다. CML(r_fMQ선)상에 있는 포트폴리오는 무위험자산과 M 포트폴리오를 결합한 포트폴리오이다. M 포트폴리오는 시장에 상장되어 있는 주식들을 모두 포함한 형태의 포트폴리오이다. 따라서 CML을 기준으로 위험과 기대수익률간의 균형관계를 추정하려면 위험자산이 충분히 분산되어 있다는 것이 전제되어야 한다. 다시 말해서 CML은 충분히 분산 투자되어 비체계적 위험이 없는 상태 즉, σ_P안에 체계적 위험만 남아 있는 상태의 포트폴리오의 위험과 기대수익률간의 균형관계를 설명하는 모형이다.

사례분석

시장포트폴리오의 기대수익률은 12%, 시장포트폴리오 수익률의 표준편차는 10%이다. 그리고 무위험이자율은 5%이다.

① 자본시장선의 기울기를 구하라.

② 어떤 투자자가 가지고 있는 자금을

첫째, 무위험자산에 50%, 시장포트폴리오에 50% 투자하였을 경우

둘째, 투자자가 현재 가지고 있는 자금의 50%를 차입하여 모두 시장포트폴리오에 투자하였을 경우

각각에서 포트폴리오의 기대수익률 $E(r_P)$와 표준편차 σ_P를 계산하라.

③ 어떤 투자자가 무위험자산과 시장포트폴리오를 결합하여 새로운 포트폴리오를 구성하려고 한다. 이 투자자가 새로운 포트폴리오로부터 19%의 수익률을 기대한다고 할 때 무위험자산과 시장포트폴리오의 투자비율과 새로운 포트폴리오 수익률의 표준편차를 계산하라.

해 설

① 자본시장선의 기울기는 다음과 같다.

$$\frac{E(r_M) - r_f}{\sigma_M} = \frac{0.12 - 0.05}{0.1} = 0.7$$

② 첫째 경우 :

$$\begin{aligned} E(r_P) &= wr_f + (1-w)E(r_M) \\ &= (0.5)(0.05) + (0.5)(0.12) \\ &= 8.5\% \end{aligned}$$

$$\begin{aligned} \sigma_P &= \sqrt{w^2\sigma_D^2 + (1-w)^2\sigma_M^2 + 2w(1-w)\sigma_{D,M}} \\ &= (1-w)\sigma_M \\ &= (1-0.5)(0.1) \\ &= 5\% \end{aligned}$$

둘째 경우 :

$$\begin{aligned} E(r_P) &= wr_f + (1-w)E(r_M) \\ &= (-0.5)(0.05) + [1-(-0.5)](0.12) \\ &= 15.5\% \end{aligned}$$

$$\sigma_P = \sqrt{w^2\sigma_D^2 + (1-w)^2\sigma_M^2 + 2w(1-w)\sigma_{D,M}}$$
$$= (1-w)\sigma_M$$
$$= [1-(-0.5)](0.1)$$
$$= 15\%$$

③ 무위험자산에 대한 투자비율을 w라 하면 다음 관계가 성립한다.

$$E(r_P) = wr_f + (1-w)E(r_M)$$
$$= w(0.05) + (1-w)(0.12) = 0.19$$
$$\therefore \ w = -1$$

따라서 투자자가 새로운 포트폴리오로부터 19% 수익률을 기대하기 위하여는 가지고 있는 자금 만큼을 무위험이자율로 차입하여 이를 가지고 있는 자금과 합쳐서 시장포트폴리오에 투자하여야 한다. 새로운 포트폴리오 수익률의 표준편차 σ_P는 다음과 같다.

$$\sigma_P = \sqrt{w^2\sigma_D^2 + (1-w)^2\sigma_M^2 + 2w(1-w)\sigma_{D,M}}$$
$$= (1-w)\sigma_M$$
$$= [1-(-1)](0.1)$$
$$= 20\%$$

7.4 포트폴리오의 체계적 위험과 비체계적 위험

(1) 체계적 위험

위험은 가능한 미래 투자수익률의 변동가능성으로 정의된다. 주식투자의 위험, 즉 총위험은 위험발생요인에 의하여 크게 두 가지로 나눌 수 있다. 하나는 체계적 위험(systematic risk)이며 다른 하나는 비체계적 위험(unsystematic risk)이다.

체계적 위험은 시장에서 거래되는 모든 주식의 가격변동에 공통적으로 영향을 미치는 요인에 의하여 발생하는 위험이다. 체계적 위험의 원천으로는 일반적으로 정치 · 경제 · 사회적 환경변화와 경기변동에 따른 위험, 미래 환율수준 변동에 따른 환율위험(exchange rate risk), 미래 금리수준 변동에 따른 이자율위험(interest rate risk), 물가변동에 따른 인플레이션 위험(inflation risk) 등을 들 수 있다.

(2) 비체계적 위험

비체계적 위험은 특정 기업이나 산업에 국한된 요인, 즉 경영성과, 노동쟁의, 소송사건, 신제품개발, 광고활동 등으로 인하여 발생하는 위험이다. 이러한 요인들은 모든 기업에 공통적으로 발생하는 것이 아니므로, 여러 주식에 분산투자함으로써 비체계적 위험은 제거될 수 있다.

포트폴리오의 위험은 포트폴리오를 구성하는 각 개별주식의 위험의 합보다 작아지게 된다. 포트폴리오를 구성하는 주식의 종류를 계속 증가시킬 때 포트폴리오의 위험이 작아지는 양상을 그림으로 나타내면 [그림 3]과 같다. [그림 3]에서 볼 수 있는 바와 같이, 포트폴리오의 위험은 분산투자로 제거시킬 수 있는 위험과 제거시킬 수 없는 위험으로 나눌 수 있다.

포트폴리오를 구성함으로써 제거되는 위험을 비체계적 위험, 분산가능위험(diversifiable risk) 또는 기업의 특수위험(firm's specific risk)이라 부른다. 그리고 아무리 많은 종류의 주식으로 포트폴리오를 구성하여도 제거되지 않고 남아 있는 위험을 체계적 위험, 분산불가능위험(undiversifiable risk) 또는 시장위험(market risk)이라 부른다. 충분히 분산투자한 포트폴리오의 위험은 궁극적으로 시장포트폴리오의 위험인 σ_M에 수렴한다.

[그림 3] 분산투자와 위험의 감소

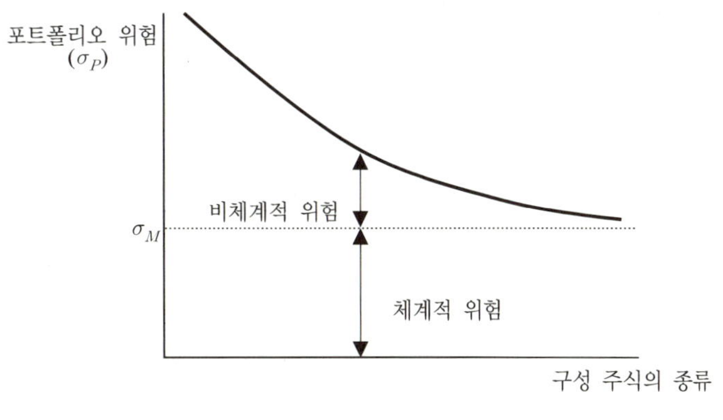

(3) 체계적 위험의 중요성

자본시장에서는 모든 투자자들이 분산투자하는 것으로 가정한다. 왜냐하면 모든 투자자들은 이성적인 투자자이므로 가능한 한 위험수준을 낮춰 그들의 기대효용을 극대화하려고 하기 때문이다. 만약 투자자들이 많은 주식으로 구성된 포트폴리오에 투자하면, 포트폴리오에 포함된 개별주식의 비체계적 위험은 완전히 사라지고 체계적 위험만이 남게 된다. 따라서 체계적 위험만이 위험에 대한 보상 대상이 된다.

사례분석

예를 들어 A전자와 B건설의 주식으로 구성된 포트폴리오의 표준편차가 20%이다. 이 포트폴리오의 기대수익률은 CML로 구하면 얼마인가? 이렇게 구한 포트폴리오의 기대수익률은 적정한지 그리고 그 이유를 설명하라. 시장포트폴리오의 기대수익률은 12%이고 표준편차(위험)는 10%이며 무위험이자율은 5%이다.

해 설

CML방정식은 다음과 같다.

$$
\begin{aligned}
E(r_P) &= r_f + \frac{E(r_M) - r_f}{\sigma_M} \times \sigma_p \\
&= 5\% + \frac{12\% - 5\%}{10\%} \times \sigma_p \\
&= 5\% + 0.7 \times \sigma_P
\end{aligned}
$$

따라서, $E(r_P) = 5\% + 0.7 \times 20\% = 19\%$이다. 이렇게 구한 기대수익률 19%는 적정하지 않고 과대 측정된 것으로 판단된다. 왜냐하면 2개 주식으로 구성된 포트폴리오는 충분히 분산투자되지 않았으므로 위험(표준편차)에는 체계적 위험 이외에도 비체계적 위험이 남아 있는 상태이다. 여기서 구한 $E(r_P)$ 19%는 비체계적 위험에 대한 보상도 포함되어 있는 상태이므로 과대 측정된 것으로 판단된다.

7.5 증권특성선★

(1) 시장모형과 체계적 위험의 측정

Sharpe는 i주식의 t기간의 수익률 r_i를 시장포트폴리오의 수익률 r_M과 관련시켜 다음 식과 같은 모형을 제시하였다.

$$r_i = \alpha_i + \beta_i r_M + e_i \tag{5}$$

r_i : i주식 수익률
r_M : 시장포트폴리오 수익률
α_i : 알파계수
β_i : 베타계수
e_i : 오차항

식 (5)를 시장모형(market model)이라고 부르기도 한다. 개별주식의 위험은 시장모형으로부터 다음과 같이 표시할 수 있다.

$$\begin{aligned} V(r_i) &= V(\alpha_i + \beta_i r_M + e_i) \\ &= V(\beta_i r_M) + V(e_i) + 2\,Cov(\beta_i r_M,\ e_i) \\ &= \beta_i^2 V(r_M) + V(e_i)\ (\text{또는} = \beta_i^2 \sigma_M^2 + \sigma_{e_i^2}) \end{aligned} \tag{6}$$

($\because$ α_i는 상수이므로 분산에 영향을 주지 않고 $Cov(\beta_i r_M,\ e_i) = 0$임)

$$\text{총위험} = \text{체계적 위험} + \text{비체계적 위험} \tag{6$'$}$$

식 (6)에서 볼 수 있는 바와 같이, 개별주식의 총위험($V(r_i)$ 또는 σ_i^2)은 시장과 관련이 있는 $\beta_i^2 V(r_M)$과 시장과 관련이 없는 $V(e_i)$로 나누어진다. 즉, 식 (6′)가 성립한다. 여기서 $\beta_i^2 V(r_M)$은 체계적 위험을 나타내고 $V(e_i)$는 비체계적 위험을 나타낸다. 아래의 <참고>에서 보듯이, 분산투자하면 비체계적 위험인 $V(e_P)$는 제거되어 없어지므로, 포트폴리오의 위험은 체계적 위험인 $\beta_P^2 V(r_M)$ 즉, $\beta_P^2 \sigma_M^2$만 남는다.

따라서 충분히 분산투자한 포트폴리오의 위험을 결정하는 요인은 개별주식의 β_i($\because$ $\beta_P = \sum w_i \beta_i$)와 시장포트폴리오의 위험인 σ_M이다. 결국 개별주식의 체계적 위험은 β지수로 나타낼 수 있고, β지수에 대한 위험보상모형이 필요하게 된다. 이런 모형의 대표적인 것이 증권시장선(SML)이다(7.6 참조).

참 고

식 (6)은 개별주식의 위험을 시장모형으로 나타낸 것이다. 이를 포트폴리오의 위험으로 나타내면 식 (6″)와 같다.

$$V(r_P) = \beta_P^2 V(r_M) + V(e_P) \tag{6''}$$

그런데 식 (6″)에서 $V(e_P)$ 즉 포트폴리오의 비체계적 위험은 충분히 분산투자하면 다음과 같이 제거된다.

$$\begin{aligned} V(e_P) &= V(w_1 e_1 + w_2 e_2 + \cdots + w_n e_n) \\ &= w_1^2 V(e_1) + w_2^2 V(e_2) + \cdots\ w_n^2 V(e_n) \\ &\quad + 2w_1 w_2 Cov(e_1,\ e_2) + 2w_1 w_3 Cov(e_1,\ e_3) + \cdots \\ &= w_1^2 V(e_1) + w_2^2 V(e_2) + \cdots + w_n^2 V(e_n) \quad (\because \text{ 오차항간의 } Cov = 0) \end{aligned}$$

각 주식에 $\frac{1}{n}$씩 균등투자한다면,

$$\begin{aligned} V(e_P) &= \frac{1}{n} \times \frac{1}{n}[V(e_1) + V(e_2) + \cdots + V(e_n)] \\ &= \frac{1}{n} \times \overline{V(e_i)} \quad (\overline{V(e_i)} = V(e_i)\text{의 평균}) \end{aligned}$$

여기서 $n \rightarrow \infty$(충분히 분산투자)라면,

$$V(e_P) \approx 0 \quad (\because\ \overline{V(e_i)}\text{는 상수})$$

(2) 증권특성선과 베타계수

식 (5)를 이용하여 r_i를 종속변수로, r_M을 독립변수로 하여 회귀분석하면 다음과 같은 회귀선을 구할 수 있다.

$$r_i = \alpha_i + \beta_i r_M \tag{7}$$

r_i : i주식 수익률
α_i : 상수항(알파계수)
β_i : i주식 베타(베타계수)
r_M : 시장포트폴리오 수익률

이 직선을 i주식의 증권특성선(security characteristic line)이라 한다. 증권특성선은 시장포트폴리오의 수익률이 변함에 따라 개별주식의 수익률이 어떻게 변하는지를 나타낸다. 증권특성선의 기울기 β_i는 i주식의 베타라고 한다. β_i는 체계적 위험을 나타내는 지수이며 β_i의 크기로 i주식의 체계적 위험의 크기를 알 수 있다. β_i는 다음 식으로 정의된다(β_i는 r_i와 r_M의 회귀선의 기울기).

$$\beta_i = \frac{Cov(r_i,\ r_M)}{\sigma_M^2} = \frac{\sigma_{i,M}}{\sigma_M^2} = \frac{\rho_{i,M}\sigma_i\sigma_M}{\sigma_M^2} = \frac{\rho_{i,M}\sigma_i}{\sigma_M} \tag{8}$$

$Cov(r_i,\ r_M)$: i주식 수익률과 시장포트폴리오 수익률간의 공분산 = σ_{iM}

σ_M^2: 시장포트폴리오 수익률의 분산 = $V(r_M)$

또한, 포트폴리오의 β_P는 식 (9)와 같이 개별주식의 β_i를 가중평균하여 구한다.

$$\begin{aligned}
\beta_P &= \frac{Cov(r_P,\ r_M)}{\sigma_M^2} \\
&= \frac{Cov(w_1r_1 + w_2r_2 + \cdots + w_nr_n,\ r_M)}{\sigma_M^2} \\
&= \frac{w_1\,Cov(r_1,\ r_M) + w_2\,Cov(r_2,\ r_M) + \cdots\ w_n\,Cov(r_n,\ r_M)}{\sigma_M^2} \\
&= w_1\beta_1 + w_2\beta_2 + \cdots + w_n\beta_n \\
&= \sum_{i=1}^{n} w_i\beta_i
\end{aligned} \tag{9}$$

한편, 개별주식의 체계적 위험과 비체계적 위험의 총위험에 대한 비율을 구하면 다음과 같다.

$$\frac{\text{체계적 위험}}{\text{총위험}} = \frac{\beta_i^2\,V(r_M)}{V(r_i)} = \rho_{i,M}^2 \tag{10}$$

$$(\because\ \text{식 (8)에서, } \beta_i^2 = \frac{\rho_{i,M}^2\sigma_i^2}{\sigma_M^2} = \frac{\rho_{i,M}^2\,V(r_i)}{V(r_M)})$$

$$\frac{\text{비체계적 위험}}{\text{총위험}} = \frac{V(e_i)}{V(r_i)} = \frac{V(r_i) - \beta_i^2\, V(r_M)}{V(r_i)} = 1 - \rho_{i,M}^2 \qquad (11)$$

(ρ_{iM} : r_i와 r_M간의 상관계수)

위의 식에서 상관계수의 제곱인 $\rho_{i,M}^2$을 결정계수(coefficient of determination) 또는 설명계수라 하며, 이는 총위험에 대한 체계적 위험의 비율이다. 다시 말해서 총위험 중 체계적 위험으로 설명되는 비율은 설명계수로 구할 수 있다. X변수인 r_M으로 설명할 수 있는 Y변수인 r_i의 변동성은 $\rho_{i,M}^2$%이다. 예를 들어 $\rho_{i,M}^2 = 30\%$라는 것은 총위험 중 체계적 위험의 비중이 30%라는 의미이다. 또한 $1-\rho_{i,M}^2$은 총위험에 대한 비체계적 위험의 비율을 나타낸다.

사례분석

B, C주식에 대한 자료는 다음과 같다.

구 분	B주식	C주식
증권특성선	$r_B = 0.02 + 0.152 r_M$	$r_C = -0.011 + 1.52 r_M$
수익률의 표준편차(σ_i)	0.130	0.164
비체계적 위험(분산기준)($V(e_i)$)	0.011	0.014
시장포트폴리오 수익률과의 상관계수($\rho_{i,M}$)	0.591	0.692

① B, C주식 중 어느 주식이 방어적 주식인가? 그 이유는?

② B, C주식 중 어느 주식이 더 위험한가? 그 이유는?

③ B, C주식 중 분산투자 목적으로 어느 주식이 더욱 유리한가?

④ 어느 주식의 증권특성선이 미래를 더 정확히 예측할 수 있는가? 그 근거는?

⑤ B, C주식 각각에서 총위험 중 비체계적 위험이 차지하는 비율은?

⑥ B, C주식 각각에서 체계적 위험의 크기는(분산기준)?

해 설

① 증권특성선에서 $\beta_B = 0.152$, $\beta_C = 1.52$이므로, $\beta < 1$인 B주식이 방어적 주식이다.

② $\beta_B < \beta_C$, $\sigma_B < \sigma_C$이므로, C주식이 B주식보다 위험하다.

③ B주식의 상관계수가 작으므로, B주식이 C주식보다 유리하다. 즉, B주식의 비체계적 위험의 비중이 커서 분산효과는 B주식이 더 크다.

④ 결정계수 $\rho_{B,M}^2 = 0.349$, $\rho_{C,M}^2 = 0.479$이므로, C주식의 증권특성선이 B주식의 증권 특성선보다 미래를 더 정확히 예측할 수 있다.

⑤ B주식 : $\dfrac{\text{비체계적 위험}}{\text{총위험}} = \dfrac{V(e_B)}{\sigma_B^2} = \dfrac{0.011}{0.130^2} = 65.1\%$

C주식 : $\dfrac{\text{비체계적 위험}}{\text{총위험}} = \dfrac{V(e_C)}{\sigma_C^2} = \dfrac{0.014}{0.164^2} = 52.1\%$

⑥ 체계적 위험 = $\beta_i^2 V(r_M) = \rho_{i,M}^2 V(r_i)$이므로,

B주식의 체계적 위험 = $\rho_{B,M}^2 \sigma_B^2 = (0.591)^2 (0.130)^2 = 0.0059$

C주식의 체계적 위험 = $\rho_{C,M}^2 \sigma_C^2 = (0.692)^2 (0.164)^2 = 0.0129$

7.6 증권시장선

(1) 의 의

증권시장선(security market line : SML)은 자본자산 가격결정모형의 궁극적 모형이다. 다시 말해서 SML은 위험이 늘어날수록 어느 정도의 위험보상수익률이 적정한지를 결정하는 모형이다. 적정 요구수익률은 다음과 같이 무위험자산 수익률에 위험프리미엄을 더해서 결정된다.

적정 요구수익률 = 무위험자산 수익률 + 위험프리미엄

여기서 위험프리미엄을 구하는 것이 관건인데, 앞에서 얘기했듯이 위험프리미엄은 분산투자해도 제거되지 않는 체계적 위험에 대한 위험프리미엄이다. 체계적 위험이란 시장과 관련해서 발생하는 위험으로서 β계수로 측정한다. 시장포트폴리오의 β_M을 1로 정의하고 이에 대한 개별주식의 상대적인 민감도를 β_i로 나타낸다.

$\beta = 2$라는 것은 시장포트폴리오의 수익률이 1% 변동할 때 체계적(규칙적)으로 2%씩 변동한다는 의미이다. 즉, $\beta = 2$라는 것은 시장포트폴리오(예를 들면 KOSPI)의 수익률보다 2배씩 체계적으로 변동한다는 의미이다. 따라서 $\beta = 2$인 주식은 시장

포트폴리오보다 2배의 체계적 위험을 갖고 있다.

시장에는 시장포트폴리오보다 체계적으로 더 변동하는 주식이 있는 반면에 시장보다 덜 변동하는 주식도 있다. 예를 들어 $\beta = 0.5$인 주식은 시장포트폴리오보다 0.5배의 체계적 위험을 갖고 있다는 의미이다. 다시 말해서 시장에는 β가 1보다 큰 주식이 있는 반면에 1보다 작은 주식도 있어서, 시장 전체인 시장포트폴리오의 β_M은 평균적으로 1이 되는 것이다.

β를 위험의 척도로 이용하여 위험프리미엄을 결정하는 모형이 증권시장선(SML)이다. β가 늘어날수록 위험프리미엄이 증가하는 것은 자명한데, 선형적인 증가인가 아니면 비선형적인가가 문제이다. 이를 설명하기 위해서는 편미분 방정식이 동원되므로 여기서는 생략한다. 결론적으로 얘기해서 선형적인 증가이므로 SML은 다음 식으로 나타난다.

$$E(r_i) = \text{무위험자산 수익률} + \text{위험프리미엄}$$

$$= r_f + [E(r_M) - r_f] \times \beta_i \quad (12)$$

$$= r_f + \frac{[E(r_M) - r_f]}{\sigma_M^2} \times Cov(r_i,\ r_M) \quad (12')$$

$E(r_i)$: i주식의 기대수익률(요구수익률)
r_f : 무위험자산 수익률(무위험이자율)
$E(r_M)$: 시장포트폴리오의 기대수익률
β_i : i주식 베타 $(= \frac{Cov(r_i, r_M)}{\sigma_M^2})$
$Cov(r_i,\ r_M)$: i주식 수익률과 시장포트폴리오 수익률간의 공분산 $= \sigma_{iM}$

식 (12)에서 살펴볼 수 있는 바와 같이, i주식의 기대수익률 $E(r_i)$는 두 부분으로 구성되어 있다. 하나는 r_f로서, 이는 i주식이 위험이 전혀 없다 하더라도 시간경과에 따른 보상으로 주어지는 무위험자산 수익률이다.

다른 하나는 $[E(r_M) - r_f] \times \beta_i$ 로서 이는 i주식이 가지고 있는 위험에 대한 보상으로 주어지는 위험프리미엄(risk premium)이다. 여기서 $E(r_M) - r_f$는 β위험 단위당 보상수익률을 의미하는데, 이를 위험의 시장가격(market price per risk : MPR)또는 시장위험프리미엄(market risk premium)이라고도 한다.

체계적 위험을 시장포트폴리오만큼 부담하는 주식은 식 (12)에서 β가 1이므로

$E(r_M) - r_f$만큼의 위험프리미엄을 갖게 된다. 즉, $\beta = 1$인 주식은 무위험자산 수익률 r_f에 시장위험프리미엄 $E(r_M) - r_f$를 추가해서 전체적으로 $E(r_M)$의 적정 요구수익률을 갖는다.

(2) 증권시장선과 가격결정

SML을 그림으로 나타내면 [그림 4]와 같다.

[그림 4] 증권시장선과 가격결정

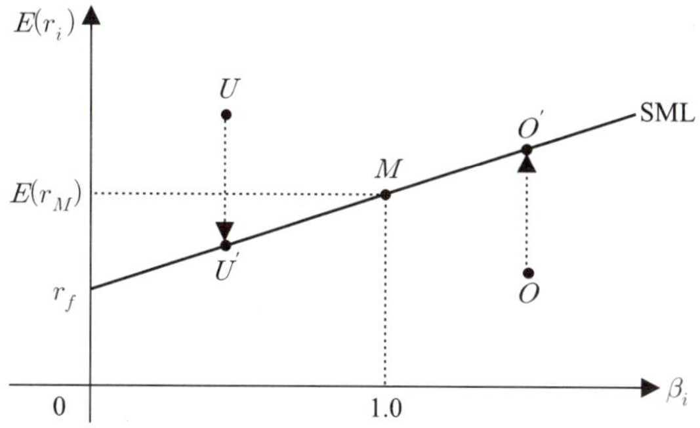

[그림 4]는 식 (12)의 증권시장선(SML)과 가격결정 과정을 보여준다. 시장이 균형상태를 이루지 못하여 [그림 4]에서 볼 수 있는 바와 같이 SML상에 놓이지 못한 주식 U와 O가 존재한다고 하자. 주식 U는 가격이 과소평가(underpriced)되어 있다. 즉, 주식 U의 위험수준에 비하여 예상수익률이 높으므로(가격이 낮으므로), 투자자들의 주식 U에 대한 수요가 증가한다. 그 결과 주식 U의 가격은 상승하고, 예상수익률이 SML상의 U′에 이를 때까지 하락하게 된다. 이 때 비로소 주식 U에 대한 수요와 공급은 균형을 이루게 된다.

한편, 주식 O는 가격이 과대평가(overpriced)되어 있다. 즉, 주식 O의 위험수준에 비하여 예상수익률이 낮으므로(가격이 높으므로), 주식 O에 대한 수요가 감소된다. 그 결과 주식 O의 가격이 하락하고, 예상수익률이 SML상의 O′에 이를 때까지 상승하게 된다. 이 때 비로소 주식 O에 대한 수요와 공급이 균형을 이루게 된다.

이와 같이 증권의 체계적 위험에 따라 SML을 기초로 증권의 예상수익률이 기대수익률 즉, 균형수익률에 이르고, 이 균형수익률이 할인율로 사용되어 증권의 균형가격이 결정된다.

사례분석★

다음 자료를 이용하여 물음에 답하라.

D주식 수익률의 표준편차(σ_D)	20%
시장포트폴리오의 기대수익률($E(r_M)$)	15%
시장포트폴리오 수익률의 표준편차(σ_M)	10%
D주식 수익률과 시장포트폴리오 수익률간의 상관계수($\rho_{D,M}$)	0.8
무위험이자율(r_f)	4%

① 증권시장선을 구하라.

② 시장의 균형상태에서 D주식의 기대수익률을 계산하라.

③ D주식의 체계적 위험과 비체계적 위험의 크기는(분산기준)?

④ 만약 어떤 투자자가 무위험자산과 D주식을 결합하여 2.4의 베타계수 값을 갖는 포트폴리오를 구성하기 원한다면, 이 투자자는 무위험자산과 D주식을 어떻게 결합하여야 하겠는가?

해 설

① SML을 나타내는 식은 다음과 같다.

$$E(r_i) = r_f + [E(r_M) - r_f] \times \beta_i$$

위의 식에 주어진 자료를 대입하여 SML을 구하면 다음과 같다.

$$E(r_i) = 0.04 + (0.15 - 0.04) \times \beta_i$$
$$= 0.04 + 0.11\beta_i$$

② D주식의 β_D와 SML상에서의 기대수익률은 다음과 같이 결정된다.

$$\beta_D = \frac{Cov(r_D,\ r_M)}{\sigma_M^2} = \frac{\rho_{D,M}\sigma_D\sigma_M}{\sigma_M^2} = \frac{\rho_{D,M}\sigma_D}{\sigma_M}$$
$$= \frac{0.8 \times 0.2}{0.1} = 1.6$$

$$\therefore\ E(r_D) = 0.04 + 0.11 \times 1.6$$
$$= 21.6\%$$

③ D주식의 체계적 위험과 비체계적 위험의 크기는 다음과 같다.

$$\beta_D^2\sigma_M^2 = (1.6)^2(0.1)^2 = 2.56\%$$

$$\sigma_D^2 - \beta_D^2 \sigma_M^2 = (0.2)^2 - 0.0256 = 1.44\%$$

④ 무위험자산에의 투자비율을 w라 하면 다음 관계가 성립한다.

$$\beta_P = w\beta_f + (1-w)\beta_D$$

$$= w \times 0 + (1-w) \times 1.6$$

$$(1-w) \times 1.6 = 2.4$$

$$\therefore\ w = -0.5$$

즉, 무위험이자율로 가지고 있는 금액의 50%를 차입하여, 이것과 가지고 있는 금액을 합하여 D주식에 투자한다.

7.7 자본시장선과 증권시장선의 관계★

(1) 위험과 기대수익률간의 관계

시장이 균형상태에 있을 때 자본자산의 가격이 어떻게 결정되느냐를 설명하는 자본자산 가격결정모형(CAPM)은 두 부분으로 전개되었다. 하나는 자본시장선(CML)이며, 다른 하나는 증권시장선(SML)이다.

CML과 SML은 모두 자본자산의 기대수익률과 위험과의 관계를 선형으로 나타내고 있다. 그러나 CML과 SML에서 대상으로 하는 위험의 유형은 각각 다르다. CML은 포트폴리오의 총위험을 대상으로 이것과 기대수익률과의 관계를 나타낸다. CML은 효율적포트폴리오를 대상으로 하므로 여기서 말하는 총위험은 분산투자후의 위험이므로 저절로 체계적 위험이 된다.

반면, SML은 처음부터 개별증권 또는 포트폴리오의 체계적 위험만을 대상으로 이것과 기대수익률과의 관계를 나타내고 있다.

(2) 자본시장선과 증권시장선

CML은 투자자들이 무위험이자율로 자금을 얼마든지 빌려 쓰거나 빌려 줄 수 있을 때, 무위험자산과 시장포트폴리오로 결합된 효율적 포트폴리오의 기대수익률과 위험과의 관계를 나타내는 직선이다. 즉 효율적 포트폴리오의 기대수익률을 $E(r_P)$라 하고 위험을 σ_P라 할 때 CML을 수식으로 나타내면 다음과 같다.

$$E(r_P) = r_f + \frac{E(r_M) - r_f}{\sigma_M} \times \sigma_P$$

위 식에서 CML의 기울기 $[E(r_M) - r_f] / \sigma_M$은 위험의 시장가격(market price of risk)또는 시장위험프리미엄이라고 하며, 이는 위험이 한 단위 증가할 때 요구되는 추가적인 기대수익률의 크기를 의미한다.

한편, SML은 개별증권 또는 포트폴리오의 기대수익률과 체계적 위험의 지수인 베타계수와의 관계를 직선으로 나타내고 있다. SML에 따라 포트폴리오의 기대수익률을 나타내면 다음과 같다.

$$E(r_P) = r_f + [E(r_M) - r_f] \times \beta_P$$

SML이 가지는 의미는 시장이 균형상태일 대 각 포트폴리오의 β_P가 결정되면 포트폴리오의 기대수익률이 SML에 놓이게 되도록 가격이 결정된다는 것이다.

(3) CML과 SML의 상호관계

CML과 SML의 관계를 살펴보기에 앞서 CML과 SML의 차이점을 요약하면 다음과 같다.

첫째, CML은 포트폴리오의 총위험(실제는 체계적 위험)과 기대수익률의 관계를 나타내기 때문에 $[\sigma,\ E(r)]$공간에 표시되나, SML은 개별증권 또는 포트폴리오의 체계적 위험과 기대수익률과의 관계를 나타내기 때문에 $[\beta,\ E(r)]$공간에 표시된다.

둘째, CML은 완전한 분산투자가 이루어진 효율적 포트폴리오의 기대수익률과의 관계를 설명하나, SML은 효율적 포트폴리오뿐만 아니라 비효율적 포트폴리오나 개별증권의 기대수익률과 위험의 관계도 설명하고 있다.

그러나 이와 같은 근본적인 차이에도 불구하고 SML의 대상을 효율적 포트폴리오로 제한할 경우 CML과 SML은 일치한다. 이를 설명하기 위하여 먼저 SML의 식을 포트폴리오를 대상으로 나타내면 다음과 같다.

$$E(r_P) = r_f + [E(r_M) - r_f] \times \beta_P$$
$$= r_f + [E(r_M) - r_f] \times \frac{Cov(r_P,\ r_M)}{\sigma_M^2} \qquad (\because\ \beta_P = \frac{Cov(r_P,\ r_M)}{\sigma_M^2})$$
$$= r_f + \frac{E(r_M) - r_f}{\sigma_M^2} \times \rho_{P,M}\sigma_P\sigma_M \qquad (\because\ Cov(r_P,\ r_M) = \rho_{P,M}\sigma_P\sigma_M)$$
$$= r_f + \frac{E(r_M) - r_f}{\sigma_M} \times \rho_{P,M}\sigma_P$$

그런데 투자대상 P가 효율적 포트폴리오라면, 즉 P가 시장포트폴리오와 무위험자산으로 구성된 CML상의 포트폴리오라면 포트폴리오P의 수익률 변화와 시장포트폴리오의 수익률 변화는 정확히 일정한 비율로 같은 방향으로 나타난다. 따라서 포트폴리오 P의 수익률과 시장포트폴리오 수익률 사이의 상관계수 $\rho_{P,M} = +1$이 된다. 즉, 상관계수 +1이라면, 위의 식은 다음과 같다.

$$E(r_P) = r_f + \frac{E(r_M) - r_f}{\sigma_M} \times \sigma_P$$

그런데 이 식은 CML과 일치한다. 즉, SML의 대상을 효율적 포트폴리오에 한정한 경우 SML은 CML과 일치한다. 결국 SML은 CML을 포함하는 모형이다.

7.8 차익가격결정이론★

(1) 차익가격결정이론의 구조

차익가격결정이론(Arbitrage Pricing Theory : APT)은 자산의 수익률이 다수의 공통요인(common factor)에 의하여 결정된다는 모형이다. APT는 투자자들이 차익(arbitrage profit)을 극대화하기 위해 차익포트폴리오(arbitrage portfolio)를 형성하려는 투자행동에 기초를 둔 가격결정이론이다.

포트폴리오를 소유하고 있던 투자자가 포트폴리오를 구성하는 어떤 자산을 매각하고 매각금액과 동일한 금액으로 다른 자산을 매입하여 추가적인 위험부담 없이 포트폴리오를 변경시키는 과정을 차익거래라고 한다. 이때 투자비율이 변경된 자산들로 구성되는 포트폴리오를 차익포트폴리오라고 한다.

차익포트폴리오가 균형상태를 이루게 되면 i주식의 기대수익률 $E(r_i)$는 다음과 같이 나타낼 수 있는데, 이를 차익가격결정모형이라 한다. k개의 위험요인이 존재한다고 가정하면 APT 방정식은 다음과 같다.

$$E(r_i) = r_f + (\delta_1 - r_f)b_{i1} + (\delta_2 - r_f)b_{i2} + \cdots + (\delta_k - r_f)b_{ik} \tag{13}$$

$E(r_i)$: i 주식의 기대수익률
r_f : 무위험자산 수익률
δ_1 : 1번 요인과의 민감도가 1인 자산의 기대수익률(다른 요인과의 민감도는 0임)
δ_k : k번 요인과의 민감도가 1인 자산의 기대수익률(다른 요인과의 민감도는 0임)

식 (13)를 위험프리미엄의 형태로 나타내면 식 (14)가 된다.

$$E(r_i) = \lambda_0 + \lambda_1 b_{i1} + \cdots + \lambda_k b_{ik} \tag{14}$$

λ_0 : 무위험자산 수익률(r_f)
λ_1 : 1번 요인에 대한 위험프리미엄 = $(\delta_1 - r_f)$
λ_k : k번 요인에 대한 위험프리미엄 = $(\delta_k - r_f)$
b_{i1} : i 주식의 1번 요인에 대한 베타
b_{ik} : i 주식의 k번 요인에 대한 베타

식 (14)로 표시된 APT에 의하면, 주식의 기대수익률 $E(r_i)$는 다수의 공통요인 k의 체계적 위험지수 b_{ik}와 위험프리미엄 $(\delta_k - r_f)$를 곱한 값에 무위험자산 수익률(무위험이자율) r_f를 더하여 결정된다.

(2) APT와 CAPM의 비교

모든 자산(주식)의 수익률 $E(r_i)$가 시장포트폴리오(M)라는 단일요인에 의하여 설명될 수 있다면 b_{ik}를 b_{iM}으로 표시하여 다음 식을 유도할 수 있다.

$$E(r_i) = r_f + [\delta_M - r_f] \times b_{iM} \tag{15}$$

식 (15)에서 b_{iM}은 i자산의 시장포트폴리오에 대한 민감도이므로 i자산의 체계적 위험의 지수(β_i)로 해석할 수 있다. 또한 δ_M의 시장포트폴리오에 대한 민감도는 1이며 다른 요인에 대한 민감도는 영(0)인 자산의 기대수익률이므로 시장포트폴리오의 기대수익률 $E(r_M)$과 동일한 것으로 볼 수 있다. 그러므로 위의 식은 다음과 같이 CAPM(즉, SML)과 동일한 형태로 나타낼 수 있다.

$$E(r_i) = r_f + [E(r_M) - r_f] \times \beta_i \tag{16}$$

결국 APT에서 자산수익률의 결정요인을 시장포트폴리오라는 단일요인으로 제한하면, APT는 CAPM이 된다. 이로부터 APT는 자산수익률의 결정요인을 다요인으로 확장한 이론임을 알 수 있다. CAPM과 APT 중 어느 것이 더 우수한가에 대해서는 의견이 일치하지 않고 있다. 일반적으로 실용성에 있어서는 CAPM이, 그리고 이론적 정교성에 있어서는 APT가 더 우수하다고 보고 있다.

사례분석

개별주식의 수익률을 결정하는 공통요인이 물가상승률과 GNP성장률이라고 하자. 그리고 개별주식 A, B의 물가상승률에 대한 수익률의 민감도인 b_I와 GNP성장률에 대한 수익률의 민감도 b_G의 자료가 다음과 같다고 하자.

주 식	기대수익률	b_I	b_G
A	16.2%	0.5	0.8
B	21.6%	1.5	1.4
무위험자산	10.0%	0	0

① 기대수익률을 설명하는 APT 방정식을 구하라.

② 물가상승률과 GNP성장률의 두 요인에 대한 위험프리미엄을 계산하라.

③ 지금 1,000만원을 가진 어떤 투자자가 주식 A를 공매하여 500만원의 자금을 조달하여 총 1,500만원을 주식 B에 투자하는 포트폴리오 P를 구성하려고 한다. 포트폴리오 P의 물가상승률에 대한 수익률의 민감도인 b_I와 GNP성장률에 대한 수익률의 민감도 b_G를 계산하라.

④ 물가상승률에 대한 수익률의 민감도가 1이고 GNP성장률에 대한 수익률의 민감도가 0이 되도록 주식 A와 B, 그리고 무위험자산을 결합하여 포트폴리오 Q를 구성하려고 한다. 주식 A와 B, 그리고 무위험자산에 대한 투자비율을 계산하라.

해 설

① 물가상승률과 GNP성장률의 두 공통요인으로 구성된 APT는 다음과 같다.

$$E(r_i) = \lambda_0 + \lambda_1 b_{iI} + \lambda_2 b_{iG}$$

그런데 주식 A와 B에 대하여 다음 관계가 성립한다,

$$E(r_A) = \lambda_0 + \lambda_1 b_{AI} + \lambda_2 b_{AG}$$

$$E(r_B) = \lambda_0 + \lambda_1 b_{BI} + \lambda_2 b_{BG}$$

위의 두 식에 주어진 자료를 대입하면 다음과 같다.

$$0.162 = \lambda_0 + \lambda_1(0.5) + \lambda_2(0.8)$$

$$0.216 = \lambda_0 + \lambda_1(1.5) + \lambda_2(1.4)$$

그런데 무위험자산이 존재하므로 $\lambda_0 = r_f = 0.1$이다. 따라서 이 값을 위의 두 식에 대입하고 두 식을 연립하여 풀면 λ_1과 λ_2의 값을 찾을 수 있다.

$$0.162 = 0.1 + 0.5\lambda_1 + 0.8\lambda_2$$

$$0.216 = 0.1 + 1.5\lambda_1 + 1.4\lambda_2$$

$$\therefore\ \lambda_1 = 0.012,\ \lambda_2 = 0.07$$

따라서 기대수익률을 설명하는 APT 방정식은 다음과 같다.

$$E(r_i) = 0.1 + 0.012 b_{iI} + 0.07 b_{iG}$$

② 물가상승률에 대한 위험프리미엄은 λ_1이고 GNP성장률에 대한 위험프리미엄은 λ_2이다. ①의 결과로부터 $\lambda_1 = 0.012$, $\lambda_2 = 0.07$임을 알 수 있다.

③ 베타계수의 가법정리(additivity rule)에 의하여 다음 관계가 성립한다.

$$\begin{aligned} b_{PI} &= w_A b_{AI} + w_B b_{BI} \\ &= (-0.5)(0.5) + (1-(-0.5))(1.5) = 2 \end{aligned}$$

$$\begin{aligned} b_{PG} &= w_A b_{AG} + w_B b_{BG} \\ &= (-0.5)(0.8) + (1-(-0.5))(1.4) = 1.7 \end{aligned}$$

따라서 포트폴리오 P의 물가상승률에 대한 수익률의 민감도는 2이고, GNP성장률에 대한 수익률의 민감도는 1.7이다.

④ 요인베타와 관련하여 다음 식이 성립한다.

$$b_{QI} = w_A b_{AI} + w_B b_{BI}$$
$$= w_A(0.5) + w_B(1.5) = 1$$

$$b_{QG} = w_A b_{AG} + w_B b_{BG}$$
$$= w_A(0.8) + w_B(1.4) = 0$$

위의 두 식을 연립하여 풀면 w_A와 w_B의 값을 찾을 수 있다.

$$0.5w_A + 1.5w_B = 1$$
$$0.8w_A + 1.4w_B = 0$$
$$\therefore\ w_A = -2.8,\ w_B = 1.3$$

또한 무위험자산에 대한 투자비율인 w_f는 다음과 같이 계산된다.

$$w_f + w_A + w_B = 1.0$$
$$w_f + (-2.8) + 1.6 = 1$$
$$\therefore\ w_f = 2.2$$

따라서 A주식에 대한 투자비율은 −280%, B주식에 대한 투자비율은 160%, 그리고 무위험자산에 대한 투자비율은 220%이다.

7.9 포트폴리오의 성과측정

(1) Sharpe의 성과측정 방법

포트폴리오의 성과측정에 있어서 가장 기본적으로 고려하여야 할 요인은 투자결과로 얻은 투자수익률이다. 그러나 올바른 성과측정을 위하여는 결과적으로 얻은 투자수익률만 고려할 것이 아니라, 그 투자수익률을 얻기 위하여 어느 정도의 위험을 부담하였느냐 하는 투자위험도 동시에 고려하여야 한다.

먼저 자본시장선(CML)을 방정식으로 나타내면 다음과 같다.

$$E(r_P) = r_f + \frac{E(r_M) - r_f}{\sigma_M} \times \sigma_P \tag{17}$$

$E(r_P)$: 포트폴리오의 기대수익률
r_f : 무위험자산 수익률
$E(r_M)$: 시장포트폴리오의 기대수익률
σ_M : 시장포트폴리오 수익률의 표준편차
σ_P : 포트폴리오 수익률의 표준편차

Sharpe의 성과측정 방법을 설명하기 위하여 자본시장선상에서 실현된 효율적 P포트폴리오를 고려하자. P포트폴리오의 실현된 수익률 $\overline{r_P}$는 다음 식과 같다.

$$\overline{r_P} = \overline{r_f} + \frac{\overline{r_M} - \overline{r_f}}{\sigma_M} \times \sigma_P \tag{18}$$

$\overline{r_P}$: 포트폴리오의 실현된 수익률
$\overline{r_f}$: 무위험자산의 평균수익률
$\overline{r_M}$: 시장포트폴리오의 실현된 수익률
σ_M : 시장포트폴리오 수익률의 표준편차
σ_P : P포트폴리오 수익률의 표준편차

식 (18)은 자본시장이 투자자들의 기대를 충족시켜 기대수익률과 실현수익률의 차이가 평균적으로 0이 되도록 움직인다고 가정하고 식 (17)의 사전적(ex-ante) 균형관계식을 사후적(ex-post) 균형관계식으로 전환한 것이다. 식 (18)을 변형하면 식 (19)와 같다.

$$\frac{\overline{r_P} - \overline{r_f}}{\sigma_P} = \frac{\overline{r_M} - \overline{r_f}}{\sigma_M} \tag{19}$$

식 (19)는 Sharpe가 개발한 포트폴리오 성과측정 방법의 기본이 되는 식이다. 식 (19)에서 $[\overline{r_P} - \overline{r_f}] / \sigma_P$는 P포트폴리오의 위험단위당 초과수익률인데, Sharpe는 이를 수익률-분산비율(reward to variability ratio : RVAR)이라 하였다. 식 (19)에서 왼쪽

변이 오른쪽 변보다 클 때, P포트폴리오의 성과는 시장포트폴리오의 성과보다 우월하다고 평가된다.

(2) Treynor의 성과측정 방법

먼저 증권시장선(SML)을 방정식으로 나타내면 다음과 같다.

$$E(r_P) = r_f + [E(r_M) - r_f] \times \beta_P \quad (20)$$

$E(r_P)$: P포트폴리오의 기대수익률
r_f : 무위험자산수익률
$E(r_M)$: 시장포트폴리오의 기대수익률
β_P : P포트폴리오의 베타

식 (20)을 실현된 수익률의 형태로 변형하면 식 (21)과 같고, 식 (22)는 식 (21)을 초과수익률의 형태로 변형한 것이다.

$$\overline{r_P} = \overline{r_f} + [\overline{r_M} - \overline{r_f}] \times \beta_P \quad (21)$$

$$\frac{\overline{r_P} - \overline{r_f}}{\beta_P} = \frac{\overline{r_M} - \overline{r_f}}{\beta_M} \quad (\text{여기서 } \beta_M = 1) \quad (22)$$

$\overline{r_P}$: P포트폴리오의 실현된 수익률
$\overline{r_f}$: 무위험자산의 평균수익률
$\overline{r_M}$: 시장포트폴리오의 실현된 수익률
β_P : P포트폴리오의 베타
β_M : 시장포트폴리오의 베타

식 (22)에서 $[\overline{r_P} - \overline{r_f}] / \beta_P$는 P포트폴리오의 체계적 위험 단위당 초과수익률이며, Treynor는 이를 수익률-민감도비율(reward to volatility ratio : RVOL)이라 하였다. 식 (22)에서 왼쪽 변이 오른쪽 변보다 클 때, P포트폴리오의 성과는 시장포트폴리오의 성과보다 우월하다고 평가된다.

(3) Jensen의 성과측정 방법

포트폴리오가 균형상태에 있다면 그 수익률은 증권시장선상에 있게 되나, 포트폴리오가 균형상태에서 벗어나게 되면 그 수익률은 증권시장선상에서 이탈하여 다음 식과 같이 나타나게 된다.

$$\overline{r_P} - \overline{r_f} = [\overline{r_M} - \overline{r_f}] \times \beta_P + \alpha$$

$$\alpha = \overline{r_P} - [\overline{r_f} + (\overline{r_M} - \overline{r_f}) \times \beta_P] \quad (23)$$

식 (23)에서 살펴볼 수 있는 바와 같이, P포트폴리오의 수익률이 균형상태에서 벗어나면 α는 (+) 또는 (−)의 값을 갖게 된다. 여기서 α는 P포트폴리오의 실현된 수익률과 균형상태에서의 정상수익률과의 차이를 의미한다. Jensen은 α를 비정상수익률(abnormal return : AR)이라고 하였다.

α가 (+)인 것은 P포트폴리오의 투자수익률이 균형상태에서의 정상수익률보다 높음을 의미한다. 이때 P포트폴리오의 투자성과는 성공적이라고 평가한다. 그리고 α가 (−)인 것은 P포트폴리오의 투자수익률이 균형상태에서의 정상수익률보다 낮음을 의미한다. 이 때 P포트폴리오의 투자성과는 실패적이라고 평가한다.

사례분석

투자자 갑, 을, 병이 지난해 투자한 포트폴리오에 대한 투자성과는 다음 자료와 같다. 또한 무위험이자율(무위험자산 수익률)은 5%이며 시장포트폴리오의 평균수익률과 표준편차는 각각 10%와 30%이다.

포트폴리오	수익률	베타	잔차분산
갑이 투자한 포트폴리오	20%	2.0	0.20
을이 투자한 포트폴리오	15%	1.3	0
병이 투자한 포트폴리오	9%	0.9	0.04

① Sharpe의 성과측정 방법에 의하여 갑, 을, 병이 투자한 포트폴리오를 평가하라.

② Treynor의 성과측정 방법에 의하여 갑, 을, 병이 투자한 포트폴리오를 평가하라.

③ Jensen의 성과측정 방법에 의하여 갑, 을, 병이 투자한 포트폴리오를 평가하라.

해 설

① 투자자들이 투자한 포트폴리오와 시장포트폴리오의 RVAR을 구하면 다음과 같다.

$$갑 : RVAR = \frac{\overline{r_P} - \overline{r_f}}{\sigma_P} = \frac{0.20 - 0.05}{0.7483} = 0.2005$$

$$\begin{aligned}\sigma_P &= [\beta_i^2 \sigma_M^2 + \sigma_e^2]^{1/2} \\ &= [(2.0)^2 (0.3)^2 + 0.2]^{1/2} \\ &= 0.7483 \quad (\text{여기서, } \sigma_e^2 = V(e_i) = \text{잔차분산})\end{aligned}$$

$$을 : RVAR = \frac{\overline{r_P} - \overline{r_f}}{\sigma_P} = \frac{0.15 - 0.05}{0.39} = 0.2564$$

$$\begin{aligned}\sigma_P &= [\beta_i^2 \sigma_M^2 + \sigma_e^2]^{1/2} \\ &= [(1.3)^2 (0.3)^2 + 0]^{1/2} = 0.39\end{aligned}$$

$$병 : RVAR = \frac{\overline{r_P} - \overline{r_f}}{\sigma_P} = \frac{0.09 - 0.05}{0.3360} = 0.1190$$

$$\begin{aligned}\sigma_P &= [\beta_i^2 \sigma_M^2 + \sigma_e^2]^{1/2} \\ &= [(0.9)^2 (0.3)^2 + 0.04]^{1/2} = 0.3360\end{aligned}$$

$$시장포트폴리오 : RVAR = \frac{\overline{r_M} - \overline{r_f}}{\sigma_M} = \frac{0.10 - 0.05}{0.30} = 0.1667$$

투자성과의 순위는 을, 갑, 병의 순이며, 을과 갑의 성과는 시장포트폴리오의 위험단위당 초과수익률보다 커서 양호하나 병의 성과는 양호하지 못하다.

② 투자자들이 투자한 포트폴리오와 시장포트폴리오의 RVOL을 구하면 다음과 같다.

$$갑 : RVOL = \frac{\overline{r_P} - \overline{r_f}}{\beta_P} = \frac{0.20 - 0.05}{2.0} = 0.0750$$

$$을 : RVOL = \frac{\overline{r_P} - \overline{r_f}}{\beta_P} = \frac{0.15 - 0.05}{1.3} = 0.0769$$

$$병 : RVOL = \frac{\overline{r_P} - \overline{r_f}}{\beta_P} = \frac{0.09 - 0.05}{0.9} = 0.0444$$

$$시장포트폴리오 : RVOL = \frac{\overline{r_M} - \overline{r_f}}{\beta_M} = \frac{0.10 - 0.05}{1.0} = 0.0500$$

투자성과의 순위는 을, 갑, 병의 순이며, 을과 갑의 성과는 시장포트폴리오의 위험단위당 초과수익률보다 커서 양호하나, 병의 성과는 양호하지 못하다. RVOL로 평가한 결과는 RVAR로 평가한 결과와 동일하다.

③ 투자자들이 투자한 포트폴리오의 α를 측정하면 다음과 같다.

$$
\begin{aligned}
\text{갑}: \alpha &= \overline{r_P} - [\overline{r_f} + (\overline{r_M} - \overline{r_f}) \times \beta_P \\
&= 0.20 - [0.05 + (0.10 - 0.05) \times 2.0] \\
&= 0.05
\end{aligned}
$$

$$
\begin{aligned}
\text{을}: \alpha &= \overline{r_P} - [\overline{r_f} + (\overline{r_M} - \overline{r_f}) \times \beta_P \\
&= 0.10 - [0.05 + (0.10 - 0.05) \times 1.3] \\
&= 0.035
\end{aligned}
$$

$$
\begin{aligned}
\text{병}: \alpha &= \overline{r_P} - [\overline{r_f} + (\overline{r_M} - \overline{r_f}) \times \beta_P \\
&= 0.09 - [0.05 + (0.10 - 0.05) \times 0.9] \\
&= -0.005
\end{aligned}
$$

투자성과의 순위는 갑, 을, 병의 순이다. 갑과 을의 α는 양(+)의 값을 가지고 있어 이들의 투자수익률이 균형상태에서의 정상수익률보다 높다. 그러나 병의 α는 음(−)의 값을 가지고 있어 투자수익률이 균형상태에서의 정상수익률보다 낮다.

7.10 자본시장의 효율성

(1) 자본시장 효율성의 의의

자본시장이 그 기능을 얼마나 잘 수행하고 있는지를 나타내는 자본시장의 효율성은 다음과 같은 세 가지 측면에서 판정될 수 있다.

첫째, 배분효율성(allocational efficiency)이다. 이는 모든 위험이 조정된 상태에서 자산의 한계수익률이 균등하도록 자본이 배분되는 정도를 말한다. 다시 말해서, 모든 자산의 위험조정 한계수익률이 동일하도록 자본이 골고루 잘 배분되고 있는지를 말한다.

둘째, 운영효율성(operational efficiency)이다. 이는 내적 효율성(internal efficiency)이라고도 한다. 운영효율성은 자본시장에서 증권을 거래할 때 발생하는 거래비용이 최소화되어, 증권거래자들이 저렴하게 거래서비스를 받고 있는지를 말한다.

셋째, 정보효율성(informational efficiency)이다. 이는 증권의 가격에 그와 관련된 정보가 얼마나 완전하고 신속하게 잘 반영되고 있는지를 말한다. 일반적으로 자본시장의 효율성 정도는 정보효율성으로 판정한다.

(2) 효율적 시장가설

효율적 시장가설(efficient market hypothesis : EMH)은 좁은 의미에서 정보효율성에 대한 가설을 의미한다. 이는 증권시장에서 형성된 각 증권의 가격은 이용가능한 모든 정보를 신속, 정확하게 반영하고 있다는 것을 의미한다. 효율적 시장가설하에서 증권가격의 변화는 다음과 같은 두 가지의 특성을 보인다.

첫째, 증권가격은 일반인에게 공시된 새로운 어떤 정보에 대해서도 신속, 정확하게 반응한다.

둘째, 증권가격의 변화는 일정한 패턴없이 무작위로 움직인다.

또한 효율적 시장가설은 증권가격이 어떤 종류의 정보를 신속, 정확하게 반영하고 있느냐에 따라 즉, 정보의 성격과 효율성 정도에 따라 다음과 같이 세 가지 가설로 구분된다.

① 약형 효율적 시장가설(weak form of EMH) : 이 가설은 시장에서 형성되는 현재의 주가는 과거에 이미 발생된 제반 정보를 모두 반영하고 있다는 주장이다.

② 준강형 효율적 시장가설(semi-strong form of EMH) : 이 가설은 과거의 정보뿐만 아니라 시장에서 공식적으로 발표되는 현재 이용가능한 정보도 이미 관련된 주가에 반영되어 있다는 주장이다.

③ 강형 효율적 시장가설(strong form of EMH) : 이 가설은 과거에 이미 발표된 정보 및 현재 공식적으로 발표된 정보뿐만 아니라 일반에게 공식적으로 발표되지 않은 은밀한 내부정보까지도 관련된 주가에 이미 반영되어 있다는 주장이다.

이상의 내용을 그림으로 나타내면 다음과 같다.

[그림 5] 효율적 시장가설

[그림 5]에서 볼 수 있듯이, 강형 효율적 시장가설은 과거정보, 현재정보 및 비밀스런 내부정보까지 관련주가에 반영되어 있는 시장을 전제하고 있다. 따라서 강형 효율적 시장가설이 성립되는 시장에서는 준강형 및 약형 효율적 시장가설이 당연히 성립한다. 그리고 준강형 효율적 시장가설은 과거정보 및 현재 공표되는 정보가 관련주가에 반영되어 있는 시장을 전제하고 있다. 따라서 준강형 효율적 시장가설이 성립되는 시장에서는 약형 효율적 시장가설이 당연히 성립한다.

정리문제

01 무위험자산 수익률(r_f)이 4.5%, 시장포트폴리오의 기대수익률($E(r_M)$)이 11%, 시장포트폴리오 수익률의 표준편차(σ_M)가 5%일 때 다음 자료를 이용하여 물음에 답하라.

주 식	예상수익률	표준편차	시장포트폴리오 수익률과의 상관계수
A	13%	10%	0.7
B	13%	15%	0.4

(1) 증권시장선을 구하라.
(2) A주식과 B주식의 β를 각각 구하라.
(3)★ A주식과 B주식의 체계적 위험과 비체계적 위험의 크기(분산기준)를 구하라.
(4) 어떤 투자자가 A주식과 B주식 중 한 곳에 투자하고자 할 때, 어느 곳에 투자하는 것이 바람직하겠는가?

02 A주식의 현재 가격은 10,000원이며 기대수익률은 12%이다. 개별주식의 위험프리미엄은 7%이고 베타는 1.2이다. 그리고 시장은 균형상태이다.

(1) A주식의 β위험 단위당 보상률은 얼마인가?
(2) A기업이 영속적으로 일정한 배당을 준다고 할 때, 현재 가격을 기준으로 주당배당금은 얼마인가?
(3) A주식의 베타가 현재의 2배가 되면 위험프리미엄은 어떻게 되는가? 그리고 그때 주식의 적정가격은 얼마인가?

03★ 자기자본 1억원을 보유하고 있는 주연기업은 1억원의 자기자본을 추가로 유치하여 교육산업에 진출하고자 한다. 주연기업의 기존 발행주식수는 1만주이며 주당 가격은 1만원이고 추가로 유치된 자기자본 역시 같은 조건으로 발행한다. 그런데 주연기업의 주주들은 배당지급을 요구한다. 미래에 주연기업의 주주들에게 지급해야 할 적정한 주당배당금은 얼마인가? 단, 일정 배당금을 영구히 지급하며, 주연기업의 성장률은 매년 10%라고 가정한다. 이 투자안을 평가하기 위해 현재 교육산업에 진출해 있는 배우기업의 정보를 분석한 결과, 배우기업의 주식베타는 1.4이며 부채비율은 200%였다. 적용되는 법인세율은 40%이고 무위험자산 수익률은 연 6%, 시장포트폴리오의 기대수익률은 연 15%였다. 한편, 주연기업의 부채비율은 150%이다(단, 하마다 모형 : $\beta_U = \dfrac{\beta_L}{[1+\dfrac{D}{E}(1-t)]}$ (제8장 참조)).

04 다음은 시장포트폴리오와 A주식에 대한 자료이다.

시장포트폴리오의 기대수익률	12%
무위험자산 수익률	5%
A주식의 베타	1.2
A주식의 예상수익률	20%

A기업은 현재 주당배당금을 500원 지급하였고, 이 기업의 성장률은 연 5%이다. A주식은 적정 평가되어 있는가?

05★ 다음과 같은 잘 분산된 A, B, C 세 개의 포트폴리오가 존재한다. 비체계적 위험은 이미 제거되었으며 위험요인은 베타위험요인 1개이다. B, C 포트폴리오를 결합하여 A 포트폴리오와 위험이 동일한 G포트폴리오를 구성하여 차익거래가 이루어지는 과정을 기술하고, 차익거래 이익(%)을 추정하라.

포트폴리오	예상수익률	베 타
A	14%	1
B	12%	0.5
C	5%	0

06★ 주식수익률이 2요인에 의해 생성되며 각 요인에 대한 개별 주식과 무위험자산의 민감도 및 기대수익률이 다음과 같다고 가정하고 아래 물음에 답하라.

주 식	b_{i1}	b_{i2}	기대수익률
X	1.0	0.5	12.0%
Y	3.0	0.2	13.4%
무위험자산	0.0	0.0	10.0%

(1) 차익가격결정모형(APM)을 구하라.

(2) 자본시장이 균형인 상태에서 $b_{Z1} = 1$, $b_{Z2} = 2$인 Z주식의 기대수익률은 얼마인가? 또한 만일 Z주식의 예상수익률이 20%라면 과대/과소 평가여부를 판단하고 투자가치가 있는지 평가하라.

07 A주식의 베타가 1.5이고 B주식의 베타가 0.4이다. X포트폴리오는 투자금액의 30%를 A주식에, 70%를 B주식에 투자하여 구성한 포트폴리오이다. 한편, C주식의 베타가 2이고 D주식의 베타가 0.2이다. Y포트폴리오는 투자금액의 60%를 C주식에, 40%는 D주식에 투자하여 구성한 포트폴리오이다. 무위험이자율은 연 5%이고 시장포트폴리오의 기대수익률은 연 13%이다. X포트폴리오는 매년 1,000원의 주당배당금을 영구히 지급할 예정이며 현재 8,000원에 거래되고 있다. Y포트폴리오는 매년 1,500원의 주당배당금을 영구히 지급할 예정이며 현재 10,000원에 거래되고 있다. X, Y 두 포트폴리오는 SML에 의해 적정하게 평가되었는가?

08 A, B 두 주식의 관련 자료를 보고 다음을 구하라. 무위험이자율은 연 6%이다.

<table>
<tr><th>A주식</th><th>B주식</th></tr>
<tr><td>기대수익률 18%</td><td rowspan="2">초과수익률 = 16%</td></tr>
<tr><td>$\beta = 1.5$</td></tr>
</table>

(1) 시장포트폴리오의 기대수익률은 얼마인가?

(2) B주식의 β를 구하라.

(3) 두 주식을 결합하여, β = 1.8인 포트폴리오를 구성하려고 한다. A, B 주식의 투자비율은 각각 얼마이어야 하는가?

09 다음은 주식시장과 i주식의 연간 기대수익률을 나타낸 것이다.

연 도	주식시장 수익률	i주식 수익률
$t-2$	4%	10%
$t-1$	6%	14%
t	8%	21%

무위험이자율 r_f = 연 4%이고 투자금액은 100억원이다.

(1) 50%를 무위험자산에 투자하고 50%를 i주식에 투자하여 구성한 포트폴리오의 기대수익률과 베타는 얼마인가?

(2) 45%의 기대수익률을 달성하기 위해서는 무위험자산과 i주식에 각각 얼마씩 투자해야 하는가?

10 A주식은 매년 5,000원의 주당배당금을 영구히 지급할 예정이며 A주식의 기대수익률은 연 10%이다. 무위험이자율은 연 6%이고, 주식시장 수익률의 표준편차는 연 7%이고, A자산의 표준편차는 연 8%, 시장지수와 A자산의 상관계수가 0.7이다. A주식의 베타를 구하라. 만약 A주식의 베타가 1.5가 되면 주식의 적정가격은 얼마로 변할 것인가? 단, 시장은 균형상태이다.

11 신사기업은 예전에 투자한 세 가지 종류의 주식을 관리하는 데 고민하고 있다. 재무관리자는 이 세 가지 주식 중에 위험보상률을 기준으로 하나를 포기하고 나머지 주식을 가지고 포트폴리오를 구성하려고 한다.

주 식	예상수익률	베 타
A	15%	1.7
B	7%	1.1
C	22%	1.8

무위험이자율은 연 5%이고 시장포트폴리오의 기대수익률은 연 10%이다.

(1) 신사기업의 재무관리자는 어떤 주식을 포기해야하는가?

(2) 나머지 주식으로 동일가중 포트폴리오를 구성한다면 포트폴리오의 예상수익률과 위험(베타)은 얼마인가?

12 시장포트폴리오의 기대수익률은 연 14%이며 무위험이자율은 연 4%이다.

(1) 고니주식의 예상수익률은 연 13%이며 베타는 0.8이다. 이 주식의 β위험 단위당 보상률은 얼마인가? 이는 균형상태에 비하여 과대평가 되었는가 과소평가 되었는가?

(2) 차후 고니주식의 수익률은 어떻게 되겠는가?

(3) 차후에 고니주식이 SML선상에 있다고 하자. 투자자는 현재 200만원을 가지고 있는데 이 돈 이외에도 추가로 차입해서 고니주식에 투자하려고 한다. 투자자의 요구수익률은 연 32%이다. 투자자는 얼마를 차입하여야 하는가?

13 옥수주식의 베타는 1.7이고 기대수익률은 연 16%이다. 그리고 무위험이자율은 연 10%이다.

(1) 옥수주식의 β위험 단위당 보상률을 계산하라.

(2) 와우주식이 SML선상에 위치한다는 가정하에 와우주식의 베타가 0.5이면 기대수익률은 얼마인가?

(3) 두 주식을 이용하여 시장 전체와 동일한 위험을 갖는 포트폴리오를 구성하고자 한다. 옥수주식과 와우주식의 베타는 각각 1.7, 0.5이다. 각 주식의 투자 비중을 구하라.

14 자본자산 가격결정모형(CAPM)이 성립한다고 가정하자. 당신은 현재 베타가 2인 주식을 가지고 있다(현재 주식은 균형가격을 형성하고 있다). 주주의 요구수익률은 연 15%이고 시장수익률은 연 10%이다. 그러나 갑자기 경제적 상황 때문에, 시장의 요구수익률이 20%로 증가한다. 이런 상황 변화는 주주의 요구수익률을 어떻게 변화시키겠는가?

15 A기업은 기존 영업위험과 위험이 다른 세 가지 X, Y, Z 투자안의 채택여부를 고려 중에 있다. A기업과 세 가지 투자안 및 자본시장에 관한 자료가 다음과 같다. 무위험이자율은 연 12%이고, 시장포트폴리오의 기대수익률과 표준편차는 연 20%로 동일하다.

구 분	예상수익률	표준편차	시장포트폴리오 수익률과의 상관계수
A 기업	20%	20%	0.50
X 투자안	20%	40%	0.75
Y 투자안	30%	60%	0.20
Z 투자안	20%	60%	0.50

(1) 위의 자료를 이용하여 자본시장선과 증권시장선을 구하라.

(2) A기업과 각 투자안의 베타와 요구수익률을 계산하고, 세 가지 투자안의 채택 여부를 결정하라.

16 투자자는 주식 A와 B, 그리고 무위험채권에 분산투자하려고 한다. 목표는 연 15%의 기대수익률과 시장평균위험의 90% 정도에 해당하는 위험을 갖는 포트폴리오를 만드는 것이다. 주식 A의 기대수익률이 연 30%, 베타가 1.5이고 주식 B의 기대수익률이 연 20%, 베타가 1.2이며, 무위험이자율이 연 6%라면 주식 A, B, 무위험채권에 각각 어떤 비중으로 투자하여야 하는가?

17★ A, E, F 등 세 개의 잘 분산된 포트폴리오가 존재하며 비체계 위험은 이미 제거되었다. 위험요인은 베타위험요인 1개이다.

포트폴리오	기대수익률	베 타
A	15%	1
E	14%	2/3
F	3%	0

A포트폴리오와 F포트폴리오로 G포트폴리오를 구성하고 G포트폴리오와 E포트폴리오에 투자하여 차익거래포트폴리오 H를 구성하는 경우의 차익거래과정을 상세히 기술하라.

18 다음의 자료를 사용해서 물음에 답하라. 단, 무위험이자율은 8%이다.

상 황	확 률	종합주가지수 수익률	갑 주식의 수익률
호 황	0.5	20%	50%
보 합	0.3	10%	30%
불 황	0.2	−10%	−20%

(1) 증권시장선을 구하라.

(2) 갑 주식의 예상수익률을 구하라.

(3) 갑 주식의 요구수익률을 구하라

(4) 갑 주식의 과소·과대평가 여부를 판단하라.

19 재석이가 투자하는 포트폴리오에는 A주식과 B주식이 있다. A주식의 표준편차는 12%이고 시장과의 상관계수는 0.3이다. B주식의 표준편차는 25%이고 시장과의 상관계수는 0.8이다. 만약 재석이가 A주식에 50%, B주식에 50%를 투자하는 포트폴리오를 구성한다면 이 포트폴리오의 베타는 얼마인가? (시장포트폴리오의 표준편차는 15%)

20 A주식의 주가는 현재 $50이고 내년에 경기가 불황이면 $40, 보통이면 $55, 호황이면 $60가 된다. 각각의 확률은 0.1, 0.8, 0.1이 된다. A주식의 시장수익률과의 상관계수는 0.8이다. B주식의 기대수익률은 9%이고 표준편차는 12%, 시장포트폴리오와의 상관계수는 0.6이다. 시장포트폴리오의 표준편차는 10%이다. 투자자가 전형적인 위험회피자라면 어느 주식을 선호하겠는가?

21 시장포트폴리오의 기대수익률과 표준편차가 각각 12%, 10%이고 무위험이자율은 5%이다.

(1) 자본시장선을 구하라.

(2) 어떤 투자자가 가지고 있는 자금을 무위험자산과 시장포트폴리오에 동일한 비율로 투자하여 포트폴리오를 구성한다고 하자.

① 이 포트폴리오의 명칭은 무엇인가?

② 이 포트폴리오의 기대수익률과 표준편차는 각각 얼마인가?

(3) 어떤 투자자가 가지고 있는 자금과 그 자금의 100%를 무위험이자율로 차입하여 모두 시장포트폴리오에 투자하는 포트폴리오를 구성한다고 하자.

① 이 포트폴리오의 명칭은 무엇인가?

② 이 포트폴리오의 기대수익률과 표준편차는 얼마인가?

(4) 어떤 투자자가 무위험자산과 시장포트폴리오를 결합하여 새로운 포트폴리오를 구성하려고 한다. 투자자는 새로운 포트폴리오의 위험(표준편차)을 7%로 만들려고 한다.

① 이 포트폴리오의 명칭은 무엇인가?

② 무위험자산과 시장포트폴리오 각각의 투자비율과 새로운 포트폴리오의 기대수익률은 얼마인가?

22 **주식 A와 B에 대한 자료가 다음과 같다. 물음에 답하라.**

주 식	표준편차	베 타	예상수익률
A	0.20	0.80	10%
B	0.40	1.50	18%

주식 A와 B의 수익률간의 상관계수는 0.15이고, 시장포트폴리오 수익률의 표준편차는 10%이다. 그리고 시장포트폴리오의 기대수익률은 14%이고, 무위험이자율은 6%이다.

(1) 주식 A와 B 중 어느 주식이 더 방어적인 주식인가? 그 이유는?

(2) 주식 A와 B 중 어느 주식이 더 위험한가? 그 이유는?

(3)* 주식 A와 B의 체계적 위험과 비체계적 위험(분산기준)은 각각 얼마인가?

(4)* 투자자가 주식 A와 B에 각각 50%씩 투자하여 포트폴리오를 구성한다고 할 때, 포트폴리오의 체계적 위험지수인 베타와 비체계적 위험지수인 잔차분산은 얼마인가?

(5) 어느 주식의 증권특성선이 미래를 더 정확히 예측할 수 있는가? 그 이유는?

(6) 주식 A는 시장에서 적정하게 평가되었는가?

23 **다음은 지난 1년간에 걸친 백두매니저와 금강매니저 및 한라매니저의 운영실적 자료와 시장지수 관련 자료이다(무위험이자율은 연 8%임).**

자금운용자	평균투자수익률	평균베타	표준편차
백두매니저	17%	1.20	0.23
금강매니저	13%	0.90	0.18
한라매니저	16%	1.05	0.22
시장지수	14%	1.00	0.16

(1) Sharpe의 성과측정 방법에 의하여 각 펀드매니저의 운용성과를 평가하라.

(2) Treynor의 성과측정 방법에 의하여 각 펀드매니저의 운용성과를 평가하라.

(3) Jensen의 성과측정 방법에 의하여 각 펀드매니저의 운용성과를 평가하라.

24★ 두 개의 상호 독립적인 수익률 설명요인이 존재하고 시장이 균형상태에 있다고 가정하자.

주 식	기대수익률	b_{i1}	b_{i2}
A	10%	2.0	1.5
B	12%	5.0	1.0
C	14%	3.0	3.0

(1) 기대수익률을 결정하는 APM(arbitrage pricing model) 방정식을 구하라.

(2) 주식 A, B, C에 각각 2 : 4 : 4의 비율로 투자한 포트폴리오 P의 기대수익률과 요인베타를 구하라.

(3) 문제 (2)번에서 구성한 포트폴리오 P의 기대수익률을 APM 방정식을 이용하여 구하라.

(4) 요인 1의 베타가 3이고, 요인 2의 베타가 4인 포트폴리오 Q의 예상수익률이 17%이다.

① 포트폴리오 Q는 균형상태에 있는가?

② 만약 차익거래기회가 존재한다면, 어떤 차익거래가 가능한가? (주식 A, B, C를 결합하여 포트폴리오 Q와 위험이 동일한 포트폴리오 X를 구성하여 차익거래한다)

③ 차익거래 이후 균형상태가 된 포트폴리오의 기대수익률은 얼마인가?

25 투자자 서울은 다음과 같은 투자안을 고려하고 있다.

투자안	예상수익률	표준편차	시장포트폴리오와의 상관계수
A	15%	11%	0.7
B	17%	12%	0.5
C	20%	15%	0.3

시장포트폴리오의 기대수익률과 표준편차는 각각 15%, 5%이며 무위험이자율은 5%이다.

(1) 각 투자안의 기대수익률을 구하라.

(2) SML상에 있지 않는 투자안은 무엇이며, 균형과정을 설명하라.

(3)★ 각 투자안의 체계적 위험과 비체계적 위험을 구하라(분산기준).

(4) 투자자가 투자안 B와 무위험자산을 결합하여 2.1의 베타를 갖는 포트폴리오를 구성하기 원한다면, 투자자는 무위험자산과 투자안 B를 어떻게 결합하여야 하겠는가?

26★ **주식 A와 주식 B의 증권특성선(security characteristic line)은 다음과 같다. 주식 A의 표준편차는 24%, 주식 B의 표준편차는 36%, 시장포트폴리오의 표준편차는 12%이다.**

[2011년 CPA 2차 기출문제 응용]

$$r_A = 0.8 + 0.6r_M + \epsilon_A$$
$$r_B = -0.2 + 1.2r_M + \epsilon_B$$

(1) 주식 A와 주식 B 각각의 시장포트폴리오와의 상관계수를 구하라.

(2) 주식 A에 70%, 주식 B에 30% 투자하여 구성한 포트폴리오의 총위험(표준편차)을 구하라.

(3) 주식 A, B의 수익률은 각각 시장수익률에 의해 몇 % 설명이 되는가?

정리문제에 대한 해설

01 무위험자산 수익률(r_f)이 4.5%, 시장포트폴리오의 기대수익률($E(r_M)$)이 11%, 시장포트폴리오 수익률의 표준편차(σ_M)가 5%일 때 다음 자료를 이용하여 물음에 답하라.

주식	예상수익률	표준편차	시장포트폴리오 수익률과의 상관계수
A	13%	10%	0.7
B	13%	15%	0.4

(1) 증권시장선을 구하라.

해설 $SML: E(r_i) = r_f + [E(r_M) - r_f] \times \beta_i$

위 식에 주어진 자료를 대입하여 SML를 구하면 다음과 같다.

$E(r_i) = 4.5\% + [11\% - 4.5\%] \times \beta_i$

(2) A주식과 B주식의 β를 각각 구하라.

해설 주식 i의 베타 β_i는 다음 식으로 정의된다.

$$\beta_i = \frac{Cov(r_i,\ r_M)}{\sigma_M^2} = \frac{\rho_{i,M}\sigma_i\sigma_M}{\sigma_M^2} = \frac{\rho_{i,M}\sigma_i}{\sigma_M}$$

주어진 식을 이용하여 주식 A와 B의 β를 구하면 각각 다음과 같다.

$$\beta_A = \frac{0.7 \times 0.1}{0.05} = 1.4$$

$$\beta_B = \frac{0.4 \times 0.15}{0.05} = 1.2$$

(3)★ A주식과 B주식의 체계적 위험과 비체계적 위험의 크기(분산기준)를 구하라.

해설 A주식의 체계적 위험과 비체계적 위험의 크기는 다음과 같다.

체계적 위험 : $\beta_A^2\sigma_M^2 = (1.4)^2(0.05)^2 = 0.0049$

비체계적 위험 : $\sigma_A^2 - \beta_A^2\sigma_M^2 = (0.1)^2 - 0.0049 = 0.0051$

B주식의 체계적 위험과 비체계적 위험의 크기는 다음과 같다.

체계적 위험 : $\beta_B^2\sigma_M^2 = (1.2)^2(0.05)^2 = 0.0036$

비체계적 위험 : $\sigma_B^2 - \beta_B^2\sigma_M^2 = (0.15)^2 - 0.0036 = 0.0189$

(4) 어떤 투자자가 A주식과 B주식 중 한 곳에 투자하고자 할 때, 어느 곳에 투자하는 것이 바람직하겠는가?

해설 A주식의 기대수익률 :

$$E(R_A) = 4.5\% + [11\% - 4.5\%] \times \beta_A$$
$$= 4.5\% + 6.5\% \times 1.4 = 13.6\%$$

A주식의 기대수익률 (13.6%) > 예상수익률 (13%)

A주식의 예상수익률 13%는 기대수익률보다 낮으므로, A주식은 과대평가 되어있다. 즉, A주식의 위험수준에 비하여 예상수익률이 낮으므로, A주식에 대한 수요가 감소된다. 그 결과 A주식의 가격이 하락하게 된다.

B주식의 기대수익률 :

$$E(R_B) = 4.5\% + [11\% - 4.5\%] \times \beta_B$$
$$= 4.5\% + 6.5\% \times 1.2 = 12.3\%$$

B주식의 기대수익률(12.3%) < 예상수익률(13%)

B주식의 예상수익률 13%는 기대수익률 12.3%보다 높으므로, B주식은 과소평과 되어있다. 즉, B주식은 위험수준에 비하여 예상수익률이 높으므로, B주식에 대한 수요가 증가한다. 그 결과 B주식의 가격이 상승하게 된다.

∴ 그러므로 B주식에 투자하는 것이 바람직하다.

02 **A주식의 현재 가격은 10,000원이며 기대수익률은 12%이다. 개별주식의 위험프리미엄은 7%이고 베타는 1.2이다. 그리고 시장은 균형상태이다.**

(1) A주식의 β위험 단위당 보상률은 얼마인가?

해설 $E(r_A) = r_f + [E(r_M) - r_f] \times \beta_A$

$12\% = r_f + 7\%$

$\therefore r_f = 5\%$

$$\therefore \ \beta\text{위험 단위당 보상률} = \frac{E(r_A) - r_f}{\beta_A} = \frac{12\% - 5\%}{1.2} = 5.83\%$$

(2) A기업이 영속적으로 일정한 배당을 준다고 할 때, 현재 가격을 기준으로 주당배당금은 얼마인가?

해설 주식가격 = 주당배당금/기대수익률

10,000원 = 주당배당금/12%

∴ 주당배당 = 1,200원

(3) A주식의 베타가 현재의 2배가 되면 위험프리미엄은 어떻게 되는가? 그리고 그때 주식의 적정가격은 얼마인가?

해설 베타가 2배가 되면 위험프리미엄도 2배가 된다.

위험프리미엄 = 7% × 2 = 14%

A주식의 기대수익률 = 5% + 7% × 2 = 19%

$$\text{A주식의 적정가격} = \frac{1{,}200\text{원}}{19\%} = 6{,}316\text{원}$$

03★ 자기자본 1억원을 보유하고 있는 주연기업은 1억원의 자기자본을 추가로 유치하여 교육산업에 진출하고자 한다. 주연기업의 기존 발행주식수는 1만주이며 주당 가격은 1만원이고 추가로 유치된 자기자본 역시 같은 조건으로 발행한다. 그런데 주연기업의 주주들은 배당지급을 요구한다. 미래에 주연기업의 주주들에게 지급해야 할 적정한 주당배당금은 얼마인가? 단, 일정 배당금을 영구히 지급하며, 주연기업의 성장률은 매년 10%라고 가정한다. 이 투자안을 평가하기 위해 현재 교육산업에 진출해 있는 배우기업의 정보를 분석한 결과, 배우기업의 주식베타는 1.4이며 부채비율은 200%였다. 적용되는 법인세율은 40%이고 무위험자산 수익률은 연 6%, 시장포트폴리오의 기대수익률은 연 15%였다. 한편, 주연기업의 부채비율은 150%이다.

단, 하마다 모형 : $\beta_U = \dfrac{\beta_L}{[1+\frac{D}{E}(1-t)]}$ (제8장 참조)

해설 먼저 하마다공식과 배우기업의 재무정보를 이용하여 β_U부터 구해보도록 한다. β_U는 타인자본을 사용하지 않을 때 영업위험만을 반영한 베타이므로 교육산업의 베타를 추정할 수 있다(하마다 모형은 제8장 자본비용 참조).

$$\beta_U = \frac{\beta_L}{\left[1+\frac{D}{E}(1-t)\right]} = \frac{1.4}{[1+2(1-0.4)]} = 0.636$$

이를 이용하여 주연기업의 β_L를 추정해보자.

$$\beta_L = \beta_U\left[1+\frac{D}{E}(1-t)\right] = 0.636[1+1.5(1-0.4)] = 1.208$$

주연기업의 주주들이 요구하는 기대수익률(자기자본비용)을 구해보자.

$$r_E = 6\% + (15\% - 6\%) \times 1.208 = 16.87\%$$

기업이 일정하게 성장한다고 가정했을 때 적정주가를 구하려면 골든모형을 이용하면 된다.

$$\frac{\text{주당배당금}}{r_E - g} = \frac{\text{주당배당금}}{0.1687 - 0.1} = 10{,}000\text{원}, \quad \text{주당배당금} = 687\text{원}$$

매년 10%로 성장한다고 가정했을 때, 매년 687원씩 주당배당금을 지급하게 되면 주가는 정확히 10,000원이 된다.

04 다음은 시장포트폴리오와 A주식에 대한 자료이다.

시장포트폴리오의 기대수익률	12%
무위험자산 수익률	5%
A주식의 베타	1.2
A주식의 예상수익률	20%

A기업은 현재 주당배당금을 500원 지급하였고, 이 기업의 성장률은 연 5%이다. A주식은 적정 평가되어 있는가?

해설 시장에서 측정된 예상수익률을 이용하는 경우 현재가격을 구할 수 있고, SML에서 측정된 기대수익률을 이용하는 경우에 균형가격을 구할 수 있다.

$$\text{A주식의 현재가격} = \frac{DIV_0(1+g)}{\text{예상수익률} - g} = \frac{500\text{원}(1+0.05)}{20\% - 5\%} = 3{,}500\text{원}$$

SML공식을 이용하여 기대수익률을 구하면 다음과 같다.

$$\text{기대수익률} = r_f + [E(r_M) - r_f] \times \beta_A = 5\% + [12\% - 5\%] \times 1.2 = 13.4\%$$

A주식의 균형가격은 다음과 같다.

$$\text{A주식의 균형가격} = \frac{DIV_0(1+g)}{\text{기대수익률} - g} = \frac{500\text{원}(1+0.05)}{13.4\% - 5\%} = 6{,}250\text{원}$$

따라서 A주식은 현재 과소평가 되어 있다.
또는, 기대수익률(13.4%) < 예상수익률(20%)이므로 A주식은 현재 과소평가 되어 있다.

05★ 다음과 같은 잘 분산된 A, B, C 세 개의 포트폴리오가 존재한다. 비체계적 위험은 이미 제거되었으며 위험요인은 베타위험요인 1개이다. B, C 포트폴리오를 결합하여 A 포트폴리오와 위험이 동일한 G 포트폴리오를 구성하여 차익거래가 이루어지는 과정을 기술하고, 차익거래이익(%)을 추정하라.

포트폴리오	예상수익률	베 타
A	14%	1
B	12%	0.5
C	5%	0

해설 ① A포트폴리오의 위험보상률 : $\frac{14\% - 5\%}{1} = 9\%$

B포트폴리오의 위험보상률 : $\frac{12\% - 5\%}{0.5} = 14\%$

A포트폴리오와 B포트폴리오의 위험보상률이 다르므로 차익거래가 이루어 질 수 있다.

② B, C 포트폴리오를 결합하여 A포트폴리오와 동일한 위험을 가지는 G포트폴리오를 구성한다.

$w_B \times 0.5 + (1 - w_B) \times 0 = 1$

이 식으로부터 $w_B = 2$가 계산된다. 즉, B포트폴리오에 200% 투자하고, C포트폴리오에 −100%를 투자하면(즉, 무위험이자율로 차입하면) 베타가 1인 G포트폴리오가 구성된다. G포트폴리오의 기대수익률은 다음과 같다.

$E(r_G) = 2 \times 12\% + (-1) \times 5\% = 19\%$

G포트폴리오는 A포트폴리오와 위험은 동일하지만 기대수익률이 높다. 따라서 A포트폴리오에 매도포지션을 취하고 G포트폴리오에 매입포지션을 취함으로써 차익포트폴리오 H를 구성할 수 있다. H포트폴리오의 기대수익률 즉, 차익거래이익은 다음과 같다.

$E(r_H) = 1 \times 19\% + (-1) \times 14\% = 5\%$

06★ **주식수익률이 2요인에 의해 생성되며 각 요인에 대한 개별 주식과 무위험자산의 민감도 및 기대수익률이 다음과 같다고 가정하고 아래 물음에 답하라.**

주 식	b_{i1}	b_{i2}	기대수익률
X	1.0	0.5	12.0%
Y	3.0	0.2	13.4%
무위험자산	0.0	0.0	10.0%

(1) 차익가격결정모형(APM)을 구하라.

해설 $E(r_i) = \lambda_0 + \lambda_1 b_{i1} + \lambda_2 b_{i2}$

무위험자산의 기대수익률이 10%이므로, $\lambda_0 = r_f = 10\%$이다.

$$E(r_X) = 0.1 + \lambda_1 b_{X1} + \lambda_2 b_{X2}$$
$$E(r_Y) = 0.1 + \lambda_1 b_{Y1} + \lambda_2 b_{Y2}$$

대입하면,

$$0.12 = 0.1 + 1.0\lambda_1 + 0.5\lambda_2$$
$$0.134 = 0.1 + 3.0\lambda_1 + 0.2\lambda_2$$

연립하여 풀면 $\lambda_1 = 0.01$, $\lambda_2 = 0.02$이다.

APM 방정식은,

$$E(r_i) = 0.1 + 0.01 b_{i1} + 0.02 b_{i2}$$

(2) 자본시장이 균형인 상태에서 $b_{Z1} = 1$, $b_{Z2} = 2$인 Z주식의 기대수익률은 얼마인가? 또한 만일 Z 주식의 예상수익률이 20%라면 과대/과소 평가여부를 판단하고 투자가치가 있는지 평가하라.

해설 $E(r_z) = 0.1 + 0.01 \times 1 + 0.02 \times 2 = 15\% < 20\%$

Z주식의 예상수익률이 균형기대수익률보다 크므로, Z주식은 과소평가 되어 있다. 따라서 Z 주식은 투자가치가 있다.

07 A주식의 베타가 1.5이고 B주식의 베타가 0.4이다. X포트폴리오는 투자금액의 30%를 A주식에, 70%를 B주식에 투자하여 구성한 포트폴리오이다. 한편, C주식의 베타가 2이고 D주식의 베타가 0.2이다. Y 포트폴리오는 투자금액의 60%를 C주식에, 40%는 D주식에 투자하여 구성한 포트폴리오이다. 무위험 이자율은 연 5%이고 시장포트폴리오의 기대수익률은 연 13%이다. X포트폴리오는 매년 1,000원의 주당배당금을 영구히 지급할 예정이며 현재 8,000원에 거래되고 있다. Y포트폴리오는 매년 1,500원의 주당배당금을 영구히 지급할 예정이며 현재 10,000원에 거래되고 있다. X, Y 두 포트폴리오는 SML에 의해 적정하게 평가 되었는가?

해설 X포트폴리오의 β :

$$\beta_X = (0.3 \times 1.5) + (0.7 \times 0.4) = 0.73$$

SML에 의한 X포트폴리오의 기대수익률 :

$$E(r_X) = 5\% + [13\% - 5\%] \times 0.73 = 10.84\%$$

Y포트폴리오의 β :

$$\beta_Y = (0.6 \times 2) + (0.4 \times 0.2) = 1.28$$

SML에 의한 Y포트폴리오의 기대수익률 :

$$E(r_Y) = 5\% + [13\% - 5\%] \times 1.28 = 15.24\%$$

주가 = 주당배당금 / 예상수익률 → 예상수익률 = 주당배당금 / 주가

X포트폴리오 예상수익률 = 1,000원 / 8,000원 = 12.5% > 기대수익률 10.84%
Y포트폴리오 예상수익률 = 1,500원 / 10,000원 = 15% < 기대수익률 15.24%

→ X포트폴리오는 과소평가 되어 있고, Y포트폴리오는 과대평가 되어 있다.

결국 X포트폴리오 수익률은 10.84%로 하락하고 Y포트폴리오 수익률은 15.24%로 상승하게 된다. 즉, X포트폴리오의 가격은 1,000원 / 10.84% = 9,225원으로 상승하고, Y포트폴리오의 가격은 1,500원 / 15.24% = 9,483원으로 하락하게 된다.

08 A, B 두 주식의 관련 자료를 보고 다음을 구하라. 무위험이자율은 연 6%이다.

A주식	B주식
기대수익률 18%	초과수익률 = 16%
β = 1.5	

(1) 시장포트폴리오의 기대수익률은 얼마인가?

해설 $E(r_A) = r_f + [E(r_M) - r_f] \times \beta_A$

$= 6\% + [E(r_M) - 6\%] \times 1.5 = 18\%$

$\therefore\ E(r_M) = 14\%$

(2) B주식의 β를 구하라.

해설 초과수익률 $= E(r_B) - r_f = 16\%$

$E(r_B) - 6\% = 16\%$

$E(r_B) = 22\%$

$$\frac{E(r_M) - r_f}{1} = \frac{E(r_A) - r_f}{\beta_A} = \frac{E(r_B) - r_f}{\beta_B}$$

$$\frac{14\% - 6\%}{1} = \frac{18\% - 6\%}{1.5} = \frac{22\% - 6\%}{\beta_B} = 8\%$$

$\therefore \beta_B = 2$

(3) 두 주식을 결합하여, β = 1.8인 포트폴리오를 구성하려고 한다. A, B 주식의 투자비율은 각각 얼마이어야 하는가?

해설 A주식 투자비율 = w_A라 하면 다음식이 성립한다.

$w_A \times 1.5 + (1 - w_A) \times 2 = 1.8$

$\therefore\ w_A = 40\%,\ w_B = 60\%$

09 다음은 주식시장과 i주식의 연간 기대수익률을 나타낸 것이다.

연 도	주식시장 수익률	i주식 수익률
$t-2$	4%	10%
$t-1$	6%	14%
t	8%	21%

무위험이자율 r_f = 연 4%이고 투자금액은 100억원이다.

(1) 50%를 무위험자산에 투자하고 50%를 i주식에 투자하여 구성한 포트폴리오의 기대수익률과 베타는 얼마인가?

해설 먼저 주식시장과 i주식의 기대수익률, 표준편차 및 공분산을 구한 후에 베타를 구하면 다음과 같다.

$E(r_M) = (4\% + 6\% + 8\%) / 3 = 6\%$

$$E(r_i) = (10\% + 14\% + 21\%) / 3 = 15\%$$

$$\sigma_M^2 = (4\% - 6\%)^2 \times \frac{1}{3} + (6\% - 6\%)^2 \times \frac{1}{3} + (8\% - 6\%)^2 \times \frac{1}{3} = 2.67\%^2$$

$$Cov(r_i,\ r_M) = \frac{(4\% - 6\%)(10\% - 15\%)}{3} + \frac{(6\% - 6\%)(14\% - 15\%)}{3} + \frac{(8\% - 6\%)(21\% - 15\%)}{3} = 7.33\%^2$$

$$\beta_i = \frac{Cov(r_i,\ r_M)}{\sigma_M^2} = \frac{7.33\%^2}{2.67\%^2} = 2.75$$

50% 대 50%의 투자비율로 구성한 포트폴리오의 기대수익률은 다음과 같다.

$$E(r_P) = w_1 \times r_f + w_2 \times E(r_i) = 0.5 \times 4\% + 0.5 \times 15\% = 9.5\%$$

i주식의 베타가 2.75이고, 무위험자산의 베타는 0이므로 50% : 50%의 투자비율로 구성한 포트폴리오의 베타는 다음과 같다.

$$\beta_P = w_1\beta_f + w_2\beta_i = 0.5 \times 0 + 0.5 \times 2.75 = 1.375$$

(2) 45%의 기대수익률을 달성하기 위해서는 무위험자산과 i주식에 각각 얼마씩 투자해야 하는가?

해설 $E(r_P) = w_1 \times r_f + (1 - w_1) \times E(r_i)$

$= w_1 \times 4\% + (1 - w_1) \times 15\% = 45\%$

$\therefore\ w_1 = -273\%,\ w_2 = 373\%$

즉, 무위험이자율로 273억원을 차입하고, i주식에 373억원(차입금 273억원 + 본래 투자금액 100억원)을 투자하여 구성한 포트폴리오의 기대수익률은 45%이다.

10 A주식은 매년 5,000원의 주당배당금을 영구히 지급할 예정이며 A주식의 기대수익률은 연 10%이다. 무위험이자율은 연 6%이고, 주식시장 수익률의 표준편차는 연 7%이고, A자산의 표준편차는 연 8%, 시장지수와 A자산의 상관계수가 0.7이다. A주식의 베타를 구하라. 만약 A주식의 베타가 1.5가 되면 주식의 적정가격은 얼마로 변할 것인가? 단, 시장은 균형상태이다.

해설 A주식의 베타는 다음과 같다.

$$\beta_A = \frac{\rho_{iM} \times \sigma_A}{\sigma_M} = \frac{0.7 \times 8\%}{7\%} = 0.8$$

A주식의 현재가격은 다음과 같이 50,000원이다.

$$P_0 = \frac{\text{주당배당금}}{\text{기대수익률}} = \frac{5{,}000\text{원}}{10\%} = 50{,}000\text{원}$$

베타를 이용하여 시장 기대수익률 $E(r_M)$을 구해보면,

$$E(r_A) = r_f + [E(r_M) - r_f] \times \beta_A$$

$$10\% = 6\% + [E(r_M) - 6\%] \times 0.8$$

$$\therefore\ E(r_M) = 11\%$$

새로운 베타 1.5에서 A자산의 기대수익률과 적정가격은,

$$E(r_A) = 6\% + [11\% - 6\%] \times 1.5 = 13.5\%$$

$$\text{새로운 } P_0 = \frac{5{,}000}{0.135} = 37{,}037\text{원}$$

즉, 베타 증가로 인한 위험 증가 때문에 A주식의 적정가격이 50,000원에서 37,037원으로 떨어질 것이다.

11 **신사기업은 예전에 투자한 세 가지 종류의 주식을 관리하는 데 고민하고 있다. 재무관리자는 이 세 가지 주식 중에 위험보상률을 기준으로 하나를 포기하고 나머지 주식을 가지고 포트폴리오를 구성하려고 한다.**

주 식	예상수익률	베 타
A	15%	1.7
B	7%	1.1
C	22%	1.8

무위험이자율은 연 5%이고 시장포트폴리오의 기대수익률은 연 10%이다.

(1) 신사기업의 재무관리자는 어떤 주식을 포기해야하는가?

해설 우선 시장포트폴리오의 β위험 단위당 보상률을 구해보면,

$$\text{시장포트폴리오} : \beta\text{위험 단위당 보상률} = \frac{10\% - 5\%}{1} = 5\%$$

A, B, C주식의 β위험 단위당 보상률을 구하면 다음과 같다.

$$\text{A주식} : \beta\text{위험 단위당 보상률} = \frac{15\% - 5\%}{1.7} = 5.88\%$$

$$\text{B주식} : \beta\text{위험 단위당 보상률} = \frac{7\% - 5\%}{1.1} = 1.82\%$$

$$\text{C주식} : \beta\text{위험 단위당 보상률} = \frac{22\% - 5\%}{1.8} = 9.44\%$$

즉, A와 C 주식이 과소평과 되어 있고 B주식은 과대평가 되어 있다. 신사기업의 재무관리자는 B주식의 가격이 하락하기 전에 B주식을 매도해야 할 것이다.

(2) 나머지 주식으로 동일가중 포트폴리오를 구성한다면 포트폴리오의 예상수익률과 위험(베타)은 얼마인가?

해설 이제 남은 A와 C 주식으로 구성된 포트폴리오의 기대수익률과 위험을 구해보기로 하자. 동일가중이므로 포트폴리오의 예상수익률은 다음과 같이 18.5%가 된다.

$$E(r_P) = 0.5 \times 15\% + 0.5 \times 22\% = 18.5\%$$

그리고 포트폴리오의 위험(β)은 다음과 같이 1.75가 된다.

포트폴리오의 $\beta = 0.5 \times 1.7 + 0.5 \times 1.8 = 1.75$

12 **시장포트폴리오의 기대수익률은 연 14%이며 무위험이자율은 연 4%이다.**

(1) 고니주식의 예상수익률은 연 13%이며 베타는 0.8이다. 이 주식의 β위험 단위당 보상률은 얼마인가? 이는 균형상태에 비하여 과대평가 되었는가 과소평가 되었는가?

해설 고니주식의 β위험 단위당 보상률 $= \dfrac{13\% - 4\%}{0.8} = 11.25\%$

시장포트폴리오의 β위험 단위당 보상률 $= \dfrac{14\% - 4\%}{1} = 10\% <$ 고니 위험보상률 $= 11.25\%$

이므로 고니주식은 과소평가 되어 있다.

또는, 고니주식이 과대평가 혹은 과소평가 되었는가를 알아보기 위해서는 균형상태 즉, SML상의 기대수익률을 구해보면 알 수 있다.

균형상태에서는 고니주식(X주식)의 β위험 단위당 보상률과 시장포트폴리오의 β위험 단위당 보상률이 동일하므로 다음 식이 성립한다.

$$\frac{E(r_X) - r_f}{\beta_X} = \frac{E(r_M) - r_f}{\beta_M}$$

$$\frac{E(r_X) - 4\%}{0.8} = \frac{14\% - 4\%}{1}$$

$$E(r_X) = 12\%$$

균형상태하에서 고니주식의 기대수익률은 12%인데 예상수익률은 13%이므로 고니주식이 SML선보다 위에 위치하고 있음을 알 수 있다. 그러므로 고니주식은 과소평가 되어 있다.

(2) 차후 고니주식의 수익률은 어떻게 되겠는가?

해설 현재 고니주식은 과소평가 되어 있으므로 수요가 생겨서 가격은 오르고 수익률은 낮아지게 된다. 즉, 고니주식의 수익률은 $\beta = 0.8$에서의 기대수익률인 12%로 낮아질 것이다.

(3) 차후에 고니주식이 SML선상에 있다고 하자. 투자자는 현재 200만원을 가지고 있는데 이 돈 이외에도 추가로 차입해서 고니주식에 투자하려고 한다. 투자자의 요구수익률은 연 32%이다. 투자자는 얼마를 차입하여야 하는가?

해설 고니주식이 SML선상에 있을 때 기대수익률은,

$$E(r_X) = 4\% + (14\% - 4\%) \times 0.8 = 12\%$$

32%의 요구수익률을 만드는 비중은,

$$32\% = w_1 \times 4\% + (1 - w_1) \times 12\%$$

$$w_1 = -2.5, \ w_2 = 3.5$$

따라서 보유현금의 2.5배인 500만원을 무위험이자율로 차입하여, 보유현금 200만원과 합친 700만원을 고니주식에 투자한다.

13 옥수주식의 베타는 1.7이고 기대수익률은 연 16%이다. 그리고 무위험이자율은 연 10%이다.

(1) 옥수주식의 β위험 단위당 보상률을 계산하라.

해설 β위험 단위당 보상률 $= \dfrac{16\% - 10\%}{1.7} = 3.53\%$

(2) 와우주식이 SML선상에 위치한다는 가정하에 와우주식의 베타가 0.5이면 기대수익률은 얼마인가?

해설 와우주식이 SML선상에 위치한다면 와우주식의 β위험 단위당 보상률은 옥수주식의 β위험 단위당 보상률인 3.53%와 같아야 한다.

$$\frac{E(r_{와우}) - 10\%}{0.5} = 3.53\%$$

따라서 와우주식의 기대수익률 $E(r_{와우}) = 11.765\%$

(3) 두 주식을 이용하여 시장 전체와 동일한 위험을 갖는 포트폴리오를 구성하고자 한다. 옥수주식과 와우주식의 베타는 각각 1.7, 0.5이다. 각 주식의 투자 비중을 구하라.

해설 $w_{옥수} \times 1.7 + (1 - w_{옥수}) \times 0.5 = 1$에서,

$$w_{옥수} = 0.42$$

∴ 옥수주식 42%, 와우주식 58%

14 자본자산 가격결정모형(CAPM)이 성립한다고 가정하자. 당신은 현재 베타가 2인 주식을 가지고 있다(현재 주식은 균형가격을 형성하고 있다). 주주의 요구수익률은 연 15%이고 시장수익률은 연 10%이다. 그러나 갑자기 경제적 상황 때문에, 시장의 요구수익률이 20%로 증가한다. 이런 상황 변화는 주주의 요구수익률을 어떻게 변화시키겠는가?

해설 이 문제를 풀려면 우선 무위험이자율부터 구해야 한다. 이를 구하면,

$$E(r_i) = r_f + [E(r_M) - r_f] \times \beta_i$$

$$0.15 = r_f + (0.1 - r_f) \times 2$$

$$0.15 = r_f + 0.2 - 2r_f$$

$$r_f = 0.05$$

무위험이자율은 5%가 된다. 시장의 요구수익률이 20%로 변하면 주식의 요구수익률은 다음과 같이 된다.

$$E(r_i) = 0.05 + (0.2 - 0.05) \times 2$$
$$= 35\%$$

15 A기업은 기존 영업위험과 위험이 다른 세 가지 X, Y, Z 투자안의 채택여부를 고려 중에 있다. A기업과 세 가지 투자안 및 자본시장에 관한 자료가 다음과 같다. 무위험이자율은 연 12%이고, 시장포트폴리오의 기대수익률과 표준편차는 연 20%로 동일하다.

구 분	예상수익률	표준편차	시장포트폴리오 수익률과의 상관계수
A 기 업	20%	20%	0.50
X 투자안	20%	40%	0.75
Y 투자안	30%	60%	0.20
Z 투자안	20%	60%	0.50

(1) 위의 자료를 이용하여 자본시장선과 증권시장선을 구하라.

해설 자본시장선 : $E(r_P) = r_f + \left[\dfrac{E(r_M) - r_f}{\sigma_M}\right] \times \sigma_p$

$$= 0.12 + \left[\frac{0.2 - 0.12}{0.2}\right] \times \sigma_p$$

$$= 0.12 + 0.4 \times \sigma_p$$

증권시장선 : $E(r_i) = r_f + [E(r_M) - r_f] \times \beta_i$

$$= 0.12 + [0.2 - 0.12] \times \beta_i$$

$$= 0.12 + 0.08 \times \beta_i$$

(2) A기업과 각 투자안의 베타와 요구수익률을 계산하고, 세 가지 투자안의 채택 여부를 결정하라.

해설 A기업과 각 투자안의 베타를 구하면 다음과 같다.

$$\beta_i = \frac{Cov(r_i,\ r_M)}{\sigma_M^2} = \frac{\rho_{i,M}\sigma_i}{\sigma_M}$$

	β_i	요구수익률	예상수익률
A기 업	$\frac{0.5 \times 0.2}{0.2} = 0.5$	$0.12 + (0.2 - 0.12) \times 0.5 = 16\%$	$< 20\%$
X투자안	$\frac{0.75 \times 0.4}{0.2} = 1.5$	$0.12 + (0.2 - 0.12) \times 1.5 = 24\%$	$> 20\%$
Y투자안	$\frac{0.2 \times 0.6}{0.2} = 0.6$	$0.12 + (0.2 - 0.12) \times 0.6 = 16.8\%$	$< 30\%$
Z투자안	$\frac{0.5 \times 0.6}{0.2} = 1.5$	$0.12 + (0.2 - 0.12) \times 1.5 = 24\%$	$> 20\%$

A기업의 요구수익률 16%보다 세 투자안의 예상수익률이 모두 크다고 해서 세 투자안을 모두 채택하는 의사결정을 해서는 안 된다. 기업의 요구수익률을 기준으로 투자안 채택여부를 결정하는 것은 투자안의 영업위험과 재무위험이 기업의 그것과 동일한 경우에만 적용할 수 있다. 따라서 각 투자안의 체계적 위험에 대한 보상인 요구수익률보다 예상수익률이 더 큰 Y투자안만을 채택해야 한다.

16 투자자는 주식 A와 B, 그리고 무위험채권에 분산투자하려고 한다. 목표는 연 15%의 기대수익률과 시장평균위험의 90% 정도에 해당하는 위험을 갖는 포트폴리오를 만드는 것이다. 주식 A의 기대수익률이 연 30%, 베타가 1.5이고 주식 B의 기대수익률이 연 20%, 베타가 1.2이며, 무위험이자율이 연 6%라면 주식 A, B, 무위험채권에 각각 어떤 비중으로 투자하여야 하는가?

해설 ① 기대수익률을 이용해서 투자비중 유도

$$0.3 \times w_A + 0.2 \times w_B + 0.06 \times (1 - w_A - w_B) = 0.15$$

이를 정리하면 다음과 같다.

$$0.24w_A + 0.14w_B = 0.09$$

② 베타를 이용해서 투자비중 유도

$$1.5w_A + 1.2w_B = 0.9$$

③ 연립방정식 풀이

①, ②식으로 연립방정식을 풀면 다음과 같다.

$$0.24w_A + 0.14w_B = 0.09$$
$$1.5w_A + 1.2w_B = 0.9$$

주식 A의 투자비중 : $w_A = -0.23 = -23\%$

주식 B의 투자비중 : $w_B = 1.038 = 103.8\%$

무위험채권의 투자비중 : $w_C = 0.192 = 19.2\%$

17★ A, E, F 등 세 개의 잘 분산된 포트폴리오가 존재하며 비체계 위험은 이미 제거되었다. 위험요인은 베타위험요인 1개이다.

포트폴리오	기대수익률	베 타
A	15%	1
E	14%	2/3
F	3%	0

A포트폴리오와 F포트폴리오로 G포트폴리오를 구성하고 G포트폴리오와 E포트폴리오에 투자하여 차익거래포트폴리오 H를 구성하는 경우의 차익거래과정을 상세히 기술하라.

해설 A의 위험보상률 : (15% − 3%) / 1 = 12%

E의 위험보상률 : (14% − 3%) / (2 / 3) = 16.5%

이처럼 위험보상률이 일치하지 않기 때문에 A와 F를 연결하는 직선의 기울기와 E와 F를 연결하는 직선의 기울기가 일치하지 않는다.

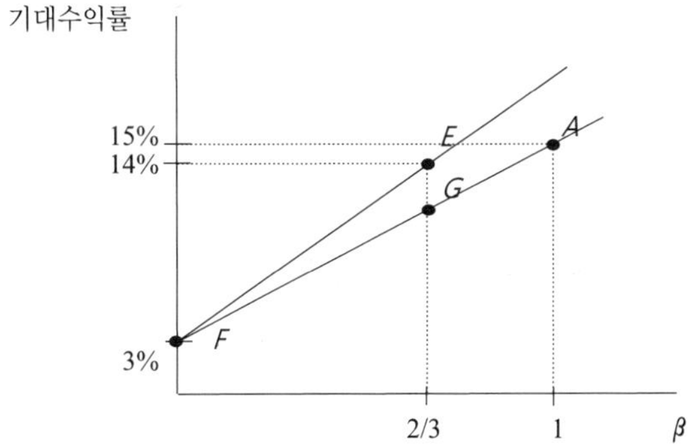

A포트폴리오와 F포트폴리오로 β = 2/3인 새로운 포트폴리오 G를 구성하려면 다음과 같이 A포트폴리오의 투자비중 w_A = 2/3, F포트폴리오의 투자비중 w_F = 1/3이어야 한다.

$$w_A \times 1 + (1 - w_A) \times 0 = \frac{2}{3}$$

여기서 $w_A = \frac{2}{3}$이고 $w_F = \frac{1}{3}$임을 알 수 있다.

G포트폴리오의 기대수익률을 구하면 다음과 같다.

$$E(r_G) = \frac{2}{3} \times 15\% + \frac{1}{3} \times 3\% = 11\%$$

E포트폴리오와 G포트폴리오를 비교하면 E포트폴리오가 동일한 위험에서 더 높은 기대수익률을 내고 있음을 알 수 있다. 따라서 G포트폴리오에 매도포지션을, E포트폴리오에 매입포지션을 취해 차익포트폴리오 H를 구성할 수 있다.

H포트폴리오의 베타와 기대수익률을 각각 구해보면 다음과 같다.

$$\beta_H = (-1) \times \frac{2}{3} + 1 \times \frac{2}{3} = 0$$

$$E(r_H) = (-1) \times 11\% + 1 \times 14\% = 3\%$$

결국 무위험포트폴리오인 H포트폴리오를 구성함으로써 추가적으로 3%의 차익기대수익률을 얻을 수 있다.

18 다음의 자료를 사용해서 물음에 답하라. 단, 무위험이자율은 8%이다.

상 황	확 률	종합주가지수 수익률	갑 주식의 수익률
호 황	0.5	20%	50%
보 합	0.3	10%	30%
불 황	0.2	−10%	−20%

(1) 증권시장선을 구하라.

해설 먼저 시장 기대수익률을 구한다.

$$E(r_M) = 20\% \times 0.5 + 10\% \times 0.3 + (-10\%) \times 0.2 = 11\%$$

계산한 시장 기대수익률과 주어진 무위험이자율로 증권시장선을 구한다.

$$E(r_i) = r_f + [E(r_M) - r_f] \times \beta_i = 8\% + [11\% - 8\%] \times \beta_i$$
$$= 8\% + 3\% \times \beta_i$$

(2) 갑 주식의 예상수익률을 구하라.

해설 예상수익률 $= 50\% \times 0.5 + 30\% \times 0.3 + (-20\%) \times 0.2 = 30\%$

(3) 갑 주식의 요구수익률을 구하라.

해설 먼저 갑 주식의 β_i를 측정하면 다음과 같다.

$$\beta_i = \frac{\sigma_{i,M}}{\sigma_M^2} = \frac{300\%^2}{129\%^2} = 2.326$$

$$\sigma_M^2 = (20\% - 11\%)^2 \times 0.5 + (10\% - 11\%)^2 \times 0.3 + (-10\% - 11\%)^2 \times 0.2$$
$$= 129\%^2$$

$$\sigma_{i,M} = (20\% - 11\%)(50\% - 30\%) \times 0.5$$
$$+ (10\% - 11\%)(30\% - 30\%) \times 0.3$$
$$+ (-10\% - 11\%)(-20\% - 30\%) \times 0.2$$
$$= 300\%^2$$

$\therefore$ 요구수익률 $= 8\% + 3\% \times \beta_i = 8\% + 3\% \times 2.326 = 14.98\%$

(4) 갑 주식의 과소·과대평가 여부를 판단하라.

해설 예상수익률 30%가 요구수익률 14.98%보다 높으므로 현재 가격은 과소평가되어 있다.

19 재석이가 투자하는 포트폴리오에는 A주식과 B주식이 있다. A주식의 표준편차는 12%이고 시장과의 상관계수는 0.3이다. B주식의 표준편차는 25%이고 시장과의 상관계수는 0.8이다. 만약 재석이가 A주식에 50%, B주식에 50%를 투자하는 포트폴리오를 구성한다면 이 포트폴리오의 베타는 얼마인가? (시장포트폴리오의 표준편차는 15%)

해설 먼저 A주식의 베타와 B주식의 베타를 알아야 한다.

$$\beta_A = \frac{Cov(r_A,\ r_M)}{\sigma_M^2} = \frac{\rho_{A,M} \times \sigma_A}{\sigma_M} = \frac{0.3 \times 12\%}{15\%} = 0.24$$

$$\beta_B = \frac{Cov(r_B,\ r_M)}{\sigma_M^2} = \frac{\rho_{B,M} \times \sigma_B}{\sigma_M} = \frac{0.8 \times 25\%}{15\%} = 1.33$$

따라서 포트폴리오의 베타(β_P)는 다음과 같다.

$$\beta_P = 0.5 \times 0.24 + 0.5 \times 1.33 = 0.785$$

20 A주식의 주가는 현재 $50이고 내년에 경기가 불황이면 $40, 보통이면 $55, 호황이면 $60가 된다. 각각의 확률은 0.1, 0.8, 0.1이 된다. A주식의 시장수익률과의 상관계수는 0.8이다. B주식의 기대수익률은 9%이고 표준편차는 12%, 시장포트폴리오와의 상관계수는 0.6이다. 시장포트폴리오의 표준편차는 10%이다. 투자자가 전형적인 위험회피자라면 어느 주식을 선호하겠는가?

해설 A주식과 B주식의 기대수익률과 표준편차는 다음과 같다.

$$E(R_A) = (-0.2) \times 0.1 + 0.1 \times 0.8 + 0.2 \times 0.1 = 8\%$$

$$\sigma_A^2 = (-0.2 - 0.08)^2 \times 0.1 + (0.1 - 0.08)^2 \times 0.8 + (0.2 - 0.08)^2 \times 0.1 = 0.96\%$$

$$\sigma_A = 9.8\%$$

$$\beta_A = \frac{\sigma_{A,M}}{\sigma_M^2} = \rho_{AM} \times \frac{\sigma_A}{\sigma_M} = 0.8 \times \frac{9.8\%}{10\%} = 0.784$$

$$E(R_B) = 9\%$$

$$\sigma_B = 12\%$$

$$\beta_B = \frac{\sigma_{B,M}}{\sigma_M^2} = \rho_{BM} \times \frac{\sigma_B}{\sigma_M} = 0.6 \times \frac{12\%}{10\%} = 0.72$$

∴ B주식이 A주식을 지배하므로 B주식을 선택한다.

21 시장포트폴리오의 기대수익률과 표준편차가 각각 12%, 10%이고 무위험이자율은 5%이다.

(1) 자본시장선을 구하라.

해설 $E(r_P) = r_f + \dfrac{E(r_M) - r_f}{\sigma_M} \times \sigma_P$

$= 0.05 + \dfrac{0.12 - 0.05}{0.4} \times \sigma_P$

$= 0.05 + 0.7 \times \sigma_P$

(2) 어떤 투자자가 가지고 있는 자금을 무위험자산과 시장포트폴리오에 동일한 비율로 투자하여 포트폴리오를 구성한다고 하자.

해설 ① 이 포트폴리오의 명칭은 무엇인가?

투자자는 자신이 가지고 있는 자금 중 일부(50%)를 무위험자산에 투자하고 나머지 (50%)를 위험자산인 시장포트폴리오에 투자했으므로 대출포트폴리오를 구성한 것이다.

② 이 포트폴리오의 기대수익률과 표준편차는 각각 얼마인가?

$E(r_P) = wr_f + (1 - w)E(r_M)$

$= (0.5)(0.05) + (1 - 0.5)(0.12)$

$= 8.5\%$

$\sigma_P = \sqrt{w^2\sigma_D^2 + (1-w)^2\sigma_M^2 + 2w(1-w)\sigma_{D,M}}$

$= (1 - w)\sigma_M$

$= (1 - 0.5)(0.1)$

$= 5\%$

(3) 어떤 투자자가 가지고 있는 자금과 그 자금의 100%를 무위험이자율로 차입하여 모두 시장포트폴리오에 투자하는 포트폴리오를 구성한다고 하자.

해설 ① 이 포트폴리오의 명칭은 무엇인가?

투자자는 자신이 가지고 있는 자금과 그 자금의 100%를 무위험이자율로 차입하여 모두 위험자산인 시장포트폴리오에 투자했으므로 차입포트폴리오를 구성한 것이다.

② 이 포트폴리오의 기대수익률과 표준편차는 각각 얼마인가?

$E(r_P) = wr_f + (1 - w)E(r_M)$

$= (-1.0)(0.05) + (1 - (-1.0))(0.12)$

$= 19\%$

$\sigma_P = \sqrt{w^2\sigma_D^2 + (1-w)^2\sigma_M^2 + 2w(1-w)\sigma_{D,M}}$

$= (1 - w)\sigma_M$

$= (1 - (-1.0))(0.1)$

$= 20\%$

(4) 어떤 투자자가 무위험자산과 시장포트폴리오를 결합하여 새로운 포트폴리오를 구성하려고 한다. 투자자는 새로운 포트폴리오의 위험(표준편차)을 7%로 만들려고 한다.

해설 ① 이 포트폴리오의 명칭은 무엇인가?

무위험자산과 위험자산인 시장포트폴리오를 이용하여 새로운 포트폴리오를 구성할 때 새로운 포트폴리오의 위험은 시장포트폴리오의 투자비율 × 시장포트폴리오의 표준편차로 구해진다(왜냐하면 무위험자산은 말 그대로 위험이 없기 때문에 새로운 포트폴리오의 위험은 전적으로 위험자산에 대한 투자비율과 위험자산의 표준편차에 의해 결정되기 때문임). 투자자는 새롭게 구성한 포트폴리오의 위험을 시장포트폴리오의 위험인 10%보다 작은 7%로 낮추려고 한다. 따라서 이 투자자는 대출포트폴리오를 구성해야 한다.

② 무위험자산과 시장포트폴리오 각각의 투자비율과 새로운 포트폴리오의 기대수익률은 얼마인가?

무위험자산에 대한 투자비율을 w라 하면 다음 관계가 성립한다.

$$\sigma_P = (1-w)\sigma_M$$
$$0.07 = (1-w)(0.1)$$
$$\therefore\ w = 0.3$$

즉, 무위험자산에 30%를 투자하고 시장포트폴리오에 70%를 투자한다.

$$E(r_P) = wr_f + (1-w)E(r_M)$$
$$= (0.3)(0.05) + (1-0.3)(0.12) = 9.9\%$$

22 주식 A와 B에 대한 자료가 다음과 같다. 물음에 답하라.

주 식	표준편차	베 타	예상수익률
A	0.20	0.80	10%
B	0.40	1.50	18%

주식 A와 B의 수익률간의 상관계수는 0.15이고, 시장포트폴리오 수익률의 표준편차는 10%이다. 그리고 시장포트폴리오의 기대수익률은 14%이고, 무위험이자율은 6%이다.

(1) 주식 A와 B 중 어느 주식이 더 방어적인 주식인가? 그 이유는?

해설 증권특성선에서 $\beta_A = 0.8$, $\beta_B = 1.5$이므로, $\beta < 1$인 주식 A가 방어적인 주식이다.

(2) 주식 A와 B 중 어느 주식이 더 위험한가? 그 이유는?

해설 $\beta_A < \beta_B$, $\sigma_A < \sigma_B$이므로, 주식 B가 주식 A보다 위험하다.

(3)★ 주식 A와 B의 체계적 위험과 비체계적 위험(분산기준)은 각각 얼마인가?

해설 주식의 위험은 다음과 같이 나타낼 수 있다.

$$
\begin{aligned}
V(r_i) &= V(\alpha_i + \beta_i r_M + e_i) \\
&= V(\beta_i r_M + e_i) \\
&= V(\beta_i r_M) + V(e_i) + 2\,Cov(\beta_i r_M,\ e_i) \\
&= \beta_i^2 \cdot V(r_M) + V(e_i)
\end{aligned}
$$

총위험 = 체계적 위험 + 비체계적 위험

위 식에서 α_i는 상수이므로 분산에 영향을 미치지 않고, $2\,Cov(\beta_i r_M,\ e_i) = 0$이다. 따라서 주식 A와 B의 위험은 다음과 같이 나타낼 수 있다.

주식 A : 총위험 = 체계적 위험 + 비체계적 위험

$0.2^2 = 0.8^2 \times 0.1^2 +$ 비체계적 위험

$\therefore$ 체계적 위험 $= 0.8^2 \times 0.1^2 = 0.0064$

비체계적 위험 $= 0.2^2 - 0.0064 = 0.0336$

주식 B : 총위험 = 체계적 위험 + 비체계적 위험

$0.4^2 = 1.5^2 \times 0.1^2 +$ 비체계적 위험

$\therefore$ 체계적 위험 $= 1.5^2 \times 0.1^2 = 0.0225$

비체계적 위험 $= 0.4^2 - 0.0225 = 0.1375$

(4) 투자자가 주식 A와 B에 각각 50%씩 투자하여 포트폴리오를 구성한다고 할 때, 포트폴리오의 체계적 위험지수인 베타와 비체계적 위험지수인 잔차분산은 얼마인가?

해설 ① $\beta_P = \sum_{i=1}^{n} w_i \beta_i$

그러므로 주식 A와 B에 각각 50%씩 투자한 포트폴리오의 베타는 다음과 같이 계산된다.

$\beta_P = 0.5 \times 0.8 + 0.5 \times 1.5 = 1.15$

② 포트폴리오의 잔차분산은 다음과 같이 구할 수 있다.

$$V(e_P) = \sum_{i=1}^{n} V(w_i e_i) = \sum_{i=1}^{n} w_i^2 V(e_i)$$

그러므로 주식 A와 B에 각각 50%씩 투자한 포트폴리오의 잔차분산은 다음과 같이 계산된다.

$$V(e_P) = \sum_{i=1}^{n} w_i^2 V(e_i) = 0.5^2 \times 0.0336 + 0.5^2 \times 0.1375 = 0.0428$$

또는

$$V(r_P) = (0.5)^2(0.2)^2 + (0.5)^2(0.4)^2 + 2(0.5)(0.5)(0.15)(0.2)(0.4) = 0.056$$

$$V(e_P) = (0.056) - (1.15)^2\,(0.1)^2 = 0.0428$$

(5)* 어느 주식의 증권특성선이 미래를 더 정확히 예측할 수 있는가? 그 이유는?

해설 A주식 : $\dfrac{\text{체계적 위험}}{\text{총위험}} = \dfrac{0.0064}{0.04} = 0.16$

B주식 : $\dfrac{\text{체계적 위험}}{\text{총위험}} = \dfrac{0.0225}{0.16} = 0.14$

총위험 중에서 체계적 위험이 차지하는 비율인 결정계수 즉, 설명계수가 $\rho^2_{A,M} = 0.16$, $\rho^2_{B,M} = 0.14$이므로, A주식의 증권특성선이 B주식의 증권특성선보다 미래를 더 정확히 예측할 수 있다.

(6) 주식 A는 시장에서 적정하게 평가되었는가?

해설 주식 A의 자료를 이용하여 기대수익률을 구하면 다음과 같다.

$$\begin{aligned} E(r_A) &= r_f + [E(r_M) - r_f] \times \beta_A \\ &= 6\% + [14\% - 6\%] \times 0.8 \\ &= 12.4\% \end{aligned}$$

주식 A의 기대수익률은 12.4%이고 예상수익률은 10%이므로 주식 A는 과대평가 되어 있다.

23 다음은 지난 1년간에 걸친 백두매니저와 금강매니저 및 한라매니저의 운영실적 자료와 시장지수 관련 자료이다(무위험이자율은 연 8%임).

자금운용자	평균투자수익률	평균베타	표준편차
백두매니저	17%	1.20	0.23
금강매니저	13%	0.90	0.18
한라매니저	16%	1.05	0.22
시장지수	14%	1.00	0.16

(1) Sharpe의 성과측정 방법에 의하여 각 펀드매니저의 운용성과를 평가하라.

해설 각 포트폴리오와 시장포트폴리오의 RVAR(reward to variability ratio)을 구하면 다음과 같다.

백두매니저 : $RVAR = \dfrac{\overline{r_P} - \overline{r_f}}{\sigma_P} = \dfrac{0.17 - 0.08}{0.23} = 0.3913$

금강매니저 : $RVAR = \dfrac{\overline{r_P} - \overline{r_f}}{\sigma_P} = \dfrac{0.13 - 0.08}{0.18} = 0.2778$

한라매니저 : $RVAR = \dfrac{\overline{r_P} - \overline{r_f}}{\sigma_P} = \dfrac{0.16 - 0.08}{0.22} = 0.3636$

시장포트폴리오 : $RVAR = \dfrac{\overline{r_M} - \overline{r_f}}{\sigma_M} = \dfrac{0.14 - 0.08}{0.16} = 0.3750$

위의 결과로부터 투자성과의 순위는 백두, 한라, 금강매니저의 순이며, 백두매니저의 자금운용 성과는 시장포트폴리오의 위험 단위당 초과수익률보다 커서 시장의 성과보다 양호하나

한라, 금강매니저의 자금운용 성과는 시장의 성과보다 양호하지 못하다는 것을 알 수 있다.

(2) Treynor의 성과측정 방법에 의하여 각 펀드매니저의 운용성과를 평가하라.

해설 각 포트폴리오와 시장포트폴리오의 *RVOL*(reward to volatility ratio)을 구하면 다음과 같다.

$$\text{백두매니저}: RVOL = \frac{\overline{r_P} - \overline{r_f}}{\beta_P} = \frac{0.17 - 0.08}{1.2} = 0.075$$

$$\text{금강매니저}: RVOL = \frac{\overline{r_P} - \overline{r_f}}{\beta_P} = \frac{0.13 - 0.08}{0.9} = 0.056$$

$$\text{한라매니저}: RVOL = \frac{\overline{r_P} - \overline{r_f}}{\beta_P} = \frac{0.16 - 0.08}{1.05} = 0.076$$

$$\text{시장포트폴리오}: RVOL = \frac{\overline{r_M} - \overline{r_f}}{\beta_M} = \frac{0.14 - 0.08}{1.0} = 0.060$$

위의 결과로부터 투자성과의 순위는 한라, 백두, 금강매니저의 순이며, 한라와 백두매니저의 자금운용 성과는 시장포트폴리오의 체계적 위험 단위당 초과수익률보다 커서 시장의 성과보다 양호하나 금강매니저의 자금운용 성과는 시장의 성과보다 양호하지 못하다는 것을 알 수 있다.

(3) Jensen의 성과측정 방법에 의하여 각 펀드매니저의 운용성과를 평가하라.

해설 각 포트폴리오의 α를 측정하면 다음과 같다.

$$\alpha = \overline{r_P} - [\overline{r_f} + (\overline{r_M} - \overline{r_f}) \times \beta_P]$$

$$\text{백두매니저}: \alpha = 0.17 - [0.08 + (0.14 - 0.08) \times 1.2] = 0.018$$

$$\text{금강매니저}: \alpha = 0.13 - [0.08 + (0.14 - 0.08) \times 0.9] = -0.004$$

$$\text{한라매니저}: \alpha = 0.16 - [0.08 + (0.14 - 0.08) \times 1.05] = 0.017$$

위의 결과로부터 투자성과의 순위는 백두, 한라, 금강매니저의 순이며, 백두매니저와 한라매니저의 자금운용 성과는 젠센의 α값이 양(+)이므로 시장의 성과보다 양호하나 금강매니저의 자금운용 성과는 젠센의 α값이 음(−)이므로 시장의 성과보다 양호하지 못하다는 것을 알 수 있다.

24★ 두 개의 상호 독립적인 수익률 설명요인이 존재하고 시장이 균형상태에 있다고 가정하자.

주 식	기대수익률	b_{i1}	b_{i2}
A	10%	2.0	1.5
B	12%	5.0	1.0
C	14%	3.0	3.0

(1) 기대수익률을 결정하는 APM(arbitrage pricing model) 방정식을 구하라.

해설 두 개의 공통요인으로 구성된 APM 방정식 추정:

$$E(r_i) = \lambda_0 + \lambda_1 b_{i1} + \lambda_2 b_{i2}$$

그러므로 다음과 같은 관계가 성립한다.

$$E(r_A) = 0.1 = \lambda_0 + 2\lambda_1 + 1.5\lambda_2$$

$$E(r_B) = 0.12 = \lambda_0 + 5\lambda_1 + 1\lambda_2$$

$$E(r_C) = 0.14 = \lambda_0 + 3\lambda_1 + 3\lambda_2$$

위의 연립방정식을 풀면 $\lambda_0 = r_f = 0.05$이고 $\lambda_1 = 0.01$, $\lambda_2 = 0.02$가 된다. 따라서 기대수익률을 결정하는 APM 방정식은 다음과 같다.

$$E(r_i) = 0.05 + 0.01 b_{i1} + 0.02 b_{i2}$$

(2) 주식 A, B, C에 각각 2 : 4 : 4의 비율로 투자한 포트폴리오 P의 기대수익률과 요인베타를 구하라.

해설 A, B, C 세 주식에 각각 2 : 4 : 4의 비율로 투자하여 구성한 포트폴리오의 기대수익률은 다음과 같다.

$$E(r_P) = 0.2 \times 10\% + 0.4 \times 12\% + 0.4 \times 14\% = 12.4\%$$

이 포트폴리오의 요인베타는 다음과 같다.

$$b_{P1} = 0.2 \times 2 + 0.4 \times 5 + 0.4 \times 3 = 3.6$$

$$b_{P2} = 0.2 \times 1.5 + 0.4 \times 1 + 0.4 \times 3 = 1.9$$

(3) 문제 (2)번에서 구성한 포트폴리오 P의 기대수익률을 APM 방정식을 이용하여 구하라.

해설 (1)번과 (2)번에서 구한 위험프리미엄과 요인베타를 APM 방정식에 적용하여 기대수익률을 구하면 다음과 같다.

$$E(r_P) = 0.05 + 0.041 \times 3.6 + 0.02 \times 1.9 = 12.4\%$$

이는 앞에서 구한 포트폴리오의 기대수익률과 동일하다.

(4) 요인 1의 베타가 3이고, 요인 2의 베타가 4인 포트폴리오 Q의 예상수익률이 17%이다.

해설 ① 포트폴리오 Q는 균형상태에 있는가?

균형상태에서의 기대수익률을 구하면 다음과 같다.

$$E(r_Q) = 0.05 + 0.01 \times 3 + 0.02 \times 4 = 16\%$$

균형상태에서의 기대수익률은 16%인데, 이 포트폴리오의 예상수익률은 17%이므로 포트폴리오 Q는 현재 과소평가 되어 있다.

② 만약 차익거래기회가 존재한다면, 어떤 차익거래가 가능한가? (주식 A, B, C를 결합하여 포트폴리오 Q와 위험이 동일한 포트폴리오 X를 구성하여 차익거래한다)

현재 포트폴리오가 과소평가 되어 있으므로 다음 조건에 맞도록 주식 A, B, C의 투자비율을 조정하여 차익포트폴리오를 구성하면 차익거래이익을 얻을 수 있다.

$$w_A + w_B + w_C = 1$$
$$2w_A + 5w_B + 3w_C = 3$$
$$1.5w_A + w_B + 3w_C = 4$$

위의 연립방정식을 정리하면 $w_A = -0.4$, $w_B = -0.2$, $w_C = 1.6$이 된다. 따라서 주식 A와 B를 각각 40%, 20% 공매하고 주식 C를 160% 매입하면, $b_{P1} = 3$, $b_{P2} = 4$가 되는 포트폴리오 X를 구성할 수 있다. 그런데 포트폴리오 Q가 과소평가 되어 있으므로 포트폴리오 Q를 매입하고 포트폴리오 X를 매도하면, 다음과 같은 무위험 차익거래이익을 얻을 수 있다.

포트폴리오 Q의 예상수익률 = 17%
포트폴리오 X의 기대수익률 = 16%

즉, 기대수익률이 16%인 포트폴리오 X를 매도하고 예상수익률이 17%인 포트폴리오 Q(과소평가)를 매입함으로써 차익을 얻을 수 있다. 다시 말해서 동일위험을 부담하는 포트폴리오를 낮은 가격에 매입하여 높은 가격에 매도함으로써 차익을 얻을 수 있다.

③ 차익거래 이후 균형상태가 된 포트폴리오의 기대수익률은 얼마인가?

과소평가된 포트폴리오 Q를 매입하면 그 포트폴리오의 수요가 증가하여 가격이 상승하게 되고, 따라서 포트폴리오 Q의 수익률은 하락하여 기대수익률 16%에서 균형을 이룬다.

25 **투자자 서울은 다음과 같은 투자안을 고려하고 있다.**

투자안	예상수익률	표준편차	시장포트폴리오와의 상관계수
A	15%	11%	0.7
B	17%	12%	0.5
C	20%	15%	0.3

시장포트폴리오의 기대수익률과 표준편차는 각각 15%, 5%이며 무위험이자율은 5%이다.

(1) 각 투자안의 기대수익률을 구하라.

해설 투자안의 투자베타는 다음과 같이 구한다.

$$\beta_K = \frac{Cov(r_k,\ r_M)}{\sigma_M^2} = \frac{\rho_{K,M}\sigma_k\sigma_M}{\sigma_M^2} = \frac{\rho_{K,M}\sigma_k}{\sigma_M}$$

$$\beta_A = \frac{0.7 \times 0.11}{0.05} = 1.54$$

$$\beta_B = \frac{0.5 \times 0.12}{0.05} = 1.2$$

$$\beta_C = \frac{0.3 \times 0.15}{0.05} = 0.9$$

투자안의 투자베타를 기준으로 한 기대수익률을 구하는 SML방정식은 다음과 같다.

$$E(r_k) = r_f + [E(r_M) - r_f] \times \beta_k$$

위 식에 주어진 자료를 대입하여 기대수익률을 구하면 다음과 같다.

투자안 A : $0.05 + [0.15 - 0.05] \times 1.54 = 20.4\%$

투자안 B : $0.05 + [0.15 - 0.05] \times 1.2 = 17\%$

투자안 C : $0.05 + [0.15 - 0.05] \times 0.9 = 14\%$

(2) SML상에 있지 않는 투자안은 무엇이며, 균형과정을 설명하라.

해설

투자안	예상수익률	균형수익률	과대・과소평가 여부
A	15%	20.4%	예상수익률 < 기대수익률 : 과대평가
B	17%	17.0%	예상수익률 = 기대수익률 : 적정평가
C	20%	14.0%	예상수익률 > 기대수익률 : 과소평가

SML상에 놓이지 못한 투자안은 투자안 A와 C이다. 투자안 A는 가격이 과대평가된 투자안으로서 그 위험수준에 비하여 예상수익률이 낮으므로, 투자안 A에 대한 수요가 감소된다. 그 결과 투자안 A의 가격이 하락하고 예상수익률이 SML상에 이를 때까지 상승하게 되어 투자안 A에 대한 수요와 공급이 균형을 이루게 된다. 반면 투자안 C는 가격이 과소평가된 투자안으로서 위험수준에 비하여 예상수익률이 높으므로, 투자안 C에 대한 수요가 증가한다. 그 결과 투자안 C의 가격이 상승하고 예상수익률이 SML상에 이를 때까지 하락하게 되어 투자안 C에 대한 수요와 공급은 균형을 이루게 된다.

(3)* 각 투자안의 체계적 위험과 비체계적 위험을 구하라(분산기준).

해설

투자안	체계적 위험($\beta_k^2\sigma_M^2$)	비체계적 위험($\sigma_k^2 - \beta_k^2\sigma_M^2$)
A	$1.54^2 \times 0.05^2 = 0.005929$	$0.11^2 - 0.005929 = 0.006171$
B	$1.2^2 \times 0.05^2 = 0.003600$	$0.12^2 - 0.003600 = 0.010800$
C	$0.9^2 \times 0.05^2 = 0.002025$	$0.15^2 - 0.002025 = 0.020475$

(4) 투자자가 투자안 B와 무위험자산을 결합하여 2.1의 베타를 갖는 포트폴리오를 구성하기 원한다면, 투자자는 무위험자산과 투자안 B를 어떻게 결합하여야 하겠는가?

해설 무위험자산에의 투자비율을 w라 하면 다음 관계가 성립한다.

$$\begin{aligned} \beta_P &= w\beta_f + (1-w)\beta_B \\ &= w \times 0 + (1-w) \times 1.2 \\ &= (1-w) \times 1.2 = 2.1 \end{aligned}$$

$$\therefore\ w = -0.75,\ 1 - w = 1 - (-0.75) = 1.75$$

즉, 무위험자산의 투자비율은 −75%이고 투자안 B의 투자비율은 175%이다. 다시 말해서 가지고 있는 금액의 75%만큼을 무위험이자율로 차입하여, 모든 금액(가지고 있는 금액의 175%)을 투자안 B에 투자한다.

26★ 주식 A와 주식 B의 증권특성선(security characteristic line)은 다음과 같다. 주식 A의 표준편차는 24%, 주식 B의 표준편차는 36%, 시장포트폴리오의 표준편차는 12%이다.

[2011년 CPA 2차 기출문제 응용]

$$r_A = 0.8 + 0.6 r_M + \epsilon_A$$
$$r_B = -0.2 + 1.2 r_M + \epsilon_B$$

(1) 주식 A와 주식 B 각각의 시장포트폴리오와의 상관계수를 구하라.

해설 $0.6 = \frac{24\%}{12\%} \times \rho_{A,M} \Rightarrow \rho_{A,M} = 0.3$

$1.2 = \frac{36\%}{12\%} \times \rho_{B,M} \Rightarrow \rho_{B,M} = 0.4$

(2) 주식 A에 70%, 주식 B에 30% 투자하여 구성한 포트폴리오의 총위험(표준편차)을 구하라.

해설 포트폴리오의 총위험 = 체계적 위험+비체계적위험 = $\beta_P^2 \times Var(r_M) + Var(\epsilon_P)$

그런데,

$$\beta_p = 0.3 \times 0.6 + 0.7 \times 1.2 = 1.02$$
$$Var(e_A) = 0.24^2 - 0.6^2 \times 0.12^2 = 0.052416$$
$$Var(e_B) = 0.36^2 - 1.2^2 \times 0.12^2 = 0.108864$$
$$Var(e_P) = 0.7^2 \times 0.052416 + 0.3^2 \times 0.108864 = 0.0354816$$

따라서

$$Var(r_P) = 1.02^2 \times 0.12^2 + 0.0354816 = 0.05046336$$
$$\sigma_P = \sqrt{0.05046336} = 22.5\%$$

(3) 주식 A, B의 수익률은 각각 시장수익률에 의해 몇 % 설명이 되는가?

해설 주식 A : $\rho_{A,M}^2 = 0.3^2 = 0.09$, 총위험 중 9%를 설명함

주식 B : $\rho_{B,M}^2 = 0.4^2 = 0.16$, 총위험 중 16%를 설명함

CHAPTER 08 자본비용

기업의 투자 결정과 자본조달 결정은 매우 밀접한 관계를 지니고 있으며, 이 두 의사결정을 연결하는 역할을 하는 것이 자본비용(cost of capital)이다. 즉, 자본비용은 재무관리의 양대 기능인 투자 결정과 자본조달 결정의 기준이 된다. 앞에서 우리는 자산의 가치가 미래 현금흐름과 적정할인율에 의해서 결정됨을 공부한 바 있다. 본장에서 설명하는 자본비용이 바로 적정할인율로 이용되고 있다. 본장에서는 자본비용의 의미와 측정방법을 설명하기로 한다. 또한 본장에서는 위험과 자본비용간의 관계에 대해서도 살펴보기로 한다.

8.1 자본비용의 의의와 기능

(1) 의 의

자본비용은 "기업이 자본을 사용하는 대가로 자본제공자들에게 지급하는 비용"을 의미한다. 이론적으로 자본비용은 "기업의 가치를 하락시키지 않게 하기 위하여 새로운 투자로부터 벌어들여야 하는 최소한의 요구수익률"이다.

(2) 기 능

자본비용의 기능은 다음과 같다.

첫째, 자본비용은 투자를 정당화하기 위한 최소한의 수익률이기 때문에 투자가치평가의 명백한 기준이 된다.

둘째, 자본비용은 투자에 필요한 자금의 조달방법을 결정하는 기준이 된다.

셋째, 자본비용은 기업의 제반 재무의사결정, 예를 들면 사채의 차환(借換), 기업인수 · 합병, 배당결정 등에 중요한 영향을 미친다.

8.2 원천별 자본비용의 측정

기업의 자본조달 원천을 타인자본, 보통주, 유보이익, 우선주로 대별하여 이들 각각의 원천별 자본비용의 측정방법을 설명하면 다음과 같다.

(1) 타인자본비용

타인자본비용 또는 부채비용(cost of debt)은 기업이 부채를 사용하는 대가로 채권자에게 지불해야 하는 비용이다. 타인자본비용은 바로 채권자가 기업에 대하여 요구하는 수익률이며, 채권의 만기수익률(yield to maturity)로 측정된다.

이자금액은 세법상 비용으로 처리되므로 절세효과가 발생한다. 예를 들어, 100억원을 4%의 이자율로 차입하는 경우, 법인세율을 20%로 가정하면 세후 기준으로 부채 100억원을 사용하는데서 발생하는 이자비용은 연간 4억원이 아니라 3.2억원이다. 왜냐하면 기업이 이자비용 4억원을 지불하면 법인세법상 4억원 만큼 비용이 추가 공제되어 과세표준이 그 만큼 줄어들고, 4억원 × 20% = 0.8억원의 절세효과가 발생하기 때문이다. 즉, 이자율 4%에 20%에 해당하는 0.8%의 절세효과가 발생한다.

따라서 타인자본비용은 부채사용 시 발생하는 이자금액의 절세효과를 반영하여 측정하여야 한다. 즉, 타인자본비용은 이자율 r_D에 $(1-t)$를 곱하여 세후 이자율로 전환시켜서 측정하여야한다(t는 법인세율 $r_D \times t$는 절세효과).

$$\text{타인자본비용} = r_D(1-t) \tag{1}$$

(2) 자기자본비용

자기자본비용 또는 보통주자본비용(cost of common stock)을 측정하는 방법에는 CAPM을 이용하는 방법과 배당평가모형을 이용하는 방법이 있다. 이들을 차례로 설명하면 다음과 같다.

CAPM을 이용하는 방법

증권시장선(SML)을 이용하여 다음과 같이 보통주자본비용을 측정할 수 있다.

$$r_E = E(r_i) = r_f + [E(r_M) - r_f] \times \beta_i \tag{2}$$

r_E : 자기자본비용(보통주자본비용)
$E(r_i)$: 주식 기대수익률
r_f : 무위험자산 수익률(무위험이자율)
β_i : 주식베타(보통주베타)
$E(r_M)$: 시장포트폴리오의 기대수익률

식 (2)에서 볼 수 있듯이, 보통주 기대수익률 $E(r_i)$는 주주의 요구수익률이 된다. 또한 주주의 요구수익률은 기업의 입장에서는 주주로부터 자본을 제공받은 대가로 주주에게 보상해 주어야 하는 보통주자본비용(자기자본비용)이 된다.

배당평가모형을 이용하는 방법

골든(M. Gordon)의 배당평가모형을 이용하여 보통주(자기자본)의 자본비용을 측정하는 방법은 다음과 같다. 배당평가모형에 따르면, 보통주의 가치 P_0는 다음과 같이 미래 주당배당금(DIV)을 주주요구수익률 즉, 자기자본비용(보통주자본비용) $k(=r_E)$로 할인한 값이다.

$$\text{보통주의 가치} = PV(\text{미래 주당배당금})$$

$$P_0 = \frac{DIV_1}{1+k} + \frac{DIV_2}{(1+k)^2} + \cdots + \frac{DIV_\infty}{(1+k)^\infty} \tag{3}$$

미래배당금이 매년 g%로 일정하게 성장한다고 가정하면, 식 (3)은 다음과 같이 표현된다.

$$P_0 = \frac{DIV_0(1+g)}{1+k} + \frac{DIV_0(1+g)^2}{(1+k)^2} + \cdots + \frac{DIV_0(1+g)^\infty}{(1+k)^\infty} \tag{4}$$

식 (4)의 양변에 $\frac{1+g}{1+k}$를 곱한 후, 그 식을 식 (4)에서 차감하여 정리하면 다음의 간단한 식이 유도된다.

$$P_0 = \frac{DIV_0(1+g)}{k-g} = \frac{DIV_1}{k-g} \quad (5)$$

주가는 음(−)의 값을 가질 수 없으므로 골든모형을 적용하기 위해서는 요구수익률이 성장률보다 커야 한다($k > g$). 빠르게 성장하는 기업의 경우에는 대체로 $g > k$이므로 골든모형을 적용할 수 없다.

식 (5)를 k(즉, 보통주자본비용 r_E)에 대하여 정리하면 다음의 식 (6)이 된다.

$$k = r_E = \frac{DIV_1}{P_0} + g \quad (6)$$

식 (6)의 의미를 살펴보기로 하자. DIV_1 / P_0는 배당수익률로서 1주를 발행하여 조달한 자본에 대하여 대가로 지급하는 비용을 %로 나타낸 것이다. 그런데 배당수익 이외에도 이익유보로 인한 주가성장에 대한 과실(果實), 즉 자본이득(capital gain) 또는 시세차익도 주주에게 귀속되는 대가이다. 따라서 보통주자본비용은 배당수익률 이외에도 성장과실인 성장률 g%를 더해서 결정된다.

(3) 유보이익자본비용

유보이익을 통한 자본조달은 기업내부에서 이루어지는 것이므로 비용이 들지 않는다고 생각하기 쉬우나, 실질적으로 유보이익을 사용하는 데에는 기회비용이 존재한다. 즉, 유보이익자본비용(cost of retained earnings)은 일종의 기회비용이다.

유보이익은 주주에게 배당으로 지급할 것을 기업이 재투자를 위하여 유보한 것이므로, 주주는 유보된 이익에 대하여 동일한 위험을 가진 다른 기업에 투자하여 얻을 수 있는 수익률만큼을 요구하게 될 것이다. 그러므로 유보이익자본비용(r_r)은 보통주자본비용(r_E)과 동일하게 된다.

$$r_r = r_E \quad (7)$$

(4) 우선주자본비용

우선주 주주는 보통주 주주보다 우선적으로 약정된 배당을 지급받을 수 있으므로, 보통주 주주의 입장에서 보면 우선주는 절세효과가 없는 타인자본으로 간주된다. 따라서 우선주자본비용(cost of preferred stock)은 다음과 같이 배당 · 주가비율(dividend / price ratio)로 측정된다.

$$r_p = \frac{DIV}{P_0} \tag{8}$$

r_p : 우선주자본비용
DIV : 우선주 주당배당금
P_0 : 우선주 가격

그러나 우리나라의 우선주는 이와는 성격이 다소 다르다. 우리나라 시장에서 거래되고 있는 신형우선주는 최저배당률(액면가 기준)이 보통 9%로 정해져 있고 잔여배당이 다음 해로 누적되는 누적형으로 3 ~ 10년 후에는 보통주로 전환되는 전환우선주이다.

이런 차이로 인해, 우리나라의 경우 우선주자본비용을 식 (8)에서와 같이 미국에서 적용되는 방식으로 계산할 수 없다. 예를 들어, 삼성전자 우선주가 2017년 1월 1,200,000원에 거래되고 있다. 100%의 배당률(액면가 5,000원 기준)을 적용하더라도 우선주자본비용은 5,000원 / 1,200,000원 = 0.4%로 지나치게 작게 계산된다. 이렇듯 작게 계산되는 이유는 우선주 가격 1,200,000원이 미래에 보통주로 전환될 수 있는 전환권의 가치를 포함하고 있어 높게 형성되었기 때문이다. 따라서 우리나라에서 우선주자본비용은 우선주 배당 이외에도 전환권 가치를 고려하여 측정할 필요가 있다.

8.3 가중평균자본비용의 의의와 측정

(1) 가중평균자본비용의 의의

가중평균자본비용(weighted average cost of capital : WACC)은 원천별 자본비용을 원천별 자본이 총자본 중에서 차지하는 비중, 즉 자본구성비율로 가중평균한 것이다. 총자본이 부채(차입금)와 보통주 발행으로 조달된 경우, 가중평균자본비용은 식 (9)와 같이 타인자본비용과 자기자본비용을 가중평균하여 구한다. 가중평균자본비용(WACC)

은 기업 투자자들이 기대하는 요구수익률이다.

$$WACC = w_D r_D(1-t) + w_E r_E \tag{9}$$

여기서 w_D와 w_E는 시장가치 기준으로 총자본 중에서 차입금(D)과 자기자본(E)이 차지하는 비율이다. 즉, $w_D = \frac{D}{D+E}$, $w_E = \frac{E}{D+E}$이다. t는 법인세율이고 $r_D(1-t)$와 r_E는 각각 타인자본비용과 자기자본비용으로서 자본제공자의 요구수익률을 반영한다. 식 (9)를 가중치를 고려하여 다시 정리하면 다음과 같다.

$$WACC = \frac{D}{D+E} \times r_D(1-t) + \frac{E}{D+E} \times r_E \tag{10}$$

(D : 차입금, E : 자기자본)

(2) 가중평균자본비용의 측정

가중평균자본비용을 측정할 때 가중치가 되는 원천별 자본의 구성비율을 장부가격을 기준으로 계산하느냐 또는 시장가치를 기준으로 계산하느냐에 따라 기업의 가중평균자본비용이 달라지게 된다. 예를 들어, 기업이 타인자본, 우선주, 보통주의 세 가지 원천으로부터 자본을 조달하는 경우 가중평균자본비용을 계산해 보기로 하자.

장부가치 기준

어느 기업이 [표 1]과 같은 자본원천과 원천별 자본비용을 가지고 있다고 하자. 장부가치를 기준으로 하여 이 기업의 가중평균자본비용($WACC$)을 계산하면, [표 1]에서 볼 수 있는 바와 같이 10.7%가 된다.

[표 1] 장부가치를 기준으로 측정한 WACC

자본원천	장부가치	자본구성비율(A)	원천별자본비용(B)	A × B
차 입 금	400만원	20%	7.5%	1.5%
우 선 주	400	20	10.0	2.0%
보 통 주	1,200	60	12.0	7.2%
합 계	2,000만원	100%	$WACC$ = 10.7%	

시장가치 기준

앞에서 예로 들었던 기업의 원천별 자본의 시장가치가 [표 2]와 같이 평가되었다고 하자. 시장가치를 기준으로 가중평균자본비용($WACC$)을 계산하면, [표 2]에서 볼 수 있는 바와 같이 11.01%가 된다.

[표 2] 시장가치를 기준으로 측정한 WACC

자본원천	장부가치	시장가치*	시장가치기준 자본구성비율(A)	원천별자본비용(B)	A × B
차 입 금	400만원	500만원	14.3%	7.5%	1.07%
우 선 주	400	600	17.1	10.0	1.71%
보 통 주	1,200	2,400	68.6	12.0	8.23%
합 계	2,000만원	3,500만원	100.0%	WACC = 11.01%	

* 차입금은 모두 사채이며, 사채의 시장가치는 액면가의 125%임. 우선주는 액면가의 150%로 거래됨. 보통주는 액면가의 200%로 거래됨.

현실적으로 원천별 자본의 시장가치는 증권시장에서 객관적으로 평가될 수 있고, 시장가치를 기준으로 가중평균자본비용을 측정하는 것이 이론적으로 타당하기 때문에 기업의 가중평균자본비용은 원칙적으로 시장가치를 기준으로 측정하여야 한다. 기업은 액면가치가 아니라 시장에서 형성되는 시장가치 기준으로 자본을 조달하기 때문이다. 따라서 시장가치를 알 수 있는 경우에는, 시장가치 기준으로 측정하는 것이 이론적으로 타당하다.

(3) 가중평균자본비용의 이용

기업의 가중평균자본비용은 새로운 투자안의 경제성 분석 시 최저요구수익률(minimum required rate of return)로 이용된다. 가중평균자본비용을 신규투자안의 경제성 분석에 이용하기 위해서는 다음과 같은 두 가지의 전제조건이 필요하다.

첫째, 새로운 투자안의 영업위험이 기업의 기존 영업위험과 일치하여야 한다.
둘째, 새로운 투자를 위하여 조달되는 자금은 기존의 자본구성비율과 동일한 비율로 조달되어서 투자안의 재무위험이 기업의 기존 재무위험과 일치하여야 한다.

이상과 같은 전제조건이 충족되지 않을 때에는 기업의 가중평균자본비용을 새로운 투자안의 최저요구수익률, 즉 거부율(cut-off rate)로 활용할 수 없다. 왜냐하면 영업위험과 재무위험이 다르면 원천별 자본비용과 가중평균자본비용이 달라지기 때문이다.

8.4 자본비용 사례분석

사례분석

혜화기업의 주식베타는 1.2이며, 자기자본의 시장가치는 10억원이다. 또한 이자율은 4%이며, 차입금의 시장가치는 5억원이다. 혜화기업은 투자안 A에 대한 투자를 고려중인데, 투자안 A의 영업위험은 기업의 영업위험과 동일하다. 무위험이자율은 3%이고, 시장포트폴리오의 기대수익률은 9%이며, 시장은 균형상태에 있다. 이 투자안의 타인자본비용과 자기자본비용 및 $WACC$을 구하라. 단, 새로운 투자안 A에 소요되는 자본은 기존 부채비율과 동일한 비율로 자본시장에서 조달하고 법인세율은 20%이다.

해 설

① 타인자본비용 측정

투자안 A와 기업의 영업위험과 재무위험이 동일하므로 기업의 타인자본비용은 그대로 투자안 A의 타인자본비용이 된다. 따라서 투자안 A의 타인자본비용을 측정하면 다음과 같다.

$$\begin{aligned} \text{타인자본비용} &= r_D(1-t) \\ &= 4\%(1-0.2) \\ &= 3.2\% \end{aligned}$$

② 자기자본비용 측정

투자안 A와 기업의 영업위험과 재무위험이 동일하므로, 기업의 주식베타는 그대로 투자안 A의 주식베타가 된다. 따라서 투자안 A의 자기자본비용 r_E는 다음과 같다.

$$\begin{aligned} r_E &= r_f + [E(r_M) - r_f] \times \beta_i \\ &= 3\% + [9\% - 3\%] \times 1.2 \\ &= 10.2\% \end{aligned}$$

③ $WACC$ 측정

투자안 A와 기업의 모든 위험(즉, 영업위험과 재무위험)이 동일하므로, 기업의 $WACC$은 투자안 A의 $WACC$이 된다.

$$\begin{aligned} WACC &= \frac{D}{D+E} \times r_D(1-t) + \frac{E}{D+E} \times r_E \\ &= \frac{5\text{억원}}{5\text{억원}+10\text{억원}} \times 3.2\% + \frac{10\text{억원}}{5\text{억원}+10\text{억원}} \times 10.2\% \\ &= 7.9\% \end{aligned}$$

8.5 재무레버리지와 주식베타★

(1) Hamada 모형

기업이 주식베타를 이용하여 자기자본비용을 구할 때, 신규투자의 영업위험이 기존투자의 영업위험과 다르면 대용회사의 주식베타를 사용하여야 한다. 물론 영업위험이 변하지 않으면 자신의 주식베타를 그냥 사용할 수 있다(재무레버리지도 동일한 경우). 그러나 영업위험은 같고 재무위험이 다른 경우 재무레버리지는 Hamada 모형을 이용하여 조정한다. Hamada 모형(부채 $\beta_D = 0$ 가정)은 다음과 같다.

$$\beta_L = \beta_U \left[1 + \frac{D}{E}(1 - t)\right] \tag{11}$$

β_L : 타인자본 사용시 주식베타
β_U : 타인자본 미사용시 주식베타
D : 타인자본(차입금)의 시장가치
E : 자기자본의 시장가치
t : 법인세율

식 (11)의 의미는 다음과 같다. 타인자본을 사용하지 않으면, 즉 부채비율이 0이면 식 (11)에서 $\beta_L = \beta_U$이다. β_U는 재무위험이 없는 경우의 주식베타이므로 결국 영업위험만이 반영된 주식베타이다. 식 (11)에서 부채사용이 증가하면 재무위험이 늘어나고 이는 주식베타에 선형적으로 반영됨을 알 수 있다. 식 (11)을 β_U에 대하여 정리하면 식 (12)가 성립한다.

식 (12)는 기업이 타인자본을 사용할 때의 주식 β_L을 자기자본만을 사용할 때의 β_U로 전환한 것이다.

$$\beta_U = \frac{\beta_L}{\left[1 + \frac{D}{E}(1 - t)\right]} \tag{12}$$

(2) Hanada 모형의 증명

기업의 재무상태표(시가기준)가 다음과 같다.

재 무 상 태 표

자산(A)	부채(D) (차입금)
	자본(E)
총자산	총자본

자산가치(A)는 영업활동의 결과에 의존하고, 시장상황에 따른 자산가치의 민감도 β_A는 부채가치의 민감도 β_D와 자본가치의 민감도 β_E의 가중평균치이다.

$$\beta_A = \beta_D \times \frac{D(1-t)}{D(1-t)+E} + \beta_E \times \frac{E}{D(1-t)+E}$$

위의 식에서 기업이 부담하는 부채가치는 D에서 절세효과의 현가($D \cdot t$)만큼 작아지므로 $D(1-t)$가 된다(t = 법인세율). (절세효과의 현가 = $\frac{D \times \text{이자율} \times t}{\text{이자율}} = D \cdot t$). 그런데 시장상황에 따른 부채가치의 민감도 β_D는 아주 작으므로 0이라고 가정하자. 그러면 위의 식은 다음과 같이 정리된다.

$$\beta_E = \beta_A \left[1 + \frac{D}{E}(1-t) \right]$$

여기서 주주가치인 자본가치는 기업의 영업활동 뿐만 아니라 재무활동까지 포괄해서 결정되므로 타인자본조달에 의해서도 영향을 받는다. 따라서 $\beta_E = \beta_L$이 된다(β_L : 타임자본 사용시 주식베타).

그리고 β_A는 영업활동에 의해서만 결정되므로 타인자본조달에 의해서 영향을 받지 않는다. 따라서 $\beta_A = \beta_U$가 된다(β_U : 타인자본 미사용시 주식베타). 결국 β_E에 대하여 정리한 식은 다음과 같이 다시 정리할 수 있고 이는 식 (11)의 Hamada모형이 된다.

$$\beta_L = \beta_U \left[1 + \frac{D}{E}(1 - t)\right]$$

사례분석

서울전자는 100억원을 들여서 화학업종에 진출하려고 한다. 이 투자안을 평가하기 위하여 화학업종에 이미 진출하고 있는 인천화학을 비교기업으로 결정하고 조사한 결과, 인천화학의 주식베타는 1.4이며 부채비율($= D/E$)은 50%였다. 적용되는 법인세율은 20%, 무위험이자율은 5%, 시장포트폴리오의 기대수익률은 12%이다. 한편 서울전자의 부채비율은 100%이고 신규투자 후에도 부채비율은 100%를 유지한다. 비교기업의 베타를 이용하여 서울전자의 주식베타를 추정하고 자기자본비용을 SML로 추정하라.

해 설

먼저 Hamada공식을 이용하여 타인자본 미사용시 비교기업 인천화학의 β_U를 측정하면 다음과 같다. β_U는 인천화학의 부채사용효과를 제거한 후 영업위험만을 반영한 베타이다.

$$\beta_U = \frac{\beta_L}{\left[1 + \frac{D}{E}(1 - t)\right]} = \frac{1.4}{[1 + 0.5(1 - 0.2)]} = 1$$

여기서 서울전자의 부채비율이 100%이므로 영업위험만을 반영하는 β_U에 100%의 부채사용효과를 추가하여 다음과 같이 화학업종 진출 투자안의 β_L'를 추정한다.

$$\beta_L' = \beta_U \left[1 + \frac{D}{E}(1 - t)\right] = 1 \times [1 + 1(1 - 0.2)] = 1.8$$

마지막으로, 주주들이 요구하는 기대수익률(자기자본비용) r_E를 계산하면 다음과 같다.

$$r_E = r_f + [E(r_M) - r_f] \times \beta_L' = 5\% + [12\% - 5\%] \times 1.8 = 17.6\%$$

8.6 발행비용과 WACC

지금까지 우리는 자본조달 시 발생하는 발행비용(flotation cost)을 고려하지 않았다. 그러나 기업이 투자에 필요한 자금을 조달하기 위하여 신주 또는 회사채를 발행하면 상당한 금액의 발행비용이 발생하므로, 자본비용을 계산할 때 이를 정확히 고려해 주는 것이 적절하다.

(1) 원천별 자본비용을 상향 조정하는 방법

원천별 자본비용을 상향 조정하는 방법은 주식의 기대수익률 추정 시 배당할인모형에서 주당 발행비용을 주가에서 차감하거나 또는 채권의 만기수익률 추정 시 권당 발행비용을 채권가격에서 차감하는 방법이다. 이 방법은 SML을 이용한 자본비용 추정에는 적용할 수 없으며 발행비용이 실제로 기대수익률을 증가시키지 않는다는 점에서 바람직한 방법이라 볼 수는 없다.

(2) 투자금액을 상향 조정하는 방법

투자금액을 상향 조정하는 방법은 가중평균발행비용(weighted average flotation cost)을 계산하고 이를 이용하여 투자금액을 상향조정하는 방법이다. 가중평균발행비용 f_A는 식 (13)과 같이 원천별 발행비용을 자본구조로 가중평균하여 구한다.

$$f_A = w_D \cdot f_D + w_E \cdot f_E \tag{13}$$

여기서 f_D와 f_E는 각각 채권과 주식의 발행비용(%)이고, w_D와 w_E는 각각 부채와 자기자본의 구성비율이다. 그리고 조정된 투자금액은 식 (14)와 같이 원래의 투자금액을 (1 − 가중평균발행비용)으로 나누어 구한다.

$$\text{조정된 투자금액} = \frac{\text{원래투자금액}}{1 - f_A} \tag{14}$$

사례분석

어떤 투자안의 투자금액은 200억원이고 영업현금흐름은 7년간 매년 50억원씩 발생할 것으로 예상한다. 부채비율(D/E)은 50%이고 가중평균자본비용은 12%이다. 그리고 채권과 주식의 발행비용인 f_D와 f_E는 각각 2%와 4%이다. 발행비용은 투자금액을 상향 조정하여 반영한다. 투자안의 순현가는 얼마인가?

해 설

$\frac{D}{E} = \frac{5}{10}$이므로 w_D와 w_E는 각각 $\frac{5}{15}$와 $\frac{10}{15}$이 되고 가중평균발행비용은 3.33%가 된다.

$$f_A = \frac{5}{15} \times 2\% + \frac{10}{15} \times 4\% = 3.33\%$$

그리고 조정된 투자금액은 200억원 / (1 − 0.0333) = 206.89억원이므로 투자안의 순현가는 21.3억원이다.

NPV = 50억원 × $PVIFa(0.12,\ 7)$ − 206.89억원 = 21.3억원
(단, $PVIFa(0.12,\ 7) = 4.5638$임)

8.7 EVA와 기업가치★

경제적 부가가치(economic value added : EVA) 또는 경제적 부가이익은 기업가치의 증가분을 의미한다. EVA개념은 회계적 이익이 가지고 있는 한계성을 보완하기 위하여 등장하였다. EVA는 기업의 시장가치, 즉 기업가치 추정에 좋은 실마리를 제공하고 있어 많은 사람들의 관심의 대상이 되고 있다.

(1) EVA의 본질

경제적 부가가치, 즉 EVA란 기업의 수익성을 좀더 정확하게 파악하기 위하여 개발된 개념으로서, 회계적 이익을 보완해 주기 위해 착안된 일종의 경영성과지표이다. 기업의 EVA는 간단히 설명하면 영업이익에서 조정된 법인세를 공제한 값에서 기업의 투하자본 조달비용을 차감하여 산출한다.

EVA는 회계적 이익과 사전적으로 요구되는 자기자본 조달비용을 동시에 고려한 개념으로서 주주에게 유익한 정보를 제공해 준다. EVA는 기업이 영업활동으로부터 얻은 영

업이익에서 조정된 법인세를 차감한 값에 투하자본조달에 대한 대가를 다시 차감하여 측정된다. 자본조달에 대한 대가에는 타인자본 사용에 대한 대가인 이자비용 외에도 자기자본 사용에 대한 대가인 주주의 요구수익, 즉 사전적인 자기자본 조달비용이 포함된다.

EVA가 회계이익과 다른 큰 특징은 사전 자기자본 조달비용을 비용으로 인식한다는 점이다. 결국 EVA는 기업의 수익성을 주주의 입장에서 좀더 정확하게 파악할 수 있도록 조정한 경영성과지표이다.

최근에 유수의 대기업들이 EVA개념을 기업의 경영 의사결정에 활용하여 상당한 성과를 올리고 있는 것으로 알려지고 있다. 또한 EVA는 기업의 재무활동뿐만 아니라 경영 전반에 걸쳐 많은 사람들의 관심의 대상이 되고 있는 선도적인 개념으로 인식되고 있다.

(2) EVA와 이론주가의 추정

EVA는 주주의 추가 부를 창출하는 원천으로서, 주주의 부의 극대화라는 기업의 목표를 달성하는 데 기준이 되는 경영성과지표이다. EVA를 추정하는 구체적인 방법을 살펴보면 다음과 같다.

$$\begin{aligned} EVA &= \text{세후영업이익} - \text{투하자본 조달비용} \\ &= (\text{영업이익} - \text{조정된 법인세}) - \text{투하자본 조달비용} \\ &= \text{투하자본} \times (ROIC - WACC) \end{aligned} \tag{15}$$

$ROIC$: 투하자본수익률(= $NOPLAT$ / 투하자본)
$NOPLAT$: 세후영업이익(= 영업이익 − 조정된 법인세)
$WACC$: 가중평균자본비용

식 (15)에서 볼 수 있듯이, EVA는 세후영업이익(net operating profit less adjusted tax : NOPLAT)에서 투하자본 조달비용을 차감하여 구한다. 식 (15)에서 투하자본(또는 투하자산)은 다음과 같이 계산된다.

$$\text{총자산} = \text{영업자산} + \text{비영업자산}^*$$

$$\text{총자본} = \text{비이자발생부채} + \text{이자발생부채} + \text{자기자본}$$

$$\begin{aligned} \text{투하자본(투하자산)} &= \text{총자산} - \text{비영업자산} - \text{비이자발생부채} \\ &= \text{영업자산} - \text{비이자발생부채} \end{aligned} \tag{16}$$

* 비영업자산 = 적정시재 이상의 금융자산 + 투자자산 + 건설중인 자산 등

식 (16)의 투하자본 추정공식을 좀더 쉽게 이해하기 위해 그림을 그려보면 [그림 1]과 같다. [그림 1]은 재무상태표에 근거해서 투하자본을 산출하는 방법을 보여주고 있다. 먼저 총자산을 영업자산과 비영업자산으로 구별한다. 비영업자산에는 적정시재 이상의 금융자산, 투자자산, 건설중인자산 등이 포함된다. 즉, 건설중인자산은 당기의 영업활동과는 무관하므로 영업자산에서 제외한다. 특히 조심해야 할 것은 무형자산 중에서 개발비 등은 영업자산에 포함해야 한다는 것이다.

또한 부채를 비이자발생부채와 이자발생부채로 구별한다. 비이자발생부채는 매입채무, 미지급금, 예수금, 미지급비용 등을 말한다. 결국 투하자본은 실제 영업활동에 이용된 영업자산 중에서 이자비용이 발생되지 않는 비이자발생부채를 차감한 것을 말한다.

[그림 1] 재무상태표에 근거한 투하자본의 산출

<table>
<tr><td rowspan="2">영업자산</td><td rowspan="2">투하자본</td><td></td><td>비이자발생부채</td><td rowspan="2">↑
부
채
↓</td></tr>
<tr><td>영업유동자산
유.무형 비유동자산
기타 영업관련 자산</td><td>이자발생부채</td></tr>
<tr><td colspan="2">비영업자산</td><td>금융자산(적정시재 이상의 예금, 단기투자증권)
투자자산(투자부동산, 출자금, 관계회사주식 등)
건설중인자산 등</td><td>자기자본</td><td></td></tr>
</table>

자료 : "상장기업과 EVA분석", 한국상장회사협의회, 『상장협자료』.

(3) 시장부가가치와 이론주가

시장부가가치(market value added : MVA)는 미래에 발생가능한 모든 EVA를 개별 기업의 가중평균자본비용(WACC)으로 할인한 현재가치이다. MVA는 일정시점에 있어서 기업가치의 총 증가분을 의미한다. MVA가 양(+)의 값을 갖는다는 것은 장부가치에 부가되는 가치가 있음을 의미하고, 음(−)의 값을 갖는다는 것은 장부가치에 차감할 가치가 있음을 의미한다. MVA를 기초로 다음과 같이 자기자본 이론시장가치를 추정할 수 있다.

$$\text{자기자본 이론시장가치} = \text{자기자본 장부가치} + \text{MVA} \quad (17)$$

여기서 MVA는 미래 EVA의 현재가치로서 성장률이 감안된 EVA를 기업의 가중평균자본비용으로 할인하여 구한다. 물론 자기자본 이론시장가치를 발행주식수로 나누면 이론주가가 된다.

사례분석

다음의 자료를 사용하여 신촌기업의 EVA와 이론주가를 평가하시오.

재 무 상 태 표

신촌기업 (금년도 말) (단위 : 억원)

자산	금액	부채와 자본	금액
현 금	10	매 입 채 무	30
매 출 채 권	60	단 기 차 입 금	20
재 고 자 산	70	장 기 차 입 금	50
투 자 자 산	10	자 본 금	200
기 계	140	잉 여 금	100
비 품	50		
건설중인자산	40		
개 발 비	20		
자 산 총 계	400	부채와 자본 총계	400

*비영업자산의 시장가치는 장부가치와 동일함.

기 타 재 무 자 료

신촌기업	(내년도)
매 출 액	570억원
영 업 이 익	71.28억원
W A C C	10%
기 업 성 장 률(영구적)	3%
조 정 된 법 인 세	30억원
발 행 주 식 수	400만주

해 설

① 투하자본을 측정하면 다음과 같다.

EVA를 추정하기 위해 총자산을 영업자산과 비영업자산으로 나누고 부채와 자본을 비이자발생부채, 이자발생부채 그리고 자기자본으로 구별해 보면 다음 표와 같다.

재 무 상 태 표

신촌기업 (단위 : 억원)

자산	금액	부채와 자본	금액
영 업 자 산	350	비이자발생부채	30**
비 영 업 자 산	50*	이 자 발 생 부 채	70
		자 기 자 본	300
자 산 총 계	400	부채와 자본 총계	400

* 비영업자산(50) = 투자자산(10) + 건설중인자산(40)

** 비이자발생부채 = 매입채무(30)

위의 표에서 볼 수 있듯이 신촌기업의 투하자본은 320억원이다.

투하자본 = 총자산 − 비영업자산 − 비이자발생부채

= 400억원 − 50억원 − 30억원

= 320억원

② EVA를 측정하면 다음과 같다.

신촌기업의 재무자료로부터 EVA를 추정하면 9.28억원이 된다.

$$\begin{aligned} EVA &= (\text{영업이익} - \text{조정된 법인세}) - \text{투하자본조달비용} \\ &= (71.28\text{억원} - 30\text{억원}) - 320\text{억원} \times 0.1 \\ &= 9.28\text{억원} \end{aligned}$$

또는,

$$\begin{aligned} EVA &= \text{투하자본} \times (ROIC^{*} - WACC) \\ &= 320\text{억원} \times (0.129 - 0.1) = 9.28\text{억원} \end{aligned}$$

$$\begin{aligned} ROIC^{*} &= \frac{\text{세후영업이익}}{\text{투하자본}} \\ &= \frac{71.28\text{억원} - 30\text{억원}}{320\text{억원}} \\ &= 0.129 \end{aligned}$$

③ MVA를 측정하면 다음과 같다.

신촌기업의 내년도 EVA 9.28억원과 WACC 10% 및 성장률 연 3%를 사용하여 기업의 시장부가가치(MVA)를 구해 보도록 하자.

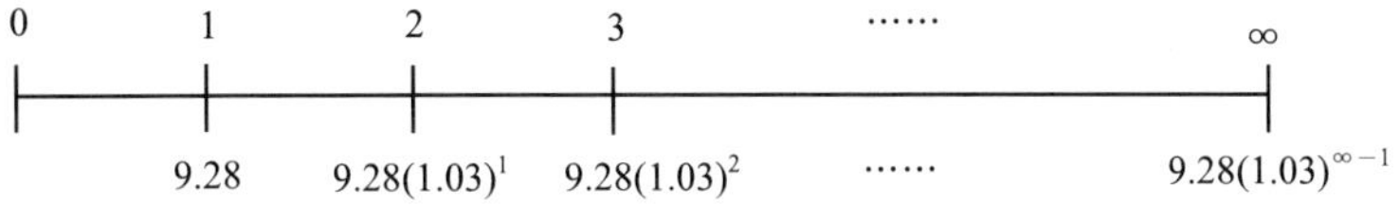

신촌기업의 MVA는 위 그림의 매년 EVA흐름을 WACC으로 할인하여 구할 수 있다.

$$MVA = \frac{9.28\text{억원}}{(1+0.1)^1} + \frac{9.28\text{억원}(1+0.03)^1}{(1+0.1)^2} + \frac{9.28\text{억원}(1+0.03)^2}{(1+0.1)^3}$$

$$+ \cdots + \frac{9.28\text{억원}(1+0.03)^{\infty - 1}}{(1+0.1)^{\infty}}$$

$$= \frac{9.28\text{억원}}{0.1 - 0.03}$$

$$= 132.57\text{억원}$$

④ 이론주가를 추정하면 다음과 같다.

EVA를 기초로 한 신촌기업의 이론주가는 다음과 같이 10,814원이 된다.

자기자본 이론시장가치 = 자기자본 장부가치 + MVA
= 300억원 + 132.57억원
= 432.57억원

이론주가 = 자기자본 이론시장가치 ÷ 발행주식수
= 432.57억원 ÷ 400만주
= 10,814원

정리문제

01 나성산업은 보통주 140,000주를 발행하였고 한 주당 가격은 \$20이다. 무위험이자율은 8%이고 시장위험프리미엄은 7%, 주식베타는 0.7이다. 또한 나성산업은 채권을 100개 발행 했는데 채권은 1개당 \$4,750로 거래되고 있고 시장이자율(채권수익률)은 11%, 법인세율은 20%이다. 나성산업의 $WACC$은 얼마인가?

02★ 총자산이 300억원인 북경기업은 100억원을 투자하여 의류사업을 시작하려 한다. 사업을 시작하기 전에 투자안을 평가하기 위해, 의류사업을 하고 있는 남경기업을 비교기업으로 선정, 조사하였다. 그 결과 남경기업의 주식베타는 1.4, 부채비율은 300%이었다. 적용되는 법인세율은 모두 40%, 무위험이자율은 7%, 시장포트폴리오의 기대수익률은 10%이다. 그리고 북경기업의 부채비율은 200%, 이자율은 10%이다. 남경기업의 주식베타를 이용하여 북경기업의 자기자본비용을 SML로 추정하고 가중평균자본비용을 계산하라.

03 충무기업의 발행주식수는 140만주이다. 현재 주식은 주당 20,000원에 거래되고 있다. 그리고 충무기업의 부채의 액면가는 50억원인데 시장에서 최근에 액면가의 93%로 거래되고 있으며 부채의 수익률은 11%이다. 무위험자산 수익률은 8%이고 시장위험프리미엄은 7%이며 충무기업의 주식베타는 0.74이다. 그리고 이 기업에 적용되는 법인세율이 34%이다. 충무기업의 $WACC$은 얼마인가?

04 (주)여수의 장부가치 기준 재무상태표이다.

재 무 상 태 표

(단위 : 억원)

자 산	10,000	부 채	6,000
		자 기 자 본	4,000
총 자 산	10,000	총 자 본	10,000

타인자본은 모두 사채(액면가 15,000원, 액면이자율 연 12%)이며, 증권시장에서 1개당 10,000원에 거래되고 있다. 주식의 액면가는 주당 5,000원이며, 현재 증권시장에서 15,000원에 거래되고 있다. 주식시장 기대수익률은 연 15%, 무위험자산 수익률은 연 7%, 법인세율은 40%, 주식베타는 1.5이다.

(1) (주)여수의 주주들이 요구하는 수익률(r_E)은 얼마인가?

(2) (주)여수의 가중평균자본비용을 장부가치와 시장가치를 기준으로 각각 측정하라.

05 노원전자의 주식베타는 2.0이며, 자기자본 시장가치는 20억원이다. 또한 타인자본비용(세금 고려 후)은 연 8%이며, 타인자본 시장가치는 7억원이다. 노원전자는 A투자안을 고려 중인데, A투자안의 영업위험은 이 기업의 영업위험과 동일하다. 무위험이자율은 연 6%이고, 시장포트폴리오의 기대수익률은 연 12%이며, 시장은 균형상태에 있다(단, A투자안에 소요되는 자본은 기존 부채비율과 동일한 비율로 자본시장에서 조달한다).

(1) 자기자본비용을 추정하라.

(2) A투자안의 적정할인율을 추정하라.

06 다음 자료를 이용하여 $WACC$을 계산하라.

• 부채		• 자기자본	
액면가 100만원 채권	300개	주가	2만원
채권 만기수익률	10%	발행주식수	2만주
법인세율	20%	주식베타	1.2
현재가격(액면가 대비)	105%	시장포트폴리오의 기대수익률	12%
		무위험이자율	5%

07 서정기업의 현재 부채비율(부채/자기자본)은 0.5이고, 주식베타는 1.56이다. 무위험이자율은 연 5%이고, 시장포트폴리오의 기대수익률은 연 10%, 법인세율은 20%이다.

(1) 서정기업의 자기자본비용을 구하라.

(2)★ 서정기업의 부채비율이 1로 바뀐다면 자기자본비용이 얼마가 되겠는가?

08★ 마포기업은 타인자본을 사용하지 않고, 자기자본만으로 자본을 조달하고 있다. 마포기업은 자기자본비용을 알고 싶으나 업종에 진출한지 얼마되지 않아 SML을 이용해 자기자본비용을 구하기 위한 주식베타를 알지 못한다. 그래서 마포기업은 같은 업종에 이미 진출해있는 강남기업의 주식베타 1.5를 쓰기로 결정했다. 하지만 강남기업은 타인자본도 사용하고 있기 때문에 강남기업의 주식베타를 마포기업의 주식베타로 그대로 사용하기에는 적절하지 않다.

(1) 강남기업의 부채비율이 200%, 법인세율이 30%이라면 마포기업에 적절한 주식베타는 얼마인가?

(2) 무위험이자율이 연 5%이고, 시장포트폴리오의 기대수익률이 연 12%라면 마포기업의 $WACC$는 얼마인가?

(3) 만약 마포기업이 60%의 부채비율(D/E)로 타인자본을 사용한다면 마포기업의 주식베타는 얼마인가? 그리고 이때의 자기자본비용은 얼마인가? (마포기업의 법인세율 30%)

09★ 방송기기 전문업체인 A기업은 자신들이 예전부터 준비해 오던 엔터테인먼트 사업에 뛰어들기로 결심했다. 이번 새로운 산업에 뛰어들게 된 A기업은 엔터테인먼트 사업의 투자수익률이 12%일 것으로 예상한다. 다루는 영업이 다른 만큼 영업위험을 엔터테인먼트 사업을 하는 기업과 동질화시켜 이 평가안을 평가하기 위하여 엔터테인먼트 기업인 B기업을 비교기업으로 하여 분석하고자 한다. B기업의 정보는 다음과 같다.

[B기업의 기본정보]

• 주식베타	0.9	• 시장포트폴리오 기대수익률	연 12%
• 부채비율	100%	• 이자율	연 9%
• 적용 법인세율	20%	• A기업의 부채비율	200%
• 무위험이자율	연 5%	• A기업의 법인세율	20%

B기업의 정보를 활용하여 A기업이 엔터테인먼트 사업에 투자해도 괜찮을지 판단하라(자기자본비용은 SML로 추정, $WACC$ 이용).

10 다음은 (주)양심의 장부가치 기준의 재무상태표이다.

재 무 상 태 표

(주)양심 (단위 : 억원)

자 산	6,000	타 인 자 본	1,500
		자 기 자 본	4,500
총 자 산	6,000	총 자 본	6,000

타인자본은 모두 사채(액면가 10,000원, 시장이자율 연 12%)로 조달되었는데, 이 사채는 현재 증권시장에서 채권당 20,000원에 거래되고 있다. 또한 (주)양심의 자기자본의 주당 장부가치는 5,000원이고 현재 주가는 45,000원이다. 그리고 주주가 요구하는 요구수익률은 연 18%이다(법인세율 = 25%).

(1) (주)양심의 가중평균자본비용을 장부가치 기준으로 측정하라.

(2) (주)양심의 가중평균자본비용을 시장가치 기준으로 측정하라.

11★ 심기기업은 10억원을 투입하여 바이오 산업에 진출하기 위해 검토 중이다. 심기기업이 바이오 산업에 진출할 경우 다음과 같은 현금흐름이 발생할 것으로 예상된다.

연 도	0	1	2	3	4
현 금 흐 름	−10억원	3억원	4억원	5억원	2억원

심기기업의 부채비율은 150%이며 이자율은 연 12%이다. 또한 심기기업은 새로운 투자에 소요되는 자금을 기존의 자본구성비율로 조달하며, 이자율도 연 12%를 유지할 수 있을 것으로 예상된다. 심기기업에 적용되는 법인세율은 40%이다. 심기기업은 새로운 투자안을 평가하기 위하여 바이오 산업에 이미 진출하고 있는 만리기업을 대용기업으로 선정하였다. 만리기업의 주식베타는 2.5이고, 부채비율(= 부채 / 자기자본)은 300%이다. 또한 만리기업에 적용되는 법인세율도 40%이다. 한편, 무위험이자율은 연 5%, 시장기대수익률은 연 15%이다.

(1) 심기기업의 주주가 부담하는 체계적 위험(β)은 얼마인가?

(2) 투자안의 가중평균자본비용($WACC$)을 구하라.

(3) 순현가법으로 투자가치를 평가하라.

12 고려기업은 다음과 같은 현금흐름이 예상되는 투자안을 검토 중이다.

연 도	0	1	2	3	4
현 금 흐 름	−1,000억원	300억원	400억원	500억원	200억원

고려기업의 자본구조는 현재 자기자본 5,000억원과 부채 10,000억원으로 구성되어 있으며, 이자율은 연 12%이다. 고려기업의 주식베타는 2이고, 무위험이자율은 연 8%, 시장기대수익률은 연 15%이다. 고려기업은 새로운 투자안에 소요되는 자금도 기존의 자본구성비율과 동일한 비율로 조달할 예정이다. 고려기업에 적용되는 법인세율은 40%이다.

(1) 투자안의 요구수익률을 구하라.

(2) 순현가법으로 투자가치를 평가하라.

(3)★ 각 연도별 확실성등가계수와 현금흐름의 확실성등가를 구하라. 그리고 확실성등가를 사용하여 순현가를 구하고, 그 결과를 (2)의 결과와 비교하라.

13★ 금곡기업의 CEO로 홍길동이 새로 임명되었다. 홍길동은 임명 당시 자신이 금곡기업의 경영을 맡음으로써 증가하게 될 EVA의 15%에 해당하는 사채를 액면가 기준으로 받기로 계약하였다. 다음은 홍길동이 임명되기 전과 후의 재무제표 정보를 비교한 내용이다.

(임명 이전)

총자산 1,000억원, 영업자산 700억, 매입채무 100억, 차입금 200억, 영업이익 130억, 조정된 법인세 11억원, 가중평균자본비용 10%

(임명 이후)

총자산 1,200억원, 영업자산 800억, 매입채무 150억, 차입금 150억, 영업이익 200억, 조정된 법인세 20억원, 가중평균자본비용 8%

(1) 홍길동이 받게 될 사채의 가치와 수는 각각 얼마인가? (액면가 10,000원)

(2) 금곡기업이 현재 현금 보유량이 많고, 미래에 현금유출을 원치 않아 홍길동에게 발행하게 될 사채를 즉시 현금으로 지급할 경우 홍길동은 얼마를 받게 되는가? 단, 사채의 액면가는 10,000원, 액면이자율은 연 10%, 할인율은 연 15%이다. 그리고 10년 후 전부 상환하는 조건으로 한다.

14★ 다음의 자료를 사용하여 예산기업의 (1) 투하자본, (2) EVA, (3) MVA, (4) 이론주가를 평가하라(비영업자산의 시장가치는 장부가치와 동일함).

재 무 상 태 표

예산기업 (금년도 말) (단위 : 억원)

현금	25	매입채무	30
재고자산	35	단기차입금	50
매출채권	20	장기차입금	120
투자자산	40	자본금	120
기계	240	잉여금	180
비품	30		
건설중인자산	60		
특허권	50		
자산총계	500	부채와 자본 총계	500

기 타 재 무 자 료

예산기업 (내년도)

매출액	680억원
영업이익	68억원
WACC	10%
기업성장률(영구적)	3%
조정된법인세	18억원
발행주식수	600만주

정리문제에 대한 해설

01 나성산업은 보통주 140,000주를 발행하였고 한 주당 가격은 $20이다. 무위험이자율은 8%이고 시장위험 프리미엄은 7%, 주식베타는 0.7이다. 또한 나성산업은 채권을 100개 발행 했는데 채권은 1개당 $4,750로 거래되고 있고 시장이자율(채권수익률)은 11%, 법인세율은 20%이다. 나성산업의 $WACC$은 얼마인가?

해설 부채 시장가치(D) = $4,750 × 100 = $475,000

자기자본 시장가치(E) = $20 × 140,000 = $2,800,000

기업가치(V) = 부채 시장가치(D) + 자기자본 시장가치(E) = $3,275,000

타인자본비용 $= r_D(1-t) = 11\%(1-0.2) = 8.8\%$

자기자본비용 $= r_f + [E(r_M) - r_f] \times \beta_i = 8\% + [7\%] \times 0.7 = 12.9\%$

$$WACC = \frac{D}{D+E} \times r_D(1-t) + \frac{E}{D+E} \times r_E$$

$$= \frac{\$475{,}000}{\$3{,}275{,}000} \times 8.8\% + \frac{\$2{,}800{,}000}{\$3{,}275{,}000} \times 12.9\% = 12.31\%$$

02* 총자산이 300억원인 북경기업은 100억원을 투자하여 의류사업을 시작하려 한다. 사업을 시작하기 전에 투자안을 평가하기 위해, 의류사업을 하고 있는 남경기업을 비교기업으로 선정, 조사하였다. 그 결과 남경기업의 주식베타는 1.4, 부채비율은 300%이었다. 적용되는 법인세율은 모두 40%, 무위험이자율은 7%, 시장포트폴리오의 기대수익률은 10%이다. 그리고 북경기업의 부채비율은 200%, 이자율은 10%이다. 남경기업의 주식베타를 이용하여 북경기업의 자기자본비용을 SML로 추정하고 가중평균자본비용을 계산하라.

해설 먼저 남경기업 β_L을 이용하여 의류사업의 β_U를 구하면 다음과 같다.

$$\beta_U = \frac{D}{\left[1 + \frac{D}{E}(1-t)\right]} = \frac{1.4}{[1 + 3(1-0.4)]} = 0.5$$

북경기업의 부채비율을 기준으로 한 β_L을 다시 조정하면 다음과 같다.

$$\beta_L' = \beta_U\left[1 + \frac{D}{E}(1-t)\right] = 0.5[1 + 2(1-0.4)] = 1.1$$

따라서 북경기업이 의류사업을 하는 경우 자기자본비용은 다음과 같다.

$$r_E = r_f + [E(r_M) - r_f] \times \beta_L' = 7\% + [10\% - 7\%] \times 1.1 = 10.3\%$$

결국 가중평균자본비용은 다음과 같다.

$$WACC = \frac{2}{3} \times 10\% \times (1-0.4) + \frac{1}{3} \times 10.3\% = 7.43\%$$

03 충무기업의 발행주식수는 140만주이다. 현재 주식은 주당 20,000원에 거래되고 있다. 그리고 충무기업의 부채의 액면가는 50억원인데 시장에서 최근에 액면가의 93%로 거래되고 있으며 부채의 수익률은 11%이다. 무위험자산 수익률은 8%이고 시장위험프리미엄은 7%이며 충무기업의 주식베타는 0.74이다. 그리고 이 기업에 적용되는 법인세율이 34%이다. 충무기업의 $WACC$은 얼마인가?

해설 먼저 SML을 이용해서 자기자본비용을 계산하면 다음과 같다.

$$r_E = 8\% + (7\%) \times 0.74 = 13.18\%$$

자기자본의 시장가치는 140만주 × 20,000원 = 280억원이고, 부채의 시장가치는 0.93 × 50억원 = 46.5억원이다.

또한, 부채의 이자율은 11%이므로 타인자본비용은 11%(1 − 0.34) = 7.26%이다. 그러므로 충무기업의 가중평균자본비용($WACC$)은 다음과 같다.

$$WACC = \frac{46.5억원}{346.5억원 + 280억원} \times 7.26\% + \frac{280억원}{46.5억원 + 280억원} \times 13.18\%$$
$$= 12.34\%$$

04 (주)여수의 장부가치 기준 재무상태표이다.

재 무 상 태 표

(단위 : 억원)

자 산	10,000	부 채 자 기 자 본	6,000 4,000
총 자 산	10,000	총 자 본	10,000

타인자본은 모두 사채(액면가 15,000원, 액면이자율 연 12%)이며, 증권시장에서 1개당 10,000원에 거래되고 있다. 주식의 액면가는 주당 5,000원이며, 현재 증권시장에서 15,000원에 거래되고 있다. 주식시장 기대수익률은 연 15%, 무위험자산 수익률은 연 7%, 법인세율은 40%, 주식베타는 1.5이다.

(1) (주)여수의 주주들이 요구하는 수익률(r_E)은 얼마인가?

해설

$$r_E = r_f + [E(r_M) - r_f] \times \beta_i$$
$$= 7\% + [15\% - 7\%] \times 1.5$$
$$= 7\% + 8\% \times 1.5$$
$$= 19\%$$

(2) (주)여수의 가중평균자본비용을 장부가치와 시장가치를 기준으로 각각 측정하라.

해설 타인자본비용 = 12%(1 − 0.4) = 7.2%

자기자본비용 = 19%

장부가치 기준 :

$$WACC = \frac{6{,}000\text{억원}}{10{,}000\text{억원}} \times 7.2\% + \frac{4{,}000\text{억원}}{10{,}000\text{억원}} \times 19\%$$

$$= 11.92\%$$

시장가치 기준 :

$$WACC = \frac{4{,}000\text{억원}}{16{,}000\text{억원}} \times 7.2\% + \frac{12{,}000\text{억원}}{16{,}000\text{억원}} \times 19\%$$

$$= 16.05\%$$

타인자본 시장가치 = 6,000억원 × 2/3 = 4,000억원

자기자본 시장가치 = 4,000억원 × 3 = 12,000억원

05 노원전자의 주식베타는 2.0이며, 자기자본 시장가치는 20억원이다. 또한 타인자본비용(세금 고려 후)은 연 8%이며, 타인자본 시장가치는 7억원이다. 노원전자는 A투자안을 고려 중인데, A투자안의 영업위험은 이 기업의 영업위험과 동일하다. 무위험이자율은 연 6%이고, 시장포트폴리오의 기대수익률은 연 12%이며, 시장은 균형상태에 있다.(단, A투자안에 소요되는 자본은 기존 부채비율과 동일한 비율로 자본시장에서 조달한다).

(1) 자기자본비용을 추정하라.

해설 SML을 이용하여 자기자본비용을 구하면 다음과 같다.

$$r_E = r_f + [E(r_M) - r_f] \times \beta_i$$

$$= 6\% + [12\% - 6\%] \times 2.0 = 18\%$$

(2) A투자안의 적정할인율을 추정하라.

해설 영업위험과 재무위험이 동일하므로, 기업의 $WACC$이 A투자안의 적정할인율이 된다.

$$WACC = w_D \times r_D(1 - t) + w_E \times r_E$$

$$= \frac{7\text{억원}}{7\text{억원} + 20\text{억원}} \times 8\% + \frac{20\text{억원}}{7\text{억원} + 20\text{억원}} \times 18\%$$

$$= 15.41\%$$

즉, A투자안의 적정할인율은 15.41%이다.

06 다음 자료를 이용하여 $WACC$을 계산하라.

• 부채		• 자기자본	
액면가 100만원 채권	300개	주가	2만원
채권 만기수익률	10%	발행주식수	2만주
법인세율	20%	주식베타	1.2
현재가격(액면가 대비)	105%	시장포트폴리오의 기대수익률	12%
		무위험이자율	5%

해설 타인자본비용 $r_D(1-t) = 10\% \times (1-0.2) = 8\%$

자기자본비용 $r_E = 5\% + [12\% - 5\%] \times 1.2 = 13.4\%$

$$WACC = w_D \times r_D(1-t) + w_E \times r_E$$

$$= \frac{3.15억원}{3.15억원 + 4억원} \times 8\% + \frac{4억원}{3.15억원 + 4억원} \times 13.4\%$$

$$= 11.02\%$$

부채 시장가치 $= 100만원 \times 300개 \times 105\% = 3.15억원$

자기자본 시장가치 $= 2만원 \times 2만주 = 4억원$

07 서정기업의 현재 부채비율(부채 / 자기자본)은 0.5이고, 주식베타는 1.56이다. 무위험이자율은 연 5%이고, 시장포트폴리오의 기대수익률은 연 10%, 법인세율은 20%이다.

(1) 서정기업의 자기자본비용을 구하라.

해설 자기자본비용을 측정하면 다음과 같다.

$$r_E = 5\% + [10\% - 5\%] \times 1.56 = 12.8\%$$

(2)* 서정기업의 부채비율이 1로 바뀐다면 자기자본비용이 얼마가 되겠는가?

해설 서정기업의 자료를 이용해서 영업위험만 반영된 베타를 구하면 다음과 같다.

$$\beta_U = \frac{\beta_L}{\left[1 + \frac{D}{E}(1-t)\right]} = \frac{1.56}{[1 + 0.5(1-0.2)]} = 1.11$$

따라서 부채비율이 1로 바뀔 경우의 주식베타와 자기자본비용은 각각 다음과 같다.

$$\beta_L' = \beta_U \times \left[1 + \frac{D}{E}(1-t)\right] = 1.11 \times [1 + 1 \times (1-0.2)] = 2$$

$$r_E = 5\% + [10\% - 5\%] \times 2 = 15\%$$

08* 마포기업은 타인자본을 사용하지 않고, 자기자본만으로 자본을 조달하고 있다. 마포기업은 자기자본비용을 알고 싶으나 업종에 진출한지 얼마되지 않아 SML을 이용해 자기자본비용을 구하기 위한 주식베타를 알지 못한다. 그래서 마포기업은 같은 업종에 이미 진출해있는 강남기업의 주식베타 1.5를 쓰기로 결정했다. 하지만 강남기업은 타인자본도 사용하고 있기 때문에 강남기업의 주식베타를 마포기업의 주식베타로 그대로 사용하기에는 적절하지 않다.

(1) 강남기업의 부채비율이 200%, 법인세율이 30%이라면 마포기업에 적절한 주식베타는 얼마인가?

해설

$$\beta_U = \frac{\beta_L}{\left[1+\frac{D}{E}(1-t)\right]} = \frac{1.5}{[1+2\times(1-0.3)]} = 0.625$$

(2) 무위험이자율이 연 5%이고, 시장포트폴리오의 기대수익률이 연 12%라면 마포기업의 WACC는 얼마인가?

해설 현재는 마포기업은 자기자본만을 사용하기 때문에 자기자본비용이 곧 $WACC$가 된다.

$$\text{자기자본비용} = 5\% + [12\% - 5\%] \times 0.625 = 9.375\% = WACC$$

(3) 만약 마포기업이 60%의 부채비율(D/E)로 타인자본을 사용한다면 마포기업의 주식베타는 얼마인가? 그리고 이때의 자기자본비용은 얼마인가? (마포기업의 법인세율 30%)

해설 마포기업의,

$$\beta_L^{'} = \beta_U \times \left[1+\frac{D}{E}(1-t)\right] = 0.625\times[1+0.6\times(1-0.3)] = 0.8875$$

$$r_E = 5\% + [12\% - 5\%] \times 0.8875 = 11.2125\%$$

09* 방송기기 전문업체인 A기업은 자신들이 예전부터 준비해 오던 엔터테인먼트 사업에 뛰어들기로 결심했다. 이번 새로운 산업에 뛰어들게 된 A기업은 엔터테인먼트 사업의 투자수익률이 12%일 것으로 예상한다. 다루는 영업이 다른 만큼 영업위험을 엔터테인먼트 사업을 하는 기업과 동질화시켜 이 평가안을 평가하기 위하여 엔터테인먼트 기업인 B기업을 비교기업으로 하여 분석하고자 한다. B기업의 정보는 다음과 같다.

[B기업의 기본정보]

• 주식베타	0.9	• 시장포트폴리오 기대수익률	연 12%
• 부채비율	100%	• 이자율	연 9%
• 적용 법인세율	20%	• A기업의 부채비율	200%
• 무위험이자율	연 5%	• A기업의 법인세율	20%

B기업의 정보를 활용하여 A기업이 엔터테인먼트 사업에 투자해도 괜찮을지 판단하라(자기자본비용은 SML로 추정, $WACC$ 이용).

해설 엔터테인먼트 업종의

$$\beta_U = \frac{\beta_L}{\left[1 + \frac{D}{E}(1-t)\right]} = \frac{0.9}{[1 + 1 \times (1 - 0.2)]} = 0.5$$

A기업 입장에서 엔터테인먼트 투자안의 $\beta_L^{'}$는 다음과 같다.

$$\beta_L^{'} = \beta_U \times \left[1 + \frac{D}{E}(1-t)\right] = 0.5 \times [1 + 2 \times (1 - 0.2)] = 1.3$$

그리고 자기자본비용과 $WACC$는 다음과 같다.

$$\begin{aligned} \text{자기자본비용} &= r_E = r_f + [E(r_M) - r_f] \times \beta_L^{'} \\ &= 5\% + [12\% - 5\%] \times 1.3 \\ &= 14.1\% \end{aligned}$$

$$\begin{aligned} WACC &= w_D \times r_D(1-t) + w_E \times r_E \\ &= \frac{2}{3} \times 9\%(1 - 0.2) + \frac{1}{3} \times 14.1\% \\ &= 9.5\% \end{aligned}$$

새로운 산업에 대한 A기업의 투자수익률 12%는 WACC 9.5%보다 높으므로 새로운 산업에 투자하는 것이 경제성이 있다. 즉, 이 투자안은 자본비용보다 높은 수익률을 얻을 수 있는 투자안이다.

10 다음은 (주)양심의 장부가치 기준의 재무상태표이다.

재 무 상 태 표

(주)양심 (단위 : 억원)

자 산	6,000	타 인 자 본	1,500
		자 기 자 본	4,500
총 자 산	6,000	총 자 본	6,000

타인자본은 모두 사채(액면가 10,000원, 시장이자율 연 12%)로 조달되었는데, 이 사채는 현재 증권시장에서 채권당 20,000원에 거래되고 있다. 또한 (주)양심의 자기자본의 주당 장부가치는 5,000원이고 현재 주가는 45,000원이다. 그리고 주주가 요구하는 요구수익률은 연 18%이다(법인세율 = 25%).

(1) (주)양심의 가중평균자본비용을 장부가치 기준으로 측정하라.

해설 타인자본비용 $= r_D(1-t) = 12\%(1 - 0.25) = 9\%$

자기자본비용 $= r_E = 18\%$

장부가치기준에 의한 가중평균자본비용을 측정하면 다음과 같다.

$$WACC = \frac{1{,}500억원}{6{,}000억원} \times 9\% + \frac{4{,}500억원}{6{,}000억원} \times 18\% = 15.75\%$$

(2) (주)양심의 가중평균자본비용을 시장가치 기준으로 측정하라.

해설 타인자본 시장가치는 장부가치의 2배이므로 3,000억원(= 1,500억원 × 2배)이고 자기자본 시장가치는 장부가치의 9배이므로 40,500억원(= 4,500억원 × 9배)이다.

시장가치 기준에 의한 가중평균자본비용을 측정하면 다음과 같다.

$$WACC = \frac{3{,}000억원}{43{,}500억원} \times 9\% + \frac{40{,}500억원}{43{,}500억원} \times 18\% = 17.38\%$$

11★ 심기기업은 10억원을 투입하여 바이오 산업에 진출하기 위해 검토 중이다. 심기기업이 바이오 산업에 진출할 경우 다음과 같은 현금흐름이 발생할 것으로 예상된다.

연 도	0	1	2	3	4
현금흐름	−10억원	3억원	4억원	5억원	2억원

심기기업의 부채비율은 150%이며 이자율은 연 12%이다. 또한 심기기업은 새로운 투자에 소요되는 자금을 기존의 자본구성비율로 조달하며, 이자율도 연 12%를 유지할 수 있을 것으로 예상된다. 심기기업에 적용되는 법인세율은 40%이다. 심기기업은 새로운 투자안을 평가하기 위하여 바이오 산업에 이미 진출하고 있는 만리기업을 대용기업으로 선정하였다. 만리기업의 주식베타는 2.5이고, 부채비율(= 부채 / 자기자본)은 300%이다. 또한 만리기업에 적용되는 법인세율도 40%이다. 한편, 무위험이자율은 연 5%, 시장기대수익률은 연 15%이다.

(1) 심기기업의 주주가 부담하는 체계적 위험(β)은 얼마인가?

해설 Hamada모형을 이용하여 비교기업인 만리기업의 타인자본을 사용하지 않을 때의 β_U를 측정하면 다음과 같다.

$$\beta_U = \frac{\beta_L}{\left[1 + \frac{D}{E}(1-t)\right]} = \frac{2.5}{[1 + 3 \times (1 - 0.4)]} = 0.8929$$

심기기업의 부채비율이 150%이므로 새로운 투자를 위하여 자본을 조달하였을 때, 새로운 투자안에 자금을 제공한 주주가 부담하는 체계적 위험 β_L'는 다음과 같다.

$$\beta_L' = \beta_U \times \left[1 + \frac{D}{E}(1-t)\right] = 0.8929 \times [1 + 1.5 \times (1 - 0.4)] = 1.6965$$

(2) 투자안의 가중평균자본비용($WACC$)을 구하라.

해설 주주가 요구하는 기대수익률(자기자본비용) r_E를 계산하면 다음과 같다.

$$r_E = r_f + [E(r_M) - r_f] \times \beta_L' = 0.05 + [0.15 - 0.05] \times 1.6965 = 21.97\%$$

투자자금이 기존의 자본구성비율로 조달되기 때문에 투자자금 중 60%는 부채로 그리고 나머지 40%는 자기자본으로 조달된다. 따라서 이 투자안의 $WACC$를 계산하면 다음과 같다.

$$WACC = 0.6 \times 0.12 \times (1 - 0.4) + 0.4 \times 0.2197 = 13.11\%$$

(3) 순현가법으로 투자가치를 평가하라.

해설 투자안의 NPV를 계산하면 다음과 같다.

$$NPV = \frac{3억원}{1.1311} + \frac{4억원}{1.1311^2} + \frac{5억원}{1.1311^3} + \frac{2억원}{1.1311^4} - 10억원 = 0.456억원$$

$NPV = 0.456억원 > 0$ 이므로 경제성이 있는 것으로 판단된다.

12 고려기업은 다음과 같은 현금흐름이 예상되는 투자안을 검토 중이다.

(단위 : 억원)

연 도	0	1	2	3	4
현금흐름	−1,000	300	400	500	200

고려기업의 자본구조는 현재 자기자본 5,000억원과 부채 10,000억원으로 구성되어 있으며, 이자율은 연 12%이다. 고려기업의 주식베타는 2이고, 무위험이자율은 연 8%, 시장기대수익률은 연 15%이다. 고려기업은 새로운 투자안에 소요되는 자금도 기존의 자본구성비율과 동일한 비율로 조달할 예정이다. 고려기업에 적용되는 법인세율은 40%이다.

(1) 투자안의 요구수익률을 구하라.

해설 ① 자기자본비용 :

$$r_E = r_f + [E(r_M) - r_f] \times \beta_i = 0.08 + [0.15 - 0.08] \times 2 = 22\%$$

② WACC :

투자자금이 기존의 자본구성비율로 조달되기 때문에 투자자금 중 $\frac{2}{3}$는 타인자본으로 그리고 나머지 $\frac{1}{3}$은 자기자본으로 조달된다. 따라서 이 투자안의 WACC를 계산하면 다음과 같다.

$$WACC = \frac{2}{3} \times 0.12 \times (1 - 0.4) + \frac{1}{3} \times 0.22 = 12.13\% = r_K$$

(2) 순현가법으로 투자가치를 평가하라.

해설 $NPV = \dfrac{300억원}{1.1213} + \dfrac{400억원}{1.1213^2} + \dfrac{500억원}{1.1213^3} + \dfrac{200억원}{1.1213^4} - 1{,}000억원 = 66.85억원$

$NPV = 66.85$억원 > 0이므로 경제성이 있는 것으로 판단된다.

(3)★ 각 연도별 확실성등가계수와 현금흐름의 확실성등가를 구하라. 그리고 확실성등가를 사용하여 순현가를 구하고, 그 결과를 (2)의 결과와 비교하라.

해설 각 연도별 확실성등가계수는 다음과 같다.

$$\alpha_t = \left[\frac{1+r_f}{1+r_k}\right]^t$$

$$\alpha_1 = \left[\frac{1+0.08}{1+1.1213}\right] = 0.96317$$

$$\alpha_2 = \left[\frac{1+0.08}{1+0.1213}\right]^2 = 0.92769$$

$$\alpha_3 = \left[\frac{1+0.08}{1+0.1213}\right]^3 = 0.89352$$

$$\alpha_4 = \left[\frac{1+0.08}{1+0.1213}\right]^4 = 0.86061$$

확실성등가 $CEQ_t = \alpha_t \cdot C_t$ 이므로 각 연도별 확실성등가는 다음과 같다.

$$CEQ_1 = (0.96317)(300억원) = 288.951억원$$
$$CEQ_2 = (0.92769)(400억원) = 371.076억원$$
$$CEQ_3 = (0.89352)(500억원) = 446.760억원$$
$$CEQ_4 = (0.86061)(200억원) = 172.122억원$$

확실성등가를 이용하여 순현가를 구하면 다음과 같다.

$$NPV = \frac{288.951억원}{(1+0.085)^1} + \frac{371.076억원}{(1+0.08)^2} + \frac{446.760억원}{(1+0.08)^3} + \frac{172.122억원}{(1+0.08)^4} - 1{,}000억원$$

$$= 66.85억원$$

이는 (2)번에서 구한 결과와 일치한다.

13★ 금곡기업의 CEO로 홍길동이 새로 임명되었다. 홍길동은 임명 당시 자신이 금곡기업의 경영을 맡음으로써 증가하게 될 EVA의 15%에 해당하는 사채를 액면가 기준으로 받기로 계약하였다. 다음은 홍길동이 임명되기 전과 후의 재무제표 정보를 비교한 내용이다.

(임명 이전)
총자산 1,000억원, 영업자산 700억, 매입채무 100억, 차입금 200억, 영업이익 130억, 조정된 법인세 11억원, 가중평균자본비용 10%

(임명 이후)
총자산 1,200억원, 영업자산 800억, 매입채무 150억, 차입금 150억, 영업이익 200억, 조정된 법인세 20억원, 가중평균자본비용 8%

(1) 홍길동이 받게 될 사채의 가치와 수는 각각 얼마인가? (액면가 10,000원)

해설 임명 이전의 경제적 부가가치를 구하면 다음과 같다.

투하자본 = 700억원 − 100억원 = 600억원
투하자본수익률 = (130억원 − 11억원) / 600억원 = 19.83%
경제적 부가가치 = 600억원 × (0.1983 − 0.1) = 59억원

임명 이후의 경제적 부가가치를 구하면 다음과 같다.

투하자본 = 800억원 − 150억원 = 650억원
투하자본수익률 = (200억원 − 20억원) / 650억원 = 27.69%
경제적 부가가치 = 650억원 × (0.2769 − 0.08) = 128억원

따라서

사채의 가치 = (128억원 − 59억원) × 0.15 = 10.35억원
사채의 수 = 10.35억원 / 10,000원 = 103,500개

(2) 금곡기업이 현재 현금 보유량이 많고, 미래에 현금유출을 원치 않아 홍길동에게 발행하게 될 사채를 즉시 현금으로 지급할 경우 홍길동은 얼마를 받게 되는가? 단, 사채의 액면가는 10,000원, 액면이자율은 연 10%, 할인율은 연 15%이다. 그리고 10년 후 전부 상환하는 조건으로 한다.

해설 사채의 액면가는 10,000원이고 액면이자율이 연 10%이며 수익률은 연 15%이므로, 사채 1개당 현재가치를 계산해보면 다음과 같다(제2장 식(3) 참조).

$$P_0 = \frac{C}{y} + \frac{F - \frac{C}{y}}{(1+y)^n} = \frac{1{,}000\text{원}}{0.15} + \frac{10{,}000\text{원} - \frac{1{,}000\text{원}}{0.15}}{(1+0.15)^{10}} = 7{,}491\text{원}$$

그러므로 홍길동은 10년간 채권의 이자를 받고 원금을 받는 대신 현재 바로 현금으로 지급받는다면 그 금액은 7,491원 × 103,500개 = 775,318,500원이 될 것이다.

14* 다음의 자료를 사용하여 예산기업의 (1) 투하자본, (2) EVA, (3) MVA, (4) 이론주가를 평가하라(비영업자산의 시장가치는 장부가치와 동일함).

재 무 상 태 표

예산기업 (금년도 말) (단위 : 억원)

자산		부채와 자본	
현금	25	매입채무	30
재고자산	35	단기차입금	50
매출채권	20	장기차입금	120
투자자산	40	자본금	120
기계	240	잉여금	180
비품	30		
건설중인자산	60		
특허권	50		
자산 총계	500	부채와 자본 총계	500

기 타 재 무 자 료

예산기업 (내년도)

매출액	680억원
영업이익	68억원
WACC	10%
기업성장률(영구적)	3%
조정된법인세	18억원
발행주식수	600만주

(1) 투하자본을 측정하면 다음과 같다.

해설 EVA를 추정하기 위해 총자산을 영업자산과 비영업자산으로 나누고 부채와 자본을 비이자발생부채, 이자발생부채 그리고 자기자본으로 구별해 보면 다음 표와 같다.

재무상태표

예산기업 (단위 : 억원)

자산		부채와 자본	
영업자산	400	비이자발생부채	30**
비영업자산	100*	이자발생부채	170
		자기자본	300
자산 총계	500	부채와 자본 총계	500

* 비영업자산(100) = 투자자산(40) + 건설중인자산(60)

** 비이자발생부채(30) = 매입채무(30)

위의 표에서 볼 수 있듯이 예산기업의 투하자본은 370억원이다.

투하자본 = 영업자산 − 비이자발생부채

= 400억원 − 30억원

= 370억원

(2) EVA를 측정하면 다음과 같다.

해설 예산기업의 재무자료로부터 EVA를 추정하면 9.28억원이 된다.

$$EVA = (\text{영업이익} - \text{조정된 법인세}) - \text{투하자본} \times WACC$$
$$= (68\text{억원} - 18\text{억원}) - 370\text{억원} \times 0.1$$
$$= 12.95\text{억원}$$

또는,

$$EVA = \text{투하자본} \times (ROIC^* - WACC)$$
$$= 370\text{억원} \times (0.135 - 0.1)$$
$$= 12.95\text{억원}$$

$$ROIC^* = \frac{\text{세후영업이익}}{\text{투하자본}}$$
$$= \frac{68\text{억원} - 18\text{억원}}{370\text{억원}}$$
$$= 0.135$$

(3) MVA를 측정하면 다음과 같다.

해설 신촌기업의 내년도 EVA 12.95억원과 $WACC$ 10% 및 성장률 연 3%를 사용하여 기업의 시장부가가치(MVA)를 구해 보도록 하자.

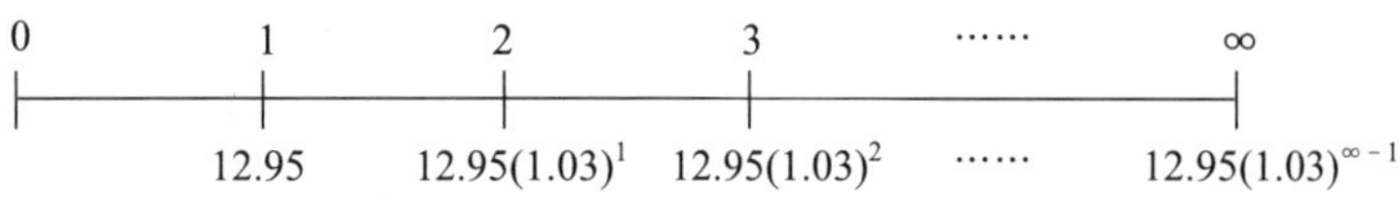

예산기업의 MVA는 위 그림의 매년 EVA흐름을 $WACC$로 할인하여 구할 수 있다.

$$MVA = \frac{12.95\text{억원}}{(1+0.1)^1} + \frac{12.95\text{억원}(1+0.03)^1}{(1+0.1)^2} + \frac{12.95\text{억원}(1+0.03)^2}{(1+0.1)^3}$$
$$+ \cdots + \frac{12.95\text{억원}(1+0.03)^{\infty-1}}{(1+0.1)^{\infty}}$$
$$= \frac{12.95\text{억원}}{0.1 - 0.03}$$
$$= 185\text{억원}$$

(4) 이론주가를 추정하면 다음과 같다.

해설 EVA를 기초로 한 예산기업의 이론주가는 다음과 같이 8,083원이 된다.

$$\text{자기자본이론시장가치} = \text{자기자본장부가치} + MVA$$
$$= 300\text{억원} + 185\text{억원} = 485\text{억원}$$

$$\text{이론주가} = 485\text{억원} \div 600\text{만주} = 8{,}083\text{원}$$

The Practice of Financial Management

PART 4

The Practice of Financial Management

자본구조와 배당정책

CHAPTER 09 자본구조

자산이 제공하는 현금흐름이 주주와 채권자간에 어떻게 배분되는가와 그 배분 현금흐름의 위험의 정도는 주주와 채권자간의 자본제공 비율에 따라 다르다. 타인자본과 자기자본간의 자본조달비율을 자본구조라고 한다. 우리나라 기업들의 평균적인 부채비율은 외환위기 직전에 300% 수준까지 이르는 등 전통적으로 매우 높았다. 그러나 외환위기 이후 정부의 부채사용 억제 정책과 기업의 적극적인 재무구조 조정정책에 힘입어 부채비율은 급격히 하락하고 있다. 그 결과 최근 제조업의 평균 부채비율은 110%로 미국과 일본보다 낮은 수준이다.

기업은 기업가치를 극대화시킬 수 있는 자본구조를 선택해야 한다. 본장에서는 MM의 자본구조이론을 중심으로 완전시장에서의 최적자본구조를 살펴본 후에 추가적으로 법인세와 파산비용을 고려하는 경우의 최적자본구조를 살펴보기로 한다.

9.1 MM의 자본구조이론(법인세 무시)

(1) MM 이론의 기본명제

MM(Miller & Modigliani)은 기업의 영업이익을 자본구조와 무관한 시장자본환원율(가중평균자본비용)로 환원하여 기업가치가 결정된다고 주장함으로써, 자본구조가 기업가치에 영향을 미친다는 전통적 자본구조이론을 부정하였다. MM은 다음과 같은 두 가지 명제(proposition)를 제시하였다.

제 1 명제 : 기업가치와 가중평균자본비용은 자본구조와 무관하다.

제 2 명제 : 기업의 레버리지가 증가함에 따라 자기자본비용은 상승하며, 이는 타인자본을 사용하는데서 오는 자본비용의 저렴이점을 완전히 상쇄한다.

(2) 차입이 미치는 영향(법인세 무시)

홍익기업은 현재 자기자본만을 사용하고 있으며 모든 영업이익(*EBIT*)을 주주에게 배당으로 지급한다. 주가는 5,000원, 발행주식수는 100만주이므로 자기자본의 시장가치(시가총액)는 50억원이다. 불황, 보통, 호황 등 세 가지 경기상황이 가능하며 각 상황에서의 영업이익은 각각 4억, 6억, 8억원이다. *EPS*는 순이익(여기서는 영업이익과 동일)을 발행주식수로 나누고, *ROE*는 순이익을 자기자본의 시장가치로 나누어 구한다. 자기자본만 사용하는 경우의 주당순이익(*EPS*)과 자기자본순이익률(*ROE*)이 [표 1]에 계산되어 있다.

[표 1] 자기자본만 사용하는 경우의 EPS와 ROE

구 분	경 기 상 황		
	불 황	보 통	호 황
EBIT	4억원	6억원	8억원
EPS	400원	600원	800원
ROE	8%	12%	16%

【참고】 *EPS* = *EBIT* / 1,000,000주; *ROE* = *EBIT* / 50억원.

이번에는 홍익기업이 부채 50%, 자기자본 50%로 자본구조를 전환하고자 한다고 하자. 이를 위해 25억원을 10%의 이자율로 차입하여 자사주 50만주를 매입한다. 자사주매입 후 주가는 5,000원으로 변함이 없다고 가정하고 [표 2]에서처럼 각 상황에서의 *EPS*와 *ROE*를 계산한다.

[표 2] 타인자본을 사용하는 경우의 EPS와 ROE

구 분	경 기 상 황		
	불 황	보 통	호 황
EBIT	4.0억원	6.0억원	8.0억원
-이 자	2.5억원	2.5억원	2.5억원
순이익(*NI*)	1.5억원	3.5억원	5.5억원
EPS	300원	700원	1,100원
ROE	6%	14%	22%

[참고] *EPS* = *NI* / 500,000 주; *ROE* = *NI* / 25억원.

새로운 자본구조 하에서 EPS의 변동폭 800원(= 1,100 − 300)은 자기자본만 사용하는 경우의 EPS의 변동폭인 400원(= 800 − 400)보다 크다. ROE의 경우에도 타인자본을 사용하는 경우의 변동폭이 자기자본만을 사용하는 경우의 변동폭보다 크게 된다.

이상의 예시를 통하여 우리는 차입이 주주의 수익률과 위험에 미치는 영향을 다음과 같이 정리할 수 있다.

① 레버리지효과가 유리한지는 $EBIT$에 의해 결정된다. $EBIT$가 상대적으로 높으면 재무레버리지가 유리하다.

② 차입은 영업이익에 영향을 미치지 않고 또한 영업위험(operating risk) 또는 경영위험(business risk)에도 영향을 미치지 않는다. 그러나 자본구조의 변경으로 자기자본이 50억원에서 25억원으로 감소하면 영업이익의 변화가 주당순이익에 미치는 영향은 커진다. 즉, 차입은 순이익의 변동성을 증가시키는데, 그 이유는 절반으로 줄어든 자기자본으로 동일 수준의 영업위험을 부담해야 하므로 주당위험은 2배가 된다.

③ 재무레버리지가 주주의 기대수익률과 위험에 모두 영향을 미치므로 자본구조는 매우 중요한 의사결정이다.

사례분석

탐라기업은 현재 200만주를 발행하여 200억원(시장가치)의 자기자본만을 사용하고 있으며(자기자본 = 총자본), 매년 15억원의 순이익(= 영업이익)을 얻고 있다. 연 5%의 이자율로 차입하여 자사주를 매입하려고 한다. 예정하는 차입금액은 75억원 또는 50억원이다.(법인세 무시).

① 현재의 EPS와 ROE를 구하라.

② 75억원을 차입하여 자사주 매입 시 EPS와 ROE를 구하라.

③ 50억원을 차입하여 자사주 매입 시 EPS와 ROE를 구하라.

④ 이 경우 차입경영은 EPS와 ROE에 어떤 영향을 주는가?

해 설

① 자기자본 시장가치가 200억원이고 발행주식수가 200만주이므로 주가는 10,000원이다.

현재 EPS와 ROE :

$$EPS = \frac{\text{순이익}}{\text{발행주식수}} = \frac{15\text{억원}}{200\text{만주}} = 750\text{원}$$

$$ROE = \frac{\text{순이익}}{\text{자기자본}} = \frac{15\text{억원}}{200\text{억원}} = 7.5\%$$

② 75억원을 차입해서 자사주 750,000주($= \frac{75\text{억원}}{10,000\text{원}}$)를 매입하면 주식수가 125만주가 되고 자기자본의 시장가치는 125억원이 된다. 그리고 이자는 3.75억원(= 75억원 × 5%)을 지급해서 순이익은 11.25억원이 된다.

$$EPS = \frac{\text{순이익}}{\text{발행주식수}} = \frac{11.25\text{억원}}{125\text{만주}} = 900\text{원}$$

$$ROE = \frac{\text{순이익}}{\text{자기자본}} = \frac{11.25\text{억원}}{125\text{억원}} = 9\%$$

③ 50억원을 차입해서 자사주 500,000주($= \frac{50\text{억원}}{10,000\text{원}}$)를 매입하면 자사주가 150만주가 되고 자기자본의 시장가치는 150억원이 된다. 그리고 이자는 2.5억원(= 50억원 × 5%)을 지급해서 순이익은 12.5억원이 된다.

$$EPS = \frac{\text{순이익}}{\text{발행주식수}} = \frac{12.5\text{억원}}{150\text{만주}} = 833\text{원}$$

$$ROE = \frac{\text{순이익}}{\text{자기자본}} = \frac{12.5\text{억원}}{150\text{억원}} = 8.33\%$$

④ 총자본영업이익률 > 이자율이면 차입경영은 EPS와 ROE에 양(+)의 영향을 준다.

---

(3) MM의 제1명제

1958년 밀러(Merton Miller)와 모디글리아니(Franco Modigliani)는 완전자본시장 가정 하에서 기업가치와 자본구조가 무관하다는 "자본구조 무관련(capital structure irrelevancy)" 이론을 발표하였다.

MM의 제1명제(MM Proposition I)는 간단히 표현하면 기업가치는 자본구조와 무관하다는 것이다. 즉, 기업의 시장가치는 기업의 영업현금흐름과 영업현금흐름의 위험을 반영한 할인율에 의하여 결정되는데, 두 변수가 모두 자본구조의 영향을 받지 않는다는 것이다. 따라서 기업가치가 영업현금흐름의 귀속여부(또는 분배결과)를 결정하는 자금조달방법(자기자본 또는 타인자본)과 무관하다는 것이다. 이 관계를 묘사하면 [그림 1]과 같다.

[그림 1] MM의 제1명제(완전자본시장 가정) : 자본구조와 기업가치

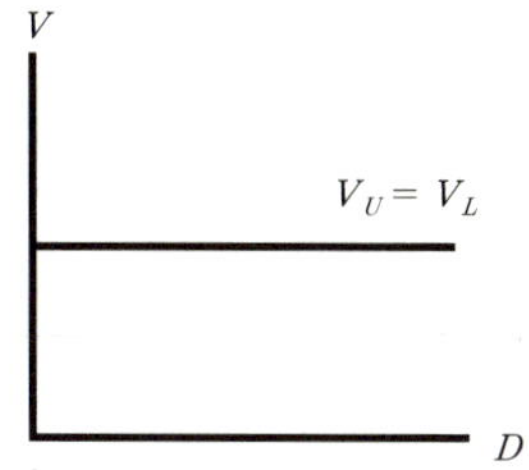

V : 기업가치, V_U : 무차입기업의 가치, V_L : 차입기업의 가치, D : 부채가치

MM은 자가(自家)레버리지(homemade leverage) 개념을 이용하여 자본구조 무관련 이론을 전개하였다. 즉, 개인이 만든 재무레버리지가 기업이 만든 재무레버리지의 완벽한 대체재(perfect substitute)가 된다면 당연히 기업이 만든 재무레버리지가 특별한 가치를 가질 수 없다. 이 개념이 자가레버리지 개념이다. 개인이 차입(borrowing)하여 기업의 재무레버리지 효과를 복제할 수 있다면 반대로 개인적으로 대여(lending)함으로써 재무레버리지 효과를 제거 또는 감소시키는 것도 가능하다.

참 고 자가레버리지(homemade leverage) (No Tax 가정)

Levered 기업	
V_L	D
	E_L

UnLevered 기업	
V_U	E_U

만일, $EBIT$(영업이익)는 동일한데 $V_L > V_U$이면, 자가레버리지 현상이 발생한다(자가레버리지란 개인 스스로 차입 의미).

① Levered 기업 주식 α%를 매입한 후 CF

$\alpha(EBIT - r_D \times D)$

② Levered 기업 주식 α%를 매각하여 얻는 $\alpha \cdot E_L$과 개인적으로 $\alpha \cdot D$를 차입하여(자가레버리지) 총투자금 $\alpha \cdot E_L + \alpha \cdot D = \alpha(E_L + D)$를 마련한다. 이렇듯 Levered 기업의 주주가 자신의 지분율에 해당하는 부채를 개인적으로 차입하는 것을 자가레버리지라 한다.

총투자금 $\alpha(E_L + D)$로 UnLevered 기업 주식을 매입한 후 CF

$$\frac{\alpha(E_L+D)}{E_U}EBIT - r_D \times \alpha \cdot D$$

$$= \frac{\alpha V_L}{V_U}EBIT - r_D \times \alpha \cdot D$$

$$= \alpha[\frac{V_L}{V_U}EBIT - r_D \times D] > \text{①의 CF} = \alpha(EBIT - r_D \times D)$$

$(\because V_L > V_U)$

①의 CF < ②의 CF이므로 자가레버리지를 통한 차익거래가 지속된다.

즉, Levered 기업 주식을 매도하고, 거기에 자가차입(자가레버리지)한 금액을 더하여 UnLevered 기업 주식을 매입하는 차익거래가 지속된다. 차익거래가 지속되면 Levered 기업 주가는 하락하고 UnLevered 기업 주가는 상승한다. 다시 말해서, Levered 기업가치는 하락하고 UnLevered 기업가치는 상승하여, 결국 다음과 같이 두 기업의 기업가치는 동일하게 된다.

차익거래 지속 ⇒ $V_L \downarrow \ V_U \uparrow \Rightarrow V_L = V_U$

(4) MM의 제2명제

앞의 [표 1]과 [표 2]를 통해서 홍익기업이 부채비율 100%의 자본구조로 자본을 재구성함으로써 홍익기업의 주주들은 동일 수준의 영업위험을 절반 수준의 자기자본으로 부담하게 되어 주당 위험이 2배가 된다고 설명하였다.

자산에 대해 요구되는 수익률(r_A)은 다음과 같이 원천별 자본비용의 가중평균이므로,

$$r_A = w_D \cdot r_D + w_E \cdot r_E \qquad (1)$$

여기서 $w_D = \frac{D}{D+E}$, $w_E = \frac{E}{D+E}$이다. 이 식을 자기자본비용(r_E)에 대하여 전개하면,

$$r_E = r_A + \frac{D}{E}(r_A - r_D) \qquad (2)$$

식 (2)에서 부채비율 $\frac{D}{E}$ = 0%이면, r_E는 r_A가 되고, 이는 부채사용이 없을 때의 요구수익률인 r_U가 된다. 즉, $\frac{D}{E}$ = 0%이면, $r_E = r_A = r_U$이다. 법인세가 없다면 r_A

는 항상 일정하므로 식 (2)에서 r_A를 r_U로 대체하여 다음과 같이 식 (2′)가 성립한다.

$$r_E = r_U + \frac{D}{E}(r_U - r_D) \quad (2')$$

이 식에 의하면, 부채비율이 증가함에 따라 자기자본비용은 증가한다. 차입으로 인해 주주가 부담하는 위험이 증가하므로 당연히 주주는 높은 수익률을 요구하게 된다. 이를 MM의 제2명제(MM Proposition Ⅱ)라고 한다. 이를 묘사하면 [그림 2]와 같다. 부채비율이 증가함에 따라 자기자본비용은 증가하지만 가중평균자본비용 r_A는 앞에서 설명했듯이 변하지 않는다.

MM의 제2명제를 나타내는 식에서 자기자본비용은 두 부분으로 구성된다. 첫 번째 부분은 r_A로 무위험이자율과 영업위험(operation risk)을 반영하여 요구하는 수익률이다. 두 번째 부분 $\frac{D}{E}(r_U - r_D)$는 차입으로 인해 추가적으로 부담하는 재무위험(financial risk)에 대하여 요구하는 수익률이다. $r_U > r_D$이므로 부채비율이 증가함에 따라 자기자본비용은 증가하게 된다.

[그림 2] MM의 제2명제(완전자본시장 가정) : 자본구조와 자기자본비용

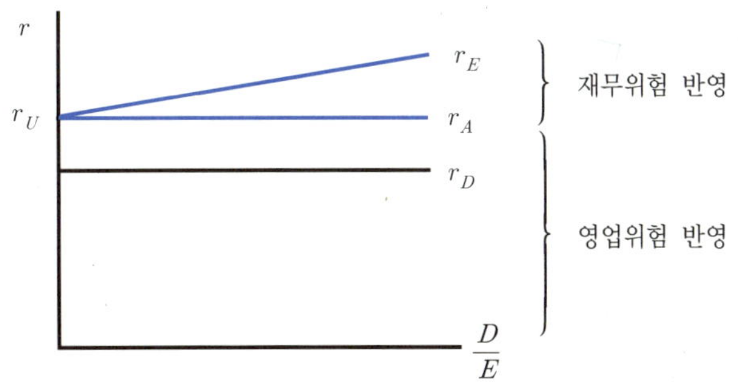

완전자본시장 가정 하에서 MM의 자본구조이론에 의하면, 자금조달방법은 영업현금흐름과 자본비용에 영향을 미치지 않으므로 기업가치에도 영향을 미치지 않는다. 기업가치는 투자내용에 의해 결정되며 자금조달방법과는 무관하다. 따라서 최적자본구조는 존재하지 않는다. 다른 말로 표현하면, 모든 자본구조가 최적자본구조이다.

9.2 MM의 수정자본구조이론(법인세 고려)

(1) MM의 제1명제(법인세 고려)

MM은 1963년 세금이 존재하는 경우의 수정자본구조이론을 발표하였는데 본 절에서는 수정자본구조이론에서의 최적자본구조를 설명하기로 한다. 부채사용에 따른 절세금액의 현가는 다음과 같이 $D \times t$로 계산된다.

$$\frac{(D \times r_D) \times t}{r_D} = D \times t \tag{3}$$

차입기업의 가치(V_L)는 무차입기업의 가치(V_U)에 절세금액의 현가를 가산하여 구한다.

$$\text{차입기업의 가치} = \text{무차입기업의 가치} + \text{절세금액의 현가}$$
$$V_L = V_U + D \times t \tag{4}$$

여기서 부채의 절세효과를 반영한다는 것은 부채사용에 따른 장점만을 고려한다는 것이다. 부채사용에는 장점과 단점이 모두 수반되는데 장점만을 반영하게 되면 부채사용이 많을수록 혜택이 늘어나 기업가치가 증가하게 된다. 이 상황이 [그림 3]에 그려져 있다.

[그림 3] MM의 제1명제(법인세 고려) : 기업가치와 자본구조

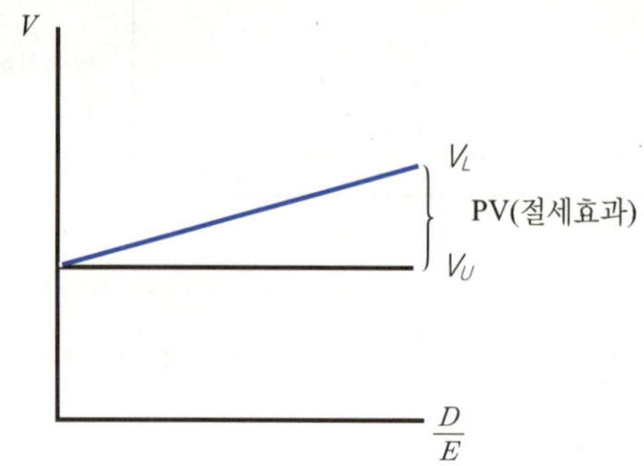

기업가치는 부채금액이 늘어남에 따라 선형으로 증가한다. 따라서 기업은 100% 부채(또는 현실적으로 절세효과를 최대한 누릴 수 있을 만큼의 부채)를 사용하여 기업가치를 극대화시킬 수 있다.

(2) MM의 제2명제(법인세 고려)

부채사용이 총현금흐름을 증가시키는 효과가 있다면 자본비용에 미치는 영향은 무엇인가? 완전자본시장 가정 하에서 자본비용은 자본구조의 영향을 받지 않았다. 그러나 절세효과를 반영하면 자본비용(WACC)은 다음과 같다.

$$WACC = r_A = w_D \cdot r_D \cdot (1-t) + w_E \cdot r_E \tag{5}$$

여기서, $w_D = \frac{D}{D+E}$, $w_E = \frac{E}{D+E}$이다. $(1-t)$가 없는 경우(즉, 법인세가 없는 경우)에 r_A가 부채비율에 관계없이 일정하였으므로, 부채의 자본비용이 $(1-t)$로 인해 감소한 상황에서 부채사용이 증가하면 r_A는 계속 감소하게 된다. 이를 묘사하면 [그림 4]와 같다. 부채사용이 늘어남에 따라 r_A가 계속 감소하는 것은 기업가치가 계속 증가하는 것과 일관성 있는 개념이다.

[그림 4] MM의 제2명제(법인세 고려) : 자본구조와 자본비용

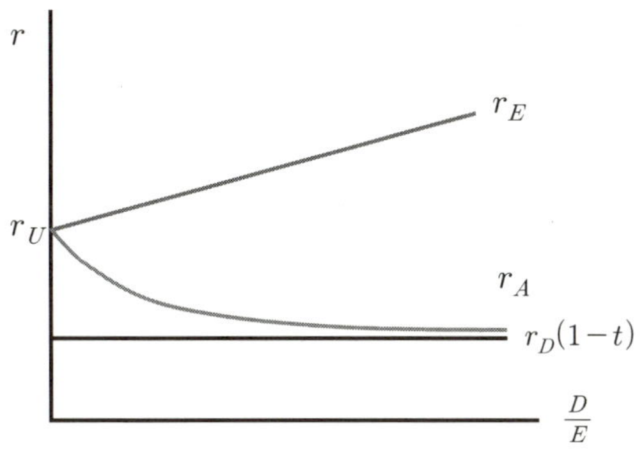

식 (5)로부터 법인세를 고려하여 이자비용의 절세효과를 고려하면 차입기업의 자기자본비용이 다음과 같이 도출된다(증명은 본장 부록 참조). 식 (6)에 따르면 자기자본비용은 부채사용이 증가함에 따라 함께 증가한다.

$$r_E = r_U + \frac{D}{E}(r_U - r_D)(1-t) \tag{6}$$

식 (6)이 법인세를 고려하지 않는 경우를 설명하는 앞의 식 (2′)와 다른점은 자기자본비용이 세금효과인 $(1 - t)$로 인해 천천히 증가한다는 점이다. 여기서 r_U는 부채를 사용하지 않는 무차입기업의 자본비용(즉, 무차입기업의 자기자본비용)이다.

사례분석

한도기업의 부채비율은 현재 200%이다. 이 기업의 *WACC*는 12%이고 이자율은 11%이다. 그리고 법인세율은 35%이다.

① 한도기업의 현재 자기자본비용은 얼마인가?

② 한도기업이 부채를 사용하지 않는다면 자기자본비용은 얼마인가?

③ 한도기업이 부채비율을 100%로 낮추면 자기자본비용은 어떻게 변하는가? 또한 *WACC*는 얼마인가?

④ ①, ②, ③의 상황을 그림으로 묘사하라.

해 설

① *WACC*가 12%이므로 식 (5)로부터 자기자본비용은 21.7%로 계산된다.

$$0.12 = \frac{2}{3} \times 0.11 \times (1 - 0.35) + \frac{1}{3} r_E$$

$$\therefore \ r_E = 21.7\%$$

② 식 (6)을 이용하면 r_U가 15.65%로 계산된다.

$$r_E = r_U + 2 \times (r_U - 0.11) \times (1 - 0.35) = 0.217$$

③ 식 (6)과 식 (5)로부터 부채비율이 100%인 경우의 자기자본비용과 *WACC*가 계산된다.

$$r_E = 0.1565 + 1 \times (0.1565 - 0.11) \times (1 - 0.35) = 0.1867$$

$$WACC = 0.5 \times 0.11 \times (1 - 0.35) + 0.5 \times 0.1867 = 0.1291$$

④ 이 예시의 상황을 묘사하면 [그림 5]와 같다.

[그림 5] 자기자본비용과 WACC

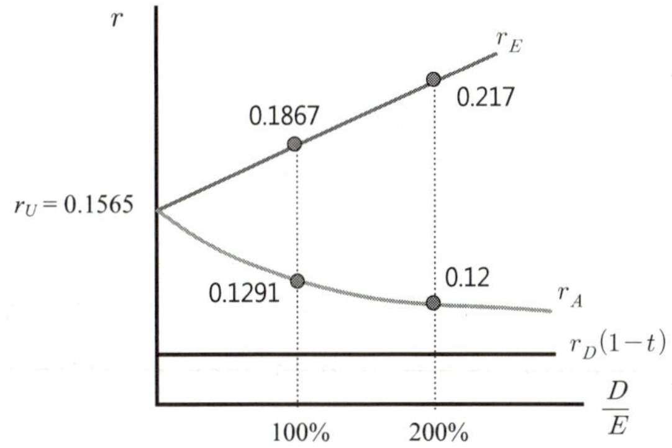

9.3 차입기업의 가치 계산

차입기업의 가치를 구하는 방법은 다음과 같이 3가지로 나누어 볼 수 있는데, 그 결과는 모두 동일하다.

첫 번째 방법은 절세금액(interest tax shield)의 현가를 이용하는 방법이다. 차입기업의 가치는 무차입기업의 가치에 절세금액의 현가를 가산한 금액이다.

$$V_L = V_U + D \times t = \frac{EBIT(1-t)}{r_U} + D \times t \tag{7}$$

두 번째 방법은 부채가치와 자기자본가치를 따로 계산한 후 합산하는 방법이다. 여기서 부채가치는 채권자에게 귀속되는 현금흐름을 타인자본비용으로 할인하여 구한다. 그리고 자기자본가치는 주주에게 귀속되는 현금흐름을 자기자본비용으로 할인하여 구한다.

$$V_L = \text{부채가치} + \text{자기자본가치} = \frac{D \cdot r_D}{r_D} + \frac{(EBIT - I)(1-t)}{r_E} \tag{8}$$

여기서 I는 연간 이자금액이다.

세 번째 방법은 채권자와 주주에게 귀속되는 현금흐름(unlevered cash flow)을 $WACC$로 할인하는 방법이다.

$$V_L = \frac{EBIT(1-t)}{WACC} \tag{9}$$

차입기업의 가치를 구하는데 세후영업이익($EBIT(1-t)$)을 $WACC$로 할인하는 이유는 세후영업이익이 채권자와 주주에게 지급되어야 할 현금흐름이고, $WACC$는 절세효과가 반영된 타인자본비용과 자기자본비용의 평균치이기 때문이다.

9.4 정태이론

부채를 사용하게 되면 절세효과와 같은 긍정적인 면도 존재하지만 파산의 가능성이 증가하는 것과 같은 부정적인 면도 존재한다. 따라서 균형 잡힌 자본구조이론을 도출하기 위하여 부채의 단점인 파산비용(bankruptcy costs) 또는 재무적 곤경비용(financial distress costs)까지 함께 고려하는 것이 보다 바람직하다.

파산비용은 기업가치를 감소시키므로 다음과 같은 관계가 성립한다.

차입기업의 가치
= ⓐ무차입기업의 가치 + ⓑ절세금액의 현가 − ⓒ기대파산비용의 현가 (10)

[그림 6] 법인세와 파산비용을 함께 고려하는 경우의 기업가치와 자본구조

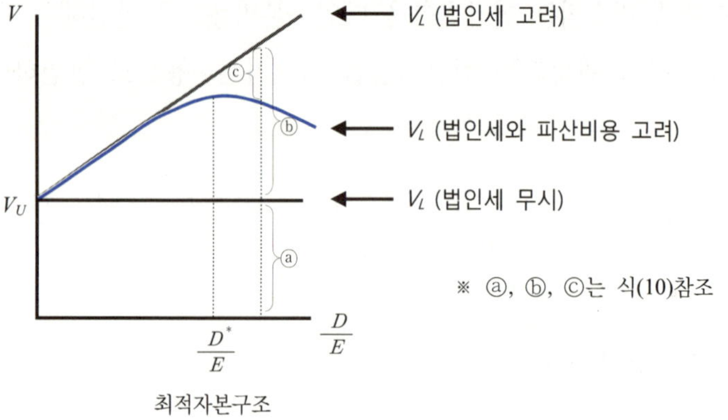

기대파산비용의 현가는 파산확률과 파산 시 발생하는 비용에 의해 결정된다. [그림 6]에서 보듯이, 부채사용이 작은 경우 이로 인한 파산확률도 작으므로 부채사용의 장점이 단점을 지배하게 되어 부채를 사용함에 따라 기업가치는 증가한다. 그러나 부채사용이 어느 수준을 넘어서면 부채의 단점이 장점보다 크게 되어(즉, 기대파산비용 현가의 증가가 절세금액 현가의 증가보다 크게 되어) 기업가치는 하락하게 된다. 최적자본구조는 기업의 가치를 극대화하는 또는 자본비용을 최소화하는 부채비율인 $\frac{D}{E}^{*}$ 에서 결정된다.

9.5 부채의 대리인비용

부채의 대리인비용(agency cost of debt)은 주주와 채권자간의 이해충돌로 인해 발생하는 기업가치의 하락을 의미한다. 기업의 파산확률이 매우 낮은 상황에서 주주와 채권자간의 이해상충은 크게 문제되지 않는다. 따라서 기업가치의 극대화는 대부분의 경우 자기자본가치의 극대화로 연결된다. 그러나 사용하는 부채금액이 커서 파산확률이 무시할 수 없는 수준이면, 기업가치의 극대화가 자기자본가치의 극대화로 연결되지 않을 수도 있다. 여기서는 부채의 대리인비용으로 인식되는 두 가지 경우, 즉 자산대체 문제와 과소투자 문제를 예시를 들어 설명하기로 한다.

(1) 자산대체 문제

자산대체 문제(asset substitution problem)는 경영자 또는 주주가 기업의 가치를 극대화시키는 안전투자 대신에 자기자본의 가치만을 극대화시키는 위험투자를 채택함으로써 발생하는 문제이다. 이는 위험투자 선호문제라고 부르기도 한다. 기업이 자기자본만을 사용하는 경우 투자안의 결과가 100% 주주에게 귀속된다. 그러나 부채를 많이 사용하는 경우, 투자안으로부터의 이익이 부채의 원리금 상환에 대부분 사용되고 주주에게 귀속되는 부분이 그리 크지 않을 것이다. 이 때 유한책임을 지는 주주들은 실패하는 경우는 고려하지 않고 성공하는 경우만 고려하여 극단적으로 큰 이익을 제공할 수 있는 위험투자를 선호하게 된다. 이로 부터 채권자의 부가 감소하고 주주의 부가 오히려 증가하는데 이를 채권자로부터 주주로의 부의 이동(wealth transfer from bondholders to shareholders)이라고 한다.

(2) 과소투자 문제

파산의 확률이 대단히 높은 경우 투자안이 성공하더라도 혜택이 채권자에게만 돌아가는 경우가 발생할 수 있다. 이 경우 주주들은 좋은 투자안이 있더라도 이를 포기하게 되는데 이런 문제를 과소투자 문제(underinvestment problem)라고 한다. 이렇게 되는 이유는 주주가 모든 자금을 제공하지만 혜택은 주주와 채권자가 공유하기 때문이다.

무차입기업은 순현가가 양(+)인 투자안을 시행하지만 차입기업은 순현가가 양(+)인 투자안을 기각할 수도 있고 또는 순현가가 음(−)인 투자안을 시행할 수도 있다. 이처럼 기업이 부채를 사용하게 되면 주주와 채권자간의 갈등은 주주로 하여금 이기적인 전략을 시행하도록 만들며 또한 기업의 파산확률이 커짐에 따라 부채의 대리인비용은 기업의 투자결정을 심각하게 왜곡시키게 된다.

9.6 자본구조 결정 시 고려사항

경영자들이 실무적으로 자본구조를 결정할 때에는 절세효과와 파산비용에 영향을 미치는 다음과 같은 여러 요인들을 함께 고려해야 한다.

(1) 세 금

절세효과는 세금을 납부할 수 있는 위치에 있는 기업에만 적용되는 혜택이다. 즉, 손실이 많이 누적된 기업에게는 절세효과는 아무 의미가 없다. 또한 이자비용만이 절세효과를 제공하는 것은 아니다. 감가상각비와 같은 다른 비용도 절세효과를 제공한다. 마지막으로 세율이 증가하면 절세효과도 증가하므로 기업은 더 많이 차입하려는 유인을 갖는다.

(2) 재무적 곤경

재무적 곤경에 처할 확률이 높은 기업은 확률이 낮은 기업에 비하여 덜 차입해야 한다. 예를 들어, 매출액의 변동성이 큰 산업에 속한 기업이나 또는 영업레버리지가 높은 기업은 상대적으로 영업이익의 변동성이 크므로 재무적 곤경에 처할 확률이 높게 된다.

재무적 곤경비용은 자산유형에 의해 영향을 많이 받는다. 유형자산이 많은 기업은 무형자산이 많은 기업에 비하여 상대적으로 재무적 곤경비용이 적으므로 더 많이 차입할 수 있다.

9.7 자본조달순위이론

정태이론은 부채의 한계혜택과 한계비용이 일치할 때까지 차입한다고 가정함으로써 최적자본구조가 존재한다고 주장한다. 또한 부채의 혜택과 비용이 기업과 산업에 따라 차이가 나므로 기업별 그리고 산업별로 부채구조가 상이해야 한다고 예측한다. 예를 들어, 미국에서 하이테크(high-tech) 산업의 경우 대부분의 자산이 무형자산이므로 부채비율이 낮고, 전력산업의 경우 유형자산이 많으므로 부채비율이 상대적으로 높다. 이는 정태이론이 예측하는 것과 정확히 일치하는 것이다.

나아가 기대파산비용이 절세효과에 비하여 상대적으로 작기 때문에 정태이론은 높은 최적레버리지를 암시한다. 정태이론에 의하면 대단히 성공적인 기업은 이익을 많이 내므로 부채를 많이 사용하여 많은 절세효과를 누릴 수 있다. 그러나 실제로 성공적인 기업들은 거의 부채를 사용하지 않는다. 이는 정태이론이 예측하는 것과는 정반대이다.

이익을 많이 내는 기업이 낮은 부채비율을 유지한다는 현실을 설명할 수 있는 이론이 자본조달순위이론(pecking order theory)이다. 이 이론은 경영자와 자본시장간의 정보비대칭(information asymmetry)으로 인해 발생하는 비용이 적은 순서대로 자금을 조달한다는 것이다. 자본조달순위이론에 의하면, 1차적으로 사내유보된 자금을 사용하고, 부족한 경우에는 회사채를 발행하고, 그리고도 외부자본이 필요하다면 최종적으로 신주를 발행한다는 것이다.

자본조달순위이론은 자본조달의 순서를 나열한 것이므로 이 이론은 최적자본구조에 대한 어떤 예측도 하지 않는다. 단지, 수익성이 좋은 기업은 풍부한 내부자금을 갖고 있으므로 부채를 적게 사용한다는 것이다. 또한 이 이론은 기업이 충분한 잉여현금(financial slack)을 보유하여 외부자금 조달 시에 수반되는 비용을 피해야 한다고 강조한다.

9.8 유·무상증자

(1) 유상증자

유상증자(有償增資)(seasoned equity offering)란 신주를 발행하고 현금을 납입 받음으로써 회사의 납입자본금을 증가시키는 것을 말한다. 유상증자는 신주인수권 배정방법에 따라 주주배정방식, 주주우선 공모방식, 일반공모방식, 제3자 배정방식 등으로 구분된다.

주주배정방식은 주주와 우리사주조합에게 신주를 배정하고 실권주(失權株)가 발생하면 이사회의 결의에 따라 그 처리방침을 결정하는 것을 말한다. 주주우선 공모방식은 주주배정방식과 거의 동일한 방식이나, 다른 점은 실권주가 발생하는 경우에 일반투자자를 대상으로 청약을 받고 만일 여기서도 청약이 미달되면 이사회의 결의에 따라 그 처리방침을 결정한다는 점이다.

일반공모방식은 주주에게 신주인수권을 주지 않고 일반투자자를 대상으로 청약을 받는 것을 말하며, 제3자 배정방식은 주주 대신 관계회사나 채권은행 등 특정의 제3자에게 신주인수권을 주는 방식이다.

유상증자를 실시할 때 신주의 발행가격이 시장가격보다 낮게 책정되더라도 주주가 증자에 참여하면 주주의 부는 변하지 않는다. 유상증자에 참여하면 신주를 받을 수 있는 권리인 신주인수권을 부여받는다. 그리고 신주배정기준일이 지나면 신주인수권이 소멸되는데, 권리 소멸 후 주식 가격을 권리락 가격(ex-right price)이라고 한다.

권리부 주가와 권리락 주가간에는 다음 식이 성립한다.

$$\text{권리부 주가} + \text{신주발행가격} \times \text{증자비율} = \text{권리락 주가} \times (1 + \text{증자비율}) \qquad (11)$$

그리고 신주인수권의 가치는 다음과 같이 측정된다.

$$\text{신주인수권의 가치} = \text{권리부 주가} - \text{권리락 주가} \qquad (12)$$

(2) 무상증자

무상증자(無償增資)는 이익준비금, 자본준비금 또는 자산재평가적립금 등을 자본금에 전입하면서 신주를 발행하고 이를 무상으로 기존주주에게 배정함으로써 납입자본금을 증가시키는 것을 말한다. 무상증자는 주주배정방식에 의한 유상증자와는 달리 유가증권신고서 제출과 주금납입 관련 절차를 필요로 하지 않는다.

무상증자는 자본을 실제로 조달하는 것이 아니라 자본계정간의 변동을 통해 자본금만이 증가하는 것이다. 따라서 무상증자 전·후에 기업가치는 변함이 없고 발행주식수만 늘어나게 되므로 주가는 하락한다.

무상증자 실시 전의 주가 15,000원을 권리부(權利附) 주가라 하고 무상증자 실시 후의 주가를 권리락(權利落) 주가라고 한다. 무상증자 전후의 권리부주가와 권리락주가간의 관계는 다음과 같다.

$$\text{권리부 주가} = \text{권리락 주가} \times (1 + \text{증자비율}) \tag{13}$$

투자자의 부는 무상증자 실시 전과 후에 동일하다.

9.9 전환사채의 가치*

(1) 전환사채

전환사채(convertible bond : CB)란 소유자가 일정한 기간내에 일정한 조건으로 전환사채를 발행한 회사에 대하여 그 회사의 주식으로 전환을 청구할 수 있는 사채를 말한다. 따라서 전환사채는 일반사채와 주식으로 전환할 수 있는 전환권이 결합된 일종의 혼합증권으로 볼 수 있다.

일반적으로 전환사채의 표면이자율(액면이자율)은 일반사채의 표면이자율보다 낮게 발행되고 전환가격은 현재주가보다 높게 결정된다. 만약 회사의 실적이 나빠서 주가가 상승하지 않을 경우 전환사채의 소유자들은 전환권을 행사하지 않을 것이다. 따라서 전환사채를 발행한 기업은 결과적으로 일반사채를 발행한 기업보다 낮은 이자율로 자금을 조달하게 되어 유리하다.

반면에 주가가 상승하는 경우 전환사채의 소유자들은 전환권을 행사할 것이므로, 전환사채를 발행한 기업은 현재보다 높은 금액으로 보통주를 매각하게 되어 유리하다. 다시 말해서 미래 주가에 관계없이 전환사채를 발행한 기업은 저렴한 비용으로 자금을 조달할 수 있다는 것이 전환사채 발행의 전통적 이유이다.

(2) 전환가치

사례분석

전환사채의 전환가치를 예를 들어 설명해보기로 하자. P기업은 다음과 같은 조건으로 전환사채를 발행하였다.

사채의 액면가액 : 100,000원
사채의 만기 : 5년
표면이자율 : 3개월마다 액면가의 2%
전환을 청구할 수 있는 기간 : 사채발행일로부터 2년경과 후 1일간
전환비율 : 사채 1개당 보통주 5주

현재의 시장이자율이 연 12%이며 2년 후 P기업의 보통주 시가는 20,000원이 될 것으로 예상된다. P기업이 발행한 전환사채가 2년 후 보통주로 전환될 수 있다고 할 때, 2년 후 전환권을 행사하겠는가?

해 설

전환사채의 일반사채로서의 가치와 전환가치를 추정해 보면 다음과 같다.

[일반사채로서의 가치]

사채발행 2년경과 후 시점에서의 일반사채로서의 가치는 다음과 같다.

$$\sum_{t=1}^{12} = \frac{2{,}000\text{원}}{(1+0.03)^t} + \frac{100{,}000\text{원}}{(1+0.03)^{12}}$$

$$= 2{,}000\text{원} \times 9.954 + 100{,}000\text{원} \times 0.70138$$

$$= 90{,}046\text{원}$$

* 사채이자가 3개월에 2,000원씩 지급되므로 시장이자율도 3개월간의 이자율 3%가 적용되며, 기간은 3개월 단위로 3년간, 즉 12기간이다.

[전환가치]

전환가치 = 전환비율 × 보통주 시가 = 5주 × 2만원 = 10만원

이상의 결과로부터 2년 후 시점에서의 전환가치가 일반사채로서의 가치보다 큼을 알 수 있다. 따라서 전환하는 것이 유리하다.

부 록[1)★]

$$(식\ 6)\ r_E = r_U + \frac{D}{E}(r_U - r_D)(1 - t)의\ 증명$$

법인세를 고려하는 경우 MM의 제 1명제에 의해 차입기업과 무차입기업의 가치 간에는 $V_L = V_U + D \cdot t$의 관계가 성립하므로 차입기업의 재무상태표를 다음과 같이 구성 할 수 있다.

재무상태표

무차입기업가치	V_U	부채	D
절세금액의 현가	$D \cdot t$	자기자본	E

재무상태표 차변의 자산을 이용하여 얻는 현금흐름은 다음과 같다.

$$V_U \cdot r_U + D \cdot t \cdot r_D$$

여기서 무차입기업의 수익률은 무차입기업의 자본비용(또는 자기자본비용) r_U이고 절세금액 현가의 수익률은 타인자본비용 r_D이다. 그리고 주주와 채권자에게 귀속디는 현금흐름의 합은 다음과 같다.

$$E \cdot r_E + D \cdot r_D$$

모든 현금흐름이 주주에게 배당으로 지급되는 무성장 영구연금 형태의 현금흐름을 가정하므로 차변의 자산을 이용하여 얻는 현금흐름은 주주와 채권자에게 귀속되는 현금흐름의 합과 동일해야 한다.

$$V_U \cdot r_U + D \cdot t \cdot r_D = E \cdot r_E + D \cdot r_D$$

위 식의 양변을 E로 나누고 r_E에 대하여 정리하면,

$$r_E = \frac{V_U}{E} \times r_U - (1 - t) \times \frac{D}{E} \times r_D$$

$V_U + D \cdot t = D + E$로부터 $V_U = E + D \times (1 - t)$이므로,

$$r_E = \frac{E + D \times (1 - t)}{E} \times r_U - \frac{D}{E} \times (1 - t) \times r_D$$

위 식을 다시 정리하면 우리가 원하는 식 (6)이 도출된다.

$$r_E = r_U + \frac{D}{E}(r_U - r_D) \times (1 - t)$$

이 식에서 법인세를 무시하면 완전자본시장에서의 MM의 제2명제인 식(2′)가 도출된다.

$$r_E = r_U + \frac{D}{E}(r_U - r_D)$$

1) 「재무관리」, 제2판 윤평식 · 김철중 공저, 탐진 2010, PP.362 - 363 참조.

정리문제

01 기업 U와 L은 자본구조를 제외한 다른 모든 점에서 동일하다. 기업 U는 부채가 없고, 기업 L은 50억원의 부채(이자율 10%)를 사용하고 있다. MM의 모든 가정이 충족되고, 세금이 존재하지 않으며, 두 회사의 기대영업현금흐름은 20억원이다. 그리고 기업 U의 자기자본비용은 16%이다.

(1) MM이론에 의하면 두 기업의 기업가치는 얼마인가?

(2) 기업 U와 L의 자기자본비용은 각각 얼마인가?

(3) 기업 U와 L의 가중평균자본비용은 각각 얼마인가?

02 현재 부채를 사용하지 않고 자기자본만으로 영업하고 있는 (주)새나라의 영업이익은 매년 3억원이며, 자기자본비용은 15%이다. 이 기업은 5억원의 부채를 10%의 이자율로 차입하여 자사주를 매입하려고 한다. 법인세율은 40%이다.

(1) 부채를 사용하지 않는 경우의 기업가치를 계산하라.

(2) 부채를 조달한 후의 기업가치를 절세효과를 이용하여 구하라.

(3) 부채를 조달한 후의 주주요구수익률(자기자본비용)과 가중평균자본비용을 구하라.

(4) (3)번에서 구한 가중평균자본비용을 사용하여 기업가치를 구하라. 그리고 그 결과를 (2)번의 결과와 비교하라.

03 동강기업의 부채비율은 현재 300%이고 $WACC$은 15%, 이자율은 12%, 법인세율은 40%이다.

(1) 자기자본비용은 얼마인가?

(2) 부채를 사용하지 않는다면 자기자본비용은 얼마인가?

(3) 부채비율이 200%, 100%일 때 각각의 자기자본비용과 $WACC$은 얼마인가?

(4) 부채차입이 늘어남에 따라 $WACC$은 어디에 접근하게 되는가?

(5) 부채차입이 늘어남에 따라 $WACC$이 어떻게 변하는지를 지금까지의 결과를 기초로 그림으로 나타내라.

04 성순기업의 영업이익은 영구적으로 5,000만원으로 예상된다. 부채는 6,000만원이고, 부채를 사용하지 않았을 때의 자본비용은 20%이며 법인세율은 30%, 이자율은 8%이다.

(1) 부채를 사용하지 않는 경우 기업가치를 구하라.

(2) 부채 사용 시 기업가치를 다음의 3가지 방법으로 구하라.
① 절세금액의 현가를 이용하는 방법
② 부채가치와 자기자본가치를 합산하는 방법
③ $WACC$을 이용하는 방법

05★ 부채가 없는 광흥기업과 부채가 있는 와우기업은 자본구조를 제외한 모든 점에서 동일하다. 광흥기업의 발행주식수는 5,000주이며, 주당가격은 20,000원이다. 그리고 와우기업은 이자율 12%로 부채 2,500만원을 발행하고 있다. 두 기업의 영업이익은 모두 3,500만원으로 기대된다. 법인세는 무시한다. 단, 현재 광흥기업의 주식가격은 적정하다고 가정한다.

(1) 현재 와우기업의 가치가 13,000만원이다. 와우기업 주식의 10%를 가지고 있는 투자자는 차익거래 기회가 있는가?

(2) 당신이 (1)번과 같은 행동을 하지 않기 위해서는 와우기업의 가치는 얼마이어야 하는가?

06 한라기업은 자기자본만을 사용하는 기업이다. 발행주식수 100만주에 현재 주가는 5만원이다. 한라기업은 100억원을 차입하는 전략과 200억원을 차입하는 전략을 고려 중이다. 차입된 금액은 자사주매입에 사용될 예정이며 차입이자율은 8%이다. 법인세는 무시하고 주가는 자본구조 변경 후에도 동일하다. 영업이익($EBIT$)이 40억원, 60억원, 80억원인 3가지 상황이 예측되며 각 상황의 확률은 동일하다.

(1) 두 전략의 각 상황별 EPS와 ROE를 계산하라.

(2)★ 자본조달분기점($FBEP$)을 구하고, $FBEP$의 의미를 구체적으로 설명하라.

(3) 두 전략의 기대 EPS와 ROE를 구하라.

(4) 어떤 전략을 선택하는 것이 유리한가?

07 (주)한가람철강은 영업이익($EBIT$)이 연간 700억원으로 지속될 것으로 예상하고 있다. 이 기업은 부채를 8%에 조달할 수 있다. 그러나 이 기업은 현재 부채를 사용하고 있지 않다. 그리고 자기자본비용은 15%이고 법인세율은 20%이다.

(1) 이 기업의 가치는 얼마인가?

(2) 만약 자사주 매입을 위해 500억원의 부채를 조달한다면, 이 기업의 가치는 얼마인가?

08 A기업의 영업이익은 10억원, 이 기업이 자기자본으로만 경영할 시 요구수익률은 20%, 이자율은 10%이다. 그리고 현재 차입금액은 20억원이고 법인세율은 40%이다.

(1) 절세금액의 현가를 이용하여 기업가치를 구하라.

(2) 자기자본비용을 이용하여 기업가치를 구하라.

(3) $WACC$을 이용하여 기업가치를 구하라.

09 B기업은 100만주를 발행하였고 100억원(시장가치)의 자기자본으로만 회사를 운영하고 있다(자기자본 = 총자본). B기업은 매년 10억원의 순이익(= 영업이익)을 올리고 있으며, 연 10%의 이자율로 차입하여 자사주를 매입하려고 한다. 예정하는 차입금액은 50억원 또는 25억원이다(법인세 무시).

(1) 현재의 EPS와 ROE를 구하라.

(2) 50억원을 차입하여 자사주 500,000주 매입 시 EPS와 ROE를 구하라.

(3) 25억원을 차입하여 자사주 250,000주 매입 시 EPS와 ROE를 구하라.

10 완전자본시장에서 (주)사랑의 $WACC$은 현재 14%이다. 또한 현재 부채를 8%의 이자율로 조달가능하다(법인세 무시).

(1) (주)사랑이 목표부채비율인 25%를 유지한다면 자기자본비용 r_E는 얼마인가?

(2) 부채비율이 100%로 상승하는 경우 자기자본비용 r_E와 가중평균자본비용 $WACC$은 얼마인가? 그리고 $WACC$이 어떻게 변하는지 설명하라.

11★ 무차입기업인 홍콩건설의 매년 기대영업이익은 3억원이다. 이와 같은 영업이익은 동종업계에 비하여 상당히 높은 편이다. 홍콩건설의 법인세율은 40%이다. 홍콩건설의 주식베타는 1이고, 무위험이자율은 6%이고 시장위험프리미엄은 9%이다. 경영진은 차입을 고려중에 있으며 차입금은 자사주매입에 쓰일 것이다(단, 기업의 규모는 전과 변함이 없다고 가정한다). 홍콩건설의 차입이자율은 12%이다. 홍콩건설의 재무담당 부서는 기업이 어떠한 상황이든 기대파산비용의 현가는 8억원으로 추정하였으며, 아래 표와 같이 재무레버리지가 증가함에 따라 파산 가능성 역시 높아질 것으로 예측하였다. 참고적으로, 이 기업의 창업자인 홍재무의 홍콩건설에 대한 지분율과 그의 개인 자산 목록은 아래표와 같다.

파산가능성

부채가치	파산가능성
2.5억원	0.0%
5.0억원	8.0%
7.5억원	20.5%
8.0억원	30.0%
9.0억원	45.0%
10.0억원	52.5%
12.5억원	70.0%

홍콩건설 지분현황

주 주	지분율
홍 재 무	70%
미 로 에 셋	12%
한 솥 은 행	10%
대 출 스 타	8%

홍재무 자산목록

자 산	비 율
홍콩건설 주식	80%
부 동 산	10%
현금및현금성자산	8%
기 타	2%

(1) 무차입상태에서 홍콩건설의 자기자본비용과 가중평균자본비용은 얼마인가? 그리고 그 때의 기업가치는 얼마인가?

(2) 파산비용을 고려할 때 최적자본구조는 부채수준 얼마일 때인가?

(3) (2)번에서의 최적자본구조하에서 기업가치는 얼마인가?

(4) 위와 같은 최적자본구조의 도출은 MM의 수정이론의 최적자본구조를 구하는 방법과 어떤 점이 다른가?

(5) 홍콩건설의 최대주주이자 창업자인 홍재무는 주주총회에서 위와 같은 차입경영을 하지 말고 사내 유보자금을 이용하자는 의견을 제시하였다. 이유를 설명하여라.

12 **가양기업은 부채를 전혀 사용하지 않으며 자기자본(5억원)으로만 자본을 조달하고 있다. 당해 연도말 영업이익($EBIT$)은 75,000,000원으로 예상되며, 이는 전부 배당으로 지급될 계획이다. 세금은 없다고 가정한다. 다음 물음에 답하라**

(1) 가양기업의 가중평균자본비용이 15%일 때,

① 기업가치를 구하라

② 자기자본가치를 구하라.

③ 자기자본비용을 구하라.

(2) 가양기업이 1억원의 사채(이자율 연 10%)를 발행하여 자사주 1억원을 매입한다고 할 때,

① 기업가치를 구하라

② 자기자본가치를 구하라.

③ 자기자본비용을 구하라.

④ 가중평균자본비용을 구하라.

(3) (1)번과 (2)번의 결과를 비교 설명하라.

13 천지기업은 매년 5억원의 영업이익을 안정적으로 획득하고 있다. 이 기업은 최초 설립 시에는 부채를 사용하지 않았으며, 그 때의 기업가치는 30억원이었다. 현재는 10억원의 부채를 사용하고 있으며 연 6%의 이자를 지급하고 있다. 천지기업의 영업위험은 설립초기부터 변화가 없었으며, 현재 천지기업의 재무담당자는 부채비율(= 부채 / 자기자본)을 300%로 조정할 것을 고려하고 있다. 천지기업에 적용되는 법인세율은 40%이다.

(1) 현재 천지기업의 기업가치와 시가기준 부채비율을 구하라.

(2) 현재 천지기업의 가중평균자본비용을 구하라.

(3) 재무담당자의 계획대로 부채비율을 300%로 조정하기 위해서 추가로 조달해야 하는 부채를 구하라.

(4) 재무담당자의 계획대로 부채비율을 300%로 조정한 경우, 천지기업의 기업가치와 자기자본비용 및 가중평균자본비용을 구하고 이를 (1)번과 비교하라.

14 장수기업은 기존주주를 대상으로 50%의 유상증자를 계획하고 있다. 장수기업의 보통주는 시장에서 현재 25,000원에 거래되고 있으며 주당 발행가격은 15,000원이다.

(1) 권리락주가를 구하라.

(2) 신주인수권(preemptive right)의 가치를 계산하라.

15★ 발해기업은 만기 2년, 액면가 100,000원의 전환사채를 발행하였다. 전환사채는 현재 시장에서 150,000원에 거래되고 있다. 액면이자율은 연 10%이며, 전환사채에는 액면가 50,000원당 발해기업 주식 1주를 전환할 수 있는 권리가 부여되어 있다. 발해기업의 현재주가는 30,000원이며, 전환권만 없이 동일한 성격의 일반사채의 수익률은 연 15%이다.

(1) 전환사채의 전환가격과 전환비율을 구하라.

(2) 현재시점에서 전환가치는 얼마인가?

(3) 현재시점에서 일반사채로서의 가치는 얼마인가? 그리고 전환사채 보유자는 현재 전환하는 것이 유리한가?

16★ 가나전자와 다라석유의 재무자료는 다음과 같다.

기 업	매출액	영업이익	부채비율(D/E)	차입이자율	주식베타	법인세율
가나전자	1,000억원	100억원	100%	5%	1.8	20%
다라석유	4,000억원	350억원	200%	4%	?	20%

무위험이자율은 3%이며, 시장포트폴리오의 기대수익률은 9%이다. 석유업은 전자업에 비하여 체계적 영업위험이 75% 수준이다. 두 기업 모두 성장률은 0%로 가정한다. 위 표의 부채비율은 시장가치 기준이다. 다라석유의 가중평균자본비용과 기업가치(세 가지 방법 이용)는 얼마인가?

17 ★ A기업은 무부채기업이고 영업이익은 매년 12억원으로 기대된다. 자기자본비용은 12%이고 법인세율은 20%이다. 이자율 연 5%로 부채를 조달하여 자사주 일부를 매입함으로써 시장가치 기준으로 부채비율을 100%로 변경시키려고 한다. MM의 수정 자본구조이론을 기준으로 다음을 구하라. [2014년 CPA 1차 기출문제 응용]

(1) 자본구조 변경 후 자기자본비용

(2) 자본구조 변경 후 가중평균자본비용($WACC$)

(3) 자본구조 변경 후 기업가치 증가분

(4) 자본구조 변경에 필요한 자사주 매입액

(5) 자본구조 변경 후 절세효과의 현가

(6) 자본구조 변경 후 기업가치
(절세효과를 이용하는 방법과 부채와 자기자본 가치의 합을 이용하는 방법)

18 ★ B기업은 무부채기업이며 영업이익은 매년 10.8억원이다. 주식베타는 1.2, 법인세율은 30%이다. 일정 금액을 차입하여 자사주를 매입하녀 부채비율(시장가치 기준)을 100%로 하려고 한다. 무위험이자율은 3%이고 이자율도 3%이며 시장포트폴리오의 기대수익률은 11%이다.

(1) 차입 후의 자기자본비용을 MM 모형과 하마다 모형으로 구하고 그 결과를 비교하라.

(2) 차입 전의 기업가치와 차입 후의 기업가치가 차이 나는 이유를 설명하라(기업가치는 $WACC$를 이용할 것).

19 ★ 신설된 영일전자는 자기자본과 부채를 각각 50억원씩 조달하였다. 기계를 80억원에 매입하였고 유휴자금 20억원은 투자자산을 매입하였다. 기계로부터 발생하는 영업이익은 연간 10.64억원씩 계속될 것으로 예상되며, 매년 감가상각비만큼의 재투자가 이루어진다. 시장포트폴리오의 기대수익률과 무위험이자율 및 차입이자율은 각각 연 10%와 3% 및 5%이며, 법인세율은 20%이다. 유사 전자업을 하는 기업의 주식베타는 1.1이며, 부채비율(D/E)은 150%이다. 영일전자의 목표부채비율은 100%이다.

(1) 자기자본비용과 가중평균자본비용을 구하라.

(2) 투자의 NPV와 기업가치는 얼마인가?

(3) EVA와 MVA를 구하라.

20 자기자본만을 사용하는 C기업의 자본비용은 10%이다. 영업이익(EBIT)이 매년 6억원씩 영구히 발생할 것이다. 신규 투자를 고려하여 액면가 기준 4억원, 액면이자율 4%, 만기수익률 5%의 영구채로 부채를 조달할 계획이다. 신규투자안의 NPV는 1억원이다. 법인세율 20%이다.

[2012년 CPA 2차 기출문제 응용]

(1) 영구채의 시장가치를 구하라.

(2) 신규 투자 실행 전, 후의 기업가치를 각각 구하라.

21★ 매년 300억원의 영업이익이 영구히 발생한다. 영업위험만 반영된 할인율은 10%, 법인세율은 20%이며, 부채사용 시 파산비용의 현가는 2,400억원이다. 부채사용액(D)과 파산확률(p)과의 관계는 다음과 같다.

$$p = \frac{20\text{억원}}{V_U} \times \left(\frac{D\text{억원}}{500\text{억원}}\right)^2$$

정태이론에 의한 최적부채비율(D/E)을 구하라.

정리문제에 대한 해설

01 기업 U와 L은 자본구조를 제외한 다른 모든 점에서 동일하다. 기업 U는 부채가 없고, 기업 L은 50억원의 부채(이자율 10%)를 사용하고 있다. MM의 모든 가정이 충족되고, 세금이 존재하지 않으며, 두 회사의 기대영업현금흐름은 20억원이다. 그리고 기업 U의 자기자본비용은 16%이다.

(1) MM이론에 의하면 두 기업의 기업가치는 얼마인가?

해설 기업가치를 구하기 위해서는 $WACC$을 계산해야 한다. $WACC = r_E = 0.16$ 이므로 $V_U = \frac{20억원}{0.16} = 125억원$이다. 완전자본시장에서 MM의 명제 1에 의하면, 부채기업의 가치(V_L)와 무부채기업(V_U)의 가치는 같으므로, $V_L = V_U = 125$억 원이 된다.

(2) 기업 U와 L의 자기자본비용은 각각 얼마인가?

해설 기업 U는 무부채기업으로서 문제에서 주어진 바와 같이 $r_E = r_A = 16\%$이다.

기업 L은 기업가치 125억원 중 50억원을 부채로 조달했으므로 자기자본가치는 125억원 − 50억원 = 75억원이므로 부채비율은 $\frac{D}{E} = \frac{50}{75} = \frac{2}{3}$이다.

결국, 기업 L의 자기자본비용은 $r_E = r_A + \frac{D}{E}(r_A - r_D) = 0.16 + \frac{2}{3} \times (0.16 - 0.1) = 20\%$이다.

(3) 기업 U와 L의 가중평균자본비용은 각각 얼마인가?

해설 기업 U의 가중평균자본비용은 자기자본비용과 동일하므로, $WACC = r_A = r_E = 16\%$이다. 기업 L의 가중평균자본비용은,

$$WACC = r_A = \frac{50억원}{125억원} \times 10\% + \frac{75억원}{125억원} \times 20\% = 16\%$$

02 현재 부채를 사용하지 않고 자기자본만으로 영업하고 있는 (주)새나라의 영업이익은 매년 3억원이며, 자기자본비용은 15%이다. 이 기업은 5억원의 부채를 10%의 이자율로 차입하여 자사주를 매입하려고 한다. 법인세율은 40%이다.

(1) 부채를 사용하지 않는 경우의 기업가치를 계산하라.

해설

$$V_U = \frac{EBIT(1-t)}{r_U}$$

$$= \frac{3억원(1-0.4)}{0.15} = 12억원$$

(2) 부채를 조달한 후의 기업가치를 절세효과를 이용하여 구하라.

해설 $$V_L = \frac{EBIT(1-t)}{r_U} + D \times t = \frac{3억원(1-0.4)}{0.15} \times 5 \times 0.4 = 14억원$$

(3) 부채를 조달한 후의 주주요구수익률(자기자본비용)과 가중평균자본비용을 구하라.

해설 기업가치(자기자본만 사용) 14억원에서 5억원을 차입하여 자사주를 매입하므로 $D = 5$억원, $E = 9$억원이 된다.

$$r_E = r_U + \frac{D}{E}(r_U - r_D)(1-t)$$
$$= 15\% + \frac{5}{9}(15\% - 10\%)(1-0.4) = 16.67\%$$

$$WACC = r_A = w_D \times r_D \times (1-t) + w_E \times r_E$$
$$= \frac{5억원}{14억원} \times 10\%(1-0.4) + \frac{9억원}{14억원} \times 16.67\%$$
$$= 12.86\%$$

(4) (3)번에서 구한 가중평균자본비용을 사용하여 기업가치를 구하라. 그리고 그 결과를 (2)번의 결과와 비교하라.

해설 $$V_L = \frac{EBIT(1-t)}{WACC_L} = \frac{3억원(1-0.4)}{0.1286} = 14억원$$

세금을 고려한 차입기업의 $WACC$을 이용해 계산한 기업가치와 (2)번에서 무차입기업가치 + 절세효과를 이용해 계산한 기업가치는 같다.

03 **동강기업의 부채비율은 현재 300%이고 $WACC$은 15%, 이자율은 12%, 법인세율은 40%이다.**

(1) 자기자본비용은 얼마인가?

해설 $WACC$이 15%이므로 다음식이 성립한다.

$$0.15 = \frac{3}{4} \times 0.12 \times (1-0.4) + \frac{1}{4} \times r_E$$
$$r_E = 38.4\%$$

(2) 부채를 사용하지 않는다면 자기자본비용은 얼마인가?

해설 $r_E = r_U + \frac{D}{E}(r_U - r_D)(1-t)$이므로 다음식이 성립한다.

$$0.384 = r_U + 3(r_U - 0.12)(1-0.4)$$
$$r_U = 21.43\%$$

(3) 부채비율이 200%, 100%일 때 각각의 자기자본비용과 $WACC$은 얼마인가?

해설 부채비율이 200%일 경우 r_E와 $WACC$은 다음과 같다.

$$r_E = 0.2143 + 2 \times (0.2143 - 0.12)(1 - 0.4) = 0.3275$$

$$WACC = \frac{2}{3} \times 0.12 \times (1 - 0.4) + \frac{1}{3} \times 0.3275 = 0.1572$$

부채비율이 100%일 경우 r_E와 $WACC$은 다음과 같다.

$$r_E = 0.2143 + 1 \times (0.2143 - 0.12)(1 - 0.4) = 0.2709$$

$$WACC = \frac{1}{2} \times 0.12 \times (1 - 0.4) + \frac{1}{2} \times 0.2709 = 0.1715$$

(4) 부채차입이 늘어남에 따라 $WACC$은 어디에 접근하게 되는가?

해설 차입이 늘어나면 $WACC$은 타인자본비용 $r_D(1 - t) = 0.12(1 - 0.4) = 0.072 = 7.2\%$에 접근한다.

(5) 부채차입이 늘어남에 따라 $WACC$이 어떻게 변하는지를 지금까지의 결과를 기초로 그림으로 나타내라.

해설

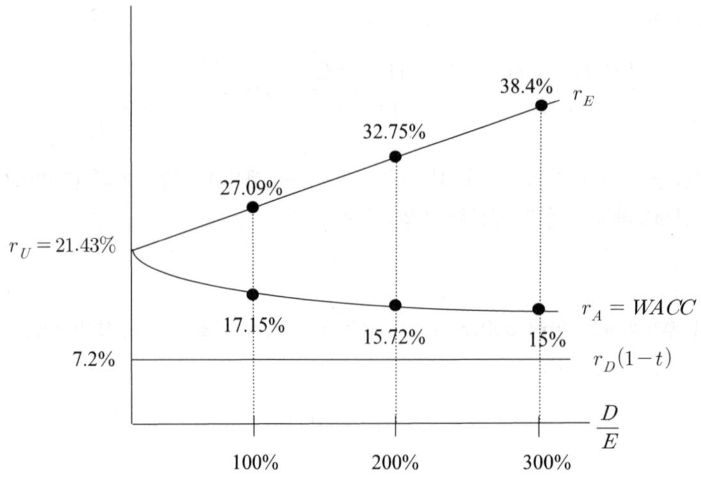

04 성순기업의 영업이익은 영구적으로 5,000만원으로 예상된다. 부채는 6,000만원이고, 부채를 사용하지 않았을 때의 자본비용은 20%이며 법인세율은 30%, 이자율은 8%이다.

(1) 부채를 사용하지 않는 경우 기업가치를 구하라.

해설

$$V_U = \frac{EBIT(1-t)}{r_U} = \frac{5{,}000\text{만원}(1-0.3)}{20\%} = 17{,}500\text{만원}$$

(2) 부채 사용 시 기업가치를 다음의 3가지 방법으로 구하라.

해설 ① 절세금액의 현가를 이용하는 방법

$$V_L = V_U + \text{절세금액의 현가} = \frac{EBIT(1-t)}{r_U} + D \times t$$

$$= \frac{5{,}000\text{만원}(1-0.3)}{20\%} + 6{,}000\text{만원} \times 0.3$$

$$= 19{,}300\text{만원}$$

② 부채가치와 자기자본가치를 합산하는 방법

$$V_L = \text{부채가치} + \text{자기자본가치} = \frac{D \cdot r_D}{r_D} + \frac{(EBIT - I)(1-t)}{r_E}$$

$$= 6{,}000\text{만원} + 13{,}300\text{만원}$$

$$= 19{,}300\text{만원}$$

$$\frac{D \cdot r_D}{r_D} = \frac{6{,}000\text{만원} \times 8\%}{8\%} = 6{,}000\text{만원}$$

$$\frac{(EBIT - I)(1-t)}{r_E} = \frac{(5{,}000\text{만원} - 480\text{만원})(1-0.3)}{23.79\%} = 13{,}300\text{만원}$$

$$r_E = r_U + \frac{D}{E}(r_U - r_D)(1-t)$$

$$= 20\% + \frac{6{,}000\text{만원}}{13{,}300\text{만원}}(20\% - 8\%)(1-0.3) = 23.79\%$$

$$E = V_L - \text{부채가치} = 19{,}300\text{만원} - 6{,}000\text{만원} = 13{,}300\text{만원}$$

③ $WACC$을 이용하는 방법

$$\frac{EBIT(1-t)}{WACC} = \frac{5{,}000\text{만원}(1-0.3)}{18.135\%} = 19{,}300\text{만원}$$

$$WACC = \frac{6{,}000\text{만원}}{19{,}300\text{만원}} \times 8\% \times (1-0.3) + \frac{13{,}300\text{만원}}{19{,}300\text{만원}} \times 23.79\%$$

$$= 18.135\%$$

05* 부채가 없는 광흥기업과 부채가 있는 와우기업은 자본구조를 제외한 모든 점에서 동일하다. 광흥기업의 발행주식수는 5,000주이며, 주당가격은 20,000원이다. 그리고 와우기업은 이자율 12%로 부채 2,500만원을 발행하고 있다. 두 기업의 영업이익은 모두 3,500만원으로 기대된다. 법인세는 무시한다. 단, 현재 광흥기업의 주식가격은 적정하다고 가정한다.

(1) 현재 와우기업의 가치가 13,000만원이다. 와우기업 주식의 10%를 가지고 있는 투자자는 차익거래 기회가 있는가?

해설 $V_{광흥}$ = 20,000원 × 5,000주 = 10,000만원 < $V_{와우}$ = 13,000만원이다.

① 와우기업 주식을 10% 보유한 투자자의 투자액과 연간 이익

투자액 = (13,000만원 − 2,500만원) × 0.1 = 1,050만원

연간 이익 = (3,500만원 − 2,500만원 × 0.12) × 0.1 = 320만원

② 광흥기업 주식 10%를 보유한 투자자의 투자액과 연간 이익

투자액 = 10,000만원 × 0.1 = 1,000만원

연간 이익 = 3,500만원 × 0.1 = 350만원

와우기업 부채의 10%에 해당하는 금액을 개인 명의로 차입하여 자가레버리지화(이자율 12%)하면,

투자액 = −2,500만원 × 0.1 = −250만원

연간 이익 = −2,500만원 × 0.1 × 0.12 = −30만원

총 투자액 = 1,000만원 − 250만원 = 750만원

총 연간 이익 = 350만원 − 30만원 = 320만원

위의 ①과 ②를 종합하면 다음과 같다.

	① 와 우		② 광흥 + 자가레버리지
투 자 액	1,050만원	>	750만원
연 간 이 익	320만원	=	320만원

즉, 와우기업 주식 10%를 가지고 있는 경우가 광흥기업 주식 10%와 자가레버리지화한 경우보다 투자액은 많고 이익은 같다. 따라서 ① 보유하고 있는 와우기업 주식을 매도하고 ② 광흥기업의 주식을 매입하는 동시에 자가레버리지화 함으로써 차익거래이익을 취할 수 있다.

(2) 당신이 (1)번과 같은 행동을 하지 않기 위해서는 와우기업의 가치는 얼마이어야 하는가?

해설 두 기업의 가치가 같을 경우 (1)번과 같은 행동을 하지 않는다. 광흥기업의 주식가격은 적정하다고 하였으므로 와우기업의 가치가 하락하여 광흥기업과 같아지는 경우에 위와 같은 행동이 나타나지 않는다. 따라서 와우기업의 가치는 10,000만원이 되어야 한다.

06 한라기업은 자기자본만을 사용하는 기업이다. 발행주식수 100만주에 현재 주가는 5만원이다. 한라기업은 100억원을 차입하는 전략과 200억원을 차입하는 전략을 고려 중이다. 차입된 금액은 자사주매입에 사용될 예정이며 차입이자율은 8%이다. 법인세는 무시하고 주가는 자본구조 변경 후에도 동일하다. 영업이익($EBIT$)이 40억원, 60억원, 80억원인 3가지 상황이 예측되며 각 상황의 확률은 동일하다.

(1) 두 전략의 각 상황별 EPS와 ROE를 계산하라.

해설 ① 100억원 차입 전략 (변경된 보유주식 = 80만주 = 100만주 − $\frac{100억원}{5만원}$)

E B I T	40억원	60억원	80억원
− 이 자	8억원[1)]	8억원	8억원
순 이 익	32억원	52억원	72억원
E P S	4,000원[2)]	6,500원	9,000원
R O E	8%[3)]	13%	18%

1) 이자 = 100억원 × 0.08 = 8억원

2) $EPS = \frac{32억원}{80만주} = 4{,}000원$

3) $ROE = \frac{32억원}{500억원 - 100억원} = 8\%$

② 200억원 차입 전략 (변경된 보유주식 = 60만주 = 100만주 − $\frac{200억원}{5만원}$)

E B I T	40억원	60억원	80억원
− 이 자	16억원[4)]	16원	16억원
순 이 익	24억원	44원	64억원
E P S	4,000원[5)]	7,333원	10,667원
R O E	8%[6)]	14.7%	21.3%

4) 이자 = 200억원 × 0.08 = 16억원

5) $EPS = \frac{24억원}{60만주} = 4{,}000원$

6) $ROE = \frac{24억원}{500억원 - 200억원} = 8\%$

(2)★자본조달분기점($FBEP$)을 구하고, $FBEP$의 의미를 구체적으로 설명하라.

해설 ①과 ②에서 보듯이 $EBIT = 40$억원 수준에서는 차입경영 수준에 관계없이 EPS와 ROE가 일정하다. 이와 같이 차입경영 수준에 관계없이 EPS와 ROE가 동일한 영업이익 수준을 자본조달분기점($FBEP$)이라고 한다. $FBEP$를 식을 이용하여 구해보면 다음과 같다(제5장 프로젝트분석 참조).

$$FBEP = \frac{N_1 \cdot I_2 - N_2 \cdot I_1}{N_1 - N_2}$$

$$= \frac{80\text{만주} \times 16\text{억원} - 60\text{만주} \times 8\text{억원}}{80\text{만주} - 60\text{만주}}$$

$$= 40\text{억원}$$

*FBEP*를 초과하는 *EBIT*에서는 차입경영 수준이 커질수록 *EPS*와 *ROE*가 더욱 커진다. 그리고 *FBEP*를 하회하는 *EBIT*에서는 차입경영 수준이 커질수록 *EPS*와 *ROE*가 더욱 작아진다.

(3) 두 전략의 기대 *EPS*와 *ROE*를 구하라.

해설 ① 100억원 차입 전략 (보유주식 80만주) :

$$E(EPS) = (4{,}000\text{원} + 6{,}500\text{원} + 9{,}000\text{원}) \times \frac{1}{3} = 6{,}500\text{원}$$

$$E(ROE) = (8\% + 13\% + 18\%) \times \frac{1}{3} = 13\%$$

② 200억원 차입 전략 (보유주식 60만주) :

$$E(EPS) = (4{,}000\text{원} + 7{,}333\text{원} + 10{,}667\text{원}) \times \frac{1}{3} = 7{,}333\text{원}$$

$$E(ROE) = (8\% + 14.7\% + 21.3\%) \times \frac{1}{3} = 14.7\%$$

(4) 어떤 전략을 선택하는 것이 유리한가?

해설 200억원을 차입하는 전략이 최소 주당순이익과 최소 자기자본순이익률은 동일한데, 기대 주당순이익과 기대 자기자본순이익률은 높다. 따라서 200억원 차입전략을 채택하는 것이 유리하다.

07 **(주)한가람철강은 영업이익(*EBIT*)이 연간 700억원으로 지속될 것으로 예상하고 있다. 이 기업은 부채를 8%에 조달할 수 있다. 그러나 이 기업은 현재 부채를 사용하고 있지 않다. 그리고 자기자본비용은 15%이고 법인세율은 20%이다.**

(1) 이 기업의 가치는 얼마인가?

해설

$$V_U = \frac{EBIT(1-t)}{r_U} = \frac{700\text{억원}(1-0.2)}{0.15} = 3{,}733\text{억원}$$

(2) 만약 자사주 매입을 위해 500억원의 부채를 조달한다면, 이 기업의 가치는 얼마인가?

해설

$$V_L = V_U + D \times t$$
$$= 3{,}733\text{억원} + 500\text{억원} \times 0.2$$
$$= 3{,}833\text{억원}$$

08 A기업의 영업이익은 10억원, 이 기업이 자기자본으로만 경영할 시 요구수익률은 20%, 이자율은 10%이다. 그리고 현재 차입금액은 20억원이고 법인세율은 40%이다.

(1) 절세금액의 현가를 이용하여 기업가치를 구하라.

해설

$$V_L = \frac{EBIT(1-t)}{r_U} + D \times t = \frac{10\text{억원}(1-0.4)}{0.2} + 20\text{억원} \times 0.4 = 38\text{억원}$$

(2) 자기자본비용을 이용하여 기업가치를 구하라.

해설

$$r_E = r_U + \frac{D}{E}(r_U - r_D)(1-t) = 0.2 + \frac{20}{18}(0.2-0.1)(1-0.4) = 26.67\%$$

$$V_L = \frac{D \times r_D}{r_D} + \frac{(EBIT - D \times r_D)(1-t)}{r_E}$$

$$= \frac{20\text{억원} \times 0.1}{0.1} + \frac{(10\text{억원} - 20\text{억원} \times 0.1)(1-0.4)}{0.2667} = 38\text{억원}$$

(3) $WACC$을 이용하여 기업가치를 구하라.

해설 $V_L = 38$억원, $D = 20$억원이므로 $E = 18$억원이다. 따라서 다음 식이 성립한다.

$$WACC = \frac{D}{D+E} \times r_D \times (1-t) + \frac{E}{D+E} \times r_E$$

$$= \frac{20}{38} \times 0.1 \times (1-0.4) + \frac{18}{38} \times 0.2667 = 0.1579$$

이자를 차감한 세후 영업현금흐름을 $WACC$로 할인하면,

$$V_L = \frac{EBIT(1-t)}{WACC} = \frac{10\text{억원}(1-0.4)}{0.1579} = 38\text{억원}$$

09 B기업은 100만주를 발행하였고 100억원(시장가치)의 자기자본으로만 회사를 운영하고 있다(자기자본 = 총자본). B기업은 매년 10억원의 순이익(= 영업이익)을 올리고 있으며, 연 10%의 이자율로 차입하여 자사주를 매입하려고 한다. 예정하는 차입금액은 50억원 또는 25억원이다(법인세 무시).

(1) 현재의 EPS와 ROE를 구하라.

해설 자기자본 시장가치가 100억원이고 발행주식수가 100만주이므로 주가는 10,000원이다.

$$EPS = \frac{\text{순이익}}{\text{발행주식수}} = \frac{10\text{억원}}{100\text{만주}} = 1{,}000\text{원}$$

$$ROE = \frac{\text{순이익}}{\text{자기자본}} = \frac{10\text{억원}}{100\text{억원}} = 10\%$$

(2) 50억원을 차입하여 자사주 500,000주 매입 시 EPS와 ROE를 구하라.

해설

$$EPS = \frac{\text{순이익}}{\text{발행주식수}} = \frac{10\text{억원} - 50\text{억원} \times 0.1}{50\text{만주}} = 1{,}000\text{원}$$

$$ROE = \frac{\text{순이익}}{\text{자기자본}} = \frac{10\text{억원} - 50\text{억원} \times 0.1}{50\text{억원}} = 10\%$$

(3) 25억원을 차입하여 자사주 250,000주 매입 시 EPS와 ROE를 구하라.

해설

$$EPS = \frac{\text{순이익}}{\text{발행주식수}} = \frac{10\text{억원} - 25\text{억원} \times 0.1}{75\text{만주}} = 1{,}000\text{원}$$

$$ROE = \frac{\text{순이익}}{\text{자기자본}} = \frac{10\text{억원} - 25\text{억원} \times 0.1}{75\text{억원}} = 10\%$$

총자본영업이익률과 이자율이 동일하면, 차입경영은 EPS와 ROE에 영향을 주지 않는다.

10 완전자본시장에서 (주)사랑의 $WACC$은 현재 14%이다. 또한 현재 부채를 8%의 이자율로 조달가능하다(법인세 무시).

(1) (주)사랑이 목표부채비율인 25%를 유지한다면 자기자본비용 r_E는 얼마인가?

해설

$$r_E = r_A + \frac{D}{E} \times (r_A - r_D)$$
$$= 14\% + 0.25 \times (14\% - 8\%) = 15.5\%$$

(2) 부채비율이 100%로 상승하는 경우 자기자본비용 r_E와 가중평균자본비용 $WACC$은 얼마인가? 그리고 $WACC$이 어떻게 변하는지 설명하라.

해설

$$r_E = r_A + \frac{D}{E} \times (r_A - r_D) = 14\% + 1.0 \times (14\% - 8\%) = 20\%$$

$$WACC = w_D \times r_D + w_E \times r_E = 0.5 \times 8\% + 0.5 \times 20\% = 14\%$$

법인세를 무시하는 경우 $WACC$은 부채사용에 관계없이 14%로 일정하다.

11 ★ 무차입기업인 홍콩건설의 매년 기대영업이익은 3억원이다. 이와 같은 영업이익은 동종업계에 비하여 상당히 높은 편이다. 홍콩건설의 법인세율은 40%이다. 홍콩건설의 주식베타는 1이고, 무위험이자율은 6%이고 시장위험프리미엄은 9%이다. 경영진은 차입을 고려중에 있으며 차입금은 자사주매입에 쓰일 것이다(단, 기업의 규모는 전과 변함이 없다고 가정한다). 홍콩건설의 차입이자율은 12%이다. 홍콩건설의 재무담당 부서는 기업이 어떠한 상황이든 기대파산비용의 현가는 8억원으로 추정하였으며, 아래 표와 같이 재무레버리지가 증가함에 따라 파산 가능성 역시 높아질 것

으로 예측하였다. 참고적으로, 이 기업의 창업자인 홍재무의 홍콩건설에 대한 지분율과 그의 개인 자산 목록은 아래표와 같다.

파산가능성

부채가치	파산가능성
2.5억원	0.0%
5.0억원	8.0%
7.5억원	20.5%
8.0억원	30.0%
9.0억원	45.0%
10.0억원	52.5%
12.5억원	70.0%

홍콩건설 지분현황

주 주	지분율
홍 재 무	70%
미 로 에 셋	12%
한 솔 은 행	10%
대 출 스 타	8%

홍재무 자산목록

자 산	비 율
홍콩건설 주식	80%
부 동 산	10%
현금및현금성자산	8%
기 타	2%

(1) 무차입상태에서 홍콩건설의 자기자본비용과 가중평균자본비용은 얼마인가? 그리고 그 때의 기업가치는 얼마인가?

해설

$$r_E = r_f + [E(r_M) - r_f] \times \beta_i$$
$$= 6\% + 9\% \times 1 = 15\% = r_U$$

무차입기업의 자기자본비용(r_U)과 가중평균자본비용은 같으므로 $WACC$은 15%이다. 그리고 무차입기업의 가치(V_U)는 다음과 같이 12억원이다.

$$V_U = \frac{EBIT(1-t)}{r_U} = \frac{3\text{억원}(1-0.4)}{0.15} = 12\text{억원}$$

(2) 파산비용을 고려할 때 최적자본구조는 부채수준 얼마일 때인가?

해설 부채증가에 따른 절세금액의 현가증가분과 기대파산비용의 증가분은 다음과 같다.

(단위 : 억원)

부채가치	부채증가분	절세금액의 현가증가분	기대파산비용의 증가분
2.5	2.5	1*	0
5	2.5	1	0.64**
7.5	2.5	1	1***
8	0.5	0.2	0.76
9	1	0.4	1.2
10	1	0.4	0.6
12.5	2.5	1	1.4

* 1억원 = 2.5억원 × 0.4

** 0.64억원 = 8억원 × 0.08

*** 1억원 = 8억원 × 0.205 − 0.64억원

부채가치가 7.5억원 미만에서는 절세금액의 현가증가분이 기대파산비용의 증가분을 초과하고, 그 이후부터는 반대이므로 최적자본구조는 부채가치 7.5억원 수준이다.

(3) (2)번에서의 최적자본구조하에서 기업가치는 얼마인가?

해설 부채가치 7.5억원 수준에서 차입기업의 가치는 다음과 같다.

차입기업의 가치
= 무차입기업의 가치 + 절세금액의 총현가 − 기대파산비용의 총현가
= 12억원 + (1억원 + 1억원 + 1억원) − (0 + 0.64억원 + 1억원)
= 13.36억원

(4) 위와 같은 최적자본구조의 도출은 MM의 수정이론의 최적자본구조를 구하는 방법과 어떤 점이 다른가?

해설 다른 점을 요약하면 다음과 같다.

구 분	주요가정	제1명제	제2명제	최적자본구조
MM의 수정이론	법인세 고려	$V_L = V_U + D \cdot t$	부채비율이 증가함에 따라 r_A는 감소함	최대한 차입
정태이론	법인세와 파산비용 고려	$V_L = V_U + D \cdot t - PV$(파산비용)	부채비율이 증가함에 따라 r_A는 처음에는 감소하다가 최적자본구조를 지나면서부터 증가함	부채의 한계혜택과 한계비용이 일치하는 시점

(5) 홍콩건설의 최대주주이자 창업자인 홍재무는 주주총회에서 위와 같은 차입경영을 하지 말고 사내 유보자금을 이용하자는 의견을 제시하였다. 이유를 설명하여라.

해설 문제에서 알 수 있듯이 홍콩건설은 동종계열 업체보다 영업이익이 많다. 이로부터 홍콩건설이 많은 잉여자금을 보유하고 있음을 추정할 수 있다 또한, 창업자인 홍재무는 홍콩건설에 상당한 정도 지분율을 보유하고 있으며, 자산의 대부분이 홍콩건설 주식에 투자되어 있다. 이는 홍재무의 자산이 거의 분산되지 않아 기업의 조그마한 위험도 모두 고려해야 함을 의미한다. 따라서 홍재무는 재무레버리지로 인한 추가적인 위험부담을 회피하고자 할 것이다.

12 **가양기업은 부채를 전혀 사용하지 않으며 자기자본(5억원)으로만 자본을 조달하고 있다. 당해 연도말 영업이익($EBIT$)은 75,000,000원으로 예상되며, 이는 전부 배당으로 지급될 계획이다. 세금은 없다고 가정한다. 다음 물음에 답하라.**

(1) 가양기업의 가중평균자본비용이 15%일 때,

해설 ① 기업가치를 구하라.

법인세를 무시하는 경우 MM이론에 따르면 가중평균자본비용이 레버리지(= D/E)에 관계없이 일정하므로 기업가치(V)는 다음과 같다.

$$V = \frac{EBIT(1-t)}{WACC} = \frac{75{,}000{,}000\text{원}(1-0)}{0.15}$$
$$= 500{,}000{,}000\text{원}$$

② 자기자본가치를 구하라.

$$E = V - D$$
$$= 500{,}000{,}000\text{원} - 0$$
$$= 500{,}000{,}000\text{원}$$

③ 자기자본비용을 구하라.

$$r_E = WACC = 15\%$$

(2) 가양기업이 1억원의 사채(이자율 연 10%)를 발행하여 자사주 1억원을 매입한다고 할 때,

해설 ① 기업가치를 구하라.

법인세를 무시하는 경우 MM이론에 따르면 레버리지(D/E)가 0%(= 0 / 5억원)에서 25%(= 1억원 / 4억원)로 증가하여도 기업가치(V)는 변하지 않는다.

V = 500,000,000원으로서 레버리지와 관계없이 일정하다.

② 자기자본가치를 구하라.

자기자본가치(E) = $V - D$ = 500,000,000원 − 100,000,000원 = 400,000,000원

③ 자기자본비용을 구하라.

$$r_E = r_U + \frac{D}{E}(r_U - r_D)(1-t)$$
$$= 15\% + \frac{1}{4}(15\% - 10\%)(1-0)$$
$$= 16.25\%$$

④ 가중평균자본비용을 구하라.

$$WACC = \frac{D}{D+E} \times r_D \times (1-t) + \frac{E}{D+E} \times r_E$$
$$= \frac{1}{5} \times 10\% \times (1-0) + \frac{4}{5} \times 16.25\%$$
$$= 15\%$$

(3) (1)번과 (2)번의 결과를 비교 설명하라.

해설 (1)번과 (2)번의 결과로부터 법인세를 무시하는 경우, MM이론에 따르면 레버리지(D/E)의 증가에 관계없이 기업의 가치(V)와 가중평균자본비용($WACC$)은 일정하고, 다만 레버리지의 증가에 따른 위험의 증가로 인하여 주주의 요구수익률(r_E)은 위험프리미엄만큼 증가한다. 다시 말해서 저렴한 부채비용의 가중치 증가로 인한 가중평균자본비용의 감소효과와, 위험증가에 따른 자기자본비용의 증가로 인한 가중평균자본비용의 증가효과가 완전히 상쇄된다. 결국 가중평균자본비용은 변하지 않고 기업가치(V) 역시 변화가 없게 된다.

(1)번, (2)번의 수치결과를 살펴보면, 레버리지(D/E)가 25%(= 1억원 / 4억원)로 증가함에도 불구하고 기업가치(V)는 500,000,000원으로 변함이 없으며, 자기자본비용(r_E)은 부채를 사용하지 않았을 때의 15%에서, 부채를 사용함으로써 증가되는 위험프리미엄 때문에 16.25%로 상승한다. 그리고 부채사용으로 인한 $WACC$의 감소효과와 r_E 상승으로 인한 $WACC$의 증가효과가 상쇄되어 가중평균자본비용($WACC$)은 15%로 변함이 없다.

13 **천지기업은 매년 5억원의 영업이익을 안정적으로 획득하고 있다. 이 기업은 최초 설립 시에는 부채를 사용하지 않았으며, 그 때의 기업가치는 30억원이었다. 현재는 10억원의 부채를 사용하고 있으며 연 6%의 이자를 지급하고 있다. 천지기업의 영업위험은 설립초기부터 변화가 없었으며, 현재 천지기업의 재무담당자는 부채비율(= 부채 / 자기자본)을 300%로 조정할 것을 고려하고 있다. 천지기업에 적용되는 법인세율은 40%이다.**

(1) 현재 천지기업의 기업가치와 시가기준 부채비율을 구하라.

해설 천지기업은 현재 부채 10억원을 사용하고 있으므로 기업가치(V_L)는 다음과 같이 계산된다.

$$V_L = V_U + D \times t = 30\text{억원} + 10\text{억원} \times 0.4 = 34\text{억원}$$

부채를 사용하는 경우의 기업가치는 34억원이고, 부채가치는 10억원이므로, 자기자본가치는 24억원(= 34억원 − 10억원)이다. 따라서 천지기업의 시가기준 부채비율(D/E) = 10억원 / 24억원 = 0.4167이다.

(2) 현재 천지기업의 가중평균자본비용을 구하라.

해설 무차입시 천지기업의 자기자본비용 r_U는 다음과 같다. $V_U = \frac{EBIT(1-t)}{r_U}$이므로, 30억원 $= \frac{5\text{억원}(1-0.4)}{r_U}$이다. 따라서 $r_U = 10\%$이다.

천지기업의 부채비율이 0.4167이므로, 차입 시 천지기업의 자기자본비용 r_E는 다음과 같다.

$$r_E = r_U + \frac{D}{E}(r_U - r_D)(1-t)$$
$$= 10\% + 0.4167(10\% - 6\%)(1 - 0.4) = 11\%$$

따라서 $WACC$은 다음과 같이 추정된다.

$$WACC = \frac{D}{D+E} \times r_D \times (1-t) + \frac{E}{D+E} \times r_E$$
$$= \frac{10}{34} \times 6\% \times (1-0.4) + \frac{24}{34} \times 11\%$$
$$= 8.82\%$$

(3) 재무담당자의 계획대로 부채비율을 300%로 조정하기 위해서 추가로 조달해야 하는 부채를 구하라.

해설 부채를 사용하는 기업의 가치는 다음과 같다.

$$V_L = D + E$$
$$V_L = V_U + D \times t = 30\text{억원} + D \times 0.4$$

위의 두 식을 만족하여야 하므로 $30\text{억원} + 0.4D = D + E$이다. 그리고 $\frac{D}{E} = 3$이므로 다음 식이 성립한다.

$$0.6D = 30\text{억원} - E$$
$$0.6 \times 3E = 30\text{억원} - E$$
$$\therefore\ E = 10.714\text{억원},\ D = 3 \times 10.714\text{억원} = 32.142\text{억원}$$

따라서 추가로 조달해야할 부채는 32.142억원 − 10억원 = 22.142억원이 된다.

(4) 재무담당자의 계획대로 부채비율을 300%로 조정한 경우, 천지기업의 기업가치와 자기자본비용 및 가중평균자본비용을 구하고 이를 (1)번과 비교하라.

해설 부채비율을 3으로 조정한 후 천지기업의 기업가치와 가중평균자본비용은 다음과 같다. 먼저 기업가치(V_L)는 (3)번에서 구한 D와 E를 합한 42.856억원이 된다.

$$V_L = D + E = 10.714\text{억원} + 32.142\text{억원} = 42.856\text{억원}$$

그리고 부채비율 조정 후 자기자본비용과 가중평균자본비용은 다음과 같다.

$$r_E = r_U + \frac{D}{E}(r_U - r_D)(1-t)$$
$$= 17.2\%$$

$$WACC = \frac{D}{D+E} \times r_D \times (1-t) + \frac{E}{D+E} \times r_E$$
$$= \frac{3}{4} \times 6\% \times (1-0.4) + \frac{1}{4} \times 17.2\%$$
$$= 7\%$$

결국 천지기업은 부채비율을 증가시킴으로써 가중평균자본비용을 낮추고 기업가치를 증가시킬 수 있음을 알 수 있다.

14 장수기업은 기존주주를 대상으로 50%의 유상증자를 계획하고 있다. 장수기업의 보통주는 시장에서 현재 25,000원에 거래되고 있으며 주당 발행가격은 15,000원이다.

(1) 권리락 주가를 구하라.

해설 증자를 실시할 때 권리부 주가와 권리락 주가의 이론적 관계

① 유상증자의 경우

권리부 주가 + 신주발행가격 × 증자비율 = 권리락 주가 × (1 + 증자비율)

② 무상증자의 경우

권리부 주가 = 권리락 주가 × (1 + 증자비율)

따라서 유상증자에 따른 권리락 주가는 다음과 같이 계산된다.

$$25{,}000\text{원} + (15{,}000\text{원} \times 0.5) = \text{권리락 주가}(1 + 0.5)$$

$$\therefore \text{권리락 주가} = \frac{25{,}000\text{원} + (15{,}000\text{원} \times 0.5)}{(1 + 0.5)} = 21{,}667\text{원}$$

(2) 신주인수권(preemptive right)의 가치를 계산하라.

해설 신주인수권의 가치 = 권리부 주가 − 권리락 주가

$$= 25{,}000\text{원} - 21{,}667\text{원}$$
$$= 3{,}333\text{원}$$

15★ 발해기업은 만기 2년, 액면가 100,000원의 전환사채를 발행하였다. 전환사채는 현재 시장에서 150,000원에 거래되고 있다. 액면이자율은 연 10%이며, 전환사채에는 액면가 50,000원당 발해기업 주식 1주를 전환할 수 있는 권리가 부여되어 있다. 발해기업의 현재주가는 30,000원이며, 전환권만 없이 동일한 성격의 일반사채의 수익률은 연 15%이다.

(1) 전환사채의 전환가격과 전환비율을 구하라.

해설 전환가격은 보통주 1주를 얻기 위하여 포기해야 하는 전환사채의 액면가를 의미한다. 또한 전환비율이란 전환사채 1개당 교환되는 보통주의 수를 말한다. 따라서 전환사채의 전환가격은 50,000원이고 전환사채의 전환비율을 계산하면 다음과 같다.

$$\text{전환비율} = \frac{\text{전환사채 액면가}}{\text{전환가격}} = \frac{100{,}000\text{원}}{50{,}000\text{원}} = 2$$

(2) 현재시점에서 전환가치는 얼마인가?

해설 전환가치는 전환사채가 즉시 주식으로 전환된다고 할 때의 가치를 말한다. 따라서 전환가치는 다음과 같이 계산된다.

$$\text{전환가치} = \text{현재주가} \times \text{전환비율}$$
$$= 30{,}000\text{원} \times 2 = 60{,}000\text{원}$$

(3) 현재시점에서 일반사채로서의 가치는 얼마인가? 그리고 전환사채 보유자는 현재 전환하는 것이 유리한가?

해설 전환사채의 일반사채로서의 가치는 다음과 같이 계산된다.

$$P_0 = \frac{10{,}000원}{(1+0.15)^1} + \frac{110{,}000원}{(1+0.15)^2} = 91{,}871원$$

현재 전환가치(60,000원)가 일반사채로서의 가치(91,871원)보다 낮으므로 전환하지 않는 것이 유리하다.

16* 가나전자와 다라석유의 재무자료는 다음과 같다.

기 업	매출액	영업이익	부채비율(D/E)	차입이자율	주식 베타	법인세율
가나전자	1,000억원	100억원	100%	5%	1.8	20%
다라석유	4,000억원	350억원	200%	4%	?	20%

무위험이자율은 3%이며, 시장포트폴리오의 기대수익률은 9%이다. 석유업은 전자업에 비하여 체계적 영업위험이 75% 수준이다. 두 기업 모두 성장률은 0%로 가정한다. 위 표의 부채비율은 시장가치 기준이다. 다라석유의 가중평균자본비용과 기업가치(세 가지 방법 이용)는 얼마인가?

해설 전자업의 체계적 영업위험 β_U는 다음과 같다.

$$전자업의\ \beta_U = \frac{1.8}{1 + 1 \times (1 - 0.2)} = 1$$

석유업의 체계적 영업위험은 전자업 그것의 75% 수준이므로 석유업의 체계적 영업위험은 다음과 같다.

$$석유업의\ \beta_U = 전자업의\ \beta_U \times 0.75 = 1 \times 0.75 = 0.75$$

다라석유의 주식베타는 다음과 같다.

$$다라석유의\ 주식베타(\beta_L) = 0.75 \times [1 + 2 \times (1 - 0.2)] = 1.95$$

다라석유의 자기자본비용은 다음과 같다.

$$r_E = 3\% + [9\% - 3\%] \times 1.95 = 14.7\%$$

다라석유의 가중평균비용은 다음과 같다.

$$WACC = \frac{2}{3} \times 4\%(1 - 0.2) + \frac{1}{3} \times 14.7\% \approx 7.03\%$$

다라석유의 r_U는 다음과 같다.

$$r_E = r_U + \frac{D}{E}[r_U - r_D](1 - t)에서,\ 14.7\% = r_U + \frac{2}{1}[r_U - 4\%](1 - 0.2)이고,$$

$r_U = 8.11\%$이다.

다라석유의 기업가치를 세 가지 방법으로 구하면 각각 다음과 같다.

$$V_L = \frac{EBIT(1-t)}{WACC} = \frac{350\text{억원}(1-0.2)}{7.03\%} = 3{,}983\text{억원}$$

그리고 부채비율이 200%이므로, 기업가치 3,983억원 = 부채가치 2,655억원 + 자기자본가치 1,328억원이다.

$$V_L = \frac{D \cdot r_D}{r_D} + \frac{(EBIT-I)(1-t)}{r_E} = \frac{2{,}655\text{억원} \cdot 4\%}{4\%} + \frac{(350\text{억원}-106\text{억원})(1-0.2)}{14.7\%}$$
$$= 3{,}983\text{억원}$$

$$V_L = \frac{EBIT(1-t)}{r_U} + D \times t = \frac{350\text{억원}(1-0.2)}{8.11\%} + 2{,}655\text{억원} \times 0.2 = 3{,}983\text{억원}$$

17* **A기업은 무부채기업이고 영업이익은 매년 12억원으로 기대된다. 자기자본비용은 12%이고 법인세율은 20%이다. 이자율 연 5%로 부채를 조달하여 자사주 일부를 매입함으로써 시장가치 기준으로 부채비율을 100%로 변경시키려고 한다. MM의 수정 자본구조이론을 기준으로 다음을 구하라.** [2014년 CPA 1차 기출문제 응용]

(1) 자본구조 변경 후 자기자본비용

해설 $r_E = r_U + \frac{D}{E}[r_U - r_D](1-t) = 12\% + 1 \times [12\% - 5\%](1-0.2) = 17.6\%$

(2) 자본구조 변경 후 가중평균자본비용($WACC$)

해설 $WACC = \frac{1}{2} \times 5\%(1-0.2) + \frac{1}{2} \times 17.6\% = 10.8\%$

(3) 자본구조 변경 후 기업가치 증가분

해설 자본구조 변경 전 기업가치 $= \frac{EBIT(1-t)}{r_U} = \frac{12\text{억원}(1-0.2)}{12\%} = 80\text{억원}$

자본구조 변경 후 기업가치 $= \frac{EBIT(1-t)}{WACC} = \frac{12\text{억원}(1-0.2)}{10.8\%} = 88.9\text{억원}$

자본구조 변경 후 기업가치 증가분 = 88.9억원 − 80억원 = 8.9억원

(4) 자본구조 변경에 필요한 자사주 매입액

해설 목표부채비율이 100%이고 기업가치가 88.9억원이므로 부채가치가 44.45억원이고 자기자본가치는 44.45억원이어야 한다. 따라서 부채 44.45억원을 조달해서 그 자금으로 자사주 44.5억원을 매입해야 한다.

(5) 자본구조 변경 후 절세효과의 현가

해설 절세효과의 현가 $= D \times t = 44.5$억원 $\times 0.2 = 8.9$억원

(6) 자본구조 변경 후 기업가치
(절세효과를 이용하는 방법과 부채와 자기자본 가치의 합을 이용하는 방법)

해설 절세효과를 이용하는 방법:

$$V_L = V_U + D \times t = \frac{EBIT(1-t)}{r_U} + D \times t = \frac{12\text{억원}(1-0.2)}{12\%} + 44.5\text{억원} \times 0.2 = 88.9\text{억원}$$

부채가치와 자기자본가치의 합을 이용하는 방법:

$$V_L = \frac{D \cdot r_D}{r_D} + \frac{(EBIT - I)(1-t)}{r_E} = \frac{44.5\text{억원} \cdot 5\%}{5\%} + \frac{(12\text{억원} - 2.225\text{억원})(1-0.2)}{17.6\%}$$

$$= 88.9\text{억원}$$

18★ **B기업은 무부채기업이며 영업이익은 매년 10.8억원이다. 주식베타는 1.2, 법인세율은 30%이다. 일정 금액을 차입하여 자사주를 매입하녀 부채비율(시장가치 기준)을 100%로 하려고 한다. 무위험이자율은 3%이고 이자율도 3%이며 시장포트폴리오의 기대수익률은 11%이다.**

(1) 차입 후의 자기자본비용을 MM 모형과 하마다 모형으로 구하고 그 결과를 비교하라.

해설 차입 전의 자기자본비용은 다음과 같다.

$$r_E = r_f + [E(r_M) - r_f] \times \beta_U = 3\% + [11\% - 3\%] \times 1.2 = 12.6\% = r_U$$

차입 후의 자기자본비용을 MM 모형으로 구하면 다음과 같다.

$$r_E = r_U + \frac{D}{E}[r_U - r_D](1-t) = 12.6\% + 1 \times [12.6\% - 3\%](1-0.3) = 19.32\%$$

그리고 차입 후의 자기자본비용을 하마다 모형으로 구하면 다음과 같다.

$$\beta_L = 1.2 \times [1 + 1 \times (1-0.3)] = 2.04$$

$$r_E = r_f + [E(r_M) - r_f] \times \beta_L = 3\% + [11\% - 3\%] \times 2.04 = 19.32\%$$

이로부터 무위험이이자율로 차입하는 것이 가능하다면 MM 모형과 하마다 모형의 결과는 일치함을 알 수 있다.

(2) 차입 전의 기업가치와 차입 후의 기업가치가 차이 나는 이유를 설명하라(기업가치는 $WACC$를 이용할 것).

해설 차입 전의 기업가치:

$$V_U = \frac{EBIT(1-t)}{r_U} = \frac{10.8\text{억원}(1-0.2)}{12.6\%} = 60\text{억원}\ (\text{무부채기업의}\ WACC = r_U)$$

차입 후의 기업가치:

$$WACC = \frac{1}{2} \times 3\%(1-0.3) + \frac{1}{2} \times 19.32\% = 10.71\%$$

$$V_L = \frac{EBIT(1-t)}{WACC} = \frac{10.8\text{억원}(1-0.3)}{10.71\%} = 70.6\text{억원 (반올림)}$$

차입 전과 후의 기업가치 차이 70.6억원 − 60억원 = 10.6억원은 절세효과의 현가인데, 이는 부채비율 100%를 유지하기 위해 기업가치의 절반인 35.3억원을 차입하여 얻는 절세효과 (35.3억원 × 0.3억원 ≈ 10.6억원)이다.

19★ 신설된 영일전자는 자기자본과 부채를 각각 50억원씩 조달하였다. 기계를 80억원에 매입하였고 유휴자금 20억원은 투자자산을 매입하였다. 기계로부터 발생하는 영업이익은 연간 10.64억원씩 계속될 것으로 예상되며, 매년 감가상각비만큼의 재투자가 이루어진다. 시장포트폴리오의 기대수익률과 무위험이자율 및 차입이자율은 각각 연 10%와 3% 및 5%이며, 법인세율은 20%이다. 유사 전자업을 하는 기업의 주식베타는 1.1이며, 부채비율(D/E)은 150%이다. 영일전자의 목표부채비율은 100%이다.

(1) 자기자본비용과 가중평균자본비용을 구하라.

해설 먼저 영일전자의 B/S를 작성하면 다음과 같다.

B/S

설비자산	80억원	부　채	50억원
투자자산	20억원	자　본	50억원
총 자 산	100억원	총 자 본	100억원

전자업의 β_U를 구하면 다음과 같다.

$$1.1 = \beta_U[1 + 1.5 \times (1-0.2)] \Rightarrow \beta_U = 0.5$$

석영전자의 β_L을 구하면 다음과 같다.

$$\beta_L = 0.5 \times [1 + 1 \times (1 - 0.2)] = 0.9$$

자기자본비용을 구하면 다음과 같다.

$$r_E = 3\% + (10\% - 3\%) \times 0.9 = 9.3\%$$

$WACC$를 구하면 다음과 같다.

$$WACC = \frac{1}{2} \times 5\%(1 - 0.2) + \frac{1}{2} \times 9.3\% = 6.65\%$$

(2) 투자의 NPV와 기업가치는 얼마인가?

해설 $NPV = \frac{EBIT(1-t)}{WACC} - IC = \frac{10.64\text{억원}(1-0.2)}{6.65\%} - 80\text{억원} = 48\text{억원}$

기업가치 = $IC + NPV +$ 비영업자산 = 80억원 + 48억원 + 20억원 = 148억원

(3) EVA와 MVA를 구하라.

해설 $$EVA = IC \times (ROIC - WACC) = 80\text{억원} \times (\frac{8.512\text{억원}}{80\text{억원}} - 6.65\%) = 3.192\text{억원}$$

$$MVA = \frac{EVA}{WACC} = \frac{3.192\text{억원}}{6.65\%} = 48\text{억원}$$

20 자기자본만을 사용하는 C기업의 자본비용은 10%이다. 영업이익($EBIT$)이 매년 6억원씩 영구히 발생할 것이다. 신규 투자를 고려하여 액면가 기준 4억원, 액면이자율 4%, 만기수익률 5%의 영구채로 부채를 조달할 계획이다. 신규투자안의 NPV는 1억원이다. 법인세율 20%이다.

[2012년 CPA 2차 기출문제 응용]

(1) 영구채의 시장가치를 구하라.

해설 $$\text{영구채의 시장가치} = \frac{4\text{억원} \times 4\%}{5\%} = 3.2\text{억원}$$

(2) 신규 투자 실행 전, 후의 기업가치를 각각 구하라.

해설 $$\text{신규투자 실행 전 기업가치} = \frac{6\text{억원} \times (1 - 0.2)}{10\%} = 48\text{억원}$$

$$\begin{aligned}\text{신규투자 실행 후 기업가치} &= \text{신규투자 실행 전 기업가치} + \text{영구채의 시장가치} + NPV \\ &\quad + \text{절세효과의 현가} \\ &= 48\text{억원} + 3.2\text{억원} + 1\text{억원} + \frac{4\text{억원} \times 4\% \times 0.2}{5\%} \\ &= 52.84\text{억원}\end{aligned}$$

21 * 매년 300억원의 영업이익이 영구히 발생한다. 영업위험만 반영된 할인율은 10%, 법인세율은 20%이며, 부채사용 시 파산비용의 현가는 2,400억원이다. 부채사용액(D)과 파산확률(p)과의 관계는 다음과 같다.

$$p = \frac{20\text{억원}}{V_U} = \left(\frac{D\text{억원}}{500\text{억원}}\right)^2$$

정태이론에 의한 최적부채비율(D/E)을 구하라.

해설 $$V_U = \frac{300\text{억원} \times (1 - 0.2)}{10\%} = 2,400\text{억원}$$

$$V_L = 2{,}400\text{억원} + D\text{억원} \times 0.2 - \frac{20\text{억원}}{2{,}400\text{억원}} \times \left(\frac{D\text{억원}}{500\text{억원}}\right)^2 \times 2{,}400\text{억원}$$

$$\Rightarrow\ V_L = -\frac{20\text{억원}}{250{,}000} \times (D^2\text{억원}) + D\text{억원} \times 0.2 + 2{,}400\text{억원}$$

기업가치가 최대화되는 부채사용액은 위 식을 미분해서 0이 되는 상태이다.

$$\frac{dV_L}{dD} = -2 \times \frac{20\text{억원}}{250{,}000} \times D + 0.2\text{억원} = 0 \Rightarrow D = 1{,}250$$

$$V_L = 2{,}400\text{억원} + 1{,}250\text{억원} \times 0.2 - \frac{20\text{억원}}{2{,}400\text{억원}} \times \left(\frac{1{,}250\text{억원}}{500\text{억원}}\right)^2 \times 2{,}400\text{억원}$$

$$= 2{,}525\text{억원}$$

최적부채비율에서의 부채 = 1,250억원, 자기자본 = 2,525억원 − 1,250억원 = 1,275억원

따라서 최적부채비율 $= \dfrac{1{,}250\text{억원}}{1{,}275\text{억원}} = 98\%$

CHAPTER 10 배당정책

현금배당은 대부분의 기업에게 있어 중요한 현금유출이다. 따라서 기업의 순이익 중에서 얼마를 주주에게 배당으로 지급하고 얼마를 재투자용으로 사내에 유보할 것인가 하는 배당정책은 기업에게 매우 중요한 의사결정이다. 최적 배당정책이란 기업가치를 극대화시키는 배당정책을 말한다. 완전자본시장을 가정하면 최적 배당정책이란 존재하지 않는다. 그러나 현실적으로 시장에서는 저배당을 선호하는 요인도 존재하며 고배당을 선호하는 요인들도 존재한다. 기업의 실질적인 배당정책은 세금, 정보전달효과, 거래비용 등에 의해 영향을 받게 된다.

10.1 배당지표

기업의 배당수준을 나타내는 척도로 다음과 같은 여러 가지 지표가 사용된다.

- 주당배당금(dividend per share) : 주식 1주에 대한 현금배당금액

$$\text{주당배당금} = \frac{\text{총배당금}}{\text{발행주식수}} \tag{1}$$

- 배당수익률(dividend yield) : 주당배당금을 주가로 나눈 값으로 실무에서는 시가배당률이라는 표현으로 사용되기도 한다.

$$\text{배당수익률} = \frac{\text{주당배당금}}{\text{주가}} \times 100 \tag{2}$$

- 배당성향(dividend payout ratio) : 주당배당금을 주당순이익으로 나눈 값, 또는 총배당금을 순이익으로 나눈 값으로 순이익의 몇 퍼센트를 배당으로 지급하는가를 측정하는 비율이다. 1에서 배당성향을 차감하면 유보비율이 계산된다.

$$배당성향 = \frac{주당배당금}{주당순이익} \times 100 \tag{3}$$

$$(유보비율 = 1 - 배당성향)$$

- 배당률(dividend ratio) : 주당배당금을 주식의 액면가격으로 나눈 값으로 액면가 배당률로 불리며 과거에는 배당수준을 나타내는 지표로 주로 이용되었으나 최근에는 배당수익률로 대체되었다.

$$배당률 = \frac{주당배당금}{액면가} \times 100 \tag{4}$$

10.2 MM의 배당이론

(1) MM의 배당이론의 가정과 의미

MM(Miller & Modigliani)은 배당정책과 기업가치의 무관련이론을 전개하면서 다음과 같은 가정을 설정하고 있다.

첫째, 완전자본시장(perfect capital market)이 존재한다.
둘째, 모든 투자자들은 자신들의 투자활동에 대한 결과를 확실히 예측할 수 있으며, 따라서 투자로부터 기대되는 미래 현금흐름의 현가를 구할 때 사용하는 할인율은 전기간에 걸쳐 일정하다.
셋째, 일체의 세금이 존재하지 않는다.
넷째, 배당소득(dividend gain)과 자본이득(capital gain)은 동질적이다.
다섯째, 투자자의 부(富)의 한계효용은 항상 양의 값을 갖는다.

이상의 가정하에서 MM은 일정한 배당수령에 의한 부의 증가는 동일한 정도의 주가하락에 의하여 상쇄되고, 또한 배당포기로 인한 유보이익의 증가는 포기한 배당만큼의 주가상승을 가져오기 때문에 주주의 부는 변하지 않는다고 주장하고 있다.

(2) MM의 무관련이론

기업은 필요하면 현금흐름의 패턴을 조정할 수 있다. 기업은 당기의 배당금을 증가시켜 현금유출이 많아지면 그 만큼의 자금을 신주를 발행하여 조달하면 된다. 반대로 당기의 배당금을 감소시켜 현금유출이 적어지면 남은 자금을 자사주를 매입하는데 사용하면 된다. 신주발행은 미래 주당배당금을 감소시키는 효과가 있고, 자사주매입은 미래 주당배당금을 증가시키는 효과가 있다.

경영자와 마찬가지로, 주주들도 경영자가 결정한 배당정책을 스스로 조정하여 자신이 원하는 배당정책으로 전환시킬 수 있다. 만일 주주가 기업이 배당으로 지급하는 금액보다 현재 더 많은 소득을 원하면, 보유주식의 일부를 매각하여 소득을 증가시키면 된다. 보유주식의 매각은 미래 배당금을 감소시킨다. 반면에 주주가 기업이 배당으로 지급하는 금액보다 현재 더 적은 소득을 원하면 배당받은 금액 중 일부를 추가로 주식을 매입하는데 사용하면 된다. 추가 주식매입은 미래 배당금을 증가시킨다.

이처럼 주주는 주식을 매도 또는 매입함으로써 기업의 배당정책을 조정하여 자신이 원하는 배당정책으로 전환시킬 수 있다. 이와 같이 기업의 배당정책을 주주 자신의 배당정책으로 전환시키는 것을 자가배당(homemade dividend : 自家配當)이라고 한다.

MM의 배당이론을 쉬운 예를 들어 설명해 보기로 하자. 한라기업은 매년 1,000원의 주당배당금을 영구히 지급할 예정이다. 요구수익률이 10%이면 한라기업의 주가는 다음과 같이 10,000원이 될 것이다.

$$\begin{aligned} P_0 &= \frac{1{,}000\text{원}}{1.1} + \frac{1{,}000\text{원}}{1.1^2} + \cdots + \frac{1{,}000\text{원}}{1.1^{\infty}} \\ &= \frac{1{,}000\text{원}}{0.1} = 10{,}000\text{원} \end{aligned}$$

주가를 미래 주당배당금의 현재가치로 이해하는 한라기업의 경영자 영식은 주가를 상승시키기 위하여 다른 것은 동일하고 내년에만 2,000원의 주당배당금을 지급하기로 결정하였다. 배당증가 후 영식이 기대하는 주가는 다음과 같이 10,909원이 될 것이다.

$$P_0 = \frac{2{,}000\text{원}}{1.1} + \frac{1{,}000\text{원}}{1.1^2} + \cdots + \frac{1{,}000\text{원}}{1.1^{\infty}}$$
$$= \frac{1{,}000\text{원}}{0.1} + \frac{1{,}000\text{원}}{1.1} = 10{,}909\text{원}$$

이와 같은 영식의 논리가 옳은가? 결론적으로 얘기해서 옳지 않다. 옳지 않은 이유를 설명하면 다음과 같다. 기업의 투자금액이 고정되어 있는 상태에서 배당을 늘리면 한라기업은 부족한 자금을 신주를 추가로 발행하여 조달해야 한다(차입은 고려하지 않는다고 가정함). 만일 1년 후 주당 1,000원의 배당을 추가적으로 지급하기 위하여 신주를 발행한다면 한라기업은 새 주주에게 주당 매년 100원의 현금을 지급해야 한다(새 주주도 기존 주주와 마찬가지로 10%의 수익률을 요구한다고 가정함). 이로인해 기존 주주에게 지급할 수 있는 현금은 주당 900원으로 줄어든다. 따라서 신주발행 후 기존 주주에게 귀속되는 현금흐름(즉, 주당배당금)의 현가는 다음과 같이 추가로 배당을 지급하기 전의 가격과 동일하게 10,000원이 된다. 결국 완전자본시장 가정하에서 영식의 논리는 옳지 않다.

$$P_0 = \frac{2{,}000\text{원}}{1.1} + \frac{900\text{원}}{1.1^2} + \cdots + \frac{900\text{원}}{1.1^{\infty}}$$
$$= \frac{900\text{원}}{0.1} + \frac{1{,}100\text{원}}{1.1} = 10{,}000\text{원}$$

(3) MM 배당이론의 증명★

MM의 이론은 식 (5)에서와 같이 기초의 주가가 기말의 주당배당금과 기말의 주가를 합한 금액을 적정한 할인율로 할인한 현가와 같다는 데에서 출발한다.

$$P_0 = \frac{1}{1+k}(DIV_1 + P_1) \qquad (5)$$

P_0 : 기초의 주가
k : 자기자본비용$(= r_E)$
DIV_1 : 기말의 주당배당금
P_1 : 기말의 주가

식 (5)의 내용을 좀 더 정리해서 MM의 배당이론을 설명해 보기로 하자. 0시점에서의 발행주식수를 n이라 하고 1기간 후에 새로운 투자를 하는 경우, 이에 소요되는 자본을 P_1의 가격으로 m주식수만큼 신규로 발행하여 조달한다면 식 (5)는 다음과 같이 나타낼 수 있다.

$$n \cdot P_0 = \frac{1}{1+k}[n \cdot DIV_1 + (n+m)P_1 - m \cdot P_1] \qquad (6)$$

식 (6)에서 살펴볼 수 있는 바와 같이, 0시점의 기발행주식의 총가치 $n \cdot P_0$는 1기 후의 총배당액 $n \cdot DIV_1$과 1기 후의 총발행 주식가치 $(n+m)P_1$에서 신규발행 주식가치 $m \cdot P_1$을 차감한 가치의 합계를 k로 할인한 값과 같다.

그리고 1기 후의 총투자소요액에서 유보이익에 의하여 조달할 수 있는 부분을 차감한 나머지는 신주발행에 의하여 조달할 것이므로 신주발행액은 다음과 같다.

$$m \cdot P_1 = I - (X - n \cdot DIV_1) \qquad (7)$$

I: 1기 후의 신규투자액

X: 1기 후의 순이익

($X - n \cdot DIV_1$은 순이익에서 1기 후 배당지급액을 차감한 사내유보액을 나타냄)

식 (7)을 식 (6)에 대입하여 정리하면 다음과 같다.

$$n \cdot P_0 = \frac{1}{1+k}[(n+m)P_1 - I + X] \qquad (8)$$

식 (8)에서 주주의 가치는 배당과는 전혀 관계가 없고 신규투자액 및 순이익에 의하여 좌우됨을 알 수 있다. 다시 말해서 기업이 배당을 지급하면 1기 후 주가 P_1이 배당지급전보다 떨어지고, 배당지급으로 인해 신규투자를 위한 외부자금이 필요하면 P_1의 가격으로 신주를 발행하여 충당할 수 있다는 것이 MM의 배당이론의 요지이다.

사례분석★

기업 D의 보통주 총발행주식수는 100,000주이며, 기초인 현재 주가는 15,000원이다. 기업 D의 자기자본환원율(자기자본비용)은 연 10%이며, 기업 D는 기말에 3억원 규모의 신규투자를 계획하고 있다. 또한 기업 D의 금기 법인세차감 후 순이익은 2억원으로 예상되며, 기말에도 전기와 같이 순이익의 50%를 배당으로 지급하고자 한다. 기업 D의 기말 예상주가와, 신규투자를 위하여 발행하여야 할 보통주의 주식수를 MM의 배당이론을 이용하여 추정하라.

해 설

먼저 MM의 배당이론을 이용하여 기말 예상주가(P_1)를 구하면 다음과 같다.

$$P_0 = \frac{1}{1+k}(DIV_1 + P_1)$$

$$15{,}000\text{원} = \frac{1}{1+0.10}(1{,}000\text{원} + P_1)$$

$$(DIV_1 = (200{,}000{,}000\text{원} \times 0.5) \div 100{,}000\text{주} = 1{,}000\text{원})$$

$$\therefore\ P_1 = 15{,}500\text{원}$$

즉, 기업 D의 기말 예상주가는 15,500원이다. 또한 MM의 배당이론에서 신주발행액 $m \cdot P_1$은 다음과 같이 정의한다.

$$m \cdot P_1 = I - (X - n \cdot DIV_1)$$

위의 식에 주어진 자료를 대입하여 m을 구하면 다음과 같다.

$$m \times 15{,}500\text{원} = 300{,}000{,}000\text{원} - (200{,}000{,}000\text{원} - 100{,}000\text{주} \times 1{,}000\text{원})$$

$$m = 12{,}904\text{주}$$

즉, 기업 D가 신규투자를 위하여 발행해야 할 보통주 주식수는 12,904주이다.

10.3 배당정책을 결정하는 현실적인 요인들

MM의 배당이론은 완전자본시장을 가정하는 경우에만 성립한다. 세금, 발행비용, 거래비용, 정보비대칭 등의 시장을 불완전하게 하는 요인들을 고려하면 배당지급이 기업가치를 감소시킬 수도 있고 증가시킬 수도 있다.

(1) 기업가치를 증가시키는 요인

① 배당의 정보효과 가설

일반적으로 경영자가 일반투자자보다 기업의 미래 상황에 대하여 보다 많고 우월한 정보를 갖고 있는데, 이런 현상을 정보비대칭(information asymmetry) 현상이라고 한다. 정보비대칭이 존재하는 상황에서 경영자는 목적에 따라 자신이 가지고 있는 우월한 정보를 시장에 전달할 수 있는데, 이 때 이용할 수 있는 수단 중의 하나가 배당정책이다. 즉, 경영자가 기업의 미래상황이 일반투자자가 외부에서 생각하는 것보다 낙관적이라고 생각하면 경영자는 배당을 증가시킴으로써 자신의 낙관적인 견해를 시장에 전달할 수 있다. 물론, 미래가 외부인이 보는 것보다 비관적이면 경영자는 배당을 감소시켜 자신의 비관적인 견해를 시장에 전달할 수도 있다.

결국 배당을 증가시키는 것은 그 기업의 미래상황이 시장에서 생각하는 것보다 좋을 것이란 신호로 받아들여진다. 이런 가설을 배당의 정보효과 가설(dividend signaling hypothesis)이라고 한다.

② 잉여현금흐름 가설

배당의 정보효과 가설에서는 경영자의 목표가 주주의 부를 극대화하는데 있다고 가정한다. 그러나 잉여현금흐름 가설(free cash flow hypothesis)에서는 경영자의 목표가 자신의 편익을 극대화하는데 있다고 가정한다. 경영자가 시장에서 행사할 수 있는 힘은 회사의 규모와 직결되어 있으므로 경영자는 자신의 이익을 위해 기업이 가능한 많은 현금을 보유하도록 할 것이다. 기업이 좋은 투자기회와 관계없이 무조건 현금을 많이 보유한다는 것은 기업이 상당한 재원을 낭비하고 있는 것으로 볼 수 있다.

만일 기업이 배당을 증가시키면 경영자가 낭비할 수 있는 재원을 줄일 수 있다. 배당을 증가시킴으로써 경영자가 낭비할 수 있는 재원을 감소시키는 것은 주주의 입장에서는 좋은 소식이고, 따라서 배당 증가 공시일에 주가는 상승할 것이다. 같은 논리로, 만일 기업이 배당을 감소시키면 경영자가 낭비할 수 있는 재원이 늘어나게 되고, 따라서 배당 감소 공시일에 주가는 하락할 것이다.

이 가설은 대리인이론(agency theory)에 기초한 가설로서 배당의 정보효과 가설과는 이론적인 접근 방법이 상이하지만, 배당증가가 주가를 상승시키고 배당감소가 주가를 하락시킨다는 점에서 결론은 동일하다.

③ 현재소득선호 가설

앞에서 투자자들은 자가배당을 이용하여 자신이 원하는 배당정책을 만들 수 있다고 설명하였다. 그러나 세금 및 거래비용이 존재하는 상황에서 투자자들이 자신의 구미에 맞게 스스로 적은 배당을 많은 배당으로 조정하는 것은 현실적으로 어렵다. 따라서 현재소득이 더 필요한 투자자들은 미래 소득보다 현재 배당소득을 선호할 것이다. 이런 가설을 현재소득선호 가설이라고 한다.

그리고 일부 기관투자자들은 제약조건으로 인해 많은 배당을 지급하는 주식을 선호하기도 한다. 또한 세금으로 인해 자본이득이 배당소득보다 유리하지만, 전혀 세금을 내지 않는 일부 기관투자자들에게는 배당소득이 세금 측면에서도 전혀 불리하지 않다. 따라서 면세 기관투자자들은 현재 배당소득을 선호할 수 있다.

(2) 기업가치를 감소시키는 요인

① 발행비용

기업이 배당을 증가시키기 위하여 필요한 재원을 사채나 주식을 발행하여 조달한다면, 증권 발행비용이 기업가치를 하락시킬 수 있다. 특히, 주식 발행규모가 크지 않으면 발행비용이 조달금액의 상당 부분을 차지해 무시할 수 없게 된다. 미국의 경우, 주식 발행규모가 1,000만 달러 이하인 경우 발행비용이 조달금액의 약 13%에 이르는 것으로 알려져 있다.

② 세 금

현실적으로 배당소득에 대한 세금이 자본이득에 대한 세금보다 훨씬 많으므로, 동일한 소득인 경우 배당소득으로 받는 것이 주주 입장에서 불리하다. 주주는 배당소득에 대하여 세금을 내야 하므로 세후 기준의 배당금은 세전배당금보다 작아진다. 따라서 배당기업의 현재 적정 주가는 비배당기업의 현재 적정주가보다 낮아져야 한다. 따라서 동일 조건하에서 배당기업의 가치는 비배당기업의 가치보다 낮아진다.

10.4 배당정책 결정 시 고려사항

(1) 배당의 안정화

기업이 일정 배당성향을 결정하여 이를 일률적으로 적용할 경우 기업의 이익수준이 매년 변동하면 주주들이 받는 배당도 변동하게 된다. 이 경우 주주들은 해당기업의 미래 배당수준을 예측하기 어려우므로 배당수입에 대한 위험이 커지게 된다. 따라서 기업은 연간 이익수준의 변동이 크지 않을 때는 전년도의 배당수준을 그대로 유지하려는 경향을 갖는다.

(2) 이익수준

원칙적으로 배당은 기업의 이익 중에서 이루어지므로 특정 영업기에 있어서 납세후 순이익은 배당 지급여부 및 그 지급규모를 결정하는데 우선적으로 고려해야 할 사항이다.

(3) 법률상 제한

배당결정은 원칙적으로 기업의 자율적 결정사항이나 관련법규에서는 기업이 건전한 자본구조를 유지하도록 하기 위하여 배당재원을 일정한도로 제한하고 있다.

(4) 유동성

기업이 높은 배당을 지급하고자 하여도 배당지급기에 기업의 유동성이 좋지 못할 때에는 배당지급이 제한을 받는다.

(5) 성장가능성

기업이 투자기회가 많고 미래 성장전망이 밝을 때에는 성장을 위하여 많은 투자자금이 필요하게 된다. 따라서 이러한 기업은 가능한 한 배당을 줄이고 이익을 유보함으로써 기업가치를 상승시킬 수 있다.

(6) 부채의 상환의무

사채의 상환기가 도래한다거나, 거액의 금융부채를 상환하여야 할 경우 기업은 비록 당기의 이익을 많이 실현했다 하더라도 부채상환을 위하여 배당을 억제하여야 한다.

(7) 사채권자의 배당제약

기업이 사채를 발행할 때 사채권자들은 그들의 채권확보를 위하여 사채계약서에 배당제한과 같은 채권보호조항의 삽입을 요구하는 경우가 있다. 또한 법률적으로도 기업의 부채가 자산을 초과할 때에는 배당지급을 금지하고 있다.

(8) 기업지배권의 변동

배당을 실시할 경우 기업 소요자금의 부족액은 부채 및 신주발행 등으로 충당되어야 하는데, 신주발행시 지배주주에게 신주인수권이 부여되지 않거나 또는 지배주주가 신주인수권을 포기하면 이들의 기업지배권은 약화된다. 그런데 지배주주들은 일반적으로 기업지배권의 변동을 바라지 않으므로 배당보다는 이익의 유보를 희망하게 된다.

(9) 주주의 성격

기존주주들이 고소득층일 경우에는 배당소득에 대하여 고율의 종합소득세를 물어야 하기 때문에 일반적으로 이익의 유보를 선호하며, 반대로 배당소득으로 생활을 영위하는 저소득층의 경우에는 배당을 선호한다.

(10) 기타

이상에서 언급한 요인 이외에도 많은 요인들이 고려대상이 될 수 있다. 이익수준이 매년 안정된 기업에 있어서는 미래수익에 대한 불확실성이 낮아 이익을 많이 유보할 필요가 없기 때문에 비교적 많은 배당을 지급할 수 있게 된다. 한편, 인플레가 심할 때에는 주주들에게 실질소득을 보장해 주기 위하여 비교적 많은 배당을 지급하는 것이 통례이며, 기업의 기존 자본구조, 동업종의 평균 배당수준도 배당결정의 주요 고려요인이 된다.

10.5 자사주매입 대 현금배당

(1) 자사주매입의 의의

자사주매입(stock repurchase)은 기업이 발행한 자사의 보통주를 다시 매입하여 금고주(treasury stock)의 형태로 소유하는 것을 말한다. 우리나라에서는 1994년에 증권거래법 개정을 통하여 상장기업이 발행주식수의 5% 범위 내에서 자사주를 매입하는 것을 허용하고 있다. 자사주를 매입하는 방법에는 두 가지가 있는데, 하나는 기업이 직접 매입하는 방법이고 다른 하나는 자기주식 신탁계약 등을 통하여 간접적으로 취득하는 방법이다.

자사주매입은 주가에 어떤 영향을 줄 것인가? 어떤 기업이 자사주매입을 공시하면 현재 주가가 과소평가되었다는 경영자의 판단이 간접적으로 자본시장에 전달된다. 따라서 이런 정보효과로 인해 공시일에 주가는 일반적으로 상승하게 된다. 우리나라의 경우 공시일을 전후하여 약 2 ~ 3%의 초과수익률(abnormal return)을 얻는 것으로 보고되고 있다.

(2) 자사주매입의 효과

자사주매입은 그 효과가 근본적으로 현금배당과 동일하다. 이를 설명하기 위하여 [표 1]의 A패널에 제시된 충북실업의 재무상태표(시가기준)를 고려해 보자. 충북실업의 발행주식수가 1,000만주(액면가 500원)이므로 주가는 600억원 / 1,000만주 = 6,000원이고 자본금은 50억원(= 500원 × 1,000만주)이다. 그리고 당기순이익이 50억원이므로 주당순이익은 50억원 / 1,000만주 = 500원이고 PER(주가수익비율)은 6,000원 / 500원 = 12이다.

충북실업이 주당 600원의 현금배당을 실시하면 표의 B패널에서와 같이 총 600원 × 1,000만주 = 60억원의 현금이 소요된다. 현금배당 실시 후 자기자본의 가치는 60억원만큼 감소하여 540억원이 되지만, 발행주식수는 변함이 없으므로 주가는 5,400원으로 하락한다.

$$\text{현금배당 실시 후 주가} = \frac{600\text{억원} - 60\text{억원}}{1{,}000\text{만주}} = 5{,}400\text{원}$$

또한 현금배당 실시 후에 발행주식수가 변하지 않으므로 주당순이익은 500원으로 변함이 없다. 그런데 주가가 5,400원으로 하락하므로 PER도 5,400원 / 500원 = 10.8로 하락한다.

한편, 충북실업은 보유현금 60억원으로 자사주 60억원 / 6,000원 = 100만주를 매입할 수 있다. 자사주매입 실시 후 발행주식수가 900만주로 감소하고 자기자본의 가치도 540억원으로 감소하므로 정보효과를 무시하면 주가는 6,000원으로 변함이 없다(C 패널 참조).

$$\text{자사주매입 실시 후 주가} = \frac{\text{600억원} - \text{60억원}}{\text{900만주}} = \text{6,000원}$$

또한 자사주매입 실시 후에 발행주식수가 900만주로 감소하므로 주당순이익은 555.56원(= 50억원 / 900만주)으로 증가한다. 그런데 주가가 변하지 않고 6,000원이므로 PER도 현금배당을 지급하는 경우와 마찬가지로 6,000원 / 555.56원 = 10.8로 하락한다.

[표 1] 현금배당과 자사주매입의 효과

A. 현재 (시장가치)

현금	100억	부채	500억
비유동자산	1,000억	자기자본	600억

B. 주당 600원의 현금배당 실시 후 (시장가치)

현금	40억	부채	500억
비유동자산	1,000억	자기자본	540억

C. 총 60억원의 자사주매입 실시 후 (시장가치)

현금	40억	부채	500억
비유동자산	1,000억	자기자본	540억

자사주매입은 그 효과가 근본적으로 현금배당과 동일하다. 현금배당과 자사주매입의 효과를 비교하면 다음과 같다.

[표 2] 현금배당과 자사주매입이 미치는 효과

구 분	미치는 영향		동일한 효과? 아니면 상이한 효과?
	현금배당	자사주매입	
발행주식수	불 변	감 소	상 이
주 가	하 락	불 변	상 이
주당순이익	불 변	상 승	상 이
PER	하 락	하 락	동 일
주주에게 지급되는 금액	동일금액	동일금액	동 일

10.6 주식배당과 주식분할 및 액면분할

(1) 주식배당의 의의

주식배당(stock dividend)은 현금배당 대신에 주식을 추가로 발행하여 기존 주주에게 무상으로 교부하는 것이다. 주식배당은 기업의 이익잉여금이 주식배당액만큼 자본금으로 편입되기 때문에 발행주식만 늘어날 뿐 기존주주의 지분율은 그대로 유지되어 실질적으로 주주의 부(富)의 증가를 가져오지는 않는다. 즉, 주식배당은 무상증자의 한 형태로서, 실질적인 주금납입이 없이 주식을 추가로 발행하여 이를 기존주주들에게 지분율에 비례하여 배분하는 것이다.

(2) 주식배당의 효과

주식배당의 효과는 다음과 같다.

첫째, 배당으로 인한 현금의 사외유출을 막고 이를 사내에 묶어둠으로써 기업의 자금수요에 대처할 수 있다.
둘째, 자본의 영구화를 위한 수단이다.
셋째, 높게 형성된 주가를 하락시키기 위한 수단이다.

주식배당을 실시하면 이익잉여금과 자본금간의 계정전환만 일어날 뿐이다. 앞의 충북실업의 예시를 다시 고려해서 주식배당의 효과를 살펴 보기로 하자. 충북실업이 현금배당 또는 자사주매입을 실시하지 않고 10%의 주식배당을 실시한다고 하자. 10%의 주식배당을 실시하면 기존주식 10주당 신주 1주가 추가로 지급되므로, 발행주식수가 1,000만주에서 1,100만주로 100만주 늘어난다. 주가는 다음과 같이 6,000원에서 권리락일에 5,455원으로 하락하고 주당순이익도 50억원 / 1,100만주 = 455원으로 하락한다. 따라서 PER은 주식배당 전의 수준 12를 그대로 유지한다(약간의 차이는 반올림 때문임).

$$P_0 = \frac{600\text{억원}}{1{,}100\text{만주}} = 5{,}455\text{원}$$

$$\text{주당순이익}(EPS) = \frac{50\text{억원}}{1{,}100\text{만주}} = 455\text{원}$$

$$PER = \frac{5{,}455\text{원}}{455\text{원}} = 12$$

주식배당을 실시하면 이익잉여금과 자본금간의 계정전환만 일어날 뿐 자기자본 가치는 변하지 않으므로 주식배당 실시 후의 재무상태표는 앞에서 보았던 [표 1]의 A 패널과 같다.

(3) 주식배당의 장단점

주주의 입장에서 보면 주식배당은 당장에는 효과가 없다고 하더라도 다음과 같은 점에서 간접적인 장점이 있다.

첫째, 대부분의 기업은 배당의 안정성을 중시하는데, 주당배당금을 일정하게 유지한다면 차기의 배당은 늘어난 주식수에 비례하여 늘어나게 된다.

둘째, 주식배당은 대체로 성장속도가 빠르고 미래 성장전망이 밝은 기업이 실시하기 때문에, 주식배당 그 자체가 투자자들에게 좋은 정보로 전달된다.

셋째, 주가가 지속적으로 상승하는 기업의 주주들은 현금배당보다는 오히려 주식배당을 선호하는 경향이 있다. 왜냐하면 주식이 높은 가격으로 거래되기 때문에 무상주를 교부받아 이를 매각함으로써 얻은 자본이득이 현금배당 수입보다 크기 때문이다.

반면에 주식배당은 기업입장에서 다음과 같은 단점도 가지고 있다.

첫째, 주식배당에는 주권의 인쇄비용 등 부수되는 비용이 들게 되며 이러한 비용은 보상받을 수 없는 비용이다.

둘째, 주식배당을 통하여 당장은 배당재원의 사외유출을 방지할 수 있다 하더라도 발행주식수가 늘어나게 되어 미래의 배당이 증가함으로써 자금의 사외유출이 늘어난다.

사례분석

기업 G의 보통주 발행주식수는 20만주이며 자본금은 10억원(= 5,000원 × 20만주)이다. 이 기업의 당기순이익을 포함한 이익잉여금은 5억원이며 보통주는 시장에서 주당 15,000원에 거래되고 있다. 기업 G의 경영자는 배당률 20%(액면가 기준)로 현금배당을 실시할 것인가, 아니면 주식배당을 실시할 것인가를 고려 중이다. 현금배당을 실시할 경우와 주식배당을 실시할 경우 기업 G의 자본변동과 주가변동을 비교하라.

해 설

① 현금배당을 실시하는 경우

자본변동상황 :

구 분	배당지급 전	배당지급 후
자 본 금	10억원(= 20만주 × 5,000원)	10억원(= 20만주 × 5,000원)
이익잉여금	5억원	3억원
합 계	15억원	13억원

배당지급총액 : 5,000원 × 0.2 × 20만주 = 2억원

주가변동 상황 :

주당배당금 : 2억원 ÷ 20만주 = 1,000원

배당락주가 : 15,000원 − 1,000원 = 14,000원

② 주식배당을 실시하는 경우

자본변동 상황 :

구 분	배당지급 전	배당지급 후
자 본 금	10억원(= 20만주 × 5,000원)	12억원(= 24만주 × 5,000원)
이익잉여금	5억원	3억원
합 계	15억원	15억원

주가변동 상황 :

배당 전 주가가 15,000원이며 20%의 주식배당으로 발행주식수가 20% 증가하므로 배당락주가는 다음과 같이 계산된다.

15,000원 ÷ (1 + 0.2) = 12,500원

이와 같이 현금배당을 할 때에는 실질적인 자기자본이 감소되는데 비하여 주식배당을 할 때에는 계정과목 간에 이체만 이루어질 뿐 자기자본 총액에는 변동이 없다. 또한 주가변동 상황을 보면 배당락 주가가 액면가 이상인 한, 주식배당을 할 때의 배당락 주가는 현금배당을 할 때의 배당락 주가보다 낮게 형성된다.

(4) 주식분할과 액면분할

주식분할(stock split)은 주식배당과 매우 유사하다. 2대 1의 주식분할은 100%의 주식배당과 동일한 효과를 갖는다. 만일 충북실업이 2 : 1의 주식분할을 실시하면, 기존주식 1주가 2주로 분할되므로 발행주식수는 기존의 1,000만주에서 2,000만주로 증가하고 주가는 기존의 6,000원에서 3,000원으로 하락한다. 주식분할 후의 충북실업의 재무상태표는 앞에서 보았던 [표 1]의 A패널과 같이 실시 전과 동일하다.

우리나라에서는 주식분할이 액면분할의 형태로 이루어진다. 충북실업의 예에서 액면가 500원을 250원으로 분할하면 주식수는 1,000만주에서 2,000만주로 증가하고 주가는 기존의 6,000원에서 3,000원으로 하락한다. 액면분할 후의 충북실업의 재무상태표는 앞에서 보았던 [표 1]의 A패널과 같이 실시 전과 동일하다.

기업이 주식분할 또는 액면분할을 실시하는 이유는 주가가 너무 높아져 원할한 거래가 이루어지지 않을 때 주가를 하락시키기 위함이다. 일반적으로 주식분할 또는 액면분할을 실시하면 분할 직후의 가격이 이론적인 가격보다 높게 형성되는 것이 보통이다. 이는 주식분할 또는 액면분할이 기업의 좋은 미래 전망에 대한 정보를 자본시장에 전달하는 것으로 해석할 수 있기 때문이다.

정리문제

01 현준자동차의 재무상태표는 다음과 같다. 발행주식수는 5,000주이다.

재무상태표

(시가기준) (단위 : 억원)

자산		자본	
현 금	2	자 기 자 본	15
비 유 동 자 산	13		
총 자 산	15	총 자 본	15

(1) 현준자동차는 주당 10,000원의 현금배당을 실시할 예정이다. 내일을 배당락일이라고 했을 때, 오늘과 내일의 주가를 계산하라.

(2) 현준자동차는 배당금 지급 대신에 3,000만원의 자사주를 매입하기로 하였다. 자사주 매입 후 발행주식수와 주가를 계산하라. 이 결과를 (1)번과 비교하라.

02 백두기업의 자기자본 계정(장부가치 기준)이 다음과 같다. 현재 주가는 8,000원이다.

자본금(액면가 5,000원)	15억원
자본잉여금	7억원
이익잉여금	5억원
자기자본 합계	27억원

(1) 백두기업이 이익잉여금을 재원으로 30%의 주식배당을 발표하였다. 주식배당 후 주가를 추정하고 자기자본 계정이 어떻게 변하는지 보이라.

(2) 백두기업이 배당대신 10 : 1의 주식분할을 한다면 주가는 얼마가 되겠는가? 또한 자기자본 계정이 어떻게 변하는지 보이라.

03 서울기업의 시가기준의 재무상태표가 다음과 같다. 발행주식수는 5,000주이다.

재무상태표

서울기업 (단위 : 천원)

자산		자본	
현 금	18,000	자 기 자 본	180,000
비유동자산	162,000		
합 계	180,000	합 계	180,000

(1) 서울기업은 주당 1,200원의 현금배당을 지급할 예정이며 내일이 배당락일이다. 세금효과를 무시하고 오늘과 내일의 주가를 계산하라. 그리고 배당이 지급된 후의 재무상태표를 작성하라.

(2) 서울기업은 배당을 지급하는 대신에 3,600,000원 상당의 자사주를 매입한다고 발표하였다. 자사주매입 후의 발행 주식수와 주가는 얼마로 예상되는가? (세금효과와 정보효과를 무시할 것)

04 C기업의 발행주식수는 100,000주이고, 주가는 현재 10,000원이다. 올해 실적발표에서 C기업은 당기순이익이 2억원이라고 발표하였고, 배당락일에 주당 1,200원의 배당을 실시한다고 발표하였다.

(1) 배당 전 EPS와 PER은 얼마인가?

(2) 배당 후 PER은 얼마인가?

(3) C기업이 몇 주를 자사주매입을 해야 배당을 실시한 것과 같은 효용을 주주에게 주겠는가, 그리고 그때의 EPS와 PER은 얼마인가?

05 [문제4]에서 C기업은 10%의 주식배당을 실시하려고 한다. 신호효과 등은 무시한다.

(1) 주식배당 후 주가, EPS 및 PER을 측정하라.

(2) 1주를 2주로의 주식분할을 실시할 경우 주가, EPS 및 PER을 측정하라.

06 A기업은 현금 4억원으로 배당을 지급하는 것과 자사주매입하는 것 중에서 하나를 결정하려고 한다. 주당순이익은 5,000원이며 주가는 4만원에 거래되고 있으며 발행주식수는 20,000주이다. 시장이 완전하다.

(1) 현금배당 실시 후 주가, EPS 및 PER과 배당 전에 1주를 보유한 주주의 가치를 구하라.

(2) 자사주 매입 후 주가, EPS 및 PER과 자사주매입 전에 1주를 보유한 주주의 가치를 구하라.

07 백록담기업은 금기에 주당 2,000원씩의 배당을 실시하였으며, 이 배당액은 향후 2년간 연 10%씩, 그 후 2년간은 연 8%씩, 또한 그 이후부터는 매년 5%씩 영구히 증가할 것으로 기대된다. 한편 무위험이자율은 연 8%, 시장포트폴리오의 연간 기대수익률과 분산은 각각 18%, 2%이다. 또한 백록담기업의 주식과 시장포트폴리오와의 공분산은 3%이다. 골든(Gordon)의 배당평가모형에 의하여 백록담기업의 주식가치를 계산하라.

08★ 경산기업은 1월 1일 현재 100,000주의 주식을 발행하고 있으며, 부채를 사용하지 않는 무부채기업이다. 주주요구수익률은 10%이다. 경산기업의 금년도 당기순이익은 2억원으로 예상된다. 그런데 경산기업은 금년도 말에 추가로 2억원이 투입되는 신규투자안을 검토 중이다. 경산기업은 금년도 말에 주당 1,000원의 배당을 실시할 예정이며, 금년도 말 경산기업의 예상주가는 15,500원이다(MM모형 이용).

(1) 경산기업의 현재주가와 기업가치는 각각 얼마인가?

(2) 경산기업이 신규투자를 위하여 발행해야 할 주식 수는 얼마인가?

09★ 12월 31일 현재 가야기업의 자기자본 계정은 다음과 같다. 현재 가야기업의 주식은 시장에서 50,000원에 거래되고 있으며, 주당순이익(EPS)은 2,000원이다.

자본금(액면가 5,000원)	5억원
자본잉여금	2억원
이익잉여금	10억원

(1) 가야기업은 현재 주당 2,000원의 현금배당 실시를 고려하고 있다.

① 가야기업이 현금배당을 실시한 후 EPS는 얼마가 되겠는가?

② 가야기업이 현금배당을 실시한 후 자기자본가치와 주식가격은 얼마가 되겠는가?

③ 가야기업이 현금배당을 실시한 후 가야기업 주식 10,000주를 보유하고 있는 투자자의 가치는 어떻게 변하겠는가?

(2) 가야기업이 현금배당 대신에 그 자금으로 자사주를 매입할 것을 고려하고 있다.

① 가야기업이 자사주를 매입한 후 EPS는 얼마가 되겠는가?

② 가야기업이 자사주를 매입한 후 자기자본가치와 주식가격은 얼마가 되겠는가?

③ 가야기업이 자사주를 매입한 후 가야기업 주식 10,000주를 보유하고 있는 투자자의 가치는 어떻게 변하겠는가?

10 현재 발행주식수는 100만주이고 액면가는 5,000원이다. 현재 주가는 22만원이고 자기자본비용은 10%이다. 당기 말 현재 당기순이익(배당전)은 200억원이고, 주주총회에서 시가배당률(배당수익률) 1.2%안을 승인 받을 예정이다. 내년도의 투자액은 320억원을 계획하고 있다.

(1) 내년도 예상주가를 계산하라.

(2) 내년도의 투자액을 충당하기 위한 외부금융필요액 및 신주발행주식수를 각각 계산하라(단, 외부금융필요액은 모두 유상증자로 충당한다).

(3) 내년도 자기자본의 시장가치(시가총액)를 계산하라.

(4) 배당 전, 후 각각의 EPS와 PER을 구하라.

11 금년도에 당기순이익은 10억원이었다. 배당성향은 40%이며 이를 유지할 계획이다. 현재 주가는 40,000원이며 발행주식수는 10만주이다. 배당을 지급한다면 배당락주가는 36,000원이다. 다음 물음에 답하여라(단, 정보효과와 거래비용은 없다).

(1) 현금배당을 실시할 경우, EPS와 PER은 얼마인가?

(2) 배당 지급 대신에 그 금액으로 자사주를 매입하여 소각한다면 자사주 매입 후의 발행주식수와 주가는 어떻게 예상되는가?

(3) 자사주를 매입 할 경우, EPS와 PER은 얼마인가?

12 ★ 주당 12,500원으로 유상증자를 실시하여 그 자금으로 부채를 전액 상환함으로써 무차입경영을 한다고 시장에 공시했다. 공시 직전 기업의 시장가치는 1,000억원이며 이 중 부채의 시장가치는 250억원이다. 기발행 주식수는 400만주이며 자기자본의 장부가치는 500억원이고 부채의 장부가치는 250억원이다. 공시직전 주주 요구수익률은 15%이며, 채권자 요구수익률은 6%이다. 일정한 영업이익($EBIT$)이 매년 동일하게 영구히 발생하고, 법인세율은 20%이다.

[2002년 CPA 2차 기출문제 응용]

(1) 공시 전, 후의 주가를 구하고 이들 주가가 다른 이유를 설명하라.

(2) 유상증자 전, 후의 다음의 값을 구하고 이들 값이 디른 이유를 설명하라.

① 가중평균 자본비용($WACC$)

② 자기자본순이익률(ROE)

③ 경제적 부가가치(EVA)

(3) 유상증자 권리락(ex-right) 주가와 신주인수권의 가치를 구하라.

(4) 유상증자로 조달한 250억원을 부채상환에 사용하지 않고 전액 유상증자 후의 모든 주식에 대해 현금배당으로 지급하면 배당락(ex-dividend) 주가는 얼마인가?

13 ★ 무부채기업인 A기업의 발행주식수는 200만주, 차입이자율은 5%, 자기자본비용은 10%이다. 매년 영업이익($EBIT$)은 200억원, 법인세율은 20%이다. 은행에서 차입한 자금으로 자사주를 매입하여 시장가치 기준의 부채비율을 100%로 하려고 한다. MM의 수정이론이 성립된다.

(1) 자사주 매입액은 얼마인가?

(2) 자사주 매입 공시 후 주가와 자사주 매입 후 주가는 각각 얼마인가?

정리문제에 대한 해설

01 현준자동차의 재무상태표는 다음과 같다. 발행주식수는 5,000주이다.

재무상태표

(시가기준) (단위 : 억원)

현 금	2	자 기 자 본	15
비 유 동 자 산	13		
총 자 산	15	총 자 본	15

(1) 현준자동차는 주당 10,000원의 현금배당을 실시할 예정이다. 내일을 배당락일이라고 했을 때, 오늘과 내일의 주가를 계산하라.

해설 오늘의 주가 = 15억원 / 5,000주 = 300,000원
내일의 주가 = 300,000원 − 10,000원 = 290,000원

(2) 현준자동차는 배당금 지급 대신에 3,000만원의 자사주를 매입하기로 하였다. 자사주 매입 후 발행주식수와 주가를 계산하라. 이 결과를 (1)번과 비교하라.

해설 매입한 주식 수는 3,000만원 / 300,000원 = 100주이므로 자사주매입 후 주식 수는 4,900주이고, 다음과 같이 주가는 300,000원으로 변함이 없다.

자사주매입 후 주가 = (15억원 − 3,000만원) / 4,900주 = 300,000원

자사주매입 시에는 현금배당 시에 비해서 주식 수만 줄어들고 주가는 변함이 없다.

02 백두기업의 자기자본 계정(장부가치 기준)이 다음과 같다. 현재 주가는 8,000원이다.

자본금(액면가 5,000원)	15억원
자본잉여금	7억원
이익잉여금	5억원
자기자본 합계	27억원

(1) 백두기업이 이익잉여금을 재원으로 30%의 주식배당을 발표하였다. 주식배당 후 주가를 추정하고 자기자본 계정이 어떻게 변하는지 보이라.

해설 주식배당 전 발행주식수는 30만주(= 15억원 / 5,000원)이므로 30% 주식배당이란 신주 9만주를 추가로 발행하는 것을 의미한다. 주식배당 전 주가가 8,000원이므로 주식배당 전 자기자본의 시장가치는 다음과 같이 24억원이다.

8,000원 × 300,000주 = 24억원

주식배당 후에도 자기자본의 시장가치는 변하지 않고 발행주식수만 증가하므로 주식 배당 후 주가는 다음과 같이 6,154원이 된다.

주식배당 후 주가 × 39만주 = 24억원
∴ 주식배당 후 주가 = 24억원 / 39만주 = 6,154원

주식배당 후 자기자본 계정은 다음과 같다.

자본금(액면가 5,000원)	19.5억원
자본잉여금	7억원
이익잉여금	0.5억원
자기자본 합계	27억원

(신주는 이익잉여금 4.5억원을 재원으로 주당 5천원에 9만주가 발행된다.)

(2) 백두기업이 배당대신 10 : 1의 주식분할을 한다면 주가는 얼마가 되겠는가? 또한 자기자본 계정이 어떻게 변하는지 보이라.

해설 주식분할 후 주가는 800원이 된다.

∴ 주식분할 후 주가 = (8,000원 × 30만주) / 300만주 = 800원

주식분할 후 자기자본 계정은 다음과 같다.

자본금(액면가 500원, 발행주식수 300만주)	15억원
자본잉여금	7억원
이익잉여금	5억원
자기자본 합계	27억원

(발행 주식수가 기존 30만주에서 300만주가 된다.)

03 서울기업의 시가기준의 재무상태표가 다음과 같다. 발행주식수는 5,000주이다.

재무상태표

서울기업 (단위 : 천원)

현 금	18,000	자 기 자 본	180,000
비유동자산	162,000		
합 계	180,000	합 계	180,000

(1) 서울기업은 주당 1,200원의 현금배당을 지급할 예정이며 내일이 배당락일이다. 세금효과를 무시하고 오늘과 내일의 주가를 계산하라. 그리고 배당이 지급된 후의 재무상태표를 작성하라.

해설 오늘의 주가(배당부 가격) = 180,000,000원 / 5,000주 = 36,000원
내일의 주가(배당락 가격) = 36,000원 − 1,200원 = 34,800원

배당이 지급된 후에는 다음과 같이 자기자본과 현금이 1,200원 × 5,000주 = 6,000,000원만큼 감소한다.

재무상태표(배당지급 후)

서울기업 (단위 : 천원)

현 금	12,000	자 기 자 본	174,000
비 유 동 자 산	162,000		
합 계	174,000	합 계	174,000

(2) 서울기업은 배당을 지급하는 대신에 3,600,000원 상당의 자사주를 매입한다고 발표하였다. 자사주매입 후의 발행 주식수와 주가는 얼마로 예상되는가? (세금효과와 정보효과를 무시할 것)

해설 자기자본이 3,600,000원만큼 감소한다.

매입한 주식 수 = 3,600,000원 / 36,000원 = 100주이다.
자사주매입 후 주식 수 = 5,000주 − 100주 = 4,900주이고
주가 = 176,400,000원 / 4,900주 = 36,000원이다.

04 C기업의 발행주식수는 100,000주이고, 주가는 현재 10,000원이다. 올해 실적발표에서 C기업은 당기순이익이 2억원이라고 발표하였고, 배당락일에 주당 1,200원의 배당을 실시한다고 발표하였다.

(1) 배당 전 EPS와 PER은 얼마인가?

해설

$$EPS = \frac{\text{당기순이익}}{\text{발행주식수}} = \frac{\text{2억원}}{\text{100,000주}} = \text{2,000원}$$

$$PER = \frac{\text{주가}}{EPS} = \frac{\text{10,000원}}{\text{2,000원}} = 5$$

(2) 배당 후 PER은 얼마인가?

해설 배당 후 주가 = 배당 전 주가 − 배당금
= 10,000원 − 1,200원
= 8,800원

$$\text{배당 후 } PER = \frac{\text{배당 후 주가}}{EPS} = \frac{\text{8,800원}}{\text{2,000원}} = 4.4$$

(3) C기업이 몇 주를 자사주매입을 해야 배당을 실시한 것과 같은 효용을 주주에게 주겠는가, 그리고 그때의 EPS와 PER은 얼마인가?

해설 배당 후 시가총액 = 8,800원 × 100,000주 = 880,000,000원

배당 후 시가총액 = 880,000,000원
= 배당 전 시가총액 − 지사주매입 총액
= 10,000원 × 100,000주 − 10,000원 × m주

$\therefore\ m$ = 12,000주

$$\text{자사주 매입 후 } PER = \frac{\text{당기순이익}}{\text{발행주식수}} = \frac{200{,}00{,}000\text{원}}{100{,}000\text{주} - 12{,}000\text{주}} = 2{,}273\text{원}$$

$$\text{자사주 매입 후 } PER = \frac{\text{주가}}{EPS} = \frac{10{,}000\text{원}}{2{,}273\text{원}} = 4.4$$

$$\text{자사주 매입 후 주가} = \frac{10{,}000\text{원} \times 100{,}000\text{주} - 10{,}000\text{원} \times 12{,}000\text{주}}{100{,}000\text{주} - 12{,}000\text{주}} = 10{,}000\text{원}$$

05 [문제4]에서 C기업은 10%의 주식배당을 실시하려고 한다. 신호효과 등은 무시한다.

(1) 주식배당 후 주가, EPS 및 PER을 측정하라.

해설 주식배당 시 시가총액은 변하지 않고, 발행주식수만 증가하므로 다음 식이 성립한다.

$$\text{주식배당 후 주가} = \frac{\text{시가총액}}{\text{기존발행주식수} + \text{신주발행수}}$$

$$= \frac{10{,}000\text{원} \times 100{,}000\text{주}}{100{,}000\text{주} + 100{,}000\text{주} \times 10\%} = 9{,}091\text{원}$$

$$\text{주식배당 후 } EPS = \frac{\text{당기순이익}}{\text{기존발행주식수} + \text{신주발행수}}$$

$$= \frac{200{,}000{,}000\text{원}}{100{,}000\text{주} + 100{,}000\text{주} \times 10\%} = 1{,}818\text{원}$$

$$\text{주식배당 후 } PER = \frac{\text{주가}}{EPS} = \frac{9{,}091\text{원}}{1{,}818\text{원}} = 5$$

(2) 1주를 2주로의 주식분할을 실시할 경우 주가, EPS 및 PER을 측정하라.

해설 주식분할 후 시가총액은 변하지 않고 주식수만 증가하므로 다음식이 성립한다.

$$\text{주식분할 후 주가} = \frac{\text{시가총액}}{\text{기존발행주식수} \times 2} = \frac{10{,}000\text{원} \times 100{,}000\text{주}}{100{,}000\text{주} \times 2} = 5{,}000\text{원}$$

$$\text{주식분할 후 } EPS = \frac{\text{당기순이익}}{\text{기존발행주식수} \times 2} = \frac{200,000,000\text{원}}{100,000\text{주} \times 2} = 1,000\text{원}$$

$$\text{주식분할 후 } PER = \frac{\text{주가}}{EPS} = \frac{5,000\text{원}}{1,000\text{원}} = 5$$

06 A기업은 현금 4억원으로 배당을 지급하는 것과 자사주매입하는 것 중에서 하나를 결정하려고 한다. 주당순이익은 5,000원이며 주가는 4만원에 거래되고 있으며 발행주식수는 20,000주이다. 시장이 완전하다.

(1) 현금배당 실시 후 주가, EPS 및 PER과 배당 전에 1주를 보유한 주주의 가치를 구하라.

해설
$$\text{현금배당 실시 후 주가} = \frac{4\text{만원} \times 20,000\text{주} - 4\text{억원}}{20,000\text{주}} = 20,000\text{원}$$

EPS = 5,000원 (발행주식수와 순이익의 변화가 없으므로 기존과 같음)
PER = 주가 / EPS = 20,000원 / 5,000원 = 4

$$\text{배당 전에 1주를 보유한 주주의 가치} = \text{배당 후 주식의 가격} + \text{주당배당금}$$
$$= 20,000\text{원} + \frac{4\text{억원}}{20,000\text{주}} = 40,000\text{원}$$

(2) 자사주 매입 후 주가, EPS 및 PER과 자사주매입 전에 1주를 보유한 주주의 가치를 구하라.

해설
$$\text{자사주 매입 후 주식 수} = 20,000\text{주} - \frac{4\text{억원}}{40,000\text{주}} = 10,000\text{주}$$

$$\text{자사주 매입 후 주가} = \frac{4\text{만원} \times 20,000\text{주} - 4\text{억원}}{10,000\text{주}} = 40,000\text{원}$$

EPS = 10,000원 (주식의 수가 반으로 줄었으므로 2배로 증가함)
PER = 주가 / EPS = 40,000원 / 10,000원 = 4

$$\text{자사주매입 전에 1주를 보유한 주주의 가치} = \text{자사주 매입 후 주식의 가격} + \text{주당배당금}$$
$$= 40,000\text{원} + 0\text{원} = 40,000\text{원}$$

07 백록담기업은 금기에 주당 2,000원씩의 배당을 실시하였으며, 이 배당액은 향후 2년간 연 10%씩, 그 후 2년간은 연 8%씩, 또한 그 이후부터는 매년 5%씩 영구히 증가할 것으로 기대된다. 한편 무위험이자율은 연 8%, 시장포트폴리오의 연간 기대수익률과 분산은 각각 18%, 2%이다. 또한 백록담기업의 주식과 시장포트폴리오와의 공분산은 3%이다. 골든(Gordon)의 배당평가모형에 의하여 백록담기업의 주식가치를 계산하라.

해설 백록담기업의 자기자본비용을 계산하면 다음과 같다.

$$r_E = E(r_i) = r_f + [E(r_M) - r_f] \times \beta_i$$
$$= 0.08 + [0.18 - 0.08] \times 1.5 = 23\%$$

$$\beta_i = \frac{Cov(r_i,\ r_M)}{\sigma_M^2} = \frac{0.03}{0.02} = 1.5$$

즉, 자기자본비용 $r_E = 23\%$이고, 이는 주식가치를 추정할 때 할인율(k)로 이용된다.

$$P_0 = \frac{2{,}000 \times 1.1}{1.23} + \frac{2{,}000 \times 1.1^2}{1.23^2} + \frac{2{,}000 \times 1.1^2 \times 1.08}{1.23^3} + \frac{2{,}000 \times 1.1^2 \times 1.08^2}{1.23^4}$$

$$+ \frac{\frac{2{,}000 \times 1.1^2 \times 1.08^2 \times 1.05}{0.23 - 0.05}}{1.23^4}$$

$$= 13{,}220\text{원}$$

따라서 골든의 배당평가모형에 의한 백록담기업의 주식가치는 13,220원이다.

08★ **경산기업은 1월 1일 현재 100,000주의 주식을 발행하고 있으며, 부채를 사용하지 않는 무부채기업이다. 주주요구수익률은 10%이다. 경산기업의 금년도 당기순이익은 2억원으로 예상된다. 그런데 경산기업은 금년도 말에 추가로 2억원이 투입되는 신규투자안을 검토 중이다. 경산기업은 금년도 말에 주당 1,000원의 배당을 실시할 예정이며, 금년도 말 경산기업의 예상주가는 15,500원이다(MM모형 이용).**

(1) 경산기업의 현재주가와 기업가치는 각각 얼마인가?

해설 기초의 주식가격은 기말에 예상되는 주당배당금(DIV_1)과 기말주가(P_1)를 주주들이 요구하는 수익률로 할인하여 구한다. 따라서 경산기업 보통주의 현재주가는 다음과 같다.

$$P_0 = \frac{1}{(1+k)^1}[DIV_1 + P_1] = \frac{1}{(1+0.1)^1}[1{,}000\text{원} + 15{,}500\text{원}] \ = 15{,}000\text{원}$$

경산기업은 부채를 사용하지 않는 무부채기업이므로 경산기업의 기업가치는 현재주가(P_0) × 발행주식수(n)에 의해 다음과 같이 계산된다.

$$V = n \times P_0 = 100{,}000\text{주} \times 15{,}000\text{원} = 150{,}000\text{만원}$$

(2) 경산기업이 신규투자를 위하여 발행해야 할 주식 수는 얼마인가?

해설 신주발행금액 $= m \times P_1 = I - (X - n \times DIV_1)$

(m : 신주발행 주식 수 , I: 총 투자액, X: 당기순이익, n : 기발행 주식 수)

$m \times 15{,}500$원 $= 20{,}000$만원 $-$ ($20{,}000$만원 $- 100{,}000$주 $\times 1{,}000$원)

그러므로 신규투자를 위해서 발행해야 할 신주의 수(m)는,

$m = 6{,}452$주

09★ 12월 31일 현재 가야기업의 자기자본 계정은 다음과 같다. 현재 가야기업의 주식은 시장에서 50,000원에 거래되고 있으며, 주당순이익(*EPS*)은 2,000원이다.

자본금(액면가 5,000원)	5억원
자본잉여금	2억원
이익잉여금	10억원

(1) 가야기업은 현재 주당 2,000원의 현금배당 실시를 고려하고 있다.

해설 ① 가야기업이 현금배당을 실시한 후 *EPS*는 얼마가 되겠는가?

현금배당은 기업의 당기순이익과 발행주식수에 어떤 영향도 미치지 않으므로 현금배당 전·후 가야기업의 *EPS*는 2,000원으로 동일하다.

② 가야기업이 현금배당을 실시한 후 자기자본가치와 주식가격은 얼마가 되겠는가?

현금배당 후 자기자본가치와 주식가격은 각각 다음과 같이 계산된다.

$$\begin{aligned}\text{현금배당 후 자기자본가치} &= \text{현금배당 전 자기자본가치} - \text{현금배당}\\ &= (50{,}000\text{원} \times 100{,}000\text{주}) - (2{,}000\text{원} \times 100{,}000\text{주})\\ &= 48\text{억원}\end{aligned}$$

주가는 주당현금배당만큼 하락하므로 현금배당 후 가야기업의 주가는 다음과 같다.

$$\text{배당락 주가} = 50{,}000\text{원} - 2{,}000\text{원} = 48{,}000\text{원}$$

③ 가야기업이 현금배당을 실시한 후 가야기업 주식 10,000주를 보유하고 있는 투자자의 가치는 어떻게 변하겠는가?

기존 주주의 가치는 배당락 가치 + 현금배당금이므로 현금배당은 다음과 같이 투자자의 가치에 영향을 미치지 않는다.

현금배당 전 투자자의 가치 :

10,000주 × 50,000원 = 5억원

현금배당 후 투자자의 가치 :

배당수입 :	10,000주 × 2,000원 =	2천만원
배당락 가치 :	10,000주 × 48,000원 =	4억 8천만원
		5억원

(2) 가야기업이 현금배당 대신에 그 자금으로 자사주를 매입할 것을 고려하고 있다.

해설 ① 가야기업이 자사주를 매입한 후 *EPS*는 얼마가 되겠는가?

현금배당 대신에 그 자금으로 자사주를 매입할 경우, 매입가능한 자사주의 수는 다음과 같다.

$$\text{자사주 매입 후 주식 수} = 100{,}000\text{주} - \frac{2{,}000\text{원} \times 100{,}000\text{주}}{50{,}000\text{원}} = 96{,}000\text{주}$$

자사주 매입 후의 EPS는 다음과 같이 계산된다.

자사주 매입 후의 EPS = (2,000원 × 100,000주) / 96,000주 = 2,083원

② 가야기업이 자사주를 매입한 후 자기자본가치와 주식가격은 얼마가 되겠는가?

자사주 매입 후 자기자본가치 = 자사주 매입 전 자기자본가치 − 자사주 매입액
= (50,000원 × 100,000주) − (2,000원 × 100,000주)
= 48억원

자사주 매입 후 주식가격 = 자기자본가치 ÷ 발행주식수
= 48억원 ÷ 96,000주 = 50,000원

따라서 가야기업의 주식가격은 자사주 매입 전과 매입 후에 동일하다는 것을 알 수 있다.

③ 가야기업이 자사주를 매입한 후 가야기업 주식 10,000주를 보유하고 있는 투자자의 가치는 어떻게 변하겠는가?

자사주 매입 전·후에 재매입에 참여한 주주는 1주당 50,000원을 받고, 자사주 매입 전·후에 재매입에 참여하지 않은 주주는 주당 50,000원의 주식을 계속 보유하게 되어 투자자의 가치는 변하지 않는다.

10 **현재 발행주식수는 100만주이고 액면가는 5,000원이다. 현재 주가는 22만원이고 자기자본비용은 10%이다. 당기 말 현재 당기순이익(배당전)은 200억원이고, 주주총회에서 시가배당률(배당수익률) 1.2%안을 승인 받을 예정이다. 내년도의 투자액은 320억원을 계획하고 있다.**

(1) 내년도 예상주가를 계산하라.

해설 시가배당률이 1.2%이므로 주당배당금은 200,000원 × 1.2% = 2,400원이다.

현재 주가 = 200,000원 = (2,400원 + 내년도 예상주가) / (1 + 0.1)

따라서 내년도 예상주가 = 239,600원

(2) 내년도의 투자액을 충당하기 위한 외부금융필요액 및 신주발행주식수를 각각 계산하라(단, 외부금융필요액은 모두 유상증자로 충당한다).

해설 내부유보액 = 당기순이익(200억원) − 배당지급액(= 2,400원 × 100만주) = 176억원

외부금융필요액 = 내년도 투자액(320억) − 내부유보액(176억원) = 144억원

신규발행주식수 = 외부필요금융액(144억원)/239,600원 = 약 60,100주

(3) 내년도 자기자본의 시장가치(시가총액)를 계산하라.

해설 내년도 자기자본의 시장가치 = 239,600원 × (100만주 + 60,100주) = 약 2,540억원

(4) 배당 전, 후 각각의 EPS와 PER을 구하라.

해설 배당 전:

EPS = 당기순이익(200억원) / 발행주식수(100만주) = 20,000원

PER = 주가(200,000원) / EPS(20,000원) = 10

배당 후:

배당 후 주가 = 배당전 주가(200,000원) − 배당금(2,400원) = 197,600원

PER = 배당 후 주가(197,600원) / EPS(20,000원) = 9.88

11 금년도에 당기순이익은 10억원이었다. 배당성향은 40%이며 이를 유지할 계획이다. 현재 주가는 40,000원이며 발행주식수는 10만주이다. 배당을 지급한다면 배당락주가는 36,000원이다. 다음 물음에 답하여라(단, 정보효과와 거래비용은 없다).

(1) 현금배당을 실시할 경우, EPS와 PER은 얼마인가?

해설 $$EPS = \frac{\text{당기순이익}}{\text{발행주식수}} = \frac{10\text{억원}}{100{,}000\text{주}} = 10{,}000\text{원}$$

$$\text{주당배당금} = \frac{\text{당기순이익} \times \text{배당성향}}{\text{발행주식수}} = \frac{10\text{억원} \times 0.4}{100{,}000\text{주}} = 4{,}000\text{원}$$

배당락 주가 = 40,000원 − 4,000원 = 36,000원

$$PER = \frac{\text{주가}}{EPS} = \frac{36{,}000\text{원}}{10{,}000\text{원}} = 3.6$$

(2) 배당 지급 대신에 그 금액으로 자사주를 매입하여 소각한다면 자사주 매입 후의 발행주식수와 주가는 어떻게 예상되는가?

해설 배당을 지급한다면 주당배당금은 4,000원이고 배당금 총액은 4억원이다. 배당 대신에 4억원으로 자사주를 매입하여 소각한다면, 4억원 ÷ 40,000원 = 10,000주를 매입하여 소각하게 된다. 따라서 매입후의 발행주식수는 100,000주 − 10,000주 = 90,000주이고 자기자본의 시가총액은 40,000원 × 10만주 − 4억원 = 36억원이 된다.

따라서 자사주매입 후 주가는 $P_0 = \frac{36\text{억원}}{9\text{만주}}$ = 40,000원이 되어 자사주매입 전 주가와 동일하다.

(3) 자사주를 매입 할 경우, EPS와 PER은 얼마인가?

해설 자사주 매입 후 주가 = 40,000원

$$\text{자사주 매입 후 } EPS = \frac{\text{당기순이익}}{\text{발행주식수}} = \frac{10\text{억원}}{9\text{만주}} = 11{,}111\text{원}$$

$$\text{자사주 매입 후 } PER = \frac{\text{주가}}{EPS} = \frac{40{,}000\text{원}}{11{,}111\text{원}} = 3.6$$

12 * **주당 12,500원으로 유상증자를 실시하여 그 자금으로 부채를 전액 상환함으로써 무차입경영을 한다고 시장에 공시했다. 공시 직전 기업의 시장가치는 1,000억원이며 이 중 부채의 시장가치는 250억원이다. 기발행 주식수는 400만주이며 자기자본의 장부가치는 500억원이고 부채의 장부가치는 250억원이다. 공시직전 주주 요구수익률은 15%이며, 채권자 요구수익률은 6%이다. 일정한 영업이익(EBIT)이 매년 동일하게 영구히 발생하고, 법인세율은 20%이다.** [2002년 CPA 2차 기출문제 응용]

(1) 공시 전, 후의 주가를 구하고 이들 주가가 다른 이유를 설명하라.

해설 공시 전 주가 $= \dfrac{750\text{억원}}{400\text{만주}} = 18{,}750\text{원}$

공시로 인한 자기자본가치 감소분 = 절세효과의 현가 = 250억원 × 0.2 = 50억원

공시 후 주가 $= \dfrac{700\text{억원}}{400\text{만주}} = 17{,}500\text{원}$

변동이유: 무차입경영을 하면 이자비용의 절세효과만큼 기업가치, 즉 주주가치가 감소할 것이란 정보가 주가에 반영되기 때문이다.

(2) 유상증자 전, 후의 다음의 값을 구하고 이들 값이 다른 이유를 설명하라.

해설 ① 가중평균 자본비용($WACC$)

유상증자 전 :

$$WACC = \frac{250\text{억원}}{750\text{억원}+250\text{억원}} \times 6\%(1-0.2) + \frac{750\text{억원}}{750\text{억원}+250\text{억원}} \times 15\%$$
$$= 12.45\%$$

유상증자 후 :

$r_E = r_U + \dfrac{D}{E}(r_U - r_D)(1-t)$을 이용하면,

$15\% = r_U + \dfrac{250\text{억원}}{750\text{억원}}(r_U - 6\%)(1-0.2)$에서

$r_U = 13.11\%$ = 무차입경영 시의 $WACC$

변동이유 : 무차입경영을 하면 이자비용의 절세효과를 얻을 수 없기 때문에 $WACC$가 증가한다.

② 자기자본순이익률(ROE)

유상증자 전 :

순이익 $= (EBIT - I)(1-t) = EBIT(1-t) - I(1-t) = V_L \times WACC - I(1-t)$

$= 1{,}000\text{억원} \times 12.45\% - 250\text{억원} \times 6\%(1-0.2) = 112.5\text{억원}$

$ROE = \dfrac{112.5\text{억원}}{500\text{억원}} = 22.5\%$

유상증자 후 :

순이익 = $EBIT(1-t)$ = V_U × 무차입경영 시의 $WACC(=r_U)$

= 950억원 × 13.11% = 124.55억원

(V_U = 1,000억원 − 절세효과의 현가인 50억원)

$$ROE = \frac{124.55억원}{500억원+250억원} = 16.6\%$$

변동이유 : 부채상환으로 인해 재무레버리지 효과가 사라졌기 때문이다.

③ 경제적 부가가치(EVA)

유상증자 전 :

EVA = $EBIT(1-t)$ − 투하자본 × $WACC$

= 124.55억원 − 750억원 × 12.45% = 31.175억원

유상증자 후 :

EVA = $EBIT(1-t)$ − 투하자본 × $WACC$

= 124.55억원 − 750억원 × 13.11% = 26.225억원

변동이유 : 세후영업이익이나 투하자본의 변화 없이 가중평균자본비용이 상승했기 때문이다.

(3) 유상증자 권리락(ex-right) 주가와 신주인수권의 가치를 구하라.

해설 유상증자 전 주가(권리부 주가) $= \frac{700억원}{400만주} = 17,500원$

유상증자 주식수 $= \frac{250억원}{12,500원} = 200만주$

유상증자 후 주가 $= \frac{700억원+250억원}{400만주+200만주} = 15,833원$ = 권리락 주가

신주인수권의 가치 = 17,500원 − 15,833원 = 1,667원

(4) 유상증자로 조달한 250억원을 부채상환에 사용하지 않고 전액 유상증자 후의 모든 주식에 대해 현금배당으로 지급하면 배당락(ex-dividend) 주가는 얼마인가?

해설 유상증자 후 총 발행주식수 = 400만주 + 200만주 = 600만주

배당 전 자기자본가치 = 750억원 + 250억원 = 1,000억원

배당 후 자기자본가치 = 1,000억원 − 250억원 = 750억원

배당락 주가 $= \frac{750억원}{600만주} = 12,500원$

13 ★ 무부채기업인 A기업의 발행주식수는 200만주, 차입이자율은 5%, 자기자본비용은 10%이다. 매년 영업이익($EBIT$)은 200억원,, 법인세율은 20%이다. 은행에서 차입한 자금으로 자사주를 매입하여 시장가치 기준의 부채비율을 100%로 하려고 한다. MM의 수정이론이 성립된다.

(1) 자사주 매입액은 얼마인가?

해설 $V_U = \dfrac{200\text{억원} \times (1-0.2)}{10\%} = 1{,}800\text{억원}$

$V_L = 1{,}800\text{억원} + (V_L \times 0.5) \times 0.2 = 2{,}000\text{억원}$

(부채비율이 100%이므로 부채는 기업가치의 50%이다.)

자사주 매입액 = 부채 = 2,000억원 × 0.5 = 1,000억원

(2) 자사주 매입 공시 후 주가와 자사주 매입 후 주가는 각각 얼마인가?

해설 자사주 매입 공시 후 주가 = $\dfrac{1{,}800\text{억원} + 1{,}000\text{억원} \times 0.2}{200\text{만주}} = 10\text{만원}$

자사주 매입 주식 수 = 1,000억원 ÷ 10만원 = 100만주

자사주 매입 후 주식 수 = 200만주 − 100만주 = 100만주

자사주 매입 후 주가 = $\dfrac{2{,}000\text{억원} - 1{,}000\text{억원}}{100\text{만주}} = 10\text{만원}$

PART 5

The Practice of Financial Management

인수합병과 국제금융

CHAPTER 11 인수합병

기업들은 내부적으로 투자를 늘림으로써 성장 정책을 추진한다. 또한 이와 함께 많은 기업들은 직접 다른 기업을 매수함으로써 외적으로 성장정책을 추진하기도 한다. 기업들이 다른 기업을 매수하는 것도 기업의 중요한 투자전략의 하나이다. 인수합병을 추진하는 원인은 여러 가지가 있지만, 기본적으로 다른 기업을 인수합병할 때 적용되는 원칙은 자본예산의 기본원칙과 동일하다. 즉, 인수합병 평가의 기본원칙은 인수합병이 주주의 부를 증가시킬 것인지 여부를 평가하는 것이다. 본장에서는 인수합병의 시너지효과를 어떻게 측정하며 어떤 경우에 인수합병이 가치를 창출할 수 있는지 설명하기로 한다. 또한 본장에서는 기업이 취할 수 있는 방어전략을 함께 살펴볼 것이다.

11.1 기업합병의 의의와 형태

기업합병은 두 개 이상의 회사가 청산절차를 거치지 않고 한 개 이상의 회사가 소멸함과 동시에 소멸회사의 권리, 의무가 포괄적으로 존속회사에 이전되는 회사 간의 계약을 말한다. 기업합병의 형태는 법률적 측면과 경제적 측면에서 다음과 같이 나누어진다.

합병의 형태를 법률적 측면에서 보면, 기업합병은 흡수합병(absorption)과 신설합병(consolidation)으로 나눌 수 있다. 흡수합병은 몇 개의 기업이 결합할 때 그 중 한 기업이 법률적으로 존속하며 다른 기업을 인수하고, 인수되는 기업은 소멸하는 형태의 합병을 말한다. 한편, 신설합병은 결합하려고 하는 기업이 모두 해산되고 새로운 하나의 기업이 설립되어, 이 신설기업이 합병에 참여하는 모든 기업의 권리, 의무를 이전받는 형태의 합병이다.

또한, 합병의 형태를 경제적인 측면에서 보면 종적합병과 횡적합병으로 나눌 수 있다. 종적합병은 예를 들면 원료부문과 제조부문, 제조부문과 판매부문 등 기술적으로 서로 수직적 관계에 있는 산업부문에 속하는 기업들이 합병하는 형태를 말한다. 종적합병의 목적은 주로 배급유통에 따른 비용을 절약하고 동시에 기술상의 합리화를 달성하는 데 있다. 이에 비하여 횡적합병은 동종산업을 영위하는 기업들이 합병하는 형태를 말하며, 횡적합병의 목적은 능률의 증진 또는 경쟁의 배제에 있다.

11.2 인수합병의 시너지효과

인수합병(mergers & acquisitions : M&A)의 시너지효과(synergy effect)는 두 기업이 합쳐져 하나의 기업이 되는 경우 합병 후의 기업가치가 합병 전 개별기업 가치의 합보다 커지는 상승효과를 말한다. 간단히 설명하면 M&A의 시너지효과는 1 + 1 = 2가 아니라 1 + 1 = 3이 되는 효과를 말한다. 이를 기업가치와 연결하여 표현하면 식 (1)과 같다.

$$V_{A+B} > V_A + V_B \tag{1}$$

여기서 V_{A+B}는 합병기업의 가치이고, V_A와 V_B는 각각 합병 전 A기업과 B기업의 가치이다. 따라서 인수합병으로 인한 가치증분 즉, 시너지효과는 다음과 같다.

$$\Delta V = V_{A+B} - (V_A + V_B) \tag{2}$$

가치란 현금흐름의 현재가치이므로 인수합병으로 인한 가치증분을 식 (3)과 같이 합병으로 인해 발생하는 추가적인 현금흐름(ΔCF)의 현재가치로 이해할 수 있다.

$$\Delta V = \sum \frac{\Delta CF_t}{(1+r)^t} \tag{3}$$

그런데 현금흐름의 증분은 합병기업의 현금흐름에서 개별기업 현금흐름의 합을 차감한 금액이다.

$$\Delta CF_t = (CF_{A+B})_t - [(CF_A)_t + (CF_B)_t] \tag{4}$$

여기서 할인율 r은 합병으로 인해 발생하는 추가적인 현금흐름의 위험을 반영하는 요구수익률이어야 하므로, 합병기업의 자본비용보다는 피합병기업의 자본비용이 보다 적절하다.

11.3 시너지효과의 원천

합병으로 인해 발생하는 추가적인 현금흐름에 영향을 미칠 수 있는 요인으로 수익 증가, 비용 감소, 세금 감소, 필요자본 감소, 비효율적인 경영진 제거 등을 들 수 있다. 이 요인들을 좀 더 설명하면 다음과 같다.

(1) 수익 증가

수익 증가 또는 매출 신장을 야기시키는 요인으로 마케팅 측면에서의 이점, 전략적 및 기술적 측면에서의 이점, 시장독점력 강화 측면에서의 이점 등을 들 수 있다. 마케팅 측면에서의 이점은 판매망을 보완하고, 제품믹스(product mix)의 균형화와 내실화를 기할 수 있고, 광고활동을 보다 효율적으로 운영하는 데서 오는 이점을 말한다.

(2) 비용 감소

기업은 합병을 통해 영업의 효율성을 증가시켜 비용을 감소시킬 수 있다. 비용 감소는 수평적 결합 시 기대되는 규모의 경제 효과, 수직적 결합 시 기대되는 영업활동의 연계성 향상 외에도 비능률적인 경영진의 교체, 자원의 효율적인 활용 등을 통하여 이루어진다. 기업은 수평적 결합을 통하여 중복되는 시설 및 인원을 줄일 수 있으며, 최적 생산규모에 쉽게 접근할 수 있다. 또한 기업은 수직적 결합을 통하여 밀접하게 연관되어 있는 영업활동을 통합함으로써 비용을 줄일 수 있다.

(3) 세금 감소

세금을 많이 부담하고 있는 기업은 적자회사를 인수하여 세제상의 혜택을 누릴 수 있다. 그리고 우량기업이 적자기업을 합병하면 적자기업은 독립적으로 존속할 때보다 파산가능성이 감소한다. 또한 잉여자금이 많으나 투자기회가 고갈된 기업이 현금을 주주에게 돌려줌으로써 발생하는 세금을 절약하기 위하여 다른 기업을 합병할 수도 있다.

(4) 필요자본 감소

기업은 지속적으로 일정 수준의 비유동자산과 운전자산에 투자해야 하는데, 두 기업이 합병하면 투자에 필요한 자본을 감소시킬 수 있다. 예를 들어, 생산능력을 확장하려는 기업이 공장을 새로 짓는 것보다 잉여생산능력을 가지고 있는 다른 기업을 인수하는 것이 필요자본을 줄일 수 있어 경제적일 수 있다.

(5) 비효율적인 경영진 제거

기업은 합병을 통하여 비능률적인 경영진을 제거할 수 있는데, 이는 주주가치 극대화를 추구하지 않는 이기적인 경영진을 교체함으로써 수익을 증가시키고 비용을 감소시키는데 기여한다.

11.4 M&A의 평가

A기업이 B기업을 흡수합병하는 예를 이용하여 M&A를 평가하는 방법에 대해 설명해 보기로 하자. A기업의 가치는 500억원이고 B기업의 가치는 100억원이다. 두 기업 모두 자기자본만을 사용한다고 가정하자. A기업의 발행주식수는 2,500,000주이고 주가는 20,000원이다. B기업의 발행주식수는 1,000,000주이고 주가는 10,000원이다. 합병기업의 가치(즉, 합병 후 A기업의 가치)는 700억원으로 추정된다.

A기업이 B기업을 150억원에 인수하려고 한다. A기업은 인수방법으로 현금매수와 주식교환매수를 고려하고 있다. 현금매수와 주식교환매수 각각의 경우에 있어서 합병의 경제적 효과를 살펴보기로 하자.

(1) 현금매수

합병기업의 가치가 700억원으로 추산되었으므로 시너지효과가 700억원 − (500억원 + 100억원) = 100억원으로 추정된다. 순인수비용(net cost) 또는 프리미엄(premium)은 피인수기업을 인수하기 위해 추가적으로 지급하는 금액으로서 식 (5)와 같이 인수금액에서 피인수기업의 가치를 차감하여 구한다. 본 합병사례의 프리미엄은 50억원이다.

$$\begin{aligned}\text{프리미엄} &= \text{인수금액} - \text{피인수기업의 가치}\\ &= 150\text{억원} - 100\text{억원} = 50\text{억원}\end{aligned} \tag{5}$$

합병의 순현가(NPV)는 식 (6)과 같이 시너지효과로 인한 가치증분에서 프리미엄(또는 인수프리미엄)을 차감하여 구한다. 본 합병사례의 순현가는 50억원이다.

$$\begin{aligned} \text{합병의 순현가} &= \text{시너지효과}(=\text{가치증분}) - \text{프리미엄} \\ &= 100\text{억원} - 50\text{억원} = 50\text{억원} \end{aligned} \tag{6}$$

합병 전(즉, 합병을 공시하는 시점에서) A기업의 주가는 50억원의 순현가로 인해 20,000원에서 (합병기업 가치 + 순현가) / 합병기업의 발행주식수 = (500억원 + 50억원) / 2,500,000주 = 22,000원으로 상승하게 된다.

(2) 주식교환매수

주식교환매수 시 실제 인수비용이 정확히 150억원이 되기 위한 주식교환비율은 얼마인가? 합병 후 B기업 주주의 부가 150억원이 되어야 하므로, B기업 주주들이 유지해야 하는 합병기업의 지분율은 150억원 / 700억원 = 21.43%이다. 따라서 다음 식에 의해 새로 발행되어야 하는 주식수 α는 681,818주이다.

$$\frac{\alpha}{\alpha + 2{,}500{,}000} = \frac{150\text{억원}}{700\text{억원}} = 21.43\% \tag{7}$$

즉, 합병 시 A기업이 681,818주를 발행하면 합병기업의 총 발행주식수는 3,181,818주가 되고 주가는 700억원 / 3,181,818주 = 22,000원이 된다. 결국 A기업 주식 681,818주를 B기업 1,000,000주와 교환한다. 다시 말해서 A기업의 주식 0.681818주를 B기업의 주식 1주와 교환하는 0.681818 : 1의 주식교환매수는 현금매수와 동일한 경제적 효과를 갖는다.

11.5 주가기준의 주식교환비율★

합병 후의 주가수익비율 또는 주가이익비율(PER_{12})을 예상할 수 있는 경우, 합병 전후의 주가를 비교하여 주식교환비율의 상한과 하한을 추정할 수 있다. 주식교환비율의 상한과 하한을 설명하는 데 필요한 기호를 정리하면 다음과 같다.

P_{12} : 합병 후 주가

PER_{12} : 합병 후 주가수익비율

EPS_{12} : 합병 후 주당순이익

EPS_1 : 합병기업의 합병 전 주당순이익

EPS_2 : 피합병기업의 합병 전 주당순이익

E_1 : 합병기업의 합병 전 순이익

E_2 : 피합병기업의 합병 전 순이익

SE : 시너지효과

N_1 : 합병기업의 주식 수

N_2 : 피합병기업의 주식 수

ER : 주식교환비율

P_1 : 합병기업의 합병 전 주가

P_2 : 피합병기업의 합병 전 주가

(1) 주식교환비율의 상한(ER_U)

합병기업의 주주들은 $P_{12} \geq P_1$일 경우에만 합병에 응할 것이다. 즉, 합병이 이루어지기 위해서는 다음의 조건이 충족되어야 한다.

$$P_{12} = PER_{12} \times EPS_{12} \geq P_1 \tag{8}$$

합병 후 $EPS(EPS_{12})$는 $\dfrac{E_1 + E_2 + SE}{N_1 + N_2 \cdot ER}$이므로 식 (8)은 다음과 같이 나타낼 수 있다.

$$P_{12} = PER_{12} \times \frac{E_1 + E_2 + SE}{N_1 + N_2 \cdot ER} \geq P_1 \tag{9}$$

식 (9)로부터 주식교환비율의 상한(ER_U)을 계산할 수 있다.

(2) 주식교환비율의 하한(ER_L)

피합병기업의 주주들은 $P_{12} \cdot ER \geq P_2$일 경우에만 합병에 응할 것이다. 즉, 합병이 이루어지기 위해서는 다음의 조건이 충족되어야 한다.

$$P_{12} \cdot ER = PER_{12} \times \frac{E_1 + E_2 + SE}{N_1 + N_2 \cdot ER} \cdot ER \geq P_2 \tag{10}$$

식 (10)으로부터 주식교환비율의 하한(ER_L)을 계산할 수 있다.

11.6 EPS기준의 주식교환비율★

합병 후의 주당순이익(EPS_{12})을 예상할 수 있는 경우, 합병 전후의 EPS를 비교하여 주식교환비율의 상한과 하한을 추정할 수 있다.

(1) 주식교환비율의 상한(ER_U)

합병기업의 주주들은 $EPS_{12} \geq EPS_1$일 경우에만 합병에 응할 것이다. 즉, 합병이 이루어지기 위해서는 다음의 조건이 충족되어야 한다.

$$EPS_{12} = \frac{E_1 + E_2 + SE}{N_1 + N_2 \cdot ER} \geq EPS_1 \tag{11}$$

식 (11)로부터 주식교환비율의 상한 (ER_U)을 계산할 수 있다.

(2) 주식교환비율의 하한(ER_L)

피합병기업의 주주들은 $EPS_{12} \cdot ER \geq EPS_2$일 경우에만 합병에 응할 것이다. 즉, 합병이 이루어지기 위해서는 다음의 조건이 충족되어야 한다.

$$EPS_{12} \cdot ER = \frac{E_1 + E_2 + SE}{N_1 + N_2 \cdot ER} \cdot ER \geq EPS_2 \tag{12}$$

식 (12)로부터 주식교환비율의 하한(ER_L)을 계산할 수 있다.

11.7 주식교환비율 사례분석★

사례분석

남대문기업은 동대문기업을 합병하기 위하여 가치평가 작업에 착수하였다. 합병과 관련된 자료는 다음과 같다.

구 분	남대문기업	동대문기업
발 행 주 식 수	100,000주	50,000주
주 당 가 격	10,000원	5,000원
순 이 익	1억원	2,500만원
E P S	1,000원	500원

남대문기업이 동대문기업을 합병할 경우 시너지효과로 인해 2천만원의 이익증가가 예상되며, 합병 후 주가수익비율(PER)이 11이 될 것으로 예상된다.

(1) 합병 후 주가를 기준으로 합병 여부를 평가한다고 할 때, 두 기업의 주주들이 모두 동의하게 될 주식교환비율의 범위를 구하라.

(2) 합병 후 주당순이익을 기준으로 합병여부를 평가한다고 할 때, 두 기업의 주주들이 모두 동의하게 될 주식교환비율의 범위를 구하라.

해 설

(1) 합병 후 주가를 기준으로 합병여부를 평가할 때의 주식교환비율

• 주식교환비율의 상한 : 남대문기업

$$P_{12} = PER_{12} \times \frac{E_1 + E_2 + SE}{N_1 + N_2 \cdot ER} \geq P_1$$

(단, P_1은 남대문기업의 합병 전 주가임)

$$\text{즉, } P_{12} = 11 \times \frac{1\text{억원} + 2{,}500\text{만원} + 2{,}000\text{만원}}{100{,}000 + 50{,}000 \cdot ER} \geq 10{,}000\text{원}$$

따라서 $ER \leq 1.19$이므로 남대문기업의 입장에서 주식교환비율의 상한은 1.19이다(1.19 : 1).

• 주식교환비율의 하한 : 동대문기업

$$P_{12} \cdot ER = PER_{12} \times \frac{E_1 + E_2 + SE}{N_1 + N_2 \cdot ER} \cdot ER \geq P_2$$

(단, P_2는 동대문기업의 합병 전 주가임)

$$즉,\ P_{12} \cdot ER = 11 \times \frac{1억원 + 2{,}500만원 + 2{,}000만원}{100{,}000 + 50{,}000 \cdot ER} \cdot ER \geq 5{,}000원$$

따라서 $ER \geq 0.372$이므로 동대문기업의 입장에서 주식교환비율의 하한은 0.372이다(0.372 : 1).

- 주식교환비율의 범위

  주가기준 시 주식교환비율의 범위는 다음과 같다.

  $0.372 \leq ER \leq 1.19$

(2) 합병 후 주당순이익을 기준으로 합병여부를 평가할 때의 주식교환비율의 범위

- 주식교환비율의 상한 : 남대문기업

$$EPS_{12} = \frac{E_1 + E_2 + SE}{N_1 + N_2 \cdot ER} \geq EPS_1$$

(단, EPS_1은 남대문기업의 합병 전 EPS임)

$$즉,\ EPS_{12} = \frac{1억원 + 2{,}500만원 + 2{,}000만원}{100{,}000 + 50{,}000 \cdot ER} \geq 1{,}000원$$

따라서 $ER \leq 0.9$이므로 남대문기업의 입장에서 주식교환비율의 상한은 0.9이다(0.9 : 1).

- 주식교환비율의 하한 : 동대문기업

$$EPS_{12} \cdot ER = \frac{E_1 + E_2 + SE}{N_1 + N_2 \cdot ER} \cdot ER \geq EPS_2$$

(단, EPS_2는 동대문기업의 합병 전 EPS임)

$$즉,\ EPS_{12} \cdot ER = \frac{1억원 + 2{,}500만원 + 2{,}000만원}{100{,}000 + 50{,}000 \cdot ER} \cdot ER \geq 500원$$

따라서 $ER \geq 0.417$이므로 동대문기업의 입장에서 주식교환비율의 하한은 0.417이다(0.417 : 1).

- 주식교환비율의 범위

  EPS기준 시 주식교환비율의 범위는 다음과 같다.

  $0.417 \leq ER \leq 0.9$

11.8 방어전략

적대적 인수(hostile takeover)는 피인수기업 경영진의 의사를 사전에 묻지 않거나 또는 의사에 반하여 경영권을 탈취하는 것을 말한다. 일반적으로 인수기업은 주식공개매수 또는 위임장투쟁 등을 통하여 적대적 인수를 시도하며, 당연히 인수대상기업의 경영자들은 여러 방어전략을 구사하여 이에 저항한다. 인수대상 기업들이 방어전략으로 주로 사용하는 방법은 다음과 같다.

(1) 정관개정

기업정관(corporate charter)을 개정하여 적대적 인수를 어렵게 만드는 방법이다. 일반적으로 합병이 승인되기 위해서는 주주총회에서 총 주주 2/3이상의 찬성이 필요한데, 이를 80% 또는 그 이상의 주주들의 찬성이 필요하도록 정관을 개정하는 것이다.

(2) 불가침협정

적대적 인수를 시도할 것으로 예상되는 기업과 앞으로 일정기간 동안 적대적 인수를 시도하지 않겠다는 약정을 맺는 것을 말한다. 잠재적 인수자는 불가침협정(standstill agreement)을 체결하는 대신 그동안 매집한 주식을 시가보다 높은 가격으로 매입해 줄 것을 요구한다. 이와 같이 목표기업의 주식을 매집한 후 불가침협정을 체결하고 높은 가격에 주식을 되파는 것을 그린메일(greenmail)이라고 한다.

(3) 독약조항

인수대상기업이 적대적 인수에 대항하기 위하여 주주에게 특별한 권리가 부여된 주식을 발행한 후, 합병이 이루어지면 인수대상기업의 주주들이 주식을 시가보다 훨씬 싼 가격에 매입할 수 있도록 함으로써 인수기업에 큰 손실을 입힐 수 있다. 이때 발행된 주식은 기업가치를 감소시킬 목적으로 발행되며 합병이 이루어지면 기업가치에 치명적인 손실을 입힐 수 있다는 뜻으로 독약(poison pill)이라고 한다.

(4) 기타전략

황금낙하산(golden parachute) 전략은 기업이 매수되어 경영자가 해직될 경우 거액의 보수가 지급되도록 계약서에 규정하는 전략을 말한다. 왕관의 보석(crown jewel)

은 인수대상기업이 보유하고 있는 가장 중요한 자산을 의미하며, 왕관의 보석 전략은 적대적 인수가 시도되면 왕관의 보석을 미리 매각하여 인수시도를 무산시키는 전략이다. 백기사(white knight)는 인수대상기업에게 우호적인 기업을 의미하며, 백기사 전략은 우호적인 제3의 주주를 내세워 인수시도를 무산시키는 전략을 말한다.

정리문제

01 A기업이 B기업을 합병하려고 한다. 재무자료는 다음과 같다(A, B기업은 자기자본만 사용한다).

구 분	A기업	B기업
발행주식수	5,000,000주	1,000,000주
자기자본 시장가치	1,000억원	300억원
주식가격	20,000원	30,000원
합병 후 자기자본 시장가치	1,500억원	
인수 요구주가	33,000원(10%할증)	

(1) 합병으로 인한 시너지효과 및 프리미엄을 구하라.

(2) 합병의 순현가를 구하라.

02 사랑기업이 신의기업을 합병하고자 한다. 사랑기업과 신의기업의 재무상태가 다음과 같다. 합병의 시너지효과를 무시한 상태에서 합병 후 기업의 주당순이익이 각 기업의 합병 전 주당순이익과 동일하게 되는 주식교환비율을 구하라.

구 분	사랑기업	신의기업
순이익	20억원	8억원
발행주식수	80만주	50만주
EPS	2,500원	1,600원
주가	20,000원	9,600원
PER	8배	6배

03 A기업이 인수기업이고 B기업이 인수대상기업이다. 두 기업 모두 자기자본만 사용하는 기업이다. A기업의 발행주식수는 1,000주이고 주가는 50,000원이다. B기업의 발행주식수는 500주이고, 주가는 30,000원이다. A기업은 합병의 시너지효과를 5,000,000원으로 추정한다.

(1) B기업을 주당 33,000원에 현금으로 인수한다면,

① 합병의 프리미엄은 얼마인가?

② 합병의 순현가는 얼마인가?

③ 합병 공시 후 A기업의 주가는 얼마인가?

(2) 현금으로 인수하는 대신 B기업 주식 2주와 자기주식 1주를 교환하기로 하였다.

① 합병 후 주가는 얼마인가?

② A기업의 입장에서 합병의 순현가는 얼마인가?

04 C기업이 합병기업이고 D기업이 피합병기업이며 두기업 모두 자기자본만을 사용하는 기업이다. D기업 주식 5주와 C기업 주식 1주를 교환하기로 하였다. 합병의 순현가는 0이다. 합병 후 주당순이익과 PER은 얼마인가?

구 분	C기업	D기업
PER	25	7
발행주식수	200,000주	20,000주
순이익	600,000원	300,000원

05 부산기업과 서울기업은 모두 무부채기업으로서 부산기업이 서울기업을 흡수합병할 것을 고려 중이다. 두 기업과 관련된 재무자료는 다음과 같다.

구 분	부산기업	서울기업
기업가치	25억원	15억원
발행주식수	5만주	10만주
1주당 가격	5만원	1.5만원
자본비용	10%	15%

부산기업이 서울기업을 합병하면 합병에 따른 현금흐름은 증분기준으로 다음과 같이 예상된다.

1년도	2년도	3년도	4년도	5년도
−0.8억원	0.4억원	4.8억원	3.4억원	2.8억원

그리고 서울기업의 인수가격은 1주당 18,500원으로 결정되었다. 다음 각 물음에 답하라.

(1) 부산기업의 입장에서 서울기업을 현금으로 인수할 때 합병의 순현가를 산출하라(자본비용 15% 이용).

(2) 인수대금을 부산기업의 합병 전 주가를 기준으로 부산기업의 주식으로 교환할 때의 합병의 순현가를 산출하라.

(3) 현금인수의 순현가와 동일한 순현가를 얻기 위한 주식교환비율을 산출하고, 그렇게 교환했을 때 합병의 순현가를 구하라.

(4) (2)번과 (3)번에서 합병의 순현가가 차이나는 이유는 무엇인가?

06★ 동진기업과 효진기업은 모두 무부채기업이며, 영업현금흐름은 매년 일정하며 지속적으로 유지된다. 동진기업은 효진기업을 흡수합병할 것을 고려중이며, 관련 자료는 아래와 같다.

구 분	동진기업	효진기업
영업현금흐름	7,500만원	2,100만원
발행주식수	10,000주	5,000주
주식베타	1.5	2

한편 동진기업은 합병 후의 영업현금흐름이 매년 10,500만원이 지속될 것으로 예상하고 있으며 효진기업의 주주들은 인수대가로 8,000만원을 현금으로 요구하고 있다. 주식시장 기대수익률 = 연 20%, 무위험이자율 = 연 10%, 법인세율 = 40%이다.

(1) 합병으로 인한 시너지효과는 얼마인가?

(2) 합병의 프리미엄과 효진기업의 합병에 따른 순현가는 얼마인가?

07★ 청산실업은 녹수전자를 인수하려고 한다. 녹수전자를 합병할 경우 청산실업은 매년 말 다음과 같은 추가적인 영업현금흐름을 얻을 수 있을 것으로 예상하고 있다.

시 점	영업현금흐름
1년도 말	1,500만원
2년도 말	2,000만원
그 이후	매년 4%의 성장률

현재 녹수전자의 기업베타는 1.2이고 부채시장가치는 1억 5천만원이다. 그리고 무위험이자율은 연 6%이고 주식시장 기대수익률은 연 10%라 할 때 다음 물음에 답하라.

(1) 청산실업이 녹수전자의 주주들에게 지불 할 수 있는 최대금액은?

(2) 만약 녹수전자의 시가총액이 1억원이고 이 회사의 주주들이 합병 시 20%의 프리미엄을 추가로 요구하면, 이 회사를 인수해야 하는가?

08 현준자동차는 승준자동차를 인수하려고 한다. 현재 현준자동차의 주가는 300,000원이고, 발행주식수는 2,000주이다. 승준자동차의 주가는 200,000원이고, 발행주식수는 1,000주이다. 현준자동차는 합병을 통해 120,000,000원의 시너지효과를 기대한다.

(1) 주당 300,000원을 지급하고 승준자동차를 인수할 때 합병의 순현가와 프리미엄을 구하라. 또한 합병 후 현준자동차의 주가를 구하라.

(2) 만일 현준자동차가 0.5의 주식교환비율로 합병할 경우 합병 후 주가와 합병의 순현가를 구하라.

09★ 선진기업은 현재 건설업종에 진출하기 위해 조국기업을 흡수합병하려고 한다. 두 기업은 모두 무부채기업이며, 합병 전 두 기업의 재무자료는 다음과 같다. 선진기업이 조국기업을 흡수합병하면 합병 후의 기업가치는 90억원이 될 것으로 예상된다.

구 분	선진기업	조국기업
주식가격	10,000원	7,200원
발행주식수	50만주	40만주

(1) 선진기업이 조국기업을 합병할 경우의 시너지효과를 구하라.

(2) 선진기업이 조국기업 주주에게 35억원의 현금을 지불하고 조국기업을 합병한다면 선진기업이 합병을 통해 얻는 NPV는 얼마인가?

(3) 선진기업이 0.7의 주식교환비율로 조국기업을 합병한다면 선진기업이 합병을 통해 얻는 NPV는 얼마인가?

10 A기업의 가치는 1,000억원, B기업의 가치는 300억원이다. 두 기업 모두 자기자본만을 사용한다고 가정하자. A기업의 발행주식수는 4,000,000주이고 주가는 25,000원이다. B기업의 발행주식수는 2,000,000주이고 주가는 15,000원이다. 합병기업의 가치는 1,500억원으로 추정되고 A기업이 프리미엄으로 100억원을 지급한다고 가정하자.

(1) 합병 공시 후 A기업의 주가는 얼마인가?

(2) 주식교환비율은 얼마이어야 하는가?

11 A기업이 B기업을 합병하려고 한다. 재무자료는 다음과 같다.

구 분	A기업	B기업
발행주식수	2,000,000주	1,000,000주
자기자본 시장가치	500억원	200억원
주식가격	25,000원	20,000원
합병 후 자기자본 시장가치	800억원	
인수 요구주가	24,000원(20%할증)	

(1) 합병으로 인한 시너지효과를 구하라.

(2) 합병의 프리미엄은 얼마인가?

(3) A기업의 입장에서 합병의 순현가를 구하라. 합병의 경제성은 있는가?

12★ 1기업이 2기업을 흡수합병하려고 한다. 재무자료는 다음과 같다.

구 분	1기업	2기업
발행주식수	100,000주	50,000주
당기순이익	1억원	2천만원
주식가격	10,000원	6,000원
합병 후 PER	20	

(1) 주가를 기준으로 할 때, 1기업의 입장에서 주식교환비율의 상한은 얼마인가?

(2) 주가를 기준으로 할 때, 2기업의 입장에서 주식교환비율의 하한은 얼마인가?

정리문제에 대한 해설

01 A기업이 B기업을 합병하려고 한다. 재무자료는 다음과 같다(A, B기업은 자기자본만 사용한다).

구 분	A기업	B기업
발행주식수	5,000,000주	1,000,000주
자기자본 시장가치	1,000억원	300억원
주식가격	20,000원	30,000원
합병 후 자기자본 시장가치	1,500억원	
인수 요구주가	33,000원(10%할증)	

(1) 합병으로 인한 시너지효과 및 프리미엄을 구하라.

해설 시너지효과 = 합병 후 기업가치 − (합병 전 A기업가치 + 합병 전 B기업가치)
= 1,500억원 − (1,000억원 + 300억원) = 200억원

프리미엄 = 인수금액 − 피인수기업의 가치
= 33,000원 × 1,000,000주 − 300억원 = 30억원

(2) 합병의 순현가를 구하라.

해설 합병의 순현가 = 시너지효과(= 가치증분) − 프리미엄
= 200억원 − 30억원 = 170억원

02 사랑기업이 신의기업을 합병하고자 한다. 사랑기업과 신의기업의 재무상태가 다음과 같다. 합병의 시너지효과를 무시한 상태에서 합병 후 기업의 주당순이익이 각 기업의 합병 전 주당순이익과 동일하게 되는 주식교환비율을 구하라.

구 분	사랑기업	신의기업
순이익	20억원	8억원
발행주식수	80만주	50만주
EPS	2,500원	1,600원
주가	20,000원	9,600원
PER	8배	6배

해설 합병 후 기업의 주당순이익이 각 기업의 합병 전 주당순이익과 동일하게 되기 위해서는 피합병기업의 합병 전 *PER*이 합병기업의 *PER*과 동일하도록 주식교환비율을 결정해야 한다.

신의기업의 주가 = 1,600원 × 8배 = 12,800원
주식교환비율 = 12,800원 / 20,000원 = 0.64주

이때 사랑기업은 50만주 × 0.64 = 32만주의 주식을 추가로 발행하여야 하므로 총 발행주식수는 112만주가 된다. 합병 후 주당순이익은 28억원 / 112만주 = 2,500원으로 합병 전과 동일하며, 신의기업의 주당순이익 또한 2,500원 × 0.64 = 1,600원으로 합병 전과 동일하게 된다.

03 A기업이 인수기업이고 B기업이 인수대상기업이다. 두 기업 모두 자기자본만 사용하는 기업이다. A기업의 발행주식수는 1,000주이고 주가는 50,000원이다. B기업의 발행주식수는 500주이고, 주가는 30,000원이다. A기업은 합병의 시너지효과를 5,000,000원으로 추정한다.

(1) B기업을 주당 33,000원에 현금으로 인수한다면,

해설 ① 합병의 프리미엄은 얼마인가?

인수금액 = 33,000원 × 500주 = 16,500,000원

B기업의 가치 = 30,000원 × 500주 = 15,000,000원

∴ 프리미엄 = 인수금액 − B기업의 가치
= 16,500,000원 − 15,000,000원 = 1,500,000원

② 합병의 순현가는 얼마인가?

합병의 순현가 = 시너지효과(= 가치증분) − 프리미엄
= 5,000,000원 − 1,500,000원 = 3,500,000원

③ 합병 공시 후 A기업의 주가는 얼마인가?

$$\frac{\text{A기업의 가치} + \text{합병의 순현가}}{\text{발행주식수}} = \frac{1{,}000\text{주} \times 50{,}000\text{원} + 3{,}500{,}000\text{원}}{1{,}000\text{주}}$$

= 53,500원

(2) 현금으로 인수하는 대신 B기업 주식 2주와 자기주식 1주를 교환하기로 하였다.

해설 ① 합병 후 주가는 얼마인가?

추가발행주식수 = 250주

총주식수 = 기발행주식수 + 추가발행주식수
= 1,000주 + 250주 = 1,250주

$$\text{합병 후 주가} = \frac{\text{A기업의 가치} + \text{B기업의 가치} + \text{시너지효과}}{\text{총주식수}}$$

$$= \frac{1{,}000\text{주} \times 50{,}000\text{원} + 500\text{주} \times 30{,}000\text{원} + 5{,}000{,}000\text{원}}{1{,}250\text{주}}$$

= 56,000원

② A기업의 입장에서 합병의 순현가는 얼마인가?

합병의 순현가 = 시너지효과(= 가치증분) − 프리미엄
= 시너지효과(= 가치증분) − (인수금액 − B기업의 가치)
= 5,000,000원 − (56,000원 × 250주 − 30,000원 × 500주)
= 6,000,000원

04 C기업이 합병기업이고 D기업이 피합병기업이며 두기업 모두 자기자본만을 사용하는 기업이다. D기업 주식 5주와 C기업 주식 1주를 교환하기로 하였다. 합병의 순현가는 0이다. 합병 후 주당순이익과 PER은 얼마인가?

구 분	C기업	D기업
PER	25	7
발행주식수	200,000주	20,000주
순이익	600,000원	300,000원

해설

$$\text{C기업이 D기업 주주에게 교환하는 주식 수} = 20{,}000\text{주} \times \frac{1}{5} = 4{,}000\text{주}$$

$$\text{합병 후 주당순이익} = \frac{\text{C기업의 순이익} + \text{D기업의 순이익}}{\text{C기업의 주식수} + \text{교환주식수}}$$

$$= \frac{600{,}000\text{원} + 300{,}000\text{원}}{200{,}000\text{주} + 4{,}000\text{주}} = 4.41\text{원}$$

$$\text{합병 후 } PER = \frac{(\text{C기업의 시가총액} + \text{D기업의 시가총액}) / \text{총발행주식수}}{\text{합병 후 주당순이익}}$$

$$= \frac{(600{,}000\text{원} \times 25 + 300{,}000\text{원} \times 7) / 204{,}000\text{주}}{4.41} = 19$$

05 부산기업과 서울기업은 모두 무부채기업으로서 부산기업이 서울기업을 흡수합병할 것을 고려 중이다. 두 기업과 관련된 재무자료는 다음과 같다.

구 분	부산기업	서울기업
기업가치	25억원	15억원
발행주식수	5만주	10만주
1주당 가격	5만원	1.5만원
자본비용	10%	15%

부산기업이 서울기업을 합병하면 합병에 따른 현금흐름은 증분기준으로 다음과 같이 예상된다.

1년도	2년도	3년도	4년도	5년도
−0.8억원	0.4억원	4.8억원	3.4억원	2.8억원

그리고 서울기업의 인수가격은 1주당 18,500원으로 결정되었다. 다음 각 물음에 답하라.

(1) 부산기업의 입장에서 서울기업을 현금으로 인수할 때 합병의 순현가를 산출하라(자본비용 15% 이용).

해설

$$\text{시너지효과} = \frac{-0.8\text{억원}}{(1+0.15)} + \frac{0.4\text{억원}}{(1+0.15)^2} + \cdots + \frac{2.8\text{억원}}{(1+0.15)^5} = 6.1\text{억원}$$

$$\begin{aligned}\text{프리미엄} &= \text{인수금액} - \text{서울기업의 가치}\\ &= 18{,}500\text{원} \times 10\text{만주} - 15\text{억원} = 3.5\text{억원}\end{aligned}$$

$$\begin{aligned}\text{합병의 순현가} &= \text{시너지효과}(=\text{가치증분}) - \text{프리미엄}\\ &= 6.1\text{억원} - 3.5\text{억원} = 2.6\text{억원}\end{aligned}$$

(2) 인수대금을 부산기업의 합병 전 주가를 기준으로 부산기업의 주식으로 교환할 때의 합병의 순현가를 산출하라.

해설

$$\text{교환해야 할 주식 수} = \frac{\text{인수대금}}{\text{부산기업 주가}} = \frac{18{,}500\text{원} \times 10\text{만주}}{5\text{만원}} = 37{,}000\text{주}$$

$$\begin{aligned}\text{인수금액} &= (\text{부산기업의 가치} + \text{서울기업의 가치} + \text{시너지효과})\\ &\quad \times \frac{\text{교환주식수}}{\text{부산기업의 주식수} + \text{교환주식수}}\\ &= (25\text{억원} + 15\text{억원} + 6.1\text{억원}) \times \frac{37{,}000\text{주}}{50{,}000\text{주} + 37{,}000\text{주}}\\ &= 19.6\text{억원}\end{aligned}$$

$$\begin{aligned}\text{프리미엄} &= \text{실질인수금액} - \text{서울기업의 가치}\\ &= 19.6\text{억원} - 15\text{억원} = 4.6\text{억원}\end{aligned}$$

$$\begin{aligned}\text{합병의 순현가} &= \text{시너지효과}(=\text{가치증분}) - \text{프리미엄}\\ &= 6.1\text{억원} - 4.6\text{억원} = 1.5\text{억원}\end{aligned}$$

(3) 현금인수의 순현가와 동일한 순현가를 얻기 위한 주식교환비율을 산출하고, 그렇게 교환했을 때 합병의 순현가를 구하라.

해설

$$\begin{aligned}\text{주식교환비율} &= \frac{\text{현금인수금액}}{\text{부산기업의 가치} + \text{서울기업의 가치} + \text{시너지효과}}\\ &= \frac{18{,}500\text{원} \times 10\text{만주}}{25\text{억원} + 15\text{억원} + 6.1\text{억원}} = 40.13\%\end{aligned}$$

$$\begin{aligned}\text{합병의 순현가} &= \text{시너지효과}(=\text{가치증분}) - \text{프리미엄}\\ &= \text{시너지효과}(=\text{가치증분}) - (\text{인수금액} - \text{서울기업의 가치})\\ &= \text{시너지효과}(=\text{가치증분})\\ &\quad - (\text{합병 후 기업가치} \times \text{주식교환비율} - \text{서울기업의 가치})\\ &= 6.1\text{억원} - (46.1\text{억원} \times 0.4013 - 15\text{억원})\\ &= 2.6\text{억원}\end{aligned}$$

(4) (2)번과 (3)번에서 합병의 순현가가 차이나는 이유는 무엇인가?

해설 (2)번에서는 합병 후 부산기업의 주가가 합병의 순현가 창출로 인해 상승한다는 사실을 무시하였으므로, 합병의 순현가가 감소한다. 반면에 (3)번에서는 합병 후 부산기업의 주가가 합병의 순현가 창출로 인해 상승한다는 사실을 고려하였으므로 합병의 순현가가 그대로 유지된다.

06★ **동진기업과 효진기업은 모두 무부채기업이며, 영업현금흐름은 매년 일정하며 지속적으로 유지된다. 동진기업은 효진기업을 흡수합병할 것을 고려중이며, 관련 자료는 아래와 같다.**

구 분	동진기업	효진기업
영업현금흐름	7,500만원	2,100만원
발행주식수	10,000주	5,000주
주식베타	1.5	2

한편 동진기업은 합병 후의 영업현금흐름이 매년 10,500만원이 지속될 것으로 예상하고 있으며 효진기업의 주주들은 인수대가로 8,000만원을 현금으로 요구하고 있다. 주식시장 기대수익률 = 연 20%, 무위험이자율 = 연 10%, 법인세율 = 40%이다.

(1) 합병으로 인한 시너지효과는 얼마인가?

해설 $\Delta CF_t = (CF_{A+B})_t - [(CF_A)_t + (CF_B)_t]$

$= 10{,}500\text{만원} - (7{,}500\text{만원} + 2{,}100\text{만원}) = 900\text{만원}$

피합병기업의 주주 요구수익률 $= r_E = 0.1 + (0.2 - 0.1) \times 2 = 30\%$

$$\text{시너지효과} = \Delta V = \sum \frac{\Delta CF_t}{(1+r)^t} = \frac{900\text{만원}}{0.3} = 3{,}000\text{만원}$$

(2) 합병의 프리미엄과 효진기업의 합병에 따른 순현가는 얼마인가?

해설 프리미엄 = 인수금액 − 피합병기업의 가치

= 8,000만원 − 7,000만원 = 1,000만원

$$\text{피합병기업의 가치} = \frac{2{,}100\text{만원}}{0.3} = 7{,}000\text{만원}$$

합병의 순현가 = 시너지효과 − 프리미엄

= 3,000만원 − 1,000만원 = 2,000만원

07 * 청산실업은 녹수전자를 인수하려고 한다. 녹수전자를 합병할 경우 청산실업은 매년 말 다음과 같은 추가적인 영업현금흐름을 얻을 수 있을 것으로 예상하고 있다.

시 점	영업현금흐름
1년도 말	1,500만원
2년도 말	2,000만원
그 이후	매년 4%의 성장률

현재 녹수전자의 기업베타는 1.2이고 부채시장가치는 1억 5천만원이다. 그리고 무위험이자율은 연 6%이고 주식시장 기대수익률은 연 10%라 할 때 다음 물음에 답하라.

(1) 청산실업이 녹수전자의 주주들에게 지불 할 수 있는 최대금액은?

해설 자본비용 = 적정할인율

$$= r_f + [E(r_M) - r_f] \times \beta$$

$$= 0.06 + (0.1 - 0.06) \times 1.2 = 0.108$$

$$\text{녹수전자의 기업가치} = \frac{1{,}500\text{만원}}{1.108} + \frac{2{,}000\text{만원}}{(1.108)^2} + \frac{1}{(1.108)^2}\left(\frac{2{,}000\text{만원} \times 1.04}{0.108 - 0.04}\right)$$

$$= 27{,}899\text{만원}$$

녹수전자의 주식가치 = 녹수전자의 기업가치 − 녹수전자의 부채가치

= 27,899만원 − 15,000만원

= 12,899만원

즉, 청산실업이 녹수전자의 주주들에게 지불할 수 있는 최대금액은 12,899만원이다.

(2) 만약 녹수전자의 시가총액이 1억원이고 이 회사의 주주들이 합병 시 20%의 프리미엄을 추가로 요구하면, 이 회사를 인수해야 하는가?

해설 녹수전자의 시가총액이 10,000만원이고 이 회사의 주주들이 합병 시 20%의 프리미엄을 추가로 요구한다면, 청산실업은 인수를 위해서 녹수전자의 주주들에게 12,000만원(= 10,000만원 × 1.2)을 지불해야 한다. 이 금액은 청산실업이 녹수전자의 주주들에게 지불할 수 있는 최대금액 12,899만원보다 적으므로 청산실업은 녹수전자를 인수한다.

08 현준자동차는 승준자동차를 인수하려고 한다. 현재 현준자동차의 주가는 300,000원이고, 발행주식수는 2,000주이다. 승준자동차의 주가는 200,000원이고, 발행주식수는 1,000주이다. 현준자동차는 합병을 통해 120,000,000원의 시너지효과를 기대한다.

(1) 주당 300,000원을 지급하고 승준자동차를 인수할 때 합병의 순현가와 프리미엄을 구하라. 또한 합병 후 현준자동차의 주가를 구하라.

해설 프리미엄 = 인수금액 − 피인수기업의 가치

= 1,000주 × 300,000원 − 1,000주 × 200,000원

= 100,000,000원

합병의 순현가 = 시너지효과(= 가치증분) − 프리미엄
= 120,000,000원 − 100,000,000원
= 20,000,000원

합병 후 주가 = (인수기업의 가치 + 순현가) / 인수기업의 발행주식수
= (2,000주 × 300,000원 + 20,000,000원) / 2,000주
= 310,000원

(2) 만일 현준자동차가 0.5의 주식교환비율로 합병할 경우 합병 후 주가와 합병의 순현가를 구하라.

해설 신주발행주식수 = 1,000주 × 0.5 = 500주

$$합병\ 후\ 주가 = \frac{인수기업의\ 가치 + 피인수기업의\ 가치 + 시너지효과}{인수기업의\ 발행주식수 + 추가발행주식수}$$

$$= \frac{2{,}000주 \times 300{,}000원 + 1{,}000주 \times 200{,}000원 + 120{,}000{,}000원}{2{,}000주 + 500주}$$

= 368,000원

합병의 순현가 = 피인수기업의 가치 + 시너지효과 − 인수금액
= 1,000주 × 200,000원 + 120,000,000원 − 500주 × 368,000원
= 136,000,000원

또는,

프리미엄 = 인수금액 − 피인수기업가치
= 500주 × 368,000원 − 1,000주 × 200,000원
= −16,000,000원

합병의 순현가 = 시너지효과 − 프리미엄
= 120,000,000원 − (−16,000,000원)
= 136,000,000원

09★ 선진기업은 현재 건설업종에 진출하기 위해 조국기업을 흡수합병하려고 한다. 두 기업은 모두 무부채기업이며, 합병 전 두 기업의 재무자료는 다음과 같다. 선진기업이 조국기업을 흡수합병하면 합병 후의 기업가치는 90억원이 될 것으로 예상된다.

구 분	선진기업	조국기업
주식가격	10,000원	7,200원
발행주식수	50만주	40만주

(1) 선진기업이 조국기업을 합병할 경우의 시너지효과를 구하라.

해설 시너지효과 = $V_{AB} - (V_A + V_B)$ = 90억원 − (50억원 + 28.8억원) = 11.2억원

(50억원 = 10,000원 × 50만주, 28.8억원 = 7,200원 × 40만주)

(2) 선진기업이 조국기업 주주에게 35억원의 현금을 지불하고 조국기업을 합병한다면 선진기업이 합병을 통해 얻는 NPV는 얼마인가?

해설 프리미엄 = 인수금액 − 피인수기업의 가치 = 35억원 − 28.8억원 = 6.2억원

합병의 NPV = 시너지효과 − 프리미엄 = 11.2억원 − 6.2억원 = 5억원

(3) 선진기업이 0.7의 주식교환비율로 조국기업을 합병한다면 선진기업이 합병을 통해 얻는 NPV는 얼마인가?

해설

$$\text{인수금액} = \frac{N_B \times ER}{N_A + N_B \times ER} \times V_{AB}$$

$$= \frac{40\text{만주} \times 0.7}{50\text{만주} + 40\text{만주} \times 0.7} \times 90\text{억원} = 32.3\text{억원}$$

프리미엄 = 인수금액 − 피인수기업가치 = 32.3억원 − 28.8억원 = 3.5억원

합병의 NPV = 시너지효과 − 프리미엄 = 11.2억원 − 3.5억원 = 7.7억원

∴ 주식합병의 NPV가 현금합병의 NPV보다 크다.

10 A기업의 가치는 1,000억원, B기업의 가치는 300억원이다. 두 기업 모두 자기자본만을 사용한다고 가정하자. A기업의 발행주식수는 4,000,000주이고 주가는 25,000원이다. B기업의 발행주식수는 2,000,000주이고 주가는 15,000원이다. 합병기업의 가치는 1,500억원으로 추정되고 A기업이 프리미엄으로 100억원을 지급한다고 가정하자.

(1) 합병 공시 후 A기업의 주가는 얼마인가?

해설 시너지효과 = 합병 후 기업가치 − (A기업가치 + B기업가치)

= 1,500억원 − (1,000억원 + 300억원)

= 200억원

합병의 순현가 = 시너지효과 − 프리미엄

= 200억원 − 100억원 = 100억원

$$\text{합병 공시 후 A기업의 주가} = \frac{\text{A기업의 가치} + \text{순현가}}{\text{발행주식수}}$$

$$= \frac{1{,}000\text{억원} + 100\text{억원}}{4{,}000{,}000\text{주}} = 27{,}500\text{원}$$

(2) 주식교환비율은 얼마이어야 하는가?

해설 프리미엄 = 인수금액 − 피인수기업의 가치

100억원 = 인수금액 − 300억원

∴ 인수금액 = 400억원

주식교환매수 시 실제 인수금액이 400억원이 되기 위하여 B기업 주주들이 $\frac{400억원}{1,500억원}$ = 26.7%의 지분율을 유지해야하므로 새로 발행되어야 하는 주식 수 α는 1,454,545주이다.

$$\frac{a}{a+4,000,000} = \frac{400억원}{1,500억원} = 26.7\%$$

따라서 주식교환비율은 다음과 같이 0.7273725 : 1이 된다.

$$주식교환비율 = \frac{1,454,545주}{2,000,000주} = 0.7272725$$

11 A기업이 B기업을 합병하려고 한다. 재무자료는 다음과 같다.

구 분	A기업	B기업
발행주식수	2,000,000주	1,000,000주
자기자본시장가치	500억원	200억원
주식가격	25,000원	20,000원
합병 후 자기자본	800억원	
인수요구주가	24,000원(20%할증)	

(1) 합병으로 인한 시너지효과를 구하라.

해설 합병으로 인한 시너지효과를 계산하면 다음과 같다.

$$시너지효과 = V_{A+B} - (V_A + V_B)$$
$$= 800억원 - (500억원 + 200억원) = 100억원$$

(2) 합병의 프리미엄은 얼마인가?

해설 A기업이 B기업을 합병하는데 지출하는 프리미엄은 다음과 같다.

프리미엄 = (인수요구주가 − B기업주가) × B기업 주식수

프리미엄 = (24,000원 − 20,000원) × 1,000,000주 = 40억원

(3) A기업의 입장에서 합병의 순현가를 구하라. 합병의 경제성은 있는가?

해설 합병의 순현가 = 시너지효과(= 가치증분) − 프리미엄
= 100억원 − 40억원
= 60억원

기업합병의 경제성 평가도 일반적인 투자안의 경제성 평가와 마찬가지로 합병으로부터 얻게 되는 순현가가 0보다 크면 그 합병은 경제성이 있고, 합병의 순현가가 0보다 작으면 그 합병은 경제성이 없는 것으로 판단한다. 따라서 A기업이 B기업을 합병하는 것은 경제성이 있는 것으로 판단된다.

12* 1기업이 2기업을 흡수합병하려고 한다. 재무자료는 다음과 같다.

구 분	1기업	2기업
발행주식수	100,000주	50,000주
당기순이익	1억원	2천만원
주식가격	10,000원	6,000원
합병 후 *PER*	20	

(1) 주가를 기준으로 할 때, 1기업의 입장에서 주식교환비율의 상한은 얼마인가?

해설

$$PER_{12} \times \frac{E_1 + E_2 + SE}{N_1 + N_2 \cdot ER} \geq P_1$$

$$\text{즉, } 20 \times \frac{1\text{억원} + 2\text{천만원} + 0}{100{,}000\text{주} + 50{,}000\text{주} \cdot ER} \geq 10{,}000\text{원}$$

$\therefore\ ER \leq 2.8$주

(2) 주가를 기준으로 할 때, 2기업의 입장에서 주식교환비율의 하한은 얼마인가?

해설

$$PER_{12} \times \frac{E_1 + E_2 + SE}{N_1 + N_2 \cdot ER} \geq P_2$$

$$\text{즉, } 20 \times \frac{1\text{억원} + 2\text{천만원} + 0}{100{,}000\text{주} + 50{,}000\text{주} \cdot ER} \cdot ER \geq 6{,}000\text{원}$$

$\therefore\ ER \geq 0.29$주

CHAPTER 12 국제금융

국제재무관리는 기업의 국제경영 활동에서 발생하는 자금의 조달과 운용에 관련된 의사결정을 수행하는 관리기능이다. 기업의 해외거래 활동이 날로 증가하고 있는 현대에 있어서 국제재무관리는 중요한 관심사가 되고 있으며, 앞으로도 그 중요성은 더욱 커질 것으로 기대되고 있다. 본장에서는 국제재무관리와 관련된 주요 이슈들을 설명하기로 한다.

12.1 환리스크의 의의와 종류

(1) 의 의

환리스크는 환율변동에 따라 기업의 영업성과가 악화될 가능성과 외환거래의 규제로 교환성(convertibility)을 제한받을 가능성 모두를 의미하지만, 보통은 환율변동으로 손실을 볼 가능성만을 말한다. 환리스크를 계량화한 것을 환부담(foreign exchange exposure)이라고 하지만 통상적으로 환리스크와 환부담은 같은 의미로 사용된다.

(2) 환리스크(환부담)의 종류

환리스크는 발생원천 또는 발생범위에 따라 환산부담(translation exposure), 거래부담(transaction exposure) 및 경제적 부담(economic exposure)의 세 가지로 분류된다. 이 세 가지의 환리스크를 그림으로 나타내면 [그림 1]과 같다.

환산부담(換算負擔)은 이미 이루어진 거래의 결과로 재무상태표상에 기록된 현금, 받을어음, 지급어음 및 차입금과 같은 외화자산과 외화부채를 자국통화가치로 환산할 때 환율이 변동함으로써 발생하는 환부담을 말한다. 만일 외화자산 또는 외화부채를 취득당시의 환율을 적용하여 자국통화가치로 환산하게 되면 그동안 환율변동이 있었더라도 이익 또는 손실이 발생하지 않는다. 그러나 재무상태표 작성일 현재의 환율(current rate)을 적용하여 자산 및 부채를 자국통화가치로 환산하는 경우, 자산 또는 부채의 취득일 이후의 환율이 변동하였다면 이익 또는 손실이 발생하게 된다.

[그림 1] 환리스크의 종류

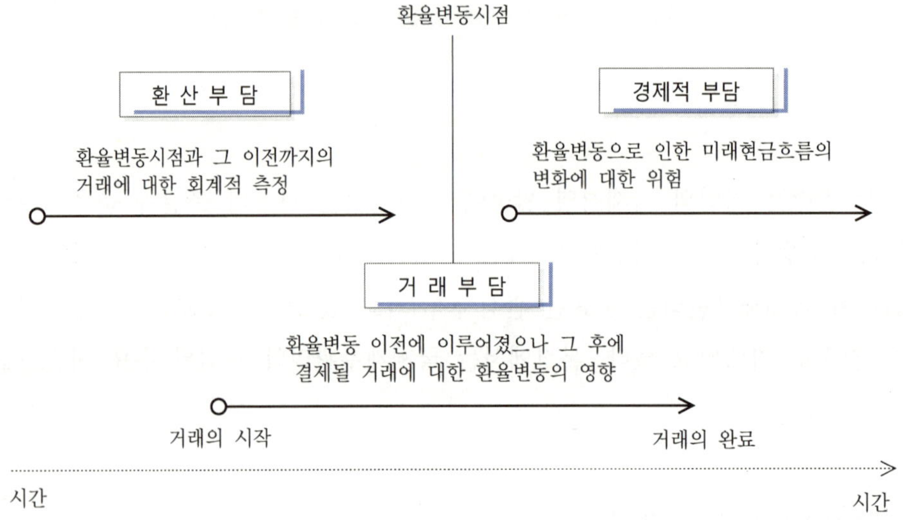

거래부담(去來負擔)은 계약의 체결로 외화표시채권 · 채무가 확정된 후 계약이 완전 이행되어 외화채권을 수령하거나 외화채무를 변제할 때, 자국통화로 환산된 채권 · 채무가 계약당시의 금액과 차이가 남으로써 발생하는 이익 또는 손실과 관련된 환부담을 말한다. 거래부담의 대상이 되는 일반적인 거래로서는 상품선물매매, 차입 및 대출, 증권투자, 그리고 상품수출입 등이 있다.

경제적 부담(經濟的 負擔)은 평가절하 또는 평가절상과 같은 환율변동이 회사전체의 장래수익 또는 비용에 미치는 영향을 의미하는 것으로, 경제적 부담에 대한 평가는 회사의 장래 영업활동에 대한 예상에 따라 달라지게 된다. 환산부담과 거래부담이 이미 이루어진 기업의 영업활동과 관련된 환부담을 말하는 데 비하여, 경제적 부담은 기업의 미래 영업활동과 관련된 환부담을 말한다. 이와 같이 경제적 부담은 장기적인 관점에서 환율이 변동할 때 회사의 순자산이 변동하는 것과 관련된 환부담을 일컫는다.

사례분석

호수기업은 자사제품의 미국 내에서의 판매를 담당할 현지 자회사인 강변기업을 미국에 설립하여 운영하고 있다. 호수기업은 모든 거래를 미국달러로 하고 있는데, 금년도말 현재 강변기업의 미국달러 표시 재무상태표는 다음과 같다.

재 무 상 태 표

(강변기업) (금년도말) (단위 : U$)

자 산		부채 및 자본	
현 금	500,000	유 동 부 채	300,000
매 출 채 권	1,000,000	비 유 동 부 채	600,000
재 고 자 산	800,000	자 본	3,000,000
비 유 동 자 산	1,600,000		
합 계	3,900,000	합 계	3,900,000

강변기업의 환부담대상 순자산을 유동성 · 비유동성법, 화폐성 · 비화폐성법, 순금융자산법, 현행환율법을 적용하여 산출하라.

해 설

환부담대상 측정방법별로 계정항목을 환부담대상(○표)과 환부담비대상(×표)으로 분류하면 다음과 같다.

[표 1]

환부담대상측정방법

(단위 : U$)

구 분		유동성 · 비유동성법	화폐성 · 비화폐성법	순금융자산법	현행환율법
현 금	500,000	○	○	○	○
매 출 채 권	1,000,000	○	○	○	○
재 고 자 산	800,000	○	×	○	○
비유동자산	1,600,000	×	×	×	○
합 계	3,900,000				
유 동 부 채	300,000	○	○	○	○
비유동부채	600,000	×	○	○	○
자 본	3,000,000	×	×	×	×
합 계	3,900,000				

위에서의 분류기준에 따라 환부담대상 순자산을 측정하면 다음과 같다.

① 유동성 · 비유동성법

자 산 : 현금(500,000) + 매출채권(1,000,000) + 재고자산(800,000)

= U$2,300,000

부 채 : 유동부채(U$300,000)

순자산 : 환부담자산(2,300,000) − 환부담부채(300,000) = U$2,000,000

② 화폐성 · 비화폐성법

자 산 : 현금(500,000) + 매출채권(1,000,000) = U$1,500,000

부 채 : 유동부채(300,000) + 비유동부채(600,000) = U$900,000

순자산 : 환부담자산(1,500,000) − 환부담부채(900,000) = U$600,000

③ 순금융자산법

자 산 : 현금(500,000) + 매출채권(1,000,000) + 재고자산(800,000)
= U$2,300,000

부 채 : 유동부채(300,000) + 비유동부채(600,000) = U$900,000

순자산 : 환부담자산(2,300,000) − 환부담부채(900,000) = U$1,400,000

④ 현행환율법

자 산 : 현금(500,000) + 매출채권(1,000,000) + 재고자산(800,000)
+ 비유동자산(1,600,000) = U$3,900,000

부 채 : 유동부채(300,000) + 비유동부채(600,000) = U$900,000

순자산 : 환부담자산(3,900,000) − 환부담부채(900,000) = U$3,000,000

우리나라의 기업회계기준에서는 화폐성 · 비화폐성법이 많이 이용된다.

12.2 환율의 의의와 종류

(1) 환율의 의의

환율(foreign exchange rate)은 어떤 통화의 한 단위에 대한 다른 통화의 가격을 말하는 것으로, 한 나라의 통화와 다른 나라 통화의 교환비율을 말한다. 통화는 상품의 교환가치를 측정하는 척도인 동시에 상품과의 직접교환을 매개하는 교환수단이다. 따라서 통화의 가치라 함은 일정단위의 통화가 가지고 있는 구매력을 말한다.

통화의 자국내에서의 구매력을 통화의 대내가치라고 하면, 외국에 있어서의 구매력은 그 통화의 대외가치라고 할 수 있다. 그런데 통화는 본래 자국내에서만 통용력을 가지고 있기 때문에 외국에서 구매력을 가지기 위해서는 당해 외국통화와의 교환이 필요하게 된다. 그러므로 통화의 대외구매력은 자국통화와 외국통화와의 교환비율인

환율로써 표시된다.

(2) 환율의 종류

환율은 분류기준에 따라 현물환율과 선물환율, 고정환율과 변동환율 등으로 나누어 볼 수 있다. 이들을 차례로 설명하면 다음과 같다.

현물환율과 선물환율

현물환거래는 외환의 구매계약 성립과 동시에 그 대가의 수급이 이루어지는 거래를 말하며, 이때 적용되는 환율을 현물환율(spot rate)이라고 한다. 선물환거래는 매매계약 성립으로부터 일정기간 경과 후 그 대가의 수급이 이루어지는 거래를 말하며, 이때 적용되는 환율을 선물환율 또는 선도환율(forward rate)이라고 한다.

고정환율과 변동환율

고정환율제(fixed exchange rate system)란 외환시장에서 환율의 변동을 전혀 인정하지 않거나 그 변동폭을 고정시켜 놓은 제도이다. 즉, 일정한 평가(平價 : par value 또는 parity)를 설정하고 이를 실제의 외국환 거래에 적용하는 환율로 하거나 또는 평가(平價)를 기준으로 하여 일정 범위 내에서 환율을 유지하는 제도이다. 이와 같은 고정환율제도에서 적용되는 환율을 고정환율(fixed rate)이라고 한다.

한편, 변동환율제(floating exchange rate system)는 환율이 외환시장에서의 수요와 공급에 의하여 자유로이 변동하도록 아무런 제약을 가하지 않는 제도이다. 그러나 현실적으로는 완전한 자유변동환율제도(freely floating exchange rate system)란 없다. 변동환율제를 채택하고 있는 나라의 대부분은 자국화폐의 환율결정을 외환시장의 수급에만 맡기지 않고 중앙은행을 비롯한 관리당국이 개입함으로써 자국의 정책목표가 반영될 수 있도록 유도하는 관리변동환율제도(managed floating or dirty exchange rate system)를 채택하고 있다. 이와 같은 변동환율제에서 적용되는 환율을 변동환율(floating rate)이라고 한다. 우리나라도 변동환율제도를 채택하고 있다.

사례분석

다라국에 소재하고 있는 천지산업(한국)의 현지자회사인 만물회사는 화폐성 자산과 부채를 현지통화인 LK화로 각각 LK 1,000,000과 LK 1,500,000을 가지고 있다. 다음과 같은 두 가지 경우에 있어서 모회사인 천지산업의 손익은 얼마나 될 것인지를 산출해 보라.

① 다라국 통화의 가치가 ₩1 = LK 30에서 ₩1 = LK 35로 하락할 경우
② 다라국 통화의 가치가 ₩1 = LK 30에서 ₩1 = LK 25로 상승할 경우

해 설

① 다라국 통화의 가치가 ₩1 = LK 30에서 ₩1 = LK 35로 하락할 경우

하락 전	하락 후
자 산 : LK 1,000,000 = ₩33,333	자 산 : LK 1,000,000 = ₩28,571
부 채 : LK 1,500,000 = ₩50,000	부 채 : LK 1,500,000 = ₩42,857
순자산 : −₩16,667	순자산 : −₩14,286

이상의 결과로부터 다라국의 통화가치가 하락할 경우 환율변동으로 인하여 이익이 ₩2,381(= −14,286 − (−16,667)) 발생함을 알 수 있다.

② 다라국 통화의 가치가 ₩1 = LK 30에서 ₩1 = LK 25로 상승할 경우

상승 전	상승 후
자 산 : LK 1,000,000 = ₩33,333	자 산 : LK 1,000,000 = ₩40,000
부 채 : LK 1,500,000 = ₩50,000	부 채 : LK 1,500,000 = ₩60,000
순자산 : −₩16,667	순자산 : −₩20,000

이상의 결과로부터 다라국의 통화가치가 상승할 경우 환율변동으로 인하여 손실이 ₩3,333(= −20,000 − (−16,667)) 발생함을 알 수 있다.

12.3 환율표시방법

(1) 자국통화 표시환율(rate in home currency)

이는 외국통화 한 단위와 교환되는 자국통화 단위량, 즉 외화 한 단위당 자국통화를 얼마나 지급하여야 하는지를 나타내는 환율표시방법으로서, 지급환율(giving quotation) 또는 직접표시방법(direct quotation)이라고도 한다. 예컨대 우리나라에서와

같이 U$1 = ₩1,300으로 표시하는 방법이 자국통화 표시환율에 의한 환율표시방법으로서, 영국을 제외한 대부분의 나라에서 이 방법을 사용하고 있다.

(2) 외국통화 표시환율(rate in foreign currency)

이는 자국통화 표시환율과 표리의 관계에 있는 것으로서 자국통화 한 단위와 교환되는 외국통화 단위량, 즉 자국통화 한 단위로 외국통화를 몇 단위나 수취할 수 있는지를 표시하는 것인데, 수취환율(receiving quotation) 또는 간접표시방법(indirect quotation)이라고도 한다. 예컨대 영국에서와 같이 ￡1 = U$1.345로 표시하는 방법이 바로 그것으로 현재 영국, 호주 등이 이 방법을 사용하고 있다.

(3) 재정환율(arbitrage rate)

양국통화간에 직접 설정되어 있는 환율을 직접환율(direct rate)이라고 하며, 직접환율 가운데서도 대외거래가 많은 나라의 통화에 대한 환율을 기준환율(basic rate)이라고 한다. 기준환율과 재정환율 및 교차환율(cross rate)의 관계를 그림으로 나타내면 [그림 2]와 같다.

[그림 2] 기준환율, 재정환율 및 교차환율

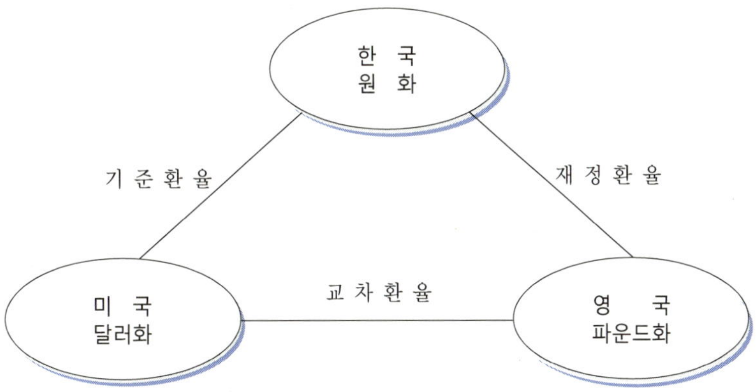

재정환율(arbitrage rate)은 기준환율과 교차환율을 통해서 산출된 자국통화와 제3국 통화간의 환율을 말하며, 우리나라의 경우 미국 달러화 이외의 기타 표시환율은 재정환율에 해당한다. 여기서 교차환율은 일반적으로 기준환율의 대상이 되는 통화와 제3국 통화와의 환율을 말한다. 가령 우리나라의 입장에서 볼 때 미국 달러화와 영국 파운드화간의 환율을 교차환율이라 한다.

12.4 환율결정이론

(1) 구매력평가설

구매력평가설(theory of purchasing power parity)은 환율예측이론으로 가장 널리 알려져 있으며, 동시에 환율결정이론 중 가장 타당성 있는 이론으로 받아들여지고 있다. 구매력평가설은 스웨덴의 Gustav Cassel에 의하여 체계화된 환율결정이론이다. 이 이론에 따르면 당초에 두 나라 통화의 현물환율이 균형상태에 있는 경우 두 나라 간의 물가상승률의 차이는 장기적으로 보았을 때 정반대로 움직이는 동일규모의 현물환율의 변동에 의하여 상쇄된다.

구매력평가설에 따르면 한 국가의 물가상승률이 그 국가의 거래상대국보다 높으면 그 나라는 다른 나라에 비하여 가격경쟁력을 상실하게 된다. 그 결과 수출이 감소하게 되고, 해외로부터의 수입품은 국내에서 생산된 제품에 비하여 가격경쟁력을 지니게 되어 수입이 증가하게 된다. 따라서 상대적으로 물가상승률이 높은 국가는 대체로 수입의 증가가 수출의 증가보다 많게 된다. 해외에서 자금을 차입하지 않으면 수입을 충당키 위한 외화수요가 수출로 획득한 외화공급보다 크기 때문에 물가상승률이 높은 국가의 통화는 현물시장에서 평가절하의 압력을 받게 된다.

(2) 국제피셔효과

피셔효과(Fisher effect)에 의하면 명목이자율은 실질수익률과 예상(혹은 기대) 물가상승률의 합이 되며 실질수익률(실질이자율)은 세계 어디에서나 같다. 즉, 투자에 제한이 없다면 세계 어느 지역에서나 실질수익률은 같게 되며 단지 명목이자율만이 투자지역의 예상물가상승률의 차이만큼 다르게 된다.

국제피셔효과에 의하면 현물환율은 양국의 이자율수준과 반대방향으로 양국의 이자율간의 차이만큼 변동한다. 국제피셔효과에 의하면 영국증권에 투자한 미국의 투자자들이 투자원리금을 본국으로 회수해 갈 때 영국 파운드화의 평가절하로 인한 환차손은 이자율 차익으로 보전하여야 한다. 그리고 미국증권에 투자한 영국투자자들은 미국 달러화를 영국 파운드화로 전환할 때의 환차익 때문에 미국의 이자율이 낮은 것을 감수한다.

(3) 금리평가설

금리평가설(interest rate parity theorem)에 의하면 정상적인 여건하에서 거래비용을 무시한다면 동일한 위험과 만기를 지닌 증권에 대한 양국간의 금리차이는 양통화간의 선물환율의 차이와 같다.

금리평가설은 금리차익거래(여기서 금리차익거래는 covered interest arbitrage를 말한다)로 설명할 수 있는데, 금리차익거래는 외환시장 참여자들이 위험을 증가시키지 않고 단기유동자금에 대한 수익률을 높이는 방법으로 널리 사용되고 있다.

(4) 효율적 시장가설

최근에는 자유변동환율제하에서는 외환시장이 효율적이고 선물환율 자체가 미래 현물환율의 불편추정치(unbiased estimator)가 된다는 쪽으로 의견이 모아지고 있고, 이와 같은 관계는 외환시장이 효율적이어서 관련된 모든 정보가 현물환율 및 선물환율에 신속하게 반영되어 수요와 공급이 항상 균형을 이룬다는 가정에 바탕을 두고 있다.

최근의 실증분석에 의하면 국제금융 및 외환시장에서는 효율적 시장가설이 상당히 타당성을 가지고 있는 것으로 나타났다. 외환시장의 효율성에 관한 연구는 주로 주요 선진국을 대상으로 이루어졌으며, 이들 국가에서는 대부분이 자유변동환율제를 택하고 외환시장에 대한 정부의 간섭이 거의 없기 때문에 시장이 효율적이라고 할 수 있다. 시장이 효율적일 경우 선물환율이 미래에 관해 이용가능한 모든 정보를 포함하고 있기 때문에 어떤 환율 예측방법으로도 지속적인 초과이익을 획득할 수 없다.

사례분석

현재 외환시장에서의 현물환율은 ₩1,300/$이다. 미국내에서의 시장이자율은 연 5%이며, 국내에서의 시장이자율은 연 7%이다. 앞으로 기대되는 인플레이션율은 미국과 국내에서 각각 2%와 3%가 될 것으로 예상하고 있다. 물음에 답하라.

① 구매력평가설에 따르면 1년후 $화에 대한 ₩화의 현물환율은?
② 국제피셔효과에 따르면 1년후 $화에 대한 ₩화의 현물환율은?

해 설

① 구매력평가설에 따르면 다음 식이 성립한다.

현물환율의 변화율 = 기대물가상승률 차이

$$\frac{\text{1년 후 현물환율} - \text{1,300원}}{\text{1,300원}} = 0.03 - 0.02$$

∴ 1년 후 현물환율 = ₩1,313

② 국제피셔효과에 따르면 다음 식이 성립한다.

현물환율의 변화율 = 명목이자율 차이

$$\frac{\text{1년 후 현물환율} - \text{1,300원}}{\text{1,300원}} = 0.07 - 0.05$$

∴ 1년 후 현물환율 = ₩1,326

12.5 환리스크 관리

(1) 환리스크 관리의 의의

환율변동으로부터 초래되는 환리스크에 어떻게 대응할 것인가 하는 것은 언제 어떤 관리기법을 활용하여 환리스크를 줄일 것인가 하는 문제로 귀착된다. 그러나 환부담을 완전히 제거하는 것은 불가능하기 때문에 환부담관리는 환부담의 종류에 따라 어느 정도의 환부담을 경영정책상 허용할 것인가 하는 문제라고 할 수 있다.

(2) 전통적인 관리방법(traditional method)

전통적인 환리스크 관리방법은 재무상태표 상에서 환리스크에 노출되는 자산 및 부채 등을 줄이는 것이다. 이 관리방법은 강세통화로 표시된 자산은 증대시키고 부채는 감소시키며, 약세통화로 표시된 자산은 감소시키고 부채는 증가시키는 데에 그 기본전략이 있다.

(3) 선물환시장 헤징(forward exchange market hedging)

이는 선물환 헤징(forward hedging)이라고도 하는데, 선물환 매매계약에 의하여 미래 일정 시점의 불확실한 현물환율을 현재 시점에서 확실한 환율로 대체시켜 위험을 없애고자 하는 환리스크 관리방법이다.

(4) 자금시장 헤징(money market hedging)

이는 금융계약에 의해 환리스크의 가능성을 없앤다는 점에서 원칙적으로 선물환시장을 통한 관리방법과 차이가 없으나, 이용시장이 국내 금융시장과 국제 외환현물시장이라는 점에서 서로 다르다. 즉, 이 방법은 국내 금융시장에서 자금을 차입, 이를 외화로 환전(convert)하여 외환시장에서 운용함으로써 환리스크에 대응하는 방법이다.

(5) 재무상태표 자산 · 부채의 헤징(balance sheet hedging)

통상 재무상태표 헤징이라고도 부르고 있는 이 방법은 특정외화로 표시되어 있는 화폐성 자산과 화폐성 부채를 동일금액이 되도록 함으로써 환리스크를 방어하는 환부담 관리방법이다.

(6) 자금이전 시기의 조정(leading and lagging)

기업은 외국통화로 지급하여야 할 자금의 지급시기를 앞당기거나 늦춤으로써 환부담을 감축할 수 있다. 자금이전 시기의 조정, 즉 리딩과 레깅(leading and lagging)은 기업그룹내의 자회사간 또는 독립된 개별기업간에 모두 이용될 수 있는 환부담 관리방법이다.

(7) 통화스왑(SWAP)

스왑거래(swap transaction)는 환매조건부 외화자금 매매라고도 하는데, 외국환의 매입거래와 매도거래가 동시에 성립하는 외국환 매매거래의 한 형태를 말한다. 예를 들어 일정 조건하에서 미국 달러화와 영국 파운드화의 이자와 원금을 교환할 수 있는 통화스왑계약이 환리스크 관리에 이용될 수 있다.

(8) 경제적 부담의 관리

경제적 부담은 기업이 해외투자나 수출 또는 수입거래 등과 같은 해외경영활동을 지속적으로 수행하게 되면 언제나 발생하게 된다. 환율이 변동하면 거래부담이나 환산부담에 즉시 영향을 미치게 되지만, 무엇보다도 중요한 것은 장기적인 현금유입에 미치는 영향, 즉 경제적 부담에 미치는 영향이다. 경제적 부담에 대한 관리의 요체는 기업이 장기적으로 해외영업활동에 들어가기 전에 수반되는 위험을 인식하고 이에 대한 적절한 대응조치를 강구하는 데 있다.

정리문제

01 금수회사는 자사제품의 미국 내에서의 판매를 담당할 현지 자회사인 강산회사를 미국에 설립하였다. 금수회사는 모든 거래를 미국 달러화로 하고 있는데, 금년도말 현재 강산회사의 미국 달러화 표시 재무상태표는 다음과 같다.

재 무 상 태 표

(강산회사) (금년도말) (단위 : U$)

자 산		부채 및 자본	
현 금	500,000	유 동 부 채	800,000
매 출 채 권	900,000	비 유 동 부 채	1,200,000
재 고 자 산	600,000	자 본	1,000,000
비 유 동 자 산	1,000,000		
합 계	3,000,000	합 계	3,000,000

(1) 유동성 · 비유동성법, 화폐성 · 비화폐성법, 순금융자산법, 현행환율법 각각에서는 환부담대상과 환부담비대상을 어떻게 분류하는가?

(2) (1)번의 각 방법별로 환부담대상 순자산을 측정하라.

02 가나국에 소재하고 있는 백두기업(한국)의 현지 자회사인 대간기업은 화폐성 자산과 부채를 현지통화인 LK화로 각각 LK 2,000,000과 LK 3,000,000을 가지고 있다.

(1) 가나국 통화의 가치가 ₩1 = LK 50에서 ₩1 = LK 60으로 하락할 경우, 모회사인 백두기업의 손익은 얼마나 될 것인지를 산출하라.

(2) 가나국 통화의 가치가 ₩1 = LK 50에서 ₩1 = LK 40으로 상승할 경우, 모회사인 백두기업의 손익은 얼마나 될 것인지를 산출하라.

03 다음은 한국과 미국의 환율과 관련된 자료이다. 구매력평가설, 피셔효과 및 국제피셔효과가 성립하는지 설명하라.

구 분	이자율	기대물가상승률	현물환율	선물환율
한 국	연 7%	연 6%	$1 = ₩1,200	$1 = ₩1,224
미 국	연 5%	연 4%		

(1) 구매력평가설이 성립하는가?

(2) 피셔효과가 성립하는가?

(3) 국제피셔효과가 성립하는가?

04 한국과 미국의 연간 기대물가상승률은 각각 5%와 4%이며, 현재 외환시장에서 미국 1달러당 1,200원에 거래되고 있다. 구매력평가설이 성립한다고 할 때 1년 후의 현물환율은 얼마인가?

05 한국과 미국의 연간 기대물가상승률은 각각 5%와 4%이며, 현재 미국의 이자율은 연 7%이다. 외환시장에서 피셔효과가 성립한다고 할 때 현재 한국의 이자율은 얼마이어야 하는가?

정리문제에 대한 해설

01 금수회사는 자사제품의 미국 내에서의 판매를 담당할 현지 자회사인 강산회사를 미국에 설립하였다. 금수회사는 모든 거래를 미국 달러화로 하고 있는데, 금년도말 현재 강산회사의 미국 달러화 표시 재무상태표는 다음과 같다.

재 무 상 태 표

(강산회사) (금년도말) (단위 : U$)

자 산		부채 및 자본	
현 금	500,000	유 동 부 채	800,000
매 출 채 권	900,000	비 유 동 부 채	1,200,000
재 고 자 산	600,000	자 본	1,000,000
비 유 동 자 산	1,000,000		
합 계	3,000,000	합 계	3,000,000

(1) 유동성 · 비유동성법, 화폐성 · 비화폐성법, 순금융자산법, 현행환율법 각각에서는 환부담대상과 환부담비대상을 어떻게 분류하는가?

해설 환부담대상 측정방법별로 계정항목을 환부담대상(○표)과 환부담비대상(×표)으로 분류하면 다음과 같다.

(단위 : U$)

구 분		유동성 · 비유동성법	화폐성 · 비화폐성법	순금융자산법	현행환율법
현 금	500,000	○	○	○	○
매출채권	900,000	○	○	○	○
재고자산	600,000	○	×	○	○
비유동자산	1,000,000	×	×	×	○
합 계	3,000,000				
유동부채	800,000	○	○	○	○
비유동부채	1,200,000	×	○	○	○
자 본	1,000,000	×	×	×	×
합 계	3,000,000				

(2) (1)번의 각 방법별로 환부담대상 순자산을 측정하라.

해설 위에서의 분류기준에 따라 환부담대상 순자산을 측정하면 다음과 같다.

① 유동성 · 비유동성법

자 산 : 현금(500,000) + 매출채권(900,000) + 재고자산(600,000) = U$2,000,000

부 채 : 유동부채(U$800,000)

순자산 : 환부담자산(2,000,000) − 환부담부채(800,000) = U$1,200,000

② 화폐성 · 비화폐성법

자 산 : 현금(500,000) + 매출채권(900,000) = U$1,400,000

부 채 : 유동부채(800,000) + 비유동부채(1,200,000) = U$2,000,000

순자산 : 환부담자산(1,400,000) − 환부담부채(2,000,000) = −U$600,000

③ 순금융자산법

자 산 : 현금(500,000) + 매출채권(900,000) + 재고자산(600,000) = U$2,000,000

부 채 : 유동부채(800,000) + 비유동부채(1,200,000) = U$2,000,000

순자산 : 환부담자산(2,000,000) − 환부담부채(2,000,000) = U$0

④ 현행환율법

자 산 : 현금(500,000) + 매출채권(900,000) + 재고자산(600,000) + 비유동자산(1,000,000)
= U$3,000,000

부 채 : 유동부채(800,000) + 비유동부채(1,200,000) = U$2,000,000

순자산 : 환부담자산(3,000,000) − 환부담부채(2,000,000) = U$1,000,000

02 가나국에 소재하고 있는 백두기업(한국)의 현지 자회사인 대간기업은 화폐성 자산과 부채를 현지통화인 LK화로 각각 LK 2,000,000과 LK 3,000,000을 가지고 있다.

(1) 가나국 통화의 가치가 ₩1 = LK 50에서 ₩1 = LK 60으로 하락할 경우, 모회사인 백두기업의 손익은 얼마나 될 것인지를 산출하라.

해설 가나국 통화의 가치가 ₩1 = LK 50에서 ₩1 = LK 60으로 하락할 경우

하락 전	하락 후
자산 : LK 2,000,000 = ₩40,000	자산 : LK 2,000,000 = ₩33,333
부채 : LK 3,000,000 = ₩60,000	부채 : LK 3,000,000 = ₩50,000
순자산 : −₩20,000	순자산 : −₩16,667

이상의 결과로부터 가나국의 통화가치가 하락할 경우 환율변동으로 인하여 이익이 ₩3,333 (= −16,667 − (−20,000)) 발생함을 알 수 있다.

(2) 가나국 통화의 가치가 ₩1 = LK 50에서 ₩1 = LK 40으로 상승할 경우, 모회사인 백두기업의 손익은 얼마나 될 것인지를 산출하라.

해설 가나국 통화의 가치가 ₩1 = LK 50에서 ₩1 = LK 40으로 상승할 경우

상승 전	상승 후
자산 : LK 2,000,000 = ₩40,000	자산 : LK 2,000,000 = ₩50,000
부채 : LK 3,000,000 = ₩60,000	부채 : LK 3,000,000 = ₩75,000
순자산 : −₩20,000	순자산 : −₩25,000

이상의 결과로부터 가나국의 통화가치가 상승할 경우 환율변동으로 인하여 손실이 ₩5,000 (= −25,000 − (−20,000)) 발생함을 알 수 있다.

03 다음은 한국과 미국의 환율과 관련된 자료이다. 구매력평가설, 피셔효과 및 국제피셔효과가 성립하는지 설명하라.

구 분	이자율	기대물가상승률	현물환율	선물환율
한 국	연 7%	연 6%	$1 = ₩1,200	$1 = ₩1,224
미 국	연 5%	연 4%		

(1) 구매력평가설이 성립하는가?

해설 현물환율 변화율 = 기대물가상승률 차이

(1년 후 현물환율 − 1,200원) / 1,200원 = 0.06 − 0.04

1년 후 현물환율 = 1,224원(= 선물환율)

∴ 구매력평가설이 성립한다.

(2) 피셔효과가 성립하는가?

해설 명목이자율 차이 = 기대물가상승률 차이

(한국의 이자율 − 미국의 이자율) = (한국의 기대물가상승률 − 미국의 기대물가상승률)

(7% − 5%) = (6% − 4%)

∴ 피셔효과가 성립한다.

(3) 국제피셔효과가 성립하는가?

해설 현물환율 변화율 = 명목이자율 차이

(1년 후 현물환율 − 1,200원) / 1,200원 = 0.07 − 0.05

1년 후 현물환율 = 1,224원(= 선물환율)

∴ 국제피셔효과가 성립한다.

04 한국과 미국의 연간 기대물가상승률은 각각 5%와 4%이며, 현재 외환시장에서 미국 1달러당 1,200원에 거래되고 있다. 구매력평가설이 성립한다고 할 때 1년 후의 현물환율은 얼마인가?

해설 구매력평가설이 성립할 경우 현물환율의 변화율은 기대물가상승률 차이와 동일해진다.

현물환율 변화율 = 기대물가상승률 차이

따라서, 구매력평가설에 따른 1년 후 현물환율을 구하면 다음과 같다.

(1년 후 현물환율 − 1,200원) / 1,200원 = 0.05 − 0.04

∴ 1년 후 현물환율 = 1,212원

05 **한국과 미국의 연간 기대물가상승률은 각각 5%와 4%이며, 현재 미국의 이자율은 연 7%이다. 외환시장에서 피셔효과가 성립한다고 할 때 현재 한국의 이자율은 얼마이어야 하는가?**

해설 피셔효과가 성립할 경우 명목이자율의 차이는 기대물가상승률의 차이와 동일해진다.

(한국의 이자율 − 미국의 이자율)
= (한국의 기대물가상승률 − 미국의 기대물가상승률)

따라서, 피셔효과를 이용하여 한국의 이자율을 구하면 다음과 같다.

(한국의 이자율 − 7%) = (5% − 4%)
∴ 한국의 이자율 = 연 8%

PART 6

The Practice of Financial Management

선물·스왑과 옵션

The Practice of Financial Management

CHAPTER 13 선물과 스왑

선도계약, 선물계약, 스왑계약, 옵션계약 등과 같은 파생상품을 이용하여 위험을 관리할 수 있다. 선물거래의 기원은 먼 옛날로까지 거슬러 올라갈 수 있으나 오늘날과 같은 체계적인 선물거래는 1848년 미국 시카고에 시카고상품거래소(Chicago Board of Trade : CBOT)가 설립되면서부터 시작되었다. 오늘날 농산물, 원유, 비철금속 등 주요 원자재의 국제거래는 주로 선물거래의 형태로 이루어지고 있다. 또한 선물거래의 대상은 금융상품에까지 확대되어 금리선물, 통화선물, 주가지수선물 등의 다양한 금융선물이 거래되고 있고, 거래지역도 미국을 비롯하여 전 세계적으로 확산되고 있다. 본장에서는 선물 및 스왑과 관련된 주요 이슈들을 설명하기로 한다.

13.1 선물의 의의와 기능

(1) 의 의

선물(futures)은 거래당사자가 특정자산을 미리 정한 가격으로 미래 일정시점에서 매매할 것을 약정하는 증권을 말한다. 선물거래(futures transaction)를 현물거래(spot transaction)와 비교하여 설명하면 다음과 같다. 현물거래는 매매계약의 체결과 동시에 매매대상물의 인도와 대금지급이 이루어지는데 반하여, 선물거래는 현재시점에서 매매계약만이 이루어지고 매매대상물의 인도와 대금지급은 일정기간 후인 미래에 이루어진다.

(2) 기 능

선물거래는 거래에 참여하는 거래당사자를 위하여, 또한 자본시장의 발전 및 실물경제의 안정을 위하여 다음과 같은 중요한 기능을 수행한다.

위험관리

미래 가격변동 위험을 회피하고자 하는 헤저(hedger)는 현물시장에서 일정상품을 매매함과 동시에 선물시장에서 이와 반대되는 거래포지션을 취함으로써 현물시장에서의 가격변동에 따르는 손실(이익)을 선물시장에서의 이익(손실)으로 서로 상쇄시킬 수 있다.

투자기회의 제공

위험을 회피하고자 하는 헤저는 선물거래를 통하여 가격변동에 따르는 손실 가능성을 감소 또는 상쇄시킬 수 있다. 그러나 선물시장에서 위험을 회피하고자 하는 헤저들만 존재한다면 위험회피의 목적을 원활히 달성할 수 없다. 왜냐하면 모든 거래자가 위험을 회피하고자 하기 때문에 선물거래에서 거래상대방을 찾을 수 없기 때문이다. 그러므로 위험회피를 목적으로 한 선물거래가 원활히 이루어지기 위하여는 헤저가 회피하고자 하는 위험을 적극적으로 수용함으로써 그 대가로 이익을 획득하고자 하는 투기자(speculator)가 존재하여야 한다. 다시 말해서 선물시장은 투기자를 필요로 하고, 투기자는 선물시장에서 위험을 적극 수용하면서 많은 이익을 얻을 수 있는 투자기회를 갖는다.

시장효율성의 제고

선물시장에는 많은 투기자들이 존재한다. 이들 투기자들은 이익을 획득하기 위하여 미래 상품가격 형성에 영향을 미칠 제반 정보를 남보다 먼저 입수하고 분석하려고 치열한 경쟁을 하고 있다. 그 결과 국내뿐 아니라 전세계에서 발생되는 각종 정보가 그때 그때 선물가격에 신속히 반영됨으로써 시장효율성이 제고된다.

미래 상품가격의 예시

선물시장에서는 선물거래자 각자가 나름대로 상품 수급에 관한 미래 상황을 예측하여 이를 투자전략에 반영한다. 따라서 선물시장은 미래 상품가격의 동향을 예측할 수 있는 가격예시 기능을 갖고 있다.

13.2 현물 - 선물 패리티

(1) 현물-선물 패리티의 의미

현물-선물 패리티(spot-futures parity)란 옵션에서의 풋-콜 패리티와 유사한 것으로, 현물과 선물을 결합하여 위험을 완전히 헤지한 상태에서의 평형상태를 의미한다. 주식을 매입하고 동시에 그 주식에 대한 선물을 매도하는 포트폴리오를 구성하여 만기일에 인수도하는 경우 완전헤지가 가능하다. 이와 같은 헤지포트폴리오를 이용하여 선물가격의 결정요인을 살펴보면 다음과 같다.

현재 주식을 S의 가격으로 매입하고 이 주식에 대한 선물을 F의 가격으로 매도하여 헤지포트폴리오를 구성했다고 하자. 주식을 보유할 경우 미래에 DIV만큼의 주당 배당금을 얻는다고 할 때, 미래 투자수익은 $F+DIV$이고 투자금액은 S이다. 따라서 현물과 선물로 구성된 헤지포트폴리오의 수익률 $E(r_P)$는 다음과 같다.

$$E(r_P) = \frac{F+DIV-S}{S} \tag{1}$$

$E(r_P)$: 헤지포트폴리오의 기대수익률
F : 현재 선물가격
DIV : 주당배당금
S : 현재 현물가격(현재 주가)

그런데 완전헤지가 된 헤지포트폴리오의 수익률 $E(r_P)$는 위험이 없으므로 무위험이자율(r)과 같아야 한다.

$$E(r_P) = \frac{F+DIV-S}{S} = r \tag{2}$$

r = 무위험이자율

현재 선물가격이 균형을 이루고 있을 때 $F = F^*$가 된다(F^* = 이론선물가격). 따라서 위의 식을 정리하면 이론선물가격(F^*)은 다음과 같이 결정되며, 이런 상태를 현물-선물 패리티라 한다.

$$
\begin{aligned}
F^* &= S(1+r) - DIV \\
&= S\left[\,1 + r - \frac{DIV}{S}\,\right] \\
&= S[1 + r - q] \qquad (3)
\end{aligned}
$$

q : 배당수익률(DIV / S)

(2) 차익거래 전략

현물가격과 선물가격은 이론적으로 식 (3)과 같은 관계를 지녀야 하는데, 만약 이 관계가 성립하지 않는다면 차익거래(재정거래) 기회가 존재하게 된다. 선물가격과 현물가격간의 관계를 살펴보기 위해 다음과 같은 차익거래 포트폴리오를 생각해 보자.

- 주식의 가격 S만큼을 무위험이자율로 차입한다.
- 주식 1주를 매입한다(미래 주당 DIV의 배당이 예정되어 있음).
- 만기가 1기인 주식에 대한 선물을 F에 매도한다.

이와 같은 차익거래 전략을 사용하는 경우 다음과 같은 현금흐름을 얻게 된다.

[표 1] 차익거래 전략

차익거래 전략	현재의 현금흐름	만기일의 현금흐름
· S 차입	$+S$	$-S(1+r)$
· 주식 1주 매입	$-S$	$+S_1 + DIV$
· 선물계약 매도	0	$+F - S_1$
	0	$F - S(1+r) + DIV$

차익거래 포트폴리오는 주식가격의 변동위험을 부담하지 않는 무위험 헤지포트폴리오이다. 헤지포트폴리오의 투자금액은 0이고 만기일의 투자성과도 0이어야 한다. 만약에 $F - S(1+r) + DIV > 0$이면, 차익거래가 발생하므로 S는 상승하고 F는 하락하게 된다. 궁극적으로 차익거래 기회는 사라지게 되고 결국 식 (3)이 성립하게 된다.

사례분석

유성기업의 현재 주가가 17,800원이고 연간 배당수익률이 1%로 예정되어 있다. 현재 유성기업 주식의 1년 만기 선물가격이 19,500원일 때, 다음 물음에 답하라. 단, 무위험이자율은 연 8%이다.

(1) 현물 - 선물 패리티를 이용하여 이론선물가격을 구하라.
(2) 차익거래의 가능성을 검토하라.
(3) (2)번에서 차익거래의 가능성이 있다면, 이를 구체적 예를 들어 설명하라.

해 설

(1) 현물 - 선물 패리티를 이용하여 이론선물가격(F^*)을 구하면 다음과 같다.

$$F^* = S(1+r) - DIV = S(1+r-q)$$
$$= 17{,}800\text{원}(1+0.08-0.01) = 19{,}046\text{원}$$

(2) 현물 - 선물 패리티를 이용하여 구한 선물의 이론가격은 19,046원이다. 현재 선물시장에서 거래되고 있는 1년 만기 선물의 가격은 19,500원이기 때문에 선물이 과대평가되어 있다. 따라서 차익거래를 통해 차익거래 이익을 획득할 수 있다.

(3) 다음과 같은 차익거래를 이용하면 이익을 얻을 수 있다.

[차익거래 전략]
· 17,800원을 무위험이자율로 차입한다.
· 차입금으로 주식을 매입한다.
· 선물계약에 매도포지션을 취한다.

차익거래 결과를 표로 나타내면 다음과 같다.

차익거래 전략	현재의 현금흐름	만기일(T = 1)의 현금흐름
· 17,800원 차입	+17,800	$-19{,}224(=17{,}800 \times (1+0.08)^1)$
· 차입금으로 주식 1주 현물 매입	−17,800	$+S_T$ + 178*
· 선물 매도	0	+19,500 − S_T
	0원	차익거래 이익 454원

* 배당수익 = 17,800 × 1% = 178원

차익거래를 통해 454원의 차익거래 이익을 얻을 수 있다. 이러한 차익거래는 선물가격이 19,500원에서 19,046원으로 하락할 때까지 지속될 것이다.

(3) 선물가격과 현물가격의 차이요소

지금까지의 설명을 기초로 선물가격과 현물가격간의 차이를 결정하는 요소들을 살펴보면 다음과 같다.

만기일까지의 이자(자본조달비용)

선물계약에서는 매입비용이 소요되지 않는다. 예를 들어, 생우(生牛)현물을 매입하기 위해서는 구입시점에서 매입비용이 지출된다. 즉, 현물을 매입하는데에는 비용이 발생한다. 그러나 생우선물을 매입하는데에는 매입비용이 필요 없으므로 자본조달비용이 발생하지 않는다. 따라서 균형상태에서는 생우 선물가격은 생우 현물가격에 비해 만기일까지의 이자 즉, 자본조달비용만큼 높아져야 한다.

보관비용

선물은 자산의 인수 · 인도 시점이 미래이므로 현재 보관비용이 들지 않는다. 예를 들어, 생우를 현물로 매입하면 이를 보관하는데 보관비용이 발생한다. 그러나 생우선물을 매입하면 현재에는 보관비용이 따로 들지 않는다. 따라서 생우 선물가격은 생우 현물가격에 비하여 보관비용만큼 높아져야 한다.

보유혜택

보유혜택이란 현물보유 시 얻는 소득을 말한다. 예를 들어, 주식 보유 시 얻는 배당소득과 채권 보유 시 얻는 이자소득 등이 대표적인 보유혜택이다. 보유혜택은 자본조달비용 및 보관비용과는 달리 현물을 보유해서 얻는 이득이다. 따라서 선물가격은 현물가격에 비해 보유혜택만큼 낮아져야 한다.

이 밖에도 상품을 직접 소유하면 선물계약에서는 갖지 못하는 다른 혜택도 가질 수 있다. 예를 들어, 일시적인 상품부족 현상이 없다든지 또는 생산과정이 중단되지 않는다는 등의 편익이 있다. 이런 편익들을 보유편익(convenience yield)이라고 한다.

13.3 다기간에서의 현물-선물 패리티

(1) 다기간 현물-선물 패리티

앞에서 공부한 단일기간 현물-선물 패리티로부터 다기간 현물-선물 패리티를 식으로 나타내면 다음과 같다.

$$F^* = S(1+r-q)^T \tag{4}$$

F^* : 이론선물가격
r : 무위험이자율
S : 현물가격(현재 주가)
q : 배당수익률
T : 만기

식 (4)를 좀 더 설명하면 다음과 같다. 이론선물가격은 현물가격에 자본비용(무위험이자율)과 배당수익률을 가감하여 결정된다. 물론 다기간에 이루어지므로 화폐의 시간가치는 복리로 계산한다.

(2) 다기간 차익거래 전략

예를 들어, 동강기업의 현재 주가(S)는 10,000원이고, 2년간 매년 배당을 받으며 배당수익률은 연 2%로 예상(2년 후 배당수익 = 200 + 200(1 + 0.1) = 420원)된다고 하자. 현재 동강기업 주식의 2년 만기 선물가격이 12,500원일 때, 현물-선물 패리티를 이용하여 동강기업 주식에 대한 2년 만기 선물의 이론선물가격을 구하고 차익거래가 발생할 수 있는지를 검토해 보기로 하자. 무위험이자율은 연 10%이다.

현물-선물 패리티 상태에서는 식 (4)의 다기간 모형이 성립한다. 식 (4)를 이용하면 동강기업 주식의 2년 만기 선물의 이론선물가격을 다음과 같이 구할 수 있다.

$$\begin{aligned} F^* &= S(1+r-q)^T \\ &= 10{,}000\text{원}(1+0.1-0.02)^2 \\ &= 11{,}664\text{원} \end{aligned}$$

동강기업 주식의 2년 만기 선물의 이론선물가격이 11,664원이고, 현재가격은

12,500원이므로, 이 선물은 과대평가되어 있다. 따라서 투자자는 다음과 같은 차익거래를 통해 무위험을 유지하면서 820원(배당수익 420원 포함)의 추가이익을 얻을 수 있다. 즉, 현재 주가 S만큼인 10,000원을 무위험이자율로 차입하여 그 차입금으로 주식을 매입하고 과대평가된 선물을 매도하면, 투자자는 [표 2]와 같은 추가이익을 얻을 수 있다.

[표 2] 차익거래 이익의 계산

차익거래 전략	현재의 현금흐름	만기일의 현금흐름
· 10,000원 차입	+10,000	−12,100원(= −10,000 × (1 + 0.1))
· 차입금으로 주식 1주 현물 매입	−10,000	$+S_2$ + 420
· 선물 매도	0	+12,500 − S_2
	0원	차익거래 이익 820원

[표 2]에서 볼 수 있는 바와 같이, 선물이 과대평가 되어 있을 때, 투자자는 차익거래를 통해 위험을 부담하지 않으면서 820원의 이익을 추가로 올릴 수 있다. 추가로 위험을 부담하지 않으면서 이익을 얻을 수 있으므로 투자자들은 차익거래를 계속할 것이다. 결국 선물가격이 12,500원에서 11,644원이 될 때 차익거래는 멈출 것이다.

사례분석

한성기업의 현재 주가가 12,500원이고, 현재 주가 기준으로 연간 1.84%의 배당이 매년 지급될 것으로 예상된다. 현재 한성기업 주식의 2년 만기 선물가격이 13,700원일 때, 다음 물음에 답하라. 단, 무위험이자율은 연 8%이다.

(1) 현물 - 선물 패리티를 이용하여 이론선물가격을 구하라.
(2) 차익거래의 가능성을 검토하라.
(3) (2)번에서 차익거래의 가능성이 있다면, 이를 구체적 예를 들어 설명하라.

해 설

(1) 다기간 현물 - 선물 패리티를 이용하여 이론선물가격을 구하면 다음과 같다.

$$F^* = S(1 + r - q)^T$$
$$= 12{,}500\text{원}(1 + 0.08 - 0.0184)^2 = 14{,}087\text{원}$$

(2) 다기간 현물-선물 패리티를 이용하여 구한 이론선물가격은 14,087원이다. 현재 선물시장에서 거래되고 있는 2년 만기 선물의 가격은 13,700원이기 때문에 선물이 과소평가되어 있다. 따라서 차익거래를 통해 차익거래 이익을 획득할 수 있다.

(3) 다음과 같은 차익거래를 이용하면 이익을 얻을 수 있다.

[차익거래 전략]

· 주식을 1주 매도한다(현물공매).

· 주식 매도대금 12,500원을 2년간 예금한다.

· 선물계약에 매입포지션을 취한다.

차익거래 결과를 표로 나타내면 다음과 같다.

차익거래 전략	현재의 현금흐름	만기일의 현금흐름
· 주식 1주 매도(현물공매)	+12,500	$-S_2$ - 478*
· 주식 매도대금을 2년간 예금	-12,500	+14,580(= 12,500 × (1 + 0.08)^2)
· 선물 매입	0	+ S_2 - 13,700
	0원	차익거래 이익 402원

* 12,500원 × 1.84% + 12,500원 × 1.84% × 1.08 = 478원(2년 후 배당가치)

차익거래를 통해 402원의 차익거래 이익을 얻을 수 있다. 이러한 차익거래는 선물가격이 13,700원에서 14,087원이 될 때 멈출 것이다.

13.4 선물을 이용한 매입헤징 전략

(1) 매입헤징 전략의 의미

매입헤징(long hedging)이란 선물계약에 매입포지션을 취해서 헤지하는 것을 말한다. 즉, 현물시장에서 매도포지션(short position)을 취하고 있는 투자자가 선물계약에 매입포지션(long position)을 취함으로써 투자자산의 가치를 보존하려는 것을 말한다. 매입헤징은 미래에 어떤 자산을 구입할 예정으로 있을 때, 그 가격을 현재가격으로 고정시키기 위해 이용한다.

예를 들어, 현재 현물시장에서 기초자산을 공매(short sale)한 투자자나 현재 자금부족으로 인해 미래 시점에서 기초자산을 매입하려는 투자자는 현물가격의 상승이 예상되는 경우 가격상승으로 인한 손실을 입을 가능성이 커진다. 이 경우 투자자는 선물시장에서 선물매입포지션을 취함으로써 기초자산의 미래 매입가격을 고정시킬 수 있고 현물가격의 상승으로부터 발생하는 손실을 막을 수 있다.

만약 예상대로 현물가격이 상승하여 현물시장에서 손실이 발생하면, 이 손실은 동일한 크기의 선물시장에서 발생하는 이익으로 상쇄된다, 반대로 예상이 빗나가 현물가격이 하락하는 경우에는 선물시장에서 발생한 손실은 현물시장에서 발생한 이익으로 상쇄된다.

(2) 매입헤징 전략의 사례

예를 들어 2월 10일 현재 구리(銅) 가공업자는 주문된 제품을 생산하기 위해 6월 10일에 구리 100,000파운드가 필요하다고 하자. 구리의 현물가격이 파운드당 750센트이고, 6월 만기 선물가격은 파운드당 730센트이다. 구리 가공업자는 선물거래소를 통해 6월 만기 구리선물 5계약에 매입포지션을 취하고 6월 10일에 그 포지션을 마감함으로써 그의 포지션을 헤지하려고 한다. 구리선물 1계약은 20,000파운드이다. 이 전략은 필요한 구리를 파운드당 730센트의 가격으로 확보하는 효과를 갖는다.

6월이 선물계약의 인도월이므로 이 때 현물가격이 선물가격에 거의 근접할 것이다. 6월 10일에 현물가격과 선물가격이 같다고 하자. 먼저 6월 10일에 현물가격(= 선물가격)이 파운드당 735센트라고 하면, 가공업자는 선물계약에서 5,000달러의 이익을 얻는다.

$$100{,}000 \times (\$7.35 - \$7.30) = \$5{,}000$$

그리고 구리를 구입하는 데 100,000 × $7.35 = $735,000달러의 비용이 소요되므로 총비용은 $735,000 − $5,000 = 730,000달러(또는 파운드당 730센트)인 셈이다.

만약에 6월 10일에 현물가격(= 선물가격)이 파운드당 715센트라고 하면, 가공업자는 선물계약에서 15,000달러의 손실을 볼 것이다.

$$100{,}000 \times (\$7.30 - \$7.15) = \$15{,}000$$

그리고 구리를 구입하는 데 100,000 × $7.15 = 715,000달러의 비용이 소요되므로 총비용은 $715,000 + $15,000 = 730,000달러(또는 파운드당 730센트)인 셈이다. 이상의 내용을 요약하면 [표 3]과 같다.

[표 3] 매입헤징의 결과

거래내용	파운드당 현금흐름	
	인도일에 구리가격이 735센트일 경우	인도일에 구리가격이 715센트일 경우
현 물 매 입	735센트	715센트
선 물 매 입	이익 5센트(= 735 - 730)	손실 15센트(= 730 - 715)
헤 징 거 래 후	730센트	730센트

[표 3]에서 볼 수 있는 바와 같이, 인도월의 구리가격의 상승(파운드당 735센트) 또는 하락(파운드당 715센트)에 관계없이 가공업자는 선물 매입헤징 전략을 통해 파운드당 730센트에 구리 매입가격을 고정시킬 수 있게 된다.

13.5 선물을 이용한 매도헤징 전략

(1) 매도헤징 전략의 의미

매도헤징(short hedging)이란 선물계약에 매도포지션을 취해서 헤지하는 것을 말한다. 즉, 현물시장에서 매입포지션(long position)을 취하고 있는 투자자가 선물시장에서 매도포지션(short position)을 취함으로써 기초자산의 가격변동 위험을 제거하려는 것을 말한다. 매도헤징은 헤저(hedger)가 자산을 이미 소유하고 있거나, 현재는 자산을 소유하고 있지 않지만 그 자산을 소유할 예정으로 있으며 미래시점에서 그 자산을 매도하고자 할 때 이용되는 헤징이다.

(2) 매도헤징 전략의 사례

예를 들어 7월 15일 현재 가나기업이 3개월 후 원유 100만 배럴을 매도하는 계약을 체결한다고 하자. 가격은 10월 15일 시장가격 기준으로 한다. 현재 원유의 현물가격은 배럴당 78달러이고 선물거래소에서 만기가 10월인 원유의 선물가격은 배럴당 77.05달러이다. 선물거래소에서 선물 1계약은 1,000배럴이므로, 가나기업은 1,000개의 10월 만기 선물계약을 매도함으로써 노출된 위험을 헤지할 수 있다. 가나기업이 10월 15일에 포지션을 마감한다면, 원유 판매가격을 배럴당 77.05달러로 고정시킬 수 있다. 10월 15일 원유의 현물가격이 배럴당 76.50달러일 때와 78.50달러일 때 선물 만기 시 가나기업의 총수입을 살펴보기로 하자.

먼저 10월 15일에 원유의 현물가격이 배럴당 76.50달러일 경우를 살펴보기로 하자. 가나기업은 원유판매 대금으로 7,650만달러의 수입을 얻는다. 인도월인 10월 15일의 선물가격은 현물가격인 76.50달러가 될 것이다. 따라서 가나기업은 선물계약의 매도포지션으로부터 배럴당 \$77.05 − \$76.50 = 0.55달러(총 55만달러)의 이익을 얻는다. 결국 10월에 가나기업은 선물거래와 현물판매를 통해서 총 7,705만달러 즉, 배럴당 77.05달러(= \$76.50 + \$0.55)의 수입을 얻는다.

다음에는 10월 15일에 원유의 현물가격이 배럴당 78.50달러일 경우를 살펴보기로 하자. 가나기업은 원유판매 대금으로 배럴당 78.50달러를 얻으나, 선물계약의 매도포지션으로부터 배럴당 \$78.50 − \$77.05 = 1.45달러의 손실을 본다. 결국 10월에 가나기업은 선물거래와 현물판매로부터 총 7,705만 달러 즉, 배럴당 77.05달러(= \$78.50 − \$1.45)의 수입을 얻는다. 이상의 내용을 요약하면 [표 4]와 같다.

[표 4]에서 볼 수 있는 바와 같이, 인도월의 원유가격의 상승(배럴당 78.50달러) 또는 하락(배럴당 76.50달러)에 관계없이 원유수출업자는 선물 매도헤징 전략을 통해 원유 판매가격을 배럴당 77.05달러에 고정시킬 수 있게 된다.

[표 4] 매도헤징의 결과

거래내용	배럴당 현금흐름	
	인도일에 원유가격이 76.50달러일 경우	인도일에 원유가격이 78.50달러일 경우
현물매도	76.50달러	78.50달러
선물매도	이익 0.55달러(= 77.05 - 76.50)	손실 1.45달러(= 78.50 - 77.05)
헤징거래 후	77.05달러	77.05달러

13.6 베이시스 위험

(1) 베이시스의 의미

베이시스(basis)란 특정 상품의 선물가격에서 현물가격을 차감한 값으로 선물거래의 결제일에는 0의 값을 갖는다.

$$\text{베이시스}(b) = \text{선물가격}(F) - \text{현물가격}(S) \quad (5)$$

현물시장에서의 포지션과 반대되는 포지션을 선물시장에서 취하여 헤지하고자 할 때 현재 시점에서의 베이시스($= F - S$)와 미래 T시점에서의 베이시스($= F_T - S_T$)가 동일하다면 위험이 완전히 헤지된다. 즉 베이시스가 두 시점에서 동일하다면 완전헤징(perfect hedging)이 가능하다.

그러나 실제의 선물거래에서는 헤징대상 자산이 선물계약의 기초자산과 정확히 일치하지 않거나, 헤저가 자산을 매입하거나 매도하는 정확한 날짜를 모르는 경우, 그리고 헤저가 만기일 전에 선물계약을 마감해야 할 경우가 일반적이다. 따라서 두 시점의 베이시스가 동일하지 않으며 베이시스 위험(basis risk)이 존재하게 된다. 즉, 선물시장이나 현물시장 어느 한 쪽에서 이익이나 손실이 발생하는 불완전헤징이 된다.

(2) 유효가격과 베이시스 위험

T_1을 선물의 매입 또는 매도 시점이라 하고, T_2를 결제시점이라 하자. 또한 S_1과 S_2는 현물가격이라 하고, F_1과 F_2는 선물가격이라 하며, b_1과 b_2는 베이시스라고 정의하자. T_1시점의 베이시스 b_1과 T_2시점의 베이시스 b_2는 다음과 같이 나타낼 수 있다.

$$b_1 = F_1 - S_1 \tag{6}$$

$$b_2 = F_2 - S_2 \tag{7}$$

예를 들어, 어떤 투자자가 T_1시점에서 선물계약을 체결했다고 하자. 투자자가 T_2시점에서 선물시장의 포지션을 청산할 때, 당초 T_1시점에서 확정했던 F_1의 가격에 현물을 매입하거나 매도할 수는 없을 것이다. 따라서 투자자는 헤징을 위해 취하고 있던 선물포지션을 반대매매를 통해 청산하고 거래대상이 되는 현물을 현물시장에서 당시의 가격으로 매매하게 된다. 결국 T_2시점에서 고객이 실제로 현물을 매입하거나 매도한 가격은 현물가격(S_2)에 그동안 선물포지션에서 발생한 손익($= F_2 - F_1$)을 가감해준 값이 된다. 따라서 헤징전략과 자산매입 · 매도로부터 발생하는 유효가격(effective price)은 다음과 같다.

$$\text{유효가격} = S_2 - (F_2 - F_1) = F_1 - (F_2 - S_2) = F_1 - b_2 \tag{8}$$

T_1에서 F_1은 알고 있으나 b_2는 모르기 때문에 위험이 수반된다. 이를 베이시스 위험(basis risk)이라 한다. 만일 b_2를 T_1시점에서 안다면 완전헤징이 가능하다. 즉, 베이시스위험은 b_2와 관련해서 발생하는 불확실성이다. 매도헤징의 경우(현물보유 + 선물매도), 베이시스가 축소되면 유효가격이 상승하므로 이익이 발생하고 베이시스가 확대되면 유효가격이 하락하므로 손실이 발생한다. 그리고 매입헤징의 경우(현물구입 예정 + 선물매입), 베이시스가 축소되면 유효가격이 상승하므로 손실이 발생하고 베이시스가 확대되면 유효가격이 하락하므로 이익이 발생한다.

사례분석

6월 10일 현재 신촌기업은 11월 12일에 원유 10,000배럴이 필요할 것으로 예상하고 있다. 12월 만기 원유의 선물가격은 현재 배럴당 96,000원이다. 신촌기업이 6월 10일에 12월 만기 원유선물 10계약을 매입하고 원유구입 시 계약을 마감한다고 하자. 원유구입 시의 현물가격이 배럴당 99,000원이고, 11월 만기 선물가격은 배럴당 97,000원으로 예상된다.

(1) 베이시스 위험이 발생하는 이유를 설명하라.

(2) 선물계약 마감 시의 베이시스의 크기와 선물매입계약의 이익을 계산하라.

(3) 원유의 배럴당 유효가격(effective price)을 구하라.

해 설

(1) 베이시스 위험(basis risk)이 발생하는 이유로는 다음의 세 가지가 있다.

· 헤징대상 자산이 선물계약의 기초자산과 정확히 동일하지 않을 수 있다.

· 헤저가 자산을 매입하거나 매도하는 정확한 날짜를 모를 수 있다.

· 헤저는 만기일 전에 선물계약을 마감해야 할 경우가 있다.

(2) 베이시스(b_2) = $F_2 - S_2$ = 97,000원 − 99,000원 = −2,000원

선물매입계약에서 발생한 이익 = $F_2 - F_1$ = 97,000원 − 96,000원 = 1,000원

(3) 원유의 배럴당 유효가격(effective price)

유효가격 = $S_2 - (F_2 - F_1)$ = 99,000원 − (97,000원 − 96,000원) = 98,000원

또는,

유효가격 = $F_1 - b_2$ = 96,000원 − (−2,000원) = 98,000원

13.7 선물의 최적헤지비율★

(1) 최적헤지비율의 의의

선물을 이용하여 위험을 헤지하고자 할 때에는 헤지하여야 할 현물포지션의 크기에 대하여 어느 정도의 선물포지션을 취할 것인지를 알아야 한다. 최적헤지비율(optimal hedge ratio)이란 위험을 헤지하기 위해 매입 또는 매도해야 하는 선물계약의 수를 말한다. 즉, 최적헤지비율이란 현물거래에서의 손실(이익)과 선물거래에서의 이익(손실)을 최대한 상쇄시킬 수 있는 비율을 말한다. 최적헤지비율(h^*)은 다음과 같이 나타낼 수 있다.

$$\begin{aligned}\text{최적헤지비율}(h^*) &= \frac{\text{선물가격 변동과 관련된 현물가격 변동}}{\text{선물가격 변동}} \\ &= \frac{Cov(\text{현물가격 변동, 선물가격 변동})}{V(\text{선물가격 변동})} \\ &= \frac{Cov(\Delta S,\Delta F)}{V(\Delta F)}\end{aligned} \quad (9)$$

Cov(현물가격 변동, 선물가격 변동) : 현물가격 변동과 선물가격 변동간의 공분산 = $Cov(\Delta S, \Delta F)$
V(선물가격 변동) : 선물가격 변동의 분산 = $V(\Delta F)$

식 (9)가 의미하는 바는 다음과 같다. 최적헤지비율은 선물가격 변동(ΔF)에 대한 선물가격 변동과 관련된 현물가격 변동(ΔS)의 비율로 나타낼 수 있다. 즉, 최적헷지비율은 ΔF에 대한 ΔS의 기울기이다. X에 대한 Y의 기울기는 $Cov(X, Y) / V(X)$이므로, ΔF에 대한 ΔS의 기울기는 $Cov(\Delta S,\Delta F) / V(\Delta F)$이다.

예를들어 최적헤지비율 $h^* = \frac{1}{2}$이라는 의미는 선물가격이 2만큼 변동할 때, 그와 관련된 현물가격이 1만큼 변동한다는 의미이다. 즉, 2만큼 변동하는 선물로 1만큼 변동하는 현물을 헤지하려면 선물을 현물의 1/2만큼 반대 포지션을 취하면 된다는 의미이다.

(2) 최적헤지비율의 추정

아래와 같은 기호를 이용하여 최적헤지비율을 구하면 다음과 같다.

$$h^* = \frac{Cov(\Delta S,\ \Delta F)}{V(\Delta F)} = \frac{Cov(\sigma_S,\ \sigma_F)}{\sigma_F^2} = \frac{\sigma_{S,F}}{\sigma_F^2} = \frac{\rho\sigma_S\sigma_F}{\sigma_F^2} \tag{10}$$

$$= \rho\frac{\sigma_S}{\sigma_F}$$

ΔS: 현물가격 S의 변동, ΔF: 선물가격 F의 변동
σ_S : ΔS의 표준편차, σ_F : ΔF의 표준편차
ρ: ΔS와 ΔF의 상관계수

최적헤지비율은 ΔS와 ΔF 사이의 상관계수와, ΔF의 표준편차에 대한 ΔS의 표준편차의 비율을 곱하여 구한다. 실제에 있어서는 현물가격 변동 ΔS를 종속변수로 하고 선물가격 변동 ΔF를 독립변수로 하는 회귀분석을 통해 얻는 회귀직선의 기울기가 최적헤지비율 h^*가 된다.

최적헤지비율을 달성하는 선물계약의 수(최적계약수)는 다음과 같이 결정된다.

$$N^* = \frac{h^* N_A}{Q_F} = \rho\frac{\sigma_S}{\sigma_F} \times \frac{N_A}{Q_F} = \rho\frac{\sigma_S'}{\sigma_F'} \tag{11}$$

N_A : 현물포지션의 크기
Q_F : 선물 1계약의 크기
N^* : 최적헤징을 위한 선물계약의 수(최적계약수)
σ_S' : $\sigma_S \times N_A$
σ_F' : $\sigma_F \times Q_F$

사례분석

서정기업은 현재 구리 200,000파운드를 보유하고 있다. $\sigma(\Delta S)$ = 2%, $\sigma(\Delta F)$ =4%, ΔS와 ΔF의 상관계수 ρ = 0.6이다(S는 현물가격, F는 선물가격, 구리선물 1계약 = 25,000파운드).

(1) 최적헤지비율을 구하라.

(2) 최적계약수를 구하라.

해 설

(1) 최적헤지비율(h^*) $= \rho \times \dfrac{\sigma_S}{\sigma_F} = 0.6 \times \dfrac{0.02}{0.04} = 0.3$

(2) 최적계약수(N^*) $= \dfrac{h^* \times N_A}{Q_F} = \dfrac{0.3 \times 200{,}000\text{파운드}}{25{,}000\text{파운드}} = 2.4$계약

즉, 최적헤지비율은 0.3이고, 구리 200,000파운드에 대한 최적계약수는 2.4계약(매도)이다.

---

(4) β와 최적헤지비율의 측정*

주가지수선물을 이용하여 주식투자(현물)의 위험을 헤지하고자 할 때 얼마만큼의 주가지수 선물계약을 사거나 팔아야 할 것인가를 결정해야 한다. 주가지수선물의 경우 최적헤지비율은 β계수로 표시할 수 있다. 먼저 $\sigma(r_S) = \sigma(\Delta S / S)$이고 $\sigma(r_F) = \sigma(\Delta F / F)$라고 하자. β(기울기)의 정의에 의해 다음 식이 성립한다.

$$\beta = \frac{Cov(r_S,\ r_M)}{\sigma^2(r_M)} \approx \frac{Cov(r_S,\ r_F)}{\sigma^2(r_F)} = \frac{\rho\sigma(r_S)\sigma(r_F)}{\sigma^2(r_F)}$$

$$= \rho\frac{\sigma(r_S)}{\sigma(r_F)} = \rho\frac{\sigma(\Delta S / S)}{\sigma(\Delta F / F)} = \frac{\sigma(\Delta S)F}{\sigma(\Delta F)S} = \rho\frac{\sigma_S F}{\sigma_F S} \tag{12}$$

$\sigma(r_S)$: 현물 주식 수익률의 표준편차　　$\sigma(\Delta S)$: 현물가격 변동의 표준편차($= \sigma_S$)
$\sigma(r_F)$: 선물 주식시장 수익률의 표준편차　　$\sigma(\Delta F)$: 선물가격 변동의 표준편차($= \sigma_F$)
$\sigma(r_M)$: 현물 주식시장 수익률의 표준편차　　S: 현물가격
ρ : 선물수익률과 현물수익률의 상관계수　　F: 선물가격

현물 주식시장 수익률의 변동은 선물 주식시장 수익률의 변동과 거의 유사하므로 식 (12)에서 $\sigma^2(r_M) \approx \sigma^2(r_F)$이다.

식 (12)와 식 (10)을 비교하면 다음 식을 얻을 수 있다.

$$\beta = h^*\frac{F}{S} \tag{13}$$

그러므로 h^*는 다음과 같다.

$$h^* = \beta \frac{S}{F} \tag{14}$$

식 (11)을 이용하여 식 (14)를 헤지를 위한 최적계약수 N^*로 전환하면 다음과 같다.

$$N^* = \frac{h^* N_A}{Q_F} = \beta \frac{S}{F} \times \frac{N_A}{Q_F} = \beta \frac{S'}{F'} \tag{15}$$

β : 베타계수
S : 현물가격
F : 선물가격
N_A : 현물포지션의 크기
Q_F : 선물 1계약의 크기
S' : 현물포지션의 가치($= S \times N_A$)
F' : 선물 1계약의 가치($= F \times Q_F$)

식 (13)과 (14)의 최적헤지비율에 맞추어서 헤징하면 주식포트폴리오의 위험인 β는 0이 된다. 즉, 식 (13)과 (14)는 현재 주식포트폴리오의 위험 β를 0으로 하기 위한, 다시 말해서 목표 $\beta^* = 0$으로 하기 위한 최적헤지비율이다. 따라서 식 (13)과 (14)를 일반화하면 다음과 같이 다시 정리된다.

$$h^* = (\beta - \beta^*) \frac{S}{F} \tag{16}$$

β : 주식포트폴리오의 베타
β^* : 주식포트폴리오의 목표베타

또한 목표베타를 달성하기 위한 최적계약수 N^*는 다음과 같다.

$$N^* = (\beta - \beta^*) \frac{S'}{F'} \tag{17}$$

β : 주식포트폴리오의 베타
β^* : 주식포트폴리오의 목표베타
S' : 현물포지션의 가치
F' : 선물 1계약의 가치

사례분석

투자자 종로는 20억원 상당의 주식포트폴리오를 보유하고 있다. 이 주식포트폴리오의 베타는 2이다. 투자자 종로는 향후 주가지수가 하락할 것으로 예상하고 주가지수 선물계약을 이용하여 보유 주식포트폴리오의 가격변동 위험을 헤지하려고 한다. 현재 주가지수의 6개월 선물가격은 500이고 주가지수선물 1계약은 선물지수 × 500,000원이다.

(1) 보유 주식포트폴리오의 위험을 완전히 헤지하기 위해 투자해야 할 선물의 최적계약수는?

(2) 보유 주식포트폴리오의 베타를 2에서 0.5로 감소시키기 위해서 투자해야 할 선물의 최적계약수는?

해 설

(1) 매도해야 할 선물의 최적계약수

$$N^* = (\beta - \beta^*)\frac{S'}{F'} = (2.0 - 0) \times \frac{2{,}000{,}000{,}000\text{원}}{500 \times 500{,}000\text{원}} = 16\text{개}$$

즉, 매도해야 할 선물의 최적계약수는 16개이다.

(2) β 를 0.5로 감소시키기 위한 선물의 최적계약수

$$N^* = (\beta - \beta^*)\frac{S'}{F'} = (2.0 - 0.5) \times \frac{2{,}000{,}000{,}000\text{원}}{500 \times 500{,}000\text{원}} = 12\text{개}$$

즉, β를 2에서 0.5로 감소시키기 위해 매도해야 할 선물의 최적계약수는 12개이다.

(5) 듀레이션과 최적헤지비율의 측정★

금리선물을 이용하여 채권투자(현물)의 위험을 헤지하고자 할 때, 얼마만큼의 금리선물(채권선물)을 사거나 팔아야 할 것인가를 결정해야한다. 금리선물의 경우 최적헤지비율은 듀레이션으로 표시할 수 있다. 앞의 제2장에서 설명했듯이 채권의 듀레이션을 이용해서 채권가격의 변화를 측정하면 다음과 같다.

$$\Delta P = -D \times \frac{\Delta y}{1+y} \times P_0 \tag{18}$$

ΔP : 채권가격 증가분　　P_0 : 채권가격

D : 듀레이션　　Δy : 시장이자율 증가분

y : 시장이자율(채권수익률)

식 (11)에서 선물을 이용한 최적계약수 N^*는 다음과 같음을 공부한 바 있다.

$$N^* = \rho \frac{\sigma_S'}{\sigma_F'} \tag{11}$$

식 (18)로부터 다음의 관계식을 만들 수 있다.

$$\Delta S' = -D_S \frac{\Delta y}{1+y} S' \tag{19}$$

$$\Delta F' = -D_F \frac{\Delta y}{1+y} F' \tag{20}$$

S' : 헤징대상 채권의 가치 　　　 D_S : 헤징만료시 헤징대상 채권의 듀레이션

F' : 금리선물 1계약의 가격 　　　 D_F : 선물계약 만료시 선물계약 기초자산의 듀레이션

y와 Δy가 모두 동일하다면, 식 (19)와 (20)으로부터 $\Delta S' = (S'D_S / F'D_F) \times \Delta F'$이므로 다음 식을 유도할 수 있다.

$$\Delta S' = \left(\frac{S'D_S}{F'D_F}\right) \times \Delta F'$$

$$\sigma(\Delta S') = \sigma\left[\left(\frac{S'D_S}{F'D_F}\right) \times \Delta F'\right] \tag{21}$$

그런데 $\left(\frac{S'D_S}{F'D_F}\right)$는 상수이므로 다음 식이 성립한다.

$$\sigma(\Delta S') = \left(\frac{S'D_S}{F'D_F}\right) \times \sigma(\Delta F') \tag{22}$$

그리고 $\sigma(\Delta S') = \sigma_S'$이고, $\sigma(\Delta F') = \sigma_F'$이므로 다음 식이 성립한다.

$$\frac{\sigma_S'}{\sigma_F'} = \frac{S'D_S}{F'D_F} \tag{23}$$

식 (11)에서 상관계수 $\rho = 1$이라면, 식 (23)을 사용해서 금리선물을 이용한 헤징시

의 최적계약수를 다음과 같이 구할 수 있다.

$$N^* = \frac{S'D_S}{F'D_F} \tag{24}$$

식 (24)가 듀레이션을 이용해서 구한 최적헤지비율(duration-based hedge ratio)이다. 헤지대상자산에 최적헤지비율만큼의 선물포지션을 추가하면 포지션 전체의 듀레이션은 0이 된다.

사례분석

투자하고있는 국채는 2017년 8월 5일 현재 2천만 달러이다. T-bond 선물(만기 12월)을 이용하여 보유 포트폴리오의 가치를 헤지하였다. 12월 T-bond 선물가격은 현재 91－08(= 91.25)이다. 따라서 T-bond 선물의 1계약가격은 91,250달러(1계약이 $100,000임)이다. 헤지가 만료되는 3개월 후 보유 채권포트폴리오의 듀레이션은 5.60년이고, 선물계약 만료 시 선물계약 기초자산인 T-bond의 듀레이션은 8.00년이다. 최저가 인도채권이 만기 20년 액면이자율 연 10%의 T-bond이고, 현재 채권의 수익률이 연 6.5%이다.

(1) 헤징을 위해 매도해야 할 채권선물의 최적계약수는?

(2) 8월 5일과 11월 5일 사이에 이자율이 급락해서 채권포트폴리오의 가치가 $20,000,000에서 $20,820,000로 상승하였고, 11월 5일의 T-bond 선물가격은 96－08이었다. 보유채권 포지션가치의 순변동은?

해 설

(1) 매도해야 할 채권선물의 최적계약수를 계산하면 다음과 같다.

$$N^* = \frac{S'D_S}{F'D_F} = \frac{20{,}000{,}000{,}000 \times 5.60}{91{,}250 \times 8.00} = 153\text{계약}$$

즉, 매도해야 할 선물의 최적계약수는 16개이다.

(2) 8월 5일과 11월 5일 사이에 채권포트폴리오의 가치가 820,000달러(= 20,000,000 － 20,820,000) 상승하였다. 11월 5일에 T-bond 선물가격은 96－08이므로 이를 선물 1계약의 가격으로 환산하면 96,250달러이다. 이로부터 T-bond 선물매도계약으로부터 발생한 총손실은 다음과 같다.

153 × ($96,250 － $91,250) = $765,000

∴ 보유채권 포지션가치의 순변동은 $820,000 － $765,000 = $55,000이다.

13.8 스 왑

(1) 스왑의 의의

스왑(swap)은 미리 약정한 현금흐름을 미래에 교환하는 두 거래자간의 사적인 계약으로 파생상품 중에서 규모가 가장 큰 계약이다. 선도계약, 선물계약, 옵션계약이 아주 오래 전부터 존재해왔던 것에 비하여 스왑은 1981년 IBM과 세계은행(IBRD)간에 체결된 통화스왑에서부터 시작되었다. 이후에 스왑의 규모는 파생상품 중에서 가장 폭발적으로 성장하였다.

(2) 금리스왑

실제로 금리스왑(interest rate swap)이 어떻게 발생하는 지를 예를 통해 살펴보자. A기업과 B기업이 3년간 1,000만 달러를 다음과 같은 이자율로 차입한다고 하자. B기업은 고정금리로 차입하기를 원하는 반면, A기업은 6개월 LIBOR와 연계된 변동금리로 차입하기를 원한다.

[표 5]에서 보듯이, B기업이 변동금리시장에서 비교우위를 갖는 반면, A기업은 고정금리시장에서 비교우위를 갖기 때문에 A, B기업이 스왑계약을 체결하면 두 기업 모두 이익을 얻을 수 있다.

[표 5] A기업과 B기업의 차입조건 비교

기 업	상 황	차입조건	
		고정금리 기준	변동금리 기준
A기업	변동금리 차입을 원함	10.00%	LIBOR + 0.30%
B기업	고정금리 차입을 원함	11.20%	LIBOR + 1.00%

즉, A기업이 연간 10%의 고정금리로 차입하고, B기업이 연간 LIBOR + 1.00%의 변동금리로 차입한 후, 두 기업이 스왑계약을 체결하면 두 기업 모두 이익을 얻을 수 있다.

[그림 1]은 두 기업 간의 직접적인 스왑계약을 보여주고 있다. A기업이 B기업에게 1,000만 달러에 대해서 6개월 LIBOR로 이자를 지급하기로 계약한다. 동시에 B기업이 A기업에게 1,000만 달러에 대해서 연간 9.95%의 고정금리로 이자를 지급하기로 계약한다.

[그림 1] A기업과 B기업간의 직접적인 스왑계약

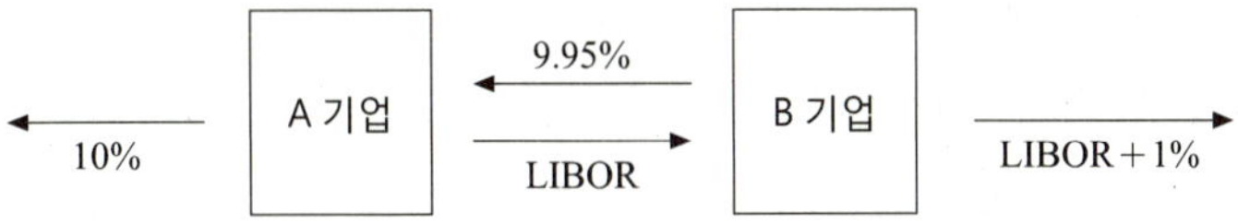

스왑계약은 A기업과 B기업 양쪽 모두에게 각각 연 0.25%의 이익을 제공한다. 즉, A기업은 직접 변동금리로 차입하는 것보다 스왑계약을 통해서 변동금리 차입으로 바꿈으로써 0.25%를 절약할 수 있다. 그리고 B기업은 직접 고정금리로 차입하는 것보다 스왑계약을 통해서 고정금리 차입으로 바꿈으로써 0.25%를 절약할 수 있다. 따라서 스왑계약을 통해 양 기업이 얻는 총이익은 연 0.50%이다. 이것은 다음과 같이 미리 쉽게 계산할 수 있다. 즉, 금리스왑계약으로부터의 총이익은 $a - b$이다.

여기서 a는 고정금리시장에서 두 기업이 지급해야 하는 금리의 차이이며, b는 변동금리시장에서 두 기업이 지급해야 하는 금리의 차이이다. 앞의 예에서,

$$a = 11.20\% - 10.00\% = 1.20\%$$

$$b = \text{LIBOR} + 1.00\% - (\text{LIBOR} + 0.30\%) = 0.70\%$$

따라서 총이익은 1.20% − 0.70% = 0.50%이다.

(3) 통화스왑

통화스왑(currency swap)도 금리스왑과 같이 비교우위에서 비롯될 수 있다. 예를 들어 A기업과 B기업이 시장에서 미국 달러화와 영국 파운드화 기준으로 [표 6]과 같은 고정금리를 제시받았다고 하자.

[표 6] A기업과 B기업의 차입조건 비교

기 업	상 황	차입조건(고정금리)	
		달러화 기준	파운드화 기준
A기업	파운드화 차입을 원함	8.0%	11.6%
B기업	달러화 차입을 원함	10.0%	12.0%

[표 6]에서 보듯이, 미국 달러화 시장에서 B기업이 A기업보다 이자율을 2.0%만큼 더 부담하는 데 비해, 영국 파운드화 시장에서는 이자율을 0.4%만큼만 더 부담한다. 즉, A기업은 미국 달러화 시장에서 비교우위를 갖는 반면, B기업은 영국 파운드화 시장에서 비교우위를 갖는다. 따라서 A, B기업은 통화스왑을 체결할 유인을 갖는다. 먼저 A, B기업 각각은 자신이 비교우위를 갖는 시장에서 차입한다. 즉, A기업은 달러화로 차입하고 B기업은 파운드화로 차입한다. 그리고 통화스왑을 이용하여 A기업은 달러화 차입을 파운드화 차입으로 전환하고, B기업은 파운드화 차입을 달러화 차입으로 전환함으로써 이익을 얻을 수 있다.

[그림 2] 통화스왑거래

[그림 2]는 스왑거래가 이루어지는 한 예를 도시한 것이다. 금융기관은 달러화 현금흐름에 대해 연 1.4%의 이익을 얻고, 파운드화 현금흐름에 대해서는 연 1.0%의 손실을 본다. 두 통화간의 차이를 무시하면, 통화스왑계약을 통해서 금융기관은 연 0.4%의 이익을 얻고 A, B기업은 각각 0.6%의 이익을 얻는다. 즉, A기업은 직접 파운드화로 차입하는 것보다 스왑계약을 통해서 파운드화 차입으로 바꿈으로써 0.6%를 절약할 수 있다. 그리고 B기업은 직접 달러화로 차입하는 것보다 스왑계약을 통해서 달러화 차입으로 바꿈으로써 0.6%를 절약할 수 있다.

따라서 스왑계약을 통해서 3자가 얻는 총이익은 1.6%이다. 달러화 이자율간의 차이는 2.0%인 반면, 파운드화 이자율간의 차이는 0.4%이다. 이미 예상했듯이, 모든 거래자에게 귀속되는 총이익은 2.0% − 0.4% = 1.6%이다. 통화스왑계약에서는 원금이 두 통화로 각각 명시되어야 하며, 금리스왑의 경우와 달리 원금은 스왑 개시시점과 종료시점에서 교환된다. 두 통화로 명시되는 원금은 스왑 개시시점의 환율로 개략적으로 동일한 가치를 갖도록 결정된다.

정리문제

01 기초자산의 가격이 50,000원이고 선물계약의 만기는 1년이다. 무위험이자율은 연 5%이고 기초자산은 1년 동안 보유혜택을 제공하지 않는다.

(1) 이론선물가격을 구하라.

(2) 선물가격이 55,000원이면 어떤 차익거래가 가능한가?

(3) 선물가격이 51,000원이면 어떤 차익거래가 가능한가?

02 현재 시장에서 거래되고 있는 1년 만기 할인채권 A와 2년 만기 할인채권 B에 대한 자료는 다음과 같다.

채권 A	만기 1년	액면가 100만원	시장가격 93만원
채권 B	만기 2년	액면가 100만원	시장가격 87만원

그리고 1년 후 인도되는 1년 만기 할인채권(액면가 100만원)의 선물은 시장에서 현재 95만원의 가격으로 거래되고 있다.

(1) 1년도 말부터 2년도 말까지의 기간의 내재선도이자율은?

(2) 현물을 이용하여 선물의 매도포지션과 동일한 투자전략을 세워보라.

03 한국기업은 미국기업으로부터 100만달러 상당의 와인을 수입하였다. 한국기업은 100만달러를 3개월 후에 지급할 예정이다. 현재의 원/달러 현물환율은 1,050원이고 3개월 만기 선물환율이 1,060원이다. 선물을 이용하여 한국기업이 구체적으로 환위험을 어떻게 헤지할 수 있는지 설명하라.

04 홍익엔터테인먼트는 가수 A의 CD 1만장을 미국에 수출하려고 한다. 미국의 음반 수입자 B와 장당 10달러로 10만달러의 계약을 11월에 맺었고(1달러 = 1,000원), 대금은 1월에 지급하기로 약정하였다. 12월인 현재, 1월에 환율이 내려 1달러가 950원이 될 가능성은 70%로 보이며, 환율이 올라 1달러가 1,050원이 될 가능성은 30%로 예상된다.

(1) 홍익엔터테인먼트가 수령할 기대금액이 얼마인가?

(2) 통화선물 매도포지션을 이용한 환위험 헤지 시 환율 상황별 총수령액을 구하라.

05 A기업과 B기업은 지금 50억원을 각각 조달하려고 한다. 신용도는 아래의 표와 같으며 그것에 따라 금리가 달라지고 원금상환은 5년 후이다. A기업은 변동금리를 원하고 B기업은 고정금리를 원한다. 은행은 스왑중개의 대가로 연 0.2%의 수수료를 받는다. A기업과 B기업의 이익이 같아지도록 스왑을 설계하라. 단, 은행은 B기업과 A기업에 CD이자율을 주고받는다.

기 업	고정금리	변동금리
A기업	11.0%	CD이자율 + 0.2%
B기업	12.2%	CD이자율 + 0.8%

06 금 채굴회사가 한달 후에 1,000온스의 금을 판매할 계획을 세우고 있다. 현재 금 가격은 1온스당 30만원이다. 그러나 금 가격의 변동이 심하여, 1개월 후에는 28만원 또는 32만원이 되는 두 가지의 경우가 예상된다. 현재 금의 1개월짜리 선물가격은 1온스당 301,000원이다. 수령금액을 안정시키기 위해, 금 선물로 헤지하는 경우에는 1,000온스분 선물을 사야 하는가, 팔아야 하는가? 그리고 미래의 현물가격이 28만원 또는 32만원이 될 때의 현물거래와 선물거래의 수령가능 금액을 구하라.

07 홍익건설과 연세전자는 고정금리와 변동금리의 차입거래 시 금리조건이 다음과 같다.

기 업	선 호	고정금리	변동금리
홍익건설	변동금리 선호	5%	CD이자율 + 2%
연세전자	고정금리 선호	8%	CD이자율 + 4%

(1) 홍익건설과 연세전자 중 어느 기업의 신용도가 더 좋은가?

(2) 스왑계약 체결 시 홍익건설과 연세전자가 얻게 되는 총이익을 계산하라(단 중개기관은 없다고 가정한다).

(3) 금리스왑을 설계하라(단, 홍익건설이 연세전자에게 CD이자율 + 1%를 지급하는 스왑을 설계할 것).

08 태백기업의 주식은 현재 주식시장에서 50,000원에 거래되고 있다. 선물시장에서는 이 주식을 기초자산으로 하는 만기 1년의 선물계약이 거래되고 있다. 태백기업은 향후 1년간 배당을 지급하지 않기로 결정하였다. 현물 및 선물 거래에 따른 비용은 없다고 한다. 무위험이자율은 연 10%이다.

(1) 태백기업 주식을 기초자산으로 하는 1년 만기 선물의 이론선물가격은 얼마인가?

(2) 선물의 현재가격이 52,000원이라면 어떤 차익거래가 가능한가? 가능하다면, 차익거래 이익은 얼마인가?

(3) 선물의 현재가격이 58,000원이라면 어떤 차익거래가 가능한가? 가능하다면, 차익거래 이익은 얼마인가?

09 3월 1일 현재 미국의 A기업이 7월말에 5,000만엔을 받을 예정이다. 9월 만기 엔화선물의 가격은 현재 0.7800이다. A기업이 3월 1일에 9월 만기 엔화선물 4계약을 매도하고 7월말에 엔화를 받을 때 계약을 마감한다고 하자(엔화선물 1계약은 1,250만엔이다). 7월말에 엔화의 현물가격이 0.7200이고, 9월 만기 선물가격은 0.7250으로 예상된다.

(1) 선물계약 마감시의 베이시스의 크기와 선물매도계약의 이익은?

(2) 엔당 유효가격은?

10★ 투자자 춘천은 향후 6개월 동안 보유 주식포트폴리오의 가치를 헤지하기 위해 만기가 6개월인 KOSPI 200 지수선물계약을 이용하기로 결정하였다(선물 1계약의 크기는 지수 × 500,000원이며, 선물가격은 균형상태에 있다).

KOSPI 200 지수	200
주식포트폴리오의 가치	5억원
무위험이자율	연 6%
KOSPI 200의 배당수익률	연 2%
포트폴리오의 β	2.0

(1) KOSPI 200 지수선물계약을 이용해서 포트폴리오의 β를 0으로 만들기 위한 최적계약수를 구하라.

(2) KOSPI 200 지수선물계약을 이용해서 포트폴리오의 β를 0.5로 만들기 위한 최적계약수를 구하라.

11★ 보유하고 있는 국채의 현재가격은 100만달러이다. T-bond 선물을 이용하여 보유채권을 헤지하였다. T-bond 선물가격은 현재 100달러 당 92−16(= 92.50)이다. 따라서 T-bond 선물의 1계약 가격은 92,500달러(1계약이 $100,000임)이다. 헤지가 만료된 3개월 후에 보유채권의 듀레이션은 4년이고, 선물계약 만료 시 선물계약 기초자산인 T-bond의 듀레이션은 6.2년이다. 최저가 인도채권이 만기 20년 액면이자율 연 3%의 T-bond이고, 현재 채권의 수익률이 연 2.5%이다.

(1) 헤징을 위해 매도해야 할 채권선물의 최적계약수는?

(2) 3개월 사이에 이자율이 상승해서 채권의 가치가 1,000,000달러에서 990,000달러로 하락하였고, 3개월 후 T-bond 선물가격은 91−08이었다. 보유채권 포지션가치의 순변동은?

정리문제에 대한 해설

01 기초자산의 가격이 50,000원이고 선물계약의 만기는 1년이다. 무위험이자율은 연 5%이고 기초자산은 1년 동안 보유혜택을 제공하지 않는다.

(1) 이론선물가격을 구하라.

해설 이론선물가격 = 현물가격 × (1 + 무위험이자율)^1

= 50,000원 × (1 + 0.05)^1 = 52,500원

(2) 선물가격이 55,000원이면 어떤 차익거래가 가능한가?

해설 선물가격이 높으므로 투자자는 차입하여 기초자산을 매입함과 동시에 선물계약을 매도한다. 1년 후에 투자자는 55,000원에 기초자산을 인도하고 원리금 52,500원을 상환하여 차익거래 이익은 2,500원이 된다. 차익거래 과정은 다음의 표와 같다.

차익거래 전략	현재의 현금흐름	만기일(1년 후)의 현금흐름
차 입	+50,000	−52.500(= −50,000(1 + 0.05))
기초자산 매입	−50,000	$+S_1$
선물매도	0	+55,000 − S_1
	0원	차익거래 이익 = 2,500원

(3) 선물가격이 51,000원이면 어떤 차익거래가 가능한가?

해설 선물가격이 낮으므로 투자자는 기초자산을 공매하고 50,000원을 연 5%로 무위험투자(예금)함과 동시에 선물계약을 매입한다. 1년 후에 투자자는 51,000원에 기초자산을 매입하여 공매한 포지션을 청산한다. 이 경우 차익거래 이익은 1,500원이다. 차익거래 과정은 다음의 표와 같다.

차익거래 전략	현재의 현금흐름	만기일(1년 후)의 현금흐름
기초자산 공매	+50,000	$-S_1$
예 금	−50,000	+52,500(= +50,000원(1 + 0.05))
선물매입	0	$+S_1$ −51,000
	0원	차익거래 이익 = 1,500원

02 현재 시장에서 거래되고 있는 1년 만기 할인채권 A와 2년 만기 할인채권 B에 대한 자료는 다음과 같다.

채권 A	만기 1년	액면가 100만원	시장가격 93만원
채권 B	만기 2년	액면가 100만원	시장가격 87만원

그리고 1년 후 인도되는 1년 만기 할인채권(액면가 100만원)의 선물은 시장에서 현재 95만원의 가격으로 거래되고 있다.

(1) 1년도 말부터 2년도 말까지의 기간의 내재선도이자율은?

해설 93만원 $= 100/(1+r_1)$, $r_1 = 0.0753$, 87만원 $= 100(1+r_2)^2$, $r_2 = 0.0721$

$(1+r_1)(1+r_{1,\,2}) = (1+r_2)^2$에서 $(1+0.0753)(1+r_{1,\,2}) = (1\ \ 0.0721)^2$이다.

따라서 내재선도이자율 $r_{1,\,2} = 0.0689 = 6.89\%$

(2) 현물을 이용하여 선물의 매도포지션과 동일한 투자전략을 세워보라.

해설 2년 만기 채권 B를 공매한 후, 그 자금(87만원)으로 1년 만기 채권 A를 0.9355개(87만원/93만원) 매입함으로써 선물을 매도한 효과와 동일한 효과를 얻을 수 있다.

03 한국기업은 미국기업으로부터 100만달러 상당의 와인을 수입하였다. 한국기업은 100만달러를 3개월 후에 지급할 예정이다. 현재의 원/달러 현물환율은 1,050원이고 3개월 만기 선물환율이 1,060원이다. 선물을 이용하여 한국기업이 구체적으로 환위험을 어떻게 헤지할 수 있는지 설명하라.

해설 선물환 매입헤지를 하지 않을 경우 한국기업은 3개월 후의 현물환율로 원화를 팔고 달러를 매입하여 수입대금을 결제하여야 하기 때문에 환율상승에 따른 위험이 있다. 환율상승 위험은 통화선물을 매입함으로써 미래의 현물환율을 현재의 선물환율로 고정시킬 수 있다.

한국기업은 환율변동 위험을 헤지하기 위해 3개월 만기 통화선물을 1,060원에 매입하여 환율을 고정시켜야 한다. 만약 3개월 후 시점에 환율이 상승하여 1,100원이 되어도 통화선물계약에 의해 1,060원에 달러를 매입하여 수입대금을 결제한다. 따라서 현물환율에서의 50원의 손실을 통화선물에서의 40원의 이익으로 상쇄함으로써 손실은 $1,000,000 × 10원 = 10,000,000원이 된다.

반대로 환율이 1,000원으로 하락하면 현물환율에서의 50원의 이익을 통화선물에서 60원의 손실로 상쇄하여 손실은 $1,000,000 × 10원 = 10,000,000원이 된다. 결국 통화선물을 1,060원에 매입함으로써 환율변동에 의한 손실을 10,000,000원으로 고정시킬 수 있다.

04 홍익엔터테인먼트는 가수 A의 CD 1만장을 미국에 수출하려고 한다. 미국의 음반 수입자 B와 장당 10달러로 10만달러의 계약을 11월에 맺었고(1달러 = 1,000원), 대금은 1월에 지급하기로 약정하였다. 12월인 현재, 1월에 환율이 내려 1달러가 950원이 될 가능성은 70%로 보이며, 환율이 올라 1달러가 1,050원이 될 가능성은 30%로 예상된다.

(1) 홍익엔터테인먼트가 수령할 기대금액이 얼마인가?

해설 기대수령액 = 10만달러 × 950원 × 0.7 + 10만달러 × 1,050원 × 0.3 = 98,000,000원

(2) 통화선물 매도포지션을 이용한 환위험 헤지 시 환율 상황별 총수령액을 구하라.

해설 ① 환율이 950원으로 하락하면,

10만 달러 × 950원 + 10만 달러 × (1,000원 − 950원) = 100,000,000원

10만달러는 95,000,000원으로 전환되지만 선물 매도포지션에서 5,000,000원(= 10만달러 × (1,000원 − 950원))만큼의 이익이 발생하게 되므로 총수령액은 100,000,000원이 된다.

② 환율이 1,050원으로 상승하면,

10만 달러 × 1,050원 + 10만 달러 × (1,000원 − 1,050원) = 100,000,000원

10만달러는 105,000,000원으로 전환되지만 선물매도포지션에서 5,000,000원(= 10만달러 × (1,050원 − 1,000원))만큼의 손해가 발생하게 되므로 총수령액은 100,000,000원이 된다.

즉, 선물 매도포지션을 이용하면 상황이 일어나는 확률에 관계없이 수령할 총금액은 항상 100,000,000원이 된다.

05 A기업과 B기업은 지금 50억원을 각각 조달하려고 한다. 신용도는 아래의 표와 같으며 그것에 따라 금리가 달라지고 원금상환은 5년 후이다. A기업은 변동금리를 원하고 B기업은 고정금리를 원한다. 은행은 스왑중개의 대가로 연 0.2%의 수수료를 받는다. A기업과 B기업의 이익이 같아지도록 스왑을 설계하라. 단, 은행은 B기업과 A기업에 CD이자율을 주고받는다.

기 업	고정금리	변동금리
A기업	11.0%	CD이자율 + 0.2%
B기업	12.2%	CD이자율 + 0.8%

해설 총이익 = 고정금리 차이 − 변동금리 차이 = 1.2% − 0.6% = 0.6%

중개수수료가 0.2%이므로 스왑계약 결과 A기업과 B기업은 각각 (0.6% − 0.2%) / 2 = 0.2%의 이익을 얻어야 한다. 먼저 A기업은 상대적으로 유리한 고정금리로 자금을 조달하고, B기업은 상대적으로 유리한 변동금리로 자금을 조달한다. 그리고 다음과 같은 스왑계약을 체결한다.

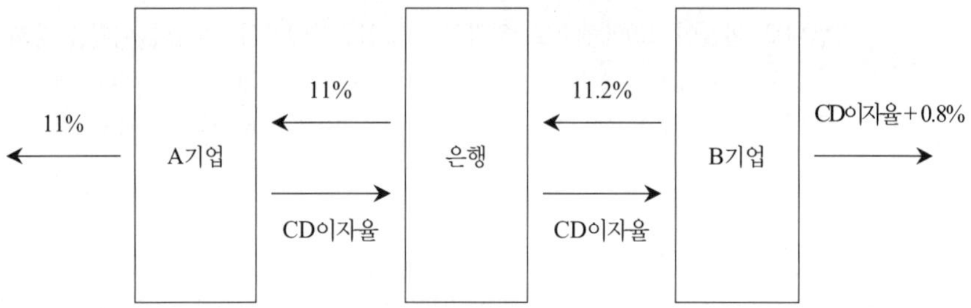

결국 A기업은 스왑계약 결과 고정금리를 변동금리인 CD이자율로 변경함으로써 직접 변동금리 차입 시보다 0.2%의 이익을 보며, B기업은 스왑계약 결과 변동금리를 고정금리 12%로 변경함으로써 직접 고정금리 차입 시보다 0.2%의 이익을 본다. 그리고 중개기관인 은행은 스왑을 중개함으로써 0.2%의 이익을 본다.

06 금 채굴회사가 한달 후에 1,000온스의 금을 판매할 계획을 세우고 있다. 현재 금 가격은 1온스당 30만원이다. 그러나 금 가격의 변동이 심하여, 1개월 후에는 28만원 또는 32만원이 되는 두 가지의 경우가 예상된다. 현재 금의 1개월짜리 선물가격은 1온스당 301,000원이다. 수령금액을 안정시키기 위해, 금 선물로 헤지하는 경우에는 1,000온스분 선물을 사야 하는가, 팔아야 하는가? 그리고 미래의 현물가격이 28만원 또는 32만원이 될 때의 현물거래와 선물거래의 수령가능 금액을 구하라.

해설 선물을 매도해야 한다.

현물가격 28만원일 때 :

현물거래 : 1,000 × 28만원 = 280,000,000원

선물거래 : 1,000 × (301,000원 − 280,000원) = 21,000,000원

수령가능 금액 = 280,000,000원 + 21,000,000원 = 301,000,000원

현물가격 32만원일 때

현물거래 : 1,000 × 32만원 = 320,000,000원

선물거래 : 1,000 × (301,000원 − 320,000원) = −19,000,000원

수령가능 금액 = 320,000,000원 − 19,000,000원 = 301,000,000원

07 홍익건설과 연세전자는 고정금리와 변동금리의 차입거래 시 금리조건이 다음과 같다.

기 업	선 호	고정금리	변동금리
홍익건설	변동금리 선호	5%	CD이자율 + 2%
연세전자	고정금리 선호	8%	CD이자율 + 4%

(1) 홍익건설과 연세전자 중 어느 기업의 신용도가 더 좋은가?

해설 홍익건설의 차입금리가 연세전자에 비해 모두 낮기 때문에 홍익건설의 신용도가 더 좋다.

(2) 스왑계약 체결 시 홍익건설과 연세전자가 얻게 되는 총이익을 계산하라(단 중개기관은 없다고 가정한다).

해설 총이익 = 변동금리 차이 − 고정금리 차이

= (8% − 5%) − [(CD이자율 + 4%) − (CD이자율 + 2%)] = 1%

(3) 금리스왑을 설계하라(단, 홍익건설이 연세전자에게 CD이자율 + 1%를 지급하는 스왑을 설계할 것).

해설 두 기업의 고정금리 차이가 변동금리 차이 보다 더 크다. 즉, 두 기업의 금리차이가 고정금리의 경우 3%이고 변동금리의 경우 2%이다. 연세전자는 변동금리 차입 시 홍익건설보다 2%의 이자를 더 부담하고 고정금리 차입 시는 3%를 더 부담한다. 즉, 연세전자는 변동금리에서 비교우위를 갖고, 홍익건설은 고정금리에서 비교우위를 갖게 된다. 따라서 두 기업 사이에는 금리스왑이 가능하게 된다.

홍익건설이 고정금리 5%로 차입하고 연세전자가 변동금리인 CD이자율 + 4%로 차입한 후 두 기업이 다음과 같은 스왑계약을 하면 모두 이익을 보게 된다.

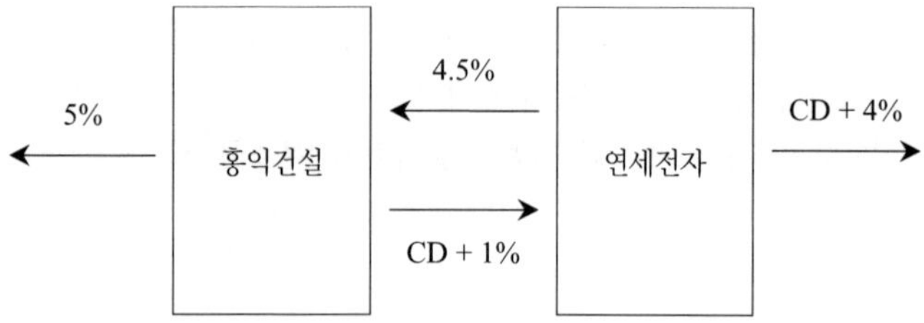

즉, 홍익건설은 연세전자와 4.5%를 받고 CD이자율 + 1%를 지급하는 스왑을 체결하면 총체적으로 변동금리 CD이자율 + 1.5%로 차입하는 결과가 되어 직접 변동금리 차입 시보다 0.5%의 금리를 절약할 수 있다. 한편 연세전자는 스왑체결 후 고정금리 7.5%로 차입하는 결과가 되어 직접 고정금리 차입 시보다 0.5%의 금리를 절약할 수 있다.

08 **태백기업의 주식은 현재 주식시장에서 50,000원에 거래되고 있다. 선물시장에서는 이 주식을 기초자산으로 하는 만기 1년의 선물계약이 거래되고 있다. 태백기업은 향후 1년간 배당을 지급하지 않기로 결정하였다. 현물 및 선물 거래에 따른 비용은 없다고 한다. 무위험이자율은 연 10%이다.**

(1) 태백기업 주식을 기초자산으로 하는 1년 만기 선물의 이론선물가격은 얼마인가?

해설 태백기업의 주식은 배당을 지급하지 않고, 현물 및 선물 거래에 따른 어떤 비용도 발생하지 않기 때문에 다음 식을 이용하여 이론선물가격 F^*를 측정할 수 있다.

$$F^* = S(1+r)^T = 50{,}000 \times (1+0.1)^1 = 55{,}000\text{원}$$

(연속복리 기준 : $F^* = Se^{r \cdot T} = 50{,}000e^{0.1 \times 1} = 55{,}259$원)

(2) 선물의 현재가격이 52,000원이라면 어떤 차익거래가 가능한가? 가능하다면, 차익거래 이익은 얼마인가?

해설 현재 선물계약의 가격이 52,000원이라면 이는 이론선물가격 55,000원에 비하여 과소평가되어 있다. 따라서 매도차익거래(= 현물공매 + 예금 + 선물매입)가 가능하다. 즉, 현물주식(S = 50,000원)을 공매하고, 공매대금을 무위험이자율(10%)로 예금하고 선물을 52,000원에 매입함으로써 선물 만기일에 다음과 같이 3,000원의 차익을 얻을 수 있다.

차익거래 전략	현재의 현금흐름	만기일(1년 후)의 현금흐름
현물공매	+ 50,000	$-S_1$
예 금	− 50,000	+ 55,000 (= $50{,}000(1+0.1)^1$)
선물매입	0	$+S_1 - 52{,}000$
	0원	차익거래 이익 = 3,000원

(3) 선물의 현재가격이 58,000원이라면 어떤 차익거래가 가능한가? 가능하다면, 차익거래 이익은 얼마인가?

해설 현재 선물계약의 가격이 58,000원이라면 이는 이론선물가격 55,000원에 비하여 과대평가되어 있다. 따라서 매입차익거래(차입 + 현물매입 + 선물매도)가 가능하다. 즉, 무위험이자율

(10%)로 차입(50,000원)하고 현물주식(S = 50,000원)을 매입한 후 선물을 58,000원에 매도함으로써 선물 만기일에 다음과 같이 3,000원의 차익을 얻을 수 있다.

차익거래 전략	현재의 현금흐름	만기일(1년 후)의 현금흐름
차 입	50,000	$-55,000 = (-50,000(1+0.1)^1)$
현 물 매 입	$-50,000$	$+S_1$
선 물 매 도	0	$+58,000 - S_1$
	0원	차익거래 이익 = 3,000원

09 3월 1일 현재 미국의 A기업이 7월말에 5,000만엔을 받을 예정이다. 9월 만기 엔화선물의 가격은 현재 0.7800이다. A기업이 3월 1일에 9월 만기 엔화선물 4계약을 매도하고 7월말에 엔화를 받을 때 계약을 마감한다고 하자(엔화선물 1계약은 1,250만엔이다). 7월말에 엔화의 현물가격이 0.7200이고, 9월 만기 선물가격은 0.7250으로 예상된다.

(1) 선물계약 마감시의 베이시스의 크기와 선물매도계약의 이익은?

해설 베이시스와 선물매도계약의 이익은 다음과 같다.

$$\text{베이시스} = b_2 = F_2 - S_2 = 0.7250 - 0.7200 = +0.0050$$
$$\text{선물매도계약의 이익} = F_1 - F_2 = 0.7800 - 0.7250 = +0.0550$$

(2) 엔당 유효가격은?

해설 헤저의 엔당 유효가격은 7월말 현물가격과 선물에서 발생한 이익을 더한 값이다.

$$\text{유효가격} = S_2 - (F_2 - F_1) = 0.7200 - (-0.0550) = 0.7750$$

또는, $\text{유효가격} = F_1 - b_2 = 0.7800 - 0.0050 = 0.7750$

10★ 투자자 춘천은 향후 6개월 동안 보유 주식포트폴리오의 가치를 헤지하기 위해 만기가 6개월인 KOSPI 200 지수선물계약을 이용하기로 결정하였다(선물 1계약의 크기는 지수 × 500,000원이며, 선물가격은 균형상태에 있다).

KOSPI 200 지수	200
주식포트폴리오의 가치	5억원
무위험이자율	연 6%
KOSPI 200의 배당수익률	연 2%
포트폴리오의 β	2.0

(1) KOSPI 200 지수선물계약을 이용해서 포트폴리오의 β를 0으로 만들기 위한 최적계약수를 구하라.

해설 현재의 이론선물가격을 추정하면 다음과 같다.

$S = 200,\ r = 0.06,\ q = 0.02,\ T = 0.5$ 이므로

$$F^* = S(1 + r - q)^T = 200(1 + 0.06 - 0.02)^{0.5} = 204$$

그리고 선물 1계약의 가치 F'는 204 × 500,000원 = 102,000,000원이다. 포트폴리오를 헤지하기 위해 매도해야 하는 선물의 최적계약수를 구하면 다음과 같다.

포트폴리오의 β를 0으로 만들기 위한 최적계약수는 10계약이다.

$$N^* = (2.0 - 0) \times \frac{500,000,000원}{102,000,000원} = 10계약(매도)$$

(2) KOSPI 200 지수선물계약을 이용해서 포트폴리오의 β를 0.5로 만들기 위한 최적계약수를 구하라.

해설 포트폴리오의 β를 0.5로 만들기 위한 최적계약수는 8계약이다.

$$N^* = (2.0 - 0.5) \times \frac{500,000,000원}{102,000,000원} = 8계약(매도)$$

11★ **보유하고 있는 국채의 현재가격은 100만달러이다. T-bond 선물을 이용하여 보유채권을 헤지하였다. T-bond 선물가격은 현재 100달러 당 92－16(= 92.50)이다. 따라서 T-bond 선물의 1계약 가격은 92,500달러(1계약이 $100,000임)이다. 헤지가 만료된 3개월 후에 보유채권의 듀레이션은 4년이고, 선물계약 만료 시 선물계약 기초자산인 T-bond의 듀레이션은 6.2년이다. 최저가 인도채권이 만기 20년 액면이자율 연 3%의 T-bond이고, 현재 채권의 수익률이 연 2.5%이다.**

(1) 헤징을 위해 매도해야 할 채권선물의 최적계약수는?

해설 매도해야 할 채권선물의 최적계약수를 계산하면 다음과 같다.

$$N^* = \frac{S' D_S}{F' D_F} = \frac{1,000,000 \times 4}{92,500 \times 6.2} = 7계약$$

(2) 3개월 사이에 이자율이 상승해서 채권의 가치가 1,000,000달러에서 990,000달러로 하락하였고, 3개월 후 T-bond 선물가격은 91－08이었다. 보유채권 포지션가치의 순변동은?

해설 3개월 사이에 채권포트폴리오의 가치가 10,000달러(= 1,000,000 － 990,000) 하락하였다. 3개월 후에 T-bond 선물가격은 91－08이므로 이를 선물 1계약의 가격으로 환산하면 91,250달러이다. 이로부터 T-bond 선물매도로부터 발생한 총이익은 다음과 같음을 알 수 있다.

($92,500 － $91,250) × 7 = $8,750

∴ 보유채권 포지션가치의 순변동은 － $10,000 + 8,750 = －$1,250이다.

CHAPTER 14 옵 션

옵션거래와 유사한 성격의 거래형태는 오랜 옛날부터 존재하였으나 오늘날과 같은 옵션거래가 처음으로 제도화된 것은 1973년 시카고 옵션거래소(Chicago Board of Options Exchange : CBOE)가 개설되면서부터이다. 그 후 옵션거래는 거래량, 거래금액, 거래주식 수 등에서 급격한 증가세를 나타내었으며, 거래지역도 미국뿐 아니라 전세계 주요국가로 확대되었다. 본장에서는 옵션의 가치평가와 관련된 주요 이슈들을 살펴보기로 한다.

14.1 옵션의 의의와 종류

(1) 의 의

옵션(option)이란 소유자가 정해진 기간 동안에 미리 약정된 가격으로 특정 자산을 사거나 팔 수 있는 권리가 부여된 증권을 뜻한다. 이는 계약상대방으로부터 특정 자산을 사거나 팔 수 있는 권리이며, 특정 자산을 꼭 사거나 팔아야 하는 의무를 수반하지 않는다. 옵션거래에서 미리 약정된 가격을 행사가격(exercise price)이라고 하며, 특정 자산을 기초자산(underlying asset)이라고 한다. 옵션의 종류는 분류기준에 따라 콜옵션(call option)과 풋옵션(put option), 유로피언 옵션(European option)과 아메리칸 옵션(American option)등으로 구분할 수 있다.

(2) 콜옵션

콜옵션은 정해진 기간 동안에 미리 약정된 가격으로 특정 자산을 살 수 있는 권리를 말한다. 예를 들어, 투자자 갑이 12월 31일까지 A주식 1주를 을로부터 10,000원에 살 수 있는 콜옵션을 매입하였다면, 이 콜옵션의 행사가격은 10,000원이고 만기일은 12월 31일이며 기초자산은 A주식이 된다. 이 경우 갑은 콜옵션의 매입자(buyer)이고 을은 콜옵션의 매도자(seller)가 된다.

콜옵션의 가치(= 이득)는 기초자산의 가격이 행사가격보다 높을 경우에는 기초자산의 가격에서 행사가격을 뺀 금액이며, 기초자산의 가격이 행사가격보다 낮을 경우에는 영(0)이 된다. 행사일에 있어서의 콜옵션의 가치를 수식으로 나타내면 다음과 같다.

$$C = \text{Max}(S_T - X,\ 0) \tag{1}$$

C: 콜옵션의 가치(이득)
S_T: 기초자산의 가격
X: 행사가격

콜옵션의 가치를 기초자산의 가격과 관련하여 그림으로 나타내면 [그림 1]과 같다.

[그림 1] 콜옵션의 가치(이득)

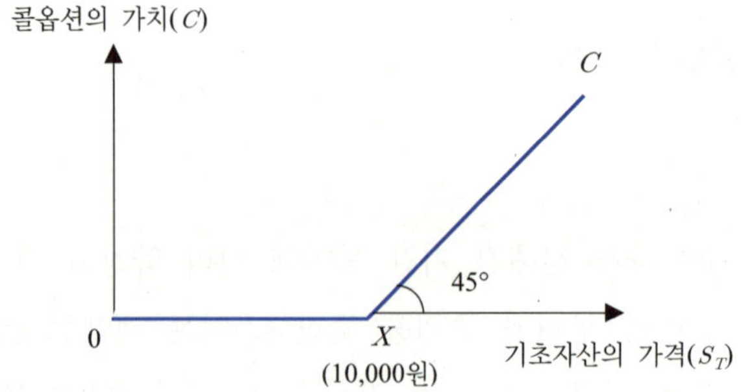

[그림 1]에서 볼 수 있는 바와 같이, 기초자산의 가격이 행사가격인 10,000원 이하일 때에는 콜옵션의 가치(C)는 영(0)이 되며, 기초자산의 가격이 행사가격인 10,000원을 초과할 때에는 콜옵션의 가치(C)는 그 초과한 금액이 된다. A주식의 예에서 주가가 8,000원일 경우 콜옵션의 가치는 영(0)이 되며, 주가가 12,000원일 경우 콜옵션의 가치는 2,000원이 된다.

다음에는 콜옵션 매입자와 매도자의 손익을 측정해 보기로 하자. [그림 2]는 A주식 콜옵션 매입자와 매도자의 손익을 나타낸 그림이다.

[그림 2] 콜옵션 매입자와 매도자의 손익

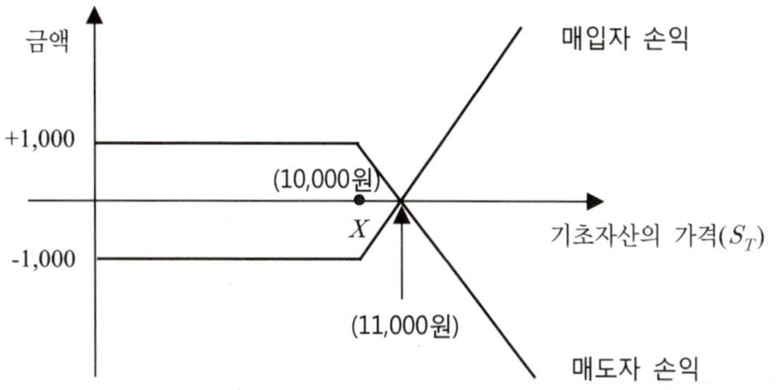

[그림 2]에서 볼 수 있듯이, 만약 갑이 을에게 1,000원을 지급하고 콜옵션을 매입하였다면, 갑이 콜옵션을 매입함으로써 얻을 수 있는 손익은 콜옵션의 가치(이득)에서 콜옵션의 매입가격(프리미엄)인 1,000원을 뺀 금액이 된다. A주식 콜옵션을 매도한 을의 손익은 매입자 갑의 손익과 대칭을 이룬다. 콜옵션 매도자와 매입자의 손익분기점(BEP)은 기초자산의 가격이 11,000원이 될 때이다.

(3) 풋옵션

풋옵션은 정해진 기간 동안에 미리 약정된 가격으로 특정 자산을 팔 수 있는 권리를 말한다. 예를 들어, 투자자 갑이 12월 31일까지 B주식 1주를 을에게 10,000원에 팔 수 있는 풋옵션을 매입하였다면, 이 풋옵션의 행사가격은 10,000원이고 만기일은 12월 31일이며 기초자산은 B주식이 된다. 이 경우 갑은 풋옵션의 매입자이고 을은 풋옵션의 매도자가 된다.

풋옵션의 가치(이득)는 기초자산의 가격이 행사가격보다 낮을 경우에는 행사가격에서 기초자산의 가격을 뺀 금액이며, 기초자산의 가격이 행사가격보다 높을 경우에는 영(0)이 된다. 행사일에 있어서의 풋옵션의 가치를 수식으로 나타내면 다음과 같다.

$$P = \text{Max}(X - S_T,\ 0) \tag{2}$$

P: 풋옵션의 가치(이득)
S_T: 기초자산의 가격
X: 행사가격

풋옵션의 가치(이득)를 기초자산의 가격 및 행사가격과 관련하여 그림으로 나타내면 [그림 3]과 같다.

[그림 3] 풋옵션의 가치(이득)

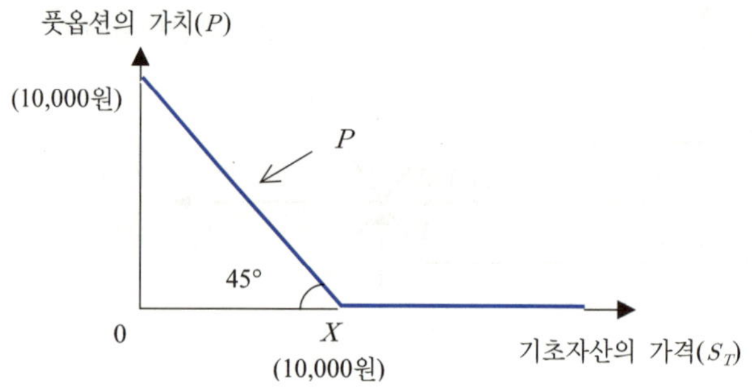

[그림 3]에서 볼 수 있는 바와 같이, 기초자산의 가격이 행사가격인 10,000원에 미달할 때에는 풋옵션의 가치(P)는 그 미달한 금액이 되며, 기초자산의 가격이 행사가격인 10,000원을 초과할 때에는 풋옵션의 가치(P)는 영(0)이 된다. B주식의 예에서 주가가 8,000원인 경우 풋옵션의 가치(이득)는 2,000원이 되며, 주가가 12,000원인 경우 풋옵션의 가치(이득)는 영(0)이 된다.

다음에는 풋옵션 매입자와 매도자의 손익을 측정해 보기로 하자. [그림 4]는 B주식 풋옵션 매입자와 매도자의 손익을 나타낸 그림이다.

[그림 4] 풋옵션 매입자와 매도자의 손익

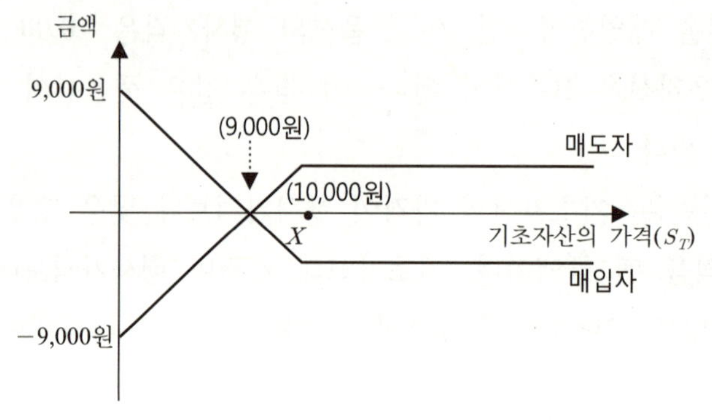

[그림 4]에서 볼 수 있듯이, 만약 갑이 을에게 1,000원을 지급하고 풋옵션을 매입하였다면, 갑이 풋옵션을 매입함으로써 얻을 수 있는 손익은 풋옵션 가치(이득)에서 풋옵션 매입가격(프리미엄)인 1,000원을 뺀 금액이 된다. B주식 풋옵션을 매도한 을의 손익은 매입자 갑의 손익과 대칭을 이룬다. 풋옵션 매도자와 매입자의 손익분기점(BEP)은 기초자산의 가격이 9,000원이 될 때이다.

(4) 옵션의 행사가치와 시간가치

앞에서 설명한 옵션의 가치는 정확히 말하면 행사시점의 행사가치이다. 옵션의 가치에는 행사가치 이외에도 시간가치가 있다. 예를들어 현재 행사가치가 0이더라도 만기까지의 기회가치 때문에 옵션은 가치를 갖는다. 이와 같이 시간이 경과하면 발생할 수 있는 기회가치를 옵션의 시간가치라 한다.

[그림 5]는 콜옵션의 가치에 포함된 행사가치와 시간가치를 보여준다.

[그림 5] 콜옵션의 행사가치와 시간가치

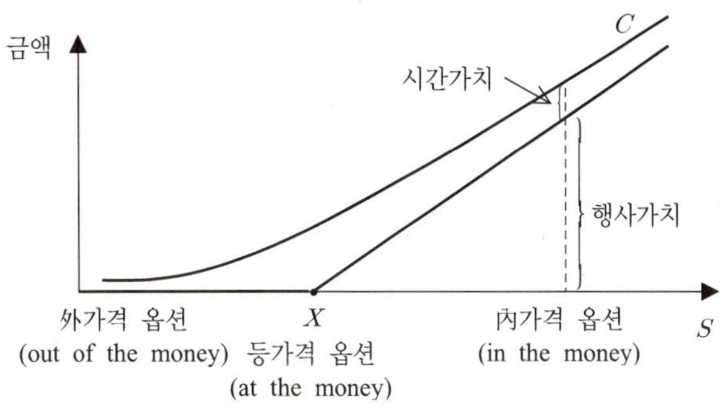

[그림 5]에서 C는 콜옵션의 가치이고 X는 행사가격이며 S는 기초자산의 가격이다. 그림에서 보듯이 기초자산의 가격 S가 행사가격 X보다 낮으면(外가격 옵션), 행사가치는 0이고 시간가치만 존재한다. 그리고 기초자산의 가격 S가 행사가격 X보다 높으면(內가격 옵션), 행사가치와 시간가치가 모두 존재한다.

[그림 6]은 풋옵션의 가치에 포함된 행사가치와 시간가치를 보여준다.

[그림 6] 풋옵션의 행사가치와 시간가치

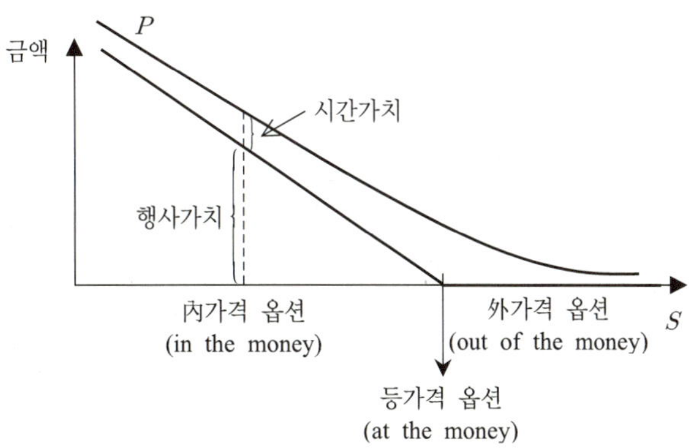

[그림 6]에서 P는 풋옵션의 가치이고 X는 행사가격이며 S는 기초자산의 가격이다. 그림에서 보듯이 기초자산의 가격 S가 행사가격보다 낮으면 (內가격 옵션), 행사가치와 시간가치가 모두 존재한다. 그리고 기초자산의 가격 S가 행사가격보다 높으면(外가격 옵션), 행사가치는 0이고 시간가치만 존재한다.

(5) KOSPI 200지수 옵션의 사례

다음 [표 1]은 2017년 10월 13일 현재 KOSPI 200지수 콜옵션의 실제 가격(프리미엄)을 보여준다.

[표 1] KOSPI 200지수 콜옵션의 가치

C201711	옵션가격(프리미엄)	행사가치	시간가치
322.5	7.09	4.85	2.24
325	5.18	2.35	2.83
327.5	3.59	0	3.59
330	2.35	0	2.35
332.5	1.50	0	1.50
335	0.91	0	0.91

* 2017년 10월 13일 현재 KOSPI 200지수 = 327.35

[표 1]에서 C201711은 2017년 11월 9일 만기인 콜옵션을 의미하고, 322.5는 행사가격을 의미한다. 그리고 7.09는 만기가 2017년 11월 9일이고 행사가격이 322.5인 콜옵션의 가격(프리미엄)이다. 현재 KOSPI 200지수 옵션의 1포인트 가격은 50만원이므로 7.09포인트는 354.5만원을 의미한다.

행사가격이 322.5인 콜옵션은 현재 327.35인 KOSPI 200지수를 322.5에 매입할 수 있는 옵션이므로 현재 콜옵션의 행사가치는 4.85포인트(= 327.35 − 322.5)이다. 따라서 콜옵션의 가격에는 행사가치 4.85포인트 이외에도 2.24포인트(= 7.09 − 4.85)의 시간가치가 내포되어 있는 것이다.

또한 행사가격이 332.5인 콜옵션은 현재 327.35인 KOSPI 200지수를 332.5에 매입할 수 있는 옵션이므로 현재 콜옵션의 행사가치는 0이다(즉, 행사하면 가치가 없다). 따라서 콜옵션의 가격에는 행사가치가 없고 시간가치 1.50만 내포되어 있는 것이다.

[표 2]는 2017년 10월 13일 현재 KOSPI 200지수 풋옵션의 실제 가격(프리미엄)을

보여준다.

[표 2] KOSPI 200지수 풋옵션의 가치

P201711	옵션가격(프리미엄)	행사가치	시간가치
322.5	1.63	0	1.63
325	2.26	0	2.26
327.5	3.13	0.15	2.98
330	4.43	2.65	1.78
332.5	6.01	5.10	0.91
335	8.10	7.65	0.45

* 2017년 10월 13일 현재 KOSPI 200지수 = 327.35

[표 2]에서 P201711은 2017년 11월 9일 만기인 풋옵션을 의미하고, 322.5는 행사가격을 의미한다. 그리고 1.63은 만기가 2017년 11월 9일이고 행사가격이 322.5인 풋옵션의 가격(프리미엄)이다. 현재 KOSPI 200지수 옵션의 1포인트 가격은 50만원이므로 1.63포인트는 81.5만원을 의미한다.

행사가격이 322.5인 풋옵션은 현재 327.35인 KOSPI 200지수를 322.5에 매도할 수 있는 옵션이므로 현재 풋옵션의 행사가치는 0이다(즉, 행사하면 가치가 없다). 따라서 풋옵션의 가격에는 행사가치가 없고 시간가치 1.63만 내포되어 있다.

또한 행사가격이 332.5인 풋옵션은 현재 327.35인 KOSPI 200지수를 332.5에 매도할 수 있는 옵션이므로 현재 풋옵션의 행사가치는 5.10이다. 따라서 풋옵션의 가격에는 행사가치 5.10포인트 이외에도 0.91포인트(= 6.01 − 5.10)의 시간가치가 내포되어 있는 것이다.

(6) 유로피언 옵션과 아메리칸 옵션

옵션을 그 권리를 행사할 수 있는 시기에 따라 분류하면 유로피언 옵션(European option)과 아메리칸 옵션(American option)이 있다.

유로피언 옵션은 만기일에 한하여 권리를 행사할 수 있는 반면, 아메리칸 옵션은 만기일이 되기 전에 언제라도 소유자의 의사에 따라 권리를 행사할 수 있다. 유로피언 옵션은 권리행사 일자가 정해져 있기 때문에 옵션가격 결정이 보다 용이하다.

사례분석

① 주가가 20,000원이고 행사가격이 22,000원이며, 프리미엄(매입가격)이 1,000원일 때 콜옵션의 가치, 매입자의 손익과 매도자의 손익은?

② 주가가 30,000원이고 행사가격이 35,000원이며, 프리미엄(매입가격)이 1,000원일 때, 풋옵션의 가치, 매입자의 손익과 매도자의 손익은?

해 설

① $C = \text{Max}[S_T - X, 0] = \text{Max}[(20{,}000원 - 22{,}000원), 0]$

$\therefore\ C = 0원$

콜옵션의 가치가 0원이므로, 콜옵션 매입자의 손익은 −1,000원이 되며 매도자의 손익은 +1,000원이 된다.

② $P = \text{Max}[X - S_T, 0] = \text{Max}[(35{,}000원 - 30{,}000원), 0]$

$\therefore\ P = 5{,}000원$

풋옵션의 가치가 5,000원이므로, 풋옵션 매입자의 손익은 +4,000원이 되며 매도자의 손익은 −4,000원이 된다.

14.2 헤지상태와 콜옵션 가치의 결정

(1) 헤지상태와 헤지비율

헤지상태(hedged position)란 자산을 매입하고 그 자산에 대한 콜옵션을 적정한 비율로 매각함으로써, 미래 자산가격이 변동하더라도 투자자의 부가 일정하게 되는 상태를 말한다.

예를 들어, 현재 주가가 5,000원인 어떤 주식이 있다. 1년 후 이 주식의 가격이 6,000원이 될 확률은 2/3이며, 4,500원이 될 확률은 1/3이다. 이 주식에 대한 콜옵션의 행사가격은 5,000원이라고 하자. 1년 후의 기대주가를 계산하면 [표 3]과 같다.

[표 3] 기말의 기대주가 계산

현재주가	확 률	기말의 주가
5,000원(S)	2/3(상승)	6,000원(Su)
	1/3(하락)	4,500원(Sd)

S : 현재주가
Su : 상승시 미래주가 (u > 1, u − 1 = 상승률)
Sd : 하락시 미래주가 (d < 1, d − 1 = 하락률)

기말의 기대주가 = (2/3)(6,000원) + (1/3)(4,500원) = 5,500원

1년 후의 주가에 따라 콜옵션의 가치를 계산하면 [표 4]와 같다.

[표 4] 기말의 기대 콜옵션 가치 계산

기말의 주가	확 률	기말의 옵션가치
6,000원	2/3	Max(6,000원 − 5,000원, 0) = 1,000원(C_u)
4,500원	1/3	Max(4,500원 − 5,000원, 0) = 0원(C_d)

C_u : 주가가 6,000원(Su)일 때의 콜옵션 가치
C_d : 주가가 4,500원(Sd)일 때의 콜옵션 가치

기말의 기대 콜옵션 가치 = (2/3)(1,000원) + (1/3)(0원) = 666.7원

이러한 상황에서 무위험 상태의 헤지포트폴리오를 구성해 보자. 헤지포트폴리오(hedge portfolio)를 구성하기 위해 콜옵션 1개 매도에 대한 기초자산 주식 매입수의 비율인 헤지비율(hedge ratio)인 Δ에 맞추어서 포트폴리오를 구성한다. Δ는 다음과 같이 정의된다.

$$\Delta = \frac{\text{콜옵션 가격의 변화분}}{\text{주가의 변화분}}$$

만일 $\Delta = \frac{1}{2}$이라면, 기초자산인 주식의 가격이 2만큼 변할 때 그 주식을 기초자산으로 하는 콜옵션의 가격이 1만큼 변한다. 그렇다면 1만큼의 콜옵션 매도가치의 변화분을 상쇄하기 위해서는 2만큼 변하는 주식을 $\frac{1}{2}$만 매입하면 된다. 즉, 주식 $\frac{1}{2}$개 매입 + 콜옵션 1개 매도하는 포트폴리오는 위험이 없는 헤지포트폴리오가 된다. [표 3]의 예에서 Δ를 구하기 위해 다음과 같은 [표 5]를 이용하기로 하자.

[표 5] 콜옵션을 이용한 헤지상태

현 재		미 래(1년 후)
	up	$Su\Delta - C_u$
$S\Delta - S\Delta C$		‖
	down	$Sd\Delta - C_d$

[표 5]에서 보듯이, 현재 콜옵션 1개를 매도하고 주식 Δ개를 매입해서 헤지상태를 만들었다고 하자. 그러면 포트폴리오의 미래가치는 주가상승 시 $Su\Delta - C_u$가 되고 주가하락 시 $Sd\Delta - C_d$가 된다. 그런데 헤지상태가 되려면 이 두 가지의 가치가 일치해야 한다.

$$Su\Delta - C_u = Sd\Delta - C_d$$

$$\therefore\ \Delta(\text{헤지비율}) = \frac{C_u - C_d}{Su - Sd} \qquad (3)$$

식 (3)을 이용하여 앞의 예에서 헤지비율(Δ)을 구하면 다음과 같다.

$$\Delta = \frac{1{,}000\text{원} - 0\text{원}}{6{,}000\text{원} - 4{,}500\text{원}} = \frac{2}{3}$$

즉, 주식 $\frac{2}{3}$주(2주) 매입하면서 콜옵션 1개(3개)를 매도하면 헤지상태를 만들 수 있다.

헤지비율[1)]은 미래 주식가격의 변동폭($= Su - Sd$)에 대한 옵션가격의 변동폭($= C_u - C_d$)의 비율을 의미한다. 여기서 계산된 헤지비율 $\frac{2}{3}$가 의미하는 것은 투자자가 헤지상태에 있기 위하여 주식을 2주 매입하고, 그 주식에 대한 콜옵션을 3개 매도하여야 한다는 뜻이다(주식과 콜옵션은 같은 방향으로 움직이므로 헤지를 위해서는 반대 포지션을 취해야한다).

위에서 계산한 헤지비율로 투자하는 경우 1년 후 투자자의 부는 [표 6]과 같다.

---

1) 헤지비율(Δ)을 매입한 주식 1주당 매도한 콜옵션의 수인 m으로 표시하기도 한다($m = \frac{1}{\Delta}$).

[표 6] 헤지상태에서 투자자의 기말의 부(富)

기말의 주가	주식 2주를 매입할 경우의 가치	콜옵션 3개를 매도할 경우의 가치	투자자의 기말의 부
6,000원	12,000원	−3(1,000원) = −3,000원	9,000원
4,500원	9,000원	−3(0원) = 0원	9,000원

즉, 미래주가가 변동하더라도 투자자의 부(富)는 항상 9,000원으로 동일하게 유지되므로 투자자는 헤지상태에 있게 된다.

(2) 콜옵션 가치의 결정

헤지상태에서의 투자자는 아무런 위험도 부담하지 않으므로, 효율적인 증권시장에서 헤지상태의 수익률은 무위험이자율(무위험자산 수익률)이어야 한다. 무위험이자율이 연 5%라고 하자. 헤지상태를 이루기 위하여 투자자의 순투자액은 투자자가 현재 가격이 5,000원인 주식 2주를 매입한 금액 10,000원에서 3개의 콜옵션을 매도하여 받은 금액을 뺀 금액이다. 현재의 콜옵션의 가치를 C라 하면, 투자자의 순투자금액은 $5,000 \times 2 - 3C$가 된다. 헤지상태의 1년간 수익률은 무위험이자율인 5%이고 기말의 투자자의 부는 9,000원이므로 다음 식이 성립한다.

$$(5,000\text{원} \times 2 - 3C)(1 + 0.05)^1 = 9,000\text{원}$$
$$\therefore \ C = 476.2\text{원}$$

즉, 콜옵션의 가치는 476.2원이 된다.

[표 3]에서 기말의 기대주가는 5,500원이므로 1년간의 주식의 기대수익률은 다음과 같다.

$$\text{주식의 기대수익률} = \frac{5,500\text{원} - 5,000\text{원}}{5,000\text{원}} = 10\%$$

또한 [표 4]에서 콜옵션의 기대값은 666.7원이므로 1년간의 옵션의 기대수익률은 다음과 같다.

$$콜옵션의\ 기대수익률 = \frac{666.7원 - 476.2원}{476.2원} = 40\%$$

이상에서 살펴본 바와 같이, 일반적으로 콜옵션의 기대수익률은 주식의 기대수익률보다 훨씬 높다.

(3) 이항분포모형을 이용한 콜옵션 가치 결정의 일반화*

헤지상태에서의 투자자는 아무런 위험도 부담하지 않으므로, 효율적인 증권시장에서 헤지상태의 수익률은 무위험이자율 (r : 무위험자산 수익률)이어야 한다. 따라서 다음 식이 성립한다.

$$(S\Delta - C)(1+r)^1 = (Su\Delta - C_u) \tag{4}$$

식 (4)를 연속복리로 나타내면 식 (5)가 된다.

$$(S\Delta - C)e^{r \times 1} = (Su\Delta - C_u) \tag{5}$$

식 (5)는 현재 무위험 헤지포트폴리오($S\Delta - C$)를 구성하면 1년 동안 무위험이자율 만큼의 수익률 r을 얻게 되어 1년 후의 가치가 $Su\Delta - C_u$가 됨을 보여준다. 식 (5)를 C에 대해 정리하면 식 (6)이 된다.

$$C = S\Delta - (Su\Delta - C_u)e^{-r \times 1} \tag{6}$$

그런데 식 (3)에서 $\Delta = \dfrac{C_u - C_d}{Su - Sd}$이므로 다음 식이 성립한다.

$$C = S\left[\frac{C_u - C_d}{Su - Sd}\right] - \left[Su\frac{C_u - C_d}{Su - Sd} - C_u\right]e^{-r\times 1}$$

$$= \left[\frac{C_u - C_d}{u - d}\right] - \left[u\frac{C_u - C_d}{u - d} - C_u\right]e^{-r\times 1}$$

$$= \left[\frac{C_u - C_d - [uC_u - uC_d - uC_u + dC_u]e^{-r\times 1}}{u - d}\right]$$

$$= \left[\frac{(C_u - C_d)e^{r\times 1}e^{-r\times 1} - (dC_u - uC_d)e^{-r\times 1}}{u - d}\right]$$

$$= \left[\frac{(C_u - C_d)e^{r\times 1} - (dC_u - uC_d)}{u - d}\right]e^{-r\times 1}$$

$$= \left[\frac{(e^{r\times 1} - d)C_u + (u - e^{r\times 1})C_d}{u - d}\right]e^{-r\times 1} \quad (7)$$

여기서 $p = \dfrac{e^{r\times 1} - d}{u - d}$라고 정의하면, 식 (7)은 다음과 같이 정리된다.

$$C = [p \times C_u + (1 - p)C_d]e^{-r\times 1} \quad (8)$$

p를 위험중립확률(risk-neutral probability) 또는 헤지확률(hedge probability)이라 한다. 이렇게 부르는 이유는 위험이 없는 상태에서 구한 값으로서 마치 확률처럼 보이기 때문이다. 식 (8)을 이산복리로 표시하면 다음과 같다.

$$C = \frac{p \times C_u + (1 - p)C_d}{(1 + r)^1} \quad (9)$$

$$\left(\text{단,}\ \ p = \frac{(1 + r)^1 - d}{u - d}\right)$$

앞의 [표 3]와 [표 5]의 예를 다시 사용하여 일반화 공식을 확인해 보자. 예를 들어 현재 주가가 5,000원인 어떤 주식이 있다. 1년 후의 이 주식의 가격이 6,000원이 될 확률은 2/3이며, 4,500원이 될 확률은 1/3이다. 이 주식에 대한 콜옵션의 행사가격은 5,000원이라고 하자. 1년 후의 기대주가를 계산하면 [표 3]과 같다.

[표 3] 기말의 기대주가 계산

현재주가	확 률	기말의 주가
5,000원(S)	2/3(상승)	6,000원(Su)
	1/3(하락)	4,500원(Sd)

S : 현재주가

Su : 상승시 미래주가($u > 1$, $u-1$ = 상승률)

Sd : 하락시 미래주가($d < 1$, $d-1$ = 하락률)

기말의 기대주가 = (2/3)(6,000원) + (1/3)(4,500원) = 5,500원

1년 후의 주가에 따라 콜옵션의 가치를 계산하면 [표 4]와 같다.

[표 4] 기말의 기대 콜옵션 가치 계산

기말의 주가	확 률	기말의 옵션가치
6,000원	2/3	Max(6,000원 − 5,000원, 0) = 1,000원(C_u)
4,500원	1/3	Max(4,500원 − 5,000원, 0) = 0원(C_d)

S : 현재주가

C_u : 주가가 6,000원(Su)일 때의 콜옵션 가치

C_d : 주가가 4,500원(Sd)일 때의 콜옵션 가치

기말의 기대 콜옵션 가치 = (2/3)(1,000원) + (1/3)(0원) = 666.7원

이 예에서 r = 5%, u = 120%, d = 90%이므로, $p = \frac{(1+0.05)^1 - 0.9}{1.2-0.9} = 0.5$이다. 따라서 콜옵션의 가치 C는 다음과 같다.

$$C = \frac{0.5 \times 1{,}000\text{원} + (1-0.5) \times 0\text{원}}{(1+0.05)^1} = 476.2\text{원}$$

이와 같이 일반화 공식을 사용하여 추정한 값은 앞에서 구한 값과 일치한다.

14.3 헤지상태와 풋옵션가치의 결정

(1) 헤지상태와 헤지비율

헤지상태(hedged position)란 자산을 매도하고 그 자산에 대한 풋옵션을 적정한 비율로 매각함으로써, 미래 자산가격이 변동하더라도 투자자의 부가 일정하게 되는 상태를 말한다.

예를 들어, 현재 주가가 5,000원인 어떤 주식이 있다. 1년 후 이 주식의 가격이 6,000원이 될 확률은 2/3이며, 4,500원이 될 확률은 1/3이다. 이 주식에 대한 풋옵션의 행사가격은 5,000원이라고 하자. 1년 후의 기대주가를 계산하면 [표 3]과 같다.

[표 3] 기말의 기대주가 계산

현재주가	확률	기말의 주가
5,000원(S)	2/3(상승)	6,000원(Su)
	1/3(하락)	4,500원(Sd)
S: 현재주가 Su : 상승시 미래주가($u > 1,\ u-1$ = 상승률) Sd : 하락시 미래주가($d < 1,\ d-1$ = 하락률)		
기말의 기대주가 = (2/3)(6,000원) + (1/3)(4,500원) = 5,500원		

1년 후의 주가에 따라 풋옵션의 가치를 계산하면 [표 7]과 같다.

[표 7] 기말의 기대 풋옵션 가치 계산

기말의 주가	확 률	기말의 옵션가치
6,000원	2/3	Max(5,000원 − 6,000원, 0) = 0원(P_u)
4,500원	1/3	Max(5,00원 − 4,500원, 0) = 500원(P_d)
S: 현재주가 P_u : 주가가 6,000원(Su)일 때의 풋옵션 가치 P_d : 주가가 4,500원(Sd)일 때의 풋옵션 가치		
기말의 기대 풋옵션 가치 = (2/3)(1,000원) + (1/3)(500원) = 166.7원		

이러한 상황에서 무위험상태의 헤지포트폴리오(hedge portfolio)를 구성해 보자. 풋옵션 1개 매입에 대한 주식 매입 수의 비율인 헤지비율 Δ에 맞추어서 헤지포트폴리

오를 구성한다. Δ는 풋옵션 1개 매입시 매입해야 할 주식의 수이다. Δ는 다음과 같이 정의된다.

$$\Delta = \frac{\text{풋옵션 가격의 변화분}}{\text{주가의 변화분}}$$

만일 $\Delta = \frac{1}{2}$이라면, 기초자산인 주식의 가격이 2만큼 변할 때 그 주식을 기초자산으로 하는 풋옵션의 가격이 반대 방향으로 1만큼 변한다. 그렇다면 1만큼의 풋옵션 매입가치의 변화분(반대방향)을 상쇄하기 위해서는 2만큼 변하는 주식을 $\frac{1}{2}$만 매입하면 된다. 즉, 주식 $\frac{1}{2}$개 매입 + 풋옵션 1개 매입하는 포트폴리오는 위험이 없는 헤지포트폴리오가 된다. [표 7]의 예에서 Δ를 구하기 위해 [표 8]을 이용하기로 하자.

[표 8] 풋옵션을 이용한 헤지상태

현 재		미 래(1년 후)
	up	$Su\Delta + P_u$
$S\Delta + P$		‖
	down	$Sd\Delta + P_d$

[표 8]에서 보듯이, 현재 주식 Δ를 매입하고 그 주식에 대한 풋옵션 1개를 매입해서 헤지상태를 만들었다고 하자. 그러면 포트폴리오의 미래가치는 주가상승 시 $Su\Delta + P_u$가 되고 주가하락 시 $Sd\Delta + P_d$가 된다. 그런데 헤지상태가 되려면 이 두 가지의 가치가 일치해야 한다.

$$Su\Delta + P_u = Sd\Delta + P_d$$

$$\therefore \ \Delta(\text{헤지비율}) = \frac{P_d - P_u}{Su - Sd} \qquad (10)$$

식 (10)을 이용하여 앞의 예에서 헤지비율(Δ)을 구하면 다음과 같다.

$$\Delta = \frac{500\text{원} - 0\text{원}}{6{,}000\text{원} - 4{,}500\text{원}} = \frac{1}{3}$$

주식 $\frac{1}{3}$주(1주) 매입하면서 풋옵션 1개(3개)를 매입하면 헤지상태를 만들 수 있다. 헤지비율은 미래 주식가격의 변동폭($= Su - Sd$)에 대한 풋옵션 가격의 변동폭($= P_d - P_u$)의 비율을 의미한다. 여기서 계산된 헤지비율 $\frac{1}{3}$이 의미하는 것은 투자자가 헤지상태에 있기 위하여는 주식을 1주 매입하고, 그 주식에 대한 풋옵션 3개 매입하여야 한다는 뜻이다(주식과 풋옵션은 반대방향으로 움직이므로 헤지를 위해서는 동일방향으로 포지션을 취해야 한다).

위에서 계산한 헤지비율로 투자하는 경우 1년 후 투자자의 부는 [표 9]와 같다.

[표 9] 헤지상태에서 투자자의 기말의 부(富)

기말의 주가	주식 1주를 매입할 경우의 가치	풋옵션 3개를 매입할 경우의 가치	투자자의 기말의 부
6,000원	6,000원	3(0원) = 0원	6,000원
4,500원	4,500원	3(500원) = 1,500원	6,000원

미래주가가 변동하더라도 투자자의 부(富)는 항상 6,000원으로 동일하게 유지되므로 투자자는 헤지상태에 있게 된다.

(2) 풋옵션가치의 결정

헤지상태에서의 투자자는 아무런 위험도 부담하지 않으므로, 효율적인 증권시장에서 헤지상태의 수익률은 무위험이자율(r : 무위험자산 수익률)이어야 한다. 따라서 다음 식이 성립한다.

$$(S\Delta + P)(1 + r)^1 = Su\Delta + P_u \tag{11}$$

식 (11)은 현재 무위험 헤지포트폴리오 $S\Delta + P$를 구성하면 1년 동안 무위험이자율만큼의 수익률 r을 얻게 되어 1년 후의 가치가 $Su\Delta + P_u$가 됨을 보여준다.

앞의 예에서 1년간의 무위험이자율이 5%라고 하자. 헤지상태를 이루기 위하여 투자자의 순투자액은 투자자가 현재가격이 5,000원인 주식 1주를 매입할 때 지출하는 금액에 3개의 풋옵션을 매입할 때 지출하는 금액을 합한 금액이다. 현재의 풋옵션의 가치를 P라 하면, 투자자의 순투자금액은 5,000원 × 1 + 3P가 된다. 헤지상태의 1년간의 수익률은 무위험이자율인 연 5%이고 기말의 투자자의 부는 6,000원이므로 다음 식이 성립한다.

$$(5{,}000\text{원} \times 1 + 3P)(1 + 0.05)^1 = 6{,}000\text{원}$$
$$\therefore \; P = 238.1\text{원}$$

즉, 풋옵션의 가치는 238.1원이 된다.

[표 3]에서 기말의 기대주가는 5,500원이므로 1년간의 주식의 기대수익률은 다음과 같다.

$$\text{주식의 기대수익률} = \frac{5{,}500\text{원} - 5{,}000\text{원}}{5{,}000\text{원}} = 10\%$$

또한 [표 7]에서 풋옵션의 기댓값은 166.7원이므로 1년간의 옵션의 기대수익률은 다음과 같다.

$$\text{풋옵션의 기대수익률} = \frac{166.7\text{원} - 238.1\text{원}}{238.1\text{원}} = -30\%$$

이상에서 살펴본 바와 같이, 일반적으로 풋옵션의 기대수익률은 주식의 기대수익률보다 훨씬 더 변동폭이 크다.

(3) 이항분포모형을 이용한 풋옵션가치 결정의 일반화★

이항분포모형을 이용하여 풋옵션가치를 결정하는 방법을 일반화해 보기로 하자. 헤지상태에서의 투자자는 아무런 위험도 부담하지 않으므로, 효율적인 증권시장에서 헤지상태의 수익률은 무위험이자율(r : 무위험자산 수익률)이어야 한다. 따라서 다음 식이 성립한다.

$$(S\Delta + P)(1+r)^1 = (Su\Delta + P_u) \tag{12}$$

식 (12)를 연속복리로 나타내면 식 (13)이 된다.

$$(S\Delta + P)e^{r\times 1} = (Su\Delta + P_u) \tag{13}$$

식 (13)은 현재 무위험 헤지포트폴리오 $S\Delta + P$를 구성하면 1년 동안 무위험이자율 만큼의 수익률 r을 얻게 되어 1년 후의 가치가 $Su\Delta + P_u$가 됨을 보여준다. 식 (13)을 P에 대해 정리하면 식 (14)가 된다.

$$P = (Su\Delta + P_u)e^{-r\times 1} - S\Delta \tag{14}$$

그런데 식 (10)에서 $\Delta = \dfrac{P_d - P_u}{Su - Sd}$이므로 다음 식이 성립한다.

$$\begin{aligned}
P &= \left[Su\frac{P_d - P_u}{Su - Sd} + P_u\right]e^{-r\times 1} - S\frac{P_d - P_u}{Su - Sd} \\
&= \left[u\frac{P_d - P_u}{u - d} + P_u\right]e^{-r\times 1} - \frac{P_d - P_u}{u - d} \\
&= \left[\frac{uP_d - uP_u + uP_u - dP_u - e^{r\times 1}(P_d - P_u)}{u - d}\right]e^{-r\times 1} \\
&= \left[\frac{(e^{r\times 1} - d)P_u + (u - e^{r\times 1})P_d}{u - d}\right]e^{-r\times 1}
\end{aligned} \tag{15}$$

여기서 $p = \dfrac{e^{r\times 1} - d}{u - d}$라고 정의하면, 식 (15)는 다음과 같이 정리된다.

$$P = [p \times P_u + (1 - p)P_d]e^{-r\times 1} \tag{16}$$

앞에서도 설명했지만 p를 위험중립확률(risk-neutral probability) 또는 헤지확률(hedge probability)이라 한다. 이렇게 부르는 이유는 위험이 없는 상태에서 구한 값

으로서 마치 확률처럼 보이기 때문이다. 식 (16)을 이산복리로 표시하면 다음과 같다.

$$P = \frac{p \times P_u + (1-p)P_d}{(1+r)^1}$$

$$\left(\text{단, } p = \frac{(1+r)^1 - d}{u-d}\right) \tag{17}$$

앞의 [표 3]과 [표 7]의 예를 사용하여 일반화 공식을 확인해 보자. 예를 들어, 현재 주가가 5,000원인 어떤 주식이 있다. 1년 후 이 주식의 가격이 6,000원이 될 확률은 2/3이며, 4,500원이 될 확률은 1/3이다. 이 주식에 대한 풋옵션의 행사가격은 5,000원이라고 하자. 1년 후의 기대주가를 계산하면 [표 3]과 같다.

[표 3] 기말의 기대주가 계산

현재주가	확 률	기말의 주가
5,000원(S)	2/3(상승)	6,000원(Su)
	1/3(하락)	4,500원(Sd)

S : 현재주가
Su : 상승시 미래주가($u > 1$, $u-1$ = 상승률)
Sd : 하락시 미래주가($d < 1$, $d-1$ = 하락률)

기말의 기대주가 = (2/3)(6,000원) + (1/3)(4,500원) = 5,500원

1년 후의 주가에 따라 풋옵션의 가치를 계산하면 [표 7]과 같다.

[표 7] 기말의 기대 풋옵션 가치 계산

기말의 주가	확 률	기말의 옵션가치
6,000원	2/3	Max(5,000원 − 6,000원, 0) = 0원(P_u)
4,500원	1/3	Max(5,000원 − 4,500원, 0) = 500원(P_d)

P_u : 주가가 6,000원(Su)일 때의 풋옵션 가치
P_d : 주가가 4,500원(Sd)일 때의 풋옵션 가치

기말의 기대 풋옵션 가치 = (2/3)(0원) + (1/3)(500원) = 166.7원

이 예에서 r = 5%, u = 120%, d = 90%이므로,

$$p = \frac{(1+0.05)^1 - 0.9}{1.2 - 0.9} = 0.5$$

따라서 풋옵션의 가치 P는 다음과 같다.

$$P = \frac{0.5 \times 0\text{원} + (1 - 0.5) \times 500\text{원}}{(1+0.05)^1} = 238.1\text{원}$$

이와 같이 일반화 공식을 사용하여 추정한 값은 앞에서 구한 값과 일치한다.

14.4 풋-콜 패리티

(1) 의 의

풋-콜 패리티(put-call parity)란 동일한 기초자산에 대해 동일한 만기와 행사가격을 갖는 풋옵션 가격과 콜옵션 가격 사이의 균형관계를 말한다. 주식을 1주 매입하고 동시에 콜옵션과 풋옵션 1개를 각각 매도, 매입하게 되면 투자자는 위험을 부담하지 않고 일정한 부를 얻을 수 있다. 이를 풋-콜 패리티(put-call parity)라 한다.

앞의 [표 3]의 예에서 현재 주가가 5,000원, 1년 후 주가가 6,000원이 될 확률이 $\frac{2}{3}$, 4,500원이 될 확률이 $\frac{1}{3}$, 행사가격 5,000원인 콜옵션 가치가 476.2원, 풋옵션 가치가 238.1원, 무위험이자율이 연 5%이었다. 현재 주식(S) 1주 매입 + 콜옵션(C) 1개 매도 + 풋옵션(P) 1개 매입, 즉 $S - C + P$로 포트폴리오를 구성하면 1년 후 항상 일정한 부(富)를 유지할 수 있는지 살펴보면 다음과 같다.

$$(5{,}000\text{원} - 476.2\text{원} + 238.1\text{원})(1+0.05)^1 = 5{,}000\text{원}$$

위의 예는 현재 $S - C + P$의 포트폴리오를 구성하면 그 가치가 1년 후 무위험이자율의 수익률(r)로 늘어나서 결국 행사가격인 5,000원이 되는 현상을 보여준다. 즉, $(S - C + P)(1+r)^1 = X$임을 보여준다. 이로부터 $S - C + P$의 포트폴리오는 헤지 포트폴리오가 됨을 직관적으로 알 수 있다.

이를 다음과 같은 다른 예를 통해서 설명하기로 하자. 콜옵션과 풋옵션의 행사가격(X)이 모두 27,500원이며, 두 옵션은 유로피언 옵션으로 만기일 전에 행사될 수 없다고 가정하자. 그리고 만기일은 1년 후이며, 현재의 주가는 22,000원으로서 만기일에 주가가 29,000원으로 상승하거나 또는 17,000원으로 하락할 수도 있다고 하자. 주식 매입, 콜옵션 매도(발행), 풋옵션 매입 시 결합가치를 구해 보면 [표 10]과 같다.

[표 10] 풋-콜 패리티의 사례

거래내용	만기일의 결합가치	
	주가가 29,000원으로 상승할 경우	주가가 17,000원으로 하락할 경우
주 식 매 입 ($+S$)	29,000원	17,000원
콜 옵 션 매 도 ($-C$)	−1,500원(= 29,000 − 27,500)	0
풋 옵 션 매 입 ($+P$)	0	10,500원(= 27,500 − 17,000)
결 과	27,500원(= X)	27,500원(= X)

[표 10]에서 주가가 상승하는 경우에는 콜옵션이 가치를 갖는 내가격(in the money)에 있고, 풋옵션은 가치를 갖지 않는 외가격(out of the money)에 있다. 그리고 주가가 하락하는 경우에는 풋옵션이 가치를 갖는 내가격에 있고, 콜옵션은 가치를 갖지 않는 외가격에 있다. 두 경우 모두 결합가치는 27,500원(= 행사가격 = X)으로 일정하다. 이와 같은 상황을 풋-콜 패리티라고 한다.

(2) 풋-콜 패리티 도출

풋옵션 가격과 콜옵션 가격간의 균형관계를 도출하기 위해 다음과 같은 포트폴리오를 구성해 보기로 하자.

- 주식 1주를 매입
- 주식에 대한 콜옵션 1개를 매도
- 콜옵션과 동일한 만기와 행사가격을 갖는 풋옵션 1개를 매입

만기 시 이 포트폴리오의 현금흐름은 주식가격(S_T)과 행사가격(X)의 관계에 따라 결정된다. [표 11]에서 볼 수 있는 바와 같이, 미래의 주가와 관계없이 포트폴리오의 가치는 항상 행사가격 X이다.

■ [표 11] 풋-콜 패리티

포트폴리오	기초시점	만기(T)시점	
		$S_T > X$	$S_T \le X$
주 식 매 입	$+S$	S_T	S_T
콜 옵 션 매 도	$-C$	$-(S_T - X)$	0
풋 옵 션 매 입	$+P$	0	$X-S_T$
포트폴리오의 가치	$+S-C+P$	X	X

시장이 균형상태라면 무위험포트폴리오의 투자수익률은 무위험이자율(r)과 동일하다. 따라서 다음과 같은 관계가 성립한다.

$$[S - C + P](1+r)^T = X$$

$$\therefore\ S - C + P = \frac{X}{(1+r)^T} \tag{18}$$

$$\text{또는 } S - C + P = \frac{X}{e^{rT}} \tag{18'}$$

식 (18)을 S와 C 및 P에 관하여 정리하면 다음과 같다.

$$S = C - P + \frac{X}{(1+r)^T}$$

$$C = S + P - \frac{X}{(1+r)^T}$$

$$P = C - S + \frac{X}{(1+r)^T}$$

위의 식들은 풋-콜 패리티하에서의 균형식이다.

사례분석

① 현재 주가는 25,000원이고 무위험이자율은 연 10%이다. 만기가 1년이고 행사가격이 25,000원인 유로피언 콜옵션의 가격이 3,000원이다. 동일한 조건의 유로피언 풋옵션의 가격은 얼마인가?

② 만기가 1년이고 행사가격이 30,000원인 콜옵션의 가격은 1,000원, 동일한 조건의 풋옵션의 가격은 3,000원이다. 무위험이자율이 연 10%이면, 현재 주가는 얼마이어야 하는가?

해 설

① 풋-콜 패리티를 이용하여 풋옵션의 가격을 구하면 727원이다.

$$P = C - S + \frac{X}{(1+r)^T} = 3{,}000원 - 25{,}000원 + \frac{25{,}000원}{(1+0.1)^1} = 727원$$

② 풋-콜 패리티를 이용하여 주식의 가격을 구하면 25,273원이다.

$$S = C - P + \frac{X}{(1+r)^T} = 1{,}000원 - 3{,}000원 + \frac{30{,}000원}{(1+0.1)^1} = 25{,}273원$$

14.5 옵션가치의 결정요인과 헤징모수

(1) 옵션가치의 결정요인

옵션가치의 결정요인을 직관적으로 파악하기 위하여 먼저 미래가 확실하다는 전제하에 유로피언 콜옵션(기초자산 : 주식)을 분석하기로 한다. 미래의 만기일에 있어서 옵션의 가치를 C^*, 주가를 S^*, 행사가격을 X라 하고, $S^* > X$라 하면 다음 식이 성립한다.

$$C^* = S^* - X \tag{19}$$

또한 미래가 확실하다면 모든 자산의 수익률은 무위험이자율과 동일하므로 만기일의 주가와 옵션의 가치는 다음과 같이 나타난다(복리계산은 연속적임).

$$C^* = C \cdot e^{r \cdot T} \tag{20}$$

$$S^{*} = S \cdot e^{r \cdot T} \qquad (21)$$

e : 자연대수의 밑수
r : 무위험이자율
T: 만기일까지의 기간(연단위로 표시)

식 (20)과 식 (21)은 미래 만기일의 주가와 콜옵션의 가치가 각각 현재의 주가와 현재의 콜옵션의 가치를 무위험이자율로 연속적으로 복리계산한 금액임을 보여준다. 식 (20)과 식 (21)을 식 (19)에 대입하면 다음 식을 구할 수 있다.

$$C \cdot e^{r \cdot T} = S \cdot e^{r \cdot T} - X \qquad (22)$$

식 (22)에서 옵션의 현재가치 C를 구하면 다음과 같다.

$$C = S - X \cdot e^{-r \cdot T} \qquad (23)$$

식 (23)에서 보면 확실성하에서 옵션가치(C)에 영향을 미치는 요인은 현재의 주가, 행사가격, 무위험이자율, 만기일까지의 기간임을 알 수 있다. 식 (23)은 미래가 확실하다는 가정 하에서 유도되었으나, 미래가 불확실하다면 미래 주가의 변동을 고려하여 옵션가치를 결정하여야 한다.

그런데 옵션의 가치는 마이너스 값을 가질 수 없으므로 가격변화폭이 큰 주식일수록 그 주식에 대한 옵션의 가치는 커진다. 즉, 주식수익률의 표준편차(σ)가 큰 주식일수록 옵션가치가 커진다. 다시 말해서 기초자산인 주식의 변동성이 크다면 상향변동성은 옵션가치에 모두 반영되는 반면, 하향 변동성은 옵션가치에서 0으로 제한되기 때문이다.

그러므로 옵션가치에 영향을 미치는 요인에는 식 (23)에 나타나 있는 네 가지 요인 외에도 주식수익률의 변동성(표준편차)이 추가됨을 알 수 있다. 이들 요인들이 옵션가치에 미치는 영향을 정리하면 다음과 같다.

$$C = f(S,\ X,\ r,\ T,\ \sigma) \tag{24}$$

T: 만기일까지의 기간(연단위 표시)
σ : 주식수익률의 연간 표준편차

식 (24)에 나타나 있는 각 요인이 옵션의 가치에 미치는 영향을 살펴보기 위하여 옵션의 가치 C를 각 요인에 대하여 미분하면 다음과 같다.

$$\frac{\partial C}{\partial S} > 0,\ \frac{\partial C}{\partial X} < 0,\ \frac{\partial C}{\partial r} > 0,\ \frac{\partial C}{\partial T} > 0,\ \frac{\partial C}{\partial \sigma} > 0$$

즉, S, r, T, σ가 증가하면 C도 증가하나, X가 증가하면 C는 감소함을 알 수 있다.

(2) 헤징모수

옵션을 발행한 투자자들은 기초자산의 가격변화로부터 자기가 취한 옵션포지션의 가치가 변하지 않도록 즉, 면역(immunization)이 되도록 다양한 헤징전략을 구사한다. 이들이 이용하는 전략은 옵션의 델타, 베가, 감마, 로, 세타의 개념에 바탕을 두고 있다. 델타, 베가, 감마, 로, 세타는 옵션가격에 영향을 미치는 요인의 변화에 대한 옵션가격의 변화의 비율을 말한다.

① 옵션 델타

옵션 델타(delta : Δ)는 기초자산의 가격변화에 대한 옵션가격의 변화의 비율을 말한다. 이항분포모형에서의 Δ와 Black과 Sholes 모형에서의 $N(d_1)$을 말한다. 콜옵션의 델타는 양수이고 풋옵션의 델타는 음수이다. 콜옵션의 델타가 0.4이면 기초자산의 가격이 1원 상승할 때 콜옵션의 가격은 0.4원 상승한다. 기초자산과 옵션으로 구성된 포트폴리오의 델타를 0으로 만들면 짧은 기간 동안에 기초자산의 가격이 변해도 포트폴리오의 가치는 변하지 않는다. 이를 델타헤징(delta hedging)이라 하고 이 포지션을 델타중립(delta neutral)이라 한다. 기초자산의 가격이 변하면 콜옵션의 델타도 변한다. 따라서 기초자산의 가격이 변할 때마다 포트폴리오포지션을 재조정해야 한다(예를 들어, 기초자산의 가격이 상승하면 콜옵션의 델타가 증가하므로 기초자산을 추가적으로 매입해야 함). 이러한 전략을 동적(dynamic)헤징전략이라 한다.

$$\Delta = \frac{\delta C}{\delta S} = \text{델타(delta)} = N(d_1)$$

② 옵션 감마

옵션 감마(gamma : Γ)는 옵션가격을 기초자산가격에 대하여 2차 미분한 값으로 옵션 델타의 변화율을 말한다. 콜옵션의 델타가 0.4이고 감마가 0.05면 기초자산의 가격이 1원 상승할 때 콜옵션의 가격은 현재보다 0.4원 상승한다. 그런데 델타가 변화하므로 기초자산의 가격이 1원 상승한 상태에서 다시 1원 더 상승하면 콜옵션의 가격은 현재보다 0.4원 + 0.05원 = 0.45원 상승한다.

$$\Gamma = \frac{\delta \triangle}{\delta S} = \frac{\delta^2 C}{\delta S^2}$$

③ 옵션 세타

옵션 세타(theta : Θ)는 시간 경과에 대한(즉, 만기일까지의 기간이 감소함에 따른) 옵션가격의 변화의 비율을 말한다. 옵션의 세타는 거의 대부분 음수이다. 왜냐하면 만기일까의 기간이 감소함에 따라 옵션의 가치가 감소하는 경향이 있기 때문이다(즉, 시간프리미엄이 감소하므로).

$$\Theta = \frac{-\delta C}{\delta T}$$

④ 옵션 베가

옵션 베가(vega : Λ)는 기초자산 변동성의 변화에 대한 옵션가격의 변화의 비율을 말한다. 베가를 람다(lambda), 시그마(sigma), 또는 카파(kappa)라고 부르기도 한다.

$$\Lambda = \frac{\delta C}{\delta \sigma}$$

⑤ 옵션 로

옵션 로(rho : ρ)는 무위험이자율의 변화에 대한 옵션가격의 변화의 비율을 말한다.

$$\rho = \frac{\delta C}{\delta r}$$

현실적으로 옵션의 가격 변화는 대부분 델타에 의해 결정되고 감마에 의해서도 일부 영향을 받으나, 나머지 세타, 베가, 로에 의해서 영향받는 부분은 아주 미미하다.

14.6 Black과 Scholes의 옵션가격결정모형(OPM)★

(1) Black과 Scholes 모형의 가정

Black과 Scholes의 모형을 유도하기 위하여 설정된 가정은 다음과 같다.

- 유로피언 콜옵션만을 대상으로 한다.
- 주식과 옵션의 거래비용이 들지 않으며, 정보도 비용 없이 즉시 얻는다.
- 옵션의 매도와 주식의 공매(short-sale)에 제약이 없다.
- 단기의 무위험이자율은 일정하다.
- 배당을 지급하지 않는 주식을 기초자산으로 한다.
- 주가의 변동은 랜덤워크(random walk)에 따르며, 주식수익률의 표준편차는 옵션 만기일까지 일정하며 투자자에게 알려져 있다.

(2) Black과 Scholes 모형의 의미

이와 같은 가정하에 유도된 Black과 Scholes의 콜옵션가치평가 모형은 다음과 같다[2)].

$$C = S \cdot N(d_1) - \frac{X}{e^{rT}} \cdot N(d_2) \qquad (25)$$

r : 연속 복리로 계산된 연간 무위험이자율

T: 연단위로 환산된 만기일까지의 기간

$N(d)$: 표준정규분포에서 d보다 작은 편차가 발생할 누적확률

$$d_1 = \frac{\ln(S/X) + [r + \sigma^2/2]\,T}{\sigma\sqrt{T}}$$

$$d_2 = \frac{\ln(S/X) + [r - \sigma^2/2]\,T}{\sigma\sqrt{T}}, \quad \text{또는 } d_2 = d_1 - \sigma\sqrt{T}$$

2) 기초자산으로부터 얻는 중간소득(q%)이 있는 경우 식 (25)에서 S는 $\frac{S}{e^{qT}}$로 바뀐다.

ln : 자연대수

σ : 연속복리로 계산된 주식의 연간수익률의 표준편차

다음에는 Black과 Scholes의 풋옵션가치 평가모형을 알아보기로 하자.

풋-콜 패리티의 식 (18′)에 따르면,

$$S + P - C = \frac{X}{e^{rT}} \tag{18'}$$

식 (18′)를 P에 대해 정리하면,

$$P = \frac{X}{e^{rT}} - S + C$$

위의 식에서 C를 식 (25)의 C로 대체하면,

$$\begin{aligned} P &= \frac{X}{e^{rT}} - S + S \cdot N(d_1) - \frac{X}{e^{rT}} \cdot N(d_2) \\ &= \frac{X}{e^{rT}}[1 - N(d_2)] - S[1 - N(d_1)] \\ &= \frac{X}{e^{rT}} \cdot N(-d_2) - S \cdot N(-d_1) \end{aligned} \tag{26}$$

$(1 - N(d_2) = N(-d_2),\ 1 - N(d_1) = N(-d_1)$임)

식 (25)와 (26)에서도 옵션가치를 결정하는 요인은 S, X, r, T, σ의 다섯 가지라는 것을 확인할 수 있다. 여기서 S, X, r, T에 관한 정보는 쉽게 얻을 수 있으나, σ를 계산해 내기는 어렵다. Black과 Scholes는 미래 옵션의 만기일까지의 주가의 변동성(volatility of stock price)을 간단히 계산하기 위하여 과거주가의 변동을 계산하여 이를 미래주가의 변동으로 대신하였다.

Black과 Scholes의 모형에서 주식의 수익률은 비교시점의 주가를 기준시점의 주가로 나눈 값(price relative)에 자연대수를 취한 값 즉, 연속수익률로 정의된다. 그리고 기초자산으로부터 얻는 중간소득 q%가 있는 경우 d_1, d_2를 구할 때 r은 $r - q$로 대체된다[3].

---

3) $d_1 = \dfrac{\ln(S/X) + [r - q + \sigma^2/2]\,T}{\sigma\sqrt{T}}$

$d_2 = \dfrac{\ln(S/X) + [r - q - \sigma^2/2]\,T}{\sigma\sqrt{T}}$

사례분석

콜옵션의 매입자는 옵션을 행사할 때 주당 15,000원으로 주식을 매입할 수 있다. 옵션의 만기일은 3개월 후이며, 기초자산인 주식의 가격은 현재 13,000원이다. 또한 연속복리로 계산된 주식수익률의 연간 표준편차는 0.2이며, 연간 무위험이자율은 12%이다.

① Black과 Scholes의 OPM을 이용하여 옵션의 가치를 계산하라.

② 헤지비율은 얼마인가 ?

해 설

① Black과 Sholes의 모형은 다음과 같다.

$$C = S \cdot N(d_1) - \frac{X}{e^{r \cdot T}} \cdot N(d_2)$$

$$d_1 = \frac{\ln(S/X) + [r + \sigma^2/2]T}{\sigma\sqrt{T}}$$

$$d_2 = \frac{\ln(S/X) + [r - \sigma^2/2]T}{\sigma\sqrt{T}}$$

주어진 자료에서 $S = 13{,}000$원, $X = 15{,}000$원, $T = 0.25$년, $r = 0.12$, $\sigma = 0.2$ 이므로 먼저 d_1, d_2의 값을 구하면 다음과 같다.

$$d_1 = \frac{\ln(13{,}000\text{원}/15{,}000\text{원}) + [0.12 + 0.2^2/2](0.25)}{0.2\sqrt{0.25}} = -1.08$$

$$d_1 = \frac{\ln(13{,}000\text{원}/15{,}000\text{원}) + [0.12 - 0.2^2/2](0.25)}{0.2\sqrt{0.25}} = -1.18$$

누적표준정규분포표(책 말미의 부록 참조)에서 $N(d_1)$과 $N(d_2)$를 구하면 다음과 같다.

$$N(d_1) = N(-1.08) = 0.1401$$

$$N(d_2) = N(-1.18) = 0.1190$$

따라서 콜옵션의 가치 C는 다음과 같이 계산된다.

$$C = 13{,}000(0.1401) - \frac{15{,}000\text{원}}{e^{(0.12)(0.25)}}(0.1190) = 89\text{원}$$

② 헤지비율 $\Delta = \frac{dC}{dS}$이므로 ①에서 C를 S에 대하여 1차 미분해서 구한 $N(d_1)$의 값인 0.1401이 바로 헤지비율(Δ)이 된다. 즉, 콜옵션 1개를 매도하고 주식 0.1401주를 매입하면 헤지상태에 있게 된다. 앞에서 공부한 m과 $N(d_1)$ 은 상호 역수의 관계에 있다.

$$m = \frac{1}{N(d_1)} = \frac{1}{0.1401} = 7.13$$

$m = 7.13$의 의미는 주식 1주 매입하고 그 주식에 대한 콜옵션 7.13개를 매도하면 헤지상태에 있게 된다는 것이다. 즉, 주식 1주 매입 + 콜옵션 7.13개 매도 또는 주식 0.1401주 매입 + 콜옵션 1개 매도하면 헤지포트폴리오가 된다.

사례분석

풋옵션의 매입자는 옵션을 행사할 때 주당 15,000원으로 주식을 매도할 수 있다. 옵션의 만기일은 3개월 후이며, 기초자산의 시장가격은 현재 주당 13,000원이다. 또한 연속복리로 계산된 주식수익률의 연간 표준편차는 0.2이며, 연간 무위험이자율은 12%이다.

① Black과 Sholes의 OPM을 이용하여 풋옵션의 가치를 계산하라.
① 헷지비율은 얼마인가?

해 설

① Black & Sholes의 모형은 다음과 같다.

$$P = \frac{X}{e^{rT}} \cdot N(-d_2) - S \cdot N(d_1)$$

$$d_1 = \frac{\ln(S/X) + [r + \sigma^2/2]T}{\sigma\sqrt{T}}$$

$$d_2 = \frac{\ln(S/X) + [r - \sigma^2/2]T}{\sigma\sqrt{T}}$$

주어진 자료에서 $S = 13{,}000$원, $X = 15{,}000$원, $T = 0.25$년, $r = 0.12$, $\sigma = 0.2$이므로 먼저 d_1, d_2의 값을 구하면 다음과 같다.

$$d_1 = \frac{\ln(13{,}000\text{원}/15{,}000\text{원}) + [0.12 + 0.2^2/2](0.25)}{0.2\sqrt{0.25}} = -1.08$$

$$d_2 = \frac{\ln(13{,}000\text{원} / 15{,}000\text{원}) + [0.12 - 0.2^2 / 2](0.25)}{0.2\sqrt{0.25}} = -1.18$$

누적표준정규분포표(책 말미의 부록 참조)에서 $N(-d_1)$과 $N(-d_2)$를 구하면 다음과 같다.

$$N(-d_1) = N(1.08) = 0.8599$$
$$N(-d_2) = N(1.18) = 0.8810$$

따라서 풋옵션의 가치 P는 다음과 같이 계산된다.

$$P = \frac{15{,}000\text{원}}{e^{(0.12)(0.25)}} \cdot 0.8810 - 13{,}000\text{원} \cdot 0.8599 = 1{,}646\text{원}$$

② 헤지비율 $\Delta = \frac{dP}{dS}$이므로 ①에서 P를 S에 대하여 1차 미분해서 구한 $-N(-d_1)$의 값인 -0.8599가 바로 헤지비율(방향을 무시하면 0.8599)이 된다. 즉, 풋옵션 1개를 매입하는 것에 대하여 주식 0.8599주를 매입하면 헤지상태에 있게 된다. 앞에서 공부한 헤지비율 m과 $-N(-d_1)$ 은 상호역수의 관계에 있다.

$$m = \frac{1}{-N(-d_1)} = \frac{1}{-0.8599} = -1.16$$

$m = -1.16$(방향을 무시하면 1.16)의 의미는 주식 1주 매입하고 그 주식에 대한 풋옵션 1.16개를 매입하면 헤지상태에 있게 된다는 것이다. 즉, 주식 1주 매입 + 풋옵션 1.16개 매입 또는 주식 0.8599 매입 + 풋옵션 1개 매입하면 헤지포트폴리오가 된다.

참 고　　Δ와 *m*의 관계

Black과 Scholes의 모형에 따르면 다음 식이 성립한다.

콜옵션 : $\Delta = \frac{C_u - C_d}{Su - Sd} = \frac{dC}{dS} = N(d_1)$

$$m = \frac{1}{\Delta}$$

풋옵션 : $\Delta = \frac{P_d - P_u}{Su - Sd} = \frac{dP}{dS} = -[1 - N(d_1)] = -N(-d_1)$

$$m = \frac{1}{\Delta}$$

14.7 옵션을 이용한 투자전략

(1) 커버드 콜 전략

커버드 콜 전략(covered call strategy)은 주식 1주 매입과 그 주식에 대한 콜옵션 1개를 매도하는 헤징전략이다. 여기서 "커버드(covered)"의 의미는 콜옵션의 매도자는 콜매입자의 요구가 있을 때에는 기초주식을 인도해야 할 의무를 부담하는데 이러한 주식매도 의무가 보유주식에 의해서 커버되기 때문이다.

커버드 콜 포트폴리오의 가치는 주식가치에서 콜옵션가치를 차감한 것과 같으므로 주식가격이 행사가격보다 낮아지면 낮아진 주가수준의 가치를 지니게 되며, 주식가격이 행사가격 이상이 되면 행사가격 수준의 일정한 가치를 유지하게 된다. 커버드 콜 전략 시 포트폴리오의 가치와 손익을 나타내면 다음과 같다.

[표 12] 커버드 콜 전략과 손익

포트폴리오	기초시점	만기(T)시점	
		$S_T \le X$	$S_T > X$
주식매입	S	S_T	S_T
콜옵션매도	$-C$	0	$-(S_T - X)$
포트폴리오의 가치	$S - C$	S_T	X
포트폴리오의 손익		$S_T-(S - C)$	$X-(S - C)$

커버드 콜 전략은 주식매입, 콜매도로 상황변화에 따른 손실을 상호 헤지 시켜줄 뿐만 아니라 기관투자가들이 일정한 수준의 목표 매도가격을 설정해 놓고 자산을 운용하는 경우 많이 이용된다. 커버드 콜 전략의 투자성과 패턴을 그림으로 나타내면 다음과 같다.

[그림 7] 커버드 콜 전략과 투자성과

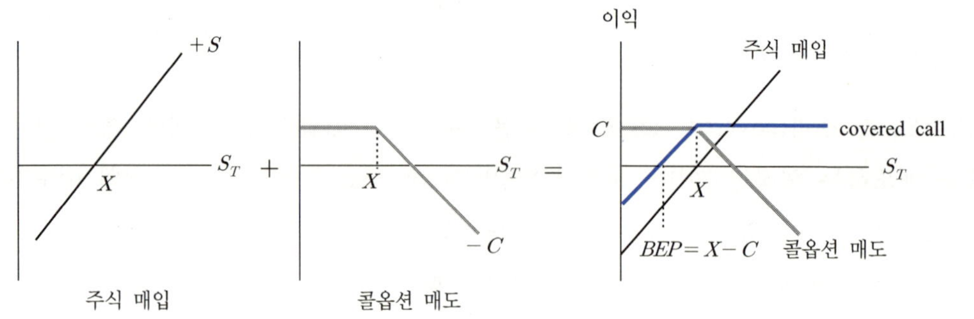

(2) 프로텍티브 풋 전략

프로텍티브 풋 전략(protective put strategy)은 주식 1주를 매입하고 그 주식에 대한 풋옵션 1개를 매입하는 헤징전략이다. 주식투자 시의 최대손실은 주가하락으로 투자원금을 모두 잃게 되는 경우이다. 프로텍티브 풋 전략은 주가가 하락할 경우 일정 수준 이상의 손실을 보지 않도록 하고, 주가 상승 시에는 주가상승만큼 이익을 얻게 하는 투자전략이다. 즉, 주가가 옵션의 행사가격 이하로 하락할 경우 투자자가 입게 될 손실을 풋옵션 행사에 따른 이익으로 상쇄시켜 주며, 주가상승에 따른 이익은 그대로 실현될 수 있게 해준다.

프로텍티브 풋 전략을 이용하면 주가가 하락하는 상황($S_T \leq X$)에서도 포트폴리오의 가치는 풋옵션의 행사가격 수준으로 고정되고, 주가가 상승하는 상황($S_T > X$)에서는 포트폴리오의 가치가 주가로 고정된다. 프로텍티브 풋 전략의 포트폴리오 가치와 손익을 나타내면 [표 13]과 같다. [표 13]에서 S_T는 만기일의 주가이고, X는 행사가격이다.

[표 13] 프로텍티브 풋 전략과 손익

포트폴리오	기초시점	만기(T)시점	
		$S_T \leq X$	$S_T > X$
주식매입	S	S_T	S_T
풋옵션매입	P	$X-S_T$	0
포트폴리오의 가치	$S+P$	X	S_T
포트폴리오의 손익		$X-(S+P)$	$S_T-(S+P)$

이와 같이 주가가 하락하는 상황에서도 행사가격 수준의 일정한 가치가 항상 확보될 수 있는 것은 주가가 하락할 때에도 시장가격보다 높은 행사가격으로 팔 수 있는 풋옵션을 행사하여 투자이익을 얻을 수 있기 때문이다. 이러한 측면에서 프로텍티브 풋 전략은 포트폴리오 보험(portfolio insurance)의 기능을 제공해 준다. 프로텍티브 풋 전략의 투자성과 패턴을 그림으로 나타내면 [그림 8]과 같다.

[그림 8] 프로텍티브 풋 전략과 투자성과

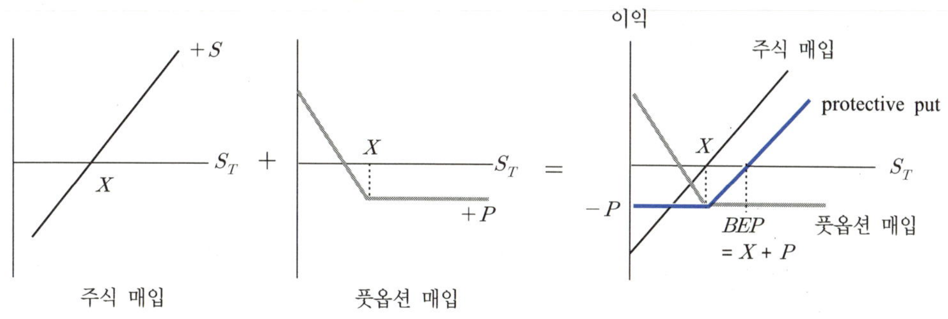

사례분석

다음은 행사가격에 따른 콜옵션과 풋옵션의 가격을 나타낸 것이다. 기초주식의 현재가격은 4,500원이고 옵션의 만기는 동일하다.

행사가격	콜옵션의 가격	풋옵션의 가격
4,000원	800원	100원
4,500원	400원	175원
5,000원	200원	450원

① 행사가격이 4,500원인 풋옵션을 매입하여 만기까지 보유할 경우 이익을 얻게 되는 주식가격의 범위와 실현가능한 최대이익은 각각 얼마인가?

② 주식을 매입하고 행사가격이 5,000원인 콜옵션을 매도할 경우 최대이익과 손실은 각각 얼마인가?

③ 행사가격이 4,000원인 풋옵션을 매입하고 행사가격이 5,000원인 풋옵션을 매도할 경우 손익이 0이 되는 주가수준은 얼마인가?

해 설

① 이익을 얻게 되는 주식가격의 범위는 4,500원－175원＝4,325원, 즉 주가가 4,325원 미만일 때 이익을 얻게 된다. 그리고 실현가능한 최대이익은 주가가 0원일 때 4,325원이다.

② 만기일의 손익을 계산하면 다음과 같다.

구 분	주가의 범위	
	$S_T \leq 5,000$	$S_T > 5,000$
주식 매입	$+S_T - 4,500$	$+S_T - 4,500$
콜옵션 매도	-0	$-(S_T - 5,000)$
옵션 가격	+200	+200
손 익	$S_T - 4,300$원	700원

따라서 최대이익은 주가가 5,000원 이상일 때($S_T > X$) 700원이며, 최대손실은 주가가 0원일 때 －4,300원이다.

③ 만기일의 손익을 계산하면 다음과 같다.

구 분	주가의 범위		
	$S_T \leq 4,000$	$4,000 < S_T < 5,000$	$S_T \geq 5,000$
풋옵션 매입($X = 4,000$원)	$+4,000 - S_T$	+0	+0
풋옵션 매도($X = 5,000$원)	$-(5,000 - S_T)$	$-(5,000 - S_T)$	-0
옵 션 가 격	+350 *	+350	+350
손 익	－650원	$S_T - 4,650$원	350원

* 350원 = －100원 + 450원

따라서 손익이 0이 되는 주가수준은 4,650원이다. 즉, S_T가 4,650원일 때 매입한 풋옵션은 행사되지 않고 매도한 풋옵션만 행사되어 손익은 0이 된다.

(4) 스프레드 전략

스프레드(spread) 전략이란 2개 이상의 같은 종류의 옵션(즉, 2개 이상의 콜옵션 또는 2개 이상의 풋옵션)에 포지션을 취하는 전략이다.

① 강세스프레드 전략

강세스프레드(bull spread)는 특정 행사가격의 콜옵션을 매입함과 동시에 만기는 같으나 행사가격이 높은 콜옵션을 매도함으로써 만든다. 강세스프레드는 풋옵션을 이용해서도 만들 수 있다(행사가격이 낮은 풋옵션을 매입하고 행사가격이 높은 풋옵션을 매도함). 콜옵션으로 만든 강세스프레드 전략 시 포트폴리오의 가치와 손익을 나타내면 다음과 같다.

[표 14] 강세스프레드 전략과 손익

포트폴리오	만기(T) 시점		
	$S_T \leq X$	$X_1 < S_T < X_2$	$S_T \geq X_2$
콜옵션 매입($C_1 : X_1$)	0	$S_T - X_1$	$S_T - X_1$
콜옵션 매도($C_2 : X_2$)	0	0	$-(S_T - X_2)$
포트폴리오의 가치	0	$S_T - X_1$	$X_2 - X_1$
포트폴리오의 손익	$(C_2 - C_1)$	$S_T - X_1 + (C_2 - C_1)$	$X_2 - X_1 + (C_2 - C_1)$

강세스프레드 전략은 주가 상승에서 얻을 수 있는 상향이익(upside potential)과 주가하락에서 얻을 수 있는 하향손실(downside risk)을 모두 일정한 수준에 한정시키는 전략이다. 강세스프레드 전략은 행사가격이 X_1인 콜옵션을 매입한 투자자가 행사가격이 X_2인 콜옵션을 매도함으로써 주가상승에서 기대 할 수 있는 이익의 일부를 포기한 전략이다. 콜옵션으로 만든 강세스프레드 전략의 투자성과 패턴을 그림으로 나타내면 다음과 같다.

[그림 9] 강세스프레드 전략과 투자성과

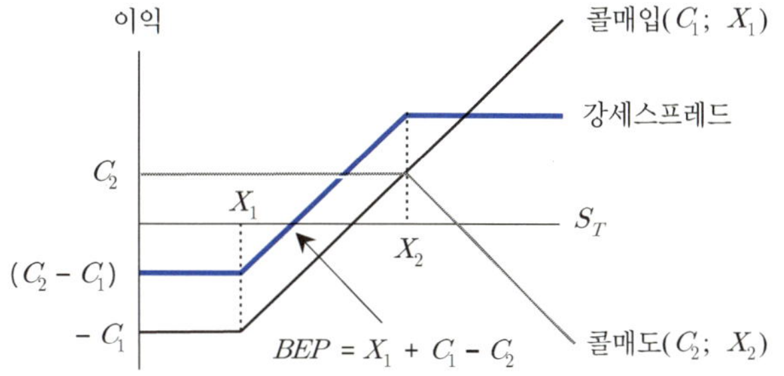

② 약세스프레드 전략

약세스프레드(bear spread)는 행사가격이 높은 콜옵션을 매입하고 행사가격이 낮은 콜옵션을 매도함으로써 만들 수 있다. 약세스프레드는 풋옵션을 이용해서도 만들 수 있다(행사가격이 높은 풋옵션을 매입하고 행사가격이 낮은 풋옵션을 매도함). 콜옵션으로 만든 약세스프레드 전략 시 포트폴리오의 가치와 손익을 나타내면 다음과 같다.

[표 15] 약세스프레드 전략과 손익

포트폴리오	만기(T) 시점		
	$S_T \le X$	$X_1 < S_T < X_2$	$S_T \ge X_2$
콜옵션 매입($C_2 : X_2$)	0	0	$S_T - X_2$
콜옵션 매도($C_1 : X_1$)	0	$-(S_T - X_1)$	$-(S_T - X_1)$
포트폴리오의 가치	0	$-(S_T - X_1)$	$-(X_2 - X_1)$
포트폴리오의 손익	$(C_1 - C_2)$	$X_1 - S_T + (C_1 - C_2)$	$X_1 - X_2 + (C_1 - C_2)$

약세스프레드 전략은 주가 하락에서 얻을 수 있는 상향이익(upside potential)과 주가 상승에서 얻을 수 있는 하향손실(downside risk)을 모두 일정한 수준에 한정시키는 전략이다. 약세스프레드 전략은 행사가격이 X_2인 콜옵션을 매입한 투자자가 행사가격이 X_1인 콜옵션을 매도함으로써 주가상승에서 기대 할 수 있는 이익의 일부를 포기한 전략이다. 콜옵션으로 만든 약세스프레드 전략의 투자성과 패턴을 그림으로 나타내면 다음과 같다.

[그림 10] 약세스프레드 전략과 투자성과

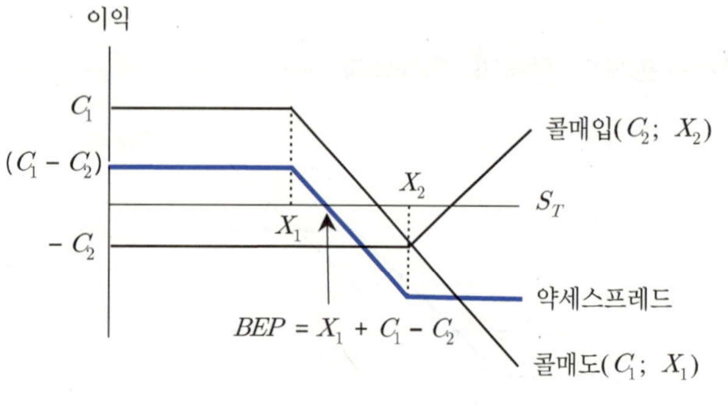

③ 나비형스프레드

나비형스프레드(butterfly spread)는 행사가격이 낮은(X_1) 콜옵션 1개와 행사가격이 높은(X_3) 콜옵션 1개를 매입함과 동시에 X_1과 X_3의 중간값을 행사가격(X_2)으로 하는 콜옵션 2개를 매도함으로써 구성할 수 있다. 이 전략은 주가가 더 큰 폭으로 변하지 않을 것을 기대하는 투자자가 취하는 전략으로 초기에 약간의 투자를 필요로 한다. 나비형스프레드 전략 시 포트폴리오의 가치와 손익을 나타내면 다음과 같다.

[표 16] 나비형스프레드 전략과 손익

포트폴리오	만기(T) 시점			
	$S_T \le X_1$	$X_1 < S_T < X_2$	$X_2 < S_T < X_3$	$S_T \ge X_3$
콜옵션 매입 ($C_1 : X_1$)	0	$S_T - X_1$	$S_T - X_1$	$S_T - X_1$
콜옵션 매입 ($C_3 : X_3$)	0	0	0	$S_T - X_3$
콜옵션2개 매도 ($C_2 : X_2$)	0	0	$-2(S_T - X_2)$	$-2(S_T - X_2)$
포트폴리오의 가치	0	$S_T - X_1$	$X_3 - S_T$	0
포트폴리오의 손익	$(2C_2 - C_1 - C_3)$	$S_T - X_1$ $+(2C_2 - C_1 - C_3)$	$X_3 - S_T$ $+(2C_2 - C_1 - C_3)$	$(2C_2 - C_1 - C_3)$

* 이 표에 계산된 가치와 손익은 $X_2 = 0.5(X_1 + X_3)$의 관계에 근거함.

나비형스프레드 전략은 주가 하락에서 얻을 수 있는 하향손실(downside risk)을 상향이익(upside potential)으로 일부 상쇄하고, 주가 상승에서 얻을 수 있는 하향손실(downside risk)도 상향이익(upside potential)으로 일부 상쇄함으로써 손실을 일정한 수준에 한정시키는 전략이다. 동시에 나비형스프레드 전략은 주가 변동이 별로 없을 때 이익을 취할 수 있는 전략이다. 나비형스프레드 전략의 투자성과 패턴을 그림으로 나타내면 다음과 같다.

[그림 11] 나비형스프레드 전략과 투자성과

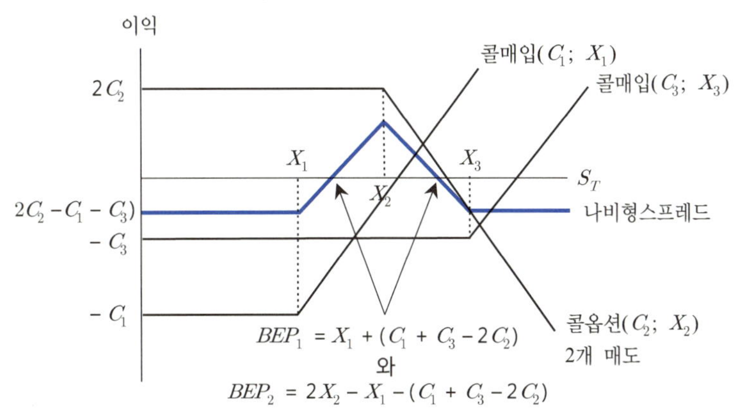

이외에도 캘린더스프레드(calendar spread), 대각선스프레드(diagonal spread), 박스스프레드(box spread) 등이 있다. 캘린더스프레드는 콜옵션을 매도함과 동시에 행사가격은 같으나 만기가 긴 콜옵션을 매입함으로써 구성할 수 있다. 대각선스프레드는 콜옵션을 매도함과 동시에 만기일과 행사가격이 모두 상이한 콜옵션을 매입함으로써 구성한다. 박스스프레드는 콜옵션으로 만든 강세스프레드와 풋옵션으로 만든 약세스프레드의 합이다.

(5) 콤비네이션 전략

콤비네이션(combination)은 같은 주식에 대한 콜옵션과 풋옵션을 함께 이용하는 투자전략이다.

① 스트래들 전략

스트래들(straddle)은 행사가격과 만기가 동일한 콜옵션과 풋옵션을 매입하여 만들 수 있다. 이 전략은 미래에 주가가 큰 폭으로 변할 것을 예상하나 그 방향을 예측할 수 없는 경우에 취하는 전략으로 만기일의 주가가 행사가격에 근접하면 손해를 보나 반대로 주가가 큰 폭으로 상승하거나 또는 하락하면 많은 이익을 얻는다. 옵션을 매입하여 만든 스트래들을 하향제한 스트래들(bottom straddle) 또는 스트래들매입(straddle purchase)이라고도 한다. 하향제한 스트래들 전략 시 포트폴리오의 가치와 손익을 나타내면 다음과 같다.

[표 17] 하향제한 스트래들 전략과 손익

포트폴리오	만기(T) 시점	
	$S_T \le X$	$S_T > X$
콜옵션 매입	0	$S_T - X$
풋옵션 매입	$X - S_T$	0
포트폴리오의 가치	$X - S_T$	$S_T - X$
포트폴리오의 손익	$X - S_T - (C+P)$	$S_T - X - (C+P)$

하향제한 스프레드 전략은 주가 변동폭이 적을 때 손실을 보고 대신 주가 변동폭이 클 때 이익을 취하려는 전략이다. 하향제한 스프레드 전략의 투자성과 패턴을 그림으로 나타내면 다음과 같다.

[그림 12] 하향제한 스프레드 전략과 투자성과

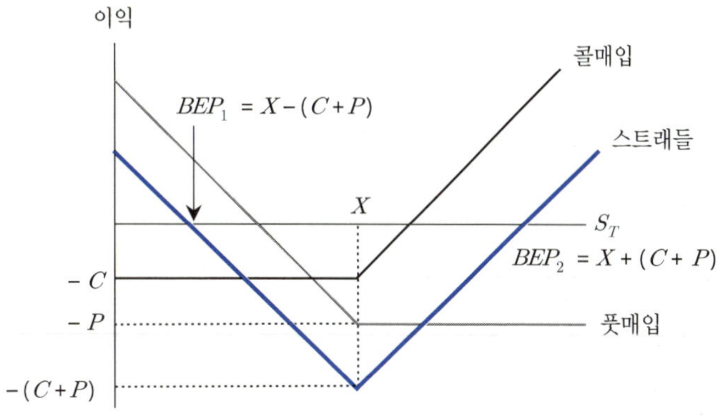

콜옵션과 풋옵션을 동시에 매도(발행)하여 반대포지션을 만들 수 있는데 이 포지션을 상향제한 스트래들(top straddle) 또는 스트래들 매도(straddle write)라 한다.

② 스트랭글

스트랭글(strangle)은 만기는 같으나 행사가격이 상이한 콜옵션과 풋옵션을 동시에 매입하여 구성한다. 스트랭글은 스트래들과 유사한 전략으로 주가가 큰 폭으로 변할 것을 기대하나 방향을 예측할 수 없는 경우에 취한다. 스트랭글 전략 시 포트폴리오의 가치와 손익을 나타내면 다음과 같다.

[표 18] 스트랭글 전략과 손익

포트폴리오	만기(T) 시점		
	$S_T \le X_1$	$X_1 < S_T < X_2$	$S_T \ge X_2$
콜옵션 매입(X_2)	0	0	$S_T - X_2$
풋옵션 매입(X_1)	$X_1 - S_T$	0	0
포트폴리오의 가치	$X_1 - S_T$	0	$S_T - X_2$
포트폴리오의 손익	$X_1 - S_T - (C+P)$	$-(C+P)$	$S_T - X_2 - (C+P)$

투자자가 이익을 얻기 위해서는 스트래들보다 스트랭글의 경우에 주가가 더 큰 폭으로 변해야 한다. 스트랭글 전략의 투자성과 패턴을 그림으로 나타내면 다음과 같다.

[그림 13] 스트랭글 전략과 투자성과

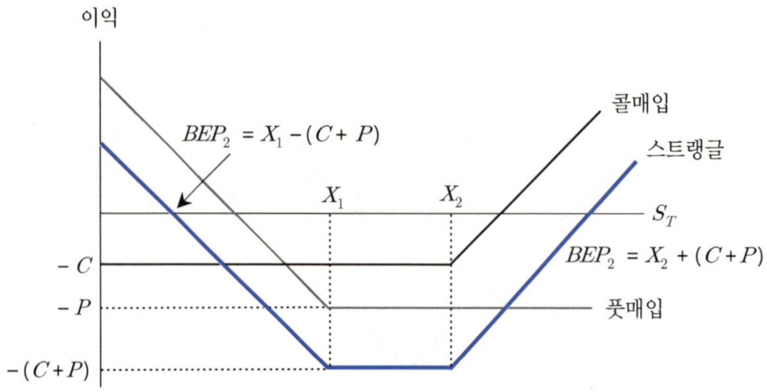

14.8 실물옵션을 이용한 가치평가★

투자안의 가치를 평가할 때 옵션의 가치평가 원리를 이용할 수 있다. 실물투자의 가치를 옵션의 가치평가모형을 활용하여 평가할 수 있는데, 이를 실물옵션가치평가(real option valuation)라 한다. 콜옵션과 풋옵션의 가치평가 원리를 실물옵션 가치평가에 어떻게 이용하는지를 설명해 보기로 하자.

(1) 콜옵션을 이용한 가치평가

미래 제품가격의 변동성을 추정할 수 있다면 이를 고려해서 콜옵션의 가치평가모형으로 투자안의 경제성을 평가할 수 있다. 예를 들어 광산에 투자하기 위해 채굴권의 순현재가치를 평가할 때, 개발비용과 현금흐름을 감안해서 경제성을 평가한다. 이때 제품가격의 변동성을 추정할 수 있다면 이를 고려해서 콜옵션 가치평가모형으로 채굴권의 순현재가치를 평가할 수 있다. 즉, 채굴권의 순현재가치(NPV)는 광물을 기초자산으로 하고 개발비용을 행사가격으로 하는 콜옵션의 가치로 평가할 수 있다. 이렇게 해야 하는 이유는 기초자산의 가치는 시간이 흐름에 따라 변동하는데 행사가격은 고정되어 있기 때문이다.

콜옵션의 가치평가원리를 이용해서 투자안의 경제성을 평가하는 논리를 예를 들어 설명하기로 하자. 예를 들어 매장량이 50억 입방미터로 추정되는 천연가스 광구의 채굴권을 25년간 소유하고 있다. 이 광구의 입방미터당 개발비용의 현재가치는 1,350원이고, 개발소요기간(개발 착수 후 판매까지 소요되는 기간)은 2년이다. 천연가스 1입방미터의 가치(= 가격 − 비용)는 2년도 기준으로 1,500원이며 광구가 개발되면 매년 총매장량의 4%씩 채굴할 수 있다. 무위험이자율이 연 7%이고, 천연가스 가격의 분산은 0.05라고 할 때 Black과 scholes 모형을 이용하여 광구 채굴권의 순현재가치를 구해 보자.

천연가스 광구 채굴권은 매장된 천연가스를 기초자산으로 하는 콜옵션이다. 먼저 기초자산의 현재가치(S)를 구해보자. S는 2년 후 가치를 개발 후 판매까지의 소요기간인 2년간 이자율로 할인한 가치이다.

$$S = \text{천연가스 매장량의 현재가치}$$
$$= (1{,}500\text{원} \times 50\text{억 입방미터}) / 1.07^2 = 65{,}508\text{억원}$$

그리고 채굴권의 순현재가치인 콜옵션 가치를 구하기 위한 다른 정보는 다음과 같다.

$$X = \text{개발비용} = 1{,}350\text{원} \times 50\text{억 입방미터} = 67{,}500\text{억원}$$
$$\sigma^2 = \text{천연가스 가격의 분산} = 0.05,\ T = 25\text{년},\ r = 0.07,\ q = 0.04$$

여기서 $q = 4\%$는 천연가스 개발에서 얻을 수 있는 매년의 순수익이 개발기간인 25년에 비례하여 매년 4%씩 발생함을 의미한다. Black과 Scholes 모형에서 d_1과 d_2를 구하면 다음과 같다.

$$d_1 = \frac{\ln\left(\frac{S}{X}\right) + \left(r - q + \frac{\sigma^2}{2}\right)T}{\sigma\sqrt{T}}$$
$$= \frac{\ln\left(\frac{65{,}508\text{억원}}{67{,}500\text{억원}}\right) + \left(0.07 - 0.04 + \frac{0.05}{2}\right) \times 25}{\sqrt{0.05}\ \sqrt{25}} = 1.203$$

$$d_2 = d_1 - \sigma\sqrt{T} = 1.203 - \sqrt{0.05}\ \sqrt{25} = 0.085$$

누적표준정규분포표를 이용하면,

$$N(d_1) = N(1.023) = 0.5 + 0.3855 = 0.8855$$
$$N(d_2) = N(0.085) = 0.5 + 0.0339 = 0.5339$$

∴ 천연가스 광구 채굴권의 순현재가치(NPV) 즉, C는 다음과 같다.

$$C = \frac{S}{e^{qT}} N(d_1) - \frac{X}{e^{rT}} N(d_2)$$
$$= \frac{65{,}508\text{억원}}{e^{(0.04)(25)}}(0.8855) - \frac{67{,}500\text{억원}}{e^{(0.07)(25)}}(0.5339) = 15{,}078\text{억원}$$

이 광구는 현재 기준으로 평가한다면 NPV가 −1,992억원(= 65,508억원 − 67,500억원)이 되어 경제성이 없다. 그러나 미래 가격변동성을 감안하여 콜옵션가치로 평가하면 채굴권의 NPV = 15,078억원이므로 이 광구는 경제성이 있다. 이렇게 평가결과가 달라지는 것은 천연가스 가격의 미래 변동가능성에 따른 잠재적 가치를 고려하기 때문이다.

(2) 풋옵션을 이용한 가치평가

투자안의 경제성을 평가할 때, 한 번 투자하면 내용연수까지 투자효과가 지속된다고 가정하는 것이 보통이다. 그러나 투자를 결정하고 시행하다가 중간에 그 투자를 포기할 수 있는 경우도 있다. 이런 경우 포기기회의 가치를 감안해서 투자안의 경제성을 평가해야 한다. 투자한 후 중간에 포기할 수 있다면, 포기기회의 가치는 일종의 풋옵션의 가치로 볼 수 있다. 다시 말해서 포기기회의 가치는 중간에 일정한 금액(회수가능금액)을 받고 사업을 포기(매도)할 수 있는 권리의 가치 즉, 풋옵션의 가치이다.

만일 중간평가 결과 사업의 가치가 회수가능금액보다 크면 포기하지 않고 사업을 계속할 것이므로 풋옵션의 가치는 0이 된다. 반대로 만일 중간평가 결과 사업의 가치가 회수가능금액보다 작으면 회수가능금액을 받고 투자를 포기(매도)할 것이므로 풋옵션의 가치는 회수가능금액 − 사업가치가 된다. 이는 회수가능금액을 행사가격으로 하는 풋옵션의 가치를 구하는 것과 동일한 논리이다.

풋옵션의 가치평가 원리를 이용해서 투자안의 경제성을 평가하는 논리를 예를 들어 설명하기로 하자. 예를 들어 강남기업은 신규 투자안을 고려하고 있다. 투자원금은 현재 100억원이고, 자본비용은 연 10%이다. 1년 후 투자안의 가치가 150억원일 확률이 40%이고 50억원일 확률이 60%이다. 강남기업은 1년 후에 이 사업을 포기할 수 있고, 포기하면 80억원을 회수할 수 있다. 무위험이자율이 연 4%일 때 옵션의 이항분포모형을 이용하여 포기기회의 가치를 구하고, 포기기회를 고려하면 투자안의 NPV는 얼마인지를 추정해 보면 다음과 같다.

현재 기준으로 포기기회가 없을 때 투자안의 가치(S)는 1년 후 가치의 가중평균치의 현가로 추정할 수 있다.

	현 재		1년 후
투자안의 가치	S	→	Su = 150억원
		→	Sd = 50억원

$$S = (150억원 \times 0.4 + 50억원 \times 0.6) \div (1 + 0.1)^1 = 81.818억원$$

포기옵션이 없을 때 투자안의 가치는 81.818억원이므로, 이 때의 NPV = 81.818억원 − 100억원 = −18.182억원이다. 그런데 일정한 금액을 회수하고 포기할 수 있다는 것은 일종의 풋옵션을 갖고 있는 것과 같다. 따라서 포기기회의 가치는 풋옵션의 가치로 추정할 수 있다. 포기기회의 가치인 풋옵션의 가치(P)를 구해보기로 하자.

	현 재		1년 후
포기기회의 가치	P	→	$P_u = \text{Max}[X - Su,\ 0] = \text{Max}[80억원 - 150억원,\ 0] = 0원$
		→	$P_d = \text{Max}[X - Sd,\ 0] = \text{Max}[80억원 - 50억원,\ 0] = 30억원$

포기기회의 가치(풋옵션의 가치) P를 구하기 위해서는 u와 d 그리고 위험중립확률 p를 구해야 한다.

$$u = \frac{Su}{S} = \frac{150억원}{81.818억원} = 1.8333$$

$$d = \frac{Sd}{S} = \frac{50억원}{81.818억원} = 0.6111$$

$$p = \frac{(1+r)^1 - d}{u - d} = \frac{(1+0.04)^1 - 0.6111}{1.8333 - 0.6111} = 0.3509$$

따라서 포기기회 가치(풋옵션의 가치) P는 다음과 같다.

$$P = \frac{p \times P_u + (1-p) \times P_d}{(1+r)^1} = \frac{0.3509 \times 0 + (1 - 0.3509) \times 30억원}{(1+0.04)^1} = 18.724억원$$

포기옵션이 있을 때 NPV

= 포기옵션이 없을 때의 NPV + 포기기회의 가치

= −18.182억원 + 18.724억원 = 0.542억원

따라서 포기옵션을 고려하면 투자안은 경제성이 있는 사업이다.

정리문제

01 행사가격이 \$90인 7월 만기 IBM 주식 콜옵션을 \$1.55에 매입했는데, 만기일에 IBM 주가가 \$80이다.

(1) 콜옵션의 이득(가치)과 콜옵션 매입자의 이익은 얼마인가?

(2) (1)번에서 만기일에 주가가 \$100인 경우에는 어떻게 되는가?

02 어떤 투자자가 만기가 1년이고 행사가격이 50,000원인 유로피언 콜옵션 1개를 4,000원에 발행했다. 기초자산인 다라기업 주식의 가격은 현재 47,000원이다.

(1) 어떤 조건에서 옵션이 행사되는가?

(2) 어떤 조건에서 투자자의 이익이 0보다 큰가?

(3) 투자자의 이득(가치)패턴과 이익패턴을 그려라.

(4) 옵션소유자의 이익패턴을 그려라..

(5) 다라기업이 300%의 주식배당을 실시하면 옵션계약은 어떻게 바뀌는가?

03 어떤 투자자가 만기가 1년이고 행사가격이 20,000원인 유로피언 풋옵션 1개를 3,000원에 매입했다. 기초자산인 가나실업 주식의 가격은 현재 19,000원이다.

(1) 어떤 조건에서 투자자는 옵션을 행사하는가?

(2) 어떤 조건에서 투자자의 이익이 0보다 큰가?

(3) 투자자의 이득(가치)패턴과 이익패턴을 그려라.

(4) 가나기업이 50%의 주식배당을 실시하면 옵션계약은 어떻게 바뀌는가?

(5) 이 옵션을 발행한 투자자의 이익패턴을 그려라.

04 현재 마바실업 주가는 40,000원이다. 만기가 12월이고 행사가격이 41,000원인 마바실업 주식 콜옵션의 프리미엄이 2,000원이다. 400,000원을 가지고 있는 투자자가 다음과 같은 두 가지 전략을 고려하고 있다.

> 전략 1 : 400,000원으로 주식 10주를 매입
>
> 전략 2 : 400,000원으로 콜옵션 200개를 매입

(1) 만기일에 주가가 45,000원으로 상승하였다고 가정하고 두 전략의 이익과 수익률을 비교하라.

(2) 만기일에 주가가 35,000원으로 하락하였다고 가정하고 두 전략의 이익과 수익률을 비교하라.

05 철수는 현재 영희기업의 주식 100주를 가지고 있는데 향후 6개월 동안에 주가가 하락할 가능성이 높다고 보고 주가하락으로부터 보호받고자 한다. 현재 영희기업의 주가는 50,000원이고 만기가 6개월이고 행사가격이 48,000원인 영희기업 주식 풋옵션의 가격은 4,000원이다.

(1) 옵션을 이용한 헤징전략에 대해 설명하고 소요되는 비용을 추정하라.

(2) 이 전략의 결과는 무엇인가?

06 금 채굴회사가 한 달 후에 1,000온스의 금을 판매할 계획을 세우고 있다. 현재 금 가격은 1온스당 30만원이다. 그러나 금 가격이 심하게 변동하여, 1개월 후에는 온스당 28만원 또는 32만원이 되는 두 가지의 경우가 예상된다. 현재 금의 1개월 만기 콜옵션의 가격은 온스당 2,000원, 행사가격은 30만원이다. 현재 1개월 만기 풋옵션의 가격은 온스당 1,800원, 행사가격은 30만원이다. 금 1,000온스 분의 옵션으로 헤지할 경우, 풋옵션을 사야 하는가, 팔아야 하는가? 미래의 금 현물가격이 온스당 28만원 또는 32만원일 때, 현물거래와 옵션거래의 수령금액을 구하라(단, 옵션 프리미엄을 뺀 금액 기준의 수령액을 구할 것).

07 석촌회사의 주가는 현재 25,000원이다. 1년 후에 주가가 30,000원으로 오를 확률은 50%이며, 22,000원으로 떨어질 확률도 50%이다. 주식에 대한 콜옵션은 만기일(1년 후)에만 행사할 수 있으며 행사가격은 25,000원이다. 또한 무위험이자율은 연 6%이다.

(1) 헤지상태를 이루기 위한 헤지비율을 계산하라.

(2) 콜옵션의 가치는 얼마인가?

(3)* 이항분포모형의 일반화 공식으로 콜옵션의 가치를 구하라.

08 석촌회사의 주가는 현재 25,000원이다. 1년 후에 주가가 30,000원으로 오를 확률은 50%이며, 22,000원으로 떨어질 확률도 50%이다. 주식에 대한 풋옵션은 만기일(1년 후)에만 행사할 수 있으며 행사가격은 25,000원이다. 또한 무위험이자율은 연 6%이다.

(1) 헤지상태를 이루기 위한 헤지비율을 계산하라.

(2) 풋옵션의 가치는 얼마인가?

(3)* 이항분포모형의 일반화 공식으로 풋옵션의 가치를 구하라.

09 아톰기업의 현재 주가는 10,000원이다. 1년 후 아톰기업의 주가가 12,000원으로 오르거나 또는 6,000원으로 떨어질 확률이 각각 50%이다. 이 주식에 대한 콜옵션은 만기일에만 행사할 수 있으며 행사가격은 10,000원이다. 무위험이자율은 연 10%이다.

(1) 헤지비율(주식 1주 매입당 콜옵션 매도 수)을 구하라.

(2) 콜옵션의 가치를 구하라.

(3)★ 이항분포모형의 일반화 공식으로 콜옵션의 가치를 구하라.

10 아톰기업의 현재 주가는 10,000원이다. 1년 후 아톰기업의 주가가 12,000원으로 오르거나 또는 6,000원으로 떨어질 확률이 각각 50%이다. 이 주식에 대한 풋옵션은 만기일에만 행사할 수 있으며 행사가격은 10,000원이다. 무위험이자율은 연 10%이다.

(1) 헤지비율(주식 2주 매입당 풋옵션 매입 수)을 구하라.

(2) 풋옵션의 가치를 구하라.

(3)★ 이항분포모형의 일반화 공식으로 풋옵션의 가치를 구하라.

11 만수기업의 주식에 대해 만기가 1년이고 행사가격이 10,000원인 유로피언 콜옵션이 시장에서 현재 1,000원에 거래되고 있다. 만수기업의 현재 주가는 10,000원이며, 무위험이자율은 연 8%이다.

(1) 풋-콜 패리티를 이용하여 풋옵션의 가격을 구하라.

(2) 풋옵션이 현재 280원에 거래되고 있다면 차익거래 기회가 발생하는가? 차익거래 기회가 발생한다면 그 과정을 설명하고 1년 후의 차익거래 이익을 구하라.

(3) 풋옵션이 현재 240원에 거래되고 있다면 차익거래 기회가 발생하는가? 차익거래 기회가 발생한다면 그 과정을 설명하고 1년 후의 차익거래 이익을 구하라.

12★ 콜옵션의 행사가격은 30,000원이다. 콜옵션의 만기는 3개월이며, 기초주식의 현재가격은 26,000원이다. 또한 기초주식 수익률의 연간 표준편차는 0.15이며, 연간 무위험이자율은 10%이다.

(1) Black과 Scholes의 OPM을 이용하여 콜옵션의 가치를 계산하라.
(단, $N(-1.5372) = 0.062$, $N(-1.6122) = 0.053$)

(2) 헤지비율은 얼마인가? 그 의미는?

13★ 풋옵션의 행사가격은 30,000원이다. 풋옵션의 만기는 3개월이며, 기초주식의 현재가격은 26,000원이다. 또한 기초주식 수익률의 연간 표준편차는 0.15이며, 연간 무위험이자율은 10%이다.

(1) Black과 Scholes의 OPM을 이용하여 풋옵션의 가치를 계산하라.
(단, $N(1.5372) = 0.938$, $N(1.6122) = 0.947$)

(2) 헤지비율은 얼마인가? 그 의미는?

14 만기가 6개월이고 행사가격이 15,000원, 17,500원, 20,000원인 콜옵션의 가격이 각각 4,000원, 2,000원, 500원이다. 이 콜옵션들을 이용하여 나비형스프레드를 구성하는 방법을 설명하라. 또한 나비형스프레드의 이익이 주가에 따라 어떻게 변하는지 표와 그래프로 설명하라.

15 행사가격이 50,000원인 콜옵션의 가격이 2,000원이고 행사가격이 45,000원인 풋옵션의 가격이 3,000원이다. 두 옵션을 이용하여 스트랭글을 구성하는 방법을 기술하고 이 전략의 가치패턴과 이익패턴을 표와 그래프로 설명하라.

16 영국은 포트폴리오 매니저이다. 영국은 주가지수의 움직임을 완벽하게 모방하기 위해 여러 주식에 분산투자하였다. 현재 지수의 수준은 400이고, 이를 영국의 주당 투자금액으로 가정하자. 영국은 미래에 주가가 하락할 것으로 예상하고, 만기가 3개월이고 행사가격이 400인 주가지수 유로피언 풋옵션을 개당 20에 매입하였다. 친구 철수는 영국에게 만기가 3개월이고 행사가격이 390인 풋옵션(개당 15)을 매입하도록 충고하였다. 단, 이자비용은 무시할 것.

(1) 영국과 철수의 투자전략을 표와 그래프로 요약하라.

(2) 철수가 취하는 포지션의 장점과 단점을 설명하라.

(3) 어떤 투자전략의 체계적 위험(systematic risk)이 큰가?

17★ 와우제약은 당뇨치료제를 개발하는데 성공하였다. 와우제약은 앞으로 30년간 이 치료제에 대한 특허권을 갖게 되었다. 와우제약이 이 치료제를 생산할 경우 투자금액은 300억원이 소요되지만 현재시점에서 평가되는 미래에 벌어들일 현금흐름의 현재가치는 250억원에 불과하다. 향후 이 치료제의 시장규모가 커질 것으로 예상하여 적절한 여건이 형성될 때까지 치료제의 생산을 연기하기로 하였다. 생산투자를 연기하는 경우 경쟁사의 유사제품이 개발되어 치료제의 생산을 통해 얻을 수 있는 초과수익의 크기는 향후 30년간 시간에 비례하여 감소할 것으로 예상된다. 현재 시장의 무위험이자율은 8%이고 미래현금흐름의 가치변화율의 연간 분산은 0.03이다. 치료제 생산을 연기한 상태에서 그것의 NPV를 구하라.

18★ 서울기업은 신규 투자안을 고려하고 있다. 투자원금은 현재 12억원이고, 자본비용은 연 10%이다. 1년 후 투자안의 가치가 15억원일 확률이 60%이고 5억원일 확률이 40%이다. 서울기업은 1년 후에 이 사업을 포기할 수 있고, 포기하면 8억원을 회수할 수 있다. 무위험이자율이 연 4%일 때 옵션의 이항분포모형을 이용하여 포기기회의 가치를 구하라. 포기기회를 고려하면 투자안의 NPV는 얼마인가?

정리문제에 대한 해설

01 행사가격이 \$90인 7월 만기 IBM 주식 콜옵션을 \$1.55에 매입했는데, 만기일에 IBM 주가가 \$80이다.

(1) 콜옵션의 이득(가치)과 콜옵션 매입자의 이익은 얼마인가?

해설 $C = \text{Max}[S_T - X,\ 0]$, 이익 $=$ $C -$ 프리미엄

콜옵션 매입에 따른 상황별 이득과 이익은 다음과 같다.

만기일 주가	\$80
이 득(가치)	\$0
이 익	−\$1.55

(2) (1)번에서 만기일에 주가가 \$100인 경우에는 어떻게 되는가?

해설

만기일 주가	\$100
이 득(가치)	\$10
이 익	\$8.45

02 어떤 투자자가 만기가 1년이고 행사가격이 50,000원인 유로피언 콜옵션 1개를 4,000원에 발행했다. 기초자산인 다라기업 주식의 가격은 현재 47,000원이다.

(1) 어떤 조건에서 옵션이 행사되는가?

해설 소유자는 옵션이 내가격에 있을 때 옵션을 행사한다. 콜옵션이 내가격에 있기 위한 조건은 주가가 행사가격보다 높아야 한다. 따라서 만기일에 주가가 행사가격 50,000원보다 높으면 소유자는 권리를 행사하고 발행자는 50,000원에 주식을 매도해야 할 의무가 있다.

(2) 어떤 조건에서 투자자의 이익이 0보다 큰가?

해설 투자자는 옵션을 발행하고서 4,000원을 받았으므로 만기일의 이득이 −4,000원인점이 손익분기점이다. 콜옵션 발행자의 만기일의 이득은 $-\text{Max}(S_T - X,\ 0) = \text{Min}(X - S_T,\ 0)$이므로 $S_T = 54{,}000$원일 때 이득이 −4,000원이다. 따라서 이익이 0보다 크기 위해서는 주가가 54,000원보다 낮아야 한다.

(3) 투자자의 이득(가치)패턴과 이익패턴을 그려라.

해설 옵션 발행자의 이득과 이익패턴은 다음과 같다.

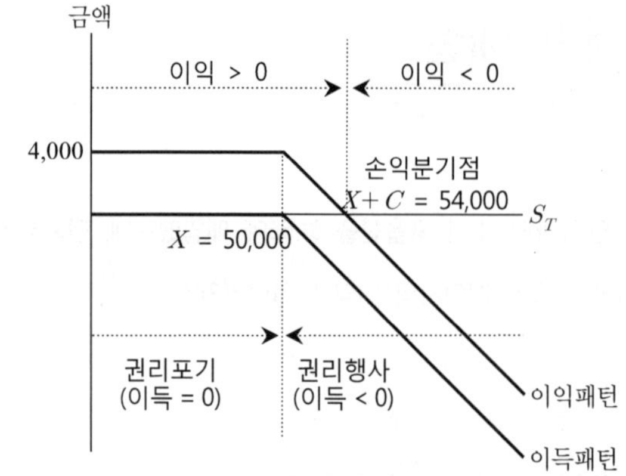

(4) 옵션소유자의 이익패턴을 그려라.

해설 옵션소유자의 이익패턴은 다음과 같다.

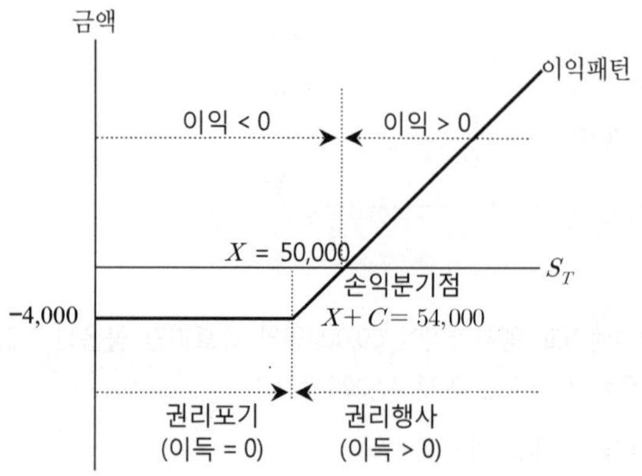

(5) 다라기업이 300%의 주식배당을 실시하면 옵션계약은 어떻게 바뀌는가?

해설 300%의 주식배당을 실시하면 옵션계약의 조건이 콜옵션 1개가 행사가격 50,000/(1 + 3) = 12,500원에 주식 4주를 매입할 수 있도록 바뀐다.

03 어떤 투자자가 만기가 1년이고 행사가격이 20,000원인 유로피언 풋옵션 1개를 3,000원에 매입했다. 기초자산인 가나실업 주식의 가격은 현재 19,000원이다.

(1) 어떤 조건에서 투자자는 옵션을 행사하는가?

해설 투자자는 옵션이 내가격에 있을 때 옵션을 행사한다. 풋옵션이 내가격에 있기 위한 조건은 주가가 행사가격보다 낮아야 한다. 따라서 만기일에 주가가 행사가격 20,000원보다 낮으면 권리를 행사한다.

(2) 어떤 조건에서 투자자의 이익이 0보다 큰가?

해설 투자자는 옵션을 매입하는데 3,000원을 투자했으므로 만기일의 이득이 3,000원보다 커야 이익이 0보다 크게 된다. 만기일의 이득은 $X-S_T$이므로 이익이 0인 손익분기점에서의 만기일의 주가는 17,000원이다. 따라서 이익이 0보다 크기 위해서는 주가가 17,000원보다 낮아야 한다.

(3) 투자자의 이득(가치)패턴과 이익패턴을 그려라.

해설 투자자의 이득(가치)패턴과 이익패턴은 다음과 같다.

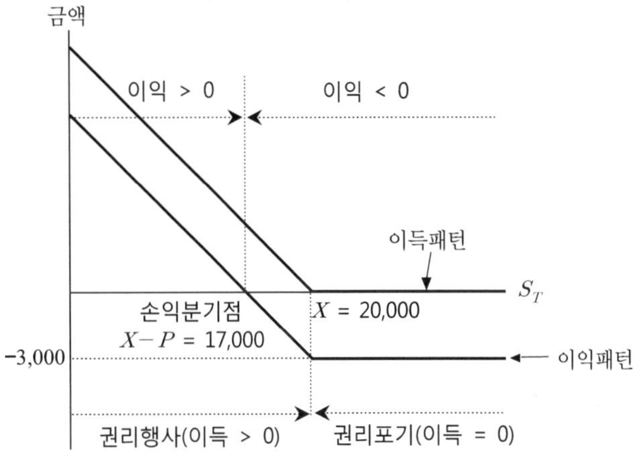

(4) 가나기업이 50%의 주식배당을 실시하면 옵션계약은 어떻게 바뀌는가?

해설 50%의 주식배당을 실시하면 옵션계약의 조건이 풋옵션 1개가 행사가격 20,000/(1 + 0.5) = 13,333원에 주식 1.5주를 매도할 수 있도록 바뀐다.

(5) 이 옵션을 발행한 투자자의 이익패턴을 그려라.

해설 풋옵션 발행자의 이익패턴은 다음과 같다.

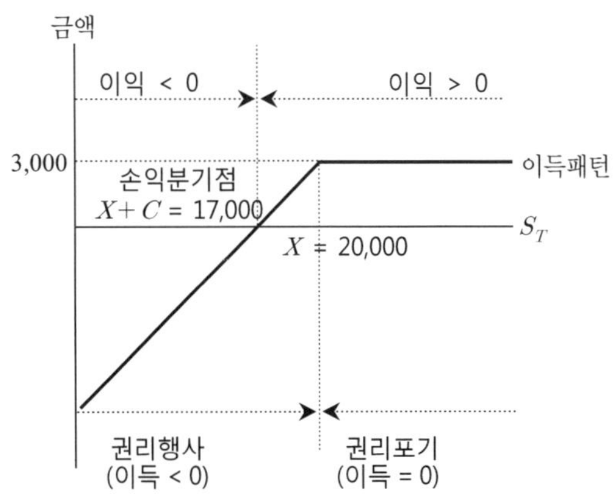

04 현재 마바실업 주가는 40,000원이다. 만기가 12월이고 행사가격이 41,000원인 마바실업 주식 콜옵션의 프리미엄이 2,000원이다. 400,000원을 가지고 있는 투자자가 다음과 같은 두 가지 전략을 고려하고 있다.

전략 1 : 400,000원으로 주식 10주를 매입
전략 2 : 400,000원으로 콜옵션 200개를 매입

(1) 만기일에 주가가 45,000원으로 상승하였다고 가정하고 두 전략의 이익과 수익률을 비교하라.

(2) 만기일에 주가가 35,000원으로 하락하였다고 가정하고 두 전략의 이익과 수익률을 비교하라.

해설

전 략	(1) 주가 = 45,000원	(2) 주가 = 35,000원
주식 10주 매입	이익 : (45,000 − 40,000) × 10 = 50,000원 수익률 : 12.5%	이익 : (35,000 − 40,000) × 10 = −50,000원 수익률 : −12.5%
콜옵션 200개 매입	이익 : (45,000 − 41,000) × 200 − 400,000 = 400,000원 수익률 : 100%	이익 : −400,000원 수익률 : −100%

05 철수는 현재 영희기업의 주식 100주를 가지고 있는데 향후 6개월 동안에 주가가 하락할 가능성이 높다고 보고 주가하락으로부터 보호받고자 한다. 현재 영희기업의 주가는 50,000원이고 만기가 6개월이고 행사가격이 48,000원인 영희기업 주식 풋옵션의 가격은 4,000원이다.

(1) 옵션을 이용한 헤징전략에 대해 설명하고 소요되는 비용을 추정하라.

해설 적절한 전략은 풋옵션 100개(즉, 풋옵션 1계약)를 개당 4,000원에 매입하는 것이다. 소요되는 비용은 4,000 × 100 = 400,000원이다.

(2) 이 전략의 결과는 무엇인가?

해설 이 전략으로 철수는 옵션의 만기일까지 영희기업의 주식을 주당 최소 48,000원에 매도할 수 있도록 보호해 준다. 만일 만기일의 주가가 48,000원 이상이면, 풋옵션의 가치는 0이고 철수가 소유하고 있는 주식의 가치는 최소 주당 48,000원이다. 반대로 만기일의 주가가 48,000원 이하이면 철수는 풋옵션을 행사한다. 즉, 소유하고 있는 주식을 인도하고 주당 48,000원을 받는다. 따라서 만기일의 주가와 무관하게 철수는 주당 최소한 48,000원을 확보할 수 있다. 이 포지션은 주식과 풋옵션을 결합한 포지션으로 프로텍티브 풋(protective put)이라 한다.

06 금 채굴회사가 한 달 후에 1,000온스의 금을 판매할 계획을 세우고 있다. 현재 금 가격은 1온스당 30만원이다. 그러나 금 가격이 심하게 변동하여, 1개월 후에는 온스당 28만원 또는 32만원이 되는 두 가지의 경우가 예상된다. 현재 금의 1개월 만기 콜옵션의 가격은 온스당 2,000원, 행사가격은 30만원이다. 현재 1개월 만기 풋옵션의 가격은 온스당 1,800원, 행사가격은 30만원이다. 금 1,000온스분의 옵션으로 헤지할 경우, 풋옵션을 사야 하는가, 팔아야 하는가? 미래의 금 현물가격이 온스당 28만원 또는 32만원일 때, 현물거래와 옵션거래의 수령금액을 구하라(단, 옵션 프리미엄을 뺀 금액 기준의 수령액을 구할 것).

해설 1개월 후, 금을 판매할 때 금 가격이 하락할 위험이 있다.
따라서 풋옵션을 매입해야 한다.

현물가격 28만원일 때,

현물거래 수령금액 : 28만원 × 1,000계약 = 280,000,000원

풋 매입거래 수령금액 : {Max[(300,000원 − 280,000원), 0] − 1,800원} × 1,000계약
= 18,200,000원

총수령금액 : 280,000,000원 + 18,200,000원 = 298,200,000원

현물가격 32만원일 때,

현물거래 수령금액 : 32만원 × 1,000계약 = 320,000,000원

풋 매입거래 수령금액 : {Max[(300,000원 − 320,000원), 0] − 1,800원} × 1,000계약
= −1,800,000원

총수령금액 = 320,000,000원 − 1,800,000원 = 318,200,000원

07 석촌회사의 주가는 현재 25,000원이다. 1년 후에 주가가 30,000원으로 오를 확률은 50%이며, 22,000원으로 떨어질 확률도 50%이다. 주식에 대한 콜옵션은 만기일(1년 후)에만 행사할 수 있으며 행사가격은 25,000원이다. 또한 무위험이자율은 연 6%이다.

(1) 헤지상태를 이루기 위한 헤지비율을 계산하라.

해설 주어진 자료에 의하면 기말의 주가는 Su = 30,000원, Sd = 22,000원이다. 그리고 기말의 콜옵션가치 C_u와 C_d를 계산하면 다음과 같다.

C_u = Max[(30,000원 − 25,000원), 0] = 5,000원

C_d = Max[(22,000원 − 25,000원), 0) = 0원

따라서 헤지비율을 계산하면 다음과 같다.

$$\text{헤지비율}(\Delta) = \frac{C_u - C_d}{Su - Sd} = \frac{5{,}000\text{원} - 0\text{원}}{30{,}000\text{원} - 22{,}000\text{원}} = \frac{5}{8}$$

즉, 주식 5주(또는 $\frac{5}{8}$주)를 매입하고, 그 주식에 대한 콜옵션을 8개 (또는 1개)매도할 때 투자자는 헤지상태에 있게 된다.

(2) 콜옵션의 가치는 얼마인가?

해설 투자자가 헤지상태에 있기 위하여는 주식을 5주 매입하고, 그 주식에 대한 콜옵션을 8개 매도하여야 한다. 현재 콜옵션의 가치를 C라고 하면, 투자자의 순투자금액은 25,000원 × 5 − C × 8이다. 또한 투자자의 기말의 부(富)는 다음과 같다.

기말의 주가	주식 5주의 매입가치	콜옵션 8개의 매도가치	투자자의 기말의 부
30,000원	150,000원	−(5,000원) × 8 = −40,000원	110,000원
22,000원	110,000원	−(0원) × 8 = 0원	110,000원

헤지상태에서의 수익률은 무위험이자율 연 6%이고 투자자의 기말의 부는 110,000원이므로 다음 식이 성립한다.

$$(25{,}000원 \times 5 - C \times 8)(1+0.06)^1 = 110{,}000원$$

즉, 콜옵션의 가치 C는 다음과 같다.

$$C = 2{,}653.30원$$

(3)★ 이항분포모형의 일반화 공식으로 콜옵션의 가치를 추정하라.

해설 $r = 6\%,\ u = 120\%,\ d = 88\%$이므로,

$$p = \frac{(1+0.06)^1 - 0.88}{1.2 - 0.88} = 0.5625이다.$$

따라서 콜옵션의 가치 C는 다음과 같다.

$$C = \frac{0.5625 \times 5{,}000원 + (1 - 0.5625) \times 0원}{(1+0.06)^1} = 2{,}653.30원$$

08 석촌회사의 주가는 현재 25,000원이다. 1년 후에 주가가 30,000원으로 오를 확률은 50%이며, 22,000원으로 떨어질 확률도 50%이다. 주식에 대한 풋옵션은 만기일(1년 후)에만 행사할 수 있으며 행사가격은 25,000원이다. 또한 무위험이자율은 연 6%이다.

(1) 헤지상태를 이루기 위한 헤지비율을 계산하라.

해설 주어진 자료에 의하면 기말의 주가는 Su = 30,000원, Sd = 22,000원이다. 그리고 기말의 풋옵션가치 P_u와 P_d를 계산하면 다음과 같다.

$$P_u = \text{Max}(25{,}000원 - 30{,}000원,\ 0) = 0원$$
$$P_d = \text{Max}(25{,}000원 - 22{,}000원,\ 0) = 3{,}000원$$

따라서 헤지비율을 계산하면 다음과 같다.

$$\text{헤지비율}(\Delta) = \frac{P_d - P_u}{Su - Sd}$$

$$= \frac{3{,}000\text{원} - 0\text{원}}{30{,}000\text{원} - 22{,}000\text{원}} = \frac{3}{8}$$

즉, 주식 3주(또는 $\frac{3}{8}$주)를 매입하고, 그 주식에 대한 풋옵션을 8개 (또는 1개)매입할 때 투자자는 헤지상태에 있게 된다.

(2) 풋옵션의 가치는 얼마인가?

해설 투자자가 헤지상태에 있기 위하여는 주식을 3주 매입하고, 그 주식에 대한 풋옵션을 8개 매입하여야 한다. 현재 풋옵션의 가치를 P라고 하면, 투자자의 순투자금액은 25,000원 × 3 + P × 8이다. 또한 투자자의 기말의 부(富)는 다음과 같다.

기말의 주가	주식 5주의 매입가치	콜옵션 8개의 매도가치	투자자의 기말의 부
30,000원	90,000원	(0원) × 8 = 0원	90,000원
22,000원	66,000원	(3,000원) × 8 = 24,000원	90,000원

헤지상태에서의 연간 수익률은 무위험이자율 연 6%이고 투자자의 기말의 부는 90,000원이므로 다음 식이 성립한다.

$$(25{,}000\text{원} \times 3 + P \times 8)(1 + 0.06)^1 = 90{,}000\text{원}$$

즉, 헤지상태에서의 풋옵션의 가치 P는 다음과 같다.

$$P = 1{,}238.21\text{원}$$

(3)★ 이항분포모형의 일반화 공식으로 풋옵션의 가치를 추정하라.

해설 r = 6%, u = 120%, d = 88%이므로,

$$p = \frac{(1+0.06)^1 - 0.88}{1.2 - 0.88} = 0.5625\text{이다.}$$

따라서, 풋옵션의 가치 P는 다음과 같다.

$$C = \frac{0.5625 \times 0\text{원} + (1 - 0.5625) \times 3{,}000\text{원}}{(1+0.06)^1} = 1{,}238.21\text{원}$$

09 아톰기업의 현재 주가는 10,000원이다. 1년 후 아톰기업의 주가가 12,000원으로 오르거나 또는 6,000원으로 떨어질 확률이 각각 50%이다. 이 주식에 대한 콜옵션은 만기일에만 행사할 수 있으며 행사가격은 10,000원이다. 무위험이자율은 연 10%이다.

(1) 헤지비율(주식 1주 매입당 콜옵션 매도 수)을 구하라.

해설 1년도 말 아톰기업의 주가는 상승 시 Su = 12,000원, 하락 시 Sd = 6,000원이다. 그리고 1년도 말의 콜옵션가치 C_u와 C_d를 계산하면 다음과 같다.

$$C_u = \text{Max}(12{,}000\text{원} - 10{,}000\text{원},\ 0) = 2{,}000\text{원}$$

$$C_d = \text{Max}(6{,}000\text{원} - 10{,}000\text{원},\ 0) = 0\text{원}$$

헤지비율을 계산하면 다음과 같다.

$$\text{헤지비율}(\Delta) = \frac{C_u - C_d}{Su - Sd} = \frac{2{,}000\text{원} - 0\text{원}}{12{,}000\text{원} - 6{,}000\text{원}} = \frac{1}{3}$$

즉, 주식 $\frac{1}{3}$주를 매입하고 그 주식에 대한 콜옵션 1개를 매도할 때 투자자는 헤지상태에 있게 된다. 다시 말해서 주식 1주를 매입하고 그 주식에 대한 콜옵션 3개를 매도하면 헤지포트폴리오가 된다.

(2) 콜옵션의 가치를 구하라.

해설 투자자가 헤지상태에 있기 위해서는 주식을 1주 매입하고 그 주식에 대한 콜옵션을 3개 매도해야 한다. 따라서 현재 콜옵션의 가치를 C라고 할 때 투자자의 순투자금액은 (10,000원 × 1 − C × 3)이다. 또한 연도말에 투자자의 부(富)는 다음과 같다.

연도말 주가	주식 1주 매입가치	콜옵션 3개 매도가치	투자자의 부(富)
12,000원	12,000원	−2,000원 × 3 = −6,000원	6,000원
6,000원	6,000원	−0원 × 3 = 0원	6,000원

헤지상태에서의 수익률은 무위험이자율 연 10%이고 연도말 투자자의 부는 6,000원이므로 다음 식이 성립한다.

$$(10{,}000\text{원} \times 1 - C \times 3)(1 + 0.1)^1 = 6{,}000\text{원}$$

따라서 콜옵션의 가치 C는 1,515.15원이 된다.

(3)★ 이항분포모형의 일반화 공식으로 콜옵션의 가치를 구하라.

해설 r = 10%, u = 120%, d = 60%이므로,

$$p = \frac{(1 + 0.1)^1 - 0.6}{1.2 - 0.6} = \frac{5}{6} \text{ 이다.}$$

따라서, 콜옵션의 가치 C는 다음과 같다.

$$C = \frac{\left(\frac{5}{6}\right) \times 2{,}000\text{원} + \left(1 - \frac{5}{6}\right) \times 0\text{원}}{(1+0.1)^1} = 1{,}515.15\text{원}$$

10 아톰기업의 현재 주가는 10,000원이다. 1년 후 아톰기업의 주가가 12,000원으로 오르거나 또는 6,000원으로 떨어질 확률이 각각 50%이다. 이 주식에 대한 풋옵션은 만기일에만 행사할 수 있으며 행사가격은 10,000원이다. 무위험이자율은 연 10%이다.

(1) 헤지비율(주식 2주 매입당 풋옵션 매입 수)을 구하라.

해설 1년도 말 아톰기업의 주가는 상승 시 Su = 12,000원, 하락 시 Sd = 6,000원이다. 그리고 1년도 말의 풋옵션가치 P_u와 P_d를 계산하면 다음과 같다.

$$P_u = \text{Max}(10{,}000\text{원} - 12{,}000\text{원},\ 0) = 0\text{원}$$
$$P_d = \text{Max}(10{,}000\text{원} - 6{,}000\text{원},\ 0) = 4{,}000\text{원}$$

헤지비율을 계산하면 다음과 같다.

$$\text{헤지비율}(\Delta) = \frac{P_d - P_u}{Su - Sd} = \frac{4{,}000\text{원} - 0\text{원}}{12{,}000\text{원} - 6{,}000\text{원}} = \frac{2}{3}$$

주식 $\frac{2}{3}$주를 매입하고 그 주식에 대한 풋옵션 1개를 매입할 때 투자자는 헤지상태에 있게 된다. 다시 말해서 주식 2주를 매입하고 그 주식에 대한 풋옵션 3개를 매입하면 헤지포트폴리오가 된다.

(2) 풋옵션의 가치를 구하라.

해설 투자자가 헤지상태에 있기 위해서는 주식을 2주 매입하고 그 주식에 대한 풋옵션을 3개 매입해야 한다. 따라서 현재 풋옵션의 가치를 P라고 할 때 투자자의 순투자금액은 10,000원 × 2 + P × 3 이다. 또한 연도말에 투자자의 부(富)는 다음과 같다.

연도말 주가	주식 2주 매입가치	풋옵션 3개 매입가치	투자자의 부(富)
12,000원	24,000원	0원 × 3 = 0원	24,000원
6,000원	12,000원	4,000원 × 3 = 12,000원	24,000원

헤지상태에서의 수익률은 무위험이자율 연 10%이고 연도말 투자자의 부는 24,000원이므로 다음 식이 성립한다.

$$(10{,}000\text{원} \times 2 + P \times 3)(1+0.1)^1 = 24{,}000\text{원}$$

따라서 풋옵션의 가치 P는 606.06원이 된다.

(3)* 이항분포모형의 일반화 공식으로 풋옵션의 가치를 구하라.

해설 $r = 10\%,\ u = 120\%,\ d = 60\%$이므로,

$$p = \frac{(1+0.1)^1 - 0.6}{1.2 - 0.6} = \frac{5}{6}$$ 이다.

따라서, 풋옵션의 가치 P는 다음과 같다.

$$P = \frac{\left(\frac{5}{6}\right) \times 0\text{원} + \left(1 - \frac{5}{6}\right) \times 4{,}000\text{원}}{(1+0.1)^1} = 606.06\text{원}$$

11 만수기업의 주식에 대해 만기가 1년이고 행사가격이 10,000원인 유로피언 콜옵션이 시장에서 현재 1,000원에 거래되고 있다. 만수기업의 현재 주가는 10,000원이며 무위험이자율은 연 8%이다.

(1) 풋-콜 패리티를 이용하여 풋옵션의 가격을 구하라.

해설 풋-콜 패리티 : $(S - C + P)(1+r)^T = X$

$$P = C - S + \frac{X}{(1+r)^T}$$

$$= 1{,}000\text{원} - 10{,}000\text{원} + \frac{10{,}000\text{원}}{(1+0.08)^1}$$

$$= 259\text{원}$$

(2) 풋옵션이 현재 280원에 거래되고 있다면 차익거래 기회가 발생하는가? 차익거래 기회가 발생한다면 그 과정을 설명하고 1년 후의 차익거래 이익을 구하라.

해설 현재 시장에서 풋옵션이 280원에 거래되고 있다면 풋-콜 패리티가 성립하지 않으므로 차익거래 기회가 발생한다. 과대평가된 풋옵션을 매도하고 콜옵션을 매입하며 주식을 공매하는 동시에 무위험자산에 투자(예금)하면, 다음과 같은 무위험 차익인 차익거래 이익 22원을 얻을 수 있다.

차익거래 전략	현재 현금흐름	만기일(1년 후)의 현금흐름	
		$S_1 \geq 10{,}000$원	$S_1 < 10{,}000$원
풋옵션 매도	+280	+0	$-(10{,}000 - S_1)$
콜옵션 매입	−1,000	$+(S_1 - 10{,}000)$	+0
주식공매	+10,000	$-S_1$	$-S_1$
예 금	−9,280	+10,022*	+10,022
차익거래이익	0원	22원	22원

* 예금에 대한 원리금 = 9,280원 × $(1+0.08)^1$ = 10,022원

(3) 풋옵션이 현재 240원에 거래되고 있다면 차익거래 기회가 발생하는가? 차익거래 기회가 발생한다면 그 과정을 설명하고 1년 후의 차익거래 이익을 구하라.

해설 현재 시장에서 풋옵션이 240원에 거래되고 있다면 풋-콜 패리티가 성립하지 않으므로 차익거래 기회가 발생한다. 과소평가된 풋옵션을 매입하고 콜옵션을 매도하며 주식을 매입하는 동시에 무위험이자율로 차입하면 다음과 같은 무위험 차익인 차익거래 이익 21원을 얻을 수 있다.

차익거래 전략	현재 현금흐름	만기일(1년 후)의 현금흐름	
		$S_1 \geq$ 10,000원	$S_1 <$ 10,000원
풋옵션 매입	−240	+0	$(10,000 - S_1)$
콜옵션 매도	+1,000	$-(S_1 - 10,000)$	+0
주식 매입	−10,000	$+S_1$	$+S_1$
차 입	+9,240	−9,979*	−9,979
차익거래 이익	0원	21원	21원

* 차입에 대한 원리금 = 9,240원 × $(1 + 0.08)^1$ = 9,979원

12 ★ **콜옵션의 행사가격은 30,000원이다. 콜옵션의 만기는 3개월이며, 기초주식의 현재가격은 26,000원이다. 또한 기초주식 수익률의 연간 표준편차는 0.15이며, 연간 무위험이자율은 10%이다.**

(1) Black과 Scholes의 OPM을 이용하여 콜옵션의 가치를 계산하라.

(단, $N(-1.5372) = 0.062$, $N(-1.6122) = 0.053$)

해설

$$C = S \cdot N(d_1) - \frac{X}{e^{rT}} \cdot N(d_2)$$

$$d_1 = \frac{\ln(S/X) + [r + \sigma^2/2]T}{\sigma\sqrt{T}}$$

$$d_2 = \frac{\ln(S/X) + [r - \sigma^2/2]T}{\sigma\sqrt{T}}$$

S = 26,000원, X = 30,000원, $r = 0.1$, $\sigma = 0.15$, $T = 0.25$년이므로 먼저 d_1, d_2의 값을 구하면 다음과 같다.

$$d_1 = \frac{\ln(26,000\text{원} / 30,000\text{원}) + [0.1 + 0.15^2/2](0.25)}{0.15\sqrt{0.25}} = -1.5372$$

$$d_2 = \frac{\ln(26,000\text{원} / 30,000\text{원}) + [0.1 - 0.15^2/2](0.25)}{0.15\sqrt{0.25}} = -1.6122$$

누적표준정규분포표(부록 참조)에서 $N(d_1)$과 $N(d_2)$를 구하면 다음과 같다.

$N(d_1) = N(-1.5372) = 0.062$

$N(d_2) = N(-1.6122) = 0.053$

따라서 콜옵션의 가치 C는 다음과 같이 계산된다.

$$C = 26{,}000\text{원}(0.062) - \frac{30{,}000\text{원}}{e^{(0.1)(0.25)}}(0.053) = 61.26\text{원}$$

(2) 헤지비율은 얼마인가? 그 의미는?

해설 (1)번에서 구한 $N(d_1)$의 값인 0.062가 헤지비율(Δ)이다. 즉, 콜옵션 1개를 매도하고 주식 0.062주를 매입하면 무위험 헤지포트폴리오를 구성하게 된다. 이를 앞에서 공부한 m으로 전환하면 다음과 같다.

$$m = \frac{1}{\Delta} = \frac{1}{N(d_1)} = \frac{1}{0.062} = 16.13$$

즉, 주식 1주를 매입하고 콜옵션 16.13개를 매도하면 헤지포트폴리오를 구성할 수 있다.

13★ **풋옵션의 행사가격은 30,000원이다. 풋옵션의 만기는 3개월이며, 기초주식의 현재가격은 26,000원이다. 또한 기초주식 수익률의 연간 표준편차는 0.15이며, 연간 무위험이자율은 10%이다.**

(1) Black과 Scholes의 OPM을 이용하여 풋옵션의 가치를 계산하라.

(단, $N(1.5372) = 0.983$, $N(1.6122) = 0.947$)

해설 $P = \frac{X}{e^{rT}} \cdot N(-d_2) - S \cdot N(-d_1)$

$$d_1 = \frac{\ln(S/X) + [r + \sigma^2/2]T}{\sigma\sqrt{T}}$$

$$d_2 = \frac{\ln(S/X) + [r - \sigma^2/2]T}{\sigma\sqrt{T}}$$

$S = 26{,}000$원, $X = 30{,}000$원, $r = 0.1$, $\sigma = 0.15$, $T = 0.25$년이므로 먼저 d_1, d_2의 값을 구하면 다음과 같다.

$$d_1 = \frac{\ln(26{,}000\text{원}/30{,}000\text{원}) + [0.1 + 0.15^2/2](0.25)}{0.15\sqrt{0.25}} = -1.5372$$

$$d_2 = \frac{\ln(26{,}000\text{원}/30{,}000\text{원}) + [0.1 - 0.15^2/2](0.25)}{0.15\sqrt{0.25}} = -1.6122$$

누적표준정규분포표(부록 참조)에서 $N(-d_1)$과 $N(-d_2)$를 구하면 다음과 같다.

$N(-d_1) = N(1.5372) = 0.938$

$N(-d_2) = N(1.6122) = 0.947$

따라서 풋옵션의 가치 P는 다음과 같이 계산된다.

$$P = \frac{30{,}000\text{원}}{e^{(0.1)(0.25)}} \cdot 0.947 - 26{,}000\text{원} \cdot 0.938 = 3{,}320.55\text{원}$$

(2) 헤지비율은 얼마인가? 그 의미는?

해설 (1)번에서 구한 $-N(-d_1)$의 값인 -0.938이 헤지비율(방향을 무시하면 0.938)이다. 즉, 풋옵션 1개를 매입하고 주식 0.938주를 매입하면 무위험 헤지포트폴리오를 구성하게 된다. 이를 앞에서 공부한 m으로 전환하면 다음과 같다.

$$m = \frac{1}{\Delta} = \frac{1}{-N(-d_1)} = \frac{1}{-0.938} = -1.07(\text{방향을 무시하면 } 1.07)$$

즉, 주식 1주를 매입하고 콜옵션 1.07개를 매입하면 헤지포트폴리오를 구성할 수 있다.

14 만기가 6개월이고 행사가격이 15,000원, 17,500원, 20,000원인 콜옵션의 가격이 각각 4,000원, 2,000원, 500원이다. 이 콜옵션들을 이용하여 나비형스프레드를 구성하는 방법을 설명하라. 또한 나비형스프레드의 이익이 주가에 따라 어떻게 변하는지 표와 그래프로 설명하라.

해설 투자자는 행사가격이 15,000원과 20,000원인 콜옵션을 각각 1개씩 매입함과 동시에 행사가격이 17,500원인 콜옵션 2개를 매도하여 나비형스프레드를 구성할 수 있다. 필요한 투자금액은 4,000 + 500 − 2,000 × 2 = 500원이다. 주가에 따른 나비형스프레드의 가치와 이익은 다음과 같다.

	$S_T < 15{,}000$	$15{,}000 \leq S_T \leq 17{,}500$	$17{,}500 < S_T < 20{,}000$	$S_T \geq 20{,}000$
포트폴리오 가치(payoff)	0	$S_T - 15{,}000$	$20{,}000 - S_T$	0
이익(profit)	−500	$(S_T - 15{,}000)$-500	$(20{,}000 - S_T) - 500$	− 500

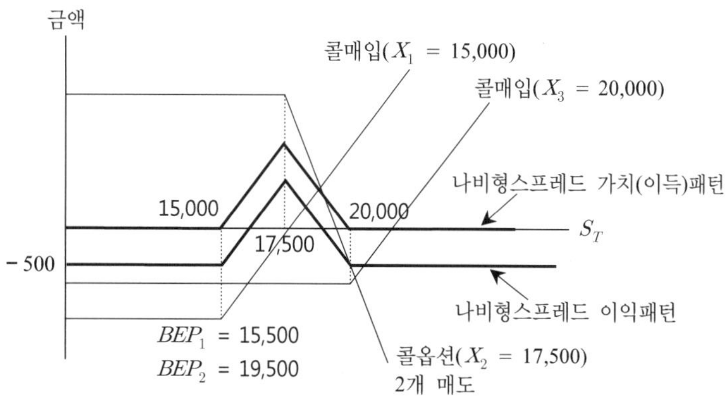

15 행사가격이 50,000원인 콜옵션의 가격이 2,000원이고 행사가격이 45,000원인 풋옵션의 가격이 3,000원이다. 두 옵션을 이용하여 스트랭글을 구성하는 방법을 기술하고 이 전략의 가치패턴과 이익패턴을 표와 그래프로 설명하라.

해설 스트랭글은 만기는 같으나 행사가격이 다른 콜옵션과 풋옵션을 매입하여 구성한다. 필요한 투자금액은 2,000 + 3,000 = 5,000원이다. 스트랭글의 가치(이득)와 이익은 다음과 같다.

	$S_T < 45{,}000$	$45{,}000 \le S_T \le 50{,}000$	$S_T > 50{,}000$
포트폴리오 가치	$45{,}000 - S_T$	0	$S_T - 50{,}000$
포트폴리오 이익	$(45{,}000 - S_T) - 5{,}000$	$-5{,}000$	$(S_T - 50{,}000) - 5{,}000$

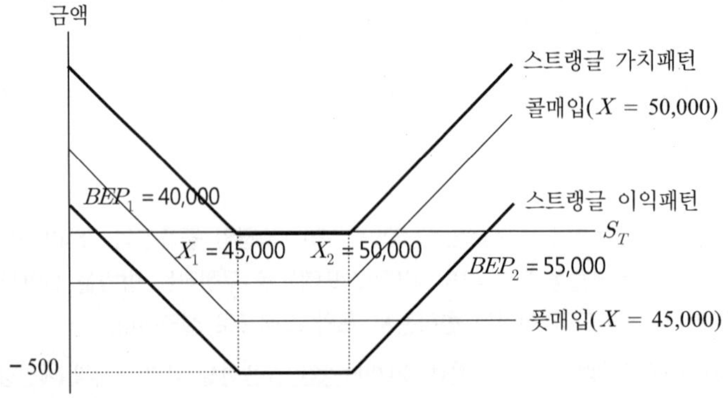

16 영국은 포트폴리오 매니저이다. 영국은 주가지수의 움직임을 완벽하게 모방하기 위해 여러 주식에 분산투자하였다. 현재 지수의 수준은 400이고, 이를 영국의 주당 투자금액으로 가정하자. 영국은 미래에 주가가 하락할 것으로 예상하고, 만기가 3개월이고 행사가격이 400인 주가지수 유로피언 풋옵션을 개당 20에 매입했다. 친구 철수는 영국에게 만기가 3개월이고 행사가격이 390인 풋옵션(개당 15)을 매입하도록 충고하였다. 단, 이자비용은 무시할 것.

(1) 영국과 철수의 투자전략을 표와 그래프로 요약하라.

해설 각 포지션의 이익을 아래와 같이 요약할 수 있다. 3개월 후의 주가지수 수준을 S_T로 정의하자.

영국의 투자전략 :

	비 용	$S_T < 400$	$S_T \ge 400$
주가지수	400	S_T	S_T
풋옵션(X = 400)	20	$400 - S_T$	0
합 계	420	400	S_T
이익 = 합계 − 투자금액(420)		− 20	$S_T - 420$

철수의 투자전략 :

	비 용	$S_T < 400$	$S_T \geq 400$
주가지수	400	S_T	S_T
풋옵션(X = 390)	15	390 − S_T	0
합 계	415	390	S_T
이익 = 합계 − 투자금액(415)		− 25	S_T − 415

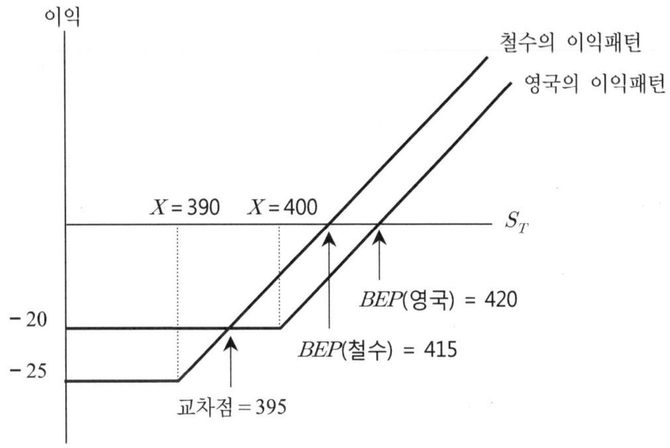

(2) 철수가 취하는 포지션의 장점과 단점을 설명하라.

해설 영국의 포지션에 비하여 상대적으로, 철수의 포지션은 주가가 높을 때 이익이 크고, 주가가 낮을 때 손해가 크다. 지수가 395일 때 두 전략의 손실은 주당 20으로 동일하다.

(3) 어떤 투자전략의 체계적 위험(systematic risk)이 큰가?

해설 철수의 포지션의 체계적 위험이 크다. 주가지수 수준이 변할 때, 철수의 이익은 영국의 이익에 비해 변동성이 크다.

17 ★ 와우제약은 당뇨치료제를 개발하는데 성공하였다. 와우제약은 앞으로 30년간 이 치료제에 대한 특허권을 갖게 되었다. 와우제약이 이 치료제를 생산할 경우 투자금액은 300억원이 소요되지만 현재시점에서 평가되는 미래에 벌어들일 현금흐름의 현재가치는 250억원에 불과하다. 향후 이 치료제의 시장규모가 커질 것으로 예상하여 적절한 여건이 형성될 때까지 치료제의 생산을 연기하기로 하였다. 생산투자를 연기하는 경우 경쟁사의 유사제품이 개발되어 치료제의 생산을 통해 얻을 수 있는 초과수익의 크기는 향후 30년간 시간에 비례하여 감소할 것으로 예상된다. 현재 시장의 무위험이자율은 8%이고 미래현금흐름의 가치변화율의 연간 분산은 0.03이다. 치료제 생산을 연기한 상태에서 그것의 NPV를 구하라.

해설 당뇨치료제의 생산을 연기한 상태에서 그것의 NPV는 당뇨치료제를 기초자산으로 하는 콜옵션의 가치이다. 기초자산의 현재가치(S), 행사가격(X), 기초자산의 분산(σ^2)등은 다음과 같다.

S = 당뇨치료제의 현재가치 = 250억원
X = 투자금액 = 300억원
σ^2 = 기초자산의 분산 = 0.03, T = 만기 = 30년, r = 무위험이자율 = 0.08
q = 투자안의 연기에 따른 초과수익률의 상실률 = 1/30 = 0.033

$$d_1 = \frac{\ln\left(\frac{S}{X}\right) + \left(r - q + \frac{\sigma^2}{2}\right)T}{\sigma\sqrt{T}}$$

$$= \frac{\ln\left(\frac{250\text{억원}}{300\text{억원}}\right) + \left(0.08 - 0.033 + \frac{0.03}{2}\right) \times 30}{\sqrt{0.03}\sqrt{30}} = 1.77$$

$$d_2 = d_1 - \sigma\sqrt{T} = 1.77 - \sqrt{0.03}\sqrt{30} = 0.82$$

표준정규분포표를 이용하면

$$N(d_1) = N(1.77) = 0.5 + 0.4616 = 0.9616$$
$$N(d_2) = N(0.82) = 0.5 + 0.2939 = 0.7939$$

∴ 당뇨치료제 생산을 연기한 상태에서 치료제 생산의 NPV는 다음과 같이 콜옵션의 가치가 된다.

$$C = \frac{S}{e^{qT}}N(d_1) - \frac{X}{e^{rT}}N(d_2)$$

$$= \frac{250\text{억원}}{e^{(0.033)(30)}}(0.9616) - \frac{300\text{억원}}{e^{(0.08)(30)}}(0.7939) = 68\text{억원} = NPV$$

당뇨치료제는 현재 기준으로 평가한다면 NPV가 −50억원(= 250억원 − 300억원)이 되어 경제성이 없다. 그러나 미래 가격변동성을 감안하여 투자를 미래로 연기할 수 있는 권리인 콜옵션가치로 평가하면 NPV = 68억원이므로, 당뇨치료제는 경제성이 있다. 이렇게 평가결과가 달라지는 것은 당뇨치료제 가격의 미래 변동가능성에 따른 잠재적 가치를 고려하기 때문이다.

18 * 서울기업은 신규 투자안을 고려하고 있다. 투자원금은 현재 12억원이고, 자본비용은 연 10%이다. 1년 후 투자안의 가치가 15억원일 확률이 60%이고 5억원일 확률이 40%이다. 서울기업은 1년 후에 이 사업을 포기할 수 있고, 포기하면 8억원을 회수할 수 있다. 무위험이자율이 연 4%일 때 옵션의 이항분포모형을 이용하여 포기기회의 가치를 구하라. 포기기회를 고려하면 투자안의 NPV는 얼마인가?

해설 포기옵션이 없을 때 투자안의 가치 S는 다음과 같다.

	현 재		1년 후
투자안의 가치	S	↗	Su = 15억원
		↘	Sd = 5억원

$$S = (15\text{억원} \times 0.6 + 5\text{억원} \times 0.4) \div (1+0.1)^1 = 10\text{억원}$$

포기옵션이 없을 때 투자안의 가치는 10억원이므로, 이 때의 NPV = 10억원 − 12억원 = −2억원이다. 그런데 일정한 금액을 회수하고 포기할 수 있다는 것은 일종의 풋옵션을 갖고 있는 것과 같다. 따라서 포기기회의 가치는 풋옵션의 가치로 추정할 수 있다. 포기기회의 가치인 풋옵션의 가치(P)를 구해보기로 하자.

	현 재		1년 후
포기기회의 가치	P	↗	P_u = Max[$X - Su$, 0] = Max[8억원 − 15억원, 0] = 0원
		↘	P_d = Max[$X - Sd$, 0] = Max[8억원 − 5억원, 0] = 3억원

포기기회의 가치(풋옵션의 가치) P를 구하기 위해서는 u와 d 그리고 위험중립확률 p를 구해야 한다.

$$u = \frac{Su}{S} = \frac{15\text{억원}}{10\text{억원}} = 1.5$$

$$d = \frac{Sd}{S} = \frac{5\text{억원}}{10\text{억원}} = 0.5$$

$$p = \frac{(1+r)^1 - d}{u - d} = \frac{(1+0.04)^1 - 0.5}{1.5 - 0.5} = 0.54$$

따라서 포기기회 가치(풋옵션의 가치) P는 다음과 같다.

$$P = \frac{p \times P_u + (1-p) \times P_d}{(1+r)^1} = \frac{0.54 \times 0 + (1 - 0.54) \times 3\text{억원}}{(1+0.04)^1} = 1.327\text{억원}$$

포기옵션이 있을 때 NPV = 포기옵션이 없을 때의 NPV + 포기기회의 가치
= −2억원 + 1.327억원 = −0.673억원

따라서 포기옵션을 고려해도 투자안은 경제성이 없는 사업이다.

[부록 1] 연금복리요소

$$FVIFa(r,n)=\left[\frac{(1+r)^n-1}{r}\right]$$

기간	이 자 율									
	1%	2%	3%	4%	5%	6%	7%	8%	9%	10%
1	1.0000	1.0000	1.0000	1.0000	1.0000	1.0000	1.0000	1.0000	1.0000	1.0000
2	2.0100	2.0200	2.0300	2.0400	2.0500	2.0600	2.0700	2.0800	2.0900	2.1000
3	3.0301	3.0604	3.0909	3.1216	3.1525	3.1836	3.2149	3.2464	3.2781	3.3100
4	4.0604	4.1216	4.1836	4.2465	4.3101	4.3746	4.4399	4.5061	4.5731	4.6410
5	5.1010	5.2040	5.3091	5.4163	5.5256	5.6371	5.7507	5.8666	5.9847	6.1051
6	6.1520	6.3081	6.4684	6.6330	6.8019	6.9753	7.1533	7.3359	7.5233	7.7156
7	7.2135	7.4343	7.6625	7.8983	8.1420	8.3938	8.6540	8.9228	9.2004	9.4872
8	8.2857	8.5830	8.8932	9.2142	9.5491	9.8975	10.260	10.637	11.028	11.436
9	9.3685	9.7546	10.159	10.583	11.027	11.491	11.978	12.488	13.021	13.570
10	10.462	10.950	11.464	12.006	12.578	13.181	13.816	14.487	15.193	15.937
11	11.567	12.169	12.808	13.486	14.207	14.972	15.784	16.645	17.560	18.531
12	12.683	13.412	14.192	15.026	15.917	16.870	17.888	18.977	20.141	21.384
13	13.809	14.680	15.618	16.627	17.713	18.882	20.141	21.495	22.953	24.523
14	14.947	15.974	17.086	18.292	19.599	21.015	22.550	24.215	26.019	27.975
15	16.097	17.293	18.599	20.024	21.579	23.276	25.129	27.152	29.361	31.772
16	17.258	18.639	20.157	21.825	23.657	25.673	27.888	30.324	33.003	35.950
17	18.430	20.012	21.762	23.698	25.840	28.213	30.840	33.750	36.974	40.545
18	19.615	21.412	23.414	25.645	28.132	30.906	33.999	37.450	41.301	45.599
19	20.811	22.841	25.117	27.671	30.539	33.760	37.379	41.446	46.018	51.159
20	22.019	24.297	26.870	29.778	33.066	36.786	40.995	45.762	51.160	57.275
21	23.239	25.783	28.676	31.969	35.719	39.993	44.865	50.423	56.765	64.002
22	24.472	27.299	30.537	34.248	38.505	43.392	49.006	55.457	62.873	71.403
23	25.716	28.845	32.453	36.618	41.430	46.996	53.436	60.893	69.532	79.543
24	26.973	30.422	34.426	39.083	44.502	50.816	58.177	66.765	76.790	88.497
25	28.243	32.030	36.459	41.646	47.727	54.865	63.249	73.106	84.701	98.347
30	34.785	40.568	47.575	56.085	66.439	79.058	94.461	113.28	136.31	164.49
40	48.886	60.402	75.401	95.026	120.80	154.76	199.64	259.06	337.88	442.59
50	64.463	84.579	112.80	152.67	209.35	290.34	406.53	573.77	815.08	1163.9
60	81.670	114.05	163.05	237.99	353.58	533.13	813.52	1253.2	1944.8	3034.8

기간	이 자 율									
	12%	14%	15%	16%	18%	20%	24%	28%	32%	36%
1	1.0000	1.0000	1.0000	1.0000	1.0000	1.0000	1.0000	1.0000	1.0000	1.0000
2	2.1200	2.1400	2.1500	2.1600	2.1800	2.2000	2.2400	2.2800	2.3200	2.3600
3	3.3744	3.4396	3.4725	3.5056	3.5724	3.6400	3.7776	3.9184	4.0624	4.2096
4	4.7793	4.9211	4.9934	5.0665	5.2154	5.3680	5.6842	6.0156	6.3624	6.7251
5	6.3528	6.6101	6.7424	6.8771	7.1542	7.4416	8.0484	8.6999	9.3983	10.146
6	8.1152	8.5355	8.7537	8.9775	9.4420	9.9299	10.980	12.136	13.406	14.799
7	10.089	10.730	11.067	11.414	12.142	12.916	14.615	16.534	18.696	21.126
8	12.300	13.233	13.727	14.240	15.327	16.499	19.123	22.163	25.678	29.732
9	14.776	16.085	16.786	17.519	19.086	20.799	24.712	29.369	34.895	41.435
10	17.549	19.337	20.304	21.321	23.521	25.959	31.643	38.593	47.062	57.352
11	20.655	23.045	23.349	25.733	28.755	32.150	40.238	50.398	63.122	78.998
12	24.133	27.271	29.002	30.850	34.931	39.581	50.895	65.510	84.320	108.44
13	28.029	32.089	34.352	36.786	42.219	48.497	64.110	84.853	112.30	148.47
14	32.393	37.581	40.505	43.672	50.818	59.196	80.496	109.61	149.24	202.93
15	37.280	43.842	47.580	51.660	60.965	72.035	100.82	141.30	198.00	276.98
16	42.753	50.980	55.717	60.925	72.939	87.442	126.01	181.87	262.36	377.69
17	48.884	59.118	65.075	71.673	87.068	105.93	157.25	233.79	347.31	514.66
18	55.750	68.394	75.836	84.141	103.74	128.12	195.99	300.25	459.45	700.94
19	63.440	78.969	88.212	98.603	123.41	154.74	244.03	385.32	607.47	954.28
20	72.052	91.025	102.44	115.38	146.63	186.69	303.60	494.21	802.86	1298.8
21	81.699	104.77	118.81	134.84	174.02	225.03	377.46	633.59	1060.8	1767.4
22	92.503	120.44	137.63	157.41	206.34	271.03	469.06	812.00	1401.2	2404.7
23	104.60	138.30	159.28	183.60	244.49	326.24	582.63	1040.4	1850.6	3271.3
24	118.16	158.66	184.17	213.98	289.49	392.48	723.46	1332.7	2443.8	4450.0
25	133.33	181.87	212.79	249.21	342.60	471.98	898.09	1706.8	3226.8	6053.0
30	241.33	356.79	434.75	530.31	790.95	1181.9	2640.9	5873.2	12941	28172.3
40	767.09	1342.0	1779.1	2360.8	4163.2	7343.9	22729.	69377.	*	*
50	2400.0	4994.5	7217.7	10436.	21813	45497	*	*	*	*
60	7471.6	18535.	29220.	46058.	*	*	*	*	*	*

[부록 2] 연금현가요소

$$PVIFa(r,n) = \left[\frac{1}{r} - \frac{1}{r(1+r)^n}\right] = \left[\frac{1-\frac{1}{(1+r)^n}}{r}\right]$$

기간	이 자 율									
	1%	2%	3%	4%	5%	6%	7%	8%	9%	10%
1	0.9901	0.9804	0.9709	0.9615	0.9524	0.9434	0.9346	0.9259	0.9174	0.9091
2	1.9704	1.9416	1.9135	1.8861	1.8594	1.8334	1.8080	1.7833	1.7591	1.7355
3	2.9410	2.8839	2.8286	2.7751	2.7232	2.6730	2.6243	2.5771	2.5313	2.4869
4	3.9020	3.8077	3.7171	3.6299	3.5460	3.4651	3.3872	3.3121	3.2397	3.1699
5	4.8534	4.7135	4.5797	4.4518	4.3295	4.2124	4.1002	3.9927	3.8897	3.7908
6	5.7955	5.6014	5.4172	5.2421	5.0757	4.9173	4.7665	4.6229	4.4859	4.3553
7	6.7282	6.4720	6.2303	6.0021	5.7864	5.5824	5.3893	5.2064	5.0330	4.8684
8	7.6517	7.3255	7.0197	6.7327	6.4632	6.2098	5.9713	5.7466	5.5348	5.3349
9	8.5660	8.1622	7.7861	7.4353	7.1078	6.8017	6.5152	6.2469	5.9952	5.7590
10	9.4713	8.9826	8.5302	8.1109	7.7217	7.3601	7.0236	6.7101	6.4177	6.1446
11	10.3676	9.7868	9.2526	8.7605	8.3064	7.8869	7.4987	7.1390	6.8052	6.4951
12	11.2551	10.5753	9.9540	9.3851	8.8633	8.3838	7.9427	7.5361	7.1607	6.8137
13	12.1337	11.3484	10.6350	9.9856	9.3936	8.8527	8.3577	7.9038	7.4869	7.1034
14	13.0037	12.1062	11.2961	10.5631	9.8986	9.2950	8.7455	8.2442	7.7862	7.3667
15	13.8651	12.8493	11.9379	11.1184	10.3797	9.7122	9.1079	8.5595	8.0607	7.6061
16	14.7179	13.5777	12.5611	11.6523	10.8378	10.1059	9.4466	8.8514	8.3126	7.8237
17	15.5623	14.2919	13.1661	12.1657	11.2741	10.4773	9.7632	9.1216	8.5436	8.0216
18	16.3983	14.9920	13.7535	12.6593	11.6896	10.8276	10.0591	9.3719	8.7556	8.2014
19	17.2260	15.6785	14.3238	13.1339	12.0853	11.1581	10.3356	9.6036	8.9501	8.3649
20	18.0456	16.3514	14.8775	13.5903	12.4622	11.4699	10.5940	9.8181	9.1285	8.5136
21	18.8570	17.0112	15.4150	14.0292	12.8212	11.7641	10.8355	10.0168	9.2922	8.6487
22	19.6604	17.6580	15.9369	14.4511	13.1630	12.0416	11.0612	10.2007	9.4424	8.7715
23	20.4558	18.2922	16.4436	14.8568	13.4886	12.3034	11.2722	10.3741	9.5802	8.8832
24	21.2434	18.9139	16.9355	15.2470	13.7986	12.5504	11.4693	10.5288	9.7066	8.9847
25	22.0232	19.5235	17.4131	15.6221	14.0939	12.7834	11.6536	10.6748	9.8226	9.0770
30	25.8077	22.3965	19.6004	17.2920	15.3725	13.7648	12.4090	11.2578	10.2737	9.4269
40	32.8347	27.3555	23.1148	19.7928	17.1591	15.0463	13.3317	11.9246	10.7574	9.7791
50	39.1961	31.4236	25.7298	21.4822	18.2559	15.7619	13.8007	12.2335	10.9617	9.9148

기간	이 자 율								
	12%	14%	15%	16%	18%	20%	24%	28%	32%
1	0.8929	0.8772	0.8696	0.8621	0.8475	0.8333	0.8065	0.7813	0.7576
2	1.6901	1.6467	1.6257	1.6052	1.5656	1.5278	1.4568	1.3916	1.3315
3	2.4018	2.3216	2.2832	2.2459	2.1743	2.1065	1.9813	1.8684	1.7663
4	3.0373	2.9137	2.8550	2.7982	2.6901	2.5887	2.4043	2.2410	2.0957
5	3.6048	3.4331	3.3522	3.2743	3.1272	2.9906	2.7454	2.5320	2.3452
6	4.1114	3.8887	3.7845	3.6847	3.4976	3.3255	3.0205	2.7594	2.5342
7	4.5638	4.2883	4.1604	4.0386	3.8115	3.6046	3.2423	2.9370	2.6775
8	4.9676	4.6389	4.4873	4.3436	4.0776	3.8372	3.4212	3.0758	2.7860
9	5.3282	4.9464	4.7716	4.6065	4.3030	4.0310	3.5655	3.1842	2.8681
10	5.6502	5.2161	5.0188	4.8332	4.4941	4.1925	3.6819	3.2689	2.9304
11	5.9377	5.4527	5.2337	5.0286	4.6560	4.3271	3.7757	3.3351	2.9776
12	6.1944	5.6603	5.4206	5.1971	4.7932	4.4392	3.8514	3.3868	3.0133
13	6.4235	5.8424	5.5831	5.3423	4.9095	4.5327	3.9124	3.4272	3.0404
14	6.6282	6.0021	5.7245	5.4675	5.0081	4.6106	3.9616	3.4587	3.0609
15	6.8109	6.1422	5.8474	5.5755	5.0916	4.6755	4.0013	3.4834	3.0764
16	6.9740	6.2651	5.9542	5.6685	5.1624	4.7296	4.0333	3.5026	3.0882
17	7.1196	6.3729	6.0472	5.7487	5.2223	4.7746	4.0591	3.5177	3.0971
18	7.2497	6.4674	6.1280	5.8178	5.2732	4.8122	4.0799	3.5294	3.1039
19	7.3658	6.5504	6.1982	5.8775	5.3162	4.8435	4.0967	3.5386	3.1090
20	7.4694	6.6231	6.2593	5.9288	5.3527	4.8696	4.1103	3.5458	3.1129
21	7.5620	6.6870	6.3125	5.9731	5.3837	4.8913	4.1212	3.5514	3.1158
22	7.6446	6.7429	6.3587	6.0113	5.4099	4.9094	4.1300	3.5558	3.1180
23	7.7184	6.7921	6.3988	6.0442	5.4321	4.9245	4.1371	3.5592	3.1197
24	7.7843	6.8351	6.4338	6.0726	5.4509	4.9371	4.1428	3.5619	3.1210
25	7.8431	6.8729	6.4641	6.0971	5.4669	4.9476	4.1474	3.5640	3.1220
30	8.0552	7.0027	6.5660	6.1772	5.5168	4.9789	4.1601	3.5693	3.1242
40	8.2438	7.1050	6.6418	6.2335	5.5482	4.9966	4.1659	3.5712	3.1250
50	8.3045	7.1327	6.6605	6.2463	5.5541	4.9995	4.1666	3.5714	3.1250

[부록 3] 표준정규확률분포표

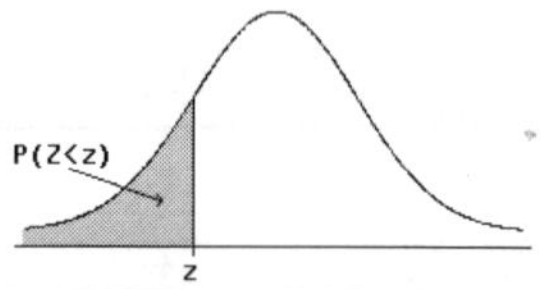

z	.00	.01	.02	.03	.04	.05	.06	.07	.08	.09
0	0.5000	0.5040	0.5080	0.5120	0.5160	0.5199	0.5239	0.5279	0.5319	0.5359
0.1	0.5398	0.5438	0.5478	0.5517	0.5557	0.5596	0.5636	0.5675	0.5714	0.5753
0.2	0.5793	0.5832	0.5871	0.5910	0.5948	0.5987	0.6026	0.6064	0.6103	0.6141
0.3	0.6179	0.6217	0.6255	0.6293	0.6331	0.6368	0.6406	0.6443	0.6480	0.6517
0.4	0.6554	0.6591	0.6628	0.6664	0.6700	0.6736	0.6772	0.6808	0.6844	0.6879
0.5	0.6915	0.6950	0.6985	0.7019	0.7054	0.7088	0.7123	0.7157	0.7190	0.7224
0.6	0.7257	0.7291	0.7324	0.7357	0.7389	0.7422	0.7454	0.7486	0.7517	0.7549
0.7	0.7580	0.7611	0.7642	0.7673	0.7704	0.7734	0.7764	0.7794	0.7823	0.7852
0.8	0.7881	0.7910	0.7939	0.7967	0.7995	0.8023	0.8051	0.8078	0.8106	0.8133
0.9	0.8159	0.8186	0.8212	0.8238	0.8264	0.8289	0.8315	0.8340	0.8365	0.8389
1	0.8413	0.8438	0.8461	0.8485	0.8508	0.8531	0.8554	0.8577	0.8599	0.8621
1.1	0.8643	0.8665	0.8686	0.8708	0.8729	0.8749	0.8770	0.8790	0.8810	0.8830
1.2	0.8849	0.8869	0.8888	0.8907	0.8925	0.8944	0.8962	0.8980	0.8997	0.9015
1.3	0.9032	0.9049	0.9066	0.9082	0.9099	0.9115	0.9131	0.9147	0.9162	0.9177
1.4	0.9192	0.9207	0.9222	0.9236	0.9251	0.9265	0.9279	0.9292	0.9306	0.9319
1.5	0.9332	0.9345	0.9357	0.9370	0.9382	0.9394	0.9406	0.9418	0.9429	0.9441
1.6	0.9452	0.9463	0.9474	0.9484	0.9495	0.9505	0.9515	0.9525	0.9535	0.9545
1.7	0.9554	0.9564	0.9573	0.9582	0.9591	0.9599	0.9608	0.9616	0.9625	0.9633
1.8	0.9641	0.9649	0.9656	0.9664	0.9671	0.9678	0.9686	0.9693	0.9699	0.9706
1.9	0.9713	0.9719	0.9726	0.9732	0.9738	0.9744	0.9750	0.9756	0.9761	0.9767
2	0.9772	0.9778	0.9783	0.9788	0.9793	0.9798	0.9803	0.9808	0.9812	0.9817
2.1	0.9821	0.9826	0.9830	0.9834	0.9838	0.9842	0.9846	0.9850	0.9854	0.9857
2.2	0.9861	0.9864	0.9868	0.9871	0.9875	0.9878	0.9881	0.9884	0.9887	0.9890
2.3	0.9893	0.9896	0.9898	0.9901	0.9904	0.9906	0.9909	0.9911	0.9913	0.9916
2.4	0.9918	0.9920	0.9922	0.9925	0.9927	0.9929	0.9931	0.9932	0.9934	0.9936
2.5	0.9938	0.9940	0.9941	0.9943	0.9945	0.9946	0.9948	0.9949	0.9951	0.9952
2.6	0.9953	0.9955	0.9956	0.9957	0.9959	0.9960	0.9961	0.9962	0.9963	0.9964
2.7	0.9965	0.9966	0.9967	0.9968	0.9969	0.9970	0.9971	0.9972	0.9973	0.9974
2.8	0.9974	0.9975	0.9976	0.9977	0.9977	0.9978	0.9979	0.9979	0.9980	0.9981
2.9	0.9981	0.9982	0.9982	0.9983	0.9984	0.9984	0.9985	0.9985	0.9986	0.9986
3	0.9987	0.9987	0.9987	0.9988	0.9988	0.9989	0.9989	0.9989	0.9990	0.9990
3.1	0.9990	0.9991	0.9991	0.9991	0.9992	0.9992	0.9992	0.9992	0.9993	0.9993
3.2	0.9993	0.9993	0.9994	0.9994	0.9994	0.9994	0.9994	0.9995	0.9995	0.9995
3.3	0.9995	0.9995	0.9995	0.9996	0.9996	0.9996	0.9996	0.9996	0.9996	0.9997
3.4	0.9997	0.9997	0.9997	0.9997	0.9997	0.9997	0.9997	0.9997	0.9997	0.9998

찾아보기

(ㅎ)

저자소개

김철중

성균관대학교 경영학과 졸업(경영학사)
한국산업은행 근무
서울대학교 대학원 졸업(경영학 석사)
성균관대학교 대학원 졸업(경영학 박사)
미국 University of Texas at Austin 연구교수
공인회계사 시험위원, 홍익대학교 경영대학장 · 대학원장
홍익대학교 경영학과 교수, 한국재무관리학회 회장 역임

핵심 재무관리 예해 : 사례연구와 해설 **(제2판)**

지 은 이 ▌ 김 철 중
펴 낸 이 ▌ 최 재 범
펴 낸 곳 ▌ 도서출판 탐진

등록 1-996호(倫). 1990. 1. 12.
서울시 마포구 신수로 27-1
Tel. 02) 715-1092 ~ 3
Fax. 02) 701-6391
E-mail. tamjin1990@hanmail.net
Homepage. www.tamjin.co.kr

저자와의 협의하에 인지 생략

2018. 6. 29. 초 판 발행
2020. 9. 1. 제2판 발행

ISBN 978-89-5540-657-3 93320 정가 28,000원